FEDERICO GA

CW01659000

FEDERICO GARCÍA LORCA

Teatro completo

Galaxia Gutenberg

Publicado por
Galaxia Gutenberg, S. L.
Av. Diagonal, 361, 2.º 1.ª
08037-Barcelona
info@galaxiagutenberg.com
www.galaxiagutenberg.com

Primera edición: febrero de 2016
Segunda edición: junio de 2017
Tercera edición: febrero de 2018
Cuarta edición: noviembre de 2019
Quinta edición: febrero de 2022
Sexta edición: marzo de 2022
Séptima edición: diciembre de 2023

© Galaxia Gutenberg, S. L., 2016

Preimpresión: Maria Garcia
Impresión y encuadernación: Romanyà-Valls
Sant Joan Baptista, 35, La Torre de Claramunt-Barcelona
Depósito legal: B. 57-2016
ISBN: 978-84-16495-72-6

Cualquier forma de reproducción, distribución, comunicación pública o transformación de esta obra sólo puede realizarse con la autorización de sus titulares, aparte de las excepciones previstas por la ley. Diríjase a CEDRO (Centro Español de Derechos Reprográficos) si necesita fotocopiar o escanear fragmentos de esta obra (www.conlicencia.com; 91 702 19 70 / 93 272 04 45)

Los títeres de Cachiporra

Tragicomedia de don Cristóbal
y la señá Rosita

Farsa guiñolesca en seis cuadros
y una advertencia

Personajes

(Por orden de aparición en escena)

EL MOSQUITO
ROSITA
EL PADRE
COCOLICHE
EL COCHERO
DON CRISTOBITA
CRIADO
UNA HORA
MOZOS
CONTRABANDISTAS
ESPANTANUBLOS, tabernero
CURRITO, el del Puerto
CANSA-ALMAS, zapatero
FÍGARO, barbero
UN GRANUJA
UNA JOVENCITA DE AMARILLO
UN MENDIGO CIEGO
MOZAS
UNA MAJA CON LUNARES
UN MONAGO
INVITADOS CON ANTORCHAS
CURAS DEL ENTIERRO
CORTEJO

Advertencia

Sonarán dos clarines y un tambor. Por donde se quiera, saldrá el Mosquito. El Mosquito es un personaje misterioso, mitad duende, mitad martinico, mitad insecto. Representa la alegría del vivir libre, y la gracia y la poesía del pueblo andaluz. Lleva una trompetilla de feria.

MOSQUITO. ¡Hombres y mujeres! Atención. Niño, cierra esa boquita, y tú, muchacha, siéntate con cien mil de a caballo. Callad, para que el silencio se quede más clarito, como si estuviese en su misma fuente. Callad para que se asiente el barrillo de las últimas conversaciones. *(Tambor.)* Yo y mi compañía venimos del teatro de los burgueses, del teatro de los condeses y de los marqueses, un teatro de oro y cristales, donde los hombres van a dormirse y las señoras... a dormirse también. Yo y mi compañía estábamos encerrados. No os podéis imaginar qué pena teníamos. Pero un día vi por el agujerito de la puerta una estrella que temblaba como una fresca violeta de luz. Abrí mi ojo todo lo que pude –me lo quería cerrar el dedo del viento– y bajo la estrella, un ancho río sonreía surcado por lentas barcas. Entonces yo avisé a mis amigos, y huimos por esos campos en busca de la gente sencilla, para mostrarles las cosas, las cosillas y las cositillas del mundo; bajo la luna verde de las montañas, bajo la luna rosa de las playas. Ahora que sale la luna y las luciérnagas huyen lentamente a sus cuevecitas, va a dar comienzo la gran función titulada *Tragicomedia de don Cristóbal y la señá Rosita*... Preparaos a sufrir el genio del puñeterillo Cristóbal y a llorar las ternezas de la señá Rosita que, a más de mujer, es una avefría sobre la charca, una delicada pajarita de las nieves. ¡A empezar! *(Hace mutis, pero vuelve corriendo.)* Y ahora... ¡viento!: abanica tanto rostro asombrado, llévate los suspiros por encima de aquella sierra y limpia las lágrimas nuevas en los ojos de las niñas sin novio.

Música	Cuatro hojillas tenía mi arbolillo y el aire las movía.

Mutación

Cuadro primero

Sala baja en casa de doña Rosita. Al fondo, una gran reja y puerta. Por la reja se ve un bosquecillo de naranjos. Rosita está vestida de rosa y lleva un traje de polisón, lleno de bandas y puntillas. Al levantar el telón está sentada bordando en un gran bastidor.

ESCENA PRIMERA

ROSITA. *(Contando las puntadas.)* Una, dos, tres, cuatro... *(Se pincha.)* ¡Ay! *(Llevándose el dedo a la boca.)* Cuatro veces me he pinchado ya en esta *e* última del «A mi adorado padre». En verdad que el cañamazo es una labor difícil. Uno, dos... *(Suelta la aguja.)* ¡Ay, qué ganitas tengo de casarme! Me pondré una flor amarilla sobre el cucuné, y un velo que arrastrará por toda la calle. *(Se levanta.)* Y cuando la niña del barbero se asome a su ventana, yo le diré: «Voy a casarme, pero antes que tú, mucho antes que tú, y con pulseras y todo». *(Silbido fuera.)* ¡Ajajay, mi niño! *(Corre a la reja.)*

EL PADRE. *(Fuera.)* ¡Rositaaaaaaa!

ROSITA. *(Asustándose.)* ¡Quéeeeeee! *(Silbido más fuerte. Corre y se sienta ante el bastidor y tira besos a la reja.)*

PADRE. *(Entrando.)* Quería saber si bordabas... ¡Borda, hijita mía, borda, que con eso comemos! ¡Ay, qué mal estamos de dinero! De los cinco talegos que heredamos de tu tío el Arcipreste, no queda ¡ni tanto así!

ROSITA. ¡Ay, qué barbas tenía mi tío el Arcipreste! ¡Qué precioso era! *(Silbido fuera.)* ¡Y qué bien silbaba! ¡Qué bien!

PADRE. Pero, hija, ¿qué estás diciendo? ¿Te has vuelto loca?

ROSITA. *(Nerviosa.)* No, no... Me he equivocado...

PADRE. ¡Ay, Rosita, qué entrampados estamos! ¡Qué va a ser de nosotros! *(Saca el pañuelo y llora.)*

ROSITA. *(Llorando.)* Pues... sí... tú... yo...

PADRE. Si al menos quisieras casarte, otro gallo nos cantaría; pero me parece a mí que por ahora...

ROSITA. Si yo lo estoy deseando.

PADRE. ¿Sí?

ROSITA. Pero ¿no te habías dado cuenta? ¡Qué poco perspicaces sois los hombres!

PADRE. Pues me viene de perilla, ¡de perilla!

ROSITA. Si yo por peinarme a la arremangué y darme arrebol en la cara...

PADRE. ¿De manera que estás conforme?

ROSITA. *(Con guasa un poco monjil.)* Sí, padre.

PADRE. ¿Y no te arrepentirás?

ROSITA. No, padre.

PADRE. ¿Y me harás caso siempre?

ROSITA. Sí, padre.

PADRE. Pues esto era lo que yo quería saber. *(Haciendo mutis.)* Me he salvado de la ruina. ¡Me he salvado! *(Se va.)*

ESCENA II

ROSITA. ¿Qué significará esto de «Me he salvado de la ruina. Me he salvado»?... Porque mi novio Cocoliche tiene menos dinero que nosotros. ¡Mucho menos! Heredó de su abuela tres duros y una caja de membrillo, y... ¡nada más! ¡Ay! Pero lo quiero, lo quiero, lo quiero y lo retequiero. *(Esto dicho con gran rapidez.)* El dinerillo, para las gentes del mundo; yo me quedo con el amor. *(Corre y agita un largo pañuelo rosa por la reja.)*

ESCENA III

LA VOZ DE COCOLICHE. *(Cantando, acompañado de la guitarra.)*

Por el aire van
los suspiros de mi amante,
por el aire van,
van por el aire.

ROSITA. *(Cantando.)*

Por el aire van
los suspiros de mi amante,
por el aire van,
van por el aire.

COCOLICHE. *(Asomándose a la reja.)* ¿Quién vive?

ROSITA. *(Tapándose la cara con un abanico «pericón» y fingiendo la voz.)* Gente de paz.

COCOLICHE. ¿No vive en esta casa por casualidad una tal Rosita?

ROSITA. Está tomando los baños.

COCOLICHE. *(Haciendo ademán de retirarse.)* Pues que le sienten bien.

ROSITA. *(Descubriéndose.)* ¿Y hubieras sido capaz de retirarte?

COCOLICHE. No hubiese podido. *(Meloso.)* A tu lado los pies se vuelven de plomo.

ROSITA. ¿Sabes una cosa?

COCOLICHE. ¿Qué?

ROSITA. ¡Ay, no me atrevo!

COCOLICHE. ¡Atrévete!

ROSITA. *(Muy seria.)* Mira, yo no quiero ser una mujer impúdica.

COCOLICHE. Y a mí me parece muy bien.

ROSITA. Mira, es el caso...

COCOLICHE. ¡Acaba ya!

ROSITA. Me taparé con el abanico.

COCOLICHE. *(Desesperado.)* ¡Hija mía!

ROSITA. *(Con la cara tapada.)* Que me caso contigo.

COCOLICHE. ¿Qué estás diciendo?

ROSITA. ¡Lo que oyes!

COCOLICHE. ¡Ay, Rosita!

ROSITA. En seguida...

COCOLICHE. En seguida voy a escribir una carta a París pidiendo un niño...

ROSITA. Oye, a París de ninguna manera, porque no quiero que se parezca a los franceses con el chau, chau, chau.

COCOLICHE. Entonces...
ROSITA. Lo pediremos a Madrid.
COCOLICHE. ¿Pero lo sabe tu padre?
ROSITA. ¡Y me lo permite! *(Se quita el abanico.)*
COCOLICHE. ¡Ay, Rosita mía! ¡Ven! ¡Ven! ¡Acércate!
ROSITA. Pero no te pongas nervioso.
COCOLICHE. Me parece que me están haciendo cosquillas en la planta de los pies. Acércate.
ROSITA. No, no; desde lejos te daré los besitos. *(Se besan desde lejos. Ruido de campanillas.)* ¡Siempre pasa lo mismo! Ahora viene la gente. ¡Hasta la noche!

(Se sienten campanillas, y por la gran reja del fondo cruza una carroza tirada por caballitos de cartón con penachos de plumas, y se detiene.)

CRISTOBITA. *(Desde la carroza.)* Efectivamente es la niña más guapa del pueblo.
ROSITA. *(Haciendo una reverencia con las faldas.)* Muchas gracias.
CRISTOBITA. Me quedo con ella definitivamente. Medirá un metro de alzada. La mujer no debe medir ni más ni menos. Pero ¡qué talle y qué garbo! Casi, casi, me ha engatusado. ¡Arre, cochero!

(Se va la carroza lentamente.)

ROSITA. *(Haciendo burla.)* ¡Ya está! Me quedo con ella. ¡Qué caballero más feo y más mal educado!... Será un chiflado de esos que vienen del extranjero. *(Por la reja cae un collar de perlas.)* ¡Ay! ¿Qué es esto? ¡Dios mío, qué collar de perlas tan precioso! *(Se lo cuelga y se mira en un espejito de mano.)* Genoveva de Brabante tendría uno así cuando se ponía en la torre de su castillo a esperar a su esposo. ¡Y qué bien me sienta!... ¿Pero de quién será?
PADRE. *(Entrando.)* Hija mía, ¡felicidad completa! ¡Acabo de concertar tu boda!
ROSITA. ¡Cuánto te lo agradezco, y Cocoliche cuánto te lo agradecerá! Ahora mismo...

PADRE. ¡Qué Cocoliche ni qué niño muerto! ¿Qué estás diciendo? Yo he dado tu mano a don Cristobita el de la porra, que acaba de pasar en su carroza por ahí.

ROSITA. Pues no quiero, no quiero, ¡ea! Y lo que es mi mano, de ninguna manera me la quitas. Yo tenía mi novio... ¡Y tiro el collar!

PADRE. Pues no hay más remedio. Ese hombre tiene mucho oro y a mí me conviene, porque si no, mañana tendríamos que pedir limosna.

ROSITA. Pues pedimos.

PADRE. Aquí mando yo, que soy el padre. Lo dicho, dicho, y cartuchera en el cañón. No hay que hablar más.

ROSITA. Es que yo...

PADRE. ¡Silencio!

ROSITA. Pues a mí...

PADRE. ¡Chitón! *(Se va.)*

ROSITA. ¡Ay, ay! ¡Digo!, dispone de mí y de mi mano, y no tengo más remedio que aguantarme porque lo manda la ley. *(Llora.)* También la ley podía haberse estado en su casa. ¡Si al menos pudiera vender mi alma al diablo! *(Gritando.)* ¡Diablo, sal, diablo, sal! Que yo no quiero casarme con Cristobita.

PADRE. *(Entrando.)* ¿Qué voces son ésas? ¡A bordar y a callar! ¡Qué tiempos estos! ¿Van a mandar los hijos en los padres? Tú harás caso de todo, como hice yo caso de mi papá cuando me casó con tu mamá, que, dicho sea entre paréntesis, tenía una cara de luna, que ya, ya...

ROSITA. Está bien. ¡Me callaré!

PADRE. *(Haciendo mutis.)* ¡Habráse visto!

ROSITA. Está bien. Entre el cura y el padre estamos las muchachas completamente fastidiadas. *(Se sienta a bordar.)* Todas las tardes –tres, cuatro– nos dice el párraco: ¡que vais a ir al infierno!, ¡que vais a morir achicharradas!, ¡peor que los perros!...; ¡pero yo digo que los perros se casan con quien quieren y lo pasan muy bien! ¡Cómo me gustaría ser perro! Porque si le hago caso a mi padre –cuatro, cinco–, entro en un infierno, y si no, por no hacerle caso, luego voy al otro, al de arriba... También los curas podrían callarse y no hablar tanto..., porque... *(Se limpia las lágrimas.)* Si yo no me caso con Cocoliche, va a tener la culpa el cura... sí, el señor cura... al que, después de todo, no le importa nada esto. ¡Ay, ay, ay, ay...!

CRISTOBITA. *(Con su criado en la ventana.)* Es una buena cosa. ¿Te gusta?

CRIADO. *(Temblando.)* Sí, señor.

CRISTOBITA. La boca un poquitín grande, pero vaya canela en rama de cuerpo... Aún no he cerrado el trato... Me gustaría hablar con ella, pero no quiero que tome demasiada confianza. La confianza es la madre de todos los vicios. ¡No me digas que no!

CRIADO. *(Temblando.)* ¡Pero, señor!

CRISTOBITA. No hay más que dos caminos a seguir con los hombres: o no conocerlos..., ¡o quitarlos de en medio!

CRIADO. ¡Ay, Dios mío!

CRISTOBITA. ¡Oye, que te gusta!

CRIADO. Todavía la merece mejor su merced.

CRISTOBITA. Es una hembrita suculenta. ¡Y para mí solo! ¡Para mí solo! *(Se va.)*

ROSITA. Esto es lo que me faltaba que ver. Yo me desespero. Yo me enveneno ahora mismo con mixtos o con sublimado corrosivo.

(El reloj de pared se abre y aparece una Hora, vestida de amarillo con polisón.)

HORA. *(Con campana y con la boca.)* ¡Tan! Rosita: ten paciencia, ¿qué vas a hacer? ¿Qué sabes tú el giro que van a tomar las cosas? Mientras que aquí hace sol, en otras partes llueve. ¿Qué sabes tú los vientos que van a venir mañana para hacer bailar la veleta de tu tejadillo? Yo, como vengo todos los días, te recordaré esto cuando seas vieja y hayas olvidado este momento. Deja que el agua corra y la estrella salga. Rosita, ¡ten paciencia! ¡Tan! La una. *(Se cierra.)*

ROSITA. La una... Pero ¡maldita la gana que tengo de comer!

VOZ. *(Fuera.)*

Por el aire van
los suspiros de mi amante.

ROSITA. Ya los veo entrar... los suspiros de mi amante.

(El reloj se abre otra vez y aparece la Hora dormida. La campana suena sola.)

ROSITA. *(Llorosa.)* Los suspiros de mi amante...

Telón

Cuadro segundo

El teatrillo representa una plaza de un pueblo andaluz. A la derecha, la casa de la señá Rosita. Debe haber una enorme palmera y un banco. Aparece por la izquierda Cocoliche, rondando, con una guitarra entre las manos y envuelto en una capita verde oscura con agremanes negros. Va vestido con el traje popular de principios de siglo XIX, *y tiene puesto con garbo el sombrerillo calañés.*

ESCENA PRIMERA

COCOLICHE. Rosita no sale. Tiene miedo a la luna. La luna es terrible para un enamorado de ocultis. *(Silba.)* El silbido ha tocado como una piedrecita de música en el cristal de su balcón. Ayer se puso un lazo en el pelo. Ella me dijo: «Una cinta negra sobre mis cabellos es como una botana sobre la fruta. Ponte triste si me ves; lo negro bajará luego hasta los pies». Algo le pasa.

(El balconcillo lleno de tiestos se ilumina con una dulce luz.)

ROSITA. *(Dentro.)*

Con el vito, vito, vito,
con el vito que me muero.

COCOLICHE. *(Acercándose.)* ¿Por qué no salías?

ROSITA. *(En el balcón muy cursi y muy poética.)* ¡Ay chiquillo mío! El viento morisco hace girar ahora todas las veletas de Andalucía. Dentro de cien años girarán lo mismo.

COCOLICHE. ¿Qué quiere decir?

ROSITA. Que mires a la izquierda y a la derecha del tiempo, y que tu corazón aprenda a estar tranquilo.

COCOLICHE. No te entiendo.

ROSITA. Lo que voy a decirte lleva el aguijón duro. Por eso te preparo. *(Pausa, en la que Rosita llora cómicamente, casi ahogada.)* ¡No me puedo casar contigo!

COCOLICHE. ¡¡¡Rosita!!!

ROSITA. ¡Tú eres el acerico de mis ojos! ¡Pero no me puedo casar contigo! *(Llora.)*

COCOLICHE. ¿Te metes a monja reparadora? ¿Te he hecho yo algo malo? ¡Ay, ay, ay! *(Llora de una manera entre infantil y cómica.)*

ROSITA. Ya te enterarás. Ahora, adiós.

COCOLICHE. *(Gritando y pateando en el suelo.)* Pero no, pero no, pero no.

ROSITA. Adiós, mi padre me llama.

(El balcón se cierra.)

ESCENA II

COCOLICHE. *(Solo.)* Me suenan los oídos como si estuviera en lo alto de una sierra. Estoy como si fuera de papel y me hubiera quemado con la llamita de mi corazón. Pero esto no puede ser; no, no, y no. *(Pateando en el suelo.)* ¿Que no se quiere casar conmigo? Cuando le traje el guardapelo de la feria de Mairena, me pasó la mano por la cara. Cuando le regalé el chal de las rosas, me miró de una manera... y cuando le traje el abanico de nácar en el cual Pedro Romero abre su capote, me dio tantos besos como varillas tenía. ¡Sí, señor, tantos besos!... Mejor era que me hubiese partido un rayo por la mitad. ¡Ay!, ¡ay!, ¡ay! *(Llora con excelente compás.)*

ESCENA III

Por la izquierda entran varios Jóvenes vestidos con trajes populares: uno de ellos trae guitarra y el otro pandero. Cantan.

Mi amante siempre se baña
en el río Guadalquivir,
mi amante borda pañuelos
con la seda carmesí.

MOZO 1.º Es Cocoliche.

MOZO 2.º ¿Por qué lloras? Levántate y que se te importe poco que un pájaro en la arboleda se pase de un árbol a otro.

COCOLICHE. ¡Dejadme!

MOZO 3.º Es imposible. Vente, que la pena se te pasará cuando te dé el viento del campo.

MOZO 1.º Vamos, vamos. *(Se lo llevan. Voces y música.)*

(Queda la escena sola. La luna ilumina la ancha plaza. Se abre la puerta de la casa de doña Rosita y aparece el Padre de ésta vestido de gris, con una peluca color rosa y la cara del mismo color. Don Cristobita viene vestido de verde con un vientre enorme y una poca joroba. Lleva un collar, una pulsera de cascabeles y una porra, que le sirve de bastón.)

CRISTOBITA. Conque cerramos el trato. ¿No es esto?

PADRE. Sí, señor... pero...

CRISTOBITA. ¿Qué pero ni qué niño muerto? Cerramos el trato. Yo le doy a usted los cien duros para desentramparse, y usted me da a su hija Rosita... y debe usted estar contento porque ella es... algo madurita.

PADRE. Tiene dieciséis años.

CRISTOBITA. He dicho que está madurita y lo está.

PADRE. Sí... señor, lo está.

CRISTOBITA. Pero, sin embargo, es una linda muchacha. ¡Qué diantre! ¡Un *boccato di cardinali*!

PADRE. *(Muy serio.)* ¿Habla vuestra merced el italiano?

CRISTOBITA. No; de niño estuve en Italia y en Francia, sirviendo a un tal don Pantalón... ¡Pero a usted no le importa nada de esto!

PADRE. No..., no, señor... No me importa nada.

CRISTOBITA. De manera que mañana a la tarde quiero tener echadas las bendiciones.

PADRE. *(Aterrado.)* Eso no puede ser, don Cristobita.

CRISTOBITA. ¿Quién me dijo a mí que no? No sé cómo no le envío al barranquillo donde eché a tantos. Esta porra que ve aquí ha matado muchos hombres franceses, italianos, húngaros... Tengo la lista en mi casa. ¡Obedézcame!, no vaya a danzar con todos ellos. Hace tiempo que la porra no funciona y se me escapa de las manos. ¡Tenga cuidado!

PADRE. Sí... señor.

CRISTOBITA. Diga usted: «Tendré cuidado».

PADRE. Tendré cuidado.

CRISTOBITA. Ahora, tome el dinero. Muy cara me cuesta la niña. ¡Muy cara! Pero, en fin, lo hecho, hecho está. Yo soy hombre que no se retracta jamás de lo que hace.

PADRE. (¡Dios mío, a quién le entrego yo mi hija!)

CRISTOBITA. ¿Qué hablas?... Vamos a avisar al cura.

PADRE. *(Temblando.)* Vamos.

ROSITA. *(Dentro.)*

Con el vito, vito, vito,
con el vito, que me muero;
cada hora, niño mío,
estoy más metida en fuego.

CRISTOBITA. ¿Qué es eso?

PADRE. Mi niña que canta... ¡Es una canción preciosa!

CRISTOBITA. ¡Bah! Ya la enseñaré a que ponga la voz bronca, ¡más natural!, y cante aquello de

La rana hace cuac, cuac,
cuac, cuac, cuarac.

Telón

Cuadro tercero

Una taberna de pueblo. Al fondo, barriles y jarras azules en las blancas paredes. Un viejo cartel de toros y tres candiles. Noche. El tabernero está detrás del mostrador. Es un hombre en mangas de camisa, con el pelo tieso y la nariz chata. Se llama Espantanublos. A la derecha, un grupo de Contrabandistas clásicos, vestidos de terciopelo, con barbas y trabucos, juegan y cantan.

ESCENA PRIMERA

CONTRABANDISTA 1.º

De Cádiz a Gibraltar
¡qué buen caminito!
El mar conoce mi paso
por los suspiros.

¡Ay muchacha, muchacha,
cuánto barco en el puerto de Málaga!

De Cádiz a Sevilla
¡cuántos limoncitos!
El limonar me conoce
por los suspiros.

¡Ay muchacha, muchacha,
cuánto barco en el puerto de Málaga!

CONTRABANDISTA 2.º ¡Eh, tú! ¡Espantanublos! La dichosa cancioncilla me abre las ganas de beber. ¡Trae vino de Málaga!

ESPANTANUBLOS. *(Con pereza.)* Ahora mismo.

(Por la puerta central un Joven envuelto en una amplia capa azul. Lleva sombrerito plano. Expectación. Sigue y se sienta en una mesa de la izquierda sin descubrirse.)

ESPANTANUBLOS. ¿Quiere su merced tomar algo?
JOVEN. ¡Ay! No.
ESPANTANUBLOS. ¿Hace tiempo que llegó?
JOVEN. ¡Ay! No.
ESPANTANUBLOS. Parece que suspira.
JOVEN. ¡Ay! ¡Ay!
CONTRABANDISTA 1.º ¿Quién es?
ESPANTANUBLOS. No he podido adivinarlo.
CONTRABANDISTA 2.º ¿Si será?...
CONTRABANDISTA 1.º Mejor será que nos vayamos.
CONTRABANDISTA 2.º Está la noche clarísima.
CONTRABANDISTA 1.º Y las estrellas se caen sobre las casas...
CONTRABANDISTA 2.º Al amanecer daremos vista al mar. *(Salen.)*

ESCENA II

Queda el Joven solo. Apenas se le verá la cabecita. Toda la escena está iluminada por una penetrante luz azul.

JOVEN. Encuentro el pueblo más blanco, mucho más blanco. Cuando lo vi desde la Sierra, me entró la luz por los ojos y me llegó hasta los pies. Los andaluces vamos a pintarnos con cal hasta las carnes. Pero tengo un temblorcillo dentro. ¡Dios mío! No he debido venir.
ESPANTANUBLOS. Está que ni don Tancredo, pero yo... *(En la calle se sienten guitarras y voces alegres. Saliendo.)* ¿Qué pasa?

(Entra el grupo de Muchachos con Cocoliche a la cabeza.)

COCOLICHE. *(Borracho.)* Espantanublos, danos vino hasta que se nos salga por los ojos. Serán muy bonitas nuestras lágrimas; lágrimas de topacio, de rubí... ¡Ay, muchachos, muchachos!

MOZO 1.º ¡Tan jovencillo! ¡Lo que nosotros no podemos permitir es que estés triste!

TODOS. Eso es.

COCOLICHE. ¡Ella me decía cosas tan delicadas!... Me decía: tienes los labios como dos fresas sin madurar, y...

MOZO 1.º *(Interrumpiéndole.)* Esa mujer es muy romántica. Por lo mismo, no tendría yo ninguna pena. Don Cristobita es un viejo gordo, borracho, dormilón, que muy en breve...

TODOS. ¡Bravo!

MOZO 2.º Que muy en breve... *(Risas.)*

ESPANTANUBLOS. Muchachos, muchachos.

MOZO 2.º Y ahora, a brindar.

MOZO 1.º Brindo por lo que brindo, porque tengo que brindar. Cocoliche: a las doce de la noche tendrás la puerta abierta, y todo lo demás.

TODOS. ¡Ole! *(Tocan las guitarras.)*

MOZO 2.º Yo brindo por doña Rosita.

JOVEN. *(Levantándose.)* ¡Por doña Rosita!

MOZO 2.º ¡Y porque su futuro marido estalle como un fantoche! *(Risas.)*

JOVEN. *(Acercándose, pero embozado.)* ¡Alto, señores! Yo soy forastero y quisiera enterarme de quién es esa Rosita por la que brindan con tanta alegría.

COCOLICHE. ¿Tanto le interesa a usted, siendo forastero?

JOVEN. Puede que sí.

COCOLICHE. Espantanublos, cierra la puerta, que a pesar de estar cerca el mes de mayo, este señor parece que tiene mucho frío.

MOZO 2.º Sobre todo en la cara.

JOVEN. Yo me acerqué a preguntaros una cosa, y me respondéis por los cerros de Úbeda. Me parece que las bromas están sobrando.

COCOLICHE. ¿Y a usted qué le importa quién es esa mujer?

JOVEN. Más de lo que usted cree.

COCOLICHE. Pues bien: esa mujer es doña Rosita, la de la plaza, la mejor cantaora de Andalucía, mi... ¡sí!, ¡mi novia!

MOZO 2.° *(Adelantándose.)* Que se casa ahora con don Cristobita, y éste, pues... ¡Ya se lo puede figurar!

TODOS. ¡Ole! ¡Ole! *(Risas.)*

JOVEN. *(Muy triste.)* Perdonad. Me había interesado en la conversación porque yo tuve una novia que se llamaba también Rosita...

MOZO 2.° ¿Y ya no es novia vuestra?

JOVEN. No. Ahora les gustan a las mujeres los chiquilicuatros. Buenas noches. *(Inicia el mutis.)*

MOZO 2.° Caballero, antes de marcharos yo quisiera que tomarais con nosotros un vaso de vino. *(Se lo alarga.)*

JOVEN. *(En la puerta, nervioso.)* Muchas gracias, pero yo no bebo. Buenas noches, señores. *(Aparte y marchándose.)* No sé cómo me he podido contener.

ESPANTANUBLOS. ¿Pero quién demonios es ese hombre y a qué ha venido aquí?

MOZO 2.° Eso mismo te digo yo a ti. ¿Quién es este embozado, esta máscara?

MOZO 1.° Eres un mal tabernero.

COCOLICHE. Estoy preocupado, preocupado... ¡Este hombre!

(Todos están inquietos; hablan en voz baja.)

MOZO 2.° *(Desde la puerta.)* Señores: don Cristobita viene a la taberna.

COCOLICHE. Buena ocasión para partirle la cara.

ESPANTANUBLOS. Yo no quiero grescas en mi casa. Así es que, ya mismo, os estáis largando.

MOZO 1.° ¡Déjate de cuestiones, Cocoliche! ¡Déjate de cuestiones!

(Dos Mozos se llevan a Cocoliche y los otros dos se esconden detrás de los toneles. La escena queda en silencio.)

CRISTOBITA. *(En la puerta.)* ¡Brrrrruuuuuum!

ESPANTANUBLOS. *(Aterrado.)* Buenas noches.

CRISTOBITA. Tendrás mucho vino, ¿verdad?

ESPANTANUBLOS. De todos los que usted quiera.

CRISTOBITA. Pues todos los quiero, ¡todos!

MOZO 1.° *(Desde un rincón.)* ¡Cristobita! *(Con voz aflautada.)*

CRISTOBITA. ¿Eh? ¿Quién habla?

ESPANTANUBLOS. Será algún perrillo de esas huertas.

CRISTOBITA. *(Agarra la porra y canta.)*

Que esconda el rabo la zorra,
porque le doy con la porra.

ESPANTANUBLOS. *(Turbado.)* Hay vino dulce... vino blanco... vino... agrio, vino que vino...

CRISTOBITA. Y a bajo precio, ¿eh? ¡Sois todos unos ladrones! Dilo tú: unos ladrones.

ESPANTANUBLOS. *(Temblando.)* Unos ladrones.

CRISTOBITA. Mañana me caso con la señá Rosita, y quiero que haya mucho vino para... bebérmelo yo.

MOZO 1.° *(Desde un tonel.)* ¡Cristobita que bebe y duerme!

MOZO 2.° *(Desde otro tonel.)* ¡Que bebe y duerme!

CRISTOBITA. ¡Brrrrrrr, br, br, br! ¿Es que tus toneles hablan, o es que me estás tomando el pelo?

ESPANTANUBLOS. ¿Yo?, ¿yo?...

CRISTOBITA. ¡Huele la porra! ¿A qué huele?

ESPANTANUBLOS. Huele... pues...

CRISTOBITA. ¡Dilo!

ESPANTANUBLOS. ¡A sesos!

CRISTOBITA. ¿Qué te habías creído? Y en cuanto a eso de que bebe y duerme, ya veremos quién bebe o duerme, si tú o yo. *(Furiosamente.)*

ESPANTANUBLOS. Pero don Cristóbal, pero don Cristóbal...

MOZO 2.° *(Desde un tonel.)*

¡Cristobita,
barriguita!

MOZO 1.° ¡Barriguita!

CRISTOBITA. *(Con la porra.)* Te llegó tu hora. ¡Pillo, pillo, granuja!

ESPANTANUBLOS. ¡Ay don Cristobita de mis entrañitas!
MOZO 2.° ¡Barriguita!
CRISTOBITA. ¿Pero a mí con esas? ¿Cuándo se vio? ¡Toma barriguita, toma barriguita, toma barriguita!

(Salen los dos. Don Cristobita le da con la porra, y Espantanublos chilla como una rata. Los Mozos se ríen a carcajadas desde los toneles. Música.)

Telón

Cuadro cuarto

La plaza de antes, pero mucho menos iluminada por la luna. La palmera amarilla se destaca sobre un cielo azul sin estrellas. Por la izquierda entran los Mozos embriagados, que traen a Cocoliche borracho.

ESCENA PRIMERA

MOZO 1.º Malas pulgas tiene el tal don Cristobita.
MOZO 2.º Y qué porrazos le ha dado al pobre tabernero.
MOZO 1.º Oye, tú: ¿qué hacemos con éste?
MOZO 2.º Le dejaremos aquí; y descuida, que ya se despertará cuando le dé en la cara el sereno de la noche. *(Se van.)*

ESCENA II

Se oye una flauta que se va acercando rápidamente y aparece el Mosquito. La luz crece. Viendo a Cocoliche dormido, se acerca a él y le toca la trompetilla en el oído. Cocoliche le da un manotazo y el Mosquito se retira.

MOSQUITO. Él no sabe lo que pasa, ¡claro!, es una criatura... Pero lo cierto es que el corazón de la señá Rosita, un corazoncillo así de pequeñito, se le escapa. *(Ríe.)* El alma de doña Rosita es como uno de esos barquitos de nácar que venden en las ferias, barquitos de Valencia que llevan unas tijerillas y un dedal. Ahora, éste pondrá sobre la dura vela: «RECUERDO», y seguirá marchando, marchando... *(Se va tocando la trompetilla, y la escena queda otra vez oscurecida.)*

ESCENA III

Entran el Joven embozado y un Mozo del pueblo.

JOVEN. Ahora me alegro de haber venido, pero tengo una rabia, que las palabras no me salen de la boca. ¿Dices que se casa?

MOZO. Mañana mismo, con un tal don Cristobita, rico, dormilón, tan bruto, que hace pedazos su sombra... Pero yo creo que ella te ha olvidado.

JOVEN. No es posible; me quería tanto hace...

MOZO. Cinco años.

JOVEN. Tienes razón.

MOZO. ¿Por qué la dejaste?

JOVEN. No sé. Aquí me cansaba demasiado. Ya voy al Puerto, ya vengo del Puerto... ¡Si vieras! Yo me creía que por el mundo estaban siempre repicando las campanas y que en los caminos había blancos paradores, con rubias muchachas remangadas hasta los codos. ¡No hay nada de esto! ¡Es muy aburrido!

MOZO. ¿Y qué piensas hacer?

JOVEN. Quiero verla.

MOZO. Eso es imposible. Tú no conoces a don Cristobita.

JOVEN. Pues quiero verla, cueste lo que cueste.

(Por la derecha entra Cansa-Almas.)

MOZO. ¡Ah! Éste nos puede servir; es Cansa-Almas, el zapatero. *(En alta voz.)* ¡Cansa-Almas!

CANSA-ALMAS. Qué... qué... qué...

MOZO. Mira: tú vas a ser muy útil a este caballero.

CANSA-ALMAS. ¿A quién...? ¿A... quién?

JOVEN. *(Descubriéndose.)* Mírame.

CANSA-ALMAS. ¡Currito!

JOVEN. Sí, Currito el del Puerto.

CANSA-ALMAS. *(Dándole con la mano en el vientre.)* ¡Puñeterillo! ¡Qué gordo te has puesto!

MOZO. ¿Es verdad que vas mañana a poner los zapatos de novia a la señá Rosita?

CANSA-ALMAS. Sí... sí... sí.

MOZO. Pues es menester que te sustituya éste.

CANSA-ALMAS. No, no, yo no quiero líos.

CURRITO. ¡Si vieras cómo te lo pagaría!... Anda, por tus hijos, te pido que me dejes ir.

MOZO. Además te pagará bien. Trae dinero.

CURRITO. Acuérdate, Cansa-Almas... *(Haciendo como que llora.)* de lo que mi padre te quería.

CANSA-ALMAS. ¡Calla! Qué le vamos a hacer. ¡Te dejaré ir! Yo me quedaré en casa... Y era verdad... *(Sacando un gran pañuelo de hierbas.)* Tu padre, efectivamente, me quería muchísimo, muchísimo.

CURRITO. *(Abrazándole.)* ¡Gracias, muchas gracias!

CANSA-ALMAS. ¿Vas a seguir vendiendo naranjas? ¡Oh! ¡Qué pregón más precioso echabas!: Naranjitas, naranjaaaaas... *(Se van.)*

(La luna va invadiendo la escena y una música de guitarra corre por el aire.)

COCOLICHE. *(Entre sueños.)* ¡Cristobita te pegará, amor mío! Cristobita tiene una panza verde y una joroba verde. Por las noches no te dejará dormir con sus resoplidos. ¡Y yo que te hubiera dado tantos besitos! Qué tristeza cuando te vi con el lazo en el pelo... ¡Lo negro bajará hasta los pies!

(La melodía del Vito invade la escena. Por la izquierda sale una aparición de lo que sueña Cocoliche. Es doña Rosita, vestida de azul oscuro, con una corona de nardos sobre la cabeza y un puñal de plata en la mano.)

ESPECTRO DE DOÑA ROSITA. *(Cantando.)*

Con el vito, vito, vito,
con el vito, vito, claro...
Cada hora, niño mío,
de ti me voy alejando.

(La palmera amarilla se llena de lucecitas de plata, y todo adquiere un teatralísimo tinte azulado.)

COCOLICHE. ¡Virgen del Espino! *(Se levanta, pero en ese momento todo desaparece.)* Me he despertado. No cabe duda que me he despertado. Era ella vestida de luto. Me parece que la tengo ante mis ojos..., y esa música...

(Ahora, en el balcón, sale la verdadera voz de Rosita, que canta desvelada.)

ROSITA.

Con el vito, vito, vito,
con el vito, que me muero...
Cada hora, niño mío,
estoy más metida en fuego.

COCOLICHE. ¡Ésta es la primera vez que lloro de verdad! Lo aseguro. ¡La primera vez!

Telón

Cuadro quinto

La escena representa una calle andaluza, con las casas blancas. En la primera casa hay una zapatería; en la segunda, una barbería, con el espejo y el sillón al aire libre. Más allá, un gran portón con este letrero: «POSADA DE TODOS LOS DESENGAÑADOS DEL MUNDO»*. Sobre la puerta, un gran corazón de gran tamaño atravesado por siete espadas. Es la mañana. En su zapatería está Cansa-Almas sentado en su banco, cosiendo una bota de montar y, esperando junto al silloncillo, Fígaro, vestido de verde, con redecilla negra y tufos, afilando una navaja con un largo suavizador.*

ESCENA PRIMERA

FÍGARO. Hoy espero la gran visita.
CANSA-ALMAS. ¿Qué vi-? ¿Qué vi-?

(Una flauta dentro de la escena termina la frase.)

FÍGARO. Don Cristobita viene; don Cristobita, el de la porra.
CANSA-ALMAS. ¿No te pare-? ¿No te pare-?

(El flautín termina la frase.)

FÍGARO. ¡Sí, sí! ¡Claro! *(Ríe.)*
UN GRANUJA.

¡Zapatero, tero, tero,
mete la lezna
por el agujero!

FÍGARO. ¡Ah! ¡Gran picarillo! ¡Picarillo! *(Sale corriendo detrás.)*

(Por el otro lado entra Currito, el del Puerto. Viene como siempre, embozado; al llegar al centro de la escena choca con Fígaro, que vuelve muy de prisa del lado opuesto.)

CURRITO. Si me ensartas con la navaja, te saco los ojos.

FÍGARO. ¡Perdón, musiú! ¿Se va usted a afeitar? Mi barbería... *(El pito continúa, y Fígaro hace elogios de su talento, accionando.)*

CURRITO. ¡Vete a la porra!

FÍGARO. *(Remeda el pregón de Curro.)* ¡Naranjitas, naranjaaaaaaas! *(Silba.)*

CURRITO. *(Llega a la zapatería.)* Cansa-Almas: dame las botitas y el cajoncillo.

CANSA-ALMAS. Pero... pero... pero... *(Tiembla.)*

CURRITO. *(Furioso.)* ¡Dámelo, te he dicho!

CANSA-ALMAS. Toma... toma...

FÍGARO. *(Saltando.)*

A tira y afloja
perdí mi dedal...
A tira y afloja
lo volví a encontrar.

CURRITO. *(Acaricia unas botitas de color de rosa.)*

¡Oh, botitas
de doña Rosita!
¡Quién las tuviera
con sus piernecitas!

CANSA-ALMAS. ¡Y dejadme a mí! ¡Ay! ¡Dejadme a mí! *(Sigue metiendo la lezna.)*

CURRITO. *(Entusiasmado con sus botas.)* Son como dos vasitos de vino, como dos acericos de monja, como dos suspirillos.

FÍGARO. Algo pasa. ¡Indudablemente, algo pasa! El pueblo huele a novedades. ¡Ah, lo nuevo! Pero ya vendrá a mi barbería.

CURRITO. *(Yéndose, con las botas en la mano.)* ¿Es posible que no seas mía, Rosita? *(Besa las botas.)* Son como dos lágrimas de la luna de la tarde, como dos torrecillas del país de los enanitos... como dos... *(Beso fuerte.)* como dos... *(Se va.)*

ESCENA II

FÍGARO. Ya me enteraré de lo que pasa. Las noticias llegan al mundo después de haber pasado por el clasificador de la barbería. Las barberías son las encrucijadas de las noticias. Esta navaja que ven ustedes rompe el cascarón de los secretos. Los barberos tenemos más olfato que los perros de presa; tenemos el olfato de las palabras oscuras y los gestos misteriosos. ¡Claro! Somos los alcaldes de las cabezas, los jardineros de las cabezas, y a fuerza de abrir caminitos entre los bosques del cabello nos enteramos cómo piensan por dentro. ¡Qué bonitas historias podría contar de los feos durmientes de las barberías!

CRISTOBITA. *(Entrando.)* ¡Quiero afeitarme ahora mismo, sí, señor, ahora mismo, porque me voy a casar! ¡Brrrr! Y no convido a nadie, porque sois unos ladrones todos.

(Cansa-Almas cierra su puerta y asoma la cabeza por el ventanillo.)

FÍGARO. Son.

CRISTOBITA. *(Alargando la porra.)* ¡Sois!

FÍGARO. Son *(Muy afirmativo.)* las diez. *(Se guarda el reloj.)*

CRISTOBITA. Las diez o las once, quiero afeitarme ahora mismo.

CANSA-ALMAS. ¡Qué malillo es!

CRISTOBITA. *(Pegando con la porra en la cabeza de Cansa-Almas.)* ¡Tunda que tunda!

(Cansa-Almas esconde la testa chillando como una rata.)

CRISTOBITA. ¡Vamos! *(Se sienta.)*

FÍGARO. ¡Qué hermosísima cabeza tiene usted! Pero ¡qué magnífica! Un ejemplar.

CRISTOBITA. ¡Empieza!

FÍGARO. *(Trabajando.)* ¡Tran, lará, lará!

CRISTOBITA. Como me cortes, te abro en canal. ¡Pero que en canal he dicho, y es en canal!

FÍGARO. ¡Excelencia, admirable! Yo estoy encantado. ¡Tran, lará, lará!

(La puerta de la posada se abre, y aparece una Jovencita vestida de amarillo, con una rosa carmesí en el pelo. Un viejo Mendigo con un acordeón toma asiento dentro de la posada.)

JOVENCITA. *(Cantando y tocando los palillos.)*

Tengo los ojos puestos
en un muchacho,
delgado de cintura,
moreno y alto.
A la flor,
a la pitiflor,
a la verde oliva...
A los rayos del sol
se peina la niña.

TODOS.

A la flor... etc.

JOVENCITA.

En los olivaritos,
niña, te espero,
con un jarro de vino
y un pan casero.
A la flor... etc.

TODOS.

A la flor... etc...

FÍGARO. *(Mirando a la Muchacha.)* ¡A la flor, pero que a la flor! ¡Ja, ja, ja! ¡Cansa-Almas, sal pronto!

(La Muchacha queda mirando, extrañadísima, a Cristobita, dormido.)

CRISTOBITA. *(Roncando.)* Brrrrr, brrrrr...

CANSA-ALMAS. *(Con miedo.)* No, no quiero salir. *(Con la cabeza asomada al ventanillo.)*

FÍGARO. ¡Esto es admirable! Ya me lo figuraba yo. ¡Pero qué cosa más estupenda! Don Cristobita tiene la cabeza de madera. ¡De madera de chopo! ¡Ja, ja, ja! *(La Niña se acerca más.)* Y mirad, mirad cuánta pintura... ¡cuánta pintura! ¡Ja, ja, ja!

CANSA-ALMAS. *(Que sale.)* Se va a despertar.

FÍGARO. En la frente tiene dos nudos. Por aquí, sudará la resina. ¡Ésta era la novedad! ¡La gran novedad!

CRISTOBITA. *(Removiéndose.)* Aligera... brrrrr... aligera...

FÍGARO. ¡Excelencia! Sí, sí...

JOVENCITA.

Tengo los ojos puestos
en un muchacho,
delgado de cintura,
moreno y alto.
A la flor,
a la pitiflor,
a la verde oliva,
a los rayos del sol
se peina la niña.

TODOS. *(Alrededor de Cristobita dormido, y pianísimo para que éste no lo oiga, pero llenos de guasa.)*

A la flor... etc.

(Por la ventana de la posada asoma una Maja con lunares, que abre y cierra un abanico.)

Telón

Cuadro sexto

Casa de doña Rosita. En los rincones del frente, dos grandes armarios con celosías claras en la parte superior. En el techo, un velón. Las paredes tienen un ligerísimo tono de azúcar rosado. Sobre la puerta, un retrato de santa Rosa de Lima, bajo un arco de limones. Doña Rosita aparece vestida de rosa. Gran traje de novia lleno de volantes y complicadísimas bandas. Sobre el escote, un collar de azabache.

ESCENA PRIMERA

ROSITA. ¡Todo se ha perdido! ¡Todo! Voy al suplicio como fue Marianita Pineda. Ella tuvo una gargantilla de hierro en sus bodas con la muerte, y yo tendré un collar... un collar de don Cristobita. *(Llora y canta.)*

Estando una pájara pinta
sentadita en el verde limón...

(Se atraganta.)

con el pico movía la hoja,
con la cola movía la flor.
¡Ay! ¡Ay!
¿Cuándo veré a mi amor?

(Fuera se oye cantar.)

VOZ.

Rosita, por verte
la punta del pie,
si a mí me dejaran
veríamos a ver.

ROSITA. ¡Oh santa Rosa mía! ¿Qué voz es ésta?
CURRITO. *(Embozado, aparece súbitamente en la puerta.)* ¿Se puede pasar?
ROSITA. *(Asustada.)* ¿Quién sois?
CURRITO. Un hombre entre los hombres.
ROSITA. Pero... ¿tenéis cara?
CURRITO. Muy conocida por esos ojitos.
ROSITA. Esa voz...
CURRITO. *(Abriendo su capa.)* ¡Mírame!
ROSITA. *(Aterrada.)* ¡Currito!
CURRITO. Sí. Currito. El que se fue por el mundo y vuelve a casarse contigo.
ROSITA. ¡No, no! ¡Ay Dios mío, vete! Yo estoy comprometida, y además, no te quiero; tú me has dejado antes. Ahora quiero a Cristobita. ¡Vete, vete!
CURRITO. ¡No me iré! ¿Para qué he venido?
ROSITA. ¡Ay, qué desgraciada soy! Tengo un relojito y tengo un espejo de plata, pero ¡qué desgraciada soy!
CURRITO. Vente conmigo. Te veo y me vuelvo loquito de celos.
ROSITA. ¡Quieres perderme, infame!
CURRITO. *(Acercándose para abrazarla.)* ¡Rosita mía!
ROSITA. ¡Viene gente! ¡Vete, bandido! ¡Tempranillo!
EL PADRE. *(Entrando.)* ¿Qué pasa?
CURRITO. Venía a probarle los zapatos de boda a la señá Rosita, porque Cansa-Almas no puede venir. Son preciosos. Como para las princesas de la Corte.
PADRE. ¡Probádselos!

(Doña Rosita se sienta en una silla. Currito se arrodilla ante sus pies, y el Padre lee un periódico.)

CURRITO. ¡Oh piernecita de azuzena!
ROSITA. *(En voz baja.)* ¡Canalla!
CURRITO. *(Alto.)* Súbase un poco las faldas.
ROSITA. Ya está. *(Currito le pone una bota.)*
CURRITO. ¿A ver otro poquito...?

ROSITA. Ya hay bastante, zapaterillo.

CURRITO. ¡Otro poquito!

PADRE. *(Desde su silla.)* Sé bien mandada, niña: otro poquito.

ROSITA. ¡Ay!

CURRITO. ¡Otro poquito más! *(Queda contemplando la pierna de doña Rosita.)* ¡Otro poquito más!

PADRE. Me voy. Las botas son muy lindas... Y cerraré de camino esta puerta. Hace algún fresquillo. *(Se va y llega a la puerta central.)* Trabajillo me ha costado. Estaba enmohecida.

CURRITO.

¡Oh, qué lindo pie
tiene su mercé!
¡Oh, qué lindo,
qué lindo pie!

ROSITA. *(Levantándose.)* ¡Mal hombre, perro judío!...

CURRITO. Rosa. Rosita de mayo.

ROSITA. *(Dando pianísimos chillidos.)* ¡Ay, ay, ay! *(Corre por la escena.)* ¡Don Cristobita viene! ¡Salid corriendo por aquí! *(Se encuentran la puerta cerrada.)* Pero ¿cómo ha cerrado mi padre esta puerta?

CURRITO. *(Temblando.)* La verdad es que...

ROSITA. ¡Ya siento sus pasos por la escalerilla! Iluminadme, santa Rosa. *(Mientras, Currito prueba a abrir la puerta.)* ¡Ah!... Ven aquí. *(Abre el armario de la esquina derecha, y allí lo encierra.)* ¡Ya está!... Creí que me moría.

CRISTOBITA. *(Fuera.)* ¡Brrrrrrrrr!

ROSITA. *(Cantando y medio llorando.)*

Estando la pájara pinta
sentadita en el verde limón...
¡Ay, ay, cuándo veré a mi amor!

(Se atraganta.)

ESCENA II

CRISTOBITA. *(En la puerta.)*
A carne humana
me huele aquí.
Como no me la des,
te como a ti.

ROSITA. ¡Qué cosas tienes, Cristobita!

CRISTOBITA. ¡No quiero que hables con nadie! ¡Con nadie! ¡Ya te lo he dicho! (¡Ay, qué apetitosa está! ¡Qué par de jamoncitos tiene!)

ROSITA. Yo, Cristobita...

CRISTOBITA. Vamos a casarnos en seguida... Y, ¡oye!, ¿tú no me has visto matar a nadie con la porra? ¿No?... Pues ya me verás. Hago ¡pun!, ¡pun!, ¡pun!... y al barranquillo.

ROSITA. Sí; es muy bonito.

MONAGUILLO. *(Por la ventana.)* Que dice el señor cura que, cuando quieran, que vayan.

CRISTOBITA. ¡Ya vamos! ¡Ole, ole, ya vamos! *(Coge una botella y baila mientras bebe.)*

ROSITA. Entonces... Me pondré el velo...

CRISTOBITA. Yo también me voy a poner un gran sombrero y a colgar cintas a la porra... Ahora vengo. *(Se va, bailando.)*

CURRITO. *(Asomando por la celosía del armario.)* Ábreme.

(Rosita se dirige al armario, cuando entra Cocoliche por la ventana dando un gran salto.)

ROSITA. ¡Ay! *(Se dirige a él y cae en sus brazos.)* ¡A nadie más que a ti quiero en el mundo! *(Cocoliche la coge en sus brazos.)*

COCOLICHE. ¡Chiquilla!

CURRITO. *(Desde el armario.)* ¡Ya me lo figuraba yo! Eres una mala mujer.

COCOLICHE. ¿Qué es esto?

ROSITA. ¡Yo me vuelvo loca!

COCOLICHE. ¿Qué haces en tu ratonera? Sal al aire libre, donde están los hombres. *(Golpea el armario.)*

ROSITA. ¡Tened piedad de mí!

COCOLICHE. ¿Tener piedad de ti? ¡Oh miserable mujerzuela!

CURRITO. Quisiera estrangularos a los dos.

COCOLICHE. ¡Sal pronto! ¡Rompe las puertas! ¡Cobarde!

ROSITA. ¡Que viene Cristobita! ¡Piedad, que viene Cristobita!

CURRITO. ¡Abreeeeeeee!

COCOLICHE. ¡Que venga! Así verá cómo su novia se entiende con el amante.

ROSITA. Yo te lo explicaré, amor mío. ¡Huye!

CRISTOBITA. *(Fuera.)* ¡Rosita... chiquitita!...

ROSITA. No hay tiempo. ¡Aquí! *(Abre el otro armario y esconde a Cocoliche; después se echa un velo rosa en la cabeza.)* ¡Me muero! *(Hace como que canta.)*

CRISTOBITA. *(Entrando.)* ¿Qué ruido era ése?

ROSITA. Son... los invitados que esperan en la puerta.

CRISTOBITA. ¡No quiero invitados!

ROSITA. Pero... ¡si los hay!

CRISTOBITA. Pues si los hay, que se vayan. ¡Que se vayan! *(Aparte.)* Y ya me enteraré del ruido. *(Alto.)* Vamos, Rosita. ¿Eh? ¡Oh, qué apetitosa está!

(Se abre la puerta central y aparecen los Invitados de la boda; traen unos grandes arcos con rosas de papel de colores, por los que pasan don Cristobita y Rosita.)

INVITADO 1.º ¡Vivan los novios!

TODOS. ¡Vivan! *(Música.)*

(Queda la escena sola.)

ESCENA III

Por las celosías asoman las cabecitas de Currito y Cocoliche.

CURRITO. ¡Yo voy a estallar!

COCOLICHE. ¿Conque tú eres el amante de esa mujer? ¡Ya nos veremos las caras!

CURRITO. ¡Cuando tú quieras, chisgarabís!

COCOLICHE. Si este armario no fuese de hierro...

CURRITO. ¡Ja!

COCOLICHE. ¡De buena gana te quitaba la nariz de un bocado! *(Fuera se oye un «¡Vivan los novios! ¡Vivan!».)* Ya van a casarse... ¡ya me olvida para siempre! *(Llora.)*

CURRITO. *(Declamatorio.)* He venido al pueblo para aprender cómo se puede olvidar.

COCOLICHE. Ya no me dirá: «Carita de fruta»... ni yo le diré: «Carita de almendra»...

CURRITO. ¡Me iré para siempre, para siempre!

COCOLICHE. ¡Ay, ay, ay!

CURRITO. ¡Ingrata, ingrata, ingrata!

(Fuera suenan las campanas de la iglesia, cohetes y música.)

COCOLICHE. ¡Yo no podré vivir!

CURRITO. ¡Jamás miraré a otra mujer! *(Los dos Muñecos lloran.)*

MOSQUITO. *(Entra por la izquierda.)* No hay que llorar, amiguitos, no hay que llorar. La tierra tiene caminitos blancos, caminitos lisos, caminitos tontos... Pero, muchachos, ¿por qué ese derroche de perlas? No sois príncipes. Después de todo..., la luna no está en menguante, ni el aire va, ni el aire viene... *(Toca la trompetilla y se va.)* Ni va, ni viene. Ni viene, ni va... *(Cocoliche y Currito dan un fuerte suspiro y quedan mirándose.)*

(La puerta central se abre de repente y aparece el cortejo de bodas. Don Cristóbal y la señá Rosita se despiden en la puerta y cierran. Música y campaneo lejano.)

CRISTOBITA. ¡Ay, Rosita de mi corazón! ¡Ay, Rosita!

ROSITA. Ahora me matará con la porra.

CRISTOBITA. ¿Estás mala? ¡Parece que suspiras! Pero es de lo que te gusto. Ya soy viejo y entiendo las cosas. ¡Mira qué traje tengo! ¡Y qué botas! ¡Larán, larán! ¡Ah! Traigan dulces y vino... ¡Mucho vino! *(Entra un Criado con unas botellas. Cristobita coge una y empieza a beber.)* ¡Ay, Rosita bonita! ¡Chiquitita, almendrita! ¿Verdad que soy hermosísimo? ¡Te daré un beso! Toma, toma... *(La besa. En este momento Cocoliche y Currito se asoman a sus celosías y dan un grito de rabia.)* ¿Qué es eso? ¿Pero es que esta casa tiene miedo? *(Coge la porra.)*

ROSITA. ¡No, no, Cristóbal! Son las carcomas, son los niños en la calle...

CRISTOBITA. *(Soltando la porra.)* ¡Mucho ruidillo hacen, caramba! ¡Mucho ruidillo hacen!

ROSITA. *(Aterrada y fingiendo.)* ¿Cuándo me vas a contar las historias que me prometiste?

CRISTOBITA. ¡Ja, ja, ja! Son muy bonitas, tan bonitas como esa carilla de amapola. *(Bebe.)* Es la historia de Don Tancredo, montado en su pedestal. ¿Sabes? ¡Joooo! Y la historia de Don Juan Tenorio, primo de Don Tancredo y primo mío. Sí, señor. ¡Primo mío! Di tú: ¡Primo mío!

ROSITA. ¡Primo tuyo!

CRISTOBITA. ¡Rosa! ¡Rosa! ¡Dime algo!

ROSITA. Te quiero, Cristobita.

CRISTOBITA. ¡Ole, ole! *(La besa. De los armarios sale otro grito.)* ¡Esto se acabó, se acabó y se requeteacabó! ¡Brrrrrrrr!

ROSITA. ¡Ay! No, no te pongas así.

CRISTOBITA. *(Con la porra.)* ¡Que salga quien sea!

ROSITA. Mira: no te pongas así. Un pájaro ha pasado ahora mismo por la ventana, con unas alas... ¡así de grandes!

CRISTOBITA. *(Remedándola.)* ¡Así de grandes! ¡Así de grandes! ¿Pero yo estoy ciego?

ROSITA. ¡No me quieres!... *(Llora.)*

CRISTOBITA. *(Enternecido.)* ¿Te creo... o no te creo? *(Suelta la porra.)*

ROSITA. *(Cursi.)* ¡Qué noche tan clarita vive sobre los tejados! En esta hora, los niños cuentan las estrellas, y los viajeros se duermen sobre sus cabalgaduras.

(Cristobita se sienta, pone los pies sobre la mesa y empieza a beber.)

CRISTOBITA. Me gustaría ser todo de vino y beberme yo mismo. ¡Jooo! Y mi barriga un pastel, un gran pastel rosado, con ciruelas y batatas... *(Los muñecos se asoman a sus armarios y suspiran.)* ¿Quién suspira?

ROSITA. Yo... Soy yo, acordándome de cuando era niña.

CRISTOBITA. Cuando yo era niño, me dieron un pastel más grande que la luna y me lo comí yo solo. ¡Jooo! Yo solo.

ROSITA. *(Romántica.)* La sierra de Córdoba tiene sombras bajo sus olivares, sombras aplastadas, sombras muertas que nunca se van. ¡Oh, quién estuviera bajo sus raíces! La sierra de Granada tiene pies de luz y peinado de nieve. ¡Oh, quién estuviera bajo sus manantiales! Sevilla no tiene sierras.

CRISTOBITA. No tiene sierras, no...

ROSITA. Largos caminos color naranja. ¡Oh, quién se perdiera por ellos!

(Cristobita, oyéndola, como quien oye a un violinista, se ha quedado dormido, con una botella en la mano.)

ESCENA IV

CURRITO. *(Muy bajito.)* ¡Abre!

COCOLICHE. ¡No me abras! Quiero morir aquí.

ROSITA. ¡Callad, por Dios!

(Entra el Mosquito y empieza a tocar la trompetilla alrededor de Cristóbal. Éste le da manotazos.)

CURRITO. Me iré donde no me verás nunca.
ROSITA. Yo jamás te amé. Eres un hombre errante.
COCOLICHE. ¡Qué oigo!
ROSITA. ¡A ti solo, amor mío!
COCOLICHE. ¡Ay, pero ya estás casada!
CRISTOBITA. Brrrrrr... ¡Pícaros mosquitos! ¡Pícaros mosquitos!
ROSITA. ¡Santa Rosa: que no se despierte! *(Se dirige a un armario y, con gran cuidado, lo abre.)*

(Toda esta escena será rapidísima y en voz baja.)

CURRITO. *(Saliendo del armario.)* ¡Adiós para siempre, ingrata! Mi pena es que jamás te olvidaré.

(En este momento el Mosquito da un fuerte trompetazo en la cabeza a Cristóbal y éste se despierta.)

CRISTOBITA. ¡Ah! ¡Qué! ¡Qué! ¡Imposible! ¡Brrrrrrrrrr!
CURRITO. *(Sacando un puñal.)* ¡Calma, señor mío, calma!
CRISTOBITA. ¡Te mato, te trituro, te machaco los huesos! ¡Ya me las pagarás, señá Rosita, mala mujer! ¡Con cien duros que me has costado! ¡Brrr...! ¡Pin! ¡Pin! ¡Pan! ¡Me ahoga la rabia! ¡Pun! ¡Pan! ¿Qué hacías aquí?
CURRITO. *(Temblando.)* Lo... que me da la gana.
CRISTOBITA. ¡Ahrrrrrrrr! ¿Conque lo que te da la gana? ¡Pero hombre! ¡Toma gana! ¡Toma gana! ¡Toma gana! *(Currito acomete a Cristóbal con su puñal, pero éste queda clavado en el pecho del dormilón de una manera rara. Rosita, durante esta escena, ha estado abriendo la puerta del foro, y en este momento ha conseguido abrirla, y huye Currito, perseguido por Cristóbal, que le va diciendo:)* ¡Toma gana! ¡Toma gana!

(Rosita da unos chillidos agudísimos o se ríe de una manera histérica. En todo este momento los personajes estarán ayudados por varios pitos de una orquestilla.)

ESCENA V

COCOLICHE. ¡Ábreme, que yo le mataré cuando venga!

ROSITA. ¿Te abro? *(Va a abrirle.)* ¡No te abro! ¡Ay!

COCOLICHE. Rosita: déjame que lo estrangule.

ROSITA. ¿Te abro? *(Va a abrirle.)* ¡No te abro! Ahora viene, y nos matará.

COCOLICHE. ¡Así moriremos juntos!

ROSITA. ¿Te abro?... ¡Ay, sí!... ¡Te abro! *(Le abre.)* ¡Corazoncillo mío! ¡Arbolito de mi jardín!

COCOLICHE. *(Abrazándola.)* ¡Clavel disciplinado! ¡Manojito de canela! *(Empieza un idilio estilo dúo de ópera.)*

ROSITA. Vete a tu casa; ahora, yo moriré.

COCOLICHE. Es imposible, Rosita entre las flores. En aquella estrella te haré un columpio y un balcón de plata. Desde allí veremos cómo tiembla el mundo vestido por la luna.

ROSITA. *(Olvidándolo todo y en plena felicidad.)* ¡Qué romántico eres, primor mío! Creo que soy una flor, y me deshojo sobre tus manos.

COCOLICHE. Cada día me vas pareciendo más rosada; cada día parece que te arrancas un velo, y surges desnuda.

ROSITA. *(Poniendo la cabecita sobre el pecho de su novio.)* En tu pecho han levantado el vuelo miles de pájaros; amor mío, cuando te miro me parece que estoy ante una fuentecilla. *(Fuera se oye la voz de Cristobita, y Rosita sale de su éxtasis.)* ¡Huye!

CRISTOBITA. *(Aparece en la puerta y queda estupefacto.)* ¡Ahrrrrrrrr! ¡Tienes los amantes a pares! ¡Prepararse para el barranquillo! ¡Pin! ¡Pan! ¡Brrr! *(Cocoliche y Rosita se besan desesperadamente, delante de Cristóbal.)* ¡Imposible! ¡Yo, que he matado trescientos ingleses, trescientos costantinoplos! ¡Os acordaréis de mí! ¡Ay! ¡Ay! *(La porra se le cae de la mano, y se siente un gran estrépito de muelles.)* ¡Ay mi barriguita! ¡Ay mi barriguita! ¡Por vuestra culpa me he roto, me he muerto! ¡Ay, que me muero! ¡Ay, que llamen al curita! ¡Ay!

ROSITA. *(Chillando agudísimamente y corriendo por la escena, arrastrando su larga cola.)* ¡Papáaaaaa! ¡Papáaaaaaaaaaa!

CRISTOBITA. ¡Ahrrrrrrr! ¡Pun! ¡Me acabé! *(Queda panza arriba con las manos por alto y luego cae sobre las candilejas.)*

ROSITA. ¡Ha muerto! ¡Ay Dios mío, qué compromiso tan grande!

COCOLICHE. *(Acercándose con miedo.)* Oye: ¡no tiene sangre!

ROSITA. ¿Que no tiene sangre?

COCOLICHE. ¡Mira! ¡Mira lo que le sale por el ombliguillo!

ROSITA. ¡Qué miedo!

COCOLICHE. ¿Sabes una cosa?

ROSITA. ¿Qué?

COCOLICHE. *(Enfático.)* ¡Cristobita no era una persona!

ROSITA. ¿Qué?... ¡Que no me lo digas siquiera! ¡Qué sofocación más grande! ¿De qué manera que no era una persona?

PADRE. *(Entrando.)* ¿Qué pasa? ¿Qué pasa?

(Entran varios Muñecos.)

COCOLICHE. ¡Mirad!

PADRE. ¡Ha estallado!

(La puerta central se abre y aparecen Muñequitos con antorchas; llevan capas rojas y sombreros negros. Delante viene el Mosquito con una banderita blanca y tocando la trompeta. Traen un ataúd enorme, en el que hay pintados pimientos y rábanos en vez de estrellas. Los Curas vienen cantando. Marcha fúnebre de pitos.)

UN CURA.

Uri memento.
Un hombre muerto.

TODOS.

Se acabó, se acabó,
Cristobalón.

UN CURA.

Cantemos o no cantemos,
cinco duros ganaremos.

(Al coger a Cristobita, éste suena de una manera graciosa, como un fagot. Todos se retiran, y doña Rosita llora. Vuelven otra vez y suena menos, hasta que sus suspiros son de flautín, y lo echan en la caja. El cortejo da la vuelta a la escena, entre los lamentos de la música.)

COCOLICHE. Ahora siento mi pecho lleno de cascabeles, lleno de corazoncillos. Parezco un campo de flores.

ROSITA. Para ti serán mis lágrimas y mis besitos, que eres un clavel.

MOSQUITO. *(Saliendo con la comitiva.)*

Vamos a enterrar
al gran ganapán,
Cristobita borracho
que no volverá.
Ran,
rataplán,
rataplán,
rataplán.
¡Rataplán!

(Cocoliche y Rosita quedan abrazados. Sinfonía.)

Telón

Mariana Pineda

Romance popular en tres estampas

A la gran actriz Margarita Xirgu

Personajes

MARIANA PINEDA
ISABEL LA CLAVELA
DOÑA ANGUSTIAS
AMPARO
LUCÍA
NIÑO
NIÑA
SOR CARMEN
NOVICIA PRIMERA
NOVICIA SEGUNDA
MONJA PRIMERA
FERNANDO
DON PEDRO SOTOMAYOR
PEDROSA
ALEGRITO
CONSPIRADOR PRIMERO
CONSPIRADOR SEGUNDO
CONSPIRADOR TERCERO
CONSPIRADOR CUARTO
MUJER DEL VELÓN
NIÑAS
MONJAS

Prólogo

Telón representando el desaparecido arco árabe de las Cucharas y perspectiva de la plaza Bibarrambla. La escena estará encuadrada en un margen amarillento, como una vieja estampa, iluminada en azul, verde, amarillo, rosa y celeste. Una de las casas que se vean estará pintada con escenas marinas y guirnaldas de frutas. Luz de luna. Al fondo, las Niñas cantarán, con acompañamiento, el romance popular:

¡Oh! Qué día tan triste en Granada,
que a las piedras hacía llorar
al ver que Marianita se muere
en cadalso por no declarar.

Marianita, sentada en su cuarto,
no paraba de considerar:
«Si Pedrosa me viera bordando
la bandera de la Libertad».

(De una ventana saldrá una Mujer con un velón encendido. Cesa el Coro.)

MUJER. ¡Niña! ¿No me oyes?
NIÑA. *(Desde lejos.)* ¡Ya voy!

(Por debajo del arco aparece una Niña vestida según la moda del año 50, que canta.)

Como lirio cortaron el lirio,
como rosa cortaron la flor,
como lirio cortaron el lirio,
mas hermosa su alma quedó.

(Lentamente, entra en su casa. Al fondo, el Coro continúa.)

¡Oh! Qué día tan triste en Granada,
que a las piedras hacía llorar.

Telón lento

Estampa primera

Casa de Mariana. Paredes blancas. Sobre una mesa, un frutero de cristal lleno de membrillos. Todo el techo estará lleno de la misma fruta, colgada. Encima de la cómoda, grandes ramos de rosas de seda. Tarde de otoño. Al levantarse el telón, aparece doña Angustias, madre adoptiva de Mariana, sentada, leyendo. Viste de oscuro. Tiene un aire frío, pero es maternal al mismo tiempo. Isabel la Clavela viste de maja. Tiene treinta y siete años.

ESCENA PRIMERA

CLAVELA. *(Entrando.)*
¿Y la niña?
ANGUSTIAS.
Borda y borda lentamente.
Yo la he visto por el ojo de la llave.
Parecía el hilo rojo, entre sus dedos,
una herida de cuchillo sobre el aire.
CLAVELA.
¡Tengo un miedo!
ANGUSTIAS.
¡No me digas!
CLAVELA. *(Intrigada.)*
¿Se sabrá?
ANGUSTIAS.
Desde luego, por Granada no se sabe.
CLAVELA.
¿Por qué borda esa bandera?
ANGUSTIAS.
Ella me dice
que la obligan sus amigos liberales.

(Con intención.)

Don Pedro, sobre todos; y por ellos
se expone... a lo que no quiero acordarme.

CLAVELA.
Si pensara como antigua, le diría...
embrujada.

ANGUSTIAS. *(Rápida.)*
Enamorada.

CLAVELA. *(Rápida.)*
¿Sí?

ANGUSTIAS. *(Vaga.)*
¡Quién sabe!

(Lírica.)

Se le ha puesto la sonrisa casi blanca,
como vieja flor abierta en un encaje.
Ella debe dejar esas intrigas.
¡Qué le importan las cosas de la calle!
Y si borda, que borde unos vestidos
para su niña, cuando sea grande.
Que si el Rey no es buen Rey, que no lo sea;
las mujeres no deben preocuparse.

CLAVELA.
Esta noche pasada no durmió.

ANGUSTIAS.
¡Si no vive! ¿Recuerdas?... Ayer tarde...

(Suena una campanilla alegremente.)

Son las hijas del Oidor. Guarda silencio.

(Sale Clavela, rápida. Angustias se dirige a la puerta de la derecha y llama.)

Marianita, sal que vienen a buscarte.

ESCENA II

Entran dando carcajadas las Hijas del Oidor de la Chancillería. Vienen vestidas a la moda de la época, con mantillas y un clavel rojo en cada sien. Lucía es rubia tostada, y Amparo, morenísima, de ojos profundos y movimientos rápidos.

ANGUSTIAS. *(Dirigiéndose a besarlas, con los brazos abiertos.)*

¡Las dos bellas del Campillo
por esta casa!

AMPARO. *(Besa a doña Angustias y dice a Clavela.)*

¡Clavela!
¿Qué tal tu esposo el clavel?

CLAVELA. *(Marchándose, disgustada, como temiendo más bromas.)*

¡Marchito!

LUCÍA. *(Llamando al orden.)*

¡Amparo!

(Besa a Angustias.)

AMPARO. *(Riéndose.)*

¡Paciencia!
¡Pero clavel que no huele,
se corta de la maceta!

LUCÍA.

Doña Angustias ¿qué os parece?

ANGUSTIAS. *(Sonriendo.)*

¡Siempre tan graciosa!

AMPARO.

Mientras
que mi hermana lee y relee
novelas y más novelas,
o borda en el cañamazo
rosas, pájaros y letras,
yo canto y bailo el jaleo
de Jerez, con castañuelas;
el vito, el ole, el bolero,

y ojalá siempre tuviera
ganas de cantar, señora.

ANGUSTIAS. *(Riendo.)*
¡Qué chiquilla!

(Amparo coge un membrillo y lo muerde.)

LUCÍA. *(Enfadada.)*
¡Estáte quieta!

AMPARO. *(Habla con lo agrio de la fruta entre los dientes.)*
¡Buen membrillo!

(Le da un calofrío por lo fuerte del ácido, y guiña.)

ANGUSTIAS. *(Con las manos en la cara.)*
¡Yo no puedo
mirar!

LUCÍA. *(Un poco sofocada.)*
¿No te da vergüenza?

AMPARO.
Pero ¿no sale Mariana?
Voy a llamar a su puerta.

(Va corriendo y llama.)

¡Mariana, sal pronto, hijita!

LUCÍA.
¡Perdonad, señora!

ANGUSTIAS. *(Suave.)*
¡Déjala!

ESCENA III

La puerta se abre, y aparece Mariana, vestida de malva claro, con un peinado de bucles, peineta y una gran rosa roja detrás de la oreja. No tiene más que una sortija de diamantes en su mano si-

niestra. Aparece preocupada, y da muestras, conforme avanza el diálogo, de vivísima inquietud. Al entrar Mariana en escena, las dos Muchachas corren a su encuentro.

AMPARO. *(Besándola.)*
¿Cómo has tardado?
MARIANA. *(Cariñosa.)*
¡Niñas!
LUCÍA. *(Besándola.)*
¡Marianita!
AMPARO.
¡A mí otro beso!
LUCÍA.
¡Y otro a mí!
MARIANA.
¡Preciosas!

(A doña Angustias.)

¿Trajeron una carta?
ANGUSTIAS.
¡No!

(Queda pensativa.)
AMPARO. *(Acariciándola.)*
Tú, siempre
joven y guapa.
MARIANA. *(Sonriendo con amargura.)*
¡Ya pasé los treinta!
AMPARO.
¡Pues parece que tienes quince!

(Se sientan en un amplio sofá, una a cada lado. Doña Angustias recoge su libro y arregla la cómoda.)

MARIANA. *(Siempre con un dejo de melancolía.)*
¡Amparo!

¡Viudita y con dos niños!

LUCÍA.

¿Cómo siguen?

MARIANA.

Han llegado ahora mismo del colegio,
y estarán en el patio.

ANGUSTIAS.

Voy a ver.
No quiero que se mojen en la fuente.
¡Hasta luego, hijas mías!

LUCÍA. *(Fina siempre.)*

¡Hasta luego!

(Se va doña Angustias.)

ESCENA IV

MARIANA.

¿Tu hermano Fernando, cómo sigue?

LUCÍA.

Dijo
que vendría a buscarnos, para saludarte.

(Ríe.)

Se estaba poniendo su levita azul.
Todo lo que tienes le parece bien.
Quiere que vistamos como tú te vistes.
Ayer...

AMPARO. *(Que tiene siempre que hablar, la interrumpe.)*
Ayer mismo nos dijo que tú

(Lucía queda seria.)

tenías en los ojos... ¿qué dijo?

LUCÍA. *(Enfadada.)*

¿Me dejas
hablar?

(Quiere hacerlo.)

AMPARO. *(Rápida.)*

¡Ya me acuerdo! Dijo que en tus ojos,
había un constante desfile de pájaros.

(Le coge la cabeza por la barbilla y le mira los ojos.)

Un temblor divino, como de agua oscura,
sorprendida siempre bajo el arrayán,
o temblor de luna sobre una pecera,
donde un pez de plata finge rojo sueño.

LUCÍA. *(Sacudiendo a Mariana.)*

¡Mira! Lo segundo son inventos de ella.

(Ríe.)

AMPARO.

¡Lucía, eso dijo!

MARIANA.

¡Qué bien me causáis
con vuestra alegría de niñas pequeñas!
La misma alegría que debe sentir
el gran girasol al amanecer,
cuando sobre el tallo de la noche vea
abrirse el dorado girasol del cielo.

(Les coge las manos.)

LUCÍA.

¡Te encuentro muy triste!

AMPARO.

¿Qué tienes?

(Entra Clavela.)

MARIANA. *(Levantándose rápidamente.)*

¡Clavela!

¿Llegó? ¡Di!

CLAVELA. *(Triste.)*

¡Señora, no ha venido nadie!

(Cruza la escena y se va.)

LUCÍA.
Si esperas visita, nos vamos.

AMPARO.
Lo dices,
y salimos.

MARIANA. *(Nerviosa.)*
¡Niñas, tendré que enfadarme!

AMPARO.
No me has preguntado por mi estancia en Ronda.

MARIANA.
Es verdad que fuiste; ¿y has vuelto contenta?

AMPARO.
Mucho. Todo el día baila que te baila.

(Queda seria de pronto al ver a Mariana, que está inquieta, mira a las puertas y se distrae.)

LUCÍA. *(Seria.)*
Vámonos, Amparo.

MARIANA. *(Inquieta por algo que ocurre fuera de la escena.)*
¡Cuéntame! Si vieras
cómo necesito de tu fresca risa.

(Mariana sigue de pie.)

LUCÍA.
¿Quieres que te traiga una novela?

AMPARO.
Tráele
la plaza de toros de la ilustre Ronda.

(Ríen. Se levanta y se dirige a Mariana.)

¡Siéntate!

(Mariana se sienta y la besa.)

MARIANA. *(Resignada.)*
¿Estuviste en los toros?

LUCÍA.
¡Estuvo!

AMPARO.

En la corrida más grande
que se vio en Ronda la vieja.
Cinco toros de azabache,
con divisa verde y negra.
Yo pensaba siempre en ti;
yo pensaba: si estuviera
conmigo mi triste amiga,
¡mi Marianita Pineda!
Las niñas venían gritando
sobre pintadas calesas
con abanicos redondos
bordados de lentejuelas.
Y los jóvenes de Ronda
sobre jacas pintureras,
los anchos sombreros grises
calados hasta las cejas.
La plaza con el gentío
(calañés y altas peinetas)
giraba como un zodíaco
de risas blancas y negras.
Y cuando el gran Cayetano
cruzó la pajiza arena
con traje color manzana,
bordado de plata y seda,
destacándose gallardo
entre la gente de brega
frente a los toros zaínos
que España cría en su tierra,
parecía que la tarde
se ponía más morena.
¡Si hubieras visto con qué
gracia movía las piernas!
¡Qué gran equilibrio el suyo
con la capa y la muleta!
¡Mejor, ni Pedro Romero
toreando las estrellas!
Cinco toros mató; cinco,

con divisa verde y negra.
En la punta de su espada
cinco flores dejó abiertas,
y a cada instante rozaba
los hocicos de las fieras,
como una gran mariposa
de oro con alas bermejas.
La plaza, al par que la tarde,
vibraba fuerte, violenta,
y entre el olor de la sangre
iba el olor de la sierra.
Yo pensaba siempre en ti;
yo pensaba: si estuviera
conmigo mi triste amiga,
¡mi Marianita Pineda!...
. . . .

MARIANA. *(Emocionada y levantándose.)*
¡Yo te querré siempre a ti
tanto como tú me quieras!

LUCÍA. *(Se levanta.)*
Nos retiramos; si sigues
escuchando a esta torera
hay corrida para rato.

AMPARO.
Y dime: ¿estás más contenta?
Porque este cuello, ¡oh, qué cuello!,

(Le besa el cuello.)

no se hizo para la pena.

LUCÍA. *(En la ventana.)*
Hay nubes por Parapanda.
Lloverá, aunque Dios no quiera.

AMPARO.
¡Este invierno va a ser de agua!
¡No podré lucir!

LUCÍA.
¡Coqueta!

AMPARO.

¡Adiós, Mariana!

MARIANA.

¡Adiós, niñas!

(Se besan.)

AMPARO.

¡Que te pongas más contenta!

MARIANA.

Tardecillo es. ¿Queréis
que os acompañe Clavela?

AMPARO.

¡Gracias! Pronto volveremos.

LUCÍA.

¡No bajes, no!

MARIANA.

¡Hasta la vuelta!

(Salen.)

ESCENA V

Mariana atraviesa rápidamente la escena y mira la hora en uno de esos grandes relojes dorados, donde sueña toda la poesía exquisita de la hora y el siglo. Se asoma a los cristales y ve la última luz de la tarde.

MARIANA.

Si toda la tarde fuera
como un gran pájaro, ¡cuántas
duras flechas lanzaría
para cerrarle las alas!
Hora redonda y oscura
que me pesa en las pestañas.
Dolor de viejo lucero
detenido en mi garganta.
Ya debieran las estrellas
asomarse a mi ventana
y abrirse lentos los pasos
por la calle solitaria.

¡Con qué trabajo tan grande
deja la luz a Granada!
Se enreda entre los cipreses
o se esconde bajo el agua.
¡Y esta noche que no llega!

(Con angustia.)

¡Noche temida y soñada;
que me hieres ya de lejos
con larguísimas espadas!

ESCENA VI

FERNANDO. *(En la puerta.)*
Buenas tardes.

MARIANA. *(Asustada.)*
¿Qué?

(Reponiéndose.)

¡Fernando!

FERNANDO.
¿Te asusto?

MARIANA.
No te esperaba,

(Sonriendo.)

y tu voz me sorprendió.

FERNANDO.
¿Se han ido ya mis hermanas?

MARIANA.
Ahora mismo. Se olvidaron
de que vendrías a buscarlas.

(Fernando viste elegantemente la moda de la época. Mira y habla apasionadamente. Tiene dieciocho años.)

FERNANDO.
¿Interrumpo?

MARIANA.

Siéntate.

(Se sientan.)

FERNANDO. *(Lírico.)*

¡Cómo me gusta tu casa!...
Con este olor a membrillos.

(Aspira.)

¡Y qué preciosa fachada
tiene, llena de pinturas,
de barcos y de guirnaldas!...

MARIANA. *(Interrumpiéndole.)*

¿Hay mucha gente en la calle?

FERNANDO. *(Sonríe.)*

¿Por qué preguntas?

MARIANA. *(Turbada.)*

Por nada.

FERNANDO.

Pues hay mucha gente.

MARIANA. *(Impaciente.)*

¿Dices?...

FERNANDO.

Al pasar por Bibarrambla
he visto dos o tres grupos
de gente envuelta en sus capas,
que aguantando el airecillo
a pie firme comentaban
el suceso.

MARIANA. *(Ansiosamente.)*

¿Qué suceso?

FERNANDO.

¿Sospechas de qué se trata?

MARIANA.

¿Cosas de masonería?...

FERNANDO.

Un capitán que se llama...;

(Mariana está como en vilo.)

no recuerdo...; liberal,
prisionero de importancia,
se ha fugado de la cárcel
de la Audiencia.

(Viendo a Mariana.)

¿Qué te pasa?

MARIANA.

Ruego a Dios por él. ¿Se sabe
si le buscan?

FERNANDO.

Ya marchaban,
antes de venir yo aquí,
un grupo de tropas hacia
el Genil y sus puentes
para ver si lo encontraban,
y es fácil que lo detengan
camino de la Alpujarra.
¡Qué triste es esto!

MARIANA. *(Angustiada.)*

¡Dios mío!

FERNANDO.

El preso, como un fantasma,
se escapó; pero Pedrosa
ya buscará su garganta.
Pedrosa conoce el sitio
donde la vena es más ancha.
Me han dicho que le conoces.

(La luz se va retirando de la escena.)

MARIANA.

Desde que llegó a Granada.

FERNANDO. *(Sonriendo.)*

¡Bravo amigo, Marianita!

MARIANA.

Le conocí por desgracia.
Él está amable conmigo,
y hasta viene por mi casa,

sin que yo pueda evitarlo.
¿Quién le impediría la entrada?

FERNANDO.

¡Qué gran Alcalde del Crimen!

MARIANA.

¡No puedo mirar su cara!

FERNANDO.

¿Te da mucho miedo?

(Sonriendo.)

MARIANA.

¡Mucho!
Ayer tarde yo bajaba
por el Zacatín. Volvía
de la iglesia de Santa Ana
tranquila; pero de pronto
vi a Pedrosa. Se acercaba,
seguido de dos golillas,
entre un grupo de gitanas.
¡Con un aire y un silencio!...
¡Él notó que yo temblaba!

(La escena está en una dulce penumbra.)

FERNANDO.

¡Bien supo el Rey lo que hacía
al mandarlo aquí a Granada!
Se trajo en el maletín
un centenar de mortajas,
hechas, según se murmura,
por manos que son sagradas.

MARIANA. *(Levantándose.)*

Ya es noche. ¡Clavela! ¡Luces!

FERNANDO.

Ahora los ríos sobre España,
en vez de ser ríos, son
largas cadenas de agua.

MARIANA.

Por eso hay que mantener
la cabeza levantada.

CLAVELA. *(Entrando con dos candelabros.)*
¡Señora, las luces!
MARIANA. *(Palidísima y en acecho.)*
¡Déjalas!

(Llaman fuertemente a la puerta.)

CLAVELA.
¡Están llamando!
(Coloca las luces.)

FERNANDO. *(Al ver a Mariana descompuesta.)*
¡Mariana!
¿Por qué tiemblas de ese modo?
MARIANA. *(A Clavela, gritando en voz baja.)*
¡Abre pronto, por Dios; anda!

(Sale Clavela corriendo. Mariana queda en actitud expectante junto a la puerta, y Fernando, de pie.)

ESCENA VII

FERNANDO.
Sentiría en el alma ser molesto...
Marianita, ¿qué tienes?
MARIANA. *(Angustiada exquisitamente.)*
Esperando
los segundos se alargan de manera
irresistible.
FERNANDO. *(Inquieto.)*
¿Bajo yo?
MARIANA.
Un caballo
se aleja por la calle. ¿Tú lo sientes?
FERNANDO.
Hacia la vega corre.

(Pausa.)

MARIANA.

Ya ha cerrado
el postigo Clavela.

FERNANDO.

¿Quién será?

MARIANA. *(Turbada y reprimiendo una honda angustia.)*
¡Yo no lo sé!

(Aparte.)

¡Ni siquiera pensarlo!

CLAVELA. *(Entrando.)*
Una carta, señora.

(Mariana coge la carta ávidamente.)

FERNANDO. *(Aparte.)*

¡Qué será!

CLAVELA.

Me la entregó un jinete. Iba embozado
hasta los ojos. Tuve mucho miedo.
Soltó las bridas y se fue volando
hacia lo oscuro de la plazoleta.

FERNANDO.

Desde aquí lo sentimos.

MARIANA.

¿Le has hablado?

CLAVELA.

Ni yo le dije nada, ni él a mí.
Lo mejor es callar en estos casos.

(Fernando cepilla el sombrero con su manga, y tiene el semblante inquieto.)

MARIANA. *(Con la carta.)*
¡No la quisiera abrir! ¡Ay, quién pudiera
en esta realidad estar soñando!
¡Señor, no me quitéis lo que más quiero!

(Rasga la carta y lee.)

FERNANDO. *(A Clavela ansiosamente.)*
Estoy confuso. ¡Es esto tan extraño!
Tú sabes lo que tiene. ¿Qué le ocurre?
CLAVELA.
Ya le he dicho que no lo sé.
FERNANDO. *(Discreto.)*
Me callo.
Pero...
CLAVELLA. *(Continuando la frase.)*
¡Pobre doña Mariana mía!
MARIANA. *(Agitada.)*
¡Acércame, Clavela, el candelabro!

(Clavela se lo acerca corriendo. Fernando cuelga lentamente la capa sobre sus hombros.)

CLAVELA. *(A Mariana.)*
¡Dios nos guarde, señora de mi vida!
FERNANDO. *(Azorado e inquieto.)*
Con tu permiso...
MARIANA. *(Queriendo reponerse.)*
¿Ya te vas?
FERNANDO.
Me marcho;
voy al café de la Estrella.
MARIANA. *(Tierna y suplicante.)*
Perdona
estas inquietudes...
FERNANDO. *(Digno.)*
¿Necesitas algo?
MARIANA. *(Conteniéndose.)*
Gracias... Son asuntos familiares hondos,
y tengo yo misma que solucionarlos.
FERNANDO.
Yo quisiera verte contenta. Diré

a mis hermanillas que vengan un rato,
y ojalá pudiese prestarte mi ayuda.
Adiós, que descanses.

(Le estrecha la mano.)

MARIANA.

Adiós.

FERNANDO. *(A Clavela.)*

Buenas noches.

CLAVELA.

Salga, que yo le acompaño.

(Se van.)

MARIANA. *(En el momento de salir Fernando da rienda suelta a su sentimiento.)*

¡Pedro de mi vida! ¿Pero quién irá?
Ya cercan mi casa los días amargos.
Y este corazón, ¿adónde me lleva,
que hasta de mis hijos me estoy olvidando?
¡Tiene que ser pronto y no tengo a nadie!
¡Yo misma me asombro de quererlo tanto!
¿Y si le dijese... y él lo comprendiera?
¡Señor, por la llaga de vuestro costado!

(Sollozando.)

Por las clavellinas de su dulce sangre,
enturbia la noche para los soldados.

(En un arranque, viendo el reloj.)

¡Es preciso! ¡Tengo que atreverme a todo!

(Sale corriendo hacia la puerta.)

¡Fernando!

CLAVELA. *(Que entra.)*

¡En la calle, señora!

MARIANA. *(Asomándose rapidísima a la ventana.)*
¡Fernando!
CLAVELA. *(Con las manos cruzadas.)*
¡Ay, doña Mariana, qué malita está!
Desde que usted puso sus preciosas manos
en esa bandera de los liberales,
aquellos colores de flor de granado
desaparecieron de su cara.
MARIANA. *(Reponiéndose.)*
Abre,
y no me recuerdes lo que estoy bordando.
CLAVELA. *(Saliendo.)*
Dios dirá; los tiempos cambian con el tiempo.
Dios dirá. ¡Paciencia!
(Sale.)
MARIANA.
Tengo, sin embargo,
que estar muy serena, muy serena; aunque
me siento vestida de temblor y llanto.

ESCENA VIII

Aparece en la puerta Fernando, con el alto sombrero de cintas entre sus manos enguantadas. Le precede Clavela.

FERNANDO. *(Entrando, apasionado.)*
¿Qué quieres?
MARIANA. *(Firme.)*
Hablar contigo.
(A Clavela.)
Puedes irte.
CLAVELA. *(Marchándose, resignada.)*
¡Hasta mañana!

(Se va turbada, mirando con ternura y tristeza a su señora. Pausa.)

FERNANDO.

Dime, pronto.

MARIANA.

¿Eres mi amigo?

FERNANDO.

¿Por qué preguntas, Mariana?

(Mariana se sienta en una silla, de perfil al público, y Fernando junto a ella, un poco de frente, componiendo una clásica estampa de la época.)

¡Ya sabes que siempre fui!

MARIANA.

¿De corazón?

FERNANDO.

¡Soy sincero!

MARIANA.

¡Ojalá que fuese así!

FERNANDO.

Hablas con un caballero.

(Poniéndose la mano sobre la blanca pechera.)

MARIANA. *(Segura.)*

¡Lo sé!

FERNANDO.

¿Qué quieres de mí?

MARIANA.

Quizá quiera demasiado,
y por eso no me atrevo.

FERNANDO.

No quieras ver disgustado
este corazón tan nuevo.
Te sirvo con alegría.

MARIANA. *(Temblorosa.)*

Fernando, ¿y si fuera?...

FERNANDO. *(Ansiosamente.)*
¿Qué?
MARIANA.
Algo peligroso.
FERNANDO. *(Decidido.)*
Iría.
Con toda mi buena fe.
Y esto, a mi modo de ver...
MARIANA.
¡No debo pedirte nada!
Como dicen por Granada,
¡soy una loca mujer!
FERNANDO. *(Tierno.)*
Marianita.
MARIANA.
¡Yo no puedo!
FERNANDO.
¿Por qué me llamaste? ¿Di?
MARIANA. *(En un arranque.)*
Porque tengo mucho miedo
de morirme sola aquí.
FERNANDO.
¿De morirte?
MARIANA.
Necesito,
para seguir respirando,
que tú me ayudes, mocito.
FERNANDO.
Mis ojos te están mirando,
y no lo debes dudar.
MARIANA.
Pero mi vida está fuera,
por el aire, por la mar,
por donde yo no quisiera.
FERNANDO.
¡Dichosa la sangre mía,
si puede calmar tu pena!

MARIANA. *(Se lleva decidida las manos al pecho para sacar la carta. Fernando tiene una actitud expectante y conmovida.)*
¡Confío en tu corazón!

(Saca la carta. Duda.)

¡Qué silencio el de Granada!
Hay puesta en mí una mirada
fija, detrás del balcón.

FERNANDO. *(Extrañado.)*
¿Qué estás hablando?

MARIANA.
Me mira

(Levantándose.)

la garganta, que es hermosa,
y toda mi piel se estira.
¿Podrás conmigo, Pedrosa?

(Decidida.)

Toma esta carta, Fernando.
Lee despacio y entendiendo.
¡Sálvame! Que estoy dudando
si podré seguir viviendo.

(Fernando coge la carta y la desdobla. En este momento, el reloj da las ocho lentamente. Las luces topacio y amatista de las velas hacen temblar líricamente la habitación. Mariana pasea la escena y mira angustiada al Joven. Éste lee el comienzo de la carta y tiene un exquisito, pero contenido gesto de desaliento.)

FERNANDO. *(Leyendo la carta, con sorpresa, y mirando, asombrado y triste, a Mariana.)* «Adorada Marianita.»

MARIANA.

No interrumpas la lectura.
Un corazón necesita
lo que pide en la escritura.

FERNANDO. *(Leyendo, desalentado, aunque sin afectación.)* «Adorada Marianita: Gracias al traje de capuchino que tan diestramente hiciste llegar a mi poder, me he fugado de la torre de Santa Catalina, confundido con otros religiosos que salían de asistir a un reo de muerte. Esta noche, disfrazado de contrabandista, tengo absoluta necesidad de salir para Cadiar, donde espero tener noticias de los amigos. Necesito antes de las nueve el pasaporte que tienes en tu poder y una persona de tu absoluta confianza que espere, con un caballo, más arriba de la presa del Genil, para, río arriba, internarme en la sierra. Pedrosa estrechará el cerco como él sabe, y si esta misma noche no parto, estoy irremisiblemente perdido. Adiós, Mariana. Un abrazo y el alma de tu amante. – Pedro de Sotomayor.»

FERNANDO. *(Enamoradísimo.)*

¡Mariana!

MARIANA. *(Rápida, llevándose una mano a los ojos.)*

¡Me lo imagino!
Pero silencio, Fernando.

FERNANDO.

¡Como has cortado el camino
de lo que estabas soñando!

(Mariana protesta mímicamente.)

No es tuya la culpa, no;
ahora tengo que ayudar
a un hombre que empiezo a odiar,
¡¡y el que te quiere soy yo!!
El que de niño te amara,
lleno de amarga pasión,
mucho antes de que robara

don Pedro tu corazón.
¡Pero quién te deja en esta
triste angustia del momento!
Y torcer mi sentimiento,
¡qué gran trabajo me cuesta!

MARIANA. *(Orgullosa.)*
¡Pues iré sola!

(Humilde.)

¡Dios mío,
tiene que ser al instante!

FERNANDO.
Yo iré en busca de tu amante,
por la ribera del río.

MARIANA. *(Orgullosa y corrigiendo la ironía y tristeza de Fernando al decir «amante».)*
Decirte cómo le quiero
no me produce rubor.
Me escuece dentro su amor
y relumbra todo entero.
Él ama la Libertad,
y yo la quiero más que él.
Lo que dice es mi verdad
agria, que me sabe a miel.
Y no me importa que el día
con la noche se enturbiara,
que con la luz que emanara
su espíritu viviría.
Por este amor verdadero,
que muerde mi alma sencilla,
me estoy poniendo amarilla
como la flor del romero.

FERNANDO. *(Fuerte.)*
Mariana, dejo que vuelen
tus quejas. Mas, ¿no has oído
que el corazón tengo herido
y las heridas me duelen?

MARIANA. *(Popular.)*
Pues si mi pecho tuviera

vidrieritas de cristal,
te asomaras y lo vieras
gotas de sangre llorar.

FERNANDO.

¡Basta! ¡Dame el documento!

(Mariana va a una cómoda rápidamente.)

¿Y el caballo?

MARIANA. *(Sacando los papeles.)*
En el jardín.
Si vas a marchar, al fin,
no hay que perder un momento.

FERNANDO. *(Pálido y nervioso.)*
Ahora mismo.

(Mariana le da los papeles.)

¿Y aquí va...?

MARIANA. *(Desazonada.)*
Todo.

FERNANDO. *(Guardándose el documento en la levita.)*
¡Bien!

MARIANA.

¡Perdón, amigo!
Que el Señor vaya contigo.

FERNANDO. *(Natural, digno y suave, poniéndose lentamente la capa.)*
Yo espero que así será.
Está la noche cerrada.
No hay luna, y aunque la hubiera,
los chopos de la ribera
dan una sombra apretada.
Adiós. Y seca ese llanto.
Pero quédate sabiendo
que nadie te querrá tanto
como yo te estoy queriendo.
Que voy con esta misión,
para no verte sufrir,

torciendo el hondo sentir
de mi propio corazón.

MARIANA.

Evita guarda o soldado...

FERNANDO. *(Mirándola con ternura.)*

Por aquel sitio no hay gente.
Puedo marchar descuidado.

(Amargamente irónico.)

¿Qué quieres más?

MARIANA. *(Turbada y balbuciente.)*

Sé prudente.

FERNANDO. *(En la puerta, poniéndose el sombrero.)*

Ya tengo el alma cautiva;
desecha todo temor.
Prisionero soy de amor,
y lo seré mientras viva.

MARIANA.

Adiós.

(Coge el candelabro.)

FERNANDO.

No salgas, Mariana.
El tiempo corre, y yo quiero
pasar el puente primero
que don Pedro. Hasta mañana.

(Salen.)

ESCENA IX

La escena queda solitaria medio segundo. Apenas ha salido Mariana con Fernando por una puerta, cuando aparece doña Angustias por la de enfrente con un candelabro. El fino y otoñal perfume de los membrillos invade el ambiente.

ANGUSTIAS.

Niña, ¿dónde estás? Niña.
Pero, Señor, ¿qué es esto?
¿Dónde estabas?

MARIANA. *(Entrando con un candelabro.)*
Salía
con Fernando.
ANGUSTIAS.
¡Qué juego
inventaron los niños!
Regáñales.
MARIANA. *(Dejando el candelabro.)*
¿Qué hicieron?
ANGUSTIAS.
Mariana, la bandera
que bordas en secreto...
MARIANA. *(Interrumpiendo, dramáticamente.)*
¿Qué dices?
ANGUSTIAS.
Han hallado
en el armario viejo
y se han tendido en ella
fingiéndose los muertos.
Tilín, talán; abuela,
dile al curita nuestro
que traiga banderolas
y flores de romero;
que traigan encarnadas
clavellinas del huerto.
Ya vienen los obispos,
decían *uri memento*,
y cerraban los ojos,
poniéndose muy serios.
Serán cosas de niños;
está bien. Mas yo vengo
muy mal impresionada,
y me da mucho miedo
la dichosa bandera.
MARIANA. *(Aterrada.)*
¿Pero cómo la vieron?
¡Estaba bien oculta!

ANGUSTIAS.

Mariana, ¡triste tiempo
para esta antigua casa,
que derrumbarse veo,
sin un hombre, sin nadie,
en medio del silencio!
Y luego, tú...

MARIANA. *(Desorientada y con aire trágico.)*

¡Por Dios!

ANGUSTIAS.

Mariana, ¿tú qué has hecho?
Cercar estas paredes
de guardianes secretos.

MARIANA.

Tengo el corazón loco
y no sé lo que quiero.

ANGUSTIAS.

¡Olvídalo, Mariana!

MARIANA. *(Con pasión.)*

¡Olvidarlo no puedo!

(Se oyen risas de niños.)

ANGUSTIAS. *(Haciendo señas para que Mariana calle.)*

Los niños.

MARIANA.

Vamos pronto.
¿Cómo alcanzaron eso?

ANGUSTIAS.

Así pasan las cosas.
¡Mariana, piensa en ellos!

(Coge un candelabro.)

MARIANA.

Sí, sí; tienes razón.
Tienes razón. ¡No pienso!

(Salen.)

Telón

Estampa segunda

Sala principal en la casa de Mariana. Entonación en grises, blancos y marfiles, como una antigua litografía. Estrado, blanco. Al fondo, una puerta con una cortina gris, y puertas laterales. Hay una consola con urna y grandes ramos de flores de seda morada y verde. En el centro de la habitación, un fortepiano y candelabros de cristal. Es de noche.

ESCENA PRIMERA

En escena la Clavela y los Niños de Mariana. Visten la deliciosa moda infantil de la época. La Clavela está sentada, y a los lados, en taburetes, los Niños. La estancia es limpia y modesta, aunque conservando ciertos muebles de lujo heredados por Mariana.

CLAVELA.
No cuento más. *(Se levanta.)*
NIÑO. *(Tirándole del vestido.)*
Cuéntanos otra cosa.
CLAVELA.
¡Me romperás el vestido!
NIÑA. *(Tirando.)*
Es muy malo.
CLAVELA. *(Echándoselo en cara.)*
Tú madre lo compró.
NIÑO. *(Riendo y tirando el vestido para que se siente.)*
¡Clavela!
CLAVELA. *(Sentándose a la fuerza y riendo también.)*
¡Niños!
NIÑA.
El cuento aquel del príncipe gitano.

CLAVELA.

Los gitanos no fueron nunca príncipes.

NIÑA.

¿Y por qué?

NIÑO.

No los quiero a mi lado.
Sus madres son las brujas.

NIÑA. *(Enérgica.)*

¡Embustero!

CLAVELA. *(Reprendiéndola.)*

¡Pero niña!

NIÑA.

Si ayer vi yo rezando
al Cristo de la Puerta Real dos de ellos.
Tenían unas tijeras así..., y cuatro
borriquitos peludos que miraban...
con unos ojos..., y movían los rabos
dale que le das. ¡Quién tuviera alguno!

NIÑO. *(Doctoral.)*

Seguramente los habrían robado.

CLAVELA.

Ni tanto ni tan poco. ¡Qué se sabe!

(Los Niños se hacen burla sacando la lengua.)

¡Chitón!

NIÑO.

¿Y el romancillo del bordado?

NIÑA.

¡Ay, duque de Lucena! ¿Cómo dice?

NIÑO.

Olivarito, olivo..., está bordando.

(Como recordando.)

CLAVELA.

Os lo diré; pero cuando se acabe,
en seguida a dormir.

NIÑO.

Bueno.

NIÑA.

¡Enterados!

CLAVELA. *(Se persigna lentamente, y los Niños la imitan, mirándola.)*

Bendita sea por siempre
la Santísima Trinidad,
y guarde al hombre en la sierra
y al marinero en el mar.
A la verde, verde orilla
del olivarito está...

NIÑA. *(Tapando con una mano la boca a Clavela y continuando ella.)*

Una niña bordando.
¡Madre! ¿Qué bordará?

CLAVELA. *(Encantada de que la Niña lo sepa.)*

Las agujas de plata,
bastidor de cristal,
bordaba una bandera,
cantar que te cantar.
Por el olivo, olivo,
¡madre, quién lo dirá!

NIÑO. *(Continuando.)*

Venía un andaluz,
mocito y galán.

(Aparece por la puerta del fondo Mariana, vestida de amarillo claro: un amarillo de libro viejo, y oye el romance, glosando con gestos lo que en ella evoca la idea de bandera y muerte.)

CLAVELA.

Niña, la bordadora,
mi vida, ¡no bordad!,
que el duque de Lucena
duerme y dormirá.
La niña le responde:

«No dices la verdad:
el duque de Lucena
me ha mandado bordar
esta roja bandera
porque a la guerra va».

NIÑO.

Por las calles de Córdoba
lo llevan a enterrar
muy vestido de fraile
en caja de coral.

NIÑA. *(Como soñando.)*

La albahaca y los claveles
sobre la caja van,
y un verderol antiguo
cantando el pío pa.

CLAVELA.

¡Ay, duque de Lucena,
ya no te veré más!
La bandera que bordo
de nada servirá.
En el olivarito
me quedaré a mirar
cómo el aire menea
las hojas al pasar.

NIÑO.

Adiós, niña bonita,
espigada y juncal,
me voy para Sevilla,
donde soy capitán.

CLAVELA.

Y a la verde, verde orilla
del olivarito está
una niña morena
llorar que te llorar.

(Los Niños hacen un gesto de satisfacción. Han seguido el romance con alto interés.)

ESCENA II

Dichos y Mariana.

MARIANA. *(Avanzando.)*
Es hora de acostarse.
CLAVELA. *(Levantándose y a los Niños.)*
¿Habéis oído?
NIÑA. *(Besando a Mariana.)*
Mamá, acuéstanos tú.
MARIANA.
Hija, no puedo;
yo tengo que coserte una capita.
NIÑO.
¿Y para mí?
CLAVELA. *(Riendo.)*
¡Pues claro está!
MARIANA.
Un sombrero
con una cinta verde y dos de plata.

(Lo besa.)

CLAVELA.
¡A la costa mis niños!
NIÑO. *(Volviendo.)*
Yo lo quiero
como los hombres: alto y grande, ¿sabes?
MARIANA.
¡Lo tendrás, primor mío!
NIÑA.
Y entra luego;
me gustará sentirte, que esta noche
no se ve nada y hace mucho viento.
MARIANA. *(Bajo a Clavela.)*
Cuando acabes te bajas a la puerta.
CLAVELA.
Pronto será; los niños tienen sueño.

MARIANA.

¡Que recéis sin reírse!

CLAVELA.

¡Sí, señora!

MARIANA. *(En la puerta.)*

Una salve a la Virgen, y dos credos
al Santo Cristo del Mayor Dolor,
para que nos protejan.

NIÑA.

Rezaremos
la oración de San Juan y la que ruega
por caminantes y por marineros.

(Entran. Pausa.)

ESCENA III

MARIANA. *(En la puerta.)*

Dormir tranquilamente, niños míos,
mientras que yo, perdida y loca, siento
quemarse con su propia lumbre viva
esta rosa de sangre de mi pecho.
Soñar en la verbena y el jardín
de Cartagena, luminoso y fresco,
y en la pájara pinta que se mece
en las ramas del agrio limonero.
Que yo también estoy dormida, niños,
y voy volando por mi propio sueño,
como van, sin saber adónde van,
los tenues vilanicos por el viento.

ESCENA IV

Aparece doña Angustias en la puerta y en un aparte.

ANGUSTIAS.

Vieja y honrada casa, ¡qué locura!

(A Mariana.)

Tienes una visita.

MARIANA. *(Inquieta.)*

¿Quién?

ANGUSTIAS.

¡Don Pedro!

(Mariana sale corriendo hacia la puerta.)

¡Serénate, hija mía! ¡No es tu esposo!

MARIANA. *(Asintiendo rotundamente.)*

Siempre tienes razón. ¡Pero no puedo!

ESCENA V

Mariana llega corriendo a la puerta en el momento en que don Pedro entra por ella. Don Pedro tiene treinta y seis años. Es un hombre simpático, sereno y fuerte. Viste correctamente, y habla de una manera dulce. Mariana le tiende los brazos y le estrecha las manos. Doña Angustias adopta una triste y reservada actitud. Pausa.

PEDRO. *(Efusivo.)*

Gracias, Mariana, gracias.

MARIANA. *(Casi sin poder hablar.)*

Cumplí con mi deber.

(Durante esta escena dará Mariana muestras de una vehementísima y profunda pasión.)

PEDRO. *(Dirigiéndose a doña Angustias.)*

Muchas gracias, señora.

ANGUSTIAS. *(Triste.)*

¿Y por qué? Buenas noches.

(A Mariana.)

Yo me voy con los niños.

(Aparte.)

¡Ay, pobre Marianita!

(Sale. Al salir Angustias, Pedro efusivo, enlaza a Mariana por el talle.)

PEDRO. *(Apasionado.)*
¡Quién pudiera pagarte lo que has hecho por mí!
Toda mi sangre es nueva, porque tú me la has dado
exponiendo tu débil corazón al peligro.
¡Ay, qué miedo tan grande tuve por él, Mariana!

MARIANA. *(Cerca y abandonada.)*
¿De qué sirve mi sangre, Pedro, si tú murieras?
Un pájaro sin aire ¿puede volar? ¡Entonces!...

(Bajo.)

Yo no podré decirte cómo te quiero nunca;
a tu lado me olvido de todas las palabras.

PEDRO. *(Con voz suave.)*
¡Cuánto peligro corres sin el menor desmayo!
¡Qué sola estás, cercada de maliciosa gente!
¡Quién pudiera librarte de aquellos que te acechan
con mi propio dolor y mi vida, Mariana!

MARIANA. *(Echando la cabeza en el hombro y como soñando.)*
¡Así! Deja tu aliento sobre mi frente. Limpia
esta angustia que tengo y este sabor amargo;
esta angustia de andar sin saber dónde voy,
y este sabor de amor que me quema la boca.

(Pausa. Se separa rápidamente del caballero y le coge los codos.)

¡Pedro! ¿No te persiguen? ¿Te vieron entrar?

PEDRO.

¡Nadie!

(Se sienta.)

Vives en una calle silenciosa, y la noche
se presenta endiablada.

MARIANA.

Yo tengo mucho miedo.

PEDRO. *(Cogiéndole una mano.)*

¡Ven aquí!

MARIANA. *(Se sienta.)*

Mucho miedo de que esto se adivine,
de que pueda matarte la canalla realista.

PEDRO. *(Con pasión.)*

Marianita, ¡no temas! ¡Mujer mía! ¡Vida mía!
En el mayo sigilo conspiramos. ¡No temas!
La bandera que bordas temblará por las calles
entre los corazones y los gritos del pueblo.
Por ti la Libertad suspirada por todos
pisará tierra dura con anchos pies de plata.
Pero si así no fuese; si Pedrosa...

MARIANA. *(Aterrada.)*

¡No sigas!

PEDRO.

... sorprende nuestro grupo y hemos de morir...

MARIANA.

¡Calla!

PEDRO.

Mariana, ¿qué es el hombre sin libertad? ¿Sin esa
luz armoniosa y fija que se siente por dentro?
¿Cómo podría quererte no siendo libre, dime?
¿Cómo darte este firme corazón si no es mío?
No temas; ya he burlado a Pedrosa en el campo,
y así pienso seguir hasta vencer contigo,
que me ofreces tu amor y tu casa y tus dedos.

(Se los besa.)

MARIANA.

¡Y algo que yo no sé decir, pero que existe!
¡Qué bien estoy contigo! Pero aunque alegre, noto
un gran desasosiego que me turba y enoja;

me parece que hay hombres detrás de las cortinas,
que mis palabras suenan claramente en la calle.

PEDRO. *(Amargo.)*
¡Eso sí! ¡Qué mortal inquietud, qué amargura!
¡Qué constante pregunta al minuto lejano!
¡Qué otoño interminable sufrí por esa sierra!
¡Tú no lo sabes!

MARIANA.
Dime: ¿corriste gran peligro?

PEDRO.
Estuve casi en manos de la justicia; pero
me salvó el pasaporte y el caballo que enviaste
con un extraño joven, que no me dijo nada.

MARIANA. *(Inquieta y sin querer recordar.)*
Y dime.

(Pausa.)

PEDRO.
¿Por qué tiemblas?

MARIANA. *(Nerviosa.)*
Sigue. ¿Después?

PEDRO.
Después
vagué por la Alpujarra.
Supe que en Gibraltar
había fiebre amarilla;
la entrada era imposible,
y esperé bien oculto
la ocasión. ¡Ya ha llegado!
Venceré con tu ayuda, ¡Mariana de mi vida!
¡Libertad, aunque con sangre llame a todas las puertas!

MARIANA. *(Radiante.)*
¡Mi victoria consiste en tenerte a mi vera!
En mirarte los ojos mientras tú no me miras.
Cuando estás a mi lado olvido lo que siento
y quiero a todo el mundo,
hasta al rey y a Pedrosa.
Al bueno como al malo. ¡Pedro!, cuando se quiere,

se está fuera del tiempo,
y ya no hay día ni noche, ¡sino tú y yo!

PEDRO. *(Abrazándola.)*

¡Mariana!
Como dos blancos ríos de rubor y silencio,
así enlazan tus brazos mi cuerpo combatido.

MARIANA. *(Cogiéndole la cabeza.)*
Ahora puedo perderte, puedo perder tu vida.
Como la enamorada de un marinero loco
que navegara siempre sobre una barca vieja,
acecho un mar oscuro, sin fondo ni oleaje,
en espera de gentes que te traigan ahogado.

PEDRO.
No es hora de pensar en quimeras, que es hora
de abrir el pecho a bellas realidades cercanas
de una España cubierta de espigas y rebaños,
donde la gente coma su pan con alegría,
en medio de estas anchas eternidades nuestras
y esta aguda pasión de horizonte y silencio.
España entierra y pisa su corazón antiguo,
su herido corazón de península andante,
y hay que salvarla pronto con manos y con dientes.

MARIANA. *(Pasional.)*
Y yo soy la primera que lo pide con ansia.
Quiero tener abiertos mis balcones al sol,
para que llene el suelo de flores amarillas
y quererte, segura de tu amor, sin que nadie
me aceche, como en este decisivo momento.

(En un arranque.)

¡Pero ya estoy dispuesta!

(Se levanta.)

PEDRO. *(Entusiasmado, se levanta.)*

¡Así me gusta verte,
hermosa Marianita!
Ya no tardarán mucho
los amigos, y alienta
ese rostro bravío y esos ojos ardientes,

(Amoroso.)

sobre tu cuello blanco, que tiene luz de luna.

(Fuera comienza a llover y se levanta el viento. Mariana hace señas a Pedro de que calle.)

ESCENA VI

CLAVELA. *(Entrando.)* Señora... Me parece que han llamado.

(Pedro y Mariana adoptan actitudes indiferentes. Dirigiéndose a don Pedro.)

¡Don Pedro!

PEDRO.

¡Dios te guarde!

MARIANA.

¿Tú sabes quién vendrá?

CLAVELA.

Sí, señora; lo sé.

MARIANA.

¿La seña?

CLAVELA.

No la olvido.

MARIANA.

Antes de abrir, que mires por la mirilla grande.

CLAVELA.

Así lo haré, señora.

MARIANA.

No enciendas luz ninguna;
pero ten en el patio
un velón prevenido
y cierra la ventana del jardín.

CLAVELA. *(Marchándose.)*

En seguida.

MARIANA.
¿Cuántos vendrán?
PEDRO.
Muy pocos.
Pero los que interesan.
MARIANA.
¿Noticias?
PEDRO.
Las habrá
dentro de unos instantes.
Si, al fin, hemos de alzarnos
decidiremos.
MARIANA.
¡Calla!

(Hace ademán a don Pedro de que se calle, y quedan escuchando. Fuera, se oye la lluvia y el viento.)

¡Ya están aquí!
PEDRO. *(Mirando el reloj.)*
Puntuales,
como buenos patriotas,
¡Son gente decidida!
MARIANA.
¡Dios nos ayude a todos!
PEDRO.
¡Ayudará!
MARIANA.
¡Debiera, si mirase a este mundo!

(Cruza hasta la puerta y levanta la gran cortina del fondo.)

¡Adelante, señores!

ESCENA VII

Entran tres Caballeros con amplias capas grises; uno de ellos lleva patillas. Mariana y don Pedro los reciben amablemente. Los Caballeros dan la mano a Mariana y a don Pedro.

MARIANA. *(Dando la mano el Conspirador 1.º)*
¡Ay, qué manos tan frías!
CONSPIRADOR 1.º *(Franco.)*
¡Hace un frío,
que corta! Y me he olvidado de los guantes;
pero aquí se está bien.
MARIANA.
¡Llueve de veras!
CONSPIRADOR 3.º *(Decidido.)*
El Zacatín estaba intransitable.

(Se quitan las capas, que sacuden de lluvia.)

CONSPIRADOR 2.º *(Melancólico.)*
La lluvia, como un sauce de cristal,
sobre las casas de Granada cae.
CONSPIRADOR 3.º
Y el Darro viene lleno de agua turbia.
MARIANA.
¿Les vieron?
CONSPIRADOR 2.º
¡No! Vinimos separados
hasta la entrada de esta oscura calle.
CONSPIRADOR 1.º
¿Habrá noticia para decidir?
PEDRO.
Llegarán esta noche, Dios mediante.
MARIANA.
Hablen bajo.
CONSPIRADOR 1.º *(Sonriendo.)*
¿Por qué, doña Mariana?

Toda la gente duerme en este instante.

PEDRO.

Creo que estamos seguros.

CONSPIRADOR 3.º

No lo afirmes;
Pedrosa no ha cesado de espiarme,
y, aunque yo lo despisto sagazmente,
continúa en acecho, y algo sabe.

(Unos se sientan y otros quedan de pie, componiendo una bella estampa.)

MARIANA.

Ayer estuvo aquí.

(Los Caballeros hacen un gesto de extrañeza.)

Como es mi amigo...
no quise, porque no debía, negarme.
Hizo un elogio de nuestra ciudad;
pero mientras hablaba tan amable,
me miraba... no sé... ¡como sabiendo!,

(Subrayado.)

de una manera penetrante.
En una sorda lucha con mis ojos,
estuvo aquí toda la tarde,
y Pedrosa es capaz... ¡de lo que sea!

PEDRO.

No es posible que pueda figurarse...

MARIANA.

Yo no estoy muy tranquila, y os lo digo
para que andemos con cautela grande.
De noche, cuando cierro las ventanas,
me parece que empuja los cristales.

PEDRO. *(Mirando al reloj.)*

Ya son las once y diez. El emisario
debe estar ya muy cerca de esta calle.

CONSPIRADOR 3.º *(Mirando al reloj.)*

Poco debe tardar.

CONSPIRADOR 1.º

¡Dios lo permita!
¡Que me parece un siglo cada instante!

(Entra Clavela con una bandeja de altas copas de cristal tallado y un frasco lleno de vino rojo, que deja sobre un velador. Mariana habla con ella.)

PEDRO.

Estarán sobre aviso los amigos.

CONSPIRADOR 1.º

Enterados están. No falta nadie.
Todo depende de lo que nos digan
esta noche.

PEDRO.

La situación es grave;
pero excelente, si la aprovechamos.

(Sale Clavela, y Mariana corre la cortina.)

Hay que estudiar hasta el menor detalle,
porque el pueblo responde, sin dudar.
Andalucía tiene todo el aire
lleno de Libertad. Esta palabra
perfuma el corazón de sus ciudades,
desde las viejas torres amarillas
hasta los troncos de los olivares.
Esa costa de Málaga está llena
de gente decidida a levantarse:
pescadores del Palo, marineros
y caballeros principales.
Nos siguen pueblos como Nerja, Vélez,
que aguardan las noticias, anhelantes.
Hombres de acantilado y mar abierto,
y, por lo tanto, libres como nadie.
Algeciras acecha la ocasión

y en Granada, señores de linaje
como vosotros exponen su vida
de una manera emocionante.
¡Ay, qué impaciencia tengo!

CONSPIRADOR 3.º

Como todos
los verdaderamente liberales.

MARIANA. *(Tímida.)*

Pero ¿habrá quien os siga?

PEDRO. *(Convencido.)*

Todo el mundo.

MARIANA.

¿A pesar de este miedo?

PEDRO. *(Seco.)*

Sí.

MARIANA.

No hay nadie
que vaya a la Alameda del Salón
tranquilamente a pasearse,
y el café de la Estrella está desierto.

PEDRO. *(Entusiasta.)*

¡Mariana, la bandera que bordaste
será acatada por el rey Fernando,
mal que le pese a Calomarde!

CONSPIRADOR 3.º

Cuando ya no le quede otro recurso,
se rendirá a las huestes liberales,
que aunque se finja desvalido y solo,
no cabe duda que él hace y deshace.
¿No tarda mucho?

PEDRO. *(Inquieto.)*

Yo no sé decirte.

CONSPIRADOR 3.º

¿Si lo habrán detenido?

CONSPIRADOR 1.º

No es probable.
Oscuridad y lluvia le protegen,
y él está siempre vigilante.

MARIANA.

Ahora llega.

PEDRO.

Y al fin, sabremos algo.

(Se levantan y se dirigen a la puerta.)

CONSPIRADOR 3.°

Bienvenido, si buenas cartas trae.

MARIANA. *(Apasionada, a Pedro.)*

Pedro, mira por mí. Sé muy prudente,
que me falta muy poco para ahogarme.

ESCENA VIII

Aparece por la puerta el Conspirador 4.° Es un hombre fuerte: campesino rico. Viste sombrero puntiagudo, de alas de terciopelo, adornado con borlas de seda; chaqueta con bordados y aplicaciones de paño de todos colores en los codos, en la bocamanga y en el cuello. El pantalón de vueltas, sujeto por botones de filigrana, y las polainas, de cuero, abiertas por un costado, dejando ver la pierna. Trae una dulce tristeza varonil. Todos los personajes están en pie cerca de la puerta de entrada. Mariana no oculta su angustia, y mira, ya al recién llegado, ya a don Pedro, con un aire doliente y escrutador.

CONSPIRADOR 4.°

¡Caballeros! ¡Doña Mariana!

(Estrecha la mano de Mariana.)

PEDRO. *(Impaciente.)*

¿Hay noticias?

CONSPIRADOR 4.°

¡Tan malas como el tiempo!

PEDRO.

¿Qué ha pasado?

CONSPIRADOR 1.° *(Irritado.)*

Casi lo adivinaba.

MARIANA. *(A Pedro.)*
¿Te entristeces?
PEDRO.
¿Y las gentes de Cádiz?
CONSPIRADOR 4.º
Todo en vano.
Hay que estar prevenidos. El Gobierno
por todas partes nos está acechando.
Tendremos que aplazar el alzamiento,
o luchar y morir, de lo contrario.
PEDRO. *(Desesperado.)*
Yo no sé qué pensar; que tengo abierta
una herida que sangra en mi costado,
y no puedo esperar, señores míos.
CONSPIRADOR 3.º *(Fuerte.)*
Don Pedro, triunfaremos esperando.
CONSPIRADOR 4.º
Nadie quiere una muerte sin provecho.
PEDRO. *(Fuerte también.)*
Mucho valor me cuesta.
MARIANA. *(Asustada.)*
¡Hablen más bajo!

(Se pasea.)

CONSPIRADOR 4.º
España entera calla, ¡pero vive!
Guarden bien la bandera.
MARIANA.
La he mandado
a casa de una vieja amiga mía,
allá en el Albaycín, y estoy temblando.
Quizá estuviera aquí mejor guardada.
PEDRO.
¿Y en Málaga?
CONSPIRADOR 4.º
En Málaga, un espanto.
Una infamia de González Moreno...
No se puede contar lo que ha pasado.

(Expectación vivísima. Mariana, sentada en el sofá, junto a don Pedro, después de todo el juego que ha realizado, oye anhelante lo que cuenta el Conspirador 4.º)

Torrijos, el general
noble, de la frente limpia,
donde se estaban mirando
las gentes de Andalucía,
caballero entre los duques,
corazón de plata fina,
ha sido muerto en las playas
de Málaga la bravía.
Le atrajeron con engaños
que él creyó, por su desdicha,
y se acercó, satisfecho
con sus buques, a la orilla.
¡Malhaya el corazón noble
que de los malos se fía!,
que al poner el pie en la arena
lo prendieron los realistas.
El vizconde de La Barthe,
que mandaba las milicias,
debió cortarse la mano,
antes de tal villanía,
como es quitar a Torrijos
bella espada que ceñía,
con el puño de cristal,
adornado con dos cintas.
Muy de noche lo mataron
con toda su compañía.
Caballero entre los duques,
corazón de plata fina.
Grandes nubes se levantan
sobre la sierra de Mijas.
El viento mueve la mar
y los barcos se retiran,

con los remos presurosos
y las velas extendidas.
Entre el ruido de las olas
sonó la fusilería,
y muerto quedó en la arena,
sangrando por tres heridas,
el valiente caballero,
con toda su compañía.
La muerte, con ser la muerte,
no deshojó su sonrisa.
Sobre los barcos lloraba
toda la marinería,
y las más bellas mujeres,
enlutadas y afligidas,
lo van llorando también
por el limonar arriba.

PEDRO. *(Levantándose, después de oír el romance.)*
Cada dificultad me da más bríos.
Señores, a seguir nuestro trabajo.
La muerte de Torrijos me enardece
para seguir luchando.

CONSPIRADOR 1.º
Yo pienso así.

CONSPIRADOR 4.º
Pero hay que estarse quietos;
otro tiempo vendrá.

CONSPIRADOR 2.º *(Conmovido.)*
¡Tiempo lejano!

PEDRO.
Pero mis fuerzas no se agotarán.

MARIANA. *(Bajo, a Pedro.)*
Pedro, mientras yo viva...

CONSPIRADOR 1.º
¿Nos marchamos?

CONSPIRADOR 3.º
No hay nada que tratar. Tienes razón.

CONSPIRADOR 4.º
Esto es lo que tenía que contaros,
y nada más.

CONSPIRADOR 1.º

Hay que ser optimistas.

MARIANA.

¿Gustarán de una copa?

CONSPIRADOR 4.º

La aceptamos,
porque nos hace falta.

CONSPIRADOR 1.º

¡Buen acuerdo!

(Se ponen de pie y cogen sus copas.)

MARIANA. *(Llenando los vasos.)*
¡Cómo llueve!

(Fuera, se oye la lluvia.)

CONSPIRADOR 3.º

¡Don Pedro está apenado!

CONSPIRADOR 4.º

¡Como todos nosotros!

PEDRO.

¡Es verdad!
Y tenemos razones para estarlo.

MARIANA. *(Levantando su copa.)*
«Luna tendida, marinero en pie»,
dicen allá, por el Mediterráneo,
las gentes de veleros y fragatas.
¡Como ellos, hay que estar siempre acechando!

(Como en sueños.)

«Luna tendida, marinero en pie.»

PEDRO. *(Con la copa.)*
Que sean nuestras casas como barcos.

(Beben. Pausa. Fuera, se oyen aldabonazos lejanos. Todos quedan con las copas en la mano, en medio de un gran silencio.)

MARIANA.
Es el viento, que cierra una ventana.

(Otro aldabonazo.)

PEDRO.
¿Oyes, Mariana?

CONSPIRADOR 4.º
¿Quién será?

MARIANA. *(Llena de angustia.)*
¡Dios santo!

PEDRO. *(Acariciador.)*
¡No temas! Ya verás cómo no es nada.

(Todos están con las capas puestas, llenos de inquietud.)

CLAVELA. *(Entrando, casi ahogada.)*
¡Ay, señora! ¡Dos hombres embozados,
y Pedrosa con ellos!

MARIANA. *(Gritando, llena de pasión.)*
¡Pedro, vete!
¡Y todos, Virgen santa! ¡Pronto!

PEDRO. *(Confuso.)*
¡Vamos!

(Clavela quita las copas y apaga los candelabros.)

CONSPIRADOR 4.º
Es indigno dejarla.

MARIANA. *(A Pedro.)*
¡Date prisa!

PEDRO.
¿Por dónde?

MARIANA. *(Loca.)*
¡Ay! ¿Por dónde?

CLAVELA.
¡Están llamando!

MARIANA. *(Iluminada.)*

¡Por aquella ventana del pasillo
saltarás fácilmente! Este tejado
está cerca del suelo.

CONSPIRADOR 2.°

¡No debemos
dejarla abandonada!

PEDRO. *(Enérgico.)*

¡Es necesario!
¿Cómo justificar nuestra presencia?

MARIANA.

Sí, sí; vete en seguida. ¡Ponte a salvo!

PEDRO. *(Apasionado.)*

¡Adios, Mariana!

MARIANA.

¡Dios os guarde, amigos!

(Van saliendo rápidamente por la puerta de la derecha. Clavela está asomada a una rendija del balcón, que da a la calle.)

MARIANA. *(En la puerta.)*

¡Pedro..., y todos, que tengáis cuidado!

(Cierra la puertecilla de la izquierda, por donde han salido los Conspiradores, y corre la cortina. Luego, dramática.)

¡Abre, Clavela! Soy una mujer
que va atada a la cola de un caballo.

(Sale Clavela. Se dirige rápidamente al fortepiano.)

¡Dios mío, acuérdate de tu pasión
y de las llagas de tus manos!

(Se sienta y empieza a cantar la canción de «El Contrabandista», original de Manuel García; 1808.)

MARIANA. *(Cantando.)*
Yo que soy contrabandista
y campo por mis respetos
y a todos los desafío
porque a nadie tengo miedo.
¡Ay! ¡Ay!
¡Ay, muchachos! ¡Ay, muchachas!
¿Quién me compra hilo negro?
Mi caballo está rendido
¡y yo me muero de sueño!
¡Ay!
¡Ay! Que la ronda ya viene
y se empezó el tiroteo.
¡Ay! ¡Ay! Caballito mío,
caballo mío, careto.
¡Ay!
¡Ay! Caballo, ve ligero.
¡Ay! Caballo, que me muero.
¡Ay!

(Ha de cantar con un admirable y desesperado sentimiento, escuchando los pasos de Pedrosa por la escalera.)

ESCENA IX

Las cortinas del fondo se levantan, y aparece Clavela, aterrada, con el candelabro de tres bujías en la mano, y la otra puesta sobre el pecho. Pedrosa, vestido de negro, con capa, llega detrás. Pedrosa es un tipo seco, de una palidez intensa y de una admirable serenidad. Dirá las frases con ironía muy velada, y mirará minuciosamente a todos lados, pero con corrección. Es antipá-

tico. Hay que huir de la caricatura. Al entrar Pedrosa, Mariana deja de tocar y se levanta del fortepiano. Silencio.

MARIANA.
Adelante.
PEDROSA. *(Adelantándose.)*
Señora, no interrumpa
por mí la cancioncilla que ahora mismo
entonaba.

(Pausa.)

MARIANA. *(Queriendo sonreír.)*
La noche estaba triste
y me puse a cantar.

(Pausa.)

PEDROSA.
He visto luz
en su balcón y quise visitarla.
Perdone si interrumpo sus quehaceres.
MARIANA.
Se lo agradezco mucho.
PEDROSA.
¡Qué manera
de llover!

(Pausa. En esta escena habrá pausas imperceptibles y rotundos silencios instantáneos, en los cuales luchan desesperadamente las almas de los dos personajes. Escena delicadísima de matizar, procurando no caer en exageraciones que perjudiquen su emoción. En esta escena se ha de notar mucho más lo que no se dice que lo que se está hablando. La lluvia, discretamente imitada y sin ruido excesivo, llegará de cuando en cuando a llenar silencios.)

MARIANA. *(Con intención.)*
¿Es muy tarde?

(Pausa.)

PEDROSA. *(Mirándola fijamente, y con intención también.)*
Sí, muy tarde.
El reloj de la Audiencia ya hace rato
que dio las once.

MARIANA. *(Serena e indicando asiento a Pedrosa.)*
No las he sentido.

PEDROSA. *(Sentándose.)*
Yo las sentí lejanas. Ahora vengo
de recorrer las calles silenciosas,
calado hasta los huesos por la lluvia,
resistiendo ese gris fino y glacial
que viene de la Alhambra.

MARIANA. *(Con intención y rehaciéndose.)*
El aire helado,
que clava agujas sobre los pulmones
y para el corazón.

PEDROSA. *(Devolviéndole la ironía.)*
Pues ese mismo.
Cumplo deberes de mi duro cargo.
Mientras que usted, espléndida Mariana,
en su casa, al abrigo de los vientos,
hace encajes... o borda...
(Como recordando.)
¿Quién me ha dicho
que bordaba muy bien?

MARIANA. *(Aterrada, pero con cierta serenidad.)*
¿Es un pecado?

PEDROSA. *(Haciendo una seña negativa.)*
El Rey nuestro Señor, que Dios proteja,
(Se inclina.)
se entretuvo bordando en Valençay
con su tío el infante don Antonio.
Ocupación bellísima.

MARIANA. *(Entre dientes.)*
¡Dios mío!

PEDROSA.
¿Le extraña mi visita?
MARIANA. *(Tratando de sonreír.)*
¡No!
PEDROSA. *(Serio.)*
¡Mariana!
(Pausa.)
Una mujer tan bella como usted,
¿no siente miedo de vivir tan sola?
MARIANA.
¿Miedo? Ninguno.
PEDROSA. *(Con intención.)*
Hay tantos liberales
y tantos anarquistas por Granada,
que la gente no vive muy segura.
(Firme.)
¡Usted ya lo sabrá!
MARIANA. *(Digna.)*
¡Señor Pedrosa!
¡Soy mujer de mi casa y nada más!
PEDROSA. *(Sonriendo.)*
Y yo soy juez. Por eso me preocupo
de estas cuestiones. Perdonad, Mariana.
Pero hace ya tres meses que ando loco
sin poder capturar a un cabecilla...

(Pausa. Mariana trata de escuchar y juega con su sortija, conteniendo su angustia y su indignación.)

PEDROSA. *(Como recordando, con frialdad.)*
Un tal don Pedro de Sotomayor.
MARIANA.
Es probable que esté fuera de España.
PEDROSA.
No; yo espero que pronto será mío.

(Al oír esto Mariana, tiene un ligero desvanecimiento nervioso; lo suficiente para que se le escape la sortija de la mano, o más bien, la arroja ella para evitar la conversación.)

MARIANA. *(Levantándose.)*
¡Mi sortija!

PEDROSA.
¿Cayó?

(Con intención.)

Tenga cuidado.

MARIANA. *(Nerviosa.)*
Es mi anillo de bodas; no se mueva,
vaya a pisarlo.

(Busca.)

PEDROSA.
Está muy bien.

MARIANA.
Parece
que una mano invisible lo arrancó.

PEDROSA.
Tenga más calma. *(Frío.)* Mire.

(Señala al sitio donde ve el anillo, al mismo tiempo que avanzan.)

¡Ya está aquí!

(Mariana se inclina para recogerlo antes que Pedrosa, éste queda a su lado, y en el momento de levantarse Mariana, la enlaza rápidamente y la besa.)

MARIANA. *(Dando un grito y retirándose.)*
¡Pedrosa!

(Pausa. Mariana rompe a llorar indignada.)

PEDROSA.

¡Mi señora Mariana, esté serena!

MARIANA. *(Arrancándose desesperada y cogiendo a Pedrosa por la solapa.)*

¿Qué piensa de mí? ¡Diga!

PEDROSA. *(Impasible.)*

¡Muchas cosas!

MARIANA.

Pues yo sabré vencerlas. ¿Qué pretende?
Sepa que yo no tengo miedo a nadie.
Como el agua que nace soy de limpia,
y me puedo manchar si usted me toca;
pero sé defenderme. ¡Salga pronto!

PEDROSA. *(Fuerte y lleno de ira.)*

¡Silencio!

(Pausa. Frío.)

Quiero ser amigo suyo.
Me debe agradecer esta visita.

MARIANA. *(Fiera.)*

¿Puedo yo permitir que usted me insulte?
¿Qué penetre de noche en mi vivienda
para que yo..., ¡canalla!...? No sé cómo...

(Se contiene.)

¡Usted quiere perderme!

PEDROSA. *(Cálido.)*

¡Lo contrario!

Vengo a salvarla.

MARIANA. *(Bravía.)*

¡No lo necesito!

(Pausa.)

PEDROSA. *(Fuerte y dominador, acercándose con una agria sonrisa.)*

¡Mariana! ¿Y la bandera?

MARIANA. *(Turbada.)*

¿Qué bandera?

PEDROSA.

¡La que bordó con estas manos blancas

(Las coge.)

en contra de las leyes y del Rey!

MARIANA.

¿Qué infame le mintió?

PEDROSA. *(Indiferente.)*

¡Muy bien bordada!
De tafetán morado y verdes letras.
Allá, en el Albaycín, la recogimos,
y ya está en mi poder como tu vida.
Pero no temas; soy amigo tuyo.

(Mariana queda ahogada.)

MARIANA. *(Casi desmayada.)*

Es mentira, mentira.

PEDROSA. *(Bajando la voz y apasionándose.)*

Yo te quiero mía,
¿lo estás oyendo? Mía o muerta.
Me has despreciado siempre; pero ahora
puedo apretar tu cuello con mis manos,
este cuello de nardo transparente,
y me querrás porque te doy la vida.

MARIANA. *(Tierna y suplicante en medio de su desesperación, abrazándose a Pedrosa.)*

¡Tenga piedad de mí! ¡Si usted supiera!
Y déjeme escapar. Yo guardaré
su recuerdo en las niñas de mis ojos.
¡Pedrosa, por mis hijos!...

PEDROSA. *(Abrazándola sensual.)*

La bandera
no la has bordado tú, linda Mariana,
y ya eres libre porque así lo quiero...

(Mariana, al ver cerca de sus labios los de Pedrosa, lo rechaza, reaccionando de una manera salvaje.)

MARIANA.

¡Eso nunca! ¡Primero doy mi sangre!
Que me cuesta dolor, pero con honra.
¡Salga de aquí!

PEDROSA. *(Reconviniéndola.)*

¡Mariana!

MARIANA.

¡Salga pronto!

PEDROSA. *(Frío y reservado.)*

¡Está muy bien! Yo seguiré el asunto
y usted misma se pierde.

MARIANA.

¡Qué me importa!
Yo bordé la bandera con mis manos;
con estas manos, ¡mírelas, Pedrosa!,
y conozco muy grandes caballeros
que izarla pretendían en Granada.
¡Mas no diré sus nombres!

PEDROSA.

¡Por la fuerza
delatará! ¡Los hierros duelen mucho,
y una mujer es siempre una mujer!
¡Cuando usted quiera me avisa!

MARIANA.

¡Cobarde!
¡Aunque en mi corazón clavaran vidrios
no hablaría!

(En un arranque.)

¡Pedrosa, aquí me tiene!

PEDROSA.

¡Ya veremos!

MARIANA.

¡Clavela, el candelabro!

(Entra Clavela aterrada, con las manos cruzadas sobre el pecho.)

PEDROSA.
No hace falta, señora. Queda usted
detenida en el nombre de la Ley.

MARIANA.
¿En nombre de qué ley?

PEDROSA. *(Frío y ceremonioso.)*
¡Buenas noches!

(Sale.)

CLAVELA. *(Dramática.)*
¡Ay, señora; mi niña, clavelito,
prenda de mis entrañas!

MARIANA. *(Llena de angustia y terror.)*
Isabel,
yo me voy. Dame el chal.

CLAVELA.
¡Sálvese pronto!

(Se asoma a la ventana. Fuera se oye otra vez la fuerte lluvia.)

MARIANA.
¡Me iré casa don Luis! ¡Cuida los niños!

CLAVELA.
¡Se han quedado en la puerta! ¡No se puede!

MARIANA.
Claro está.

(Señalando al sitio por donde han salido los Conspiradores.)

¡Por aquí!

CLAVELA.
¡Es imposible!

(Al cruzar Mariana, por la puerta aparece doña Angustias.)

ANGUSTIAS.

¡Mariana! ¿Dónde vas? Tu niña llora.
Tiene miedo del aire y de la lluvia.

MARIANA. *(Volviéndose.)*

¡Estoy presa! ¡Estoy presa, Clavela!

ANGUSTIAS. *(Abrazándola.)*

¡Marianita!

MARIANA. *(Arrojándose en el sofá.)*

¡Ahora empiezo a morir!

(Las dos Mujeres la abrazan.)

Mírame y llora. ¡Ahora empiezo a morir!

Telón rápido

Estampa tercera

Convento de Santa María Egipciaca, de Granada. Rasgos árabes. Arcos, cipreses, fuentecillas y arrayanes. Hay unos bancos y unas viejas sillas de cuero.

Al levantarse el telón está la escena solitaria. Suenan el órgano y las lejanas voces de las monjas. Por el fondo vienen corriendo de puntillas y mirando a todos lados para que no las vean dos Novicias. Se acercan con mucho sigilo a una puerta de la izquierda, y miran por el ojo de la cerradura.

ESCENA PRIMERA

NOVICIA 1.ª

¿Qué hace?

NOVICIA 2.ª *(En la cerradura.)*

¡Habla más bajito!
Está rezando.

NOVICIA 1.ª

¡Deja!

(Se pone a mirar.)

¡Qué blanca está, qué blanca!
Reluce su cabeza
en la sombra del cuarto.

NOVICIA 2.ª

¿Reluce su cabeza?
Yo no comprendo nada.
Es una mujer buena,
y la quieren matar.
¿Tú qué dices?

NOVICIA 1.ª

Quisiera

mirar su corazón
largo rato y muy cerca.

NOVICIA 2.ª

← already being admired. approaching martyrdom

¡Qué mujer tan valiente! Cuando ayer
vinieron a leerle la sentencia
de muerte, no ocultó
su sonrisa. ← happiness, pride in death (why?)

NOVICIA 1.ª

En la iglesia
la vi después llorando ← contrast from smiling
y me pareció que ella
tenía el corazón en la garganta.
¿Qué es lo que ha hecho?

NOVICIA 2.ª

Bordó una bandera.

NOVICIA 1.ª

¿Bordar es malo?

NOVICIA 2.ª

Dicen que es masona.

NOVICIA 1.ª

¿Qué es eso?

NOVICIA 2.ª

Pues... ¡no sé!

NOVICIA 1.ª

¿Por qué está presa?

NOVICIA 2.ª

Porque no quiere al Rey.

NOVICIA 1.ª

¿Qué más da? ¿Se habrá visto?

NOVICIA 2.ª

¡Ni a la Reina!

NOVICIA 1.ª

Yo tampoco los quiero.

(Mirando.)

¡Ay, Mariana Pineda!
Ya están abriendo flores
que irán contigo muerta.

← image of imminence of death
↑
how does this compare with
other flower imagery in the
play?

(Aparece por la puerta del foro la madre Carmen de Borja.)

CARMEN.

Pero niñas, ¿qué miráis?

NOVICIA 1.ª *(Asustada.)*

Hermana...

CARMEN.

¿No os da vergüenza?
Ahora mismo al obrador.
¿Quién os enseñó esa fea
costumbre? ¡Ya nos veremos!

NOVICIA 1.ª

¡Con licencia!

NOVICIA 2.ª

¡Con licencia!

(Se van. Cuando la madre Carmen se ha convencido de que las otras se han marchado, se acerca también con sigilo y mira por el ojo de la cerradura.)

CARMEN.

¡Es inocente! ¡No hay duda!
¡Calla con una firmeza!
¿Por qué? Yo no me lo explico.

(Sobresaltada.)

¡Viene!

(Sale corriendo.)

ESCENA II

Mariana aparece con un espléndido traje blanco. Está palidísima.

connotations of innocence, purity, death (ghost?)

MARIANA.

¡Hermana!

CARMEN. *(Volviéndose.)*
¿Qué desea?
MARIANA.
¡Nada!...
CARMEN.
¡Decidlo, señora!
MARIANA.
Pensaba...
CARMEN.
¿Qué?
MARIANA.
Si pudiera
quedarme aquí en el Beaterio
para siempre.
CARMEN.
¡Qué contentas
nos pondríamos!
MARIANA.
¡No puedo!
CARMEN.
¿Por qué?
MARIANA. *(Sonriendo.)*
fate, inevitability of death
Porque ya estoy muerta.
CARMEN. *(Asustada.)*
¡Doña Mariana, por Dios!
MARIANA.
Pero el mundo se me acerca,
las piedras, el agua, el aire,
¡comprendo que estaba ciega!
CARMEN.
¡La indultarán!
MARIANA. *(Con sangre fría.)* ← conflict of reality & imagination in stage directions
¡Ya veremos!
Este silencio me pesa
mágicamente. Se agranda
como un techo de violetas,
(Apasionada.)

y otras veces, finge en mí
una larga cabellera.
¡Ay, qué buen soñar!

CARMEN. *(Cogiéndole la mano.)*
¡Mariana!

MARIANA.
¿Cómo soy yo?

CARMEN.
Eres muy buena.

MARIANA.
Soy una gran pecadora;
pero amé de una manera
que Dios me perdonará,
como a santa Magdalena.

CARMEN.
Fuera del mundo y en él
perdona.

MARIANA.
¡Si usted supiera!
¡Estoy muy herida, hermana,
por las cosas de la tierra!

CARMEN.
Dios está lleno de heridas
de amor, que nunca se cierran.

MARIANA.
Nace el que muere sufriendo,
¡comprendo que estaba ciega!

CARMEN. *(Apenada de ver el estado de Mariana.)*
¡Hasta luego! ¿Asistirá
esta tarde a la novena?

MARIANA.
Como siempre. ¡Adiós, hermana!

(Se va Carmen.)

ESCENA III

Mariana se dirige al fondo rápidamente con todo género de precauciones, y allí aparece Alegrito, jardinero del convento. Ríe constantemente, con una sonrisa suave y mansa. Viste traje de cazador de la época. ← historical, naturalistic

MARIANA.

¡Alegrito! ¿Qué?

ALEGRITO.

¡Paciencia;
para lo que vais a oír!

MARIANA.

¡Habla pronto, no nos vean!
¿Fuiste a casa de don Luis?

ALEGRITO.

Y me han dicho que les era
imposible pretender
salvarla. Que ni lo intentan,
porque todos morirían;
pero que harán lo que puedan.

MARIANA. *(Valiente.)*

¡Lo harán todo! ¡Estoy segura!
Son gentes de la nobleza,
y yo soy noble, Alegrito.
¿No ves cómo estoy serena?

ALEGRITO. ↑ belief in Pedro

Hay un miedo que da miedo.
Las calles están desiertas.
Sólo el viento viene y va;
pero la gente se encierra.
No encontré más que una niña
llorando sobre la puerta
de la antigua Alcaicería.

MARIANA.

¿Crees van a dejar que muera
la que tiene menos culpa?

ALEGRITO.

Yo no sé lo que ellos piensan.

MARIANA.

¿Y de lo demás?

ALEGRITO. *(Turbado.)*

¡Señora!

MARIANA.

Sigue hablando.

ALEGRITO.

No quisiera...

(Mariana hace un gesto de impaciencia.)

El caballero don Pedro
de Sotomayor se aleja
de España, según me han dicho.
Dicen que marcha a Inglaterra.
Don Luis lo sabe de cierto.

MARIANA. *(Sonríe incrédula y dramática, porque en el fondo sabe que es verdad.)*

Quien te lo dijo desea
aumentar mi sufrimiento.
¡Alegrito, no lo creas!
¿Verdad que tú no lo crees?

(Angustiada.)

ALEGRITO. *(Turbado.)*

Señora, lo que usted quiera.

MARIANA.

Don Pedro vendrá a caballo
como loco cuando sepa
que yo estoy encarcelada
por bordarle su bandera.
Y si me matan vendrá
para morir a mi vera,
que me lo dijo una noche
besándome la cabeza.
Él vendrá como un san Jorge
de diamantes y agua negra,

al viento la deslumbrante
flor de su capa bermeja.
Y porque es noble y modesto,
para que nadie lo vea,
vendrá por la madrugada,
por la madrugada fresca.
Cuando sobre el aire oscuro
brilla el limonar apenas
y el alba finge en las olas
fragatas de sombra y seda.
¿Tú qué sabes? ¡Qué alegría!
No tengo miedo, ¿te enteras?

ALEGRITO.
¡Señora!

MARIANA.
¿Quién te lo ha dicho?

ALEGRITO.
Don Luis.

MARIANA.
¿Sabe la sentencia?

ALEGRITO.
Dijo que no la creía.

MARIANA. *(Angustiada.)*
Pues es muy verdad.

ALEGRITO.
Me apena
darle tan malas noticias.

MARIANA.
¡Volverás!

ALEGRITO.
Lo que usted quiera.

MARIANA.
Volverás para decirles
que yo estoy muy satisfecha,
porque sé que vendrán todos,
¡y son muchos!, cuando deban.
¡Dios te lo pague!

ALEGRITO.

Hasta luego.

(Sale.)

ESCENA IV

MARIANA.

Y me quedo sola mientras
que bajo la acacia en flor
del jardín mi muerte acecha.

(En voz alta y dirigiéndose al huerto.)

Pero mi vida está aquí.
Mi sangre se agita y tiembla,
como un árbol de coral,
con la marejada tierna.
Y aunque tu caballo pone
cuatro lunas en las piedras
y fuego en la verde brisa
débil de la primavera,
¡corre más! ¡Ven a buscarme!
Mira que siento muy cerca
dedos de hueso y de musgo
acariciar mi cabeza.

(Se dirige al jardín como si hablara con alguien.)

No puedes entrar. ¡No puedes!
¡Ay, Pedro! Por ti no entra;
pero sentada en la fuente
toca una blanca vihuela.

(Se sienta en un banco y apoya la cabeza sobre sus manos. En el jardín se oye una guitarra.)

VOZ. ← who is this?

A la vera del agua,
sin que nadie la viera,
se murió mi esperanza. ← death of hope + love

MARIANA. *(Repitiendo exquisitamente la canción.)*

A la vera del agua,
sin que nadie la viera,
se murió mi esperanza.

(Por el foro aparecen dos Monjas, seguidas de Pedrosa. Mariana no los ve.)

MARIANA.

Esta copla está diciendo
lo que saber no quisiera.
Corazón sin esperanza
¡que se lo trage la tierra!

← without love + hope. She's not protected from death

CARMEN.

Aquí está, señor Pedrosa.

MARIANA. *(Asustada, levantándose y como volviendo de un sueño.)* ← imagination, escapism

¿Quién es?

PEDROSA.

¡Señora!

(Mariana queda sorprendida y deja escapar una exclamación. Las Monjas inician el mutis.)

MARIANA. *(A las Monjas.)*

¿Nos dejan?

CARMEN.

Tenemos que trabajar...

(Se van. Hay en estos momentos una gran inquietud en la escena. Pedrosa, frío y correcto, mira intensamente a Mariana, y ésta, melancólica, pero valiente, recoge sus miradas.)

ESCENA V

Pedrosa viste de negro, con capa. Debe hacerse notar su aire frío.

MARIANA.
Me lo dio el corazón: ¡Pedrosa!

PEDROSA.
El mismo,
que aguarda, como siempre, sus noticias.
Ya es hora. ¿No os parece?

MARIANA.
Siempre es hora
de callar y vivir con alegría.

(Se sienta en un banco. En este momento, y durante todo el acto, Mariana tendrá un delirio delicadísimo, que estallará al final.)

PEDROSA.
¿Conoce la sentencia?

MARIANA.
La conozco.

PEDROSA.
¿Y bien?

MARIANA. *(Radiante.)*
Pero yo pienso que es mentira.
Tengo el cuello muy corto para ser
ajusticiada. Ya ve. No podrían.
Además, es hermoso y blanco: nadie
querrá tocarlo.

PEDROSA. *(Completando.)*
¡Mariana!

MARIANA. *(Enérgica.)*
Se olvida
que para que yo muera tiene toda
Granada que morir, y que saldrían
muy grandes caballeros a salvarme,
porque soy noble. Porque yo soy hija

de un capitán de navío, Caballero
de Calatrava. ¡Déjeme tranquila!

PEDROSA.

No habrá nadie en Granada que se asome
cuando usted pase con su comitiva.
Los andaluces hablan; pero luego...

MARIANA.

Me dejan sola; ¿y qué? Uno vendría
para morir conmigo, y esto basta.
¡Pero vendrá para salvar mi vida!

still believes in Pedro

(Sonríe y respira fuertemente, llevándose las manos al pecho.)

PEDROSA. *(En un arranque.)*

Yo no quiero que mueras tú, ¡no quiero!
Ni morirás, porque darás noticias
de la conjuración. Estoy seguro.

MARIANA. *(Enérgica.)*

No diré nada, como usted querría,
a pesar de tener un corazón
en el que ya no caben más heridas.
symbol of strength + liberty → Fuerte y sorda seré a vuestros halagos.
Antes me daban miedo sus pupilas.
Ahora le estoy mirando cara a cara,

(Se acerca.)

y puedo con sus ojos que vigilan
el sitio donde guardo este secreto,
que por nada del mundo contaría.
¡Soy valiente, Pedrosa, soy valiente!

PEDROSA.

Está muy bien.

(Pausa.)

Ya sabe, con mi firma
puedo borrar la lumbre de sus ojos.
Con una pluma y un poco de tinta
puedo hacerla dormir un largo sueño.

MARIANA. *(Elevada.)*
¡Ojalá fuese pronto por mi dicha!

PEDROSA. *(Frío.)*
Esta tarde vendrán.

MARIANA. *(Aterrada y dándose cuenta.)* ← fear of death creeps in
¿Cómo?

PEDROSA.
Esta tarde;
ya se ha ordenado que entres en capilla.

MARIANA. *(Exaltada y protestando fieramente.)*
¡No puede ser! ¡Cobardes! ¿Quién manda
dentro de España tales villanías?
¿Qué crimen cometí? ¿Por qué me matan?
¿Dónde está la razón de la Justicia?
En la bandera de la Libertad ← is Mariana a symbol of
bordé el amor más grande de mi vida. liberty or love?
¿Y he de permanecer aquí encerrada?
¡Quién tuviera unas alas cristalinas
para salir volando en busca tuya!

(Pedrosa ha visto con satisfacción esta súbita desesperación de Mariana y se dirige a ella. La luz empieza a tomar el tono del crepúsculo.) ← reaching the end of the day, and Mariana's life

PEDROSA. *(Muy cerca de Mariana.)*
Hable pronto, que el Rey la indultaría.
Mariana, ¿quiénes son los conjurados?
Yo sé que usted de todos es amiga.
Cada segundo aumenta su peligro.
Antes que se haya disipado el día
ya vendrán por la calle a recogerla.
¿Quiénes son? Y sus nombres. ¡Vamos, pronto!
Que no juega así con la Justicia,
y luego será tarde.

MARIANA. *(Firme.)*
¡No hablaré!

PEDROSA. *(Cogiéndole las manos.)*

¿Quiénes son?

MARIANA.

Ahora menos lo diría.

(Con desprecio.)

Suelta, Pedrosa; vete. ¡Madre Carmen!

PEDROSA.

¡Quieres morir!

(Aparece llena de miedo, la madre Carmen, y dos Monjas cruzan al fondo.)

CARMEN.

¿Qué pasa, Marianita?

MARIANA.

Nada.

CARMEN.

Señor, no es justo...

PEDROSA. *(Frío y autoritario, dirige una severa mirada a la Monja, e iniciando el mutis.)*

Buenas tardes.

(A Mariana.)

Tendré un placer muy grande si me avisa.

CARMEN.

¡Es muy buena, señor!

PEDROSA. *(Altivo.)*

No os pregunté.

(Sale, seguido de sor Carmen.)

ESCENA VI

MARIANA. *(En el banco con dramática y tierna entonación andaluza.)*

Recuerdo aquella copla que decía
cruzando los olivos de Granada:
«¡Ay, qué fragatita,
real corsaria! ¿Dónde está
tu valentía?
Que un velero bergantín
te ha puesto la puntería».

(Soñadora.)

Entre el mar y las estrellas
con qué gusto pasearía
apoyada sobre una
larga baranda de brisa.

(Con angustia.)

transition into reality

Pedro, coge tu caballo
o ven montado en el día.
¡Pero pronto! Que ya vienen
para quitarme la vida.
Clava las duras espuelas.

(Llorando.)

«¡Ay, qué fragatita,
real corsaria! ¿Dónde está
tu valentía?
Que un famoso bergantín
te ha puesto la puntería.»

(Vienen dos Monjas.)

MONJA 1.ª

Sé fuerte, que Dios te ayuda.

CARMEN.

Marianita, hija, descansa.

(Se llevan a Mariana.)

ESCENA VII

Suena el esquilín de las Monjas. Por el fondo aparecen varias de ellas, que cruzan la escena y se santiguan al pasar ante una Virgen de los Dolores que, con el corazón atravesado de puñales, llora en el muro, cobijada por un inmenso arco de rosas amarillas y plateadas de papel. Entre ellas se destacan las Novicias 1.ª y 2.ª Los cipreses comienzan a teñirse de luz dorada.

NOVICIA 1.ª

¡Qué gritos! ¿Tú los sentiste?

NOVICIA 2.ª

Desde el jardín; y sonaban
como si estuvieran lejos.
¡Inés, yo estoy asustada!

NOVICIA 1.ª

¿Dónde estará Marianita,
rosa y jazmín de Granada?

NOVICIA 2.ª

Está esperando a su novio.

NOVICIA 1.ª

Pero su novio ya tarda.

NOVICIA 2.ª

¡Si la vieras cómo mira
por una y otra ventana!
Dice: «Si no hubiera sierras
lo vería en la distancia».

NOVICIA 1.ª

Ella lo espera segura.

NOVICIA 2.ª

¡No vendrá por su desgracia!

NOVICIA 1.ª

¡Marianita va a morir!
¡Hay otra luz en la casa!

NOVICIA 2.ª

¡Y cuánto pájaro! ¿Has visto?
Ya no caben en las ramas

del jardín ni en los aleros;
nunca vi tantos, y al alba,
cuando se siente la Vela,
cantan y cantan y cantan...

NOVICIA 1.ª

... y al alba,
despiertan brisas y nubes
desde el frescor de las ramas.

NOVICIA 2.ª

... y al alba,
por cada estrella que muere
nace diminuta flauta.

NOVICIA 1.ª

Y ella... ¿Tú la has visto? Ella
me parece amortajada
cuando cruza el coro bajo
con esa ropa tan blanca.

NOVICIA 2.ª

¡Qué injusticia! Esta mujer
de seguro fue engañada.

NOVICIA 1.ª

¡Su cuello es maravilloso!

NOVICIA 2.ª *(Llevándose instintivamente las manos al cuello.)*
Sí; pero...

NOVICIA 1.ª

Cuando lloraba
me pareció que se le iba
a deshojar en la falda.

(Se acercan dos Monjas.)

MONJA 1.ª

¿Vamos a ensayar la Salve?

NOVICIA 1.ª

¡Muy bien!

NOVICIA 2.ª

Yo no tengo gana.

MONJA 1.ª

Es muy bonita.

NOVICIA 1.ª *(Hace una seña a las demás y se dirigen rápidamente al foro.)*

¡Y difícil!

(Aparece Mariana por la puerta de la izquierda, y al verla se retiran todas con disimulo.)

MARIANA. *(Sonriendo.)*

¿Huyen de mí?

NOVICIA 1.ª *(Temblorosa.)*

¡Vamos a la...!

NOVICIA 2.ª *(Turbada.)*

Nos íbamos... Yo decía...
Es muy tarde.

MARIANA. *(Con bondad irónica.)*

¿Soy tan mala?

NOVICIA 1.ª *(Exaltada.)*

¡No, señora! ¿Quién lo dice?

MARIANA.

¿Qué sabes tú, niña?

NOVICIA 2.ª *(Señalando a la primera.)*

¡Nada!

NOVICIA 1.ª

¡Pero la queremos todas!

(Nerviosa.)

¿No lo está usted viendo?

MARIANA. *(Con amargura.)*

¡Gracias!

(Mariana se sienta en el barco, con las manos cruzadas y la cabeza caída, en una divina actitud de tránsito.)

NOVICIA 1.ª

¡Vámonos!

NOVICIA 2.ª

¡Ay, Marianita,
rosa y jazmín de Granada,
que está esperando a su novio,
pero su novio se tarda!...

(Se van.)

MARIANA.

¡Quién me hubiera dicho a mí!...
Pero... ¡paciencia!

SOR CARMEN. *(Que entra.)*

¡Mariana!
Un señor, que trae permiso
del juez, viene a visitarla.

MARIANA. *(Levántandose, radiante.)*
¡Que pase! ¡Por fin, Dios mío!

(Sale la Monja. Mariana se dirige a una cornucopia que hay en la pared y, llena de su delicado delirio, se arregla los bucles y el escote.)

Pronto... ¡qué segura estaba!
Tendré que cambiarme el traje:
me hace demasiado pálida.

ESCENA VIII

Se sienta en el banco, en actitud amorosa, vuelta al sitio donde tienen que entrar. Aparece la madre Carmen, y Mariana, no pudiendo resistir, se vuelve. En el silencio de la escena, entra Fernando, pálido. Mariana queda estupefacta.

MARIANA. *(Desesperada, como no queriéndolo creer.)*
¡No!

FERNANDO. *(Triste.)*
¡Mariana! ¿No quieres que hable contigo? ¡Dime!

MARIANA.
¡Pedro! ¿Dónde está Pedro?

¡Dejadlo entrar, por Dios!
¡Está abajo, en la puerta!
¡Tiene que estar! ¡Que suba!
Tú viniste con él,
¿verdad? Tú eres muy bueno.
Él vendrá muy cansado, pero entrará en seguida.

FERNANDO.

Vengo solo, Mariana. ¿Qué sé yo de don Pedro?

MARIANA.

¡Todos deben saber, pero ninguno sabe!
Entonces, ¿cuándo viene para salvar mi vida?
¿Cuándo viene a morir, si la muerte me acecha?
¿Vendrá? Dime, Fernando.
¡Aún es hora!

FERNANDO. *(Enérgico y desesperado, al ver la actitud de Mariana.)*

Don Pedro no vendrá,
porque nunca te quiso, Marianita.
Ya estará en Inglaterra,
con otros liberales.
Te abandonaron todos
tus antiguos amigos.
Solamente mi joven corazón te acompaña.
¡Mariana! ¡Aprende y mira cómo te estoy queriendo!

MARIANA. *(Exaltada.)*

¿Por qué me lo dijiste? Yo bien que lo sabía;
pero nunca lo quise decir a mi esperanza.
Ahora ya no me importa. Mi esperanza lo ha oído
y se ha muerto mirando los ojos de mi Pedro.
Yo bordé la bandera por él. Yo he conspirado
para vivir y amar su pensamiento propio.
Más que a mis propios hijos y a mí misma le quise.
¿Amas la Libertad más que a tu Marianita?
¡Pues yo seré la misma Libertad que tú adoras!

FERNANDO.

¡Sé que vas a morir! Dentro de unos instantes
vendrán por ti, Mariana. ¡Sálvate y di los nombres!
¡Por tus hijos! ¡Por mí, que te ofrezco la vida!

MARIANA.

¡No quiero que mis hijos me desprecien! ¡Mis hijos
tendrán un nombre claro como la luna llena!
¡Mis hijos llevarán resplandor en el rostro,
que no podrán borrar los años ni los aires!
Si delato, por todas las calles de Granada
este nombre sería pronunciado con miedo.

FERNANDO. *(Dramático.)*

¡No puede ser! ¡No quiero que esto pase! ¡No quiero!
¡Tú tienes que vivir!
¡Mariana, por mi amor!

MARIANA. *(Delirante.)*

Y ¿qué es amor, Fernando?
¡Yo no sé qué es amor!

FERNANDO. *(Cerca.)*

¡Pero nadie te quiso como yo, Marianita!

MARIANA. *(Emocionada.)*

¡A ti debí quererte más que a nadie en el mundo,
si el corazón no fuera nuestro gran enemigo.
Corazón, ¿por qué mandas en mí si yo no quiero?

FERNANDO.

¡Ay, te abandonan todos! ¡Habla, quiéreme y vive!

MARIANA. *(Retirándolo.)*

¡Ya estoy muerta, amiguito! Tus palabras me llegan
a través del gran río del mundo que abandono.
Ya soy como la estrella sobre el agua profunda,
última débil brisa que se pierde en los álamos.

(Por el fondo pasa una Monja, con las manos cruzadas, que mira llena de zozobra el grupo.)

FERNANDO.

¡No sé qué hacer! ¡Qué angustia! ¡Ya vendrán a buscarte!
¡Quién pudiera morir para que tú vivieras!

MARIANA.

¡Morir! ¡Qué largo sueño sin ensueños ni sombra!
Pedro, quiero morir
por lo que tú no mueres,

por el puro ideal que iluminó tus ojos:
¡¡Libertad!! Porque nunca se apague tu alta lumbre,
me ofrezco toda entera.
¡¡Arriba, corazones!!
¡Pedro, mira tu amor
a lo que me ha llevado!
Me querrás, muerta, tanto, que no podrás vivir.

(Dos Monjas entran, con las manos cruzadas, en la misma expresión de angustia, y no se atreven a acercarse.)

Y ahora ya no te quiero,
¡sombra de mi locura!

CARMEN. *(Entrando.)*
¡Mariana!
(A Fernando.)
¡Caballero!
¡Salga pronto!

FERNANDO. *(Angustiado.)*
¡Dejadme!

MARIANA. *(Loca.)*
¡Vete! ¿Quién eres tú?
¡Ya no conozco a nadie!
¡Voy a dormir tranquila!

(Entra otra Monja rápidamente, casi ahogada por el miedo y la emoción. Al fondo cruza otra con gran rapidez, con una mano sobre la frente.)

FERNANDO. *(Emocionadísimo.)*
¡Adiós, Mariana!

MARIANA.
¡Vete!
Ya vienen a buscarme.

(Sale Fernando, llevado por dos Monjas.)

Como un grano de arena
siento al mundo en los dedos.

(Viene otra Monja.)

¡Muerte! ¿Pero qué es muerte?

(A las Monjas.)

Y vosotras, ¿qué hacéis?
¡Qué lejanas os siento!

CARMEN. *(Que llega llorando.)*
¡Mariana!

MARIANA.
¿Por qué llora?

CARMEN.
¡Están abajo, niña!

MONJA 1.ª
¡Ya suben la escalera!

ESCENA ÚLTIMA

Entran por el foro todas las Monjas. Tienen la tristeza reflejada en los rostros. Las Novicias 1.ª y 2.ª están en primer término. Sor Carmen cerca de Mariana. Toda la escena irá adquiriendo hasta el final una gran luz extrañísima de crepúsculo granadino. Luz rosa y verde entra por los arcos, y los cipreses se matizan exquisitamente, hasta parecer piedras preciosas. Del techo desciende una suave luz naranja, que se irá intensificando hasta el final.

MARIANA.
¡Corazón, no me dejes! ¡Silencio! Con un ala,
¿dónde vas? Es preciso que tú también descanses.
Nos espera una larga locura de luceros
que hay detrás de la muerte. ¡Corazón, no desmayes!

CARMEN.
¡Olvídate del mundo, preciosa Marianita!

MARIANA.

¡Qué lejano lo siento!

CARMEN.

¡Ya vienen a buscarte!

MARIANA.

¡Pero qué bien entiendo lo que dice esta luz!
¡Amor, amor, amor y eternas soledades!

(Entra el Juez por la puerta de la izquierda.)

NOVICIA 1.ª

¡Es el Juez!

NOVICIA 2.ª

¡Se la llevan!

JUEZ.

Señora, cuando guste;
hay un coche en la puerta.

MARIANA.

Mil gracias. Madre Carmen,
salvo a muchas criaturas que llorarán mi muerte.
No olviden a mis hijos.

CARMEN.

¡Que la Virgen te ampare!

MARIANA.

¡Os doy mi corazón! Dadme un ramo de flores;
en mis últimas horas yo quiero engalanarme.
Quiero sentir la dura caricia de mi anillo
y prenderme en el pelo mi mantilla de encaje.
Amas la libertad por encima de todo,
pero yo soy la misma Libertad. Doy mi sangre,
que es tu sangre y la sangre de todas las criaturas.
¡No se podrá comprar el corazón de nadie!

(Una Monja le ayudará a ponerse la mantilla. Mariana se dirige al fondo, gritando.)

Ahora sé lo que dicen el ruiseñor y el árbol.
El hombre es un cautivo y no puede librarse.

¡Libertad de lo alto! Libertad verdadera,
enciende para mí tus estrellas distintas.
¡Adiós! ¡Secad el llanto!

(Al Juez.)

¡Vamos pronto!

CARMEN.

¡Adiós, hija!

MARIANA.

Contad mi triste historia a los niños que pasen.

CARMEN.

Porque has amado mucho, Dios te abrirá su puerta.
¡Ay, triste Marianita! ¡Rosa de los rosales!

NOVICIA 1.ª *(Arrodillándose.)*

Ya no verán tus ojos las naranjas de luz
que pondrá en los tejados de Granada la tarde.

(Fuera empieza un lejano campaneo.)

MONJA 1.ª *(Arrodillándose.)*

Ni sentirás la dulce brisa de primavera
pasar de madrugada tocando tus cristales.

NOVICIA 2.ª *(Arrodillándose y besando la orla del vestido de Mariana.)*

¡Clavellina de mayo! ¡Luna de Andalucía!,
en las altas barandas tu novio está esperándote.

CARMEN.

¡Mariana, Marianita, de bello y triste nombre,
que los niños lamenten tu dolor por la calle!

MARIANA. *(Saliendo.)*

¡Yo soy la Libertad porque el amor lo quiso!
¡Pedro! La Libertad, por la cual me dejaste.
¡Yo soy la Libertad, herida por los hombres!
¡Amor, amor, amor y eternas soledades!

(Un campaneo vivo y solemne invade la escena, y un coro de Niños empieza, lejano, el romance. Mariana va saliendo lentamente, apoyada en sor Carmen. Todas las demás Monjas

están arrodilladas. Una luz maravillosa y delirante invade la escena. Al fondo, los Niños cantan.)

¡Oh, qué día tan triste en Granada,
que a las piedras hacía llorar,
al ver que Marianita se muere
en cadalso, por no declarar!

(No cesa el campaneo.)

Telón lento

Diálogos

La doncella, el marinero y el estudiante

Balcón.

VIEJA. *(En la calle.)* Caracoleeees. Se guisan con hierbabuena, azafrán y hojas de laurel.

DONCELLA. Caracolitos del campo. Parecen amontonados en la cesta una antigua ciudad de la China.

VIEJA. Esta vieja los vende. Son grandes y oscuros. Cuatro de ellos pueden con una culebra.

¡Qué caracoles! Dios mío ¡qué caracoles!

DONCELLA. Déjame que borde. Mis almohadas no tienen iniciales y esto me da mucho miedo. Porque ¿qué muchachilla en el mundo no tiene marcada su ropa?

VIEJA. ¿Cómo es tu gracia?

DONCELLA. Yo bordo en mis ropas todo el alfabeto.

VIEJA. ¿Para qué?

DONCELLA. Para que el hombre que esté conmigo me llame de la manera que guste.

VIEJA. *(Triste.)* Entonces eres una sinvergüenza.

DONCELLA. *(Bajando los ojos.)* Sí.

VIEJA. ¿Te llamarás María, Rosa, Trinidad, Segismunda?

DONCELLA. Y más, y más.

VIEJA. ¿Eustaquia? ¿Dorotea? ¿Genara?

DONCELLA. Y más, más, más...

(La Doncella eleva las palmas de sus manos palidecidas por el insomnio de las sedas y los marcadores.

La Vieja huye arrimada a la pared, hacia su Siberia de trapos oscuros donde agoniza la cesta llena de mendrugos de pan.)

DONCELLA. A, B, C, D, E, F, G, H, I, J, K, L, M, N, Ñ. Ya está bien. Voy a cerrar el balcón. Detrás de los cristales, seguiré bordando. *(Pausa.)*

LA MADRE. *(Dentro.)* Hija, hija, ¿estás llorando?

DONCELLA. No. Es que empieza a llover.

(Una canoa automóvil llena de banderas azules, cruza la bahía dejando atrás su canto tartamudo.

La lluvia pone a la ciudad un birrete de doctor en Letras. En las tabernas del puerto comienza el gran carrousel *de los marineros borrachos.)*

DONCELLA. *(Cantando.)*
A, B, C, D.
¿Con qué letra me quedaré?
Marinero empieza con M,
y estudiante empieza con E.
A, B, C, D.

MARINERO. *(Entrando.)* Yo.

DONCELLA. Tú.

MARINERO. *(Triste.)* Poca cosa es un barco.

DONCELLA. Le pondré banderas y luces.

MARINERO. Si el capitán quiere. *(Pausa.)*

DONCELLA. *(Afligida.)* ¡Poca cosa es un barco!

MARINERO. Lo llenaré de puntillas bordadas.

DONCELLA. Si mi madre me deja.

MARINERO. Ponte de pie.

DONCELLA. ¿Para qué?

MARINERO. Para verte.

DONCELLA. *(Se levanta.)* Ya estoy.

MARINERO. ¡Qué hermosos muslos tienes!

DONCELLA. De niña monté en bicicleta.

MARINERO. Yo en un delfín.

DONCELLA. También eres hermoso.

MARINERO. Cuando estoy desnudo.

DONCELLA. ¿Qué sabes hacer?
MARINERO. Remar.

(El Marinero toca el acordeón polvoriento y cansado como un siglo VII.*)*

ESTUDIANTE. *(Entrando.)* Va demasiado deprisa.
DONCELLA. ¿Quién va deprisa?
ESTUDIANTE. El siglo.
DONCELLA. Estás azorado.
ESTUDIANTE. Es que huyo.
DONCELLA. ¿De quién?
ESTUDIANTE. Del año que viene.
DONCELLA. ¿No has visto mi cara?
ESTUDIANTE. Por eso me paro.
DONCELLA. No eres moreno.
ESTUDIANTE. Es que vivo de noche.
DONCELLA. ¿Qué quieres?
ESTUDIANTE. Dame agua.
DONCELLA. No tenemos aljibe.
ESTUDIANTE. ¡Pues yo me muero de sed!
DONCELLA. Te daré leche de mis senos.
ESTUDIANTE. *(Encendido.)* Endulza mi boca.
DONCELLA. Pero soy doncella.
ESTUDIANTE. Si me echas una escala viviré esta noche contigo.
DONCELLA. Eres blanco y estarás muy frío.
ESTUDIANTE. Tengo mucha fuerza en los brazos.
DONCELLA. Yo te dejaría si mi madre quisiera.
ESTUDIANTE. Anda...
DONCELLA. No...
ESTUDIANTE. ¿Y por qué no?
DONCELLA. Pues porque no...
ESTUDIANTE. Pe-pe. Anda...
DONCELLA. Pe-pe-pe. No.

(Alrededor de la luna, gira una rueda de bergantines oscuros. Tres sirenas chapoteando en las olas, engañan a los carabineros del acanti-

lado. La Doncella en su balcón piensa dar un salto desde la letra **Z** *y lanzarse al abismo.*

Emilio Prados y Manolito Altolaguirre, enharinados por el miedo del mar, la quitan suavemente de la baranda.)

El paseo de Buster Keaton

GALLO. Quiquiriquí.

(Sale Buster Keaton con sus cuatro hijos de la mano.)

BUSTER K. ¡Pobres hijitos míos!

(Saca un puñal de madera y los mata.)

GALLO. Quiquiriquí.
BUSTER K. *(Contando los cuerpos en tierra.)* Uno, dos, tres y cuatro.

(Coge una bicicleta y se va.
Entre las viejas llantas de goma y bidones de gasolina, un negro come su sombrero de paja.)

BUSTER K. ¡Qué hermosa tarde!

(Un loro revolotea en el cielo neutro.)

BUSTER K. Da gusto pasear en bicicleta.
EL BÚHO. Chirri, chirri, chirri, chi.
BUSTER K. ¡Qué bien cantan los pajarillos!
EL BÚHO. Chirrrrrrrrrrr.
BUSTER K. Es emocionante. *(Pausa.)*

(Buster Keaton cruza inefable los juncos y el campillo de centeno. El paisaje se achica entre las ruedas de la máquina. La bicicleta tiene una sola dimensión. Puede entrar en los libros y tenderse en el horno de pan. La bicicleta de Buster Keaton no tiene el sillón de caramelo, ni los pedales de azúcar, como quisieran los

hombres malos. Es una bicicleta como todas, pero la única empapada de inocencia. Adán y Eva correrían asustados si vieran un vaso lleno de agua, y acariciarían en cambio la bicicleta de Keaton.)

BUSTER K. ¡Ay amor, amor!

(Buster Keaton cae al suelo. La bicicleta se le escapa. Corre detrás de dos grandes mariposas grises. Va como loca, a medio milímetro del sueño.)

BUSTER K. *(Levantándose.)* No quiero decir nada. ¿Qué voy a decir?

UNA VOZ. Tonto.

BUSTER K. Bueno. *(Sigue andando.)*

(Sus ojos infinitos y tristes como los de una bestia recién nacida, sueñan lirios, ángeles y cinturones de seda.

Sus ojos que son de culo de vaso. Sus ojos de niño tonto. Que son feísimos. Que son bellísimos. Sus ojos de avestruz. Sus ojos humanos en el equilibrio seguro de la melancolía.

A lo lejos se ve Filadelfia.

Los habitantes de esta urbe ya saben que el viejo poema de la máquina Singer puede circular entre las grandes rosas de los invernaderos, aunque no podrán comprender nunca qué sutílisima diferencia poética existe entre una taza de té caliente y otra taza de té frío. A lo lejos, brilla Filadelfia.)

BUSTER K. Esto es un jardín.

(Una Americana con los ojos de celuloide viene por la hierba.)

AMERICANA. Buenas tardes.

(Buster Keaton sonríe y mira en gros plan *los zapatos de la dama. ¡Oh qué zapatos!* No *debemos admitir esos zapatos. Se necesitan las pieles de tres cocodrilos para hacerlos.)*

BUSTER K. Yo quisiera...
AMERICANA. ¿Tiene usted una espada adornada con hoja de mirto?

(Buster Keaton se encoge de hombros y levanta el pie derecho.)

AMERICANA. ¿Tiene usted un anillo con la piedra envenenada?

(Buster Keaton cierra lentamente los ojos y levanta el pie izquierdo.)

AMERICANA. ¿Pues entonces...?

(Cuatro serafines con las alas de gasa celeste, bailan entre las flores. Las señoritas de la ciudad tocan el piano como si montaran en bicicleta. El vals, la luna y las canoas, estremecen el precioso corazón de nuestro amigo.

Con gran sorpresa de todos el otoño ha invadido el jardín, como el agua al geométrico terrón de azúcar.)

BUSTER K. *(Suspirando.)* Quisiera ser un cisne. Pero no puedo aunque quisiera. Porque ¿dónde dejaría mi sombrero? ¿dónde mi cuello de pajaritas y mi corbata de moaré? ¡Qué desgracia!

(Una Joven, cintura de avispa y alto cucuné, viene montada en bicicleta. Tiene cabeza de ruiseñor.)

JOVEN. ¿A quién tengo el honor de saludar?

BUSTER K. *(Con una reverencia.)* A Buster Keaton.

(La Joven se desmaya y cae de la bicicleta. Sus piernas a listas tiemblan en el césped como dos cebras agonizantes. Un gramófono decía en mil espectáculos a la vez: «En América, no hay ruiseñores».)

BUSTER K. *(Arrodillándose.)* Señorita Eleonora, ¡perdóneme que yo no he sido! ¡Señorita! *(Bajo.)* ¡Señorita! *(Más bajo.)* ¡Señorita! *(La besa.)*

(En el horizonte de Filadelfia luce la estrella rutilante de los policías.)

Quimera

Puerta.

ENRIQUE. Adiós.
SEIS VOCES. *(Dentro.)* Adiós.
ENRIQUE. Estaré mucho tiempo en la sierra.
VOZ. Una ardilla.
ENRIQUE. Sí, una ardilla para ti y además cinco pájaros que no los haya tenido antes ningún niño.
VOZ. No, yo quiero un lagarto.
VOZ. Y yo un topo.
ENRIQUE. Sois muy distintos, hijos. Cumpliré los encargos de todos.
VIEJO. Muy distintos.
ENRIQUE. ¿Qué dices?
VIEJO. ¿Te puedo llevar las maletas?
ENRIQUE. No. *(Se oyen risas de niños.)*
VIEJO. Son hijos tuyos.
ENRIQUE. Los seis.
VIEJO. Yo conozco hace mucho tiempo a la madre de ellos, a tu mujer. Estuve de cochero en su casa, pero si te confieso la verdad, ahora estoy mejor de mendigo. Los caballos ¡ja, ja, ja! Nadie sabe el miedo que a mí me dan los caballos. Caiga un rayo sobre todos sus ojos. Guiar un coche es muy difícil. ¡Oh! Es dificilísimo. Si no tienes miedo, no te enteras, y si te enteras, no tienes miedo. ¡Malditos sean los caballos!
ENRIQUE. *(Cogiendo las maletas.)* Déjame.
VIEJO. No, no. Yo por unas monedillas, las más pequeñas que tengas, te las llevo. Tu mujer te lo agradecerá. Ella no tenía miedo a los caballos. Ella es feliz.
ENRIQUE. Vamos pronto. A las seis he de tomar el tren.
VIEJO. ¡Ah, el tren! Eso es otra cosa. El tren es una tontería.

Aunque viviera cien años yo no tendría miedo al tren. El tren no está vivo. Pasa y ha pasado... pero los caballos... Mira.

MUJER. *(En la ventana.)* Enrique mío. Enrique. No dejes de escribirme. No me olvides.

VIEJO. ¡Ah, la muchacha! *(Ríe.)* ¿Te acuerdas cómo saltaba las tapias, como se subía a los árboles sólo por verte?

MUJER. Lo recordaré hasta que me muera.

ENRIQUE. Yo también.

MUJER. Te espero. Adiós.

ENRIQUE. Adiós.

VIEJO. No te aflijas. Es tu mujer y te ama. Tú la amas a ella. No te aflijas.

ENRIQUE. Es verdad, pero me pesa esta ausencia.

VIEJO. Peor es otra cosa. Peor es que todo ande y que el río suene. Peor es que haya un ciclón.

ENRIQUE. No tengo gana de bromas. Siempre estás así.

VIEJO. ¡Ja, ja, ja! Todo el mundo y tú el primero cree que lo importante de un ciclón son los destrozos que produce y yo creo todo lo contrario. Lo importante de un ciclón...

ENRIQUE. *(Irritándose.)* Vamos. Van a dar las seis de un momento a otro.

VIEJO. ¿Pues soy el mar?... En el mar...

ENRIQUE. *(Furioso.)* Vamos, he dicho.

VIEJO. ¿No se olvida nada?

ENRIQUE. Todo lo dejo perfectamente organizado. Y además a ti qué te importa. Lo peor del mundo es un criado viejo, un mendigo.

VOZ 1.ª Papá.

VOZ 2.ª Papá.

VOZ 3.ª Papá.

VOZ 4.ª Papá.

VOZ 5.ª Papá.

VOZ 6.ª Papá.

VIEJO. Tus hijos.

ENRIQUE. Mis hijos.

NIÑA. *(En la puerta.)* Yo no quiero la ardilla. Si me traes la ardilla, no te querré. No me traigas la ardilla. No la quiero.

VOZ. Ni yo el lagarto.
VOZ. Ni yo el topo.
NIÑA. Queremos que nos traigas una colección de minerales.
VOZ. No, no, yo quiero mi topo.
VOZ. No, el topo es para mí... *(Riñen.)*
NIÑA. *(Entrando.)* Pues ahora el topo va a ser para mí.
ENRIQUE. ¡Basta! ¡Quedaréis contentos!
VIEJO. Dijiste que eran muy distintos.
ENRIQUE. Sí. Muy distintos. Afortunadamente.
VIEJO. ¿Cómo?
ENRIQUE. *(Fuerte.)* Afortunadamente.
VIEJO. *(Triste.)* Afortunadamente. *(Salen.)*
MUJER. *(En la ventana.)* Adiós.
VOZ. Adiós.
MUJER. Vuelve pronto.
VOZ. *(Lejana.)* Pronto.
MUJER. Se abrigará bien por la noche. Lleva cuatro mantas. Yo en cambio estaré sola en la cama. Tendré frío. Él tiene unos ojos maravillosos; pero lo que yo amo es su fuerza. *(Se desnuda.)* Me duele un poco la espalda. ¡Ah! ¡Si me pudiera despreciar! Yo quiero que él me desprecie... y me ame. Yo quiero huir y que me alcance. Yo quiero que me queme... que me queme.

(Alto.) Adiós, adiós...

Enrique. Enrique... Te amo. Te veo pequeño. Saltas por las piedras. Pequeño. Ahora te podría tragar como si fueras un botón. Te podría tragar, Enrique...

NIÑA. Mamá.
MUJER. No salgas. Se ha levantado un viento frío. ¡He dicho que no!

(Entra.)

(La luz huye de la escena.)

NIÑA. *(Rápida.)* ¡Papáaa! ¡Papáaa! Que me traigas la ardilla. Que yo no quiero los minerales. Los minerales me romperán las uñas. Papáaa.

NIÑO. *(En la puerta.)* No-te-o-ye. No-te-o-ye. No-te-o-ye.
NIÑA. Papá, que yo quiero la ardilla. *(Rompiendo a llorar.)* ¡Dios mío! ¡Yo quiero la ardilla!

Telón

Otros diálogos

Diálogo mudo de los cartujos

En el patio de la Cartuja pasean los Cartujos vestidos de blanco. Van y vienen entre las zarzas y las malvalocas. Son cinco y son uno.

El Fraile más viejo está mirando una rosa recién abierta. Los demás se acercan delicadamente.

CARTUJO.

?

CARTUJO.

!

CARTUJO.

( )

CARTUJO.

...

CARTUJO.

.

(El Hermano despensero cruza la galería con el manojo de llaves envuelto en algodón.

En la vidriera de la tarde vuelan los pájaros místicos. La rosa sentenciada tiembla en las manos del más viejo.

La sombra de las alas del ángelus cubre la superficie católica. Los Frailes se calan sus capuchas y emprenden el camino de la iglesia.)

CARTUJO. *(Andando lentamente.)* .

CARTUJO. *(Detrás.)* .

CARTUJO. *(Detrás.)* .

CARTUJO. *(Detrás.)* .
CARTUJO. *(Detrás.)* .
CARTUJO. *(Detrás.)* .

(Entran.)

(En una esquina del gran refectorio prismático de rumores y ecos difíciles, un chorro de hormigas sube por la pared a los sazonados membrillos del techo.)

Diálogo de los dos caracoles

CARACOL BLANCO. *(Silencio.)*

(Una Señorita con sombrilla de encajes viene contando sus pasos. Al llegar a un arroyuelo, vacila. Después salta.)

CARACOL NEGRO. *(Silencio.)*

(La Rata ha cruzado el río. La Rata mala. La Rata que se come las raicillas tiernas.)

CARACOL BLANCO. *(Silencio.)*

(La Señorita consulta el olor de los hinojos. La tarde, sin relaciones inteligentes, se derrumba en la calina del horizonte.)

CARACOL NEGRO. *(Silencio.)*

(La Rata vuelve a las zarzamoras. Una Voz oscura se deleita pronunciando esta palabra: «zarzamora, zarzamora, zarzamora».)

CARACOL BLANCO. *(Pausa.)*

(La Señorita se sienta en el verde ribazo. Ha salido sola porque no se acuerda de los ratones.)

CARACOL NEGRO. *(Sobrecogido.)* *(Silencio.)*

(En el remanso, sin un pliegue, tiembla fija una nube larga. La Rata va por ella como un pájaro. La Rata mala. El Señor le debiera consentir este abuso.)

CARACOL BLANCO. *(Silencio.)*

(A nadie le gusta el libro que lee la Señorita. Es tonta. No se da cuenta de que sus montes de azúcar están llenos de hormigas.)

CARACOL NEGRO. *(Mutis.)*

CARACOL BLANCO. *(En lo alto del hinojo.)* ¡Ay!

La zapatera prodigiosa

Farsa violenta en dos actos

Personajes

ZAPATERA
VECINA ROJA
VECINA MORADA
VECINA NEGRA
VECINA VERDE
VECINA AMARILLA
BEATA PRIMERA
BEATA SEGUNDA
SACRISTANA
EL AUTOR
ZAPATERO
EL NIÑO
ALCALDE
DON MIRLO
MOZO DE LA FAJA
MOZO DEL SOMBRERO
HIJAS DE LA VECINA ROJA
VECINAS, BEATAS, CURAS Y PUEBLO

Prólogo

Cortina gris.

Aparece el Autor. Sale rápidamente. Lleva una carta en la mano.

EL AUTOR. Respetable público... *(Pausa.)* No, respetable público no, público solamente, y no es que el autor no considere al público respetable, todo lo contrario, sino que detrás de esta palabra hay como un delicado temblor de miedo y una especie de súplica para que el auditorio sea generoso con la mímica de los actores y el artificio del ingenio. El poeta no pide benevolencia, sino atención, una vez que ha saltado hace mucho tiempo la barra espinosa de miedo que los autores tienen a la sala. Por este miedo absurdo y por ser el teatro en muchas ocasiones una finanza, la poesía se retira de la escena en busca de otros ambientes donde la gente no se asuste de que un árbol, por ejemplo, se convierta en una bola de humo o de que tres peces, por amor de una mano y una palabra, se conviertan en tres millones de peces para calmar el hambre de una multitud. El autor ha preferido poner el ejemplo dramático en el vivo ritmo de una zapatería popular. En todos los sitios late y anima la criatura poética que el autor ha vestido de zapatera con aire de refrán o simple romancillo y no se extrañe el público si aparece violenta o toma actitudes agrias porque ella lucha siempre, lucha con la realidad que la cerca y lucha con la fantasía cuando ésta se hace realidad visible. *(Se oyen voces de la Zapatera: «¡Quiero salir!».)* ¡Ya voy! No tengas tanta impaciencia en salir; no es un traje de larga cola y plumas inverosímiles el que sacas, sino un traje roto, ¿lo oyes?, un traje de zapatera. *(Voz de la Zapatera dentro: «¡Quiero salir!».)* ¡Silencio! *(Se descorre la cortina y aparece el decorado con tenue luz.)* También amanece así todos los días sobre las ciudades, y el público olvida su medio mundo de sueño para entrar en los mercados como tú en tu casa, en la escena, zapaterilla prodigiosa. *(Va creciendo la luz.)* A empezar, tú llegas de la calle. *(Se oyen las voces que pelean. Al público.)* Buenas noches. *(Se quita el sombrero de copa y éste se ilumina por dentro con una luz verde, el Autor lo inclina y sale de él un chorro de agua. El Autor mira un poco cohibido al público y se retira de espaldas lleno de ironía.)* Ustedes perdonen. *(Sale.)*

Acto primero

Casa del Zapatero. Banquillo y herramientas. Habitación completamente blanca. Gran ventana y puerta. El foro es una calle también blanca con algunas puertecitas y ventanas en gris. A derecha e izquierda, puertas. Toda la escena tendrá un aire de optimismo y alegría exaltada en los más pequeños detalles. Una suave luz naranja de media tarde invade la escena.

Al levantarse el telón la Zapatera viene de la calle toda furiosa y se detiene en la puerta. Viste un traje verde rabioso y lleva el pelo tirante, adornado con dos grandes rosas. Tiene un aire agreste y dulce al mismo tiempo.

ESCENA PRIMERA

La Zapatera y luego un Niño.

ZAPATERA. Cállate, larga de lengua, penacho de catalineta, que si yo lo he hecho... si yo lo he hecho, ha sido por mi propio gusto... Si no te metes dentro de tu casa te hubiera arrastrado, viborilla empolvada; y esto lo digo para que me oigan todas las que están detrás de las ventanas. Que más vale estar casada con un viejo, que con un tuerto, como tú estás. Y no quiero más conversación, ni contigo ni con nadie, ni con nadie, ni con nadie. *(Entra dando un fuerte portazo.)* Ya sabía yo que con esta clase de gente no se podía hablar ni un segundo... pero la culpa la tengo yo, yo y yo... que debí estarme en mi casa con... casi no quiero creerlo, con mi marido. Quién me hubiera dicho a mí, rubia con los ojos negros, que hay que ver el mérito que esto tiene, con este talle y estos colores tan hermosísimos, que me iba a ver casada con... me tiraría del pelo. *(Llora. Llaman a la puerta.)* ¿Quién es? *(No responden y llaman otra vez.)* ¿Quién es? *(Enfurecida.)*

ESCENA II

La Zapatera y el Niño.

NIÑO. *(Temerosamente.)* Gente de paz.

ZAPATERA. *(Abriendo.)* ¿Eres tú? *(Melosa y conmovida.)*

NIÑO. Sí, señora Zapaterita. ¿Estaba usted llorando?

ZAPATERA. No, es que un mosco de esos que hacen piiiiii, me ha picado en este ojo.

NIÑO. ¿Quiere usted que le sople?

ZAPATERA. No, hijo mío, ya se me ha pasado... *(Le acaricia.)* ¿Y qué es lo que quieres?

NIÑO. Vengo con estos zapatos de charol, costaron cinco duros, para que los arregle su marido. Son de mi hermana la grande, la que tiene el cutis fino y se pone dos lazos, que tiene dos, un día uno y otro día otro, en la cintura.

ZAPATERA. Déjalos ahí, ya los arreglarán.

NIÑO. Dice mi madre que tenga cuidado de no darles muchos martillazos, que el charol es muy delicado, para que no se estropee el charol.

ZAPATERA. Dile a tu madre que ya sabe mi marido lo que tiene que hacer, y que así supiera ella aliñar con laurel y pimienta un buen guiso como mi marido componer zapatos.

NIÑO. *(Haciendo pucheros.)* No se disguste usted conmigo, que yo no tengo la culpa y todos los días estudio muy bien la gramática.

ZAPATERA. *(Dulce.)* ¡Hijo mío! ¡Prenda mía! ¡Si contigo no es nada! *(Lo besa.)* Toma este muñequito, ¿te gusta? Pues llévatelo.

NIÑO. Me lo llevaré, porque como yo sé que usted no tendrá nunca niños...

ZAPATERA. ¿Quién te dijo eso?

NIÑO. Mi madre lo hablaba el otro día, diciendo: la zapatera no tendrá hijos, y se reían mis hermanas y la comadre Rafaela.

ZAPATERA. *(Nerviosísima.)* ¿Hijos? Puede que los tenga más

hermosos que todas ellas y con más arranque y más honra, porque tu madre... es menester que sepas...

NIÑO. Tome usted el muñequito, ¡no lo quiero!

ZAPATERA. *(Reaccionando.)* No, no, guárdalo, hijo mío... ¡Si contigo no es nada!

ESCENA III

Aparece por la izquierda el Zapatero. Viste traje de terciopelo con botones de plata, pantalón corto y corbata roja. Se dirige al banquillo.

ZAPATERA. ¡Válgate Dios!

NIÑO. *(Asustado.)* ¡Ustedes se conserven bien! ¡Hasta la vista! ¡Que sea enhorabuena! *¡Deo gratias! (Sale corriendo por la calle.)*

ZAPATERA. Adiós, hijito. Si hubiera reventado antes de nacer, no estaría pasando estos trabajos y estas tribulaciones. ¡Ay dinero, dinero!, sin manos y sin ojos debería haberse quedado el que te inventó.

ZAPATERO. *(En el banquillo.)* Mujer, ¿qué estás diciendo...?

ZAPATERA. ¡Lo que a ti no te importa!

ZAPATERO. A mí no me importa nada de nada. Ya sé que tengo que aguantarme.

ZAPATERA. También me aguanto yo... piensa que tengo dieciocho años.

ZAPATERO. Y yo... cincuenta y tres. Por eso me callo y no me disgusto contigo... ¡demasiado sé yo!... Trabajo para ti... y sea lo que Dios quiera...

ZAPATERA. *(Está de espaldas a su marido y se vuelve y avanza tierna y conmovida.)* Eso no, hijo mío... ¡no digas...!

ZAPATERO. Pero, ¡ay, si tuviera cuarenta años o cuarenta y cinco, siquiera...! *(Golpea furiosamente un zapato con el martillo.)*

ZAPATERA. *(Enardecida.)* Entonces yo sería tu criada, ¿no es esto? Si una no puede ser buena... ¿Y yo?, ¿es que no valgo nada?

ZAPATERO. Mujer... repórtate.

ZAPATERA. ¿Es que mi frescura y mi cara no valen todos los dineros de este mundo?

ZAPATERO. Mujer... ¡que te van a oír los vecinos!

ZAPATERA. Maldita hora, maldita hora, en que le hice caso a mi compadre Manuel.

ZAPATERO. ¿Quieres que te eche un refresquito de limón?

ZAPATERA. ¡Ay, tonta, tonta, tonta! *(Se golpea la frente.)* Con tan buenos pretendientes como yo he tenido.

ZAPATERO. *(Queriendo suavizar.)* Eso dice la gente.

ZAPATERA. ¿La gente? Por todas partes se sabe. Lo mejor de estas vegas. Pero el que más me gustaba a mí de todos era Emiliano... tú lo conociste... Emiliano, que venía montado en una jaca negra, llena de borlas y espejitos, con una varilla de mimbre en su mano y las espuelas de cobre reluciente. ¡Y qué capa traía por el invierno! ¡Qué vueltas de pana azul y qué agremanes de seda!

ZAPATERO. Así tuve yo una también... son unas capas preciosísimas.

ZAPATERA. ¿Tú? ¡Tú qué ibas a tener!... Pero, ¿por qué te haces ilusiones? Un zapatero no se ha puesto en su vida una prenda de esa clase...

ZAPATERO. Pero, mujer, ¿no estás viendo?...

ZAPATERA. *(Interrumpiéndole.)* También tuve otro pretendiente... *(El Zapatero golpea fuertemente el zapato.)* Aquél era medio señorito... tendría dieciocho años, ¡se dice muy pronto! ¡Dieciocho años! *(El Zapatero se revuelve inquieto.)*

ZAPATERO. También los tuve yo.

ZAPATERA. Tú no has tenido en tu vida dieciocho años... Aquél sí que los tenía y me decía unas cosas... Verás...

ZAPATERO. *(Golpeando furioso.)* ¿Te quieres callar? Eres mi mujer, quieras o no quieras, y yo soy tu esposo. Estabas pereciendo, sin camisa, ni hogar. ¿Por qué me has querido? ¡Fantasiosa, fantasiosa, fantasiosa!

ZAPATERA. *(Levantándose.)* ¡Cállate! No me hagas hablar más de lo prudente y ponte a tu obligación. ¡Parece mentira! *(Dos Vecinas con mantilla cruzan la ventana sonriendo.)* ¿Quién me lo iba a decir, viejo pellejo, que me ibas a dar tal pago? ¡Pégame, si te parece, anda, tírame el martillo!

ZAPATERO. Ay, mujer... no me des escándalos, ¡mira que viene la gente! ¡Ay, Dios mío! *(Las dos Vecinas vuelven a cruzar.)*

ZAPATERA. Yo me he rebajado. ¡Tonta, tonta, tonta! Maldito sea mi compadre Manuel, malditos sean los vecinos, tonta, tonta, tonta. *(Sale golpeándose la cabeza.)*

ESCENA IV

Zapatero, Vecina Roja y Niño.

ZAPATERO. *(Mirándose en un espejo y contándose las arrugas.)* Una, dos, tres, cuatro... y mil. *(Guarda el espejo.)* Pero me está muy bien empleado, sí señor. Porque vamos a ver: ¿por qué me habré casado? Yo debí haber comprendido, después de leer tantas novelas, que las mujeres les gustan a todos los hombres, pero todos los hombres no les gustan a todas las mujeres. ¡Con lo bien que yo estaba! Mi hermana, mi hermana tiene la culpa, mi hermana que se empeñó: ¡«que si te vas a quedar solo», que si qué sé yo! Y esto es mi ruina. ¡Mal rayo parta a mi hermana, que en paz descanse! *(Fuera se oyen voces.)* ¿Qué será?

VECINA ROJA. *(En la ventana y con gran brío. La acompañan sus Hijas vestidas del mismo color.)* Buenas tardes.

ZAPATERO. *(Rascándose la cabeza.)* Buenas tardes.

VECINA. Dile a tu mujer que salga. Niñas, ¿queréis no llorar más? ¡Qué salga, a ver si por delante de mí casca tanto como por detrás!

ZAPATERO. ¡Ay, vecina de mi alma, no me dé usted escándalos, por los clavitos de Nuestro Señor! ¿Qué quiere usted que yo le haga? Pero comprenda mi situación: toda la vida temiendo casarme... porque casarse es una cosa muy seria, y, a última hora, ya lo está usted viendo.

VECINA. ¡Qué lástima de hombre! ¡Cuánto mejor le hubiera ido a usted casado con gente de su clase!... estas niñas, pongo por caso, u otras del pueblo...

ZAPATERO. Y mi casa no es casa. ¡Es un guirigay!

VECINA. ¡Se arranca el alma! Tan buenísima sombra como ha tenido usted toda su vida.

ZAPATERO. *(Mira por si viene su Mujer.)* Anteayer... despedazó el jamón que teníamos guardado para estas Pascuas y nos lo comimos entero. Ayer estuvimos todo el día con unas sopas de huevo y perejil: bueno, pues porque protesté de esto, me hizo beber tres vasos seguidos de leche sin hervir.

VECINA. ¡Qué fiera!

ZAPATERO. Así es, vecinita de mi corazón, que le agradecería en el alma que se retirase.

VECINA. ¡Ay, si viviera su hermana! Aquélla sí que era...

ZAPATERO. Ya ves... y de camino llévate tus zapatos que están arreglados. *(Por la puerta de la izquierda asoma la Zapatera, que detrás de la cortina espía la escena sin ser vista.)*

VECINA. *(Mimosa.)* ¿Cuánto me vas a llevar por ellos?... Los tiempos van cada vez peor.

ZAPATERO. Lo que tú quieras... Ni que tire por allí ni que tire por aquí...

VECINA. *(Dando en el codo a sus Hijas.)* ¿Están bien en dos pesetas?

ZAPATERO. ¡Tú dirás!

VECINA. Vaya... te daré una...

ZAPATERA. *(Saliendo furiosa.)* ¡Ladrona! *(Las Mujeres chillan y se asustan.)* ¿Tienes valor de robar a este hombre de esa manera? *(A su Marido.)* Y tú, ¿dejarte robar? Vengan los zapatos. Mientras no des por ellos diez pesetas, aquí se quedan.

VECINA. ¡Lagarta, lagarta!

ZAPATERA. ¡Mucho cuidado con lo que estás diciendo!

NIÑAS. ¡Ay, vámonos, vámonos, por Dios!

VECINA. Bien despachado vas de mujer, ¡que te aproveche! *(Se van rápidamente. El Zapatero cierra la ventana y la puerta.)*

ESCENA V

Zapatero y Zapatera.

ZAPATERO. Escúchame un momento...

ZAPATERA. *(Recordando.)* Lagarta... lagarta... qué, qué, qué... ¿qué me vas a decir?

ZAPATERO. Mira, hija mía. Toda mi vida ha sido en mí una verdadera preocupación evitar el escándalo. *(El Zapatero traga constantemente saliva.)*

ZAPATERA. ¿Pero tienes el valor de llamarme escandalosa, cuando he salido a defender tu dinero?

ZAPATERO. Yo no te digo más, que he huido de los escándalos, como las salamanquesas del agua fría.

ZAPATERA. *(Rápida.)* ¡Salamanquesas! ¡Huy, qué asco!

ZAPATERO. *(Armado de paciencia.)* Me han provocado, me han, a veces, hasta insultado, y no teniendo ni tanto así de cobarde he quedado con mi alma en mi almario, por el miedo de verme rodeado de gentes y llevado y traído por comadres y desocupados. De modo que ya lo sabes. ¿He hablado bien? Ésta es mi última palabra.

ZAPATERA. Pero vamos a ver: ¿a mí qué me importa todo eso? Me casé contigo, ¿no tienes la casa limpia? ¿No comes? ¿No te pones cuellos y puños que en tu vida te los habías puesto? ¿No llevas tu reloj, tan hermoso, con cadena de plata y venturinas, al que doy cuerda toda las noches? ¿Qué más quieres? Porque, yo, todo; menos esclava. Quiero hacer siempre mi santa voluntad.

ZAPATERO. No me digas... tres meses llevamos casados, yo, queriéndote... y tú, poniéndome verde. ¿No ves que ya no estoy para bromas?

ZAPATERA. *(Seria y como soñando.)* Queriéndome, queriéndome... Pero *(Brusca.)* ¿qué es eso de queriéndome? ¿Qué es queriéndome?

ZAPATERO. Tú te creerás que yo no tengo vista y tengo. Sé lo que haces y lo que no haces, y ya estoy colmado, ¡hasta aquí!

ZAPATERA. *(Fiera.)* Pues lo mismo se me da a mí que estés

colmado como que no estés, porque tú me importas tres pitos, ¡ya lo sabes! *(Llora.)*

ZAPATERO. ¿No puedes hablarme un poquito más bajo?

ZAPATERA. Merecías, por tonto, que colgara la calle a gritos.

ZAPATERO. Afortunadamente creo que esto se acabará pronto; porque yo no sé cómo tengo paciencia.

ZAPATERA. Hoy no comemos... de manera que ya te puedes buscar la comida por otro sitio. *(La Zapatera sale rápidamente hecha una furia.)*

ZAPATERO. Mañana *(Sonriendo.)* quizá la tengas que buscar tú también. *(Se va al banquillo.)*

ESCENA VI

Por la puerta central aparece el Alcalde. Viste de azul oscuro, gran capa y larga vara de mando rematada con cabos de plata. Habla despacio y con gran sorna.

ALCALDE. ¿En el trabajo?

ZAPATERO. En el trabajo, señor Alcalde.

ALCALDE. ¿Mucho dinero?

ZAPATERO. El suficiente. *(El Zapatero sigue trabajando. El Alcalde mira curiosamente a todos lados.)*

ALCALDE. Tú no estás bueno.

ZAPATERO. *(Sin levantar la vista.)* No.

ALCALDE. ¿La mujer?

ZAPATERO. *(Asintiendo.)* ¡La mujer!

ALCALDE. *(Sentándose.)* Eso tiene casarse a tu edad... A tu edad se debe ya estar viudo... de una, como mínimum... Yo estoy de cuatro: Rosa, Manuela, Visitación y Enriqueta Gómez, que ha sido la última: buenas mozas todas, aficionadas al baile y al agua limpia. Todas, sin excepción, han probado esta vara repetidas veces. En mi casa... en mi casa, coser y cantar.

ZAPATERO. Pues ya está usted viendo qué vida la mía. Mi mujer... no me quiere. Habla por la ventana con todos. Hasta con don Mirlo, y a mí se me está encendiendo la sangre.

ALCALDE. *(Riendo.)* Es que ella es una chiquilla alegre, eso es natural.

ZAPATERO. ¡Ca! Estoy convencido... yo creo que esto lo hace por atormentarme; porque, estoy seguro..., ella me odia. Al principio creí que la dominaría con mi carácter dulzón y mis regalillos: collares de coral, cintillos, peinetas de concha... ¡hasta unas ligas! Pero ella... ¡es siempre ella!

ALCALDE. Y tú, siempre tú; ¡qué demonio! Vamos, lo estoy viendo y me parece mentira cómo un hombre, lo que se dice un hombre, no puede meter en cintura, no una, sino ochenta hembras. Si tu mujer habla por la ventana con todos, si tu mujer se pone agria contigo, es porque tú quieres, porque tú no tienes arranque. A las mujeres, buenos apretones en la cintura, pisadas fuertes y la voz siempre en alto, y si con esto se atreven a hacer quiquiriquí, la vara, no hay otro remedio. Rosa, Manuela, Visitación y Enriqueta Gómez, que ha sido la última, te lo pueden decir desde la otra vida, si es que por casualidad están allí.

ZAPATERO. Pero si el caso es que no me atrevo a decirle una cosa. *(Mira con recelo.)*

ALCALDE. *(Autoritario.)* Dímela.

ZAPATERO. Comprendo que es una barbaridad.... pero yo no estoy enamorado de mi mujer.

ALCALDE. ¡Demonio!

ZAPATERO. Sí, señor, ¡demonio!

ALCALDE. Entonces, grandísimo tunante, ¿por qué te has casado?

ZAPATERO. Ahí lo tiene usted. Yo no me lo explico tampoco. Mi hermana, mi hermana tiene la culpa. Que si te vas a quedar solo, que si qué sé yo, que si qué sé yo cuánto... Yo tenía dinerillos, salud, y dije: ¡allá voy! Pero, benditísima soledad antigua. ¡Mal rayo parta a mi hermana, que en paz descanse!

ALCALDE. ¡Pues te has lucido!

ZAPATERO. Sí, señor, me he lucido... Ahora, que yo no aguanto más. Yo no sabía lo que era una mujer. Digo, ¡usted, cuatro! Yo no tengo edad para resistir este jaleo.

ZAPATERA. *(Cantando dentro, fuerte.)*

¡Ay, jaleo, jaleo,
ya se acabó el alboroto
y vamos al tiroteo!

ZAPATERO. Ya lo está usted oyendo.

ALCALDE. ¿Y qué piensas hacer?

ZAPATERO. Cuca silvana. *(Hace el ademán.)*

ALCALDE. ¿Se te ha vuelto el juicio?

ZAPATERO. *(Excitado.)* El zapatero a tus zapatos se acabó para mí. Yo soy un hombre pacífico. Yo no estoy acostumbrado a estos voceríos y a estar en lenguas de todos.

ALCALDE. *(Riéndose.)* Recapacita lo que has dicho que vas a hacer; que tú eres capaz de hacerlo, y no seas tonto. Es una lástima que un hombre como tú no tenga el carácter que debías tener. *(Por la puerta de la izquierda aparece la Zapatera echándose polvos con una polvera rosa y limpiándose las cejas.)*

ESCENA VII

Dichos y Zapatera.

ZAPATERA. Buenas tardes.

ALCALDE. Muy buenas. *(Al Zapatero.)* ¡Como guapa, es guapísima!

ZAPATERO. ¿Usted cree?

ALCALDE. ¡Qué rosas tan bien puestas lleva usted en el pelo y qué bien huelen!

ZAPATERA. Muchas que tiene usted en los balcones de su casa.

ALCALDE. Efectivamente. ¿Le gustan a usted las flores?

ZAPATERA. ¿A mí...? ¡Ay, me encantan! Hasta en el tejado tendría yo macetas, en la puerta, por las paredes. Pero a éste... a ése... no le gustan. Claro, toda la vida haciendo botas, ¡qué quiere usted! *(Se sienta en la ventana.)* Y buenas tardes. *(Mira a la calle y coquetea.)*

ZAPATERO. ¿Lo ve usted?

ALCALDE. Un poco brusca... pero es una mujer guapísima. ¡Qué cintura tan ideal!

ZAPATERO. No la conoce usted.

ALCALDE. ¡Psch! *(Saliendo majestuosamente.)* ¡Hasta mañana! Y a ver si se despeja esa cabeza. ¡A descansar, niña! ¡Qué lástima de talle! *(Vase mirando a la Zapatera.)* ¡Porque, vamos! ¡Y hay que ver qué ondas en el pelo! *(Sale.)*

ESCENA VIII

Zapatero y Zapatera.

ZAPATERA. *(Cantando.)*

Si tu madre tiene un rey,
la baraja tiene cuatro:
rey de oros, rey de copas,
rey de espadas, rey de bastos.

(La Zapatera coge una silla y sentada en la ventana empieza a darle vueltas.)

ZAPATERO. *(Cogiendo otra silla y dándole vueltas en sentido contrario.)* Si sabes que tengo esa superstición, y para mí esto es como si me dieras un tiro, ¿por qué lo haces?

ZAPATERA. *(Soltando la silla.)* ¿Qué he hecho yo? ¿No te digo que no me dejas ni moverme?

ZAPATERO. Ya estoy harto de explicarte... pero es inútil. *(Va a hacer mutis, pero la Zapatera empieza otra vez y el Zapatero viene corriendo desde la puerta y da vueltas a su silla.)* ¿Por qué no me dejas marchar, mujer?

ZAPATERA. ¡Jesús!, pero si lo que yo estoy deseando es que te vayas.

ZAPATERO. ¡Pues déjame!

ZAPATERA. *(Enfurecida.)* ¡Pues vete! *(Fuera se oye una flauta acompañada de guitarra que toca una polquita antigua con el ritmo cómicamente acusado. La Zapatera empieza a llevar el compás con la cabeza y el Zapatero huye por la izquierda.)*

ESCENA IX

Zapatera.

ZAPATERA. *(Cantando.)* Larán... larán... A mí, es que la flauta me ha gustado siempre mucho... Yo siempre he tenido delirio por ella... Casi se me saltan las lágrimas... ¡Qué primor! Larán, larán... Oye... Me gustaría que él la oyera... *(Se levanta y se pone a bailar como si lo hiciera con novios imaginarios.)* ¡Ay, Emiliano! Qué cintillos tan preciosos llevas... No, no... me da vergüencilla... Pero, José María, ¿no ves que nos están viendo? Coge un pañuelo, que no quiero que me manches el vestido. A ti te quiero, a ti... ¡Ah, sí!... mañana que traigas la jaca blanca, la que a mí me gusta. *(Ríe. Cesa la música.)* ¡Qué mala sombra! Esto es dejar a una con la miel en los labios... Qué...

ESCENA X

Aparece en la ventana don Mirlo. Viste de negro, frac y pantalón corto. Le tiembla la voz y mueve la cabeza como un muñeco de alambre.

MIRLO. ¡Chisssssss!

ZAPATERA. *(Sin mirar y vuelta de espalda a la ventana.)* Pin, pin, pío, pío, pío.

MIRLO. *(Acercándose más.)* ¡Chissss! Zapaterita blanca, como el corazón de las almendras, pero amargosilla también. Zapaterita... junco de oro encendido... Zapaterita, bella Otero de mi corazón.

ZAPATERA. Cuánta cosa, don Mirlo; a mí me parecía imposible que los pajarracos hablaran. Pero si anda por ahí revoloteando un mirlo negro, negro y viejo... sepa que yo no puedo oírle cantar hasta más tarde... pin, pío, pío, pío.

MIRLO. Cuando las sombras crepusculares invadan con sus tenues velos el mundo y la vía pública se halle libre de transeuntes, volveré. *(Toma rapé y estornuda sobre el cuello de la Zapatera.)*

ZAPATERA. *(Volviéndose airada y pegando a don Mirlo, que tiembla.)* ¡Aaaa! *(Con cara de asco:)* ¡Y aunque no vuelvas, indecente! Mirlo de alambre, garabato de candil... Corre, corre... ¿Se habrá visto? ¡Mira que estornudar! ¡Vaya mucho con Dios! ¡Qué asco!

ESCENA XI

En la ventana se para el Mozo de la Faja. Tiene el sombrero plano echado a la cara y da pruebas de gran pesadumbre.

MOZO. ¿Se toma el fresco, zapaterita?

ZAPATERA. Exactamente igual que usted.

MOZO. Y siempre sola... ¡Qué lástima!

ZAPATERA. *(Agria.)* ¿Y por qué, lástima?

MOZO. Una mujer como usted, con ese pelo y esa pechera tan hermosísima...

ZAPATERA. *(Más agria.)* Pero, ¿por qué lástima?

MOZO. Porque usted es digna de estar pintada en las tarjetas postales y no aquí... este portalillo.

ZAPATERA. ¿Sí?... A mí las tarjetas postales me gustan mucho, sobre todo las de novios que se van de viaje...

MOZO. ¡Ay, zapaterita, qué calentura tengo! *(Siguen hablando.)*

ZAPATERO. *(Entrando y retrocediendo.)* ¡Con todo el mundo y a estas horas! ¡Qué dirán los que vengan al rosario de la iglesia! ¡Qué dirán en el casino! ¡Me estarán poniendo!... En cada casa, un traje con ropa interior y todo. *(Zapatera ríe.)* ¡Ay, Dios mío! ¡Tengo razón para marcharme! Quisiera oír a la mujer del sacristán; pues ¿y los curas? ¿Qué dirán los curas? Eso será lo que habrá que oír. *(Entra desesperado.)*

MOZO. ¿Cómo quiere que se lo exprese...? Yo la quiero, te quiero como...

ZAPATERA. Verdaderamente eso de «la quiero», «te quiero»,

suena de un modo que parece que me están haciendo cosquillas con una pluma detrás de las orejas. Te quiero, la quiero...

MOZO. ¿Cuántas semillas tiene el girasol?

ZAPATERA. ¡Yo qué sé!

MOZO. Tantos suspiros doy cada minuto por usted, por ti... *(Muy cerca.)*

ZAPATERA. *(Brusca.)* Estáte quieto. Yo puedo oírte hablar porque me gusta y es bonito, pero nada más, ¿lo oyes? ¡Estaría bueno!

MOZO. Pero eso no puede ser. ¿Es que tienes otro compromiso?

ZAPATERA. Mira, vete.

MOZO. No me muevo de este sitio sin el sí. ¡Ay, mi zapaterita, dame tu palabra! *(Va a abrazarla.)*

ZAPATERA. *(Cerrando violentamente la ventana.)* ¡Pero qué impertinente, qué loco!... ¡Si te he hecho daño te aguantas!... Como si yo no estuviera aquí más que paraaa, paraaaa... ¿Es que en este pueblo no puede una hablar con nadie? Por lo que veo, en este pueblo no hay más que dos extremos: o monja o trapo de fregar... ¡Era lo que me quedaba que ver! *(Haciendo como que huele y echando a correr.)* ¡Ay, mi comida que está en la lumbre! ¡Mujer ruin!

ESCENA XII

La luz se va marchando. El Zapatero sale con una gran capa y un bulto de ropa en la mano.

ZAPATERO. ¡O soy otro hombre o no me conozco! ¡Ay, casita mía! ¡Ay, banquillo mío! Cerote, clavos, pieles de becerro... Bueno. *(Se dirige hacia la puerta y retrocede, pues se topa con dos Beatas en el mismo quicio.)*

BEATA 1.ª Descansando, ¿verdad?

BEATA 2.ª ¡Hace usted bien en descansar!

ZAPATERO. *(Con mal humor.)* ¡Buenas noches!

BEATA 1.ª A descansar, maestro.

BEATA 2.ª ¡A descansar, a descansar! *(Se van.)*

ZAPATERO. Sí, descansando... ¡Pues no estaban mirando por el ojo de la llave! ¡Brujas, sayonas! ¡Cuidado con el retintín con que me lo han dicho! Claro... si en todo el pueblo no se hablará de otra cosa: ¡que si yo, que si ella, que si los mozos! ¡Ay! ¡Mal rayo parta a mi hermana que en paz descanse! ¡Pero primero solo que señalado por el dedo de los demás! *(Sale rápidamente y deja la puerta abierta. Por la izquierda aparece la Zapatera.)*

ESCENA XIII

La Zapatera.

ZAPATERA. Ya está la comida... ¿me estás oyendo? *(Avanza hacia la puerta de la derecha:)* ¿Me estás oyendo? Pero, ¿habrá tenido el valor de marcharse al cafetín, dejando la puerta abierta... y sin haber terminado los borceguíes? Pues cuando vuelva, ¡me oirá! ¡Me tiene que oír! ¡Qué hombres son los hombres, qué abusivos y qué... qué... vaya!... *(En un repeluzno.)* ¡Ay, qué fresquito hace! *(Se pone a encender el candil y de la calle llega el ruido de las esquilas de los rebaños que vuelven al pueblo. La Zapatera se asoma a la ventana.)* ¡Qué primor de rebaños! Lo que es a mí, me chalan las ovejitas. Mira, mira... aquella blanca tan chiquita que casi no puede andar. ¡Ay!... Pero aquella grandota y antipática se empeña en pisarla y nada... *(A voces.)* Pastor, ¡asombrado! ¿No estás viendo que te pisotean la oveja recién nacida? *(Pausa.)* Pues claro que me importa... ¿No ha de importarme? ¡Brutísimo!... Y mucho... *(Se quita de la ventana.)* Pero, Señor, ¿adónde habrá ido este hombre desnortado? Pues si tarda siquiera dos minutos más, como yo sola, que me basto y me sobro... ¡Con la comida tan buena que he preparado...! Mi cocido, con sus patatas de la sierra, dos pimientos verdes, pan blanco, un poquito magro de tocino, y arrope con calabaza y cáscara de limón para encima, ¡porque lo que es cuidarlo, lo que es cuidarlo, lo estoy cuidando a mano! *(Durante todo este monólogo da muestras de gran actividad, moviéndose de un lado para otro, arreglando las sillas, despabilando el velón y quitándose motas del vestido.)*

ESCENA XIV

Niña, Zapatera, Alcalde, Sacristana, Vecinos y Vecinas.

NIÑO. *(En la puerta.)* ¿Estás disgustada, todavía?

ZAPATERA. Primorcito de su vecina, ¿dónde vas?

NIÑO. *(En la puerta.)* Tú no me regañarás, ¿verdad?, porque a mi madre que algunas veces me pega, la quiero veinte arrobas, pero a ti te quiero treinta y dos y media...

ZAPATERA. ¿Por qué eres tan precioso? *(Sienta al Niño en sus rodillas.)*

NIÑO. Yo venía a decirte una cosa que nadie quiere decirte. Ve tú, ve tú, ve tú, y nadie quería y entonces, «que vaya el niño», dijeron... porque era un notición que nadie quiere dar.

ZAPATERA. Pero dímelo pronto, ¿qué ha pasado?

NIÑO. No te asustes, que de muertos no es.

ZAPATERA. ¡Anda!

NIÑO. Mira, zapaterita... *(Por la ventana entra una mariposa y el Niño bajándose de las rodillas de la Zapatera echa a correr.)* Una mariposa, una mariposa... ¿no tienes un sombrero...? Es amarilla, con pintas azules y rojas... y, ¡qué sé yo...!

ZAPATERA. Pero, hijo mío... ¿quieres?...

NIÑO. *(Enérgico.)* Cállate y habla en voz baja, ¿no ves que se espanta si no? ¡Ay! ¡Dame tu pañuelo!

ZAPATERA. *(Intrigada ya en la caza.)* Tómalo.

NIÑO. ¡Chis...! No pises fuerte.

ZAPATERA. Lograrás que se escape.

NIÑO. *(En voz baja y como encantando a la mariposa, canta.)*

Mariposa del aire,
qué hermosa eres,
mariposa del aire
dorada y verde.

Luz de candil,
mariposa del aire,
¡quédate ahí, ahí, ahí!...
No te quieres parar,
pararte no quieres.
Mariposa del aire
dorada y verde.
Luz de candil,
mariposa del aire,
¡quédate ahí, ahí, ahí!...
¡Quédate ahí!
Mariposa, ¿estás ahí?

ZAPATERA. *(En broma.)* Sííí.

NIÑO. No, eso no vale. *(La mariposa vuela.)*

ZAPATERA. ¡Ahora! ¡Ahora!

NIÑO. *(Corriendo alegremente con el pañuelo.)* ¿No te quieres parar? ¿No quieres dejar de volar?

ZAPATERA. *(Corriendo también por otro lado.)* ¡Que se escapa, que se escapa! *(El Niño sale corriendo por la puerta persiguiendo a la mariposa.)*

ZAPATERA. *(Enérgica.)* ¿Dónde vas?

NIÑO. *(Suspenso.)* ¡Es verdad! *(Rápido.)* ¡Pero yo no tengo la culpa!

ZAPATERA. ¡Vamos! ¿Quieres decirme lo que pasa? ¡Pronto!

NIÑO. ¡Ay! Pues, mira... tu marido, el zapatero, se ha ido para no volver más.

ZAPATERA. *(Aterrada.)* ¿Cómo?

NIÑO. Sí, sí, eso ha dicho en casa antes de montarse en la diligencia, que lo he visto yo... y nos encargó que te lo dijéramos y ya lo sabe todo el pueblo...

ZAPATERA. *(Sentándose desplomada.)* ¡No es posible, esto no es posible! ¡Yo no lo creo!

NIÑO. ¡Sí que es verdad, no me regañes!

ZAPATERA. *(Levantándose hecha una furia y dando fuertes pisotadas en el suelo.)* ¿Y me da este pago? ¿Y me da este pago? *(El Niño se refugia detrás de la mesa.)*

NIÑO. ¡Que se caen las horquillas!

ZAPATERA. ¿Qué va a ser de mí sola en esta vida? ¡Ay, ay, ay! *(El Niño sale corriendo. La ventana y las puertas están llenas de vecinos.)* Sí, sí, venid a verme, cascantes, comadricas, por vuestra culpa ha sido...

ALCALDE. Mira, ya te estás callando. Si tu marido te ha dejado ha sido porque no lo querías, porque no podía ser.

ZAPATERA. ¿Pero lo van a saber ustedes mejor que yo? Sí, lo quería, vaya si lo quería, que pretendientes buenos y muy riquísimos he tenido y no les he dado el sí jamás. ¡Ay, pobrecito mío, qué cosas te habrán contado!

SACRISTANA. *(Entrando.)* Mujer, repórtate.

ZAPATERA. No me resigno. No me resigno. ¡Ay, ay! *(Por la puerta empiezan a entrar Vecinas vestidas con colores violentos y que llevan grandes vasos de refrescos. Giran, corren, entran y salen alrededor de la Zapatera que está sentada gritando, con la prontitud y ritmo de baile. Las grandes faldas se abren a las vueltas que dan. Todos adoptan una actitud cómica de pena.)*

VECINA AMARILLA. Un refresco.

VECINA ROJA. Un refresquito.

VECINA VERDE. Para la sangre.

VECINA NEGRA. De limón.

VECINA MORADA. De zarzaparrilla.

VECINA ROJA. La menta es mejor.

VECINA MORADA. Vecina.

VECINA VERDE. Vecinita.

VECINA NEGRA. Zapatera.

VECINA ROJA. Zapaterita.

(Las Vecinas arman gran algazara. La Zapatera llora a gritos.)

Telón

Acto segundo

La misma decoración. A la izquierda, el banquillo arrumbado. A la derecha, un mostrador con botellas y un lebrillo con agua donde la Zapatera friega las copas. La Zapatera está detrás del mostrador. Viste un traje rojo encendido, con amplias faldas y los brazos al aire. En la escena, dos mesas. En una de ellas está sentado don Mirlo, que toma un refresco y en la otra el Mozo del Sombrero en la cara.

ESCENA PRIMERA

La Zapatera friega con gran ardor vasos y copas que va colocando en el mostrador. Aparece en la puerta el Mozo de la Faja y el Sombrero plano del primer acto. Está triste. Lleva los brazos caídos y mira de manera tierna a la Zapatera. Al actor que exagere lo más mínimo en este tipo, debe el Director de escena darle un bastonazo en la cabeza. Nadie debe exagerar. La farsa exige siempre naturalidad. El Autor ya se ha encargado de dibujar el tipo y el sastre de vestirlo. Sencillez. El Mozo se detiene en la puerta. Don Mirlo y el otro Mozo vuelven la cabeza y lo miran. Ésta es casi una escena de cine. Las miradas y expresión del conjunto dan su expresión. La Zapatera deja de fregar y mira al Mozo fijamente. Silencio.

ZAPATERA. Pase usted.

MOZO DE LA FAJA. Si usted lo quiere...

ZAPATERA. *(Asombrada.)* ¿Yo? Me trae absolutamente sin cuidado, pero como lo veo en la puerta...

MOZO DE LA FAJA. Lo que usted quiera. *(Se apoya en el mostrador.) (Entre dientes.)* Éste es otro al que voy a tener que...

ZAPATERA. ¿Qué va a tomar?

MOZO DE LA FAJA. Seguiré sus indicaciones.

ZAPATERA. Pues la puerta.

MOZO DE LA FAJA. ¡Ay, Dios mío, cómo cambian los tiempos!

ZAPATERA. No crea que me voy a echar a llorar. Vamos. Va usted a tomar copa, café, refresco, ¿diga?

MOZO DE LA FAJA. Refresco.

ZAPATERA. No me mire tanto que se me va a derramar el jarabe.

MOZO DE LA FAJA. Es que yo me estoy muriendo. ¡Ay! *(Por la ventana pasan dos Majas con inmensos abanicos. Miran, se santiguan escandalizadas, se tapan los ojos con los pericones y a pasos menuditos cruzan.)*

ZAPATERA. El refresco.

MOZO DE LA FAJA. *(Mirándola.)* ¡Ay!

MOZO DEL SOMBRERO. *(Mirando al suelo.)* ¡Ay!

MIRLO. *(Mirando al techo.)* ¡Ay! *(La Zapatera dirige la cabeza hacia los tres ayes.)*

ZAPATERA. ¡Requeteay! Pero esto ¿es una taberna o un hospital? ¡Abusivos! Si no fuera porque tengo que ganarme la vida con estos vinillos y este trapicheo, porque estoy sola desde que se fue por culpa de todos vosotros mi pobrecito marido de mi alma, ¿cómo es posible que yo aguantara esto? ¿Qué me dicen ustedes? Los voy a tener que plantar en lo ancho de la calle.

MIRLO. Muy bien, muy bien dicho.

MOZO DEL SOMBRERO. Has puesto taberna y podemos estar aquí dentro todo el tiempo que queramos.

ZAPATERA. *(Fiera.)* ¿Cómo? ¿Cómo? *(El Mozo de la Faja inicia el mutis y don Mirlo se levanta sonriente y haciendo como que está en el secreto y que volverá.)*

MOZO DEL SOMBRERO. Lo que he dicho.

ZAPATERA. Pues si dices tú, más digo yo y puedes enterarte, y todos los del pueblo, que hace cuatro meses que se fue mi marido y no cederé a nadie jamás, porque una mujer casada debe estarse en su sitio como Dios manda. Y que no me asusto de nadie, ¿lo oyes?, que yo tengo la sangre de mi abuelo, que esté en gloria, que fue desbravador de caballos y lo que se dice un hombre. Decente fui y decente lo seré. Me comprometí con mi marido. Pues hasta la muerte. *(Don Mirlo sale por la puerta rápidamente y haciendo señas que indican una relación entre él y la Zapatera.)*

MOZO DEL SOMBRERO. *(Levantándose.)* Tengo tanto coraje que agarraría un toro de los cuernos, le haría hincar la cerviz en las arenas y después me comería sus sesos crudos con estos dientes míos, en la seguridad de no hartarme de morder. *(Sale rápidamente y don Mirlo huye hacia la izquierda.)*

ZAPATERA. *(Con las manos en la cabeza.)* Jesús, Jesús, Jesús y Jesús. *(Se sienta.)*

ESCENA II

Zapatera y Niño.

Por la puerta entra el Niño, se dirige a la Zapatera y le tapa los ojos.

NIÑO. ¿Quién soy yo?

ZAPATERA. Mi niño, pastorcillo de Belén.

NIÑO. Ya estoy aquí. *(Se besan.)*

ZAPATERA. ¿Vienes por la meriendita?

NIÑO. Si tú me la quieres dar...

ZAPATERA. Hoy tengo una onza de chocolate.

NIÑO. ¿Sí? A mí me gusta mucho estar en tu casa.

ZAPATERA. *(Dándole la onza.)* Porque eres interesadillo...

NIÑO. ¿Interesadillo? ¿Ves este cardenal que tengo en la rodilla?

ZAPATERA. ¿A ver? *(Se sienta en una silla baja y toma al Niño en brazos.)*

NIÑO. Pues me lo ha hecho el Lunillo porque estaba cantando... las coplas que te han sacado y yo le pegué en la cara, y entonces él me tiró una piedra que, ¡plaff!, mira.

ZAPATERA. ¿Te duele mucho?

NIÑO. Ahora no, pero he llorado.

ZAPATERA. No hagas caso ninguno de lo que dicen.

NIÑO. Es que eran cosas muy indecentes. Cosas indecentes que yo sé decir, ¿sabes? pero que no quiero decir.

ZAPATERA. *(Riéndose.)* Porque si las dices cojo un pimiento picante y te pongo la lengua como un ascua. *(Ríen.)*

NIÑO. Pero, ¿por qué te echarán a ti la culpa de que tu marido se haya marchado?

ZAPATERA. Ellos, ellos son los que la tienen y los que me hacen desgraciada.

NIÑO. *(Triste.)* No digas, Zapaterita.

ZAPATERA. Yo me miraba en sus ojos. Cuando le veía venir montado en su jaca blanca...

NIÑO. *(Interrumpiéndole.)* ¡Ja, ja, ja! Me estás engañando. El señor Zapatero no tenía jaca.

ZAPATERA. Niño, sé más respetuoso. Tenía jaca, claro que la tuvo, pero es... es que tú no habías nacido.

NIÑO. *(Pasándole la mano por la cara.)* ¡Ah! ¡Eso sería!

ZAPATERA. Ya ves tú... cuando lo conocí estaba yo lavando en el arroyo del pueblo. Medio metro de agua y las chinas del fondo se veían reír, reír con el temblorcillo. Él venía con un traje negro entallado, corbata roja de seda buenísima y cuatro anillos de oro que relumbraban como cuatro soles.

NIÑO. ¡Qué bonito!

ZAPATERA. Me miró y lo miré. Yo me recosté en la hierba. Todavía me parece sentir en la cara aquel aire tan fresquito que venía por los árboles. Él paró su caballo y la cola del caballo era blanca y tan larga que llegaba al agua del arroyo. *(La Zapatera está casi llorando. Empieza a oírse un canto lejano.)* Me puse tan azarada que se me fueron dos pañuelos preciosos, así de pequeñitos, en la corriente.

NIÑO. ¡Qué risa!

ZAPATERA. Él, entonces, me dijo... *(El canto se oye más cerca. Pausa.)* ¡Chisss...!

NIÑO. *(Se levanta.)* ¡Las coplas!

ZAPATERA. ¡Las coplas! *(Pausa. Los dos escuchan.)* ¿Tú sabes lo que dicen?

NIÑO. *(Con la mano.)* Medio, medio.

ZAPATERA. Pues cántalas, que quiero enterarme.

NIÑO. ¿Para qué?

ZAPATERA. Para que yo sepa de una vez lo que dicen.

NIÑO. *(Cantando y siguiendo el compás.)* Verás:

La señora Zapatera,
al marcharse su marido,
ha montado una taberna
donde acude el señorío.

ZAPATERA. ¡Me la pagarán!

NIÑO. *(El Niño lleva el compás con la mano en la mesa.)*

Quién te compra, Zapatera,
el paño de tus vestidos
y esas chambras de batista
con encajes de bolillos.
Ya la corteja el Alcalde,
ya la corteja don Mirlo.
¡Zapatera, Zapatera,
Zapatera, te has lucido!

(Las voces se van distinguiendo cerca y claras con su acompañamiento de panderos. La Zapatera coge un mantoncillo de Manila y se lo echa sobre los hombros.)

¿Dónde vas? *(Asustado.)*

ZAPATERA. ¡Van a dar lugar a que compre un revólver! *(El canto se aleja. La Zapatera corre a la puerta. Pero tropieza con el Alcalde que viene majestuoso, dando golpes con la vara en el suelo.)*

ALCALDE. ¿Quién despacha?

ZAPATERA. ¡El demonio!

ALCALDE. Pero, ¿qué ocurre?

ZAPATERA. Lo que usted debía saber hace muchos días, lo que usted como alcalde no debía permitir. La gente me canta coplas, los vecinos se ríen en sus puertas y como no tengo marido que vele por mí, salgo yo a defenderme, ya que en este pueblo las autoridades son calabacines, ceros a la izquierda, estafermos.

NIÑO. Muy bien dicho.

ALCALDE. *(Enérgico.)* Niño, niño, basta de voces... ¿Sabes tú lo que he hecho ahora? Pues meter en la cárcel a dos o tres de los que venían cantando.

ZAPATERA. ¡Quisiera yo ver eso!

VOZ. *(Fuera.)* ¡Niñoooo!

NIÑO. ¡Mi madre me llama! *(Corre a la ventana.)* ¡Quéee! Adiós. Si quieres te puedo traer el espadón grande de mi abuelo, el que se fue a la guerra. Yo no puedo con él, ¿sabes?, pero tú, sí.

ZAPATERA. *(Sonriendo.)* ¡Lo que quieras!

VOZ. *(Fuera.)* ¡Niñoooo!

NIÑO. *(Ya en la calle.)* ¿Quéeee?

ESCENA III

Zapatera y Alcalde.

ALCALDE. Por lo que veo, este niño sabio y retorcido es la única persona a quien tratas bien en el pueblo.

ZAPATERA. No pueden ustedes hablar una sola palabra sin ofender... ¿De qué se ríe su ilustrísima?

ALCALDE. ¡De verte tan hermosa y desperdiciada!

ZAPATERA. ¡Antes un perro! *(Le sirve un vaso de vino.)*

ALCALDE. ¡Qué desengaño de mundo! Muchas mujeres he conocido como amapolas, como rosas de olor... mujeres morenas con los ojos como tinta de fuego, mujeres que les huele el pelo a nardos y siempre tienen las manos con calentura, mujeres cuyo talle se puede abarcar con estos dos dedos, pero como tú, como tú no hay nadie. Anteayer estuve enfermo toda la mañana porque vi tendidas en el prado dos camisas tuyas con lazos celestes, que era como verte a ti, zapatera de mi alma.

ZAPATERA. *(Estallando furiosa.)* Calle usted, viejísimo, calle usted; con hijas mozuelas y lleno de familia no se debe cortejar de esta manera tan indecente y tan descarada.

ALCALDE. Soy viudo.

ZAPATERA. Y yo casada.

ALCALDE. Pero tu marido te ha dejado y no volverá, estoy seguro.

ZAPATERA. Yo viviré como si lo tuviera.

ALCALDE. Pues a mí me consta, porque me lo dijo, que no te quería ni tanto así.

ZAPATERA. Pues a mí me consta que sus cuatro señoras, mal rayo las parta, le aborrecían a muerte.

ALCALDE. *(Dando en el suelo con la vara.)* ¡Ya estamos!

ZAPATERA. *(Tirando un vaso.)* ¡Ya estamos! *(Pausa.)*

ALCALDE. *(Entre dientes.)* Si yo te cogiera por mi cuenta, ¡vaya si te domaba!

ZAPATERA. *(Guasona.)* ¿Qué está usted diciendo?

ALCALDE. Nada, pensaba... que si tú fueras como debías ser, te hubiera enterado que tengo voluntad y valentía para hacer escritura, delante del notario, de una casa muy hermosa.

ZAPATERA. ¿Y qué?

ALCALDE. Con un estrado que costó cinco mil reales, con centros de mesa, con cortinas de brocatel, con espejos de cuerpo entero...

ZAPATERA. ¿Y qué más?

ALCALDE. *(Tenoriesco.)* Que la casa tiene una cama con coronación de pájaros y azucenas de cobre, un jardín con seis palmeras y una fuente saltadora, pero aguarda, para estar alegre, que una persona que sé yo se quiera aposentar en sus salas donde estaría... *(Dirigiéndose a la Zapatera.)* Mira, ¡estarías como una reina!

ZAPATERA. *(Guasona.)* Yo no estoy acostumbrada a esos lujos. Siéntese usted en el estrado, métase usted en la cama, mírese usted en los espejos y póngase con la boca abierta debajo de las palmeras esperando que le caigan los dátiles, que yo de zapatera no me muevo.

ALCALDE. Ni yo de alcalde. Pero que te vayas enterando que no por mucho despreciar amanece más temprano. *(Con retintín.)*

ZAPATERA. Y que no me gusta usted ni me gusta nadie del pueblo. ¡Que está usted muy viejo!

ALCALDE. *(Indignado.)* Acabaré metiéndote en la cárcel.

ZAPATERA. ¡Atrévase usted! *(Fuera se oye un toque de trompeta floreado y comiquísimo.)*

ALCALDE. ¿Qué será eso?

ZAPATERA. *(Alegre y ojiabierta.)* ¡Títeres! *(Se golpea las rodillas. Por la ventana cruzan dos Mujeres.)*

VECINA ROJA. ¡Títeres!

VECINA MORADA. ¡Títeres!

NIÑO. *(En la ventana.)* ¿Traerán monos? ¡Vamos!

ZAPATERA. *(Al Alcalde.)* ¡Yo voy a cerrar la puerta!

NIÑO. ¡Vienen a tu casa!

ZAPATERA. ¿Sí? *(Se acerca a la puerta.)*

NIÑO. ¡Míralos!

ESCENA IV

Por la puerta aparece el Zapatero disfrazado. Trae una trompeta y un cartelón enrollado a la espalda, lo rodea la gente. La Zapatera queda en actitud expectante y el Niño salta por la ventana y se coge a sus faldones.

ZAPATERO. Buenas tardes.

ZAPATERA. Buenas tardes tenga usted, señor titiritero.

ZAPATERO. ¿Aquí se puede descansar?

ZAPATERA. Y beber, si usted gusta.

ALCALDE. Pase usted, buen hombre y tome lo que quiera, que yo pago. *(A los Vecinos.)* Y vosotros, ¿qué hacéis ahí?

VECINA ROJA. Como estamos en lo ancho de la calle no creo que le estorbemos. *(El Zapatero mirándolo todo con disimulo deja el rollo sobre la mesa.)*

ZAPATERO. Déjelos, señor Alcalde... supongo que es usted, que con ellos me gano la vida.

NIÑO. ¿Dónde he oído yo hablar a este hombre? *(En toda la escena el Niño mirará con gran extrañeza al Zapatero.)* ¡Haz ya los títeres! *(Los Vecinos ríen.)*

ZAPATERO. En cuanto tome un vaso de vino.

ZAPATERA. *(Alegre.)* ¿Pero los va usted a hacer en mi casa?

ZAPATERO. Si tú me lo permites.

VECINA ROJA. Entonces, ¿podemos pasar?

ZAPATERA. *(Seria.)* Podéis pasar. *(Da un vaso al Zapatero.)*

VECINA ROJA. *(Sentándose.)* Disfrutaremos un poquito. *(El Alcalde se sienta.)*

ALCALDE. ¿Viene usted de muy lejos?

ZAPATERO. De muy lejísimos.

ALCALDE. ¿De Sevilla?

ZAPATERO. Échele usted leguas.

ALCALDE. ¿De Francia?

ZAPATERO. Échele usted leguas.

ALCALDE. ¿De Inglaterra?

ZAPATERO. De las Islas Filipinas. *(Las Vecinas hacen rumores de admiración. La Zapatera está extasiada.)*

ALCALDE. ¿Habrá usted visto a los insurrectos?

ZAPATERO. Lo mismo que les estoy viendo a ustedes ahora.

NIÑO. ¿Y cómo son?

ZAPATERO. Intratables. Figúrense ustedes que casi todos ellos son zapateros. *(Los Vecinos miran a la Zapatera.)*

ZAPATERA. *(Quemada.)* ¿Y no los hay de otros oficios?

ZAPATERO. Absolutamente. En las Islas Filipinas, zapateros.

ZAPATERA. Pues puede que en las Filipinas esos zapateros sean tontos, que aquí en estas tierras los hay listos y muy listos.

VECINA ROJA. *(Adulona.)* Muy bien hablado.

ZAPATERA. *(Brusca.)* Nadie le ha preguntado su parecer.

VECINA ROJA. ¡Hija mía!

ZAPATERO. *(Enérgico, interrumpiendo.)* ¡Qué rico vino! *(Más fuerte.)* ¿Qué requeterrico vino! *(Silencio.)* Vino de uvas negras como el alma de algunas mujeres que yo conozco.

ZAPATERA. ¡De las que la tengan!

ALCALDE. ¡Chis! ¿Y en qué consiste el trabajo de usted?

ZAPATERO. *(Apura el vaso, chasca la lengua y mira a la Zapatera.)* ¡Ah! Es un trabajo de poca apariencia y de mucha ciencia. Enseño la vida por dentro. Aleluyas son los hechos del zapatero mansurrón y la Fierabrás de Alejandría, vida de don Diego Corrientes, aventuras del guapo Francisco Esteban y, sobre todo, arte de colocar el bocado a las mujeres parlanchinas y respondonas.

ZAPATERA. ¡Todas esas cosas las sabía mi pobrecito esposo!

ZAPATERO. ¡Dios lo haya perdonado!

ZAPATERA. Oiga usted... *(Las Vecinas se ríen.)*

NIÑO. ¡Cállate!

ALCALDE. *(Autoritario.)* ¡A callar! Enseñanzas son esas que convienen a todas las criaturas. Cuando usted guste. *(El Zapatero desenrolla el cartelón en el que hay pintada una historia de ciego, dividida en pequeños cuadros, pintados con almazarrón y colores violentos. Los Vecinos inician un movimiento de aproximación y la Zapatera se sienta al Niño sobre sus rodillas.)*

ZAPATERO. Atención.

NIÑO. ¡Ay, qué precioso! *(Abraza a la Zapatera, murmullos.)*

ZAPATERA. Que te fijes bien por si acaso no me entero del todo.

NIÑO. Más difícil que la historia sagrada no será.

ZAPATERO. Respetable público: Oigan ustedes el romance verdadero y sustancioso de la mujer rubicunda y el hombrecito de la paciencia, para que sirva de escarmiento y ejemplaridad a todas las gentes de este mundo. *(En tono lúgubre.)* Aguzad vuestros oídos y entendimiento. *(Los Vecinos alargan la cabeza y algunas Mujeres se agarran de las manos.)*

NIÑO. ¿No te parece el titiritero, hablando, a tu marido?

ZAPATERA. Él tenía la voz más dulce.

ZAPATERO. ¿Estamos?

ZAPATERA. Me sube así un repeluzno.

NIÑO. ¡Y a mí también!

ZAPATERO. *(Señalando con la varilla.)*

En un cortijo de Córdoba,
entre jarales y adelfas,
vivía un talabartero
con una talabartera. *(Expectación.)*
Ella era mujer arisca,
él hombre de gran paciencia,
ella giraba en los veinte
y él pasaba de cincuenta.
¡Santo Dios, cómo reñían!

Miren ustedes la fiera,
burlando al débil marido
con los ojos y la lengua.

(Está pintada en el cartel una mujer que mira de manera infantil y cómica.)

ZAPATERA. ¡Qué mala mujer! *(Murmullos.)*

ZAPATERO.

Cabellos de emperadora
tiene la talabartera,
y una carne como el agua
cristalina de Lucena.
Cuando movía las faldas
en tiempos de primavera
olía toda su ropa
a limón y a yerbabuena.
¡Ay, qué limón, limón
de la limonera!
¡Qué apetitosa
talabartera! *(Los Vecinos ríen.)*
Ved cómo la cortejaban
mocitos de gran presencia
en caballos relucientes
llenos de borlas de seda.
Gente cabal y garbosa
que pasaba por la puerta
haciendo brillar adrede
las onzas de sus cadenas.
La conversación a todos
daba la talabartera,
y ellos caracoleaban
sus jacas sobre las piedras.
Miradla hablando con uno
bien peinada y bien compuesta,
mientras el pobre marido
clava en el cuero la lezna.

(Muy dramático y cruzando las manos.)

Esposo viejo y decente
casado con joven tierna,
qué tunante caballista
roba tu amor en la puerta.

(La Zapatera, que ha estado dando suspiros, rompe a llorar.)

ZAPATERO. *(Volviéndose.)* ¿Qué os pasa?
ALCALDE. ¡Pero, niña! *(Da con la vara.)*
VECINA ROJA. ¡Siempre llora quien tiene por qué callar!
VECINA MORADA. ¡Siga usted! *(Los Vecinos murmuran y sisean.)*
ZAPATERA. Es que me da mucha lástima y no puedo contenerme, ¿lo ve usted?, no puedo contenerme. *(Llora queriéndose contener, hipando de manera comiquísima.)*
ALCALDE. ¡Chitón!
NIÑO. ¿Lo ves?
ZAPATERO. ¡Hagan el favor de no interrumpirme! ¡Cómo se conoce que no tienen que decirlo de memoria!
NIÑO. *(Suspirando.)* ¡Es verdad!
ZAPATERO. *(Malhumorado.)*

Un lunes por la mañana
a eso de las once y media,
cuando el sol deja sin sombra
los juncos y madreselvas,
cuando alegremente bailan
brisa y tomillo en la sierra
y van cayendo las verdes
hojas de las madroñeras,
regaba sus alhelíes
la arisca talabartera.
Llegó su amigo trotando
una jaca cordobesa
y le dijo entre suspiros:

Niña, si tú lo quisieras,
cenaríamos mañana
los dos solos, en tu mesa.
¿Y qué harás de mi marido?
Tu marido no se entera.
¿Qué piensas hacer? Matarlo.
Es ágil. Quizá no puedas.
¿Tienes revólver? ¡Mejor!,
¡tengo navaja barbera!
¿Corta mucho? Más que el frío.

(La Zapatera se tapa los ojos y aprieta al Niño. Todos los Vecinos tienen una expectación máxima que se notará en sus expresiones.)

Y no tiene ni una mella.
¿No has mentido? Le daré
diez puñaladas certeras
en esta disposición,
que me parece estupenda:
cuatro en la región lumbar,
una en la tetilla izquierda,
otra en semejante sitio
y dos en cada cadera.
¿Lo matarás en seguida?
Esta noche cuando vuelva
con el cuero y con las crines
por la curva de la acequia.

(En este último verso y con toda rapidez se oye fuera del escenario un grito angustiado y fortísimo; los Vecinos se levantan. Otro grito más cerca. Al Zapatero se le cae de las manos el cartelón y la varilla. Tiemblan todos cómicamente.)

VECINA NEGRA. *(En la ventana.)* ¡Ya han sacado las navajas!

ZAPATERA. ¡Ay, Dios mío!

VECINA ROJA. ¡Virgen Santísima!

ZAPATERO. ¡Qué escándalo!

VECINA NEGRA. ¡Se están matando! ¡Se están cosiendo a puñaladas por culpa de esa mujer! *(Señala a la Zapatera.)*

ALCALDE. *(Nervioso.)* ¡Vamos a ver!

NIÑO. ¡Que me da mucho miedo!

VECINA VERDE. ¡Acudir, acudir! *(Van saliendo.)*

VOZ. *(Fuera.)* ¡Por esa mala mujer!

ZAPATERO. Yo no puedo tolerar esto; ¡no lo puedo tolerar! *(Con las manos en la cabeza corre la escena. Van saliendo rapidísimamente todos entre ayes y miradas de odio a la Zapatera. Ésta cierra rápidamente la ventana y la puerta.)*

ESCENA V

Zapatera y Zapatero.

ZAPATERA. ¿Ha visto usted qué infamia? Yo le juro por la preciosísima sangre de nuestro padre Jesús, que soy inocente. ¡Ay! ¿Qué habrá pasado?... Mire, mire usted como tiemblo. *(Le enseña las manos.)* Parece que las manos se me quieren escapar ellas solas.

ZAPATERO. Calma, muchacha. ¿Es que su marido está en la calle?

ZAPATERA. *(Rompiendo a llorar.)* ¿Mi marido? ¡Ay, señor mío!

ZAPATERO. ¿Qué le pasa?

ZAPATERA. Mi marido me dejó por culpa de las gentes y ahora me encuentro sola sin calor de nadie.

ZAPATERO. ¡Pobrecilla!

ZAPATERA. ¡Con lo que yo lo quería! ¡Lo adoraba!

ZAPATERO. *(En un arranque.)* ¡Eso no es verdad!

ZAPATERA. *(Dejando rápidamente de llorar.)* ¿Qué está usted diciendo?

ZAPATERO. Digo que es una cosa tan... incomprensible que... parece que no es verdad. *(Turbado.)*

ZAPATERA. Tiene usted mucha razón, pero yo desde entonces no como, ni duermo, ni vivo; porque él era mi alegría, mi defensa.

ZAPATERO. Y queriéndolo tanto como lo quería, ¿la abandonó? Por lo que veo su marido de usted era un hombre de pocas luces.

ZAPATERA. Haga el favor de guardarse la lengua en el bolsillo. Nadie le ha dado permiso para que dé su opinión.

ZAPATERO. Usted perdone, no he querido...

ZAPATERA. Digo... ¡cuando era más listo!

ZAPATERO. *(Con guasa.)* ¿Siiii?

ZAPATERA. *(Enérgica.)* Sí. ¿Ve usted todos esos romances y chupaletrinas que canta y cuenta por los pueblos? Pues todo eso es un ochavo comparado con lo que él sabía... él sabía... ¡el triple!

ZAPATERO. *(Serio.)* No puede ser.

ZAPATERA. *(Enérgica.)* Y el cuádruple... Me los decía todos a mí cuando nos acostábamos. Historietas antiguas que usted no habrá oído mentar siquiera... *(Gachona.)* y a mí me daba un susto... pero él me decía: «¡Preciosa de mi alma, si esto ocurre de mentirijillas!».

ZAPATERO. *(Indignado.)* ¡Mentira!

ZAPATERA. *(Extrañadísima.)* ¿Eh? ¿Se le ha vuelto el juicio?

ZAPATERO. ¡Mentira!

ZAPATERA. *(Indignada.)* Pero ¿qué es lo que está usted diciendo, titiritero del demonio?

ZAPATERO. *(Fuerte y de pie.)* Que tenía mucha razón su marido de usted. Esas historietas son pura mentira, fantasía nada más. *(Agrio.)*

ZAPATERA. *(Agria.)* Naturalmente, señor mío. Parece que me toma por tonta de capirote... pero no me negará usted que dichas historietas impresionan.

ZAPATERO. ¡Ah, eso ya es harina de otro costal! Impresionan a las almas impresionables.

ZAPATERA. Todo el mundo tiene sentimientos.

ZAPATERO. Según se mire. He conocido mucha gente sin sentimiento. Y en mi pueblo vivía una mujer... en cierta época, que tenía el suficiente mal corazón para hablar con sus amigos por la ventana mientras el marido hacía botas y zapatos de la mañana a la noche.

ZAPATERA. *(Levantándose y cogiendo una silla.)* ¿Eso lo dice por mí?

ZAPATERO. ¿Cómo?

ZAPATERA. ¡Que si va con segunda, dígalo! ¡Sea valiente!

ZAPATERO. *(Humilde.)* Señorita, ¿qué está usted diciendo? ¿Qué sé yo quién es usted? Yo no la he ofendido en nada; ¿por qué me falta de esa manera? ¡Pero es mi sino! *(Casi lloroso.)*

ZAPATERA. *(Enérgica, pero conmovida.)* Mire usted, buen hombre. Yo he hablado así porque estoy sobre ascuas; todo el mundo me asedia, todo el mundo me critica; ¿cómo quiere que no esté acechando la ocasión más pequeña para defenderme? Si estoy sola, si soy joven y vivo ya sólo de mis recuerdos. *(Llora.)*

ZAPATERO. *(Lloroso.)* Ya comprendo, preciosa joven. Lo comprendo mucho más de lo que pueda imaginarse, porque... ha de saber usted con toda clase de reservas que su situación es... sí, no cabe duda, idéntica a la mía.

ZAPATERA. *(Intrigada.)* ¿Es posible?

ZAPATERO. *(Se deja caer sobre la mesa.)* A mí... ¡me abandonó mi esposa!

ZAPATERA. ¡No pagaba con la muerte!

ZAPATERO. Ella soñaba con un mundo que no era el mío, era fantasiosa y dominanta, gustaba demasiado de la conversación y las golosinas que yo no podía costearle, y un día tormentoso de viento huracanado me abandonó para siempre.

ZAPATERA. ¿Y qué hace usted ahora, corriendo mundo?

ZAPATERO. Voy en su busca para perdonarla y vivir con ella lo poco que me queda de vida. A mi edad ya se está malamente por esas posadas de Dios.

ZAPATERA. *(Rápida.)* Tome un poquito de café caliente que después de toda esta tracamandana le servirá de salud. *(Va al mostrador a echar el café y vuelve la espalda al Zapatero.)*

ZAPATERO. *(Persignándose exageradamente y abriendo los ojos.)* Dios te lo premie, clavellinita encarnada.

ZAPATERA. *(Le ofrece la taza. Se queda con el plato en las manos y él bebe a sorbos.)* ¿Está bueno?

ZAPATERO. *(Meloso.)* ¡Como hecho por sus manos!

ZAPATERA. *(Sonriente.)* ¡Muchas gracias!

ZAPATERO. *(En el último trago.)* ¡Ay, qué envidia me da su marido!

ZAPATERA. ¿Por qué?

ZAPATERO. *(Galante.)* ¡Porque se pudo casar con la mujer más preciosa de la tierra!

ZAPATERA. *(Derretida.)* ¡Qué cosas tiene!

ZAPATERO. Y ahora casi me alegro de tenerme que marchar, porque usted sola, yo solo, usted tan guapa y yo con mi lengua en su sitio, me parece que se me escaparía cierta insinuación...

ZAPATERA. *(Reaccionando.)* Por Dios, ¡quite de ahí! ¿Qué se figura? ¡Yo guardo mi corazón entero para el que está por esos mundos, para quien debo, para mi marido!

ZAPATERO. *(Contentísimo y tirando el sombrero al suelo.)* ¡Eso está pero que muy bien! Así son las mujeres verdaderas, ¡así!

ZAPATERA. *(Un poco guasona y sorprendida.)* Me parece a mí que usted está un poco... *(Se lleva el dedo a la sien.)*

ZAPATERO. Lo que usted quiera. ¡Pero sepa y entienda que yo no estoy enamorado de nadie más que de mi mujer, mi esposa de legítimo matrimonio!

ZAPATERA. Y yo de mi marido y de nadie más que de mi marido. Cuántas veces lo he dicho para que lo oyeran hasta los sordos. *(Con las manos cruzadas.)* ¡Ay, qué zapaterillo de mi alma!

ZAPATERO. *(Aparte.)* ¡Ay, qué zapaterilla de mi corazón! *(Golpes en la puerta.)*

ESCENA VI

Zapatera, Zapatero y Niño.

ZAPATERA. ¡Jesús! Está una en un continuo sobresalto. ¿Quién es?

NIÑO. ¡Abre!

ZAPATERA. ¿Pero es posible? ¿Cómo has venido?

NIÑO. ¡Ay, vengo corriendo para decírtelo!

ZAPATERA. ¿Qué ha pasado?

NIÑO. Se han hecho heridas con las navajas dos o tres mozos y te echan a ti la culpa. Heridas que echan mucha sangre. Todas las mujeres han ido a ver al juez para que te vayas del pueblo, ¡ay! Y los hombres querían que el sacristán tocara las campanas para cantar tus coplas... *(El Niño está jadeante y sudoroso.)*

ZAPATERA. *(Al Zapatero.)* ¿Lo está usted viendo?

NIÑO. Toda la plaza está llena de corrillos... parece la feria... ¡y todos contra ti!

ZAPATERO. ¡Canallas! Intenciones me dan de salir a defenderla.

ZAPATERA. ¿Para qué? Lo meterían en la cárcel. Yo soy la que va a tener que hacer algo gordo.

NIÑO. Desde la ventana de tu cuarto puedes ver el jaleo de la plaza.

ZAPATERA. *(Rápida.)* Vamos, quiero cerciorarme de la maldad de las gentes. *(Mutis rápido.)*

ESCENA VII

Zapatero.

ZAPATERO. Sí, sí, canallas... pero pronto ajustaré cuentas con todos y me las pagarán... ¡Ay, casilla mía, qué calor más agradable sale por tus puertas y ventanas!; ¡ay, qué terribles paradores, qué malas comidas, qué sábanas de lienzo moreno por esos caminos del mundo! ¡Y qué disparate no sospechar que mi mujer era de oro puro, del mejor oro de la tierra! ¡Casi me dan ganas de llorar!

ESCENA VIII

Zapatero y Vecinas.

VECINA ROJA. *(Entrando rápida.)* Buen hombre.

VECINA AMARILLA. *(Rápida.)* Buen hombre.

VECINA ROJA. Salga en seguida de esta casa. Usted es persona decente y no debe estar aquí.

VECINA AMARILLA. Ésta es la casa de una leona, de una hiena.

VECINA ROJA. De una mal nacida, desengaño de los hombres.

VECINA AMARILLA. Pero o se va del pueblo o la echamos. Nos trae locas.

VECINA ROJA. Muerta la quisiera ver.

VECINA AMARILLA. Amortajada, con su ramo en el pecho.

ZAPATERO. *(Angustiado.)* ¡Basta!

VECINA ROJA. Ha corrido la sangre.

VECINA AMARILLA. No quedan pañuelos blancos.

VECINA ROJA. Dos hombres como dos soles.

VECINA AMARILLA. Con las navajas clavadas.

ZAPATERO. *(Fuerte.)* ¡Basta ya!

VECINA ROJA. Por culpa de ella.

VECINA AMARILLA. Ella, ella y ella.

VECINA ROJA. Miramos por usted.

VECINA AMARILLA. ¡Le avisamos con tiempo!

ZAPATERO. Grandísimas embusteras, mentirosas, mal nacidas. Os voy a arrastrar del pelo.

VECINA ROJA. *(A la otra.)* ¡También lo ha conquistado!

VECINA AMARILLA. ¡A fuerza de besos habrá sido!

ZAPATERO. ¡Así os lleve el demonio! ¡Basiliscos, perjuras!

VECINA NEGRA. *(En la ventana.)* ¡Comadre, corra usted! *(Sale corriendo. Las dos Vecinas hacen lo mismo.)*

VECINA ROJA. Otro en el garlito.

VECINA AMARILLA. ¡Otro!

ZAPATERO. ¡Sayonas, judías! ¡Os pondré navajillas barberas en los zapatos! Me vais a soñar.

ESCENA IX

Zapatero, Zapatera y Niño.

NIÑO. *(Entra rápido.)* Ahora entraba un grupo de hombres en casa del Alcalde. Voy a ver lo que dicen. *(Sale corriendo.)*

ZAPATERA. *(Valiente.)* Pues aquí estoy, si se atreven a venir. Y con serenidad de familia de caballistas, que he cruzado muchas veces la sierra, sin hamugas, a pelo sobre los caballos.

ZAPATERO. ¿Y no flaqueará algún día su fortaleza?

ZAPATERA. Nunca se rinde la que, como yo, está sostenida por el amor y la honradez. Soy capaz de seguir así hasta que se me vuelva cana toda mi mata de pelo.

ZAPATERO. *(Conmovido y avanzando hacia ella.)* Ay...

ZAPATERA. ¿Qué le pasa?

ZAPATERO. Me emociono.

ZAPATERA. Mire usted, tengo a todo el pueblo encima, quieren venir a matarme, y sin embargo no tengo ningún miedo. La navaja se contesta con la navaja y el palo con el palo, pero cuando de noche cierro esa puerta y me voy sola a mi cama... me da una pena... ¡qué pena! ¡Y paso unas sofocaciones!... Que cruje la cómoda: ¡un susto! Que suenan con el aguacero los cristales del ventanillo, ¡otro susto! Que yo sola meneo sin querer las perinolas de la cama, ¡susto doble! Y todo esto no es más que el miedo a la soledad donde están los fantasmas, que yo no he visto porque no los he querido ver, pero que vieron mi madre y mi abuela y todas las mujeres de mi familia que han tenido ojos en la cara.

ZAPATERO. ¿Y por qué no cambia de vida?

ZAPATERA. ¿Pero usted está en su juicio? ¿Qué voy a hacer? ¿Dónde voy así? Aquí estoy y Dios dirá. *(Fuera y muy lejanos se oyen murmurllos y aplausos.)*

ZAPATERO. Yo lo siento mucho, pero tengo que emprender mi camino antes que la noche se me eche encima. ¿Cuánto debo? *(Coge el cartelón.)*

ZAPATERA. Nada.

ZAPATERO. No transijo.

ZAPATERA. Lo comido por lo servido.

ZAPATERO. Muchas gracias. *(Triste se carga el cartelón.)* Entonces, adiós... para toda la vida, porque a mi edad... *(Está conmovido.)*

ZAPATERA. *(Reaccionando.)* Yo no quisiera despedirme así. Yo soy mucho más alegre. *(En voz clara.)* Buen hombre, Dios quiera que encuentre usted a su mujer, para que vuelva a vivir con el cuido y la decencia a que estaba acostumbrado. *(Está conmovida.)*

ZAPATERO. Igualmente le digo de su esposo. Pero usted ya sabe que el mundo es reducido, ¿qué quiere que le diga si por casualidad me lo encuentro en mis caminatas?

ZAPATERA. Dígale usted que lo adoro.

ZAPATERO. *(Acercándose.)* ¿Y qué más?

ZAPATERA. Que a pesar de sus cincuenta y tantos años, benditísimos cincuenta años, me resulta más juncal y torerillo que todos los hombres del mundo.

ZAPATERO. ¡Niña, qué primor! ¡Le quiere usted tanto como yo a mi mujer!

ZAPATERA. ¡Muchísimo más!

ZAPATERO. No es posible. Yo soy como un perrillo y mi mujer manda en el castillo, ¡pero que mande! Tiene más sentimiento que yo. *(Está cerca de ella y como adorándola.)*

ZAPATERA. Y no se le olvide decirle que lo espero, que el invierno tiene las noches largas.

ZAPATERO. Entonces, ¿lo recibiría usted bien?

ZAPATERA. Como si fuera el rey y la reina juntos.

ZAPATERO. *(Temblando.)* ¿Y si por casualidad llegara ahora mismo?

ZAPATERA. ¡Me volvería loca de alegría!

ZAPATERO. ¿Le perdonaría su locura?

ZAPATERA. ¡Cuanto tiempo hace que se la perdoné!

ZAPATERO. ¿Quiere usted que llegue ahora mismo?

ZAPATERA. ¡Ay, si viniera!

ZAPATERO. *(Gritando.)* ¡Pues aquí está!

ZAPATERA. ¿Qué está usted diciendo?

ZAPATERO. *(Quitándose las gafas y el disfraz.)* ¡Que ya no puedo más! ¡Zapatera de mi corazón! *(La Zapatera está como loca, con los brazos separados del cuerpo. El Zapatero abraza a la Zapatera y ésta lo mira fijamente en medio de su crisis. Fuera se oye claramente un run-run de coplas.)*

VOZ. *(Dentro.)*

La señora zapatera
al marcharse su marido
ha montado una taberna
donde acude el señorío.

ZAPATERA. *(Reaccionando.)* ¡Pillo, granuja, tunante, canalla! ¿Lo oyes? ¡Por tu culpa! *(Tira las sillas.)*

ZAPATERO. *(Emocionado dirigiéndose al banquillo.)* ¡Mujer de mi corazón!

ZAPATERA. ¡Corremundos! ¡Ay, cómo me alegro de que hayas venido! ¡Qué vida te voy a dar! ¡Ni la Inquisición! ¡Ni los templarios de Roma!

ZAPATERO. *(En el banquillo.)* ¡Casa de mi felicidad! *(Las coplas se oyen cerquísima, los Vecinos aparecen en la ventana.)*

VOCES. *(Dentro.)*

Quién te compra zapatera
el paño de tus vestidos
y esas chambras de batista
con encajes de bolillos.

Ya la corteja el alcalde,
ya la corteja don Mirlo.
Zapatera, zapatera,
¡zapatera te has lucido!

ZAPATERA. ¡Qué desgraciada soy! ¡Con este hombre que Dios me ha dado! *(Yendo a la puerta.)* ¡Callarse largos de lengua, judíos colorados! Y venid, venid ahora, si queréis. Ya somos dos a defender mi casa, ¡dos! ¡dos! yo y mi marido. *(Dirigiéndose al Marido.)* ¡Con este pillo, con este granuja! *(El ruido de las coplas llena la escena. Una campana rompe a tocar lejana y furiosamente.)*

Telón

Amor de don Perlimplín con Belisa en su jardín

Aleluya erótica en cuatro cuadros

(Versión de cámara)

Personajes

DON PERLIMPLÍN
BELISA
MARCOLFA
MADRE DE BELISA
DUENDE PRIMERO
DUENDE SEGUNDO

Cuadro primero

Casa de don Perlimplín. Paredes verdes con las sillas y muebles pintados en negro. Al fondo, un balcón por el que se verá el balcón de Belisa.

Perlimplín viste casaca verde y peluca blanca llena de bucles. Marcolfa, criada, el clásico traje de rayas.

PERLIMPLÍN. ¿Sí?
MARCOLFA. Sí.
PERLIMPLÍN. Pero ¿por qué sí?
MARCOLFA. Pues porque sí.
PERLIMPLÍN. ¿Y si yo te dijera que no?
MARCOLFA. *(Agria.)* ¿Que no?
PERLIMPLÍN. No.
MARCOLFA. Dígame, señor mío, las causas de ese no.
PERLIMPLÍN. *(Pausa.)* Dime tú, doméstica perseverante, las causas de ese sí.
MARCOLFA. Veinte y veinte son cuarenta...
PERLIMPLÍN. *(Escuchando.)* Adelante.
MARCOLFA. Y diez cincuenta.
PERLIMPLÍN. Vamos.
MARCOLFA. Con cincuenta años ya no se es un niño.
PERLIMPLÍN. Claro.
MARCOLFA. Yo me puedo morir de un momento a otro.
PERLIMPLÍN. ¡Caramba!
MARCOLFA. *(Llorando.)* ¿Y qué será de usted sólo en este mundo?
PERLIMPLÍN. ¿Qué sería?
MARCOLFA. Por eso tiene que casarse.
PERLIMPLÍN. *(Distraído.)* ¿Sí?
MARCOLFA. *(Enérgica.)* Sí.
PERLIMPLÍN. *(Angustiado.)* Pero Marcolfa... ¿por qué sí? Cuando yo era niño una mujer estranguló a su esposo. Era

zapatero. No se me olvida. Siempre he pensado no casarme. Yo con mis libros tengo bastante. ¿De qué me va a servir?

MARCOLFA. El matrimonio tiene grandes encantos, mi señor. No es lo que se ve por fuera. Está lleno de cosas ocultas. Cosas que no está bien que sean dichas por una servidora... Ya se ve...

PERLIMPLÍN. ¿Qué?

MARCOLFA. Me he puesto colorada.

(Pausa. Se oye un piano.)

UNA VOZ. *(Dentro, cantando.)*

Amor, amor.
Entre mis muslos cerrados
nada como un pez el sol.
Agua tibia entre los juncos,
amor.
¡Gallo, que se va la noche!
¡Que no se vaya, no!

MARCOLFA. Verá mi señor la razón que tengo.

PERLIMPLÍN. *(Rascándose la cabeza.)* Canta bien.

MARCOLFA. Ésa es la mujer de mi señor. La blanca Belisa.

PERLIMPLÍN. Belisa... Pero no sería mejor...

MARCOLFA. No... venga ahora mismo. *(Le coge de la mano y se acercan al balcón.)* Diga usted Belisa...

PERLIMPLÍN. Belisa...

MARCOLFA. Más alto.

PERLIMPLÍN. ¡Belisa!...

(El balcón de la casa de enfrente se abre y aparece Belisa resplandeciente de hermosura. Está medio desnuda.)

BELISA. ¿Quién me llama?

MARCOLFA. *(Escondiéndose detrás de la cortina del balcón.)* Conteste.

PERLIMPLÍN. *(Temblando.)* La llamaba yo.

BELISA. ¿Sí?

PERLIMPLÍN. Sí.
BELISA. Pero ¿por qué sí?
PERLIMPLÍN. Pues porque sí.
BELISA. ¿Y si yo le dijese que no?
PERLIMPLÍN. Lo sentiría... porque... hemos decidido que me quiero casar.
BELISA. *(Ríe.)* ¿Con quién?
PERLIMPLÍN. Con usted...
BELISA. *(Seria.)* Pero... *(A voces.)* Mamá, mamá, mamaíta.
MARCOLFA. Esto va bien.

(Sale la Madre con una gran peluca dieciochesca llena de pájaros, cintas y abalorios.)

BELISA. Don Perlimplín se quiere casar conmigo. ¿Qué hago?
MADRE. Buenísimas tardes, encantador vecinito mío. Siempre dije a mi pobre hija que tiene usted la gracia y modales de aquella gran señora que fue su madre y a la cual no tuve la dicha de conocer.
PERLIMPLÍN. ¡Gracias!...
MARCOLFA. *(Furiosa, en la cortina.)* ¡He decidido que...! ¡Vamos!
PERLIMPLÍN. Hemos decidido que vamos...
MADRE. A contraer matrimonio, ¿no es así?
PERLIMPLÍN. Así es.
BELISA. Pero mamá... ¿Y yo?
MADRE. Tú estás conforme, naturalmente. Don Perlimplín es un encantador marido.
PERLIMPLÍN. Espero serlo, señora.
MARCOLFA. *(Llamando a don Perlimplín.)* Esto está casi terminado.
PERLIMPLÍN. ¿Crees tú? *(Hablan.)*
MADRE. *(A Belisa.)* Don Perlimplín tiene muchas tierras. En las tierras hay muchos gansos y ovejas. Las ovejas se llevan al mercado. En el mercado dan dineros por ellas. Los dineros dan la hermosura... Y la hermosura es codiciada por los demás hombres.
PERLIMPLÍN. Entonces...

MADRE. Emocionadísima... Belisa... vete dentro... no está bien que una doncella oiga ciertas conversaciones.

BELISA. Hasta luego... *(Se va.)*

MADRE. Es una azucena... Ve usted su cara. *(Bajando la voz.)* Pues si la viese por dentro... ¡Como de azúcar!... Pero... ¡perdón! No he de ponderar estas cosas a persona tan moderna y competentísima como usted...

PERLIMPLÍN. ¿Sí?

MADRE. Sí... lo he dicho sin ironía.

PERLIMPLÍN. No sé cómo expresarle nuestro agradecimiento...

MADRE. ¡Oh!... nuestro agradecimiento... qué delicadeza tan extraordinaria. El agradecimiento de su corazón y el de usted mismo... Lo he entendido... lo he entendido... A pesar que hace veinte años que no trato a un hombre.

MARCOLFA. La boda...

PERLIMPLÍN. La boda...

MADRE. En cuanto quiera... aunque... *(Saca un pañuelo y llora.)* A todas las madres... Hasta luego... *(Se va.)*

MARCOLFA. ¡Por fin!

PERLIMPLÍN. ¡Ay Marcolfa, Marcolfa, en qué mundo me vas a meter!

MARCOLFA. En el mundo del matrimonio.

PERLIMPLÍN. Y si te soy franco, siento una sed... ¿Por qué no me traes agua?

(Marcolfa se le acerca y le da un recado al oído.)

PERLIMPLÍN. ¿Quién lo puede creer?

(Se oye el piano. El teatro queda en penumbra. Belisa descorre las cortinas de su balcón. Se ve a Belisa casi desnuda cantando lánguidamente.)

VOZ DE BELISA.

¡Amor! ¡Amor!
Entre mis muslos cerrados
nada como un pez el sol.

MARCOLFA. ¡Hermosa doncella!

PERLIMPLÍN. ¡Como de azúcar!... blanca por dentro. ¿Será capaz de estrangularme?

MARCOLFA. La mujer es débil si se la asusta a tiempo.

VOZ DE BELISA.

¡Amor!
¡Gallo que se va la noche!
Que no se vaya, no.

PERLIMPLÍN. ¿Qué dice Marcolfa? ¿Qué dice? *(Marcolfa ríe.)* ¿Y qué es esto que me pasa?... ¿Qué es esto?

(Sigue sonando el piano. Por el balcón pasa una bandada de pájaros de papel negro.)

Cuadro segundo

Sala de don Perlimplín. En el centro hay una gran cama con dosel y penachos de plumas. En las paredes hay seis puertas. La primera de la derecha sirve de entrada y salida a don Perlimplín. Es la primera noche de casados.

(Marcolfa, con un candelabro, en la puerta primera de la izquierda.)

MARCOLFA. Buenas noches.
VOZ DE BELISA. Adiós, Marcolfa.

(Sale Perlimplín vestido magníficamente.)

MARCOLFA. Buena noche de boda tenga mi señor.
PERLIMPLÍN. Adiós, Marcolfa.

(Sale Marcolfa. Perlimplín se dirige de puntillas a la habitación de enfrente y mira desde la puerta.)

Belisa... con tantos encajes pareces una ola y me das el mismo miedo que de niño tuve al mar. Desde que tú viniste de la iglesia está mi casa llena de rumores secretos y el agua se entibia ella sola en los vasos... ¡Ay!... Perlimplín... ¿dónde estás, Perlimplín? *(Sale de puntillas.)*

(Aparece Belisa vestida con un gran traje de dormir lleno de encajes. Una cofia inmensa le cubre la cabeza y lanza una cascada de puntillas y entredoses hasta sus pies. Lleva el pelo suelto y los brazos desnudos.)

BELISA. La criada perfumó esta habitación con tomillo y no

con menta como yo le indiqué... *(Va hacia el lecho.)* Ni puso a la cama las finas ropas de hilo que tiene. Marcolfa... *(En este momento suena una música suave de guitarras. Belisa cruza las manos sobre el pecho.)* ¡Ay! El que me busque con ardor me encontrará. Mi sed no se apaga nunca, como nunca se apaga la sed de los mascarones que echan el agua en las fuentes. *(Sigue la música.)* ¡Ay qué música, Dios mío! ¡Qué música! Como el plumón caliente de los cisnes... ¡Ay! Pero, ¿soy yo?, ¿o es la música?

(Se echa sobre los hombros una gran capa de terciopelo rojo y pasea por la escena. Calla la música y se oyen cinco silbidos.)

BELISA. Son cinco.

(Aparece Perlimplín.)

PERLIMPLÍN. ¿Te molesto?

BELISA. ¿Cómo es posible?

PERLIMPLÍN. ¿Tienes sueño?

BELISA. *(Irónica.)* ¿Sueño?

PERLIMPLÍN. La noche se ha puesto un poco fría. *(Se frota las manos.)*

(Pausa.)

BELISA. *(Decidida.)* Perlimplín.

PERLIMPLÍN. *(Temblando.)* ¿Qué quieres?

BELISA. *(Vaga.)* Es un bonito nombre, Perlimplín.

PERLIMPLÍN. Más bonito es el tuyo, Belisa.

BELISA. *(Riendo.)* ¡Oh! ¡Gracias!

(Pausa corta.)

PERLIMPLÍN. Yo quería decirte una cosa.

BELISA. ¿Y es?

PERLIMPLÍN. He tardado en decidirme... Pero...

BELISA. Di.

PERLIMPLÍN. Belisa... ¡yo te amo!

BELISA. ¡Oh, caballerito!... es ésa tu obligación.

PERLIMPLÍN. ¿Sí?

BELISA. Sí.

PERLIMPLÍN. Pero ¿por qué sí?

BELISA. *(Mimosa.)* Pues porque sí.

PERLIMPLÍN. No.

BELISA. ¡Perlimplín...!

PERLIMPLÍN. No, Belisa. Antes de casarme contigo yo no te quería.

BELISA. *(Guasona.)* ¿Qué dices?

PERLIMPLÍN. Me casé... ¡por lo que fuera!, pero no te quería. Yo no había podido imaginarme tu cuerpo hasta que lo vi por el ojo de la cerradura cuando te vestían de novia. Y entonces fue cuando sentí el amor, ¡entonces!, como un hondo corte de lanceta en mi garganta.

BELISA. *(Intrigada.)* Pero ¿y las otras mujeres?

PERLIMPLÍN. ¿Qué mujeres?

BELISA. Las que tú conociste antes.

PERLIMPLÍN. Pero ¿hay otras mujeres?

BELISA. *(Levantándose.)* ¡Me estás asombrando!

PERLIMPLÍN. El primer asombrado soy yo. *(Pausa. Se oyen los cinco silbidos.)* ¿Qué es eso?

BELISA. El reloj.

PERLIMPLÍN. ¿Son las cinco?

BELISA. Hora de dormir.

PERLIMPLÍN. ¿Me das permiso para quitarme la casaca?

BELISA. Desde luego *(Bostezando.)*, maridito. Y apaga la luz si te place.

PERLIMPLÍN. *(Apaga la luz. En voz baja.)* Belisa.

BELISA. *(En voz alta.)* ¿Qué, hijito?

PERLIMPLÍN. *(En voz baja.)* He apagado la luz.

BELISA. *(Guasona.)* Ya lo veo.

PERLIMPLÍN. *(En voz mucho más baja.)* Belisa...

BELISA. *(En voz más alta.)* ¿Qué?, ¿encanto?

PERLIMPLÍN. ¡Te adoro!

(Dos Duendes saliendo por lados opuestos del escenario corren una cortina de tonos grises. Queda el teatro en penumbra, con dulce tono de sueño. Suenan flautas. Deben ser dos niños. Se sientan en la concha del apuntador cara al público.)

DUENDE 1.º ¿Cómo te va por lo oscurillo?

DUENDE 2.º Ni bien ni mal, compadrillo.

DUENDE 1.º Ya estamos.

DUENDE 2.º Y qué te parece. Siempre es bonito tapar las faltas ajenas.

DUENDE 1.º Y que luego el público se encarge de destaparlas. +audience address

DUENDE 2.º Porque si las cosas no se cubren con toda clase de preocupaciones...

DUENDE 1.º No se descubren nunca.

DUENDE 2.º Y sin este tapar y destapar...

DUENDE 1.º ¡Qué sería de las pobres gentes!

DUENDE 2.º *(Mirando la cortina.)* ¡Que no quede ni una rendija!

DUENDE 1.º Que las rendijas de ahora son oscuridad mañana. *(Ríen.)*

DUENDE 2.º Cuando las cosas están claras...

DUENDE 1.º El hombre se figura que no tiene necesidad de descubrirlas.

DUENDE 2.º Y se van a las cosas turbias para descubrir en ellas secretos que ya sabía.

DUENDE 1.º Pero para eso estamos nosotros aquí. ¡Los duendes!

DUENDE 2.º ¿Tú conocías a Perlimplín?

DUENDE 1.º Desde niño.

DUENDE 2.º ¿Y a Belisa?

DUENDE 1.º Mucho. Su habitación exhalaba un perfume tan intenso, que una vez me quedé dormido y desperté entre las garras de sus gatos. *(Ríen.)*

DUENDE 2.º Este asunto estaba...

DUENDE 1.º ¡Clarísimo!

DUENDE 2.º Todo el mundo se lo imaginaba.

DUENDE 1.º Y el comentario huiría hacia medios más misteriosos.

DUENDE 2.º ¡Por eso! Que no se descorra todavía nuestra eficaz y socialísima pantalla.

DUENDE 1.º ¡No, que no se enteren!

DUENDE 2.º El alma de Perlimplín, chica y asustada como un

patito recién nacido, se enriquece y sublima en estos instantes...

(Ríen.)

DUENDE 1.° El público está impaciente.

DUENDE 2.° Y tiene razón. ¿Vamos?

DUENDE 1.° Vamos. Ya siento un dulce fresquillo por mis espaldas.

DUENDE 2.° Cinco frías camelias de madrugada se han abierto en las paredes de la alcoba.

DUENDE 1.° Cinco balcones sobre la ciudad.

(Se levantan y se echan unas grandes capuchas azules.)

DUENDE 2.° Don Perlimplín. ¿Te hacemos un mal o un bien?

DUENDE 1.° Un bien... porque no es justo poner ante las miradas del público el infortunio de un hombre bueno.

DUENDE 2.° Es verdad, compadrillo: que no es lo mismo decir «yo he visto» que «se dice».

DUENDE 1.° Mañana lo sabrá toda la gente.

DUENDE 2.° Y es lo que deseamos.

DUENDE 1.° Comentario quiere decir mundo.

DUENDE 2.° Chist...

(Empiezan a sonar las flautas.)

DUENDE 1.° Chist...

DUENDE 2.° ¿Vámonos por lo oscurillo?

DUENDE 1.° Vámonos ya, compadrillo.

DUENDE 2.° ¿Ya?

DUENDE 1.° ¡Ya!

(Corren la cortina. Aparece don Perlimplín en la cama [con unos grandes cuernos de ciervo en la cabeza]. Belisa a su lado. Los cinco balcones del fondo están abiertos de par en par. Por ellos entra la luz blanca de la madrugada.)

PERLIMPLÍN. *(Despertando.)* Belisa, Belisa. ¡Contesta!

BELISA. *(Fingiendo que despierta.)* Perlimplinito. ¿Qué quieres?

PERLIMPLÍN. ¡Dime pronto!

BELISA. ¿Qué te voy a decir? ¡Yo quedé dormida mucho antes que tú!

PERLIMPLÍN. *(Se echa de la cama. Va vestido con casaca.)* ¿Por qué están los balcones abiertos?

BELISA. Porque esta noche ha corrido el aire como nunca.

PERLIMPLÍN. ¿Por qué tienen los balcones cinco escalas que llegan al suelo?

BELISA. Porque así es la costumbre en el país de mi madre.

PERLIMPLÍN. Y ¿de quiénes son aquellos cinco sombreros que veo debajo de los balcones?

BELISA. *(Saltando de la cama en espléndida* toilette.*)* De los borrachitos que van y vienen, Perlimplinillo, ¡amor!

PERLIMPLÍN. *(Mirándola y quedándose embobado.)* ¡Belisa! ¡Belisa! ¿Y por qué no? Todo lo explicas bien. Estoy conforme. ¿Por qué no ha de ser así?

BELISA. *(Mimosa.)* No soy mentirosilla.

PERLIMPLÍN. Y yo cada minuto te quiero más.

BELISA. Así me gusta.

PERLIMPLÍN. ¡Por primera vez en mi vida estoy contento! *(Se acerca y la abraza, pero en ese instante se retira bruscamente de ella.)* Belisa. ¿Quién te ha besado? ¡No mientas, que lo sé!

BELISA. *(Cogiéndose el pelo y echándolo por delante.)* ¡Ya lo creo que lo sabes! ¡Qué maridito tan bromista tengo! *(En voz baja.)* ¡Tú! ¡Tú me has besado!

PERLIMPLÍN. ¡Sí! Yo te he besado... ¿pero y si te hubiese besado alguien más...? Si te hubiese besado alguien más... ¿tú me quieres?

BELISA. *(Levantando un brazo desnudo.)* Sí, Perlimplín chiquitito.

PERLIMPLÍN. Entonces... ¿qué me importa?... *(Se dirige a ella y la abraza.)* ¿Eres Belisa?...

BELISA. *(Mimosa y en voz baja.)* ¡Sí!, ¡sí!, ¡sí!, ¡sí!

PERLIMPLÍN. ¡Casi me parece un sueño!

BELISA. *(Reaccionando.)* Mira, Perlimplín, cierra los balcones, que antes de nada se levantará la gente...

PERLIMPLÍN. ¿Para qué? Como los dos hemos dormido lo bastante veremos el amanecer... ¿No te gusta?

BELISA. Sí, pero... *(Se sienta en la cama.)*

PERLIMPLÍN. Nunca había visto la salida del sol... *(Belisa, rendida, cae sobre las almohadas.)* Es un espectáculo que... parece mentira... ¡me conmueve!... ¿Y a ti?, ¿no te gusta? *(Se dirige hacia el lecho.)* Belisa, ¿estás dormida?

BELISA. *(Entre sueños.)* Sí.

(Perlimplín, de puntillas, la cubre con un manto. Una luz intensa y dorada entra por los balcones. Bandadas de pájaros de papel los cruzan entre el sonido de las campanas matinales.

Perlimplín se ha sentado al borde de la cama.)

PERLIMPLÍN.

Amor, amor
que estoy herido.
Herido de amor huido,
herido,
muerto de amor.
Decid a todos que ha sido
el ruiseñor.
Bisturí de cuatro filos,
garganta rota y olvido.
Cógeme la mano, amor,
que vengo muy mal herido,
herido de amor huido,
¡herido!
¡Muerto de amor!

Telón

Cuadro tercero

Comedor de Perlimplín. Las perspectivas están equivocadas deliciosamente. La mesa con todos los objetos pintados como en una «Cena» primitiva.

PERLIMPLÍN. ¿Lo harás como te digo?

MARCOLFA. *(Llorando.)* Descuide el señor.

PERLIMPLÍN. Marcolfa, ¿por qué sigues llorando?

MARCOLFA. Por lo que sabe su merced. La noche de boda entraron cinco personas por los balcones. Cinco. Representantes de las cinco razas de la tierra. El europeo con su barba, el indio, el negro, el amarillo y el norteamericano. Y usted sin enterarse...

PERLIMPLÍN. Eso no tiene importancia...

MARCOLFA. Figúrese. Ayer la vi con otro.

PERLIMPLÍN. *(Intrigado.)* ¿Cómo?

MARCOLFA. Y no se ocultó de mí.

PERLIMPLÍN. Pero yo soy feliz, Marcolfa.

MARCOLFA. Me deja asombrada el señor.

PERLIMPLÍN. Feliz como no tienes idea. He aprendido muchas cosas y, sobre todo, puedo imaginarlas...

MARCOLFA. Mi señor la quiere demasiado.

PERLIMPLÍN. No tanto como ella merece.

MARCOLFA. Aquí llega.

PERLIMPLÍN. Vete.

(Se va Marcolfa y Perlimplín se oculta en un rincón. Entra Belisa.)

BELISA. Tampoco he conseguido verlo. En mi paseo por la alameda venían todos detrás menos él. Debe tener la piel morena y sus besos deben perfumar y escocer al mismo tiempo como el azafrán y el clavo. A veces pasa por debajo de mis balcones y mece su mano lentamente en un saludo que hace temblar mis pechos.

PERLIMPLÍN. ¡Ejem!

BELISA. *(Volviéndose.)* ¡Oh! ¡Qué susto me has dado!

PERLIMPLÍN. *(Acercándose cariñoso.)* Observo que hablas sola.

BELISA. *(Fastidiada.)* ¡Quita!

PERLIMPLÍN. ¿Quieres que demos un paseo?

BELISA. No.

PERLIMPLÍN. ¿Quieres que vayamos a la confitería?

BELISA. ¡He dicho que no!

PERLIMPLÍN. Perdona.

(Una piedra en la que hay una carta arrollada cae por el balcón. Perlimplín la recoge.)

BELISA. *(Furiosa.)* ¡Dame!

PERLIMPLÍN. ¿Por qué?

BELISA. ¡Porque eso era para mí!

PERLIMPLÍN. *(Burlón.)* ¿Quién te lo ha dicho?

BELISA. ¡Perlimplín! ¡No la leas!

PERLIMPLÍN. *(Poniéndose fuerte en broma.)* ¿Qué quieres decir?

BELISA. *(Llorando.)* ¡Dame esa carta!

PERLIMPLÍN. *(Acercándose.)* ¡Pobre Belisa! Porque comprendo tu estado de ánimo te entrego este papel que tanto supone para ti... *(Belisa coge el papel y lo guarda en el pecho.)* Yo me doy cuenta de las cosas. Y aunque me hieren profundamente comprendo que vives un drama. ← dream-like desire like Perlimplin's

BELISA. *(Tierna.)* ¡Perlimplín!... ↓ in denial of Belisa's infidelity

PERLIMPLÍN. Yo sé que tú me eres fiel y lo sigues siendo.

BELISA. *(Gachona.)* No conocí más hombre que mi Perlimplinillo.

PERLIMPLÍN. Por eso quiero ayudarte como debe hacer todo buen marido cuando su esposa es un dechado de virtud... Mira. *(Cierra las puertas y adopta un aire de misterio.)* ¡Yo lo sé todo!... Me di cuenta en seguida. Tú eres joven y yo soy viejo... ¡Qué le vamos a hacer!... pero lo comprendo perfectamente. *(Pausa. En voz baja.)* ¿Ha pasado hoy por aquí?

BELISA. Dos veces.

PERLIMPLÍN. ¿Y te ha hecho señas?

BELISA. Sí... pero de una manera un poco despectiva... ¡y eso me duele!

PERLIMPLÍN. No temas. Hace quince días vi a ese joven por vez primera. Te puedo decir con toda sinceridad que su belleza me deslumbró. Jamás he visto un hombre en que lo varonil y lo delicado se den de una manera más armónica. Sin saber por qué, pensé en ti.

BELISA. Yo no le he visto la cara... pero...

PERLIMPLÍN. No tengas miedo de hablarme... yo sé que tú le amas... Ahora te quiero como si fuera tu padre... ya estoy lejos de las tonterías... así es...

BELISA. Él me escribe cartas.

PERLIMPLÍN. Ya lo sé.

BELISA. Pero no se deja ver.

PERLIMPLÍN. Es raro.

BELISA. Y hasta parece... que me desprecia.

PERLIMPLÍN. ¡Qué inocente eres!

BELISA. Lo que no cabe duda es que me ama como yo deseo...

PERLIMPLÍN. *(Intrigado.)* ¿Dices?

BELISA. Las cartas de los otros hombres que yo he recibido... y que no he contestado porque tenía a mi maridito, me hablaban de países ideales, de sueños y de corazones heridos... pero estas cartas de él... mira...

PERLIMPLÍN. Habla sin miedo.

BELISA. Hablan de mí... de mi cuerpo...

PERLIMPLÍN. *(Acariciándole los cabellos.)* ¡De tu cuerpo!

BELISA. «¿Para qué quiero tu alma? –me dice–. El alma es el patrimonio de los débiles, de los héroes tullidos y las gentes enfermizas. Las almas hermosas están en los bordes de la muerte, reclinadas sobre cabelleras blanquísimas y manos macilentas. Belisa. ¡No es tu alma lo que yo deseo!, ¡sino tu blanco y mórbido cuerpo estremecido!»

PERLIMPLÍN. ¿Quién será ese bello joven?

BELISA. Nadie lo sabe.

PERLIMPLÍN. ¿Nadie? *(Inquisitivo.)*

BELISA. Yo he preguntado a todas mis amigas.

PERLIMPLÍN. *(Misterioso y decidido.)* ¿Y si yo te dijera que lo conozco?

BELISA. ¿Es posible?

PERLIMPLÍN. *(Se levanta.)* Espera. *(Va al balcón.)* ¡Aquí está!

BELISA. *(Corriendo.)* ¿Sí?

PERLIMPLÍN. Acaba de volver la esquina.

BELISA. *(Sofocada.)* ¡Ay!

PERLIMPLÍN. Como soy un viejo quiero sacrificarme por ti. Esto que yo hago no lo hizo nadie jamás. Pero ya estoy fuera del mundo y de la moral ridícula de las gentes. Adiós.

BELISA. ¿Dónde vas?

PERLIMPLÍN. *(Grandioso, en la puerta.)* ¡Más tarde lo sabrás todo! ¡Más tarde!

Telón

Cuadro cuarto

Jardín de cipreses y naranjos. Al levantarse el telón aparecen Perlimplín y Marcolfa en el jardín.

MARCOLFA. ¿Es hora ya?

PERLIMPLÍN. No. Todavía no es hora.

MARCOLFA. ¿Pero qué ha pensado mi señor?

PERLIMPLÍN. Todo lo que no había pensado antes.

MARCOLFA. *(Llorando.)* ¡Yo tengo la culpa!

PERLIMPLÍN. ¡Oh!... ¡Si vieras qué agradecimiento guarda mi corazón hacia ti!

MARCOLFA. Antes todo estaba liso. Yo le llevaba por las mañanas el café con leche y las uvas.

PERLIMPLÍN. Sí... ¡las uvas!, las uvas, pero ¿y yo?... Me parece que han transcurrido cien años. Antes no podía pensar en las cosas extraordinarias que tiene el mundo... Me quedaba en las puertas... En cambio ahora... El amor de Belisa me ha dado un tesoro precioso que yo ignoraba... ¿Ves? Ahora cierro los ojos y... veo lo que quiero... por ejemplo... a mi madre cuando la visitaron las hadas de los contornos... ¡Oh!... ¿tú sabes cómo son las hadas?... pequeñitas... ¡es admirable! ¡pueden bailar sobre mi dedo meñique!

MARCOLFA. Sí, sí, las hadas, las hadas... pero ¿y lo otro?

PERLIMPLÍN. ¡Lo otro! ¡Ah! *(Con satisfacción.)* ¿Qué le dijiste a mi mujer?

MARCOLFA. Aunque no sirvo para estas cosas, le dije lo que me indicó el señor... que ese joven... vendría esta noche a las diez en punto al jardín, envuelto como siempre en su capa roja.

PERLIMPLÍN. ¿Y ella?...

MARCOLFA. Ella se puso encendida como un geranio, se llevó las manos al corazón y quedó besando apasionadamente sus hermosas trenzas de pelo.

PERLIMPLÍN. *(Entusiasmado.)* De manera que se puso encendida como un geranio... y ¿qué te dijo?

MARCOLFA. Suspiró nada más. ¡Pero de qué manera!

PERLIMPLÍN. ¡Oh sí!... ¡Como mujer alguna lo hizo! ¿verdad?

MARCOLFA. Su amor debe rayar en la locura.

PERLIMPLÍN. *(Vibrante.)* ¡Eso es! Yo necesito que ella ame a ese joven más que a su propio cuerpo y ¡no hay duda que lo ama!

MARCOLFA. *(Llorando.)* ¡Me da miedo de oírlo!... Pero, ¡cómo es posible! Don Perlimplín, ¿cómo es posible? ¡Que usted mismo fomente en su mujer el peor de los pecados!

PERLIMPLÍN. ¡Porque don Perlimplín no tiene honor y quiere divertirse! ¡Ya ves! Esta noche vendrá el nuevo y desconocido amante de mi señora Belisa. ¿Qué he de hacer sino cantar?

(Cantando.)

¡Don Perlímplín no tiene honor!
¡No tiene honor!

MARCOLFA. Sepa mi señor que desde este momento me considero despedida de su servicio. Las criadas tenemos también vergüenza.

PERLIMPLÍN. ¡Oh, inocente Marcolfa!... Mañana estarás libre como el pájaro... Aguarda hasta mañana... Ahora vete y cumple con tu deber... ¿Harás lo que te dije?

MARCOLFA. *(Yéndose enjugando sus lágrimas.)* ¿Qué remedio me queda? ¡Qué remedio!

PERLIMPLÍN. ¡Bien! ¡Así me gusta!

(Empieza a sonar una dulce serenata. Don Perlimplín se esconde detrás de unos rosales.)

BELISA. *(Dentro, cantando.)*

Por las orillas del río
se está la noche mojando.

VOCES.

Se está la noche mojando.

BELISA.

Y en los pechos de Belisa
se mueren de amor los ramos.

VOCES.

Se mueren de amor los ramos.

PERLIMPLÍN. *(Recitando.)*

¡Se mueren de amor los ramos!

BELISA.

La noche canta desnuda
sobre los puentes de marzo.

VOCES.

Sobre los puentes de marzo.

BELISA.

Belisa lava su cuerpo
con agua salobre y nardos.

VOCES.

Con agua salobre y nardos.

PERLIMPLÍN.

¡Se mueren de amor los ramos!

BELISA.

La noche de anís y plata
relumbra por los tejados.

VOCES.

Relumbra por los tejados.

BELISA.

Plata de arroyos y espejos
y anís de tus muslos blancos.

VOCES.

Y anís de tus muslos blancos.

PERLIMPLÍN.

¡Se mueren de amor los ramos!

(Aparece Belisa por el jardín. Viene espléndidamente vestida. La luna ilumina la escena.)

BELISA. ¿Qué voces llenan de dulce armonía el aire de una sola pieza de la noche? He sentido tu calor y tu peso, delicioso joven de mi alma... ¡Oh!... las ramas se mueven. *(Apa-*

rece un Hombre envuelto en una capa roja y cruza el jardín cautelosamente.) Chist... ¡Es aquí!, ¡aquí!... *(El Hombre indica con la mano que ahora vuelve.)* ¡Oh, sí... vuelve, amor mío! Jazminero flotante y sin raíces, el cielo caerá sobre mi espalda sudorosa... ¡Noche!... noche mía de menta y lapislázuli...

(Aparece Perlimplín.)

PERLIMPLÍN. *(Sorprendido.)* ¿Qué haces aquí?
BELISA. Paseaba.
PERLIMPLÍN. ¿Y nada más?
BELISA. En la clara noche.
PERLIMPLÍN. *(Enérgico.)* ¿Qué hacías aquí?
BELISA. *(Sorprendida.)* Pero ¿no lo sabías?
PERLIMPLÍN. Yo no sé nada.
BELISA. Tú me enviaste el recado.
PERLIMPLÍN. *(Concupiscente.)* Belisa..., ¿lo esperas aún?
BELISA. ¡Con más ardor que nunca!
PERLIMPLÍN. *(Fuerte.)* ¿Por qué?
BELISA. Porque lo quiero.
PERLIMPLÍN. ¡Pues vendrá!
BELISA. El olor de su carne le pasa a través de su ropa. Le quiero, Perlimplín, ¡le quiero! ¡Me parece que soy otra mujer!
PERLIMPLÍN. Ése es mi triunfo.
BELISA. ¿Qué triunfo?
PERLIMPLÍN. El triunfo de mi imaginación.
BELISA. Es verdad que me ayudaste a quererlo.
PERLIMPLÍN. Como ahora te ayudaré a llorarlo.
BELISA. *(Extrañada.)* Perlimplín, ¿qué dices?...

(El reloj da las diez. Canta el ruiseñor.)

PERLIMPLÍN. ¡Ya es la hora!
BELISA. Debe llegar en estos instantes.
PERLIMPLÍN. Salta las tapias de mi jardín.
BELISA. Envuelto en su capa roja.
PERLIMPLÍN. *(Sacando un puñal.)* Roja como su sangre...
BELISA. *(Sujetándole.)* ¿Qué vas a hacer?

PERLIMPLÍN. *(Abrazándola.)* Belisa, ¿le quieres?

BELISA. *(Con fuerza.)* ¡Sí!

PERLIMPLÍN. Pues en vista de que le amas tanto yo no quiero que te abandone. Y para que sea tuyo completamente se me ha ocurrido que lo mejor es clavarle este puñal en su corazón galante. ¿Te gusta?

BELISA. ¡Por Dios, Perlimplín!

PERLIMPLÍN. Ya muerto, lo podrás acariciar siempre en tu cama tan lindo y peripuesto sin que tengas el temor de que deje de amarte. Él te querrá con el amor infinito de los difuntos y yo quedaré libre de esta oscura pesadilla de tu cuerpo grandioso. *(Abrazándola.)* Tu cuerpo... que nunca podría descifrar... *(Mirando al jardín.)* Míralo por dónde viene... Pero suelta, Belisa... ¡suelta! *(Sale corriendo.)*

BELISA. *(Desesperada.)* Marcolfa, bájame la espada del comedor que voy a atravesar la garganta de mi marido.

(A voces.)

Don Perlimplín
marido ruin,
como le mates
te mato a ti.

(Aparece entre las ramas un Hombre envuelto en una amplia y lujosa capa roja. Viene herido y vacilante.)

BELISA. ¡Amor!... ¿quién te ha herido en el pecho? *(El Hombre se oculta la cara con la capa. Ésta debe ser inmensa y cubrirle hasta los pies. Abrazándolo.)* ¿Quién abrió tus venas para que llenes de sangre mi jardín... ¡Amor! Déjame ver tu rostro por un instante siquiera... ¡Ay!, ¿quién te dio muerte?... ¿quién?

PERLIMPLÍN. *(Descubriéndose.)* Tu marido acaba de matarme con este puñal de esmeraldas. *(Enseña el puñal clavado en el pecho.)*

BELISA. *(Espantada.)* ¡Perlimplín!

PERLIMPLÍN. Él salió corriendo por el campo y no le verás más nunca. Me mató porque sabía que te amaba como nadie. Mientras me hería... gritó: ¡Belisa ya tiene un alma!... Acércate.

(Está tendido en el banco.)

BELISA. ¿Pero qué es esto?... ¡Y estás herido de verdad!

PERLIMPLÍN. Perlimplín me mató... ¡Ah, don Perlimplín! Viejo verde, monigote sin fuerzas, tú no podías gozar el cuerpo de Belisa... El cuerpo de Belisa era para músculos jóvenes y labios de ascuas... Yo en cambio amaba tu cuerpo nada más... ¡tu cuerpo!... pero me ha matado... con este ramo ardiente de piedras preciosas.

BELISA. ¿Qué has hecho?

PERLIMPLÍN. *(Moribundo.)* ¿Entiendes?... Yo soy mi alma y tú eres tu cuerpo... Déjame en este último instante, puesto que tanto me has querido, morir abrazado a él.

BELISA. *(Se acerca medio desnuda y lo abraza.)* Sí... ¿pero y el joven?... ¿Por qué me has engañado?

PERLIMPLÍN. ¿El joven?... *(Cierra los ojos.)*

(La escena adquiere luz mágica.)

MARCOLFA. *(Entrando.)* ¡Señora!

BELISA. *(Llorando.)* ¡Don Perlimplín ha muerto!

MARCOLFA. ¡Lo sabía! Ahora le amortajaremos con el rojo traje juvenil con que paseaba bajo sus mismos balcones.

BELISA. *(Llorando.)* ¡Nunca creí que fuese tan complicado!

MARCOLFA. Se dio cuenta demasiado tarde. Yo le haré una corona de flores como un sol de mediodía.

BELISA. *(Extrañada y en otro mundo.)* Perlimplín, ¿qué cosa has hecho, Perlimplín?

MARCOLFA. Belisa, ya eres otra mujer... Estás vestida por la sangre gloriosísima de mi señor.

BELISA. ¿Pero quién era este hombre? ¿Quién era?

MARCOLFA. El hermoso adolescente al que nunca verás el rostro.

BELISA. Sí, sí, Marcolfa, le quiero, le quiero con toda la fuerza de mi carne y de mi alma. Pero ¿dónde está el joven de la capa roja?... Dios mío. ¿Dónde está?

MARCOLFA. Don Perlimplín, duerme tranquilo... ¿La estás oyendo?... Don Perlimplín... ¿la estás oyendo?...

(Suenan campanas.)

Telón

Viaje a la luna

1

Cama blanca sobre una pared gris. Sobre los paños surge un baile de números 13 y 22. Desde dos empiezan a surgir hasta que cubren la cama como hormigas diminutas.

2

Una mano invisible arranca los paños.

3

Pies grandes corren rápidamente con exagerados calcetines de rombos blancos y negros.

4

Cabeza asustada que mira fija un punto y se disuelve sobre una cabeza de alambre con un fondo de agua.

5

Letras que digan *Socorro Socorro Socorro* con doble exposición sobre un sexo de mujer con movimiento de arriba abajo.

6

Pasillo largo recorrido por la máquina con ventana de final.

7

Vista de Broadway de noche con movimiento de tic-tac. Se disuelve en el anterior.

8

Seis piernas oscilan con gran rapidez.

9

Las piernas se disuelven sobre un grupo de manos que tiemblan.

10

Las manos que tiemblan sobre una doble exposición de un niño que llora.

11

Y el niño que llora sobre una doble exposición de una mujer que le da una paliza.

12

Esta paliza se disuelve sobre el pasillo largo otra vez, que la máquina recorre con rapidez.

13

Al final un gran plano de un ojo sobre una doble exposición de peces, y se disuelve sobre el siguiente.

14

Caída rápida por una montaña rusa en color azul con doble exposición de letras de *Socorro Socorro*.

15

Cada letrero de *Socorro Socorro* se disuelve en la huella de un pie.

16

Y cada huella de pie en un gusano de seda sobre una hoja en fondo blanco.

17

De los gusanos de seda sale una gran cabeza muerta y de la cabeza muerta un cielo con luna.

18

La luna se corta y aparece un dibujo de una cabeza que vomita y abre y cierra los ojos y se disuelve sobre

19

dos niños que avanzan cantando con los ojos cerrados.

20

Cabezas de los niños que cantan llenas de manchas de tinta.

21

Un plano blanco sobre el cual se arrojan gotas de tinta.

(Todos estos cuadros rápidos y bien ritmados.)

Aquí un letrero que diga *No es por aquí.*

22

Puerta.

23

Sale un hombre con una bata blanca. Por el lado opuesto viene un muchacho desnudo en traje de baño de grandes cuadros blancos y negros.

24

Gran plano del traje de cuadros sobre una doble exposición de un pez.

25

El hombre de la bata le ofrece un traje de arlequín pero el muchacho rehúsa. Entonces el hombre de la bata lo coge por el cuello, el otro grita, pero el hombre de la bata le tapa la boca con el traje de arlequín.

26

Gran plano de manos y traje de arlequín apretando con fuerza.

27

Se disuelve sobre una doble exposición de serpientes de mar

del *aquárium* y éstas en los cangrejos del mismo *aquárium* y éstos en otros peces con ritmo.

28

Pez vivo sostenido en la mano en un gran plano hasta que muera y avance la boquita abierta hasta cubrir el objetivo.

29

Dentro de la boquita aparece un gran plano en el cual saltan, en agonía, dos peces.

Éstos se convierten en un caleidoscopio en el que cien peces saltan o laten en agonía.

30

Letrero: *Viaje a la luna.*

Habitación. Dos mujeres vestidas de negro lloran sentadas con las cabezas echadas en una mesa donde hay una lámpara. Dirigen las manos al cielo. Planos de los bustos y las manos. Tienen las cabelleras echadas sobre las caras y las manos contrahechas con espirales de alambre.

31

Siguen las mujeres bajando los brazos y subiéndolos al cielo.

32

Una rana cae sobre la mesa.

33

Doble exposición de la rana vista enorme sobre un fondo de orquídeas agitadas con furia.

Se van las orquídeas y aparece una cabeza enorme dibujada de mujer que vomita que cambia de negativo a positivo y de positivo a negativo rápidamente.

34

Una puerta se cierra violentamente y otra puerta y otra y otra sobre una doble exposición de las mujeres que suben y bajan los brazos.

Al cerrarse cada puerta saldrá un letrero que diga: *Elena Helena elhena eLHeNa.*

35

Las mujeres se dirigen rápidamente a la puerta.

36

La cámara baja con gran ritmo acelerado las escaleras y con doble exposición las sube.

37

Triple exposición de subir y bajar escaleras.

38

Doble exposición de barrotes que pasan sobre un dibujo: *Muerte de Santa Rodegunda.*

39

Una mujer enlutada se cae por la escalera.

40

Gran plano de ella.

41

Otra vista de ella muy realista. Lleva pañuelo en la cabeza a la manera española. Exposición de las narices echando sangre.

42

Cabeza boca abajo de ella con doble exposición sobre un dibujo de venas y granos gordos de sal para el relieve.

43

La cámara desde abajo enfoca y sube la escalera. En lo alto aparece un desnudo de muchacho. Tiene la cabeza como los muñecos anatómicos con los músculos y las venas y los tendones. Luego sobre el desnudo lleva dibujado el sistema de la circulación de la sangre y arrastra un traje de arlequín.

44

Aparece de medio cuerpo. Y mira de un lado a otro. Se disuelve sobre una calle nocturna.

45

Ya en la calle nocturna hay tres tipos con gabanes que dan muestras de frío. Llevan los cuellos subidos. Uno mira la luna hacia arriba levantando la cabeza y aparece la luna en la pantalla, otro mira la luna y aparece una cabeza de pájaro en gran plano a la cual se estruja el cuello hasta que muera ante el objetivo, el tercero mira la luna y aparece en la pantalla una luna dibujada sobre fondo blanco que se disuelve sobre un sexo y el sexo en la boca que grita.

46

Huyen los tres por la calle.

47

Aparece en la calle el hombre de las venas y queda en cruz. Avanza en saltos de pantalla.

48

Se disuelve sobre un cruce en triple exposición de trenes rápidos.

49

Los trenes se disuelven sobre una doble exposición de teclados de pianos y manos tocando.

50

Se disuelve sobre un bar donde hay varios muchachos vestidos de esmoquin. El camarero les echa vino pero no pueden llevarlo a su boca. Los vasos se hacen pesadísimos y luchan en una angustia de sueño. Entra una muchacha casi desnuda y un arlequín y bailan en ralentí. Todos prueban a beber pero no pueden. El camarero llena sin cesar los vasos, que ya están llenos.

51

Aparece el hombre de las venas gesticulante y haciendo señas desesperadas y movimientos que expresan vida y ritmo acelerado. Todos los hombres se quedan adormilados.

52

Una cabeza mira estúpidamente. Se acerca a la pantalla y se disuelve en una rana. El hombre de las venas estruja la rana con los dedos.

53

Sale una esponja y una cabeza vendada.

54

Se disuelve sobre una calle. La muchacha vestida de blanco huye con el arlequín.

55

Aparece una cabeza que vomita. Y en seguida toda la gente del bar que vomita.

56

Se disuelve sobre un ascensor donde un negrito vomita. La muchacha y el arlequín suben en el ascensor.

57

Suben en el ascensor y se abrazan.

58

Plano de un beso sensual.

59

El muchacho muerde a la muchacha en el cuello y tira violentamente de sus cabellos.

60

Aparece una guitarra. Y una mano rápida corta las cuerdas con unas tijeras.

61

La muchacha se defiende del muchacho, y éste con gran furia le da otro beso profundo y pone los dedos pulgares sobre los ojos como para hundir los dedos en ellos.

62

Grita la muchacha y el muchacho de espaldas se quita la americana y una peluca y aparece el hombre de las venas.

63

Entonces ella se disuelve en un busto de yeso blanco y el hombre de las venas la besa apasionadamente.

64

Se ve el busto de yeso con huellas de labios y huellas de manos.

65

Vuelven a salir las palabras *Elena elena elena elena*.

66

Estas palabras se disuelven sobre grifos que echan agua de manera violenta.

67

Y estos grifos sobre el hombre de las venas muerto sobre periódicos abandonados y arenques.

68

Aparece una cama y unas manos que cubren un muerto.

69

Viene un muchacho con una bata blanca y guantes de goma y una muchacha vestida de negro. Pintan un bigote con tinta a una cabeza terrible de muerto. Y se besan con grandes risas.

70

De ellos surge un cementerio y se les ve besarse sobre una tumba.

71

Plano de un beso cursi de cine con otros personajes.

72

Y al final con prisa la luna y árboles con viento.

El público

Drama en cinco cuadros

Personajes

(Por orden de intervención)

DIRECTOR
CRIADO
CABALLO BLANCO PRIMERO
CABALLO BLANCO SEGUNDO
CABALLO BLANCO TERCERO
CABALLO BLANCO CUARTO
HOMBRE PRIMERO
HOMBRE SEGUNDO
HOMBRE TERCERO
ARLEQUÍN DIRECTOR
MUJER EN PIJAMA
ELENA
FIGURA DE CASCABELES
FIGURA DE PÁMPANOS
NIÑO
EMPERADOR
CENTURIÓN
JULIETA
CABALLO NEGRO
EL TRAJE DE ARLEQUÍN
EL TRAJE DE BAILARINA
PASTOR BOBO
DESNUDO ROJO
ENFERMERO
ESTUDIANTE PRIMERO
ESTUDIANTE SEGUNDO
ESTUDIANTE TERCERO
ESTUDIANTE CUARTO
ESTUDIANTE QUINTO
DAMA PRIMERA
DAMA SEGUNDA
DAMA TERCERA
DAMA CUARTA
MUCHACHO
LADRÓN PRIMERO
LADRÓN SEGUNDO
TRASPUNTE
PRESTIDIGITADOR
SEÑORA

Cuadro primero

Cuarto del Director.

El Director sentado. Viste de chaqué. Decorado azul. Una gran mano impresa en la pared. Las ventanas son radiografías.

CRIADO. Señor.
DIRECTOR. ¿Qué?
CRIADO. Ahí está el público.
DIRECTOR. Que pase.

(Entran cuatro Caballos Blancos.)

DIRECTOR. ¿Qué desean? *(Los Caballos tocan sus trompetas.)* Esto sería si yo fuese un hombre con capacidad para el suspiro. ¡Mi teatro será siempre al aire libre! Pero yo he perdido toda mi fortuna. Si no, yo envenenaría el aire libre. Con una jeringuilla que quite la costra de la herida me basta. ¡Fuera de aquí! ¡Fuera de mi casa, caballos! Ya se ha inventado la cama para dormir con los caballos. *(Llorando.)* Caballitos míos.

LOS CABALLOS. *(Llorando.)* Por trescientas pesetas. Por doscientas pesetas, por un plato de sopa, por un frasco de perfume vacío. Por tu saliva, por un recorte de tus uñas.

DIRECTOR. ¡Fuera, fuera, fuera! *(Toca un timbre.)*

LOS CABALLOS. ¡Por nada! Antes te olían los pies y nosotros teníamos tres años. Esperábamos en el retrete, esperábamos detrás de las puertas y luego te llenábamos la cama de lágrimas. *(Entra el Criado.)*

DIRECTOR. ¡Dame un látigo!

LOS CABALLOS. Y tus zapatos estaban cocidos por el sudor, pero sabíamos comprender que la misma relación tenía la luna con las manzanas podridas en la hierba.

DIRECTOR. *(Al Criado.)* ¡Abre las puertas!

LOS CABALLOS. No, no, no. ¡Abominable! Estás cubierto de vello y comes la cal de lo muros que no es tuya.
CRIADO. No abro la puerta. Yo no quiero salir al teatro.
DIRECTOR. *(Golpeándolo.)* ¡Abre!

(Los Caballos sacan largas trompetas doradas y danzan lentamente al son de su canto.)

LOS CABALLOS 1.º Y 2.º *(Furiosos.)* Abominable.
LOS CABALLOS 3.º Y 4.º Blenamiboá.
LOS CABALLOS 1.º Y 2.º *(Furiosos.)* Abominable.
LOS CABALLOS. Blenamiboá.

(El Criado abre la puerta.)

DIRECTOR. ¡Teatro al aire libre! ¡Fuera! ¡Vamos! Teatro al aire libre. ¡Fuera de aquí! *(Salen los Caballos. Al Criado.)* Continúa. *(Se sienta detrás de la mesa.)*
CRIADO. Señor.
DIRECTOR. ¿Qué?
CRIADO. ¡El público!
DIRECTOR. Que pase.

(El Director cambia su peluca rubia por una morena. Entran tres Hombres vestidos de frac exactamente iguales. Llevan barbas oscuras.)

HOMBRE 1.º ¿El señor Director del teatro al aire libre?
DIRECTOR. Servidor de usted.
HOMBRE 1.º Venimos a felicitarle por su última obra.
DIRECTOR. Gracias.
HOMBRE 3.º Originalísima.
HOMBRE 1.º ¡Y qué bonito título! *Romeo y Julieta.*
DIRECTOR. Un hombre y una mujer que se enamoran.
HOMBRE 1.º Romeo puede ser un ave y Julieta puede ser una piedra. Romeo puede ser un grano de sal y Julieta puede ser un mapa.
DIRECTOR. Pero nunca dejarán de ser Romeo y Julieta.

HOMBRE 1.º Y enamorados. ¿Usted cree que estaban enamorados?

DIRECTOR. Hombre... yo no estoy dentro...

HOMBRE 1.º ¡Basta! ¡Basta! Usted mismo se denuncia.

HOMBRE 2.º *(Al Hombre 1.º)* Ve con prudencia. Tú tienes la culpa. ¿Para qué vienes a la puerta de los teatros? Puedes llamar a un bosque y es fácil que éste abra el ruido de su savia para tus oídos. ¡Pero un teatro!

HOMBRE 1.º Es a los teatros donde hay que llamar; es a los teatros, para...

HOMBRE 3.º Para que se sepa la verdad de las sepulturas.

HOMBRE 2.º Sepulturas con focos de gas, y anuncios, y largas filas de butacas.

DIRECTOR. Caballeros...

HOMBRE 1.º Sí, sí. Director del teatro al aire libre, autor de *Romeo y Julieta*.

HOMBRE 2.º ¿Cómo orinaba Romeo, señor Director? ¿Es que no es bonito ver orinar a Romeo? ¿Cuántas veces fingió tirarse de la torre para ser apresado en la comedia de su sufrimiento? ¿Qué pasaba, señor Director, cuando no pasaba? ¿Y el sepulcro? ¿Por qué, en el final, no bajó usted las escaleras del sepulcro? Pudo usted haber visto un ángel que se llevaba el sexo de Romeo, mientras dejaba el otro, el suyo, el que le correspondía. Y si yo le digo que el personaje principal de todo fue una flor venenosa, ¿qué pensaría usted? Conteste.

DIRECTOR. Señores, no es ése el problema.

HOMBRE 1.º *(Interrumpiendo.)* No hay otro. Tendremos necesidad de enterrar el teatro por la cobardía de todos, y tendré que darme un tiro.

HOMBRE 2.º ¡Gonzalo!

HOMBRE 1.º *(Lentamente.)* Tendré que darme un tiro para inaugurar el verdadero teatro, el teatro bajo la arena.

DIRECTOR. Gonzalo...

HOMBRE 1.º ¿Cómo?... *(Pausa.)*

DIRECTOR. *(Reaccionando.)* Pero no puedo. Se hundiría todo. Sería dejar ciegos a mis hijos y luego, ¿qué hago con el público? ¿Qué hago con el público si quito las barandas al puente? Vendría la máscara a devorarme. Yo vi una vez a un hombre devorado por la máscara. Los jóvenes más fuertes de la ciudad, con picas ensangrentadas, le hundían por el trasero grandes bolas de periódicos abandonados, y en América hubo una vez un muchacho a quien la máscara ahorcó colgado de sus propios intestinos.

HOMBRE 1.° ¡Magnífico!

HOMBRE 2.° ¿Por qué no lo dice usted en el teatro?

HOMBRE 3.° ¿Eso es el principio de un argumento?

DIRECTOR. En todo caso un final.

HOMBRE 3.° Un final ocasionado por el miedo.

DIRECTOR. Está claro, señor. No me supondrá usted capaz de sacar la máscara a escena.

HOMBRE 1.° ¿Por qué no?

DIRECTOR. ¿Y la moral? ¿Y el estómago de los espectadores?

HOMBRE 1.° Hay personas que vomitan cuando se vuelve un pulpo del revés y otras que se ponen pálidas si oyen pronunciar con la debida intención la palabra cáncer; pero usted sabe que contra esto existe la hojalata, y el yeso, y la adorable mica, y en último caso el cartón, que están al alcance de todas las fortunas como medios expresivos. *(Se levanta.)* Pero usted lo que quiere es engañarnos. Engañarnos para que todo siga igual y nos sea imposible ayudar a los muertos. Usted tiene la culpa de que las moscas hayan caído en cuatro mil naranjadas que yo tenía dispuestas. Y otra vez tengo que empezar a romper las raíces.

DIRECTOR. *(Levantándose.)* Yo no discuto, señor. ¿Pero qué es lo que quiere de mí? ¿Trae usted una obra nueva?

HOMBRE 1.° ¿Le parece a usted obra más nueva que nosotros con nuestras barbas... y usted?

DIRECTOR. ¿Y yo...?

HOMBRE 1.° Sí... usted.

HOMBRE 2.° ¡Gonzalo!

HOMBRE 1.° *(Mirando al Director.)* Lo reconozco todavía y me parece estarlo viendo aquella mañana que encerró una liebre, que era un prodigio de velocidad, en una pequeña cartera de libros. Y otra vez, que se puso dos rosas en las orejas el primer día que descubrió el peinado con la raya en medio. Y tú, ¿me reconoces?

DIRECTOR. No es éste el argumento. ¡Por Dios! *(A voces.)* Elena, Elena.

(Corre a la puerta.)

HOMBRE 1.º Pero te he de llevar al escenario, quieras o no quieras. Me has hecho sufrir demasiado. ¡Pronto! ¡El biombo! ¡El biombo! *(El Hombre 3.º saca un biombo y lo coloca en medio de la escena.)*

DIRECTOR. *(Llorando.)* Me ha de ver el público. Se hundirá mi teatro. Yo había hecho los dramas mejores de la temporada, ¡pero ahora!...

(Suenan las trompetas de los Caballos. El Hombre 1.º se dirige al fondo y abre la puerta.)

HOMBRE 1.º Pasar adentro, con nosotros. Tenéis sitio en el drama. Todo el mundo. *(Al Director.)* Y tú, pasa por detrás del biombo.

(Los Hombres 2.º y 3.º empujan al Director. Éste pasa por el biombo y aparece por la otra esquina un Muchacho vestido de raso blanco con una gola blanca al cuello. Debe ser una actriz. Lleva una pequeña guitarrita negra.)

HOMBRE 1.º ¡Enrique! ¡Enrique! *(Se cubre la cara con las manos.)*

HOMBRE 2.º No me hagas pasar a mí por el biombo. Déjame ya tranquilo. ¡Gonzalo!

DIRECTOR. *(Frío y pulsando las cuerdas.)* Gonzalo, te he de escupir mucho. Quiero escupirte y romperte el frac con unas tijeritas. Dame seda y aguja. Quiero bordar. No me gustan los tatuajes, pero te quiero bordar con sedas.

HOMBRE 3.º *(A los Caballos.)* Tomad asiento donde queráis.

HOMBRE 1.º *(Llorando.)* ¡Enrique! ¡Enrique!

DIRECTOR. Te bordaré sobre la carne y me gustará verte dormir en el tejado. ¿Cuánto dinero tienes en el bolsillo? ¡Quémalo! *(El Hombre 1.º enciende un fósforo y quema los billetes.)* Nunca veo bien cómo desaparecen los dibujos en la llama.

¿No tienes más dinero? ¡Qué pobre eres, Gonzalo! ¿Y mi lápiz para los labios? ¿No tienes carmín? Es un fastidio.

HOMBRE 2.° *(Tímido.)* Yo tengo. *(Se saca el lápiz por debajo de la barba y lo ofrece.)*

DIRECTOR. Gracias... pero... ¿pero también tú estás aquí? ¡Al biombo! Tú también al biombo. ¿Y todavía lo soportas, Gonzalo?

(El Director empuja bruscamente al Hombre 2.°, y aparece por el otro extremo del biombo una Mujer vestida con pantalones de pijama negro y una corona de amapolas en la cabeza. Lleva en la mano unos impertinentes cubiertos por un bigote rubio que usará poniéndolo sobre su boca en algunos momentos del drama.)

HOMBRE 2.° *(Secamente.)* Dame el lápiz.

DIRECTOR. ¡Ja, ja, ja! ¡Oh Maximiliana, emperatriz de Baviera! ¡Oh mala mujer!

HOMBRE 2.° *(Poniéndose el bigote sobre los labios.)* Te recomendaría un poco de silencio.

DIRECTOR. ¡Oh mala mujer! ¡Elena! ¡Elena!

HOMBRE 1.° *(Fuerte.)* No llames a Elena.

DIRECTOR. ¿Y por qué no? Me ha querido mucho cuando mi teatro estaba al aire libre. ¡Elena!

(Elena sale de la izquierda. Viste de griega. Lleva las cejas azules, el cabello blanco y los pies de yeso. El vestido, abierto totalmente por delante, deja ver sus muslos cubiertos con apretada malla rosada. El Hombre 2.° se lleva el bigote a los labios.)

ELENA. ¿Otra vez igual?

DIRECTOR. Otra vez.

HOMBRE 3.° ¿Por qué has salido, Elena? ¿Por qué has salido si no me vas a querer?

ELENA. ¿Quién te lo dijo? Pero ¿por qué me quieres tanto?

Yo te besaría los pies si tú me castigaras y te fueras con las otras mujeres. Pero tú me adoras demasiado a mí sola. Será necesario terminar de una vez.

DIRECTOR. *(Al Hombre 3.º)* ¿Y yo? ¿No te acuerdas de mí? ¿No te acuerdas de mis uñas arrancadas? ¿Cómo habría conocido a las otras y a ti no? ¿Por qué te he llamado, Elena? ¿Por qué te he llamado, suplicio mío?

ELENA. *(Al Hombre 3.º)* ¡Vete con él! Y confiésame ya la verdad que me ocultas. No me importa que estuvieras borracho y que te quieras justificar, pero tú lo has besado y has dormido en la misma cama.

HOMBRE 3.º ¡Elena! *(Pasa rápidamente por detrás del biombo y aparece sin barba con la cara palidísima y un látigo en la mano. Lleva muñequeras de cuero con clavos dorados.)*

HOMBRE 3.º *(Azotando al Director.)* Tú siempre hablas, tú siempre mientes y he de acabar contigo sin la menor misericordia.

LOS CABALLOS. ¡Misericordia! ¡Misericordia!

ELENA. Podías seguir golpeando un siglo entero y no creería en ti. *(El Hombre 3.º se dirige a Elena y le aprieta las muñecas.)* Podrías seguir un siglo entero atenazando mis dedos y no lograrías hacerme escapar un solo gemido.

HOMBRE 3.º ¡Veremos quién puede más!

ELENA. Yo y siempre yo.

(Aparece el Criado.)

ELENA. ¡Llévame pronto de aquí! ¡Contigo! ¡Llévame! *(El Criado pasa por detrás del biombo y sale de la misma manera.)* ¡Llévame! ¡Muy lejos! *(El Criado la toma en brazos.)*

DIRECTOR. Podemos empezar.

HOMBRE 1.º Cuando quieras.

LOS CABALLOS. ¡Misericordia! ¡Misericordia!

(Los Caballos suenan sus largas trompetas. Los personajes están rígidos en sus puestos.)

Telón lento

Cuadro segundo

Ruina romana.

Una Figura, cubierta totalmente de Pámpanos rojos, toca una flauta sentada sobre un capitel. Otra Figura, cubierta de Cascabeles dorados, danza en el centro de la escena.

FIGURA DE CASCABELES. ¿Si yo me convirtiera en nube?
FIGURA DE PÁMPANOS. Yo me convertiría en ojo.
FIGURA DE CASCABELES. ¿Si yo me convirtiera en caca?
FIGURA DE PÁMPANOS. Yo me convertiría en mosca.
FIGURA DE CASCABELES. ¿Si yo me convirtiera en manzana?
FIGURA DE PÁMPANOS. Yo me convertiría en beso.
FIGURA DE CASCABELES. ¿Si yo me convirtiera en pecho?
FIGURA DE PÁMPANOS. Yo me convertiría en sábana blanca.
VOZ. *(Sarcástica.)* ¡Bravo!
FIGURA DE CASCABELES. ¿Y si yo me convirtiera en pez luna?
FIGURA DE PÁMPANOS. Yo me convertiría en cuchillo.
FIGURA DE CASCABELES. *(Dejando de danzar.)* Pero ¿por qué?, ¿por qué me atormentas? ¿Cómo no vienes conmigo, si me amas, hasta donde yo te lleve? Si yo me convirtiera en pez luna, tú te convertirías en ola de mar, o en alga, y si quieres algo muy lejano, porque no desees besarme, tú te convertirías en luna llena, ¡pero en cuchillo! Te gozas en interrumpir mi danza. Y danzando es la única manera que tengo de amarte.
FIGURA DE PÁMPANOS. Cuando rondas el lecho y los objetos de la casa te sigo, pero no te sigo a los sitios adonde tú, lleno de sagacidad, pretendes llevarme. Si tú te convirtieras en pez luna, yo te abriría con un cuchillo, porque soy un hombre, porque no soy nada más que eso, un hombre, más hombre que Adán, y quiero que tú seas

aún más hombre que yo. Tan hombre que no haya ruido en las ramas cuando tú pases. Pero tú no eres un hombre. Si yo no tuviera esta flauta, te escaparías a la luna, a la luna cubierta de pañolitos de encaje y gotas de sangre de mujer.

FIGURA DE CASCABELES. *(Tímidamente.)* ¿Y si yo me convirtiera en hormiga?

FIGURA DE PÁMPANOS. *(Enérgico.)* Yo me convertiría en tierra.

FIGURA DE CASCABELES. *(Más fuerte.)* ¿Y si yo me convirtiera en tierra?

FIGURA DE PÁMPANOS. *(Más débil.)* Yo me convertiría en agua.

FIGURA DE CASCABELES. *(Vibrante.)* ¿Y si yo me convirtiera en agua?

FIGURA DE PÁMPANOS. *(Desfallecido.)* Yo me convertiría en pez luna.

FIGURA DE CASCABELES. *(Tembloroso.)* ¿Y si yo me convirtiera en pez luna?

FIGURA DE PÁMPANOS. *(Levantándose.)* Yo me convertiría en cuchillo. En un cuchillo afilado durante cuatro largas primaveras.

FIGURA DE CASCABELES. Llévame al baño y ahógame. Será la única manera de que puedas verme desnudo. ¿Te figuras que tengo miedo a la sangre? Sé la manera de dominarte. ¿Crees que no te conozco? De dominarte tanto que si yo dijera: «¿si yo me convirtiera en pez luna?», tú me contestarías: «yo me convertiría en una bolsa de huevas pequeñitas».

FIGURA DE PÁMPANOS. Toma un hacha y córtame las piernas. Deja que vengan los insectos de la ruina y vete. Porque te desprecio. Quisiera que tú calaras hasta lo hondo. Te escupo.

FIGURA DE CASCABELES. ¿Lo quieres? Adiós. Estoy tranquilo. Si voy bajando por la ruina iré encontrando amor y cada vez más amor.

FIGURA DE PÁMPANOS. *(Angustiado.)* ¿Dónde vas? ¿Dónde vas?

FIGURA DE CASCABELES. ¿No deseas que me vaya?

FIGURA DE PÁMPANOS. *(Con voz débil.)* No, no te vayas. ¿Y si yo me convirtiera en un granito de arena?

FIGURA DE CASCABELES. Yo me convertiría en un látigo.

FIGURA DE PÁMPANOS. ¿Y si yo me convirtiera en una bolsa de huevas pequeñitas?

FIGURA DE CASCABELES. Yo me convertiría en otro látigo. Un látigo hecho con cuerdas de guitarra.

FIGURA DE PÁMPANOS. ¡No me azotes!

FIGURA DE CASCABELES. Un látigo hecho con maromas de barco.

FIGURA DE PÁMPANOS. ¡No me golpees el vientre!

FIGURA DE CASCABELES. Un látigo hecho con los estambres de una orquídea.

FIGURA DE PÁMPANOS. ¡Acabarás por dejarme ciego!

FIGURA DE CASCABELES. Ciego, porque no eres hombre. Yo sí soy un hombre. Un hombre, tan hombre, que me desmayo cuando se despiertan los cazadores. Un hombre, tan hombre, que siento un dolor agudo en los dientes cuando alguien quiebra un tallo, por diminuto que sea. Un gigante. Un gigante, tan gigante, que puedo bordar una rosa en la uña de un niño recién nacido.

FIGURA DE PÁMPANOS. Estoy esperando la noche, angustiado por el blancor de la ruina, para poder arrastrarme a tus pies.

FIGURA DE CASCABELES. No. No. ¿Por qué me dices eso? Eres tú quien me debes obligar a mí para que lo haga. ¿No eres tú un hombre? ¿Un hombre más hombre que Adán?

FIGURA DE PÁMPANOS. *(Cayendo al suelo.)* ¡Ay! ¡Ay!

FIGURA DE CASCABELES. *(Acercándose en voz baja.)* ¿Y si yo me convirtiera en capitel?

FIGURA DE PÁMPANOS. ¡Ay de mí!

FIGURA DE CASCABELES. Tú te convertirías en sombra de capitel y nada más. Y luego vendría Elena a mi cama. Elena, ¡corazón mío! Mientras tú, debajo de los cojines, estarías tendido lleno de sudor, un sudor que no sería tuyo, que sería de los cocheros, de los fogoneros y de los médicos que operan el cáncer. Y entonces yo me convertiría en pez luna y tú no serías ya nada más que una pequeña polvera que pasa de mano en mano.

FIGURA DE PÁMPANOS. ¡Ay!

FIGURA DE CASCABELES. ¿Otra vez? ¿Otra vez estás llorando? Tendré necesidad de desmayarme para que vengan los campesinos. Tendré necesidad de llamar a los negros, a los enormes negros heridos por las navajas de las yucas que luchan día y noche con el fango de los ríos. Levántate del suelo, cobarde. Ayer estuve en casa del fundidor y encargué una cadena. ¡No te alejes de mí! Una cadena. Y estuve toda la noche llorando porque me dolían las muñecas y los tobillos y, sin embargo, no la tenía puesta. *(La Figura de Pámpanos toca un silbato de plata.)* ¿Qué haces? *(Suena el silbato otra vez.)* Ya sé lo que deseas, pero tengo tiempo de huir.

FIGURA DE PÁMPANOS. *(Levantándose.)* Huye si quieres.

FIGURA DE CASCABELES. Me defenderé con las hierbas.

FIGURA DE PÁMPANOS. Prueba a defenderte. *(Suena el silbato. Del techo cae un Niño vestido con una malla roja.)*

NIÑO. ¡El Emperador! ¡El Emperador! ¡El Emperador!

FIGURA DE PÁMPANOS. El Emperador.

FIGURA DE CASCABELES. Yo haré tu papel. No te descubras. Me costaría la vida.

NIÑO. ¡El Emperador! ¡El Emperador! ¡El Emperador!

FIGURA DE CASCABELES. Todo entre nosotros era un juego. Jugábamos. Y ahora yo serviré al Emperador fingiendo la voz tuya. Tú puedes tenderte detrás de aquel gran capitel. No te lo había dicho nunca. Allí hay una vaca que guisa la comida para los soldados.

FIGURA DE PÁMPANOS. ¡El Emperador! Ya no hay remedio. Tú has roto el hilo de la araña y ya siento que mis grandes pies se van volviendo pequeñitos y repugnantes.

FIGURA DE CASCABELES. ¿Quieres un poco de té? ¿Dónde podría encontrar una bebida caliente en esta ruina?

NIÑO. *(En el suelo.)* ¡El Emperador! ¡El Emperador! ¡El Emperador!

(Suena una trompa y aparece el Emperador de los romanos. Con él viene un Centurión de túnica amarilla y carne gris. Detrás vienen los

cuatro Caballos con sus trompetas. El Niño se dirige al Emperador. Éste lo toma en sus brazos y se pierden en los capiteles.)

CENTURIÓN. El Emperador busca a uno.
FIGURA DE PÁMPANOS. Uno soy yo.
FIGURA DE CASCABELES. Uno soy yo.
CENTURIÓN. ¿Cuál de los dos?
FIGURA DE PÁMPANOS. Yo.
FIGURA DE CASCABELES. Yo.
CENTURIÓN. El Emperador adivinará cuál de los dos es uno. Con un cuchillo o con un salivazo. ¡Malditos seáis todos los de vuestra casta! Por vuestra culpa estoy yo corriendo caminos y durmiendo sobre la arena. Mi mujer es hermosa como una montaña. Pare por cuatro o cinco sitios a la vez y ronca al mediodía debajo de los árboles. Yo tengo doscientos hijos. Y tendré todavía muchos más. ¡Maldita sea vuestra casta!

(El Centurión escupe y canta. Un grito largo y sostenido se oye detrás de las columnas. Aparece el Emperador limpiándose la frente. Se quita unos guantes negros; después unos guantes rojos y aparecen sus manos de una blancura clásica.)

EMPERADOR. *(Displicente.)* ¿Cuál de los dos es uno?
FIGURA DE CASCABELES. Yo soy, señor.
EMPERADOR. Uno es uno y siempre uno. He degollado más de cuarenta muchachos que no lo quisieron decir.
CENTURIÓN. *(Escupiendo.)* Uno es uno y nada más que uno.
EMPERADOR. Y no hay dos.
CENTURIÓN. Porque si hubiera dos no estaría el Emperador buscando por los caminos.
EMPERADOR. *(Al Centurión.)* ¡Desnúdalos!
FIGURA DE CASCABELES. Yo soy uno, señor. Ése es el mendigo de las ruinas. Se alimenta con raíces.

EMPERADOR. Aparta.

FIGURA DE PÁMPANOS. Tú me conoces. Tú sabes quién soy. *(Se despoja de los pámpanos y aparece un desnudo blanco de yeso.)*

EMPERADOR. *(Abrazándolo.)* Uno es uno.

FIGURA DE PÁMPANOS. Y siempre uno. Si me besas yo abriré mi boca para clavarme después tu espada en el cuello.

EMPERADOR. Así lo haré.

FIGURA DE PÁMPANOS. Y deja mi cabeza de amor en la ruina. La cabeza de uno que fue siempre uno.

EMPERADOR. *(Suspirando.)* Uno.

CENTURIÓN. *(Al Emperador.)* Difícil es, pero ahí lo tienes.

FIGURA DE PÁMPANOS. Lo tiene porque nunca lo podrá tener.

FIGURA DE CASCABELES. ¡Traición! ¡Traición!

CENTURIÓN. ¡Cállate, rata vieja! ¡Hijo de la escoba!

FIGURA DE CASCABELES. ¡Gonzalo! ¡Ayúdame, Gonzalo!

(La Figura de Cascabeles tira de una columna y ésta se desdobla en el biombo blanco de la primera escena. Por detrás salen los tres Hombres barbados y el Director de escena.)

HOMBRE 1.° ¡Traición!

FIGURA DE CASCABELES. ¡Nos ha traicionado!

DIRECTOR. ¡Traición!

(El Emperador está abrazado a la Figura de Pámpanos.)

Telón

Cuadro tercero

Muro de arena. A la izquierda, y pintada sobre el muro, una luna transparente casi de gelatina. En el centro, una inmensa hoja verde lanceolada.

HOMBRE 1.° *(Entrando.)* No es esto lo que hace falta. Después de lo que ha pasado, sería injusto que yo volviese otra vez para hablar con los niños y observar la alegría del cielo.

HOMBRE 2.° Mal sitio es éste.

DIRECTOR. ¿Habéis presenciado la lucha?

HOMBRE 3.° *(Entrando.)* Debieron morir los dos. No he presenciado nunca un festín más sangriento.

HOMBRE 1.° Dos leones. Dos semidioses.

HOMBRE 2.° Dos semidioses si no tuvieran ano.

HOMBRE 1.° Pero el ano es el castigo del hombre. El ano es el fracaso del hombre, es su vergüenza y su muerte. Los dos tenían ano y ninguno de los dos podía luchar con la belleza pura de los mármoles que brillaban conservando deseos íntimos defendidos por una superficie intachable.

HOMBRE 3.° Cuando sale la luna, los niños del campo se reúnen para defecar.

HOMBRE 1.° Y detrás de los juncos, a la orilla fresca de los remansos, hemos encontrado la huella del hombre que hace horrible la libertad de los desnudos.

HOMBRE 3.° Debieron morir los dos.

HOMBRE 1.° *(Enérgico.)* Debieron vencer.

HOMBRE 3.° ¿Cómo?

HOMBRE 1.° Siendo hombres los dos y no dejándose arrastrar por los falsos deseos. Siendo íntegramente hombres. ¿Es que un hombre puede dejar de serlo nunca?

HOMBRE 2.° ¡Gonzalo!

HOMBRE 1.° Han sido vencidos y ahora todo será para burla y escarnio de la gente.

HOMBRE 3.º Ninguno de los dos era un hombre. Como no lo sois vosotros tampoco. Estoy asqueado de vuestra compañía.

HOMBRE 1.º Ahí detrás, en la última parte del festín, está el Emperador. ¿Por qué no sales y lo estrangulas? Reconozco tu valor tanto como justifico tu belleza. ¿Cómo no te precipitas y con tus mismos dientes le devoras el cuello?

DIRECTOR. ¿Por qué no lo haces tú?

HOMBRE 1.º Porque no puedo, porque no quiero, porque soy débil.

DIRECTOR. Pero él puede, él quiere, él es fuerte. *(En alta voz.)* ¡El Emperador está en la ruina!

HOMBRE 3.º Que vaya el que quiera respirar su aliento.

HOMBRE 1.º ¡Tú!

HOMBRE 3.º Sólo podría convenceros si tuviera mi látigo.

HOMBRE 1.º Sabes que no te resisto, pero te desprecio por cobarde.

HOMBRE 2.º ¡Por cobarde!

DIRECTOR. *(Fuerte y mirando al Hombre 3.º)* ¡El Emperador que bebe nuestra sangre está en la ruina!

(El Hombre 3.º se tapa la cara con las manos.)

HOMBRE 1.º *(Al Director.)* Ése es, ¿lo conoces ya? Ése es el valiente que en el café y en el libro nos va arrollando las venas en largas espinas de pez. Ése es el hombre que ama al Emperador en soledad y lo busca en las tabernas de los puertos. Enrique, mira bien sus ojos. Mira qué pequeños racimos de uvas bajan por sus hombros. A mí no me engaña. Pero ahora yo voy a matar al Emperador. Sin cuchillo, con estas manos quebradizas que me envidian todas las mujeres.

DIRECTOR. ¡No, que irá él! Espera un poco. *(El Hombre se sienta en una silla y llora.)*

HOMBRE 3.º ¡No podría estrenar mi pijama de nubes! ¡Ay! Vosotros no sabéis que yo he descubierto una bebida maravillosa que solamente conocen algunos negros de Honduras.

DIRECTOR. Es en un pantano podrido donde debemos estar y no aquí. Bajo el légamo donde se consumen las ranas muertas.

HOMBRE 2.° *(Abrazando al Hombre 1.°)* Gonzalo, ¿por qué lo amas tanto?

HOMBRE 1.° *(Al Director.)* ¡Te traeré la cabeza del Emperador!

DIRECTOR. Será el mejor regalo para Elena.

HOMBRE 2.° Quédate, Gonzalo, y permite que te lave los pies.

HOMBRE 1.° La cabeza del Emperador quema los cuerpos de todas las mujeres.

DIRECTOR. *(Al Hombre 1.°)* Pero tú no sabes que Elena puede pulir sus manos dentro del fósforo y la cal viva. ¡Vete con el cuchillo! ¡Elena, Elena, corazón mío!

HOMBRE 3.° ¡Corazón mío de siempre! Nadie nombre aquí a Elena.

DIRECTOR. *(Temblando.)* Nadie la nombre. Es mucho mejor que nos serenemos. Olvidando el teatro será posible. Nadie la nombre.

HOMBRE 1.° Elena.

DIRECTOR. *(Al Hombre 1.°)* ¡Calla! Luego, yo estaré esperando detrás de los muros del gran almacén. Calla.

HOMBRE 1.° Prefiero acabar de una vez. ¡Elena! *(Inicia el mutis.)*

DIRECTOR. Oye, ¿y si yo me convirtiera en un pequeño enano de jazmines?

HOMBRE 2.° *(Al Hombre 1.°)* ¡Vamos! ¡No te dejes engañar! Yo te acompaño a la ruina.

DIRECTOR. *(Abrazando al Hombre 1.°)* Me convertiría en una píldora de anís, una píldora donde estarían exprimidos los juncos de todos los ríos, y tú serías una gran montaña china cubierta de vivas arpas diminutas.

HOMBRE 1.° *(Entornando los ojos.)* No, no. Yo entonces no sería una montaña china. Yo sería un odre de vino antiguo que llena de sanguijuelas la garganta. *(Luchan.)*

HOMBRE 3.° Tendremos necesidad de separarlos.

HOMBRE 2.° Para que no se devoren.

HOMBRE 3.° Aunque yo encontraría mi libertad.

(El Director y el Hombre 1.° luchan sordamente.)

HOMBRE 2.° Pero yo encontraría mi muerte.

HOMBRE 3.° Si yo tengo un esclavo...
HOMBRE 2.° Es porque yo soy un esclavo.
HOMBRE 3.° Pero, esclavos los dos, de modo distinto podemos romper las cadenas.
HOMBRE 1.° ¡Llamaré a Elena!
DIRECTOR. ¡Llamaré a Elena!
HOMBRE 1.° ¡No, por favor!
DIRECTOR. No, no la llames. Yo me convertiré en lo que tú desees.

(Desaparecen luchando por la derecha.)

HOMBRE 3.° Podemos empujarlos y caerán al pozo. Así tú y yo quedaremos libres.
HOMBRE 2.° Tú, libre. Yo, más esclavo todavía.
HOMBRE 3.° No importa. Yo les empujo. Estoy deseando vivir en mi tierra verde, ser pastor, beber el agua de la roca.
HOMBRE 2.° Te olvidas de que soy fuerte cuando quiero. Era yo un niño y uncía los bueyes de mi padre. Aunque mis huesos estén cubiertos de pequeñísimas orquídeas, tengo una capa de músculos que utilizo cuando quiero.
HOMBRE 3.° *(Suave.)* Es mucho mejor para ellos y para nosotros. ¡Vamos! El pozo es profundo.
HOMBRE 2.° ¡No te dejaré!

(Luchan. El Hombre 2.° empuja al Hombre 3.° y desaparecen por el lado opuesto. El muro se abre y aparece el sepulcro de Julieta en Verona. Decoración realista. Rosales y yedras. Luna. Julieta está tendida en el sepulcro. Viste un traje blanco de ópera. Lleva al aire sus dos senos de celuloide rosado.)

JULIETA. *(Saltando del sepulcro.)* Por favor. No he tropezado con una amiga en todo el tiempo, a pesar de haber cruzado más de tres mil arcos vacíos. Un poco de ayuda, por favor. Un poco de ayuda y un mar de sueño. *(Canta.)*

Un mar de sueño.
Un mar de tierra blanca
y los arcos vacíos por el cielo.
Mi cola por las naves, por las algas.
Mi cola por el tiempo.
Un mar de tiempo.
Playa de los gusanos leñadores
y delfín de cristal por los cerezos.
¡Oh puro amianto de final! ¡Oh ruina!
¡Oh soledad sin arco! ¡Mar de sueño!

(Un tumulto de espadas y voces surge al fondo de la escena.)

JULIETA. Cada vez más gente. Acabarán por invadir mi sepulcro y ocupar mi propia cama. A mí no me importan las discusiones sobre el amor ni el teatro. Yo lo que quiero es amar.

CABALLO BLANCO 1.º *(Apareciendo. Trae una espada en la mano.)* ¡Amar!

JULIETA. Sí. Con amor que dura sólo un momento.

CABALLO BLANCO 1.º Te he esperado en el jardín.

JULIETA. Dirás en el sepulcro.

CABALLO BLANCO 1.º Sigues tan loca como siempre. Julieta, ¿cuándo podrás darte cuenta de la perfección de un día? Un día con mañana y con tarde.

JULIETA. Y con noche.

CABALLO BLANCO 1.º La noche no es el día. Y en un día lograrás quitarte la angustia y ahuyentar las impasibles paredes de mármol.

JULIETA. ¿Cómo?

CABALLO BLANCO 1.º Monta en mi grupa.

JULIETA. ¿Para qué?

CABALLO BLANCO 1.º *(Acercándose.)* Para llevarte.

JULIETA. ¿Dónde?

CABALLO BLANCO 1.º A lo oscuro. En lo oscuro hay ramas suaves. El cementerio de las alas tiene mil superficies de espesor.

JULIETA. *(Temblando.)* ¿Y qué me darás allí?

CABALLO BLANCO 1.º Te daré lo más callado de lo oscuro.

JULIETA. ¿El día?

CABALLO BLANCO 1.º El musgo sin luz. El tacto que devora pequeños mundos con las yemas de los dedos.

JULIETA. ¿Eras tú el que ibas a enseñarme la perfección de un día?

CABALLO BLANCO 1.º Para pasarte a la noche.

JULIETA. *(Furiosa.)* ¿Y qué tengo yo, caballo idiota, que ver con la noche? ¿Qué tengo yo que aprender de sus estrellas o de sus borrachos? Será preciso que use veneno de rata para librarme de gente molesta. Pero yo no quiero matar a las ratas. Ellas traen para mí pequeños pianos y escobillas de laca.

CABALLO BLANCO 1.º Julieta, la noche no es un momento, pero un momento puede durar toda la noche.

JULIETA. *(Llorando.)* Basta. No quiero oírte más. ¿Para qué quieres llevarme? Es el engaño la palabra del amor, el espejo roto, el paso en el agua. Después me dejarías en el sepulcro otra vez, como todos hacen tratando de convencer a los que escuchan de que el verdadero amor es imposible. Ya estoy cansada. Y me levanto a pedir auxilio para arrojar de mi sepulcro a los que teorizan sobre mi corazón y a los que me abren la boca con pequeñas pinzas de mármol.

CABALLO BLANCO 1.º El día es un fantasma que se sienta.

JULIETA. Pero yo he conocido mujeres muertas por el sol.

CABALLO BLANCO 1.º Comprende bien: un solo día para amar todas las noches.

JULIETA. ¡Lo de todos! ¡Lo de todos! Lo de los hombres, lo de los árboles, lo de los caballos. Todo lo que quieres enseñarme lo conozco perfectamente. La luna empuja de modo suave las casas deshabitadas, provoca la caída de las columnas y ofrece a los gusanos diminutas antorchas para entrar en el interior de las cerezas. La luna lleva a las alcobas las caretas de la meningitis, llena de agua fría los vientres de las embarazadas, y apenas me descuido arroja puñados de hierba sobre mis hombros. No me mires, caballo, con ese deseo que tan bien conozco. Cuando era muy pequeña, yo veía en Verona a las hermosas vacas pacer en los prados. Luego las veía pintadas en mis libros, pero las recordaba siempre al pasar por las carnicerías.

CABALLO BLANCO 1.° Amor que sólo dura un momento.

JULIETA. Sí, un minuto; y Julieta, viva, alegrísima, libre del punzante enjambre de lupas. Julieta en el comienzo, Julieta a la orilla de la ciudad.

(El tumulto de voces y espadas vuelve a surgir en el fondo de la escena.)

CABALLO BLANCO 1.°

Amor. Amar. Amor.
Amor del caracol, col, col, col,
que saca los cuernos al sol.
Amar. Amor. Amar
del caballo que lame
la bola de sal.

(Baila.)

JULIETA. Ayer eran cuarenta y estaba dormida. Venían las arañas, venían las niñas y la joven violada por el perro tapándose con los geráneos, pero yo continuaba tranquila. Cuando las ninfas hablan del queso, éste puede ser de leche de sirena o de trébol, pero ahora son cuatro, son cuatro muchachos los que me han querido poner un falito de barro y estaban decididos a pintarme un bigote de tinta.

CABALLO BLANCO 1.°

Amor. Amar. Amor.
Amor de Ginido con el cabrón,
y de la mula con el caracol, col, col, col,
que saca los cuernos al sol.
Amar. Amor. Amar
de Júpiter en el establo con el pavo real
y el caballo que relincha dentro de la catedral.

JULIETA. Cuatro muchachos, caballo. Hacía mucho tiempo que sentía el ruido del juego, pero no he despertado hasta que brillaban los cuchillos.

(Aparece el Caballo Negro. Lleva un penacho de plumas del mismo color y una rueda en la mano.)

CABALLO NEGRO. ¿Cuatro muchachos? Todo el mundo. Una tierra de asfódelos y otra tierra de semillas. Los muertos siguen discutiendo y los vivos utilizan el bisturí. Todo el mundo.

CABALLO BLANCO 1.º A las orillas del Mar Muerto nacen unas bellas manzanas de ceniza, pero la ceniza es buena.

CABALLO NEGRO. ¡Oh frescura! ¡Oh pulpa! ¡Oh rocío! Yo como ceniza.

JULIETA. No, no es buena la ceniza. ¿Quién habla de ceniza?

CABALLO BLANCO 1.º No hablo de ceniza. Hablo de la ceniza que tiene forma de manzana.

CABALLO NEGRO. Forma, ¡forma! Ansia de la sangre.

JULIETA. Tumulto.

CABALLO NEGRO. Ansia de la sangre y hastío de la rueda.

(Aparecen los tres Caballos Blancos; traen largos bastones de laca negra.)

LOS TRES CABALLOS BLANCOS. Forma y ceniza. Ceniza y forma. Espejo. Y el que pueda acabar que ponga un pan de oro.

JULIETA. *(Retorciéndose las manos.)* Forma y ceniza.

CABALLO NEGRO. Sí. Ya sabéis lo bien que degüello las palomas. Cuando se dice roca yo entiendo aire. Cuando se dice aire yo entiendo vacío. Cuando se dice vacío yo entiendo paloma degollada.

CABALLO BLANCO 1.º

Amor. Amor. Amor
de la luna con el cascarón,
de la yema con la luna
y la nube con el cascarón.

LOS TRES CABALLOS BLANCOS. *(Golpeando el suelo con sus bastones.)*

Amor. Amor. Amor
de la boñiga con el sol,
del sol con la vaca muerta
y el escarabajo con el sol.

CABALLO NEGRO. Por mucho que mováis los bastones las cosas no sucederán sino como tienen que suceder. ¡Malditos! ¡Escandalosos! He de recorrer el bosque en busca de resina varias veces a la semana, por culpa vuestra, para tapar y restaurar el silencio que me pertenece. *(Persuasivo.)* Vete, Julieta. Te he puesto sábanas de hilo. Ahora empezará a caer una lluvia fina coronada de yedras que mojará los cielos y las paredes.

LOS TRES CABALLOS BLANCOS. Tenemos tres bastones negros.

CABALLO BLANCO 1.º Y una espada.

LOS TRES CABALLOS BLANCOS. *(A Julieta.)* Hemos de pasar por tu vientre para encontrar la resurrección de los caballos.

CABALLO NEGRO. Julieta, son las tres de la madrugada; si te descuidas, las gentes cerrarán la puerta y no podrás pasar.

LOS TRES CABALLOS BLANCOS. Le queda el prado y el horizonte de montañas.

CABALLO NEGRO. Julieta, no hagas ningún caso. En el prado está el campesino que se come los mocos, el enorme pie que machaca al ratoncito, y el ejército de lombrices que moja de babas la hierba viciosa.

CABALLO BLANCO 1.º Le quedan sus pechitos duros y, además, ya se ha inventado la cama para dormir con los caballos.

LOS TRES CABALLOS BLANCOS. *(Agitando los bastones.)* Y queremos acostarnos.

CABALLO BLANCO 1.º Con Julieta. Yo estaba en el sepulcro la última noche y sé todo lo que pasó.

LOS TRES CABALLOS BLANCOS. *(Furiosos.)* ¡Queremos acostarnos!

CABALLO BLANCO 1.º Porque somos caballos verdaderos, caballos de coche que hemos roto con las vergas la madera de los pesebres y las ventanas del establo.

LOS TRES CABALLOS BLANCOS. Desnúdate, Julieta, y deja al aire tu grupa para el azote de nuestras colas. ¡Queremos resucitar! *(Julieta se refugia con el Caballo Negro.)*

CABALLO NEGRO. ¡Loca, más que loca!

JULIETA. *(Rehaciéndose.)* No os tengo miedo. ¿Queréis acostaros conmigo? ¿Verdad? Pues ahora soy yo la que quiere acostarse con vosotros, pero yo mando, yo dirijo, yo os monto, yo os corto las crines con mis tijeras.

CABALLO NEGRO. ¿Quién pasa a través de quién? ¡Oh amor, amor, que necesitas pasar tu luz por los calores oscuros! ¡Oh mar apoyado en la penumbra y flor en el culo del muerto!

JULIETA. *(Enérgica.)* No soy yo una esclava para que me hinquen punzones de ámbar en los senos ni un oráculo para los que tiemblan de amor a la salida de las ciudades. Todo mi sueño ha sido con el olor de la higuera y la cintura del que corta las espigas. ¡Nadie a través de mí! ¡Yo a través de vosotros!

CABALLO NEGRO. Duerme, duerme, duerme.

LOS TRES CABALLOS BLANCOS. *(Empuñan los bastones y por las conteras de éstos saltan tres chorros de agua.)* Te orinamos, te orinamos. Te orinamos como orinamos a las yeguas, como la cabra orina el hocico del macho y el cielo orina a las magnolias para ponerlas de cuero.

CABALLO NEGRO. *(A Julieta.)* A tu sitio. Que nadie pase a través de ti.

JULIETA. ¿Me he de callar entonces? Un niño recién nacido es hermoso.

LOS TRES CABALLOS BLANCOS. Es hermoso. Y arrastraría la cola por todo el cielo.

(Aparece por la derecha el Hombre 1.º con el Director de escena. El Director de escena viene, como en el primer acto, transformado en un Arlequín blanco.)

HOMBRE 1.º ¡Basta, señores!

DIRECTOR. ¡Teatro al aire libre!

CABALLO BLANCO 1.º No. Ahora hemos inaugurado el verdadero teatro. El teatro bajo la arena.

CABALLO NEGRO. Para que se sepa la verdad de las sepulturas.

LOS TRES CABALLOS BLANCOS. Sepulturas con anuncios, focos de gas y largas filas de butacas.

HOMBRE 1.º ¡Sí! Ya hemos dado el primer paso. Pero yo sé positivamente que tres de vosotros se ocultan, que tres de vosotros nadan todavía en la superficie. *(Los tres Caballos Blancos se agrupan inquietos.)* Acostumbrados al látigo de los cocheros y a las tenazas de los herradores tenéis miedo de la verdad.

CABALLO NEGRO. Cuando se hayan quitado el último traje de sangre, la verdad será una ortiga, un cangrejo devorado, o un trozo de cuero detrás de los cristales.

HOMBRE 1.º Deben desaparecer inmediatamente de este sitio. Ellos tienen miedo del público. Yo sé la verdad, yo sé que ellos no buscan a Julieta, y ocultan un deseo que me hiere y que leo en sus ojos.

CABALLO NEGRO. No un deseo; todos los deseos. Como tú.

HOMBRE 1.º Yo no tengo más que un deseo.

CABALLO BLANCO 1.º Como los caballos, nadie olvida su máscara.

HOMBRE 1.º Yo no tengo máscara.

DIRECTOR. No hay más que máscara. Tenía yo razón, Gonzalo. Si burlamos la máscara, ésta nos colgará de un árbol como al muchacho de América.

JULIETA. *(Llorando.)* ¡Máscara!

CABALLO BLANCO 1.º Forma.

DIRECTOR. En medio de la calle la máscara nos abrocha los botones y evita el rubor imprudente que a veces surge en las mejillas. En la alcoba, cuando nos metemos los dedos en las narices, o nos exploramos delicadamente el trasero, el yeso de la máscara oprime de tal forma nuestra carne que apenas si podemos tendernos en el lecho.

HOMBRE 1.º *(Al Director.)* Mi lucha ha sido con la máscara hasta conseguir verte desnudo. *(Lo abraza.)*

CABALLO BLANCO 1.º *(Burlón.)* Un lago es una superficie.

HOMBRE 1.º *(Irritado.)* ¡O un volumen!

CABALLO BLANCO 1.º *(Riendo.)* Un volumen son mil superficies.

DIRECTOR. *(Al Hombre 1.º)* No me abraces, Gonzalo. Tu amor vive sólo en presencia de testigos. ¿No me has besado lo bastante en la ruina? Desprecio tu elegancia y tu teatro. *(Luchan.)*

HOMBRE 1.º Te amo delante de los otros porque abomino de la máscara y porque ya he conseguido arrancártela.

DIRECTOR. ¿Por qué soy tan débil?

HOMBRE 1.º *(Luchando.)* Te amo.

DIRECTOR. *(Luchando.)* Te escupo.

JULIETA. ¡Están luchando!

CABALLO NEGRO. Se aman.

LOS TRES CABALLOS BLANCOS.

Amor, amor, amor.
Amor del uno con el dos
y amor del tres que se ahoga
por ser uno entre los dos.

HOMBRE 1.º Desnudaré tu esqueleto.

DIRECTOR. Mi esqueleto tiene siete luces.

HOMBRE 1.º Fáciles para mis siete manos.

DIRECTOR. Mi esqueleto tiene siete sombras.

LOS TRES CABALLOS BLANCOS. Déjalo, déjalo.

CABALLO BLANCO 1.º *(Al Hombre 1.º)* Te ordeno que lo dejes.

(Los Caballos separan al Hombre 1.º y al Director.)

DIRECTOR. Esclavo del león, puedo ser amigo del caballo.

CABALLO BLANCO 1.º *(Abrazándolo.)* Amor.

DIRECTOR. Meteré las manos en las grandes bolsas para arrojar al fango las monedas y las sumas llenas de miguitas de pan.

JULIETA. *(Al Caballo Negro.)* ¡Por favor!

CABALLO NEGRO. *(Inquieto.)* Espera.

HOMBRE 1.º No ha llegado la hora todavía de que los caballos se lleven un desnudo que yo he hecho blanco a fuerza de lágrimas.

(Los tres Caballos Blancos detienen al Hombre 1.º)

HOMBRE 1.º ¡Enrique!

DIRECTOR. ¿Enrique? Ahí tienes a Enrique. *(Se quita rápidamente el traje y lo tira detrás de una columna. Debajo lleva un sutilísimo Traje de Bailarina. Por detrás de la columna aparece el Traje de Enrique. Este personaje es el mismo Arlequín Blanco con una careta amarillo pálido.)*

EL TRAJE DE ARLEQUÍN. Tengo frío. Luz eléctrica. Pan. Estaban quemando goma. *(Queda rígido.)*

DIRECTOR. *(Al Hombre 1.º)* ¿No vendrás ahora conmigo? ¡Con la Guillermina de los caballos!

CABALLO BLANCO 1.º Luna y raposa y botella de las tabernillas.

DIRECTOR. Pasaréis vosotros, y los barcos, y los regimientos y, si quieren, las cigüeñas pueden pasar también. ¡Ancha soy!

LOS TRES CABALLOS BLANCOS. ¡Guillermina!

DIRECTOR. No Guillermina. Yo no soy Guillermina. Yo soy la Dominga de los negritos. *(Se arranca las gasas y aparece vestido con un* maillot *todo lleno de pequeños cascabeles. Lo arroja detrás de la columna y desaparece seguido de los Caballos. Entonces aparece el personaje Traje de Bailarina.)*

EL TRAJE DE BAILARINA. Gui-guiller-guillermi-guillermina. Na-nami-namiller-namillergui. Dejadme entrar o dejadme salir. *(Cae al suelo dormida.)*

HOMBRE 1.º ¡Enrique, ten cuidado con las escaleras!

DIRECTOR. *(Fuera.)* ¡Luna y raposa de los marineros borrachos!

JULIETA. *(Al Caballo Negro.)* Dame la medicina para dormir.

CABALLO NEGRO. Arena.

HOMBRE 1.º *(Gritando.)* ¡En pez luna; sólo deseo que tú seas un pez luna! ¡Que te conviertas en un pez luna! *(Sale detrás violentamente.)*

EL TRAJE DE ARLEQUÍN. Enrique. Luz eléctrica. Pan. Estaban quemando goma.

(Aparecen por la izquierda el Hombre 3.º y el Hombre 2.º El Hombre 2.º es la mujer del Pijama Negro y las amapolas del cuadro 1. El Hombre 3.º, sin transformar.)

HOMBRE 2.º Me quiere tanto que si nos ve juntos, sería capaz de asesinarnos. Vamos. Ahora yo te serviré para siempre.

HOMBRE 3.º Tu belleza era hermosa por debajo de las columnas.

JULIETA. *(A la pareja.)* Vamos a cerrar la puerta.

HOMBRE 2.º La puerta del teatro no se cierra nunca.

JULIETA. Llueve mucho, amiga mía.

(Empieza a llover. El Hombre 3.º saca del bolsillo una careta de ardiente expresión y se cubre el rostro.)

HOMBRE 3.º *(Galante.)* ¿Y no pudiera quedarme a dormir en este sitio?

JULIETA. ¿Para qué?

HOMBRE 3.º Para gozarte. *(Habla con ella.)*

HOMBRE 2.º *(Al Caballo Negro.)* ¿Vio salir a un hombre con barba negra, moreno, al que le chillaban un poco los zapatos de charol?

CABALLO NEGRO. No lo vi.

HOMBRE 3.º *(A Julieta.)* ¿Y quién mejor que yo para defenderte?

JULIETA. ¿Y quién más digna de amor que tu amiga?

HOMBRE 3.º ¿Mi amiga? *(Furioso.)* ¡Siempre por vuestra culpa pierdo! Ésta no es mi amiga. Ésta es una máscara, una escoba, un perro débil de sofá.

(Lo desnuda violentamente, le quita el pijama, la peluca y aparece el Hombre 2.º sin barba, con el traje del primer cuadro.)

HOMBRE 2.º ¡Por caridad!

HOMBRE 3.º *(A Julieta.)* Lo traía disfrazado para defenderlo de los bandidos. Bésame la mano, besa la mano de tu protector.

(Aparece el Traje de Pijama con las amapolas. La cara de este personaje es blanca, lisa y comba como un huevo de avestruz. El Hombre 3.º empuja al Hombre 2.º y lo hace desaparecer por la derecha.)

HOMBRE 2.º ¡Por caridad!

(El Traje se sienta en las escaleras y golpea lentamente su cara lisa con las manos, hasta el final.)

HOMBRE 3.º *(Saca del bolsillo una gran capa roja que pone sobre sus hombros enlazando a Julieta.)* «Mira, amor mío..., qué envidiosas franjas de luz ribetean las rasgadas nubes allá en el Oriente...» El viento quiebra las ramas del ciprés...

JULIETA. ¡No es así!

HOMBRE 3.º ... Y visita en la India a todas las mujeres que tienen las manos de agua.

CABALLO NEGRO. *(Agitando la rueda.)* ¡Se va a cerrar!

JULIETA. ¡Llueve mucho!

HOMBRE 3.º Espera, espera. Ahora canta el ruiseñor.

JULIETA. *(Temblando.)* ¡El ruiseñor, Dios mío! ¡El ruiseñor...!

CABALLO NEGRO. ¡Que no te sorprenda! *(La coge rápidamente y la tiende en el sepulcro.)*

JULIETA. *(Durmiéndose.)* ¡El ruiseñor...!

CABALLO NEGRO. *(Saliendo.)* Mañana volveré con la arena.

JULIETA. Mañana.

HOMBRE 3.º *(Junto al sepulcro.)* ¡Amor mío, vuelve! El viento quiebra las hojas de los arces. ¿Qué has hecho? *(La abraza.)*

VOZ FUERA. ¡Enrique!

EL TRAJE DE ARLEQUÍN. Enrique.

EL TRAJE DE BAILARINA. Guillermina. ¡Acabar ya de una vez! *(Llora.)*

HOMBRE 3.º Espera, espera. Ahora canta el ruiseñor. *(Se oye la bocina. El Hombre 3.º deja la careta sobre el rostro de Julieta y cubre el cuerpo de ésta con la capa roja.)* Llueve demasiado. *(Abre un paraguas y sale en silencio sobre las puntas de los pies.)*

HOMBRE 1.º *(Entrando.)* Enrique, ¿cómo has vuelto?

EL TRAJE DE ARLEQUÍN. Enrique, ¿cómo has vuelto?

HOMBRE 1.º ¿Por qué te burlas?

EL TRAJE DE ARLEQUÍN. ¿Por qué te burlas?

HOMBRE 1.º *(Abrazando al Traje.)* Tenías que volver para mí, para mi amor inagotable, después de haber vencido las hierbas y los caballos.

EL TRAJE DE ARLEQUÍN. ¡Los caballos!

HOMBRE 1.º ¡Dime, dime que has vuelto por mí!

EL TRAJE DE ARLEQUÍN. *(Con voz débil.)* Tengo frío. Luz eléctrica. Pan. Estaban quemando goma.

HOMBRE 1.º *(Abrazándolo con violencia.)* ¡Enrique!

EL TRAJE DE ARLEQUÍN. *(Con voz cada vez más débil.)* Enrique.

EL TRAJE DE BAILARINA. *(Con voz tenue.)* Guillermina.

HOMBRE 1.º *(Arrojando el Traje al suelo y subiendo por las escaleras.)* ¡Enriqueee!

EL TRAJE DE ARLEQUÍN. *(En el suelo.)* Enriqueeeee.

(La Figura con el rostro de huevo se lo golpea incesantemente con las manos. Sobre el ruido de la lluvia canta el verdadero ruiseñor.)

Telón

Cuadro cuarto

En el centro de la escena, una cama de frente y perpendicular, como pintada por un primitivo, donde hay un Desnudo Rojo coronado de espinas azules. Al fondo, unos arcos y escaleras que conducen a los palcos de un gran teatro. A la derecha, la portada de una universidad. Al levantarse el telón se oye una salva de aplausos.

DESNUDO. ¿Cuándo acabáis?

ENFERMERO. *(Entrando rápidamente.)* Cuando cese el tumulto.

DESNUDO. ¿Qué piden?

ENFERMERO. Piden la muerte del Director de escena.

DESNUDO. ¿Y qué dicen de mí?

ENFERMERO. Nada.

DESNUDO. Y de Gonzalo, ¿se sabe algo?

ENFERMERO. Lo están buscando en la ruina.

DESNUDO. Yo deseo morir. ¿Cuántos vasos de sangre me habéis sacado?

ENFERMERO. Cincuenta. Ahora te daré la hiel, y luego, a las ocho, vendré con el bisturí para ahondarte la herida del costado.

DESNUDO. Es la que tiene más vitaminas.

ENFERMERO. Sí.

DESNUDO. ¿Dejaron salir a la gente bajo la arena?

ENFERMERO. Al contrario. Los soldados y los ingenieros están cerrando todas las salidas.

DESNUDO. ¿Cuánto falta para Jerusalén?

ENFERMERO. Tres estaciones, si queda bastante carbón.

DESNUDO. Padre mío, aparta de mí este cáliz de amargura.

ENFERMERO. Cállate. Ya es éste el tercer termómetro que rompes.

(Aparecen los Estudiantes. Visten mantos negros y becas rojas.)

ESTUDIANTE 1.º ¿Por qué no limamos los hierros?
ESTUDIANTE 2.º La callejuela está llena de gente armada y es difícil huir por allí.
ESTUDIANTE 3.º ¿Y los caballos?
ESTUDIANTE 1.º Los caballos lograron escapar rompiendo el techo de la escena.
ESTUDIANTE 4.º Cuando estaba encerrado en la torre los vi subir agrupados por la colina. Iban con el Director de escena.
ESTUDIANTE 1.º ¿No tiene foso el teatro?
ESTUDIANTE 2.º Pero hasta los fosos están abarrotados de público. Más vale quedarse. *(Se oye una salva de aplausos. El Enfermero incorpora al Desnudo y le arregla las almohadas.)*
DESNUDO. Tengo sed.
ENFERMERO. Ya se ha enviado al teatro por el agua.
ESTUDIANTE 4.º La primera bomba de la revolución barrió la cabeza del profesor de retórica.
ESTUDIANTE 2.º Con gran alegría para su mujer, que ahora trabajará tanto que tendrá que ponerse dos grifos en las tetas.
ESTUDIANTE 3.º Dicen que por las noches subía un caballo con ella a la terraza.
ESTUDIANTE 1.º Precisamente ella fue la que vio por una claraboya del teatro todo lo que ocurría y dio la voz de alarma.
ESTUDIANTE 4.º Y aunque los poetas pusieron una escalera para asesinarla, ella siguió dando voces y acudió la multitud.
ESTUDIANTE 2.º ¿Se llama?
ESTUDIANTE 3.º Se llama Elena.
ESTUDIANTE 1.º *(Aparte.)* Selene.
ESTUDIANTE 2.º *(Al Estudiante 1.º)* ¿Qué te pasa?
ESTUDIANTE 1.º Tengo miedo de salir al aire.

(Por las escaleras bajan los dos Ladrones. Varias Damas, vestidas de noche, salen precipitadamente de los palcos. Los Estudiantes discuten.)

DAMA 1.ª ¿Estarán todavía los coches a la puerta?
DAMA 2.ª ¡Qué horror!
DAMA 3.ª Han encontrado al Director de escena dentro del sepulcro.
DAMA 1.ª ¿Y Romeo?
DAMA 4.ª Lo estaban desnudando cuando salimos.
MUCHACHO 1.º El público quiere que el poeta sea arrastrado por los caballos.
DAMA 1.ª Pero ¿por qué? Era un drama delicioso y la revolución no tiene derecho a profanar las tumbas.
DAMA 2.ª Las voces estaban vivas y sus apariencias también. ¿Qué necesidad teníamos de lamer los esqueletos?
MUCHACHO 1.º Tiene razón. El acto del sepulcro estaba prodigiosamente desarrollado. Pero yo descubrí la mentira cuando vi los pies de Julieta. Eran pequeñísimos.
DAMA 2.ª ¡Deliciosos! No querrá usted ponerles reparo.
MUCHACHO 1.º Sí, pero eran demasiado pequeños para ser pies de mujer. Eran demasiado perfectos y demasiado femeninos. Eran pies de hombre, pies inventados por un hombre.
DAMA 2.ª ¡Qué horror!

(Del teatro llegan murmullos y ruido de espadas.)

DAMA 3.ª ¿No podremos salir?
MUCHACHO 1.º En este momento llega la revolución a la catedral. Vamos por la escalera. *(Salen.)*
ESTUDIANTE 4.º El tumulto comenzó cuando vieron que Romeo y Julieta se amaban de verdad.
ESTUDIANTE 2.º Precisamente fue por todo lo contrario. El tumulto comenzó cuando observaron que no se amaban, que no podían amarse nunca.
ESTUDIANTE 4.º El público tiene sagacidad para descubrirlo todo y por eso protestó.
ESTUDIANTE 2.º Precisamente por eso. Se amaban los esqueletos y estaban amarillos de llama, pero no se amaban los trajes y el público vio varias veces la cola de Julieta cubierta de pequeños sapitos de asco.

ESTUDIANTE 4.º La gente se olvida de los trajes en las representaciones y la revolución estalló cuando se encontraron a la verdadera Julieta amordazada debajo de las sillas y cubierta de algodones para que no gritase.

ESTUDIANTE 1.º Aquí está la gran equivocación de todos y por eso el teatro agoniza. El público no debe atravesar las sedas y los cartones que el poeta levanta en su dormitorio. Romeo puede ser un ave y Julieta puede ser una piedra. Romeo puede ser un grano de sal y Julieta puede ser un mapa. ¿Qué le importa esto al público?

ESTUDIANTE 4.º Nada. Pero un ave no puede ser un gato, ni una piedra puede ser un golpe de mar.

ESTUDIANTE 2.º Es cuestión de forma, de máscara. Un gato puede ser una rana, y la luna de invierno puede ser muy bien un haz de leña cubierto de gusanos ateridos. El público se ha de dormir en la palabra y no ha de ver a través de la columna las ovejas que balan y las nubes que van por el cielo.

ESTUDIANTE 4.º Por eso ha estallado la revolución. El Director de escena abrió los escotillones, y la gente pudo ver cómo el veneno de las venas falsas había causado la muerte verdadera de muchos niños. No son las formas disfrazadas las que levantan la vida, sino el cabello de barómetro que tienen detrás.

ESTUDIANTE 2.º En último caso, ¿es que Romeo y Julieta tienen que ser necesariamente un hombre y una mujer para que la escena del sepulcro se produzca de manera viva y desgarradora?

ESTUDIANTE 1.º No es necesario, y esto era lo que se propuso demostrar con genio el Director de escena.

ESTUDIANTE 4.º *(Irritado.)* ¿Que no es necesario? Entonces que se paren las máquinas y arrojad los granos de trigo sobre un campo de acero.

ESTUDIANTE 2.º ¿Y qué pasaría? Pasaría que vendrían los hongos y los latidos se harían quizá más intensos y apasionantes. Lo que pasa es que se sabe lo que alimenta un grano de trigo y se ignora lo que alimenta un hongo.

ESTUDIANTE 5.º *(Saliendo de los palcos.)* Ha llegado el juez, y antes de asesinarlos, les van a hacer repetir la escena del sepulcro.

ESTUDIANTE 4.º Vamos. Veréis cómo tengo razón.

ESTUDIANTE 2.º Sí. Vamos a ver la última Julieta verdaderamente femenina que se verá en el teatro. *(Salen rápidamente.)*

DESNUDO. Padre mío, perdónalos, que no saben lo que se hacen.

ENFERMERO. *(A los Ladrones.)* ¿Por qué llegáis a esta hora?

LOS LADRONES. Se ha equivocado el traspunte.

ENFERMERO. ¿Os han puesto las inyecciones?

LOS LADRONES. Sí.

(Se sientan a los pies de la cama con unos cirios encendidos. La escena queda en penumbra. Aparece el Traspunte.)

ENFERMERO. ¿Son éstas horas de avisar?

TRASPUNTE. Le ruego me perdone. Pero se había perdido la barba de José de Arimatea.

ENFERMERO. ¿Está preparado el quirófano?

TRASPUNTE. Sólo faltan los candeleros, el cáliz y las ampollas de aceite alcanforado.

ENFERMERO. Date prisa. *(Se va el Traspunte.)*

DESNUDO. ¿Falta mucho?

ENFERMERO. Poco. Ya han dado la tercera campanada. Cuando el Emperador se disfrace de Poncio Pilato.

MUCHACHO 1.º *(Aparece con las Damas.)* ¡Por favor! No se dejen ustedes dominar por el pánico.

DAMA 1.ª Es horrible perderse en un teatro y no encontrar la salida.

DAMA 2.ª Lo que más miedo me ha dado ha sido el lobo de cartón y las cuatro serpientes en el estanque de hojalata.

DAMA 3.ª Cuando subíamos por el monte de la ruina creímos ver la luz de la aurora, pero tropezamos con los telones y traigo mis zapatos de tisú manchados de petróleo.

DAMA 4.ª *(Asomándose a los arcos.)* Están representando otra vez la escena del sepulcro. Ahora es seguro que el fuego rompera las puertas, porque cuando yo lo vi, hace un momento, ya los guardianes tenían las manos achicharradas y no lo podían contener.

MUCHACHO 1.º Por las ramas de aquel árbol podemos alcanzar uno de los balcones y desde allí pediremos auxilio.

ENFERMERO. *(En alta voz.)* ¿Cuándo va a comenzar el toque de agonía?

(Se oye una campana.)

LOS LADRONES. *(Levantando los cirios.)* Santo. Santo. Santo.

DESNUDO. Padre, en tus manos encomiendo mi espíritu.

ENFERMERO. Te has adelantado dos minutos.

DESNUDO. Es que el ruiseñor ha cantado ya.

ENFERMERO. Es cierto. Y las farmacias están abiertas para la agonía.

DESNUDO. Para la agonía del hombre solo, en las plataformas y en los trenes.

ENFERMERO. *(Mirando el reloj y en voz alta.)* Traed la sábana. Mucho cuidado con que el aire que ha de soplar no se lleve vuestras pelucas. Deprisa.

LOS LADRONES. Santo. Santo. Santo.

DESNUDO. Todo se ha consumado.

(La cama gira sobre un eje y el Desnudo desaparece. Sobre el reverso del lecho aparece tendido el Hombre 1.º, siempre con frac y barba negra.)

HOMBRE 1.º *(Cerrando los ojos.)* ¡Agonía!

(La luz toma un fuerte tinte plateado de pantalla cinematográfica. Los arcos y escaleras del fondo aparecen teñidos de una granulada luz azul. El Enfermero y los Ladrones desaparecen con paso de baile sin dar la espalda. Los Estudiantes salen por debajo de uno de los arcos. Llevan pequeñas linternas eléctricas.)

ESTUDIANTE 4.º La actitud del público ha sido detestable.

ESTUDIANTE 1.º Detestable. Un espectador no debe formar nunca parte del drama. Cuando la gente va al *aquárium* no asesina a las serpientes de mar ni a las ratas de agua, ni a los peces cubiertos de lepra, sino que resbala sobre los cristales sus ojos y aprende.

ESTUDIANTE 4.º Romeo era un hombre de treinta años y Julieta un muchacho de quince. La denuncia del público fue eficaz.

ESTUDIANTE 2.º El Director de escena evitó de manera genial que la masa de espectadores se enterase de esto, pero los caballos y la revolución han destruido sus planes.

ESTUDIANTE 4.º Lo que es inadmisible es que los hayan asesinado.

ESTUDIANTE 1.º Y que hayan asesinado también a la verdadera Julieta que gemía debajo de las butacas.

ESTUDIANTE 4.º Por pura curiosidad, para ver lo que tenían dentro.

ESTUDIANTE 3.º ¿Y qué han sacado en claro? Un racimo de heridas y una desorientación absoluta.

ESTUDIANTE 4.º La repetición del acto ha sido maravillosa porque indudablemente se amaban con un amor incalculable, aunque yo no lo justifique. Cuando cantó el ruiseñor yo no pude contener mis lágrimas.

ESTUDIANTE 3.º Y toda la gente; pero después enarbolaron los cuchillos y los bastones porque la letra era más fuerte que ellos y la doctrina, cuando desata su cabellera, puede atropellar sin miedo las verdades más inocentes.

ESTUDIANTE 5.º *(Alegrísimo.)* Mirad, he conseguido un zapato de Julieta. La estaban amortajando las monjas y lo he robado.

ESTUDIANTE 4.º *(Serio.)* ¿Qué Julieta?

ESTUDIANTE 5.º ¿Qué Julieta iba a ser? La que estaba en el escenario, la que tenía los pies más bellos del mundo.

ESTUDIANTE 4.º *(Con asombro.)* ¿Pero no te has dado cuenta de que la Julieta que estaba en el sepulcro era un joven disfrazado, un truco del Director de escena, y que la verdadera Julieta estaba amordazada debajo de los asientos?

ESTUDIANTE 5.º *(Rompiendo a reír.)* ¡Pues me gusta! Parecía muy hermosa, y si era un joven disfrazado no me importa nada; en cambio, no hubiese recogido el zapato de aquella muchacha llena de polvo que gemía como una gata debajo de las sillas.

ESTUDIANTE 3.º Y, sin embargo, por eso la han asesinado.

ESTUDIANTE 5.º Porque están locos. Pero yo que subo dos veces, todos los días, la montaña y guardo, cuando terminan mis estudios, un enorme rebaño de toros con los que tengo que luchar y vencer cada instante, no me queda tiempo para pensar si es hombre o mujer o niño, sino para ver que me gusta con un alegrísimo deseo.

ESTUDIANTE 1.º ¡Magnífico! ¿Y si yo quiero enamorarme de un cocodrilo?

ESTUDIANTE 5.º Te enamoras.

ESTUDIANTE 1.º ¿Y si quiero enamorarme de ti?

ESTUDIANTE 5.º *(Arrojándole el zapato.)* Te enamoras también, yo te dejo, y te subo en hombros por los riscos.

ESTUDIANTE 1.º Y lo destruimos todo.

ESTUDIANTE 5.º Los tejados y las familias.

ESTUDIANTE 1.º Y donde se hable de amor entraremos con botas de *foot-ball* echando fango por los espejos.

ESTUDIANTE 5.º Y quemaremos el libro donde los sacerdotes leen la misa.

ESTUDIANTE 1.º Vamos. ¡Vamos pronto!

ESTUDIANTE 5.º Yo tengo cuatrocientos toros. Con las maromas que torció mi padre los engancharemos a las rocas para partirlas y que salga un volcán.

ESTUDIANTE 1.º ¡Alegría! Alegría de los muchachos, y de las muchachas, y de las ranas, y de los pequeños taruguitos de madera.

TRASPUNTE. *(Apareciendo.)* ¡Señores!, clase de geometría descriptiva.

HOMBRE 1.º Agonía.

(La escena va quedando en penumbra. Los Estudiantes encienden sus linternas y entran en la universidad.)

TRASPUNTE. *(Displicente.)* ¡No hagan sufrir a los cristales!

ESTUDIANTE 5.º *(Huyendo por los arcos con el Estudiante 1.º)* ¡Alegría! ¡Alegría! ¡Alegría!

HOMBRE 1.º Agonía. Soledad del hombre en el sueño lleno de ascensores y trenes donde tú vas a velocidades inasibles. Soledad de los edificios, de las esquinas, de las playas, donde tú no aparecerás ya nunca.

DAMA 1.ª *(Por las escaleras.)* ¿Otra vez la misma decoración? ¡Es horrible!

MUCHACHO 1.º ¡Alguna puerta será la verdadera!

DAMA 2.ª ¡Por favor! ¡No me suelte usted de la mano!

MUCHACHO 1.º Cuando amanezca nos guiaremos por las claraboyas.

DAMA 3.ª Empiezo a tener frío con este traje.

HOMBRE 1.º *(Con voz débil.)* ¡Enrique! ¡Enrique!

DAMA 1.ª ¿Qué ha sido eso?

MUCHACHO 1.º Calma.

(La escena está a oscuras. La linterna del Muchacho 1.º ilumina la cara muerta del Hombre 1.º)

Telón

[Solo del pastor bobo]

Cortina azul.

En el centro, un gran armario lleno de Caretas blancas de diversas expresiones. Cada Careta tiene su lucecita delante. El Pastor Bobo viene por la derecha. Viste de pieles bárbaras y lleva en la cabeza un embudo lleno de plumas y ruedecillas. Toca un aristón y danza con ritmo lento.

EL PASTOR.

El pastor bobo guarda las caretas.
Las caretas
de los pordioseros y de los poetas
que matan a las gipaetas
cuando vuelan por las aguas quietas.
Careta
de los niños que usan la puñeta
y se pudren debajo de una seta.
Caretas
de las águilas con muletas.
Careta de la careta
que era de yeso de Creta
y se puso de harinita color violeta
en el asesinato de Julieta.
Adivina. Adivinilla. Adivineta
de un teatro sin lunetas
y un cielo lleno de sillas
con el hueco de una careta.
Balad, balad, balad, caretas.

(Las Caretas balan imitando las ovejas y alguna tose.)

Los caballos se comen la seta
y se pudren bajo la veleta.
Las águilas usan la puñeta
y se llenan de fango bajo el cometa,
y el cometa devora la gipaeta
que rayaba el pecho del poeta.
¡Balad, balad, balad, caretas!
Europa se arranca las tetas,
Asia se queda sin lunetas
y América es un cocodrilo
que no necesita careta.
La musiquilla, la musiqueta
de las púas heridas y la limeta.

(Empuja el armario, que va montado sobre ruedas, y desaparece. Las Caretas balan.)

Cuadro quinto

La misma decoración que en el primer cuadro. A la izquierda, una gran cabeza de caballo colocada en el suelo. A la derecha, un ojo enorme y un grupo de árboles con nubes, apoyados en la pared. Entra el Director de escena con el Prestidigitador. El Prestidigitador viste de frac, capa blanca de raso que le llega a los pies y lleva sombrero de copa. El Director de escena tiene el traje del primer cuadro.

DIRECTOR. Un prestidigitador no puede resolver este asunto, ni un médico, ni un astrónomo, ni nadie. Es muy sencillo soltar a los leones y luego llover azufre sobre ellos. No siga usted hablando.

PRESTIDIGITADOR. Me parece que usted, hombre de máscara, no recuerda que nosotros usamos la cortina oscura.

DIRECTOR. Cuando las gentes están en el cielo; pero dígame, ¿qué cortina se puede usar en un sitio donde el aire es tan violento que desnuda a la gente y hasta los niños llevan navajitas para rasgar los telones?

PRESTIDIGITADOR. Naturalmente, la cortina del prestidigitador presupone un orden en la oscuridad del truco; por eso, ¿por qué eligieron ustedes una tragedia manida y no hicieron un drama original?

DIRECTOR. Para expresar lo que pasa todos los días en todas las grandes ciudades y en los campos por medio de un ejemplo que, admitido por todos a pesar de su originalidad, ocurrió sólo una vez. Pude haber elegido el *Edipo* o el *Otelo*. En cambio, si hubiera levantado el telón con la verdad original, se hubieran manchado de sangre las butacas desde las primeras escenas.

PRESTIDIGITADOR. Si hubieran empleado «la flor de Diana» que la angustia de Shakespeare utilizó de manera irónica en el *Sueño de una noche de verano*, es probable que la representación habría terminado con éxito. Si el amor es pura casualidad y Titania, reina de los silfos, se enamora de un asno, nada de particular tendría que, por el mismo procedimiento, Gonzalo bebiera en el *music-hall* con un muchacho [vestido de] blanco sentado en las rodillas.

DIRECTOR. Le suplico no siga hablando.

PRESTIDIGITADOR. Construyan ustedes un arco de alambre, una cortina y un árbol de frescas hojas, corran y descorran la cortina a tiempo y nadie se extrañará de que el árbol se convierta en un huevo de serpiente. Pero ustedes lo que querían era asesinar a la paloma y dejar en lugar suyo un pedazo de mármol lleno de pequeñas salivas habladoras.

DIRECTOR. Era imposible hacer otra cosa; mis amigos y yo abrimos el túnel bajo la arena sin que lo notara la gente de la ciudad. Nos ayudaron muchos obreros y estudiantes que ahora niegan haber trabajado a pesar de tener las manos llenas de heridas. Cuando llegamos al sepulcro levantamos el telón.

PRESTIDIGITADOR. ¿Y qué teatro puede salir de un sepulcro?

DIRECTOR. Todo el teatro sale de las humedades confinadas. Todo el teatro verdadero tiene un profundo hedor de luna pasada. Cuando los trajes hablan, las personas vivas son ya botones de hueso en las paredes del calvario. Yo hice el túnel para apoderarme de los trajes y, a través de ellos, haber enseñado el perfil de una fuerza oculta cuando ya el público no tuviera más remedio que atender, lleno de espíritu y subyugado por la acción.

PRESTIDIGITADOR. Yo convierto sin ningún esfuerzo un frasco de tinta en una mano cortada llena de anillos antiguos.

DIRECTOR. *(Irritado.)* Pero eso es mentira, ¡eso es teatro! Si yo pasé tres días luchando con las raíces y los golpes de agua fue para destruir el teatro.

PRESTIDIGITADOR. Lo sabía.

DIRECTOR. Y demostrar que si Romeo y Julieta agonizan y mueren para despertar sonriendo cuando cae el telón, mis personajes, en cambio, queman la cortina y mueren de verdad en presencia de los espectadores. Los caballos, el mar, el ejército de las hierbas lo han impedido. Pero algún día, cuando se quemen todos los teatros, se encontrará en los sofás, detrás de los espejos y dentro de las copas de cartón dorado, la reunión de nuestros muertos encerrados allí por el público. ¡Hay que destruir el teatro o vivir en el teatro! No vale silbar desde las ventanas. Y si los perros gimen de modo tierno hay que levantar la cortina sin prevenciones. Yo conocí a un hombre que barría su tejado y limpiaba claraboyas y barandas solamente por galantería con el cielo.

PRESTIDIGITADOR. Si avanzas un escalón más, el hombre te parecerá una brizna de hierba.

DIRECTOR. No una brizna de hierba, pero sí un navegante.

PRESTIDIGITADOR. Yo puedo convertir un navegante en una aguja de coser.

DIRECTOR. Eso es precisamente lo que se hace en el teatro. Por eso yo me atreví a realizar un dificilísimo juego poético en espera de que el amor rompiera con ímpetu y diera nueva forma a los trajes.

PRESTIDIGITADOR. Cuando dice usted amor yo me asombro.

DIRECTOR. Se asombra, ¿de qué?

PRESTIDIGITADOR. Veo un paisaje de arena reflejado en un espejo turbio.

DIRECTOR. ¿Y qué más?

PRESTIDIGITADOR. Que no acaba nunca de amanecer.

DIRECTOR. Es posible.

PRESTIDIGITADOR. *(Displicente y golpeando la cabeza de caballo con las yemas de los dedos.)* Amor.

DIRECTOR. *(Sentándose en la mesa.)* Cuando dice usted amor yo me asombro.

PRESTIDIGITADOR. Se asombra, ¿de qué?

DIRECTOR. Veo que cada grano de arena se convierte en una hormiga vivísima.

PRESTIDIGITADOR. ¿Y qué más?

DIRECTOR. Que anochece cada cinco minutos.

PRESTIDIGITADOR. *(Mirándolo fijamente.)* Es posible. *(Pausa.)* Pero, ¿qué se puede esperar de una gente que inaugura el teatro bajo la arena? Si abriera usted esa puerta se llenaría esto de mastines, de locos, de lluvias, de hojas monstruosas, de ratas de alcantarilla. ¿Quién pensó nunca que se pueden romper todas las puertas de un drama?

DIRECTOR. Es rompiendo todas las puertas el único modo que tiene el drama de justificarse, viendo por sus propios ojos que la ley es un muro que se disuelve en la más pequeña gota de sangre. Me repugna el moribundo que dibuja con el dedo una puerta sobre la pared y se duerme tranquilo. El verdadero drama es un circo de arcos donde el aire y la luna y las criaturas entran y salen sin tener un sitio donde descansar. Aquí está usted pisando un teatro donde se han dado dramas auténticos y donde se ha sostenido un verdadero combate que ha costado la vida a todos los intérpretes. *(Llora.)*

CRIADO. *(Entrando precipitadamente.)* Señor.

DIRECTOR. ¿Qué ocurre? *(Entra el Traje Blanco de Arlequín y una Señora vestida de negro con la cara cubierta por un espeso tul que impide ver su rostro.)*

SEÑORA. ¿Dónde está mi hijo?

DIRECTOR. ¿Qué hijo?

SEÑORA. Mi hijo Gonzalo.

DIRECTOR. *(Irritado.)* Cuando terminó la representación bajó precipitadamente al foso del teatro con ese muchacho que viene con usted. Más tarde el traspunte lo vio tendido en la cama imperial de la guardarropía. A mí no me debe preguntar nada. Hoy todo aquello está bajo la tierra.

EL TRAJE DE ARLEQUÍN. *(Llorando.)* Enrique.

SEÑORA. ¿Dónde está mi hijo? Los pescadores me llevaron esta mañana un enorme pez luna, pálido, descompuesto, y me gritaron: ¡Aquí tienes a tu hijo! Como el pez manaba sin cesar un hilito de sangre por la boca, los niños reían y pintaban de rojo las suelas de sus botas. Cuando yo cerré mi puerta sentí como la gente de los mercados lo arrastraban hacia el mar.

EL TRAJE DE ARLEQUÍN. Hacia el mar.

DIRECTOR. La representación ha terminado hace horas y yo no tengo responsabilidad de lo que ha ocurrido.

SEÑORA. Yo presentaré mi denuncia y pediré justicia delante de todos. *(Inicia el mutis.)*

PRESTIDIGITADOR. Señora, por ahí no puede salir.

SEÑORA. Tiene razón. El vestíbulo está completamente a oscuras. *(Va a salir por la puerta de la derecha.)*

DIRECTOR. Por ahí tampoco. Se caería por las claraboyas.

PRESTIDIGITADOR. Señora, tenga la bondad. Yo la conduciré. *(Se quita la capa y cubre con ella a la Señora. Da dos o tres pases con las manos, tira de la capa y la Señora desaparece. El Criado empuja al Traje de Arlequín y lo hace desaparecer por la izquierda. El Prestidigitador saca un gran abanico blanco y empieza a abanicarse mientras canta suavemente.)*

DIRECTOR. Tengo frío.

PRESTIDIGITADOR. ¿Cómo?

DIRECTOR. Le digo que tengo frío.

PRESTIDIGITADOR. *(Abanicándose.)* Es una bonita palabra, frío.

DIRECTOR. Muchas gracias por todo.

PRESTIDIGITADOR. De nada. Quitar es muy fácil. Lo difícil es poner.

DIRECTOR. Es mucho más difícil sustituir.

CRIADO. *(Entrando de haberse llevado el Arlequín.)* Hace un poco de frío. ¿Quiere que encienda la calefacción?

DIRECTOR. No. Hay que resistirlo todo porque hemos roto las puertas, hemos levantado el techo y nos hemos quedado con las cuatro paredes del drama. *(Sale el Criado por la puerta central.)* Pero no importa. Todavía queda hierba suave para dormir.

PRESTIDIGITADOR. ¡Para dormir!

DIRECTOR. Que en último caso dormir es sembrar.

CRIADO. ¡Señor! Yo no puedo resistir el frío.

DIRECTOR. Te he dicho que hemos de resistir, que no nos ha de vencer un truco cualquiera. Cumple tu obligación. *(El Director se pone unos guantes y se sube el cuello del frac lleno de temblor. El Criado desaparece.)*

PRESTIDIGITADOR. *(Abanicándose.)* ¿Pero es que el frío es una cosa mala?

DIRECTOR. *(Con voz débil.)* El frío es un elemento dramático como otro cualquiera.
CRIADO. *(Asoma a la puerta temblando, con las manos sobre el pecho.)* ¡Señor!
DIRECTOR. ¿Qué?
CRIADO. *(Cayendo de rodillas.)* Ahí está el público.
DIRECTOR. *(Cayendo de bruces sobre la mesa.)* ¡Que pase!

(El Prestidigitador, sentado cerca de la cabeza de caballo, silba y se abanica con gran alegría. Todo el ángulo izquierdo de la decoración se parte y aparece un cielo de nubes largas, vivamente iluminado, y una lluvia lenta de guantes blancos, rígidos y espaciados.)

VOZ. *(Fuera.)* Señor.
VOZ. *(Fuera.)* Qué.
VOZ. *(Fuera.)* El público.
VOZ. *(Fuera.)* Que pase.

(El Prestidigitador agita con viveza el abanico por el aire. En la escena empiezan a caer copos de nieve.)

Telón lento

Así que pasen cinco años

Leyenda del Tiempo

Personas

JOVEN
VIEJO
UN NIÑO MUERTO
UN GATO MUERTO
CRIADO
AMIGO PRIMERO
AMIGO SEGUNDO
LA MECANÓGRAFA
LA NOVIA
EL MANIQUÍ DEL TRAJE DE NOVIA
EL JUGADOR DE RUGBY
LA CRIADA
EL PADRE DE LA NOVIA
PAYASO
ARLEQUÍN
MUCHACHA
MÁSCARAS Y JUGADORES

Acto primero

Biblioteca. El Joven está sentado. Viste un pijama azul. El Viejo de chaqué gris, con barba blanca y enormes lentes de oro, también sentado.

JOVEN. No me sorprende.
VIEJO. Perdone...
JOVEN. Siempre me ha pasado igual.
VIEJO. *(Inquisitivo y amable.)* ¿Verdad?
JOVEN. Sí.
VIEJO. Es que...
JOVEN. Recuerdo que...
VIEJO. *(Ríe.)* Siempre recuerdo.
JOVEN. Yo...
VIEJO. *(Anhelante.)* Siga...
JOVEN. Yo guardaba los dulces para comerlos después.
VIEJO. Después, ¿verdad? Saben mejor. Yo también.
JOVEN. Y recuerdo que un día...
VIEJO. *(Interrumpiendo con vehemencia.)* Me gusta tanto la palabra recuerdo. Es una palabra verde, jugosa. Mana sin cesar hilitos de agua fría.
JOVEN. *(Alegre y tratando de convencerse.)* Sí, sí, ¡claro! Tiene usted razón. Es preciso luchar con toda idea de ruina, con esos terribles desconchados de las paredes. Muchas veces yo me he levantado a medianoche para arrancar las hierbas del jardín. No quiero hierbas en mi casa ni muebles rotos.
VIEJO. Eso. Ni muebles rotos porque hay que recordar, pero...
JOVEN. Pero las cosas vivas, ardiendo en su sangre, con todos sus perfiles intactos.
VIEJO. ¡Muy bien! Es decir *(Bajando la voz.)*, hay que recordar, pero recordar antes.
JOVEN. ¿Antes?

VIEJO. *(Con sigilo.)* Sí, hay que recordar hacia mañana.
JOVEN. *(Absorto.)* ¡Hacia mañana!

(Un reloj da las seis. La Mecanógrafa cruza la escena, llorando en silencio.)

VIEJO. Las seis.
JOVEN. Sí, las seis y con demasiado calor. *(Se levanta.)* Hay un cielo de tormenta. Hermoso. Lleno de nubes grises...
VIEJO. ¿De manera que usted...? Yo fui gran amigo de esa familia. Sobre todo del padre. Se ocupa de astronomía. *(Irónico.)* Está bien, ¿eh? De astronomía. ¿Y ella?
JOVEN. La he conocido poco. Pero no importa. Yo creo que me quiere.
VIEJO. ¡Seguro!
JOVEN. Se fueron a un largo viaje. Casi me alegré...
VIEJO. ¿Vino el padre de ella?
JOVEN. ¡Nunca! Por ahora no puede ser... Por causas que no son de explicar, yo no me casaré con ella... hasta que pasen cinco años.
VIEJO. ¡Muy bien! *(Con alegría.)*
JOVEN. *(Serio.)* ¿Por qué dice muy bien?
VIEJO. Pues porque... ¿Es bonito esto? *(Señalando la habitación.)*
JOVEN. No.
VIEJO. ¿No le angustia la hora de la partida, los acontecimientos, lo que ha de llegar ahora mismo?...
JOVEN. Sí, sí. No me hable de eso.
VIEJO. ¿Qué pasa en la calle?
JOVEN. Ruido, ruido siempre, polvo, calor, malos olores. Me molesta que las cosas de la calle entren en mi casa. *(Un gemido largo se oye. Pausa.)* Juan, cierra la ventana.

(Un Criado sutil que anda sobre las puntas de los pies cierra el ventanal.)

VIEJO. Ella... es jovencita.
JOVEN. Muy jovencita. ¡Quince años!

VIEJO. No me gusta esa manera de expresar. Quince años que ha vivido ella, que son ella misma. Pero, ¿por qué no decir tiene quince nieves, quince aires, quince crepúsculos? ¿No se atreve usted a huir?, ¿a volar?, ¿a ensanchar su amor por todo el cielo?

JOVEN. *(Se sienta y se cubre la cara con las manos.)* ¡La quiero demasiado!

VIEJO. *(De pie y con energía.)* O bien decir: tiene quince rosas, quince alas, quince granitos de arena. ¿No se atreve usted a concentrar, a hacer hiriente y pequeñito su amor dentro del pecho?

JOVEN. Usted quiere apartarme de ella. Pero ya conozco su procedimiento. Basta observar un rato sobre la palma de la mano un insecto vivo, o mirar al mar una tarde poniendo atención en la forma de cada ola para que el rostro o la llaga que llevamos en el pecho se deshaga en burbujas. Pero es que yo estoy enamorado y quiero estar enamorado, tan enamorado como ella lo está de mí, y por eso puedo aguardar cinco años, en espera de poder liarme de noche, con todo el mundo a oscuras, sus trenzas de luz alrededor de mi cuello.

VIEJO. Me permito recordarle que su novia... no tiene trenzas.

JOVEN. *(Irritado.)* Ya lo sé. Se las cortó sin mi permiso, naturalmente, y esto... *(Con angustia.)* me cambia su imagen. *(Enérgico.)* Ya sé que no tiene trenzas. *(Casi furioso.)* ¿Por qué me lo ha recordado usted? *(Con tristeza.)* Pero en estos cinco años las volverá a tener.

VIEJO. *(Entusiasmado.)* Y más hermosas que nunca. Serán unas trenzas...

JOVEN. Son, son. *(Con alegría.)*

VIEJO. Son unas trenzas con cuyo perfume se puede vivir sin necesidad de pan ni de agua.

JOVEN. *(Se levanta.)* ¡Pienso tanto!

VIEJO. ¡Sueña tanto!

JOVEN. ¿Cómo?

VIEJO. Piensa tanto que...

JOVEN. Que estoy en carne viva. Todo hacia dentro una quemadura.

VIEJO. *(Alargándole un vaso.)* Beba.

JOVEN. ¡Gracias! Si me pongo a pensar en la muchachita, en mi niña...

VIEJO. Diga usted mi novia. ¡Atrévase!

JOVEN. No.

VIEJO. ¿Pero por qué?

JOVEN. Novia... ya lo sabe usted; si digo novia la veo sin querer amortajada en un cielo sujeto por enormes trenzas de nieve. No, no es mi novia *(Hace un gesto como si alejara la imagen que quiere captarlo.)*, es mi niña, mi muchachita.

VIEJO. Siga, siga.

JOVEN. ¡Pues si yo me pongo a pensar en ella!, la dibujo, la hago moverse blanca y viva; pero de pronto, ¿quién le cambia la nariz o le rompe los dientes o la convierte en otra llena de andrajos que va por mi pensamiento, monstruosa, como si estuviera mirándose en un espejo de feria?

VIEJO. ¿Quién? ¡Parece mentira que usted diga «quién»! Todavía cambian más las cosas que tenemos delante de los ojos que las que viven sin distancia debajo de la frente. El agua que viene por el río es completamente distinta de la que se va. ¿Y quién recuerda un mapa exacto de la arena del desierto... o del rostro de un amigo cualquiera?

JOVEN. Sí, sí. Aún está más vivo lo de adentro aunque también cambie. Mire usted, la última vez que la vi no podía mirarla muy de cerca porque tenía dos arruguitas en la frente, que como me descuidara, ¿entiende usted?, le llenaban todo el rostro y la ponían ajada, vieja, como si hubiera sufrido mucho. Tenía necesidad de separarme para... ¡enfocarla!, ésta es la palabra, en mi corazón.

VIEJO. ¿A que en aquel momento que la vio vieja ella estaba completamente entregada a usted?

JOVEN. Sí.

VIEJO. ¿Completamente dominada por usted?

JOVEN. Sí.

VIEJO. *(Exaltado.)* ¿A que si en aquel preciso instante ella le confiesa que lo ha engañado, que no lo quiere, las arruguitas se le hubieran convertido en la rosa más delicada del mundo?

JOVEN. *(Exaltado.)* Sí.

VIEJO. ¿Y la hubiera amado más precisamente por eso?

JOVEN. Sí, sí.

VIEJO. ¿Entonces? ¡Ja, ja, ja!

JOVEN. Entonces... Es muy difícil vivir.

VIEJO. Por eso hay que volar de una cosa a otra hasta perderse. Si ella tiene quince años, puede tener quince crepúsculos o quince cielos ¡y vamos arriba! ¡a ensanchar! Están las cosas más vivas dentro que ahí fuera, expuestas al aire o la muerte. Por eso vamos a... a no ir... o a esperar. Porque lo otro es morirse ahora mismo y es más hermoso pensar que todavía mañana veremos los cien cuernos de oro con que levanta a las nubes el sol.

JOVEN. *(Tendiéndole la mano.)* ¡Gracias! ¡Gracias por todo!

VIEJO. ¡Volveré por aquí!

(Aparece la Mecanógrafa.)

JOVEN. ¿Terminó usted de escribir las cartas?

MECANÓGRAFA. *(Llorosa.)* Sí, señor.

VIEJO. *(Al joven.)* ¿Qué le ocurre?

MECANÓGRAFA. Deseo marchar de esta casa.

VIEJO. Pues es bien fácil, ¿no?

JOVEN. *(Turbado.)* ¡Verá usted!...

MECANÓGRAFA. Quiero irme y no puedo.

JOVEN. *(Dulce.)* No soy yo quien te retiene. Ya sabes que no puedo hacer nada. Te he dicho algunas veces que te esperaras, pero tú...

MECANÓGRAFA. Pero yo no espero; ¿qué es eso de esperar?

VIEJO. *(Serio.)* ¿Y por qué no? ¡Esperar es creer y vivir!

MECANÓGRAFA. No espero porque no me da la gana, porque no quiero y, sin embargo, no me puedo mover de aquí.

JOVEN. ¡Siempre acabas no dando razones!

MECANÓGRAFA. ¿Qué razones voy a dar? No hay más que una razón y ésa es... ¡que te quiero! Desde siempre. *(Al Viejo.)* No se asuste usted, señor. Cuando pequeñito yo lo veía jugar desde mi balcón. Un día se cayó y sangraba por la rodilla, ¿te acuerdas? *(Al Joven.)* Todavía tengo aquella sangre viva como una sierpe roja, temblando entre mis pechos.

VIEJO. Eso no está bien. La sangre se seca y lo pasado, pasado.

MECANÓGRAFA. ¡Qué culpa tengo yo, señor! *(Al Joven.)* Yo te ruego me des la cuenta. Quiero irme de esta casa.

JOVEN. *(Irritado.)* Muy bien. Tampoco tengo yo culpa ninguna. Además, sabes perfectamente que no me pertenezco. Puedes irte.

MECANÓGRAFA. *(Al Viejo.)* ¿Lo ha oído usted? Me arroja de su casa. No quiere tenerme aquí. *(Llora. Se va.)*

VIEJO. *(Con sigilo, al Joven.)* Es peligrosa esta mujer.

JOVEN. Yo quisiera quererla como quisiera tener sed delante de las fuentes. Quisiera...

VIEJO. De ninguna manera. ¿Qué haría usted mañana? ¿Eh? Piense. ¡Mañana!

AMIGO. *(Entrando con escándalo.)* Cuánto silencio en esta casa, ¿y para qué? Dame agua. ¡Con anís y con hielo! *(El Viejo se va.)* Un *cocktail.*

JOVEN. Supongo que no me romperás los muebles.

AMIGO. Hombre solo, hombre serio, ¡y con este calor!

JOVEN. ¿No puedes sentarte?

AMIGO. *(Lo coge en brazos y le da vueltas.)*

Tin, tin, tan,
la llamita de San Juan.

JOVEN. ¡Déjame! No tengo ganas de bromas.

AMIGO. ¡Huuy! ¿Quién era ese viejo? ¿Un amigo tuyo? ¿Y dónde están en esta casa los retratos de las muchachas con las que tú te acuestas? Mira *(Se acerca.)*, te voy a coger por las solapas, te voy a pintar de colorete esas mejillas de cera... o así, restregadas.

JOVEN. *(Irritado.)* ¡Déjame!

AMIGO. Y con un bastón te voy a echar a la calle.

JOVEN. ¿Y qué voy a hacer en ella? El gusto tuyo, ¿verdad? Demasiado trabajo tengo con oírla llena de coches y gentes desorientadas.

AMIGO. *(Sentándose y estirándose en el sofá.)* ¡Ay! ¡Mmm! Yo, en cambio... Ayer hice tres conquistas y como anteayer hice dos y hoy una, pues resulta... que me quedo sin ninguna porque no tengo tiempo. Estuve con una muchacha... Ernestina. ¿La quieres conocer?

JOVEN. No.

AMIGO. *(Levantándose.)* Nooo y rúbrica. ¡Pero si vieras! ¡¡Tiene un talle!!... No... aunque el talle lo tiene mucho mejor Matilde. *(Con ímpetu.)* ¡Ay, Dios mío! *(Da un salto y cae tendido en el sofá.)* Mira, es un talle para la medida de todos los brazos y tan frágil, que se desea tener en la mano un hacha de plata muy pequeña para seccionarlo.

JOVEN. *(Distraído y aparte de la conversación.)* Entonces yo subiré la escalera.

AMIGO. *(Tendiéndose boca abajo en el sofá.)* ¡No tengo tiempo, no tengo tiempo de nada! Todo se me atropella. Porque ¡figúrate! Me cito con Ernestina. *(Se levanta.)* Las trenzas aquí, apretadas, negrísimas, y luego...

(El Joven golpea con impaciencia los dedos sobre la mesa.)

JOVEN. ¡No me dejas pensar!

AMIGO. ¡Pero si no hay que pensar! Y me voy. Por más... que... *(Mira el reloj.)* Ya se ha pasado la hora. Es horrible, siempre ocurre igual. No tengo tiempo y lo siento. Iba con una mujer feísima, ¿lo oyes? Ja, ja, ja, ja, feísima pero adorable. Una morena de esas que se echan de menos al mediodía de verano. Y me gusta *(Tira un cojín por alto.)* porque parece un domador.

JOVEN. ¡Basta!

AMIGO. Sí, hombre, no te indignes, pero una mujer puede ser feísima y un domador de caballos puede ser hermoso y al revés y... ¿qué sabemos? *(Llena una copa de* cocktail.*)*

JOVEN. Nada...

AMIGO. ¿Pero me quieres decir qué te pasa?

JOVEN. Nada. ¿No me conoces? Es mi temperamento.

AMIGO. Yo no entiendo. No entiendo, pero tampoco puedo estar serio. *(Ríe.)* Te saludaré como los chinos. *(Frota su nariz con la del Joven.)*

JOVEN. *(Sonriendo.)* ¡Quita!

AMIGO. Ríete. *(Le hace cosquillas.)*
JOVEN. *(Riendo.)* Bárbaro.

(Luchan.)

AMIGO. Una plancha.
JOVEN. Puedo contigo.
AMIGO. Te cogí. *(Lo coge con la cabeza entre las piernas y le da golpes.)*
VIEJO. *(Entrando gravemente.)* Con permiso... *(Los Jóvenes quedan en pie.)* Perdonen... *(Enérgicamente, y mirando al Joven.)* Se me olvidará el sombrero.
AMIGO. *(Asombrado.)* ¿Cómo?
VIEJO. *(Furioso.)* ¡Sí, señor! Se me olvidará el sombrero... *(Entre dientes.)*, es decir, se me ha olvidado el sombrero.
AMIGO. ¡Ahhhhhh!...

(Se oye un estrépito de cristales.)

JOVEN. *(En alta voz.)* Juan. Cierra las ventanas.
AMIGO. Un poco de tormenta. ¡Ojalá sea fuerte!
JOVEN. ¡Pues no quiero enterarme! *(En alta voz.)* Todo bien cerrado.
AMIGO. ¡Los truenos tendrás que oírlos!
JOVEN. ¡O no!
AMIGO. ¡O sí!
JOVEN. No me importa lo que pase fuera. Esta casa es mía y aquí no entra nadie.
VIEJO. *(Indignado, al Amigo.)* ¡Es una verdad sin refutación posible!

(Se oye un trueno lejano.)

AMIGO. *(Apasionado.)* Entrará todo el mundo que quiera, no aquí, sino debajo de tu cama.

(Trueno más cercano.)

JOVEN. *(Gritando.)* Pero ahora, ¡ahora!, no.
VIEJO. ¡Bravo!
AMIGO. ¡Abre la ventana! Tengo calor.
VIEJO. ¡Ya se abrirá!
JOVEN. ¡Luego!

AMIGO. Pero vamos a ver... Me quieren ustedes decir...

(Se oye otro trueno. La luz desciende y una luminosidad azulada de tormenta invade la escena. Los tres personajes se ocultarán detrás de un biombo negro bordado con estrellas.

Por la puerta de la izquierda aparece el Niño muerto con el Gato. El Niño viene vestido de blanco primera comunión, con una corona de rosas blancas en la cabeza. Sobre su rostro, pintado de cera, resaltan sus ojos y sus labios de lirio seco. Trae un cirio rizado en la mano y el gran lazo con flecos de oro.

El Gato, de azul, con dos enormes manchas rojas de sangre en el pechito gris y en la cabeza.

Avanzan hacia el público. El Niño trae al Gato cogido de una pata.)

GATO. Miau.
NIÑO. Chissssss...
GATO. Miauuu.
NIÑO.

Toma mi pañuelo blanco.
Toma mi corona blanca.
No llores más.

GATO.

Me duelen las heridas
que los niños me hicieron en la espalda.

NIÑO.

También a mí me duele el corazón.

GATO.

¿Por qué te duele, niño, di?

NIÑO.

Porque no anda.
Ayer se me paró muy despacito,
ruiseñor de mi cama.
Mucho ruido, ¡si vieras!... Me pusieron
con estas rosas frente a la ventana.

GATO.

¿Y qué sentías tú?

NIÑO.

Pues yo sentía
surtidores y abejas por la sala.
Me ataron las dos manos, ¡muy mal hecho!
Los niños por los vidrios me miraban
y un hombre con martillo iba clavando
estrellas de papel sobre mi caja.

(Cruzando las manos.)

No vinieron los ángeles. No, Gato.

GATO.

No me digas más gato.

NIÑO.

¿No?

GATO.

Soy gata.

NIÑO.

¿Eres gata?

GATO. *(Mimosa.)*

Debiste conocerlo.

NIÑO.

¿Por qué?

GATO.

Por mi voz de plata.

NIÑO. *(Galante.)*

¿No te quieres sentar?

GATO.

Sí. Tengo hambre.

NIÑO.

Voy a ver si te encuentro alguna rata.

(Se pone a mirar debajo de las sillas. El Gato, sentado en un taburete, tiembla.)

No la comas entera. Una patita
porque estás muy enferma.

GATO.

Diez pedradas
me tiraron los niños.

NIÑO.

Pesan como las rosas
que oprimieron anoche mi garganta.
¿Quieres una?

(Se arranca una rosa de la cabeza.)

GATO. *(Alegre.)*

Sí, quiero.

NIÑO.

Con tus manchas de cera, rosa blanca,
ojo de luna rota me pareces,
gacela entre los vidrios desmayada.

(Se la pone.)

GATO.

¿Tú qué hacías?

NIÑO.

Jugar. ¿Y tú?

GATO.

¡Jugar!
Iba por el tejado, gata chata,
naricilla de hojadelata.
En la mañana
iba a coger los peces por el agua
y al mediodía
bajo el rosal del muro me dormía.

NIÑO.

¿Y por la noche?

GATA. *(Enfática.)*

Me iba sola.

NIÑO.

¿Sin nadie?

GATA.

Por el bosque.

NIÑO. *(Con alegría.)*

Yo también iba, ¡ay, gata chata, barata,
naricillas de hojadelata!,
a comer zarzamoras y manzanas.
Y después a la iglesia con los niños
a jugar a la cabra.

GATA.

¿Qué es la cabra?

NIÑO.

Era mamar los clavos de la puerta.

GATA.

¿Y eran buenos?

NIÑO.

No, gata.
Como chupar monedas.

(Trueno lejano.)

¡Ay! ¡Espera! ¿No vienen? Tengo miedo.
¿Sabes? Me escapé de casa.

(Lloroso.)

Yo no quiero que me entierren.
Agremanes y vidrios adornan mi caja;
pero es mejor que me duerma
entre los juncos del agua.
Yo no quiero que me entierren. ¡Vamos pronto!

(Le tira de la pata.)

GATA.

¿Y nos van a enterrar? ¿Cuándo?

NIÑO.

Mañana,
en unos hoyos oscuros.
Todos lloran, todos callan.
Pero se van. Yo lo vi.
Y luego, ¿sabes?

GATA.

¿Qué pasa?

NIÑO.

Vienen a comernos.

GATA.

¿Quién?

NIÑO.

El lagarto y la lagarta,
con sus hijitos pequeños, que son muchos.

GATA.

¿Y qué nos comen?

NIÑO.

La cara,
con los dedos

(Bajando la voz.)

y la cuca.

GATA. *(Ofendida.)*

Yo no tengo cuca.

NIÑO. *(Enérgico.)*

¡Gata!:
te comerán las patitas y el bigote.

(Trueno lejanísimo.)

Vámonos; de casa en casa
llegaremos donde pacen
los caballitos del agua.
No es el cielo. Es tierra dura
con muchos grillos que cantan,
con hierbas que se menean,
con nubes que se levantan,
con hondas que lanzan piedras
y el viento como una espada.
¡Yo quiero ser niño, un niño!

(Se dirige a la puerta de la derecha.)

GATA.

Está la puerta cerrada.
Vámonos por la escalera.

NIÑO.

Por la escalera nos verán.

GATA.

Aguarda.

NIÑO.

¡Ya vienen para enterrarnos!

GATA.

Vámonos por la ventana.

NIÑO.

Nunca veremos la luz,
ni las nubes que se levantan,
ni los grillos en la hierba,
ni el viento como una espada.

(Cruzando las manos.)

¡Ay girasol!
¡Ay girasol de fuego!
¡Ay girasol!

GATA.

¡Ay clavellina del sol!

NIÑO.

Apagado va por el cielo.
Sólo mares y montes de carbón,
y una paloma muerta por la arena
con las alas tronchadas y en el pico una flor.

(Canta.)

Y en la flor una oliva,
y en la oliva un limón...
¿Cómo sigue?... No lo sé, ¿cómo sigue?

GATA.

¡Ay girasol!
¡Ay girasol de la mañanita!

NIÑO.

¡Ay clavellina del sol!

(La luz es tenue. El Niño y el Gato, separados, andan a tientas.)

GATA.
No hay luz. ¿Dónde estás?

NIÑO.
¡Calla!

GATA.
¿Vendrán ya los lagartos, niño?

NIÑO.
No.

GATA.
¿Encontraste salida?

(La Gata se acerca a la puerta de la derecha y sale una mano que la empuja hacia dentro.)

(Dentro.)
¡Niño! ¡Niño!
(Con angustia.)
¡Niño, niño!

(El Niño avanza con terror, deteniéndose a cada paso.)

NIÑO. *(En voz baja.)*
Se hundió.
Lo ha cogido una mano.
Debe ser la de Dios.
¡No me entierres! Espera unos minutos...
¡Mientras deshojo esta flor!

(Se arranca una flor de la cabeza y la deshoja.)

Yo iré solo, muy despacio,
después me dejarás mirar al sol...
Muy poco, con un rayo me contento.

(Deshojando.)

Sí, no, sí, no, sí.

VOZ.

No. ¡¡No!!

NIÑO.

¡Siempre dije que no!

(Una mano asoma y entra al Niño, que se desmaya. La luz, al desaparecer el Niño, vuelve a su tono primero. Por detrás del biombo vuelven a salir rápidamente los tres personajes. Dan muestras de calor y de agitación viva. El Joven lleva un abanico azul; el Viejo, un abanico negro, y el Amigo, un abanico rojo agresivo. Se abanican.)

VIEJO. Pues todavía será más.

JOVEN. Sí, después.

AMIGO. Ya ha sido bastante. Creo que no te puedes escapar de la tormenta.

VOZ. *(Fuera.)* ¡Mi hijo! ¡Mi hijo!

JOVEN. ¡Señor, qué tarde! Juan, ¿quién grita así?

CRIADO. *(Entrando, siempre en tono suave y andando sobre las puntas de los pies.)* El niño de la portera murió y ahora lo llevan a enterrar. Su madre llora.

AMIGO. ¡Como es natural!

VIEJO. Sí, sí; pero lo pasado, pasado.

AMIGO. Pero ¡si está pasando! *(Discuten.)*

(El Criado cruza la escena y va a salir por la puerta izquierda.)

CRIADO. Señor, ¿tendría la bondad de dejarme la llave de su dormitorio?

JOVEN. ¿Para qué?

CRIADO. Los niños arrojaron un gato que habían matado sobre el tejadillo del jardín, y hay necesidad de quitarlo.

JOVEN. *(Con fastidio.)* Toma. *(Al Viejo.)* ¡No podrá usted con él!

VIEJO. Ni me interesa.

AMIGO. No es verdad. Sí le interesa. Al que no le interesa es a mí, que sé positivamente que la nieve es fría y que el fuego quema.

VIEJO. *(Irónico.)* Según.

AMIGO. *(Al Joven.)* Te está engañando.

(El Viejo mira enérgicamente al Amigo, estrujando su sombrero.)

JOVEN. *(Con fuerza.)* No influye lo más mínimo en mi carácter. Soy yo. Pero tú no puedes comprender que se espere a una mujer cinco años, colmado y quemado por el amor que crece cada día.

AMIGO. ¡No hay necesidad de esperar!

JOVEN. ¿Crees tú que yo puedo vencer las cosas materiales, los obstáculos que surgen y se aumentarán en el camino sin causar dolor a los demás?

AMIGO. ¡Primero eres tú que los demás!

JOVEN. Esperando, el nudo se deshace y la fruta madura.

AMIGO. Yo prefiero comerla verde, o, mejor todavía, me gusta cortar su flor para ponerla en mi solapa.

VIEJO. ¡No es verdad!

AMIGO. ¡Usted es demasiado viejo para saberlo!

VIEJO. *(Severamente.)* Yo he luchado toda mi vida por encender una luz en los sitios más oscuros. Y cuando la gente ha ido a retorcer el cuello de la paloma, yo he sujetado la mano y la he ayudado a volar.

AMIGO. ¡Y naturalmente el cazador se ha muerto de hambre!

JOVEN. ¡Bendita sea el hambre!

(Aparece por la puerta de la izquierda el Amigo 2.º Viene vestido de blanco, con un impecable traje de lana, y lleva guantes y zapatos del mismo color. De no ser posible que este papel lo haga un actor muy

joven, lo hará una muchacha. El traje ha de ser de un corte exageradísimo; llevará enormes botones azules y el chaleco y la corbata serán de rizados encajes.)

AMIGO 2.° Bendita sea cuando hay pan tostado, aceite y sueño después. Mucho sueño. Que no se acabe nunca. Te he oído.

JOVEN. *(Con asombro.)* ¿Por dónde has entrado?

AMIGO 2.° Por cualquier sitio. Por la ventana. Me ayudaron dos niños amigos míos. Los conocí cuando yo era muy pequeño, y me han empujado por los pies. Va a caer un aguacero... pero aguacero bonito el que cayó el año pasado. Había tan poca luz, que se me pusieron las manos amarillas. *(Al Viejo.)* ¿Lo recuerda usted?

VIEJO. *(Agrio.)* No recuerdo nada.

AMIGO 2.° *(Al Amigo.)* ¿Y tú?

AMIGO 1.° *(Serio.)* ¡Tampoco!

AMIGO 2.° Yo era muy pequeño, pero lo recuerdo con todo detalle.

AMIGO 1.° Mira...

AMIGO 2.° Por eso no quiero ver éste. La lluvia es hermosa. En el colegio entraba por los patios y estrellaba por las paredes a unas mujeres desnudas, muy pequeñas, que lleva dentro. ¿No las habéis visto? Cuando yo tenía cinco años... no, cuando yo tenía dos... ¡miento!, uno, un año tan sólo, es hermoso, ¿verdad?, un año, cogí una de estas mujercillas de la lluvia y la tuve dos días en una pecera.

AMIGO 1.° *(Con sorna.)* ¿Y creció?

AMIGO 2.° ¡No! Se hizo cada vez más pequeña, más niña, como debe ser, como es lo justo, hasta que no quedó de ella más que una gota de agua. Y cantaba una canción...

Yo vuelvo por mis alas,
¡dejadme volver!
Quiero morirme siendo amanecer,
quiero morirme siendo
ayer.

Yo vuelvo por mis alas,
¡dejadme tornar!
Quiero morirme siendo manantial,
quiero morirme fuera de la mar...

que es exactamente lo que yo canto a todas horas.

VIEJO. *(Irritado, al Joven.)* Está completamente loco.

AMIGO 2.º *(Que lo ha oído.)* Loco, porque no quiero estar lleno de arrugas y dolores como usted. Porque quiero vivir lo mío y me lo quitan. Yo no lo conozco a usted. Yo no quiero ver gente como usted.

AMIGO 1.º *(Bebiendo.)* Todo eso no es más que miedo a la muerte.

AMIGO 2.º No. Ahora, antes de entrar aquí, vi a un niño que llevaban a enterrar con las primeras gotas de la lluvia. Así quiero que me entierren a mí. En una caja así de pequeña, y ustedes se van a luchar en la borrasca. Pero mi rostro es mío y me lo están robando. Yo era tierno y cantaba, y ahora hay un hombre, un señor *(Al Viejo.)*, como usted, que anda por dentro de mí con dos o tres caretas preparadas. *(Saca un espejo y se mira.)* Pero todavía no, todavía me veo subido en los cerezos... con aquel traje gris... Un traje gris que tenía unas anclas de plata... ¡Dios mío! *(Se cubre la cara con las manos.)*

VIEJO. Los trajes se rompen, las anclas se oxidan y vamos adelante.

AMIGO 2.º ¡Oh, por favor, no hable así!

VIEJO. *(Entusiasmado.)* Se hunden las casas.

AMIGO 1.º *(Enérgico y en actitud de defensa.)* Las casas no se hunden.

VIEJO. *(Impertérrito.)* Se apagan los ojos y una hoz muy afilada siega los juncos de las orillas.

AMIGO 2.º *(Sereno.)* ¡Claro! ¡Todo eso pasa más adelante!

VIEJO. Al contrario. Eso ha pasado ya.

AMIGO 2.º Atrás se queda todo quieto. ¿Cómo es posible que no lo sepa usted? No hay más que ir despertando suavemente las cosas. En cambio, dentro de cuatro o cinco años existe un pozo en el que caeremos todos.

VIEJO. *(Furioso.)* ¡Silencio!

JOVEN. *(Temblando, al Viejo.)* ¿Lo ha oído usted?

VIEJO. Demasiado. *(Sale rápidamente por la puerta de la derecha.)*

JOVEN. *(Detrás.)* ¿Dónde va usted? ¿Por qué se marcha así? ¡Espere! *(Sale detrás.)*

AMIGO 2.º *(Encogiéndose de hombros.)* Bueno. Viejo tenía que ser. Usted, en cambio, no ha protestado.

AMIGO 1.º *(Que ha estado bebiendo sin parar.)* No.

AMIGO 2.º Usted, con beber tiene bastante.

AMIGO 1.º *(Serio y con cara borracha.)* Yo hago lo que me gusta, lo que me parece bien. No le he pedido su parecer.

AMIGO 2.º *(Con miedo.)* Sí, sí... Y yo no le digo nada... *(Se sienta en un sillón, con las piernas encogidas.)*

(El Amigo 1.º se bebe rápidamente dos copas, apuradas hasta lo último, y dándose un golpe en la frente, como si recordara algo, sale rápidamente, en medio de una alegrísima sonrisa, por la puerta izquierda. El Amigo 2.º inclina la cabeza en el sillón. Aparece el Criado por la derecha, siempre delicado, sobre las puntas de los pies. Empieza a llover.)

AMIGO 2.º El aguacero. *(Se mira las manos.)* Pero qué luz más fea. *(Queda dormido.)*

JOVEN. *(Entrando.)* Mañana volverá. Lo necesito. *(Se sienta.)*

(Aparece la Mecanógrafa. Lleva una maleta. Cruza la escena y, en medio de ella, vuelve rápidamente.)

MECANÓGRAFA. ¿Me habías llamado?

JOVEN. *(Cerrando los ojos.)* No. No te había llamado.

(La Mecanógrafa sale mirando con ansia y esperando la llamada.)

MECANÓGRAFA. *(En la puerta.)* ¿Me necesitas?
JOVEN. *(Cerrando los ojos.)* No. No te necesito.

(Sale la Mecanógrafa.)

AMIGO 2.º *(Entre sueños.)*

Yo vuelvo por mis alas,
dejadme volver.
Quiero morirme siendo
ayer.
Quiero morirme siendo
amanecer.

(Empieza a llover.)

JOVEN. Es demasiado tarde, Juan, enciende las luces. ¿Qué hora es?
JUAN. *(Con intención.)* Las seis en punto, señor.
JOVEN. Está bien.
AMIGO 2.º *(Entre sueños.)*

Yo vuelvo por mis alas,
dejadme tornar.
Quiero morirme siendo
manantial.
Quiero morirme fuera
de la mar.

(El Joven golpea suavemente la mesa con los dedos.)

Telón lento

Acto segundo

Alcoba estilo 1900. Muebles extraños. Grandes cortinajes llenos de pliegues y borlas. Por las paredes, nubes y ángeles pintados. En el centro, una cama llena de colgaduras y plumajes. A la izquierda, un tocador sostenido por ángeles con ramos de luces eléctricas en las manos. Los balcones están abiertos, y por ellos entra la luna. Se oye un claxon de automóvil que toca con furia. La Novia salta de la cama con espléndida bata llena de encajes y enormes lazos color de rosa. Lleva una larga cola y todo el cabello hecho bucles.

NOVIA. *(Asomándose al balcón.)* Sube. *(Se oye el claxon.)* Es preciso. Llegará mi novio, el viejo, el lírico, y necesito apoyarme en ti.

(El Jugador de Rugby entra por el balcón. Viene vestido con las rodilleras y el casco. Lleva una bolsa llena de cigarros puros, que enciende y aplasta sin cesar.)

NOVIA. Entra. Hace dos días que no te veo. *(Se abrazan.)*

(El Jugador de Rugby no habla, sólo fuma y aplasta con el pie el cigarro. Da muestras de una gran vitalidad y abraza con ímpetu a la Novia.)

NOVIA. Hoy me has besado de manera distinta. Siempre cambias, ¡amor mío! Ayer no te vi, ¿sabes? Pero estuve viendo al caballo. Era hermoso, blanco y los cascos dorados entre el heno de los pesebres. *(Se sienta en un sofá que hay al pie de la cama.)* Pero tú eres más hermoso. Porque eres como un dragón. *(La abraza.)* Creo que me vas a quebrar entre tus brazos, porque soy débil, porque soy pequeña, porque soy como la escarcha, porque soy como una diminuta guitarra quemada por el sol, y no me quiebras.

(El Jugador de Rugby le echa el humo en la cara.)

(Pasándole la mano por el cuerpo.) Detrás de toda esta sombra hay como una trabazón de puentes de plata para estrecharme a mí y para defenderme a mí, que soy pequeñita como un botón, pequeñita como una abeja que entrara de pronto en el salón del trono, ¿verdad?, ¿verdad que sí? Me iré contigo. *(Apoya la cabeza en el pecho del Jugador.)* Dragón, ¡dragón mío! ¿Cuántos corazones tienes? Hay en tu pecho como un torrente donde yo me voy a ahogar. Me voy a ahogar... *(Lo mira.)* Y luego tú saldrás corriendo *(Llora.)* y me dejarás muerta por las orillas. *(El Jugador de Rugby se lleva otro puro a la boca y la Novia se lo enciende.)* ¡Oh! *(Lo besa.)* ¡Qué ascua blanca, qué fuego de marfil derraman tus dientes! Mi otro novio tenía los dientes helados; me besaba, y sus labios se le cubrían de pequeñas hojas marchitas. Eran unos labios secos. Yo me corté las trenzas porque le gustaban mucho, como ahora voy descalza porque te gusta a ti. ¿Verdad?, ¿verdad que sí? *(El Jugador la besa.)* Es preciso que nos vayamos. Mi novio vendrá.

VOZ *(En la puerta.)* ¡Señorita!

NOVIA. ¡Vete! *(Lo besa.)*

VOZ. ¡Señorita!

NOVIA. *(Separándose del Jugador y adoptando una actitud distraída.)* ¡Ya voy! *(En voz baja.)* ¡Adiós!

(El Jugador vuelve desde el balcón y le da un beso, levantándola en los brazos.)

VOZ. ¡Abra!

NOVIA. *(Fingiendo la voz.)* ¡Qué poca paciencia!

(El Jugador sale silbando por el balcón.)

CRIADA. *(Entrando.)* ¡Ay señorita!

NOVIA. ¿Qué señorita?
CRIADA. ¡Señorita!
NOVIA. ¿Qué? *(Enciende la luz del techo. Una luz más azulada que la que entra por los balcones.)*
CRIADA. ¡Su novio ha llegado!
NOVIA. Bueno. ¿Por qué te pones así?
CRIADA. *(Llorosa.)* Por nada.
NOVIA. ¿Dónde está?
CRIADA. Abajo.
NOVIA. ¿Con quién?
CRIADA. Con su padre.
NOVIA. ¿Nadie más?
CRIADA. Y un señor con lentes de oro. Discutían mucho.
NOVIA. Voy a vestirme. *(Se sienta delante del tocador y se arregla, ayudada de la Criada.)*
CRIADA. *(Llorosa.)* ¡Ay señorita!
NOVIA. *(Irritada.)* ¿Qué señorita?
CRIADA. ¡Señorita!
NOVIA. *(Agria.)* ¡Qué!
CRIADA. ¡Es muy guapo su novio!
NOVIA. Cásate con él.
CRIADA. Viene muy contento.
NOVIA. *(Irónica.)* ¿Sí?
CRIADA. Traía este ramo de flores.
NOVIA. Ya sabes que no me gustan las flores. Tira ésas por el balcón.
CRIADA. ¡Son tan hermosas!... Están recién cortadas.
NOVIA. *(Autoritaria.)* ¡Tíralas!

(La Criada arroja unas flores, que estaban sobre un jarro, por el balcón.)

CRIADA. ¡Ay señorita!
NOVIA. *(Furiosa.)* ¿Qué señorita?
CRIADA. ¡Señorita!
NOVIA. ¡Quéeee!
CRIADA. ¡Piense bien en lo que hace! Recapacite. El mundo es grande, pero las personas somos pequeñas.

NOVIA. ¿Qué sabes tú?

CRIADA. Sí, sí lo sé. Mi padre estuvo en el Brasil dos veces y era tan chico que cabía en una maleta. Las cosas se olvidan y lo malo queda.

NOVIA. ¡Te he dicho que te calles!

CRIADA. ¡Ay señorita!

NOVIA. *(Enérgica.)* ¡Mi ropa!

CRIADA. ¡Qué va usted a hacer!

NOVIA. ¡Lo que puedo!

CRIADA. Un hombre tan bueno. ¡Tanto tiempo esperándola! Con tanta ilusión. ¡Cinco años! *(Le da los trajes.)*

NOVIA. ¿Te dio la mano?

CRIADA. *(Con alegría.)* Sí; me dio la mano.

NOVIA. ¿Y cómo te dio la mano?

CRIADA. Muy delicadamente, casi sin apretar.

NOVIA. ¿Lo ves? No te apretó.

CRIADA. Tuve un novio soldado que me clavaba los anillos y me hacía sangre. ¡Por eso lo despedí!

NOVIA. *(Con sorna.)* ¿Sí?

CRIADA. ¡Ay señorita!

NOVIA. *(Irritada.)* ¿Qué traje me pongo?

CRIADA. Con el rojo está preciosa.

NOVIA. No quiero estar guapa.

CRIADA. El verde.

NOVIA. *(Suave.)* No.

CRIADA. ¿El naranja?

NOVIA. *(Fuerte.)* No.

CRIADA. ¿El de tules?

NOVIA. *(Más fuerte.)* No.

CRIADA. ¿El traje hojas de otoño?

NOVIA. *(Irritada y fuerte.)* ¡He dicho que no! Quiero un hábito color tierra para ese hombre; un hábito de roca pelada con un cordón de esparto a la cintura. *(Se oye el claxon. La Novia entorna los ojos y cambiando la expresión sigue hablando.)* Pero con una corona de jazmines en el cuello y toda mi carne apretada por un velo mojado por el mar. *(Se dirige al balcón.)*

CRIADA. ¡Que no se entere su novio!

NOVIA. Se ha de enterar. *(Eligiendo un traje de hábito, sencillo.)* Éste. *(Se lo pone.)*

CRIADA. ¡Está equivocada!

NOVIA. ¿Por qué?

CRIADA. Su novio busca otra cosa. En mi pueblo había un muchacho que subía a la torre de la iglesia para mirar más de cerca la luna, y su novia lo despidió.

NOVIA. ¡Hizo bien!

CRIADA. Decía que veía en la luna el retrato de su novia.

NOVIA. *(Enérgica.)* ¿Y a ti te parece bien? *(Se termina de arreglar en el tocador y enciende las luces de los ángeles.)*

CRIADA. Sí. Cuando yo me disgusté con el botones...

NOVIA. ¿Ya te has disgustado con el botones? ¡Tan guapo... tan guapo... tan guapo...!

CRIADA. Naturalmente. Le regalé un pañuelo bordado por mí, que decía: «Amor, Amor, Amor», y se le perdió.

NOVIA. Vete.

CRIADA. ¿Cierro los balcones?

NOVIA. No.

CRIADA. El aire le va a quemar el cutis.

NOVIA. Eso me gusta. Quiero ponerme negra. Más negra que un muchacho. Y si me caigo, no hacerme sangre, y si agarro una zarzamora, no herirme. Están todos andando por el alambre con los ojos cerrados. Yo quiero tener plomo en los pies. Anoche soñaba que todos los niños pequeños crecen por casualidad... Que basta la fuerza que tiene un beso para poder matarlos a todos. Un puñal, unas tijeras duran siempre, y este pecho mío dura sólo un momento.

CRIADA. *(Escuchando.)* Ahí llega su padre.

NOVIA. *(Con sigilo.)* Todos mis trajes de color los metes en una maleta.

CRIADA. *(Temblando.)* Sí.

NOVIA. Y tienes preparada la llave del garaje.

CRIADA. *(Con miedo.)* ¡Está bien!

(Entra el Padre de la Novia. Es un viejo distraído. Lleva unos prismáticos colgados al cuello. Peluca blanca. Cara rosa. Lleva guan-

tes blancos y traje negro. Tiene detalles de una delicada miopía.)

PADRE. ¿Estás ya preparada?

NOVIA. *(Irritada.)* Pero ¿para qué tengo yo que estar preparada?

PADRE. ¡Que ha llegado!

NOVIA. ¿Y qué?

PADRE. Pues que como estás comprometida y se trata de tu vida, de tu felicidad, es natural que estés contenta y decidida.

NOVIA. Pues no estoy.

PADRE. ¿Cómo?

NOVIA. Que no estoy contenta. ¿Y tú?

PADRE. Pero hija... ¿Qué va a decir ese hombre?

NOVIA. ¡Que diga lo que quiera!

PADRE. Viene a casarse contigo. Tú le has escrito durante los cinco años que ha durado nuestro viaje. Tú no has bailado con nadie en los transatlánticos... No te has interesado por nadie. ¿Qué cambio es éste?

NOVIA. No quiero verlo. Es preciso que yo viva. Habla demasiado.

PADRE. ¡Ay! ¿Por qué no lo dijiste antes?

NOVIA. ¡Antes no existía yo tampoco! Existía la tierra y el mar. Pero yo dormía dulcemente en los almohadones del tren.

PADRE. Ese hombre me insultará con toda la razón. ¡Ay, Dios mío! Ya estaba todo arreglado. Te había regalado el hermoso traje de novia. Ahí dentro está, en el maniquí.

NOVIA. No me hables de esto. No quiero.

PADRE. ¿Y yo? ¿Y yo? ¿Es que no tengo derecho a descansar? Esta noche hay un eclipse de luna. Ya no podré mirarlo desde la terraza. En cuanto paso una irritación se me sube la sangre a los ojos y no veo. ¿Qué hacemos con este hombre?

NOVIA. Lo que tú quieras. Yo no quiero verlo.

PADRE. *(Enérgico y sacando fuerzas de voluntad.)* ¡Tienes que cumplir tu compromiso!

NOVIA. ¡No lo cumplo!

PADRE. ¡Es preciso!

NOVIA. No.

PADRE. ¡Sí! *(Hace intención de pegarle.)*

NOVIA. *(Fuerte.)* No.

PADRE. Todos contra mí. *(Mira al cielo por el balcón abierto.)* Ahora empezará el eclipse. *(Se dirige al balcón.)* Ya han apagado las lámparas. *(Con angustia.)* ¡Será hermoso! Lo he estado esperando mucho tiempo. Y ahora ya no lo veo. ¿Por qué lo has engañado?

NOVIA. Yo no lo he engañado.

PADRE. Cinco años, día por día. ¡Ay, Dios mío!

(La Criada entra precipitadamente y corre hacia el balcón; fuera se oyen voces.)

CRIADA. ¡Están discutiendo!

PADRE. ¿Quién?

CRIADA. Ya ha entrado. *(Sale rápidamente.)*

PADRE. ¿Qué pasa?

NOVIA. ¿Dónde vas? ¡Cierra la puerta! *(Con angustia.)*

PADRE. Pero ¿por qué?

NOVIA. ¡Ah!

(Aparece el Joven. Viene vestido de calle. Se arregla el cabello. En el momento de entrar se encienden todas las luces de la escena y los ramos de bombillas que llevan los ángeles en la mano. Quedan los tres personajes mirándose, quietos y en silencio.)

JOVEN. Perdonen...

(Pausa.)

PADRE. *(Con embarazo.)* Siéntese.

(Entra la Criada muy nerviosa, con las manos sobre el pecho.)

JOVEN. *(Dando la mano a la Novia.)* ¡Ha sido un viaje tan largo!

NOVIA. *(Mirándolo muy fija y sin soltarle la mano.)* Sí. Un viaje frío. Ha nevado mucho estos últimos años. *(Le suelta la mano.)*

JOVEN. Ustedes me perdonarán, pero de correr, de subir la escalera, estoy agitado. Y luego... en la calle he golpeado a unos niños que estaban matando un gato a pedradas.

(El Padre le ofrece una silla.)

NOVIA. *(A la Criada.)* Una mano fría. Una mano de cera cortada.

CRIADA. ¡La va a oír!

NOVIA. Y una mirada antigua. Una mirada que se parte como el ala de una mariposa seca.

JOVEN. No, no puedo estar sentado. Prefiero charlar... De pronto, mientras subía la escalera, vinieron a mi memoria todas las canciones que había olvidado y las quería cantar todas a la vez. *(Se acerca a la Novia.)* ... Las trenzas...

NOVIA. Nunca tuve trenzas.

JOVEN. Sería la luz de la luna. Sería el aire cuajado en bocas para besar tu cabeza.

(La Criada se retira a un rincón. El Padre se asoma a los balcones y mira con los prismáticos.)

NOVIA. ¿Y tú no eras más alto?

JOVEN. No.

NOVIA. ¿No tenías una sonrisa violenta que era como una garra sobre tu rostro?

JOVEN. No.

NOVIA. ¿Y no jugabas tú al rugby?

JOVEN. Nunca.

NOVIA. *(Con pasión.)* ¿Y no llevabas un caballo de las crines y matabas en un día tres mil faisanes?

JOVEN. Jamás.

NOVIA. ¡Entonces! ¿A qué vienes a buscarme? Tenías las manos llenas de anillos. ¿Dónde hay una gota de sangre?

JOVEN. Yo la derramaré si te gusta.

NOVIA. *(Enérgica.)* No es tu sangre. ¡Es la mía!

JOVEN. ¡Ahora nadie podrá separar mis brazos de tu cuello!

NOVIA. No son tus brazos, son los míos. Soy yo la que se quiere quemar en otro fuego.

JOVEN. No hay más fuego que el mío. *(La abraza.)* Porque te he esperado y ahora gano mi sueño. Y no son sueño tus trenzas porque las haré yo mismo de tu cabello, ni es sueño tu cintura donde canta la sangre mía, porque es mía esta sangre, ganada lentamente a través de una lluvia, y mío este sueño.

NOVIA. *(Desasiéndose.)* Déjame. Todo lo podías haber dicho menos la palabra sueño. Aquí no se sueña. Yo no quiero soñar... Yo estoy defendida por el tejado.

JOVEN. ¡Pero se ama!

NOVIA. Tampoco se ama. ¡Vete!

JOVEN. ¿Qué dices? *(Aterrado.)*

NOVIA. Que busques otra mujer a quien puedas hacerle trenzas.

JOVEN. *(Como despertando.)* ¡¡No!!

NOVIA. ¿Cómo voy a dejar que entres en mi alcoba cuando ya ha entrado otro?

JOVEN. ¡Ay! *(Se cubre la cara con las manos.)*

NOVIA. Dos días tan sólo han bastado para sentirme cargada de cadenas. En los espejos y entre los encajes de la cama oigo ya el gemido de un niño que me persigue.

JOVEN. Pero mi casa está ya levantada. Con muros que yo mismo he tocado. ¿Voy a dejar que la viva el aire?

NOVIA. ¿Y qué culpa tengo yo? ¿Quieres que me vaya contigo?

JOVEN. *(Sentándose en una silla, abatido.)* Sí, sí, vente.

NOVIA. Un espejo, una mesa estarían más cerca de ti que yo.

JOVEN. ¿Qué voy a hacer ahora?

NOVIA. Amar.

JOVEN. ¿A quién?

NOVIA. Busca. Por las calles, por el campo.

JOVEN. *(Enérgico.)* No busco. Te tengo a ti. Estás aquí, entre mis manos, en este mismo instante, y no me puedes cerrar la puerta porque vengo mojado por una lluvia de cinco años. Y porque después no hay nada, porque después no puedo amar, porque después se ha acabado todo.

NOVIA. ¡Suelta!

JOVEN. No es tu engaño lo que me duele. Tú no eres nada. Tú no significas nada. Es mi tesoro perdido. Es mi amor sin objeto. ¡Pero vendrás!

NOVIA. ¡No iré!

JOVEN. Para que no tenga que volver a empezar. Siento que se me olvidan hasta las letras.

NOVIA. ¡¡No iré!!

JOVEN. Para que no muera. ¿Lo oyes? ¡Para que no muera!

NOVIA. ¡Déjame!

CRIADA. *(Saliendo.)* ¡Señorita! *(El Joven suelta a la Novia.)* ¡Señor!

PADRE. *(Entrando.)* ¿Quién grita?

NOVIA. Nadie.

PADRE. *(Mirando al Joven.)* Caballero...

JOVEN. *(Abatido.)* Hablábamos.

NOVIA. *(Al Padre.)* Es preciso que le devuelva los regalos... *(El Joven hace un movimiento.)* Todos. Sería injusto. Todos... menos los abanicos... porque se han roto.

JOVEN. *(Recordando.)* Dos abanicos.

NOVIA. Uno azul...

JOVEN. Con tres góndolas hundidas...

NOVIA. Y otro blanco...

JOVEN. ¡Que tenía en el centro la cabeza de un tigre! Y... ¿están rotos?

CRIADA. Las últimas varillas se las llevó el niño del carbonero.

PADRE. Eran unos abanicos buenos, pero vamos...

JOVEN. *(Sonriendo.)* No importa que se hayan perdido. Me hacen ahora mismo un aire que me quema la piel.

CRIADA. *(A la Novia.)* ¿También el traje de novia?

NOVIA. Está claro.

CRIADA. *(Llorosa.)* Ahí dentro está, en el maniquí.

PADRE. *(Al Joven.)* Yo quisiera que...

JOVEN. No importa.

PADRE. De todos modos, está usted en su casa.

JOVEN. ¡Gracias!

PADRE. *(Que mira siempre al balcón.)* Debe estar ya en el comienzo. Usted perdone. *(A la Novia.)* ¿Vienes?...

NOVIA. Sí. *(Al Joven.)* ¡Adiós!

JOVEN. ¡Adiós! *(Salen.)*

VOZ. *(Fuera.)* ¡Adiós!

JOVEN. Adiós... ¿y qué? ¿Qué hago con esta hora que viene y que no conozco? ¿Dónde voy?

(La luz de la escena se oscurece. Las bombillas de los ángeles toman una luz azul. Por los balcones vuelve a entrar una luz de luna que irá en aumento hasta el final. Se oye un gemido.)

JOVEN. *(Mirando a la puerta.)* ¿Quién?

(Entra en escena el Maniquí con vestido de novia. Este personaje tiene la cara gris y las cejas y los labios dorados como un maniquí de escaparate de lujo. Lleva peluca y guantes de oro. Trae puesto con cierto embarazo un espléndido traje de novia blanco, con larga cola y velo.)

MANIQUÍ. *(Canta y llora.)*

¿Quién usará la plata buena
de la novia chiquita y morena?
Mi cola se pierde por el mar
y la luna lleva puesta mi corona de azahar.
Mi anillo, señor, mi anillo de oro viejo,
se hundió por las arenas del espejo.
¿Quién se pondrá mi traje? ¿Quién se lo pondrá?
Se lo pondrá la ría grande para casarse con el mar.

JOVEN.

¿Qué cantas, dime?

MANIQUÍ.

Yo canto
muerte que no tuve nunca,
dolor de velo sin uso,

con llanto de seda y pluma.
Ropa interior que se queda
helada de nieve oscura,
sin que los encajes puedan
competir con las espumas.
Telas que cubren la carne
serán para el agua turbia.
Y en vez de rumor caliente,
quebrado torso de lluvia.
¿Quién usará la ropa buena
de la novia chiquita y morena?

JOVEN.

Se la pondrá el aire oscuro
jugando al alba en su gruta,
ligas de raso los juncos,
medias de seda la luna.
Dale el velo a las arañas
para que coman y cubran
las palomas, enredadas
en sus hilos de hermosura.
Nadie se pondrá tu traje,
forma blanca y luz confusa,
que seda y escarcha fueron
livianas arquitecturas.

MANIQUÍ.

Mi cola se pierde por el mar.

JOVEN.

Y la luna lleva en vilo tu corona de azahar.

MANIQUÍ. *(Irritado.)*

No quiero. Mis sedas tienen,
hilo a hilo y una a una,
ansia de calor de boda.
Y mi camisa pregunta
dónde están las manos tibias
que oprimen en la cintura.

JOVEN.

Yo también pregunto. ¡Calla!

MANIQUÍ.

Mientes. Tú tienes la culpa.
Pudiste ser para mí
potro de plomo y espuma,
el aire roto en el freno
y el mar atado en la grupa.
Pudiste ser un relincho
y eres dormida laguna,
con hojas secas y musgo
donde este traje se pudra.
Mi anillo, señor, mi anillo de oro viejo.

JOVEN.

¡Se hundió por las arenas del espejo!

MANIQUÍ.

¿Por qué no viniste antes?
Ella esperaba desnuda
como una sierpe de viento
desmayada por las puntas.

JOVEN. *(Levantándose.)*

Silencio. Déjame. ¡Vete!,
o te romperé con furia
las iniciales de nardo,
que la blanca seda oculta.
Vete a la calle a buscar
hombros de virgen nocturna
o guitarras que te lloren
seis largos gritos de música.
Nadie se pondrá tu traje.

MANIQUÍ.

Te seguiré siempre.

JOVEN.

¡Nunca!

MANIQUÍ.

¡Déjame hablarte!

JOVEN.

¡Es inútil!
¡No quiero saber!

MANIQUÍ.

Escucha.

Mira.

JOVEN.

¿Qué?

MANIQUÍ.

Un trajecito
que robé de la costura.

(Enseña un traje rosa de niño.)

Dos fuentes de leche blanca
mojan mis sedas de angustia
y un dolor blanco de abejas
cubre de rayos mi nuca.
Mi hijo. ¡Quiero a mi hijo!
Por mi falda lo dibujan
estas cintas que me estallan
de alegría en la cintura.
¡Y es tu hijo!

JOVEN. *(Coge el trajecito.)*

Sí, mi hijo:
donde llegan y se juntan
pájaros de sueño loco
y jazmines de cordura.

(Angustiado.)

¿Y si mi niño no llega...?
Pájaro que el aire cruza
¿no puede cantar?

MANIQUÍ.

No puede.

JOVEN.

¿Y si mi niño no llega...?
Velero que el agua surca
¿no puede nadar?

MANIQUÍ.

No puede.

JOVEN.

Quieta el arpa de la lluvia,
un mar hecho piedra ríe
últimas olas oscuras.

MANIQUÍ.

¿Quién se pondrá mi traje? ¿Quién se lo pondrá?

JOVEN. *(Entusiasmado y rotundo.)*

Se lo pondrá mujer que espera por las orillas de la mar.

MANIQUÍ.

Te espera siempre, ¿recuerdas?
Estaba en tu casa oculta.
Ella te amaba y se fue.
Tu niño canta en su cuna
y como es niño de nieve
espera la sangre tuya.
Corre, a buscarla, ¡deprisa!,
y entrégamela desnuda
para que mis sedas puedan,
hilo a hilo y una a una,
abrir la rosa que cubre
su vientre de carne rubia.

JOVEN.

He de vivir.

MANIQUÍ.

¡Sin espera!

JOVEN.

Mi niño canta en su cuna,
y como es niño de nieve
aguarda calor y ayuda.

MANIQUÍ. *(Por el traje del niño.)*

¡Dame el traje!

JOVEN. *(Dulce.)*

No.

MANIQUÍ. *(Arrebatándoselo.)*

¡Lo quiero!
Mientras tú vences y buscas,
yo cantaré una canción
sobre sus tiernas arrugas. *(Lo besa.)*

JOVEN.

¡Pronto! ¿Dónde está?

MANIQUÍ.

En la calle.

JOVEN.

Antes que la roja luna
limpie con sangre de eclipse
la perfección de su curva,
traeré temblando de amor
mi propia mujer desnuda.

(La luz es de un azul intenso. Entra la Criada por la izquierda con un candelabro y la escena toma suavemente su luz normal, sin descuidar la luz azul de los balcones abiertos de par en par que hay en el fondo. En el momento que aparece la Criada, el Maniquí queda rígido con una postura de escaparate. La cabeza inclinada y las manos levantadas en actitud delicadísima. La Criada deja el candelabro sobre la mesa del tocador. Siempre en actitud compungida y mirando al Joven. En este momento aparece el Viejo por una puerta de la derecha. La luz crece.)

JOVEN. *(Asombrado.)* ¡Usted!

VIEJO. *(Da muestras de una gran agitación y se lleva las manos al pecho. Trae un pañuelo de seda en la mano.)* ¡Sí! ¡Yo!

(La Criada sale rápidamente al balcón.)

JOVEN. *(Agrio.)* No me hace ninguna falta.

VIEJO. Más que nunca. ¡Ay, me has herido! ¿Por qué subiste? Yo sabía lo que iba a pasar. ¡Ay!

JOVEN. *(Dulce, acercándose.)* ¿Qué le pasa?

VIEJO. *(Enérgico.)* Nada. No me pasa nada. Una herida pero... la sangre se seca y lo pasado, pasado. *(El Joven inicia el mutis.)* ¿Dónde vas?

JOVEN. *(Con alegría.)* A buscar.

VIEJO. ¿A quién?

JOVEN. A la mujer que me quiere. Usted la vio en mi casa, ¿no recuerda?

VIEJO. *(Severo.)* No recuerdo. Pero espera.

JOVEN. ¡No! Ahora mismo.

(El Viejo lo coge del brazo.)

PADRE. *(Entrando.)* ¡Hija!, ¿dónde estás? ¡Hija!

(Se oye el claxon del automóvil.)

CRIADA. *(En el balcón.)* ¡Señorita! ¡Señorita!

PADRE. *(Yéndose al balcón.)* ¡Hija! ¡Espera, espera! *(Sale.)*

JOVEN. Yo también me voy. Yo busco, como ella, ¡la nueva flor de mi sangre! *(Sale corriendo.)*

VIEJO. ¡Espera! ¡Espera! ¡No me dejes herido! ¡Espera! *(Sale. Sus voces de «¡Espera, espera!» se pierden.)*

(Se oye lejano el claxon. Queda la escena azul y el Maniquí avanza dolorido. Con dos expresiones. Pregunta en el primer verso con ímpetu y respuesta en el segundo y como muy lejana.)

MANIQUÍ.

Mi anillo, ¡señor!, mi anillo de oro viejo

(Pausa.)

se hundió por las arenas del espejo.
¿Quién se pondrá mi traje? ¿Quién se lo pondrá?

(Pausa. Llorando.)

Se lo pondrá la ría grande para casarse con el mar.

(Se desmaya y queda tendido en el sofá.)

VOZ *(Fuera.)* ¡Esperaaa...!

Telón rápido

Acto tercero

Cuadro primero

Bosque. Grandes troncos. En el centro, un teatro rodeado de cortinas barrocas con el telón echado. Una escalerita une el tabladillo con el escenario. Al levantarse el telón cruzan entre los troncos dos Figuras vestidas de negro, con las caras blancas de yeso y las manos también blancas. Suena una música lejana. Sale el Arlequín. Viste de negro y verde. Lleva dos caretas, una en cada mano y ocultas en la espalda. Acciona de modo rítmico, como un bailarín.

ARLEQUÍN.

El Sueño va sobre el Tiempo
flotando como un velero.
Nadie puede abrir semillas
en el corazón del Sueño.

(Se pone una careta de alegrísima expresión.)

¡Ay, cómo canta el alba! ¡Cómo canta!
¡Qué témpanos de hielo azul levanta!

(Se quita la careta.)

El Tiempo va sobre el Sueño
hundido hasta los cabellos.
Ayer y mañana comen
oscuras flores de duelo.

(Se pone una careta de expresión dormida.)

¡Ay, cómo canta la noche! ¡Cómo canta!
¡Qué espesura de anémonas levanta!

(Se la quita.)

Sobre la misma columna,
abrazados Sueño y Tiempo,
cruza el gemido del niño,
la lengua rota del viejo.

(Con una careta.)

¡Ay cómo canta el alba! ¡Cómo canta!

(Con la otra careta.)

¡Qué espesura de anémonas levanta!

Y si el Sueño finge muros
en la llanura del Tiempo,
el Tiempo le hace creer
que nace en aquel momento.

¡Ay, cómo canta la noche! ¡Cómo canta!
¡Qué témpanos de hielo azul levanta!

(Desde este momento se oirá en el fondo durante todo el acto, y con medidos intervalos, unas lejanas trompas graves de caza. Aparece una Muchacha vestida de negro, con túnica griega. Viene saltando con una guirnalda.)

MUCHACHA.
¿Quién lo dice,
quién lo dirá?
Mi amante me aguarda
en el fondo del mar.

ARLEQUÍN. *(Gracioso.)*
Mentira.

MUCHACHA.
Verdad.
Perdí mi deseo,

perdí mi dedal,
y en los troncos grandes
los volví a encontrar.

ARLEQUÍN. *(Irónico.)*
Una cuerda muy larga.

MUCHACHA.
Larga; para bajar.
Tiburones y peces
y ramos de coral.

ARLEQUÍN.
Abajo está.

MUCHACHA. *(En voz baja.)*
Muy bajo.

ARLEQUÍN.
Dormido.

MUCHACHA.
¡Abajo está!
Banderas de agua verde
lo nombran capitán.

ARLEQUÍN. *(En alta voz y gracioso.)*
¡Mentira!

MUCHACHA. *(En alta voz.)*
¡Verdad!
Perdí mi corona,
perdí mi dedal,
y a la media vuelta,
los volví a encontrar.

ARLEQUÍN.
Ahora mismo.

MUCHACHA.
¿Ahora?

ARLEQUÍN.
Tu amante verás
a la media vuelta
del viento y el mar.

MUCHACHA. *(Asustada.)*
¡Mentira!

ARLEQUÍN.

¡Verdad!
Yo te lo daré.

MUCHACHA. *(Inquieta.)*

No me lo darás.
No se llega nunca
al fondo del mar.

ARLEQUÍN. *(A voces y como si estuviera en el circo.)*

¡Señor hombre, acuda!

(Aparece un espléndido Payaso, lleno de lentejuelas. Su cabeza empolvada dará sensación de calavera. Ríe a grandes carcajadas.)

ARLEQUÍN.

Usted le dará
a esta muchachita...

PAYASO.

Su novio del mar.

(Se remanga.)

Venga una escalera.

MUCHACHA. *(Asustada.)*

¿Sí?

PAYASO. *(A la Muchacha.)*

Para bajar.

(Al público.)

¡Buenas noches!

ARLEQUÍN.

¡Bravo!

PAYASO. *(Al Arlequín.)*

¡Tú, mira hacia allá!

(El Arlequín, riendo, se vuelve.)

¡Vamos, toca!

(Palmotea.)

ARLEQUÍN.

¡Toco!

(El Arlequín toca un violín blanco con dos cuerdas de oro. Debe ser grande y plano. Canta.)

PAYASO.

Novio, ¿dónde estás?

ARLEQUÍN. *(Fingiendo la voz.)*

Por las frescas algas
yo voy a cazar
grandes caracolas
y lirios de sal.

MUCHACHA. *(Gritando, asustada de la realidad.)*

¡No quiero!

PAYASO.

¡Silencio!

(El Arlequín ríe.)

MUCHACHA. *(Al Payaso, con miedo.)*

Me voy a saltar
por las hierbas altas.
Luego nos iremos
al agua del mar.

ARLEQUÍN. *(Jocoso y volviéndose.)*

¡Mentira!

MUCHACHA. *(Al Payaso.)*

¡Verdad!

(Inicia el mutis llorando.)

¿Quién lo dice?
¿Quién lo dirá?
Perdí mi corona,
perdí mi dedal.

ARLEQUÍN. *(Melancólico.)*

A la media vuelta
del viento y el mar.

(Sale la Muchacha.)

PAYASO. *(Señalando.)*
Allí.
ARLEQUÍN.
¿Dónde? ¿A qué?
PAYASO.
A representar.
Un niño pequeño
que quiere cambiar
en flores de acero
su trozo de pan.
ARLEQUÍN. *(Levemente incrédulo.)*
¡Mentira!
PAYASO. *(Severo.)*
¡Verdad!
Perdí rosa y curva,
perdí mi collar,
y en marfil reciente
los volví a encontrar.
ARLEQUÍN.
¡Señor hombre! ¡Venga!

(Inicia el mutis.)

PAYASO. *(A voces y mirando al bosque y adelantándose al Arlequín.)*
¡No tanto gritar!
¡Buenos días!
(En voz baja.)
¡Vamos!
Toca.
ARLEQUÍN.
¿Toco?
PAYASO.
Un vals. *(En alta voz.)*

(El Arlequín empieza a tocar. En voz baja.)

¡Deprisa!

(En alta voz.)

Señores:
voy a demostrar...

ARLEQUÍN.

Que en marfil reciente
los volvió a encontrar.

PAYASO.

Voy a demostrar...

(Sale.)

ARLEQUÍN. *(Saliendo.)*

La rueda que gira
del viento y el mar.

(Se oyen las trompas. Sale la Mecanógrafa. Viste un traje de tennis, *con boina de color intenso. Encima del vestido, una capa larga de una sola gasa. Viene con la Máscara primera. Ésta viste un traje de 1900, amarillo rabioso, con larga cola, pelo de seda amarillo, cayendo como un manto, y máscara blanca de yeso con guantes hasta el codo, del mismo color. Lleva sombrero amarillo, y todo el pecho de tetas altas ha de estar sembrado de lentejuelas de oro. El efecto de este personaje debe ser el de una llamarada sobre el fondo de azules lunares y troncos nocturnos. Habla con un leve acento italiano.)*

MÁSCARA. *(Riendo.)* ¡Un verdadero encanto!

MECANÓGRAFA. Yo me fui de su casa. Recuerdo que la tarde de mi partida había una gran tormenta de verano y había muerto el niño de la portería. Yo crucé la biblioteca y él me dijo: «¿Me habías llamado?»; a lo que yo contesté, cerrando los ojos: «¡¡No!!». Y luego, ya en la puerta, dijo: «¿Me necesitas?»; y yo le dije: «No. No te necesito».

MÁSCARA. ¡Precioso!

MECANÓGRAFA. Esperaba siempre de pie toda la noche hasta que yo me asomaba a la ventana.

MÁSCARA. ¿Y usted, *señorina* mecanógrafa?...

MECANÓGRAFA. No me asomaba. Pero... lo veía por las rendijas... ¡quieto! *(Saca un pañuelo.)*, ¡con unos ojos! Entraba el aire como un cuchillo, pero yo no le podía hablar.

MÁSCARA. *¿Puor qué, señorina?*

MECANÓGRAFA. Porque me amaba demasiado.

MÁSCARA. *¡Oh mio Dio!* Era igual que el conde Arturo de Italia. ¡Oh amor!

MECANÓGRAFA. ¿Sí?

MÁSCARA. En el *foyer* de la Ópera de París hay unas enormes balaustradas que dan al mar. El conde Arturo, con una camelia entre los labios, venía en una pequeña barca con su niño, los dos abandonados por mí. Pero yo corría las cortinas y les arrojaba un diamante. ¡Oh! ¡Qué *dolchísimo* tormento, *amica mia*! *(Llora.)* El conde y su niño pasaban hambre y dormían entre las ramas con un lebrel que me había regalado un señor de Rusia. *(Enérgica y suplicante.)* ¿No tienes un pedacito de pan para mí? ¿No tienes un pedacito de pan para mi hijo? ¿Para el niño que el conde Arturo dejó morir en la escarcha?... *(Agitada.)* Y después fui al hospital y allí supe que el conde se había casado con una gran dama romana... Y después he pedido limosna y compartido mi cama con los hombres que descargan el carbón en los muelles.

MECANÓGRAFA. ¿Qué dices? ¿Por qué hablas así?...

MÁSCARA. *(Serenándose.)* Digo que el conde Arturo me amaba tanto que lloraba detrás de las cortinas con su niño, mientras que yo era como una media luna de plata entre los gemelos y las luces de gas que brillaban bajo la cúpula de la gran Ópera de París.

MECANÓGRAFA. Delicioso. ¿Y cuándo llega el conde?

MÁSCARA. ¿Y cuándo llega *tu amico*?

MECANÓGRAFA. Tardará. Nunca es en seguida.

MÁSCARA. También Arturo tardará en seguida. Tiene en la mano derecha una cicatriz que le hicieron con un puñal... por mí, desde luego. *(Mostrando su mano.)* ¿No la ves? *(Señalando el cuello.)* Y aquí otra, ¿la ves?

MECANÓGRAFA. Sí, ¿pero por qué?

MÁSCARA. *¿Per qué? ¿Per qué?* ¿Qué hago yo sin heridas? ¿De quién son las heridas de mi conde?

MECANÓGRAFA. Tuyas. ¡Es verdad! Hace cinco años que me está esperando, pero... ¡qué hermoso es esperar con seguridad el momento de ser amada!

MÁSCARA. ¡Y es seguro!

MECANÓGRAFA. ¡Seguro! ¡Por eso vamos a reír! De pequeña, yo guardaba los dulces para comerlos después.

MÁSCARA. ¡Ja, ja, ja! Sí, ¿verdad? ¡Saben mejor!

(Se oyen las trompas.)

MECANÓGRAFA. *(Iniciando el mutis.)* Si viniera mi amigo, ¡tan alto!, con todo el cabello rizado, pero rizado de un modo especial, tú haces como si no lo conocieras.

MÁSCARA. ¡Claro, *amica mia*! *(Se recoge la cola.)*

(Aparece el Joven. Viste un traje niker *gris con medias a cuadros azules.)*

ARLEQUÍN. *(Saliendo.)* ¡Eh!

JOVEN. ¿Qué?

ARLEQUÍN. ¿Dónde va?

JOVEN. A mi casa.

ARLEQUÍN. *(Irónico.)* ¿Sí?

JOVEN. Claro. *(Empieza a andar.)*

ARLEQUÍN. ¡Eh! Por ahí no puede pasar.

JOVEN. ¿Han cercado el parque?

ARLEQUÍN. Por ahí está el circo.

JOVEN. Bueno. *(Se vuelve.)*

ARLEQUÍN. Lleno de espectadores definitivamente quietos. *(Suave.)* ¿No quiere entrar el señor?

JOVEN. *(Estremecido.)* No. *(No queriendo oír.)* ¿Está interceptada también la calle de los chopos?

ARLEQUÍN. Allí están los carros y las jaulas con las serpientes.

JOVEN. Entonces volveré atrás. *(Inicia el mutis.)*

PAYASO. *(Saliendo por el lado opuesto.)* ¿Pero dónde va? ¡Ja, ja, ja!

ARLEQUÍN. Dice que va a su casa.

PAYASO. *(Dando una bofetada de circo al Arlequín.)* ¡Toma casa!

ARLEQUÍN. *(Cae al suelo, gritando.)* ¡Ay, que me duele, que me duele! ¡Ayy!

PAYASO. *(Al Joven.)* ¡Venga!

JOVEN. *(Irritado.)* ¿Pero me quiere usted decir qué broma es ésta? Yo iba a mi casa, es decir, a mi casa, no; a otra casa, a...

PAYASO. *(Interrumpiendo.)* A buscar.

JOVEN. Sí; porque lo necesito. A buscar.

PAYASO. *(Alegre.)* ¿A buscar?... Da la media vuelta y lo encontrarás.

LA VOZ DE LA MECANÓGRAFA. *(Cantando.)*

¿Dónde vas, amor mío,
¡amor mío!,
con el aire en un vaso
y el mar en un vidrio?

(El Arlequín ya se ha levantado. El Payaso le hace señas. El Joven está vuelto de espaldas, y ellos salen también sin dar la espalda, sobre las puntas de los pies, con paso de baile y el dedo sobre los labios. Las luces del teatro se encienden.)

JOVEN. *(Asombrado.)*

¿Dónde vas, amor mío,
vida mía, amor mío,
con el aire en un vaso
y el mar en un vidrio?

MECANÓGRAFA. *(Apareciendo llena de júbilo.)*

¿Dónde? ¡Donde me llaman!

JOVEN. *(Abrazándola.)*

¡Vida mía!

MECANÓGRAFA. *(Abrazándolo.)*

Contigo.

JOVEN.

Te he de llevar desnuda,
flor ajada y cuerpo limpio,
al sitio donde las sedas
están temblando de frío.
Sábanas blancas te aguardan.
Vámonos pronto. Ahora mismo.
Antes que en las ramas giman
ruiseñores amarillos.

MECANÓGRAFA.

Sí; que el sol es un milano.
Mejor: un halcón de vidrio.
No: que el sol es un gran tronco,
y tú la sombra de un río.
¿Cómo, si me abrazas, di,
no nacen juncos y lirios
y no destiñen tus ondas
el color de mi vestido?
Amor, déjame en el monte
harta de nube y rocío,
para verte grande y triste
cubrir un cielo dormido.

JOVEN.

¡No hables así, niña! Vamos.
No quiero tiempo perdido.
Sangre pura y calor hondo
me están llevando a otro sitio.
Quiero vivir.

MECANÓGRAFA.

¿Con quién?

JOVEN.

Contigo.

MECANÓGRAFA.

¿Qué es eso que suena muy lejos?

JOVEN.

Amor,
el día que vuelve.
¡Amor mío!

MECANÓGRAFA. *(Alegre y como en sueños.)*
¡Un ruiseñor! ¡Que cante!
Ruiseñor gris de la tarde,
en la rama del arce.
Ruiseñor, ¡te he sentido!
Quiero vivir.

JOVEN.
¿Con quién?

MECANÓGRAFA.
Con la sombra de un río.

(Angustiada y refugiándose en el pecho del Joven.)

¿Qué es eso que suena muy lejos?

JOVEN.
Amor.
¡La sangre en mi garganta,
amor mío!

MECANÓGRAFA.
Siempre así, siempre, siempre,
despiertos o dormidos.

JOVEN.
Nunca así, ¡nunca!, ¡nunca!
Vámonos de este sitio.

MECANÓGRAFA.
¡Espera!

JOVEN.
¡Amor no espera!

MECANÓGRAFA. *(Se desase del Joven.)*
¿Dónde vas, amor mío,
con el aire en un vaso
y el mar en un vidrio?

(Se dirige a la escalera. Las cortinas del teatrito se descorren y aparece la biblioteca del primer acto, reducida y con los tonos muy pálidos. Aparece en la escenita la Máscara amarilla, tiene un

pañuelo de encaje en la mano y aspira sin cesar, mientras llora, un frasco de sales.)

MÁSCARA. *(A la Mecanógrafa.)* Ahora mismo acabo de abandonar para siempre al conde. Se ha quedado ahí detrás con su niño. *(Baja las escaleras.)* Estoy segura que se morirá. Pero me quiso tanto, tanto. *(Llora. A la Mecanógrafa.)* ¿Tú no lo sabías? Su niño morirá bajo la escarcha. Lo he abandonado. ¿No ves que contenta estoy? ¿No ves cómo me río? *(Llora.)* Ahora me buscará por todos lados. *(En el suelo.)* Voy a esconderme dentro de las zarzamoras *(En voz alta.)*, dentro de las zarzamoras. Hablo así porque no quiero que Arturo me sienta. *(En voz alta.)* ¡No te quiero! ¡Ya te he dicho que no te quiero! *(Se va llorando.)* Tú a mí, sí, ¡pero yo a ti no te quiero!

(Aparecen dos Criados vestidos con libreas azules y caras palidísimas que dejan en la izquierda del escenario dos taburetes blancos. Por la escenita cruza el Criado del primer acto, siempre andando sobre las puntas de los pies.)

MECANÓGRAFA. *(Al Criado y subiendo las escaleras de la escenita.)* Si viene el señor, que pase. *(En la escenita.)* Aunque no vendrá hasta que deba.

(El Joven empieza lentamente a subir la escalerita.)

JOVEN. *(En la escenita, apasionado.)* ¿Estás contenta aquí?
MECANÓGRAFA. ¿Has escrito las cartas?
JOVEN. Arriba se está mejor. ¡Vente!
MECANÓGRAFA. ¡Te he querido tanto!
JOVEN. ¡Te quiero tanto!
MECANÓGRAFA. ¡Te querré tanto!
JOVEN. Me parece que agonizo sin ti. ¿Dónde voy si tú me dejas? No recuerdo nada. La otra no existe, pero tú sí, porque me quieres.
MECANÓGRAFA. Te he querido, ¡amor! Te querré siempre.

JOVEN. Ahora...
MECANÓGRAFA. ¿Por qué dices ahora?

(Aparece por el escenario grande el Viejo. Viene vestido de azul y trae un gran pañuelo en la mano, manchado de sangre, que lleva a su pecho y a su cara. Da muestras de agitación viva y observa atentamente lo que pasa en la escenita.)

JOVEN. Yo esperaba y moría.
MECANÓGRAFA. Yo moría por esperar.
JOVEN. Pero la sangre golpea en mis sienes con sus nudillos de fuego, y ahora te tengo ya aquí.
VOZ. *(Fuera.)* ¡Mi hijo! ¡Mi hijo!

(Cruza la escenita el Niño muerto. Viene solo y entra por una puerta de la izquierda.)

JOVEN. ¡Sí, mi hijo! Corre por dentro de mí, como una hormiguita sola dentro de una caja cerrada. *(A la Mecanógrafa.)* ¡Un poco de luz para mi hijo! ¡Por favor! ¡Es tan pequeño! ¡Aplasta las naricillas en el cristal de mi corazón, y, sin embargo, no tiene aire!
MÁSCARA AMARILLA. *(Apareciendo en el escenario grande.)* ¡Mi hijo!

(Salen dos Máscaras más, que presencian la escena.)

MECANÓGRAFA. *(Autoritaria y seca.)* ¿Has escrito las cartas? No es tu hijo, soy yo. Tú esperabas y me dejaste marchar, pero siempre te creías amado. ¿Es mentira lo que digo?
JOVEN. *(Impaciente.)* No, pero...
MECANÓGRAFA. Yo, en cambio, sabía que tú no me querrías nunca. Y, sin embargo, yo he levantado mi amor y te he cambiado y te he visto por los rincones de mi casa. *(Apasionada.)* ¡Te quiero, pero más lejos de ti! He huido tanto, que necesito contemplar el mar para poder evocar el temblor de tu boca.

VIEJO. Porque si él tiene veinte años puede tener veinte lunas.

MECANÓGRAFA. *(Lírica.)* Veinte rocas, veinte nortes de nieve.

JOVEN. *(Irritado.)* Calla. Tú vendrás conmigo. Porque me quieres y porque es necesario que yo viva.

MECANÓGRAFA. Sí; te quiero, pero ¡mucho más! No tienes tú ojos para verme desnuda, ni boca para besar mi cuerpo que nunca se acaba. Déjame. ¡Te quiero demasiado para poder contemplarte!

JOVEN. ¡Ni un minuto más! ¡Vamos! *(La coge de las muñecas.)*

MECANÓGRAFA. ¡Me haces daño, amor!

JOVEN. ¡Así me sientes!

MECANÓGRAFA. *(Dulce.)* Espera... Yo iré... Siempre. *(Lo abraza.)*

VIEJO. Ella irá. Siéntate, amigo mío. Espera.

JOVEN. *(Angustiado.)* ¡¡No!!

MECANÓGRAFA. Estoy muy alta. ¿Por qué me dejaste? Iba a morir de frío y tuve que buscar tu amor por donde no hay gente. Pero estaré contigo. Déjame bajar poco a poco hasta ti.

(Aparecen el Payaso y el Arlequín. El Payaso trae una concertina y el Arlequín su violín blanco. Se sientan en los taburetes.)

PAYASO.

Una música.

ARLEQUÍN.

De años.

PAYASO.

Lunas y mares sin abrir.
¿Queda atrás?

ARLEQUÍN.

La mortaja del aire.

PAYASO.

Y la música de tu violín.

(Tocan.)

JOVEN. *(Saliendo de un sueño.)* ¡Vamos!

MECANÓGRAFA. Sí... ¿Será posible que seas tú? ¡Así, de pronto...! ¿Sin haber probado lentamente esta hermosa idea: mañana será? ¿No te da lástima de mí?

JOVEN. Arriba hay como un nido. Se oye cantar el ruiseñor... y aunque no se oiga, ¡aunque el murciélago golpee los cristales!

MECANÓGRAFA. Sí, sí, pero...

JOVEN. *(Enérgico.)* ¡Tu boca! *(La besa.)*

MECANÓGRAFA. Más tarde...

JOVEN. *(Apasionado.)* Es mejor de noche.

MECANÓGRAFA. ¡Yo me iré!

JOVEN. ¡Sin tardar!

MECANÓGRAFA. ¡Yo quiero! Escucha.

JOVEN. ¡Vamos!

MECANÓGRAFA. Pero...

JOVEN. Dime.

MECANÓGRAFA. ¡Me iré contigo!...

JOVEN. ¡Amor!

MECANÓGRAFA. Me iré contigo. *(Tímida.)* ¡Así que pasen cinco años!

JOVEN. ¡Ay! *(Se lleva las manos a la frente.)*

VIEJO. *(En voz baja.)* ¡Bravo!

(El Joven empieza a bajar lentamente las escaleras. La Mecanógrafa queda en actitud extática en el escenario. Sale el Criado de puntillas y la cubre con una gran capa blanca.)

PAYASO.

Una música.

ARLEQUÍN.

De años.

PAYASO.

Lunas y mares sin abrir.
Queda atrás...

ARLEQUÍN.

La mortaja del aire.

PAYASO.
Y la música de tu violín.
(*Tocan.*)

MÁSCARA AMARILLA.
El conde besa mi retrato de amazona.

VIEJO.
Vamos a no llegar, pero vamos a ir.

JOVEN. *(Desesperado, al Payaso.)*
La salida, ¿por dónde?

MECANÓGRAFA. *(En el escenario chico y como en sueños.)*
¡Amor! ¡Amor!

JOVEN. *(Estremecido.)*
¡Enséñame la puerta!

PAYASO. *(Irónico, señalando a la izquierda.)*
Por allí.

ARLEQUÍN. *(Señalando a la derecha.)*
Por allí.

MECANÓGRAFA.
¡Te espero amor, te espero, vuelve pronto!

ARLEQUÍN. *(Irónico.)*
¡Por allí!

JOVEN. *(Al Payaso.)*
Te romperé las jaulas y las telas.
Yo sé saltar el muro.

VIEJO. *(Con angustia.)*
Por aquí.

JOVEN.
¡Quiero volver! Dejadme.

ARLEQUÍN.
¡Queda el viento!

PAYASO.
¡Y la música de tu violín!

Telón

Cuadro último

La misma biblioteca que en el primer acto. A la izquierda, el traje de novia puesto en un maniquí sin cabeza y sin manos. Varias maletas abiertas. A la derecha, una mesa.

Salen el Criado y la Criada.

CRIADA. *(Asombrada.)* ¿Sí?
CRIADO. Ahora está de portera, pero antes fue una gran señora. Vivió mucho tiempo con un conde italiano riquísimo, padre del niño que acaban de enterrar.
CRIADA. ¡Pobrecito mío! ¡Qué precioso iba!
CRIADO. De esta época le viene su manía de grandezas. Por eso ha gastado todo lo que tenía en la ropa del niño y en la caja.
CRIADA. ¡Y en las flores! Yo le he regalado un ramito de rosas, pero eran tan pequeñas que no las han entrado siquiera en la habitación.
JOVEN. *(Entrando.)* Juan.
CRIADO. Señor.

(La Criada sale.)

JOVEN. Dame un vaso de agua fría. *(El Joven da muestras de una gran desesperanza y un desfallecimiento físico.)*

(El Criado lo sirve.)

JOVEN. *(Alegre.)* ¿No era ese ventanal mucho más grande?
CRIADO. No.
JOVEN. Es asombroso que sea tan estrecho. Mi casa tenía un patio enorme, donde jugaba con mis caballitos. Cuando lo vi con veinte años era tan pequeño que me parecía increíble que hubiera podido volar tanto por él.

CRIADO. ¿Se encuentra bien el señor?

JOVEN. ¿Se encuentra bien una fuente echando agua? Contesta.

CRIADO. *(Sonriente.)* No sé...

JOVEN. ¿Se encuentra bien una veleta girando como el viento quiere?

CRIADO. El señor pone unos ejemplos... Pero yo le preguntaría, si el señor lo permite..., ¿se encuentra bien el viento?

JOVEN. *(Seco.)* Me encuentro bien.

CRIADO. ¿Descansó lo suficiente después del viaje?

JOVEN. *(Bebe.)* Sí.

CRIADO. Lo celebro infinito. *(Inicia el mutis.)*

JOVEN. Juan, ¿está mi ropa preparada?

CRIADO. Sí, señor. Está en su dormitorio.

JOVEN. ¿Qué traje?

CRIADO. El frac. Lo he extendido en la cama.

JOVEN. *(Irritado.)* ¡Pues quítalo! No quiero subir y encontrármelo tendido en la cama ¡tan grande, tan vacía! No sé a quién se le ocurrió comprarla. Yo tenía antes otra pequeña, ¿recuerdas?

CRIADO. Sí, señor: la de nogal tallado.

JOVEN. *(Alegre.)* ¡Eso! La de nogal tallado. ¡Qué bien se dormía en ella! Recuerdo que, siendo niño, vi nacer una luna enorme detrás de la barandilla de sus pies... ¿O fue por los hierros del balcón? No sé. ¿Dónde está?

CRIADO. *(Serio.)* La regaló el señor.

JOVEN. *(Pensando.)* ¿A quién?

CRIADO. *(Serio.)* A su antigua mecanógrafa.

(El Joven queda pensativo. Pausa.)

JOVEN. *(Indicando al Criado que se marche.)* Está bien.

(Sale el Criado.)

JOVEN. *(Con angustia.)* ¡Juan!

CRIADO. *(Severo.)* Señor.

JOVEN. Me habrás puesto zapatos de charol...

CRIADO. Los que tienen cinta de seda negra.

JOVEN. Seda negra... No... Busca otros. *(Levantándose.)* ¿Y será posible que en esta casa esté siempre el aire enrarecido? Voy a cortar todas las flores del jardín, sobre todo esas malditas adelfas que saltan por los muros, y esa hierba que sale sola a medianoche...

CRIADO. Dicen que con las anémonas y adormideras duele la cabeza a ciertas horas del día.

JOVEN. Eso será. También te llevas eso. *(Señalando al traje.)* Lo pones en la buhardilla.

CRIADO. ¡Muy bien! *(Va a salir.)*

JOVEN. *(Tímido.)* Y me dejas los zapatos de charol. Pero les cambias las cintas.

(Suena una campanilla.)

CRIADO. *(Entrando.)* Son los señoritos, que vienen a jugar.

JOVEN. *(Con fastidio.)* Abre.

CRIADO. *(En la puerta.)* El señor tendrá necesidad de vestirse.

JOVEN. *(Saliendo.)* Sí. *(Sale casi como una sombra.)*

(Entran los Jugadores. Son tres. Vienen de frac. Traen capas largas de raso blanco que les llegan a los pies.)

JUGADOR 1.º Fue en Venecia. Un mal año de juego. Pero aquel muchacho jugaba de verdad. Estaba pálido, tan pálido que en la última jugada ya no tenía más remedio que echar el as de *cœur*. Un corazón suyo lleno de sangre. Lo echó, y al ir a cogerlo *(Bajando la voz.)* para... *(Mira a los lados.)*, tenía un as de copas rebosando por los bordes y huyó bebiendo en él, con dos chicas, por el Gran Canal.

JUGADOR 2.º No hay que fiarse de la gente pálida o de la gente que tiene hastío: juegan, pero reservan.

JUGADOR 3.º Yo jugué en la India con un viejo que cuando ya no tenía una gota de sangre sobre las cartas, y yo esperaba el momento de lanzarme sobre él, tiñó de rojo con una anilina especial todas las copas y pudo escapar entre los árboles.

JUGADOR 1.º Jugamos y ganamos, pero ¡qué trabajo nos cuesta! Las cartas beben rica sangre en las manos y es difícil cortar el hilo que las une.

JUGADOR 2.º Pero creo que con éste... no nos equivocamos.

JUGADOR 3.º No sé.

JUGADOR 1.º *(Al 2.º)* No aprenderás nunca a conocer a tus clientes. ¿A éste? La vida se le escapa en dos chorros por sus pupilas, que mojan la comisura de sus labios y le tiñen de coral la pechera del frac.

JUGADOR 2.º Sí. Pero acuérdate del niño que en Suecia jugó con nosotros casi agonizante, y por poco si nos deja ciegos a los tres con el chorro de sangre que nos echó.

JUGADOR 3.º ¡La baraja! *(Saca una baraja.)*

JUGADOR 2.º Hay que estar muy suaves con él para que no reaccione.

JUGADOR 1.º Y aunque ni a *la otra* ni a la señorita mecanógrafa se les ocurrirá venir por aquí hasta que pasen cinco años, si es que vienen.

JUGADOR 3.º *(Riendo.)* ¡Si es que vienen! Ja, ja, ja.

JUGADOR 1.º *(Riendo.)* No estará mal ser rápidos en la jugada.

JUGADOR 2.º Él guarda un as.

JUGADOR 3.º Un corazón joven, donde es probable que resbalen las flechas.

JUGADOR 1.º *(Alegre y profundo.)* ¡Ca! Yo compré unas flechas en un tiro al blanco...

JUGADOR 3.º *(Con curiosidad.)* ¿Dónde?

JUGADOR 1.º *(En broma.)* En un tiro al blanco. Que no solamente se clavan sobre el acero más duro, sino sobre la gasa más fina. ¡Y esto sí que es difícil! *(Ríen.)*

JUGADOR 2.º *(Riendo.)* ¡En fin! ¡Ya veremos!

(Aparece el Joven vestido de frac.)

JOVEN. ¡Señores! *(Les da la mano.)* Han venido muy temprano. Hace demasiado calor.

JUGADOR 1.º ¡No tanto!

JUGADOR 2.º *(Al Joven.)* ¡Elegante como siempre!

JUGADOR 1.º Tan elegante, que ya no debía desnudarse más nunca.
JUGADOR 3.º Hay veces que la ropa nos cae tan bien, que ya no quisiéramos...
JUGADOR 2.º *(Interrumpiendo.)* Que ya no podemos arrancarla del cuerpo.
JOVEN. *(Con fastidio.)* Demasiado amables.

(Aparece el Criado con una bandeja y copas que deja en la mesa.)

JOVEN. ¿Comenzamos?

(Se sientan los tres.)

JUGADOR 1.º Dispuestos.
JUGADOR 2.º *(En voz baja.)* ¡Buen ojo!
JUGADOR 3.º ¿No se sienta?
JOVEN. No... Prefiero jugar de pie.
JUGADOR 1.º ¿De pie?
JUGADOR 2.º *(Bajo.)* Tendrás necesidad de ahondar mucho.
JUGADOR 1.º *(Repartiendo cartas.)* ¿Cuántas?
JOVEN. Cuatro. *(Se las da y a los demás.)*
JUGADOR 3.º *(Bajo.)* Jugada nula.
JOVEN. ¡Qué cartas más frías! Nada. *(Las deja sobre la mesa.)* ¿Y ustedes?...
JUGADOR 1.º *(Con voz grave.)* Nada.
JUGADOR 2.º Nada.
JUGADOR 3.º Nada.

(El Jugador 1.º les da cartas otra vez.)

JUGADOR 2.º *(Mirando sus cartas.)* ¡Magnífico!
JUGADOR 3.º *(Mirando sus cartas y con inquietud.)* ¡Vamos a ver!
JUGADOR 1.º *(Al Joven.)* Usted juega.
JOVEN. *(Alegre.)* ¡Y juego! *(Echa una carta sobre la mesa.)*
JUGADOR 1.º *(Enérgico.)* ¡Y yo!
JUGADOR 2.º ¡Y yo!
JUGADOR 3.º ¡Y yo!
JOVEN. *(Excitado, con una carta.)* ¿Y ahora?...

(Los tres Jugadores enseñan tres cartas. El Joven se detiene y se la oculta en la mano.)

JOVEN. Juan, sirve licor a estos señores.
JUGADOR 1.º *(Suave.)* ¿Tiene usted la bondad de la carta?
JOVEN. *(Angustiado.)* ¿Qué licor desean?
JUGADOR 2.º *(Dulce.)* ¿La carta?...
JOVEN. *(Al jugador 3.º)* A usted seguramente le gustará el anís. Es una bebida...
JUGADOR 3.º Por favor... la carta...
JOVEN. *(Al Criado, que entra.)* ¿Cómo no hay whisky? *(En el momento que el Criado entra, los Jugadores quedan silenciosos con las cartas en la mano.)* ¿Ni coñac?...
JUGADOR 1.º *(En voz baja y ocultándose del Criado.)* ¡La carta!
JOVEN. *(Angustiado.)* El coñac es una bebida para hombres que saben resistir.
JUGADOR 2.º *(Enérgico, pero en voz baja.)* ¡Su carta!
JOVEN. ¿O prefieren chartreuse?

(Sale el Criado.)

JUGADOR 1.º *(Levantando y enérgico.)* Tenga la bondad de jugar.
JOVEN. Ahora mismo. Pero beberemos.
JUGADOR 3.º *(Fuerte.)* ¡Hay que jugar!
JOVEN. *(Agonizante.)* Sí, sí. ¡Un poco de chartreuse! Es el chartreuse como una gran noche de luna verde dentro de un castillo donde hay un joven con unas calzas de oro.
JUGADOR 1.º *(Fuerte.)* Es necesario que usted nos dé su as.
JOVEN. *(Aparte.)* ¡Mi corazón!
JUGADOR 2.º *(Enérgico.)* Porque hay que ganar o perder... Vamos. ¡Su carta!
JUGADOR 3.º ¡Venga!
JUGADOR 1.º ¡Haga juego!
JOVEN. *(Con dolor.)* ¡Mi carta!
JUGADOR 1.º ¡La última!
JOVEN. ¡Juego! *(Pone la carta sobre la mesa.)*

(En este momento, en los anaqueles de la biblioteca aparece un gran as de cœur *iluminado. El Jugador 1.º saca una pistola y dispara sin ruido con una flecha. El as desaparece, y el Joven se lleva las manos al corazón.)*

JUGADOR 1.º ¡Hay que vivir!
JUGADOR 2.º ¡No hay que esperar!
JUGADOR 3.º ¡Corta! ¡Corta bien!

(El Jugador 1.º, con unas tijeras, da unos cortes en el aire.)

JUGADOR 1.º *(En voz baja.)* Vamos.
JUGADOR 2.º ¡Deprisa!
JUGADOR 3.º No hay que esperar nunca. Hay que vivir. *(Salen.)*
JOVEN. ¡Juan! ¡Juan!
ECO. ¡Juan, Juan!
JOVEN. *(Agonizante.)* Lo he perdido todo.
ECO. Lo he perdido todo.
JOVEN. Mi amor...
ECO. Amor...

(El Joven muere. Aparece el Criado con un candelabro encendido. El reloj da las doce.)

Telón

Retablillo de don Cristóbal

Farsa para guiñol

Personajes

AUTOR
DIRECTOR

Muñecos

POETA
DON CRISTÓBAL
ENFERMO
MADRE DE ROSITA
ROSITA
CURRITO

Prólogo hablado

EL AUTOR

Señoras y señores:

El poeta, que ha interpretado y recogido de labios populares esta farsa de guiñol tiene la evidencia de que el público culto de esta tarde sabrá recoger, con inteligencia y corazón limpio, el delicioso y duro lenguaje de los muñecos.

Todo el guiñol popular tiene este ritmo, esta fantasía y esta encantadora libertad que el poeta ha conservado en el diálogo.

El guiñol es la expresión de la fantasía del pueblo y da el clima de su gracia y de su inocencia.

Así, pues, el poeta sabe que el público oirá con alegría y sencillez expresiones y vocablos que nacen de la tierra y que servirán de limpieza en una época en que maldades, errores y sentimientos turbios llegan hasta lo más hondo de los hogares.

(Sale el Poeta.)

Hombres y mujeres, atención; niño, cállate. Quiero que haya un silencio tan profundo que oigamos el glú-glú de los manantiales. Y si un pájaro mueve un ala, que también lo oigamos, y si una hormiguita mueve la patita, que también la oigamos, y si un corazón late con fuerza, nos parezca una mano apartando juncos de la orilla. ¡Ay!, ¡ay! Será necesario que las muchachas cierren los abanicos y las niñas saquen sus pañuelitos de encaje para oír y para ver las cosas de doña Rosita, casada con don Cristóbal, y las cosas de don Cristóbal, casado con doña Rosita.

¡Ay!, ¡ay! Ya empieza a tocar el tambor. Podéis llorar y podéis reír, a mí no me importa nada de nada. Yo voy a comer ahora un poquito pan, un poquitirrito pan que me han dejado los pájaros, y luego a planchar los trajes de la compañía. *(Mira si es observado.)* Quiero deciros que yo sé cómo nacen las rosas y cómo se crían las estrellas de mar, pero...

DIRECTOR. Haga usted el favor de callarse. El prólogo termina donde se dice: «Voy a planchar los trajes de la compañía».

POETA. Sí, señor.

DIRECTOR. Usted, como poeta, no tiene derecho a descubrir el secreto con el cual vivimos todos.

POETA. Sí, señor.

DIRECTOR. ¿No le pago su dinero?

POETA. Sí, señor; pero es que don Cristóbal yo sé que en el fondo es bueno y que quizá podría serlo.

DIRECTOR. Majadero. Si no se calla usted, subo y le parto esa cara de pan de maíz que tiene. ¿Quién es usted para terminar con esta ley de maldad?

POETA. Ya he terminado; me callaré.

DIRECTOR. No, señor; diga usted lo que es preciso que diga y lo que el público sabe que es verdad.

POETA. Respetable público: Como poeta tengo que deciros que don Cristóbal es malo.

DIRECTOR. Y no puede ser bueno.

POETA. Y no puede ser bueno.

DIRECTOR. Vamos, siga.

POETA. Ya voy, señor Director. Y nunca podrá ser bueno.

DIRECTOR. Muy bien. ¿Cuánto le debo?

POETA. Cinco monedas.

DIRECTOR. Ahí van.

POETA. No las quiero de oro. El oro me parece fuego, y yo soy poeta de la noche. Démelas de plata. Las monedas de plata parece que están iluminadas por la luna.

DIRECTOR. ¡Ja, ja, ja! Así salgo ganando. A empezar.

POETA.

Abre tu balcón, Rosita,
que comienza la función.
Te espera una muertecita
y un esposo dormilón.

(Música.)

DIRECTOR. Cristóbal.
CRISTÓBAL. ¿Qué?
DIRECTOR. Salga usted, que el público lo está esperando.
CRISTÓBAL. Ya voy.
DIRECTOR. ¿Y doña Rosita?
ROSITA. Me estoy poniendo los zapatitos. *(Se oyen ronquidos.)*
DIRECTOR. ¿Qué es eso? ¿Ya está roncando Cristóbal?
CRISTÓBAL. Ya voy, señor Director. Es que estoy meando.
DIRECTOR. Cállese y no diga barbaridades.
CRISTÓBAL. *(Apareciendo.)* Buenas noches, caballeros.
DIRECTOR. Vamos, don Cristóbal; hay necesidad de empezar el drama. Ésa es su obligación. Usted es un médico.
CRISTÓBAL. Yo soy un médico. Vamos al toro.
DIRECTOR. Piense, don Cristóbal, que necesita usted dinero para casarse.
CRISTÓBAL. Es verdad.
DIRECTOR. Gánelo pronto.
CRISTÓBAL. Voy por la porra.
DIRECTOR. Bravo. Veo que me ha entendido usted.
ENFERMO. *(Saliendo.)* Buenos días.
CRISTÓBAL. Buenas noches tenga usted.
ENFERMO. Buenos días.
CRISTÓBAL. Buenas noches.
ENFERMO. Buenas tardes.
CRISTÓBAL. Noches negras.
ENFERMO. *(Tímido.)* Quizás te pueda dar las buenas noches.
CRISTÓBAL. Buenas noches cerradas.
ENFERMO. En vista de esto me he convencido de que es usted un gran médico y que me puede curar. *(Enérgico.)* ¡Buenos días!
CRISTÓBAL. *(Fuerte.)* Te he dicho que buenas noches y es buenas noches.
ENFERMO. Bravo. Cuando usted quiera.
CRISTÓBAL. ¿Qué le duele a usted?

ENFERMO.

Me duele el cuello
donde me cae el cabello,
pero no había caído en ello
hasta que me lo dijo mi primo
Juan Coello.

CRISTÓBAL. Esto se acaba con el degüello. *(Lo agarra.)*

ENFERMO. ¡Ay!, ¡ay!, ¡ay!, ¡ay! Don Cristóbal.

CRISTÓBAL. Vamos. Tenga la bondad de sacar un poquito el cuello para que le pueda intervenir la carótida.

ENFERMO. ¡Ay! Yo no lo puedo mover.

CRISTÓBAL. Le digo que pruebe a mover la carótida.

ENFERMO. ¡Ay! Es imposible.

CRISTÓBAL. Apártese usted mismo con las manos las yugulares.

ENFERMO. Si pudiera ya lo hubiera hecho. *(Con agresividad.)* Buenos días, buenos días, buenos días, buenos días, buenos días.

CRISTÓBAL. Ahora verás.

(Sale. El Enfermo se queja, echado sobre la barandilla.)

ENFERMO. ¡Ay!, ¡ay!, lo que me duele la carótida. ¡Ay, mi carótida! Yo tengo carotiditis.

CRISTÓBAL. *(Entra con la porra.)* Aquí estoy.

ENFERMO.

¿Qué es eso, don Cristóbal?

CRISTÓBAL.

El aparato del aguardiente.

ENFERMO.

¿Para qué sirve?

CRISTÓBAL.

Para ponerte el cuello caliente.

ENFERMO.

Pero no me haga usted daño.

CRISTÓBAL.

En el pegar no hay engaño.
¿Tienes mucho dinerito?

ENFERMO.

Veinte duritos y veinte duritos,
y debajo del chalequito
seis duritos y tres duritos,
y en el ojito
del culito
tengo un rollito
con veinte duritos.

CRISTÓBAL.

Pues yo te voy a curar.
Pero no lo contarás.

ENFERMO. *(Agresivo.)* Buenos días, buenos días, buenos días, buenos días, buenos días, buenos días.

CRISTÓBAL. *(Dándole con la porra.)* Buenas noches. Te agarré. Saca el cuello.

ENFERMO. No puedo, don Cristóbal.

CRISTÓBAL. *(Dándole un golpe.)* Saca el cuello.

ENFERMO. ¡Ay!, mi carótida.

CRISTÓBAL. Más cuello.

ENFERMO. ¡Ay!, mi carótida.

CRISTÓBAL. Más cuello. *(Golpe.)* Más cuello, más cuello, más cuello.

(El Enfermo saca un cuello de un metro.)

ENFERMO. ¡Ayyyyyyyy! *(Mete todo el cuello y se levanta, pero don Cristóbal lo remata.)*

CRISTÓBAL.

Te maté, ¡puñetero!, te maté...
una, dos y tres,
al barranco con él. *(Se oye un gran golpe.)*
Olé, olé, olé, olé.

DIRECTOR. ¿Tenía dinero?

CRISTÓBAL. Sí.

DIRECTOR. Pues hay que casarse.
CRISTÓBAL. Hay que casarse.
DIRECTOR. Ahí viene la madre de doña Rosita. Es preciso que hable usted con ella.

MADRE.

Yo soy la madre de doña Rosita
y quiero que se case,
porque ya tiene dos pechitos
como dos naranjitas
y un culito
como un quesito,
y una urraquita
que le canta y le grita.
Y es lo que digo yo:
le hace falta un marido,
y si fuera posible, dos.
Ja, ja, ja, ja, ja.

CRISTÓBAL.

Señora.

MADRE.

Caballero
de pluma y tintero.

CRISTÓBAL.

No tengo sombrero.
Usted sabrá
que me quiero casar.

MADRE.

Yo tengo una hija,
¿qué dinero me das?

CRISTÓBAL.

Una onza de oro
de las que cagó el moro,
una onza de plata
de las que cagó la gata,
y un puñado de calderilla
de las que gastó su madre cuando era chiquilla.

MADRE.

Y además quiero una mula
para ir a Lisboa cuando sale la luna.

CRISTÓBAL.

Una mula es mucho; no puedo, señora.

MADRE.

Usted tiene plata, señor don Cristóbal.
Mi Rosita es joven y usted es ya viejo.
Viejo, viejo pellejo.

CRISTÓBAL.

Y usted es una vieja
que se limpia el culito con una teja.

MADRE.

¡Borracho! ¡Indecente!

CRISTÓBAL.

Te voy a poner la barriga caliente.
Cuenta con la mula. ¿Dónde está Rosita?

MADRE.

En camisa en su cuarto.
Y está solita.
Ja, ja, ja, ja.

CRISTÓBAL.

¡Ay!, cómo me pongo.

MADRE.

¡Ay! con el sorongo, ¡ay! con el sorongo.

CRISTÓBAL.

Déme su retrato.

MADRE.

Pero firmaremos antes el contrato.

CRISTÓBAL.

Rosita, por verte
la punta del pie
si a mí me dejaran
veríamos a ver.

MADRE.

Le verás el pie
cuando esté contigo.
Si me das dinero
hará lo que digo. *(Se va cantando.)*

(Música.)

(Voz de Rosita.)

Con el vito, vito, vito,
con el vito que me muero,
cada hora, niño mío,
estoy más metida en fuego.

(Entra Rosita.)

ROSITA.

¡Ay! Que noche tan clarita
vive sobre los tejados.
En esta hora los niños
cuentan las estrellas
y los viejos se duermen
sobre sus caballos,
pero yo quisiera estar:
en el diván
con Juan,
en el colchón
con Ramón,
en el canapé
con José,
en la silla
con Medinilla,
en el suelo
con el que yo quiero,
pegada al muro
con el lindo Arturo
y en la gran *chaise-longue*
con Juan, con José, con Medinilla,
con Arturo y con Ramón.
¡Ay!, ¡ay!, ¡ay!, ¡ay!
Yo me quiero casar, ¿me han oído?
Yo me quiero casar
con un mocito,
con un militar,
con un arzobispo,

con un general,
con un macanudo
de macanear
y veinte mocitos
de Portugal. *(Sale.)*

CRISTÓBAL. Entonces, ¿estamos conformes?

MADRE. Estamos.

CRISTÓBAL. Porque si no estamos, yo tengo la cachiporra y ya sabes lo que pasa.

MADRE. ¡Ay! ¡Qué he hecho yo!

CRISTÓBAL. ¿Tienes miedo?

MADRE. *(Temblando.)* ¡Ay!

CRISTÓBAL. Di: Tengo miedo.

MADRE. Tengo miedo.

CRISTÓBAL. Diga: ¡Ya me ha domado don Cristóbal!

MADRE. Ya me ha domado don Cristóbal.

CRISTÓBAL. Como domaré a tu hija.

MADRE. Entonces...

CRISTÓBAL. Yo te doy la onza de oro de la que cagó el moro y tú me entregas a tu hija Rosita, y me lo debes agradecer porque ya está madurita.

MADRE. Tiene veinte años.

CRISTÓBAL. He dicho que está madurita, y lo está. Pero a pesar de todo es una linda muchacha. Diga, diga, diga...

MADRE.

Que tiene dos tetitas
como dos naranjitas
y un culito
como un quesito
y una urraquita...

CRISTÓBAL.

¡Ayyyyyyyyy!

MADRE.

Y una urraquita
que le canta y le grita.

CRISTÓBAL. Sí, señor, me voy a casar porque doña Rosita es un *boccato di cardinali*.

MADRE. ¿Habla vuesa merced el italiano?

CRISTÓBAL. No. Pero en mi juventud estuve en Francia y en Italia, sirviendo a un tal don Pantalón. A usted no le importa nada mi vida. Tiemble usted. Todo el que está delante de mí tiene que temblar, carajórum, tiene que temblar.

MADRE. Ya estoy temblando.

CRISTÓBAL. Llama a Rosita.

MADRE. ¡Rositaaaaaaaa!

ROSITA. ¿Qué quieres?

Me quiero casar
con un becerro nonato,
con un caimán,
con un borriquito,
con un general,
que para el caso
lo mismo me da.

CRISTÓBAL.

¡Ay! Qué jamoncitos tiene
por delante y por detrás.

MADRE.

¿Te quieres casar?

ROSITA.

Me quiero casar.

MADRE.

¿Te quieres casar?

CRISTÓBAL.

Me quiero casar.

MADRE. *(Llorando.)* Que no me la trates mal. ¡Ay!, qué lástima de mi hijita.

CRISTÓBAL. Avisa al cura. *(La Madre se va gritando. Cristóbal se acerca y se van juntos a la iglesia. Suenan las campanas.)*

POETA. ¿Le ven ustedes? Sin embargo, más vale que nos riamos todos. La luna es un águila blanca. La luna es una gallina que pone huevos. La luna es un pan para los pobres y un taburete de raso blanco para los ricos. Pero ni don Cristóbal ni doña Rosita ven la luna. Si el Director de escena quisiera, don Cristóbal vería las ninfas del agua y doña Rosita podría llenar de escarcha su cabello en el acto tercero donde cae la nieve sobre los inocentes. Pero el dueño del teatro tiene a los personajes metidos en una cajita de hierro para que los vean solamente las señoras con pecho de seda y nariz tonta y los caballeros con barbas que van al club y dicen: Ca-ram-ba. Porque don Cristóbal no es así, ni doña Rosita...

DIRECTOR. ¿Quién habla ahí de ese modo?

POETA. Digo que ya se están casando.

DIRECTOR. Haga el favor de no meter la pata. Si yo tuviera imaginación ya le habría puesto de patitas en la calle.

CRISTÓBAL. ¡Ay!, Rosita.

ROSITA. ¿Has bebido mucho?

CRISTÓBAL. Me gustaría ser todo de vino y beberme yo mismo. ¡Jaaaa! Y mi barriga un gran pastel, un gran pastel con ciruelas y batatas. Rosita, cántame algo.

ROSITA. Voy. *(Canta.)* ¿Qué quieres que te cante? ¿El cancán de Goicoechea o la Marsellesa de Gil-Robles? ¡Ay!, Cristóbal. Tengo miedo. ¿Qué me vas a hacer?

CRISTÓBAL. Te haré muuuuuuuuu.

ROSITA.

¡Ay, no! Me asustarás.
A las doce de la noche, ¿qué me harás?

CRISTÓBAL.

Te haré aaaaaaaaaa.

ROSITA.

¡Ay, no! Me asustarás.
A las tres de la mañana, ¿qué me harás?

CRISTÓBAL.

Te haré piiiii.

ROSITA.

Y entonces verás
cómo mi urraquita se pone a volar.

(Se abrazan.)

CRISTÓBAL.

¡Ay!, mi Rosita.

ROSITA.

¿Has bebido mucho?
¿Por qué no te echas una siestecita?

CRISTÓBAL.

Me pondré a dormir
para ver si despierta mi colorín.

ROSITA. Sí, sí, sí, sí, sí, sí. *(Cristóbal ronca. Entra Currito y se abraza a Rosita y se oyen unos enormes besos.)*

CRISTÓBAL. *(Se despierta.)* ¿Qué es eso, Rosita?

ROSITA. ¡Ay!, ¡ay!, ¡ay! ¿No ves qué luna tan grande hay? ¿Qué resplandorrrrrrrr? Es mi sombra. ¡Sombra, vete!

CRISTÓBAL. ¡Vete, sombra!

ROSITA. Qué molesta es la luna, ¿verdad, Cristóbal? ¿Por qué no te echas otra siestecita?

CRISTÓBAL.

Voy a descansar
para ver si despierta mi palomar.

ROSITA. Ya, ya, ya, ya, ya. *(Aparece el Poeta, se pone a besar a Rosita y se despierta Cristóbal.)*

CRISTÓBAL. ¿Qué es eso, Rosita?

ROSITA. Como hay tan poca luz no percibes. Es, es... el aparato de hacer encaje de bolillos. ¿No ves cómo suena? *(Se oyen besos.)*

CRISTÓBAL. Me parece que suena demasiado.

ROSITA.

¡Vete ya, aparato!
¿Verdad, Cristobita?
¿Por qué no te echas otra siestecita?

CRISTÓBAL.

Voy a descansar
para que mi palomo pueda reposar.

(Aparece el Enfermo por otro lado y doña Rosita lo besa también.)

CRISTÓBAL.

¿Qué es eso que siento yo?

ROSITA.

Es que ya empieza la puesta del sol.

CRISTÓBAL. (Brrrrr.) ¿Qué es eso? ¿Has sido tú?

ROSITA. No te pongas así. Son las ranas del estanque.

CRISTÓBAL. Serán. Esto se acabó y se requeteacabó. Brrrrrrrr.

ROSITA. Pero no grites. Son los leones del circo, son los maridos ultrajados que hablan en la calle.

MADRE. ¡Rositaaaaaaa! Aquí está el médico.

ROSITA. ¡Ay!, el médico. ¡Ay!, ¡ay!, ¡ay!, ¡ay!, mi barriguita.

MADRE. Mal hombre, perro. Por tu culpa ahora nos tendrás que dar todo tu dinero.

ROSITA. Todo tu dinero. ¡Ay!, ¡ay!, ¡ay! *(Se van.)*

DIRECTOR. Cristóbal.

CRISTÓBAL. ¿Qué pasa?

DIRECTOR. Baje usted en seguida, que doña Rosita está enferma.

CRISTÓBAL. ¿Qué tiene?

DIRECTOR. Está de parto.

CRISTÓBAL. ¿De partooooooo?

DIRECTOR. Ha tenido cuatro niños.

CRISTÓBAL. ¡Ay! Rosita. Me las pagará. Mala mujer. Con cien duros que me has costado. Pin, pan, brrrr.

(Rosita grita en esta escena dentro.)

CRISTÓBAL. ¿De quién son los niños?

MADRE. Tuyos, tuyos, tuyos.

CRISTÓBAL. *(Le da un golpe.)* ¿De quién son los niños?

MADRE. Tuyos, tuyos, tuyos.

(Otro golpe. Dentro grita Rosita por el parto.)

DIRECTOR. Ahora está naciendo el quinto.

CRISTÓBAL. ¿De quién es el quinto?

MADRE. Tuyo. *(Golpe.)*

CRISTÓBAL. ¿De quién es?

MADRE. Tuyo, sólo tuyo. *(Golpe.)* Tuyo, tuyo, tuyo, tuyo. *(Muere y queda echada sobre la barandilla.)*

CRISTÓBAL. Te maté, puñetera, te maté. Ahora sabré de quién son esos niños. *(Inicia el mutis.)*

MADRE. *(Levantándose.)* Tuyos, tuyos, tuyos, tuyos. *(Cristóbal la golpea y entra y sale con doña Rosita.)*

CRISTÓBAL. Toma, toma, por... por... por...

DIRECTOR. *(Saliendo con la gran cabeza asomada en el teatro.)* Basta. *(Agarra a los muñecos y se queda con ellos en la mano mostrándolos al público.)* Señoras y señores: Los campesinos andaluces oyen con frecuencia comedias de este ambiente bajo las ramas grises de los olivos y en el aire oscuro de los establos abandonados. Entre los ojos de las mulas, duros como puñetazos, entre el cuero bordado de los arreos cordobeses, y entre los grupos tiernos de espigas mojadas, estallan con alegría y con encantadora inocencia las palabrotas y los vocablos que no resistimos en los ambientes de las ciudades, turbios por el alcohol y las barajas. Las malas palabras adquieren ingenuidad y frescura dichas por muñecos que miman el encanto de esta viejísima farsa rural. Llenemos el teatro de espigas frescas, debajo de las cuales vayan palabrotas que luchen en la escena con el tedio y la vulgaridad a que la tenemos condenada, y saludemos hoy en «La Tarumba» a don Cristóbal el andaluz, primo del Bululú gallego y cuñado de la tía Norica, de Cádiz; hermano de Monsieur Guiñol, de París, y tío de don Arlequín, de Bérgamo, como a uno de los personajes donde sigue pura la vieja esencia del teatro.

Bodas de sangre

Tragedia en tres actos y siete cuadros

Personajes

LA MADRE
LA NOVIA
LA SUEGRA
LA MUJER DE LEONARDO
LA CRIADA
LA VECINA
MUCHACHAS
LEONARDO
EL NOVIO
EL PADRE DE LA NOVIA
LA LUNA
LA MUERTE (como mendiga)
LEÑADORES
MOZOS

Acto primero

CUADRO PRIMERO

Habitación pintada de amarillo.

NOVIO. *(Entrando.)* Madre.

MADRE. ¿Qué?

NOVIO. Me voy.

MADRE. ¿Adónde?

NOVIO. A la viña. *(Va a salir.)*

MADRE. Espera.

NOVIO. ¿Quiere algo?

MADRE. Hijo, el almuerzo.

NOVIO. Déjelo. Comeré uvas. Déme la navaja.

MADRE. ¿Para qué?

NOVIO. *(Riendo.)* Para cortarlas.

MADRE. *(Entre dientes y buscándola.)* La navaja, la navaja... Maldita sean todas y el bribón que las inventó.

NOVIO. Vamos a otro asunto.

MADRE. Y las escopetas y las pistolas y el cuchillo más pequeño, y hasta las azadas y los bieldos de la era.

NOVIO. Bueno.

MADRE. Todo lo que puede cortar el cuerpo de un hombre. Un hombre hermoso, con su flor en la boca, que sale a las viñas o va a sus olivos propios, porque son de él, heredados...

NOVIO. *(Bajando la cabeza.)* Calle usted.

MADRE. ... y ese hombre no vuelve. O si vuelve es para ponerle una palma encima o un plato de sal gorda para que no se hinche. No sé cómo te atreves a llevar una navaja en tu cuerpo, ni cómo yo dejo a la serpiente dentro del arcón.

NOVIO. ¿Está bueno ya?

MADRE. Cien años que yo viviera, no hablaría de otra cosa. Primero tu padre; que me olía a clavel y lo disfruté tres años escasos. Luego tu hermano. ¿Y es justo y puede ser que una cosa pequeña como una pistola o una navaja pueda acabar con un hombre, que es un toro? No callaría nunca. Pasan los meses y la desesperación me pica en los ojos y hasta en las puntas del pelo.

← the Madre will forever be haunted by her grief

NOVIO. *(Fuerte.)* ¿Vamos a acabar?

MADRE. No. No vamos a acabar. ¿Me puede alguien traer a tu padre? ¿Y a tu hermano? Y luego el presidio. ¿Qué es el presidio? ¡Allí comen, allí fuman, allí tocan los instrumentos! Mis muertos llenos de hierba, sin hablar, hechos polvo; dos hombres que eran dos geranios... Los matadores, en presidio, frescos, viendo los montes...

the dead, buried, return to nature

NOVIO. ¿Es que quiere usted que los mate?

MADRE. No... Si hablo es porque... ¿Cómo no voy a hablar viéndote salir por esa puerta? Es que no me gusta que lleves navaja. Es que... que no quisiera que salieras al campo.

NOVIO. *(Riendo.)* ¡Vamos!

MADRE. Que me gustaría que fueras una mujer. No te irías al arroyo ahora y bordaríamos las dos cenefas y perritos de lana.

NOVIO. *(Coge de un brazo a la Madre y ríe.)* Madre, ¿y si yo la llevara conmigo a las viñas?

MADRE. ¿Qué hace en las viñas una vieja? ¿Me ibas a meter debajo de los pámpanos?

NOVIO. *(Levantándola en sus brazos.)* Vieja, revieja, requetevieja.

MADRE. Tu padre sí que me llevaba. Eso es buena casta. Sangre. Tu abuelo dejó un hijo en cada esquina. Eso me gusta. Los hombres, hombres; el trigo, trigo.

NOVIO. ¿Y yo, madre?

MADRE. ¿Tú, qué?

NOVIO. ¿Necesito decírselo otra vez?

MADRE. *(Seria.)* ¡Ah!

NOVIO. ¿Es que le parece mal?

MADRE. No.

NOVIO. ¿Entonces?...

MADRE. No lo sé yo misma. Así, de pronto, siempre me sorprende. Yo sé que la muchacha es buena. ¿Verdad que sí? Modosa. Trabajadora. Amasa su pan y cose sus faldas, y siento sin embargo cuando la nombro, como si me dieran una pedrada en la frente.

NOVIO. Tonterías.

MADRE. Más que tonterías. Es que me quedo sola. Ya no me quedas más que tú y siento que te vayas.

NOVIO. Pero usted vendrá con nosotros.

MADRE. No. Yo no puedo dejar aquí solos a tu padre y a tu hermano. Tengo que ir todas las mañanas, y si me voy es fácil que muera uno de los Félix, uno de la familia de los matadores, y lo entierren al lado. ¡Y eso sí que no! ¡Ca! ¡Eso sí que no! Porque con las uñas los desentierro y yo sola los machaco contra la tapia.

NOVIO. *(Fuerte.)* Vuelta otra vez.

MADRE. Perdóname. *(Pausa.)* ¿Cuánto tiempo llevas en relaciones?

NOVIO. Tres años. Ya pude comprar la viña.

MADRE. Tres años. ¿Ella tuvo un novio, no?

NOVIO. No sé. Creo que no. Las muchachas tienen que mirar con quién se casan.

MADRE. Sí. Yo no miré a nadie. Miré a tu padre, y cuando lo mataron miré a la pared de enfrente. Una mujer con un hombre, y ya está.

NOVIO. Usted sabe que mi novia es buena.

MADRE. No lo dudo. De todos modos siento no saber cómo fue su madre.

NOVIO. ¿Qué más da?

MADRE. *(Mirándolo.)* Hijo.

NOVIO. ¿Qué quiere usted?

MADRE. ¡Qué es verdad! ¡Que tienes razón! ¿Cuándo quieres que la pida?

NOVIO. *(Alegre.)* ¿Le parece bien el domingo?

MADRE. *(Seria.)* Le llevaré los pendientes de azófar, que son antiguos, y tú le compras...

NOVIO. Usted entiende más...

MADRE. Le compras unas medias caladas, y para ti dos trajes... ¡Tres! ¡No te tengo más que a ti!

NOVIO. Me voy. Mañana iré a verla.

MADRE. Sí, sí, y a ver si me alegras con seis nietos, o los que te dé la gana, ya que tu padre no tuvo lugar de hacérmelos a mí.

NOVIO. El primero para usted.

MADRE. Sí, pero que haya niñas. Que yo quiero bordar y hacer encaje y estar tranquila.

NOVIO. Estoy seguro que usted querrá a mi novia.

MADRE. La querré. *(Se dirige a besarlo y reacciona.)* Anda, ya estás muy grande para besos. Se los das a tu mujer. *(Pausa. Aparte.)* Cuando lo sea.

NOVIO. Me voy.

MADRE. Que caves bien la parte del molinillo, que la tienes descuidada.

NOVIO. ¡Lo dicho!

MADRE. Anda con Dios. *(Vase el Novio. La Madre queda sentada de espaldas a la puerta. Aparece en la puerta una Vecina vestida de color oscuro, con pañuelo a la cabeza.)* Pasa.

VECINA. ¿Cómo estás?

MADRE. Ya ves.

VECINA. Yo bajé a la tienda y vine a verte. ¡Vivimos tan lejos!

MADRE. Hace veinte años que no he subido a lo alto de la calle.

VECINA. Tú estás bien.

MADRE. ¿Lo crees?

VECINA. Las cosas pasan. Hace dos días trajeron al hijo de mi vecina con los dos brazos cortados por la máquina. *(Se sienta.)*

MADRE. ¿A Rafael?

VECINA. Sí. Y allí lo tienes. Muchas veces pienso que tu hijo y el mío están mejor donde están, dormidos, descansando, que no expuestos a quedarse inútiles.

MADRE. Calla. Todo eso son invenciones, pero no consuelos.

VECINA. ¡Ay!

MADRE. ¡Ay! *(Pausa.)*

VECINA. *(Triste.)* ¿Y tu hijo?

MADRE. Salió.

VECINA. ¡Al fin compró la viña!

MADRE. Tuvo suerte.

VECINA. Ahora se casará.

MADRE. *(Como despertando y acercando su silla a la silla de la Vecina.)* Oye.

VECINA. *(En plan confidencial.)* Dime.

MADRE. ¿Tú conoces a la novia de mi hijo?

VECINA. ¡Buena muchacha!

MADRE. Sí, pero...

VECINA. Pero quien la conozca a fondo no hay nadie. Vive sola con su padre allí, tan lejos, a diez leguas de la casa más cerca. Pero es buena. Acostumbrada a la soledad.

MADRE. ¿Y su madre?

VECINA. A su madre la conocí. Hermosa. Le relucía la cara como a un santo; pero a mí no me gustó nunca. No quería a su marido.

MADRE. *(Fuerte.)* Pero ¡cuántas cosas sabéis las gentes!

VECINA. Perdona. No quise ofender; pero es verdad. Ahora; si fue decente o no, nadie lo dijo. De esto no se ha hablado. Ella era orgullosa.

MADRE. ¡Siempre igual!

VECINA. Tú me preguntaste.

MADRE. Es que quisiera que ni a la viva ni a la muerta las conociera nadie. Que fueran como dos cardos, que ninguna persona les nombra y pinchan si llega el momento.

VECINA. Tienes razón. Tu hijo vale mucho.

MADRE. Vale. Por eso lo cuido. A mí me habían dicho que la muchacha tuvo novio hace tiempo.

VECINA. Tendría ella quince años. Él se casó ya hace dos años con una prima de ella, por cierto. Nadie se acuerda del noviazgo.

MADRE. ¿Cómo te acuerdas tú?

VECINA. ¡Me haces unas preguntas!

MADRE. A cada uno le gusta enterarse de lo que le duele. ¿Quién fue el novio?

VECINA. Leonardo.

MADRE. ¿Qué Leonardo?

VECINA. Leonardo el de los Félix.

MADRE. *(Levantándose.)* ¡De los Félix!

VECINA. Mujer, ¿qué culpa tiene Leonardo de nada? Él tenía ocho años cuando las cuestiones.

MADRE. Es verdad... Pero oigo eso de Félix y es lo mismo *(Entre dientes.)* Félix que llenárseme de cieno la boca *(Escupe.)* y tengo que escupir, tengo que escupir por no matar.

VECINA. Repórtate; ¿qué sacas con eso?

MADRE. Nada. Pero tú lo comprendes.

VECINA. No te opongas a la felicidad de tu hijo. No le digas nada. Tú estás vieja. Yo también. A ti y a mí nos toca callar.

MADRE. No le diré nada.

VECINA. *(Besándola.)* Nada.

MADRE. *(Serena.)* ¡Las cosas!...

VECINA. Me voy, que pronto llegará mi gente del campo.

MADRE. ¿Has visto que día de calor?

VECINA. Iban negros los chiquillos que llevan el agua a los segadores. Adiós, mujer.

MADRE. Adiós.

(La Madre se dirige a la puerta de la izquierda. En medio del camino se detiene y lentamente se santigua.)

Telón

CUADRO II

Habitación pintada de rosa con cobres y ramos de flores populares. En el centro, una mesa con mantel. Es la mañana.

(Suegra de Leonardo con un niño en brazos. Lo mece. La Mujer, en la otra esquina, hace punto de media.)

SUEGRA.

Nana, niño, nana
del caballo grande

que no quiso el agua.
El agua era negra
dentro de las ramas.
Cuando llega al puente
se detiene y canta.
¿Quién dirá, mi niño,
lo que tiene el agua,
con su larga cola
por su verde sala?

MUJER. *(Bajo.)*

Duérmete, clavel,
que el caballo no quiere beber.

SUEGRA.

Duérmete, rosal,
que el caballo se pone a llorar.
Las patas heridas,
las crines heladas,
dentro de los ojos
un puñal de plata.
Bajaban al río.
¡Ay, cómo bajaban!
La sangre corría
más fuerte que el agua.

MUJER.

Duérmete, clavel,
que el caballo no quiere beber.

SUEGRA.

Duérmete, rosal,
que el caballo se pone a llorar.

MUJER.

No quiso tocar
la orilla mojada,
su belfo caliente
con moscas de plata.
A los montes duros
solo relinchaba
con el río muerto
sobre la garganta.

¡Ay, caballo grande
que no quiso el agua!
¡Ay dolor de nieve,
caballo del alba!

SUEGRA.

¡No vengas! Deténte,
cierra la ventana
con ramas de sueños
y sueño de ramas.

MUJER.

Mi niño se duerme.

SUEGRA.

Mi niño se calla.

MUJER.

Caballo, mi niño
tiene una almohada.

SUEGRA.

Su cuna de acero.

MUJER.

Su colcha de holanda.

SUEGRA.

Nana, niño, nana.

MUJER.

¡Ay caballo grande
que no quiso el agua!

SUEGRA.

¡No vengas, no entres!
Vete a la montaña.
Por los valles grises
donde está la jaca. ← the Novia is "la jaca"

MUJER. *(Mirando.)*

Mi niño se duerme.

SUEGRA.

Mi niño descansa.

MUJER. *(Bajito.)*

Duérmete, clavel,
que el caballo no quiere beber.

SUEGRA. *(Levantándose y muy bajito.)*
Duérmete, rosal,
que el caballo se pone a llorar.

(Entran al niño. Entra Leonardo.)

LEONARDO. ¿Y el niño?

MUJER. Se durmió.

LEONARDO. Ayer no estuvo bien. Lloró por la noche.

MUJER. *(Alegre.)* Hoy está como una dalia. ¿Y tú? ¿Fuiste a casa del herrador?

LEONARDO. De allí vengo. ¿Querrás creer? Llevo más de dos meses poniendo herraduras nuevas al caballo y siempre se le caen. Por lo visto se las arranca con las piedras.

MUJER. ¿Y no será que lo usas mucho?

LEONARDO. No. Casi no lo utilizo.

MUJER. Ayer me dijeron las vecinas que te habían visto al límite de los llanos.

LEONARDO. ¿Quién lo dijo?

MUJER. Las mujeres que cogen las alcaparras. Por cierto que me sorprendió. ¿Eras tú?

LEONARDO. No. ¿Qué iba a hacer yo allí, en aquel secano?

MUJER. Eso dije. Pero el caballo estaba reventando de sudar.

LEONARDO. ¿Lo viste tú?

MUJER. No. Mi madre.

LEONARDO. ¿Está con el niño?

MUJER. Sí. ¿Quieres un refresco de limón?

LEONARDO. Con el agua bien fría.

MUJER. ¡Cómo no viniste a comer!...

LEONARDO. Estuve con los medidores del trigo. Siempre entretienen.

MUJER. *(Haciendo el refresco y muy tierna.)* ¿Y lo pagan a buen precio?

LEONARDO. El justo.

MUJER. Me hace falta un vestido y al niño una gorra con lazos.

LEONARDO. *(Levantándose.)* Voy a verlo.

MUJER. Ten cuidado, que está dormido.

SUEGRA. *(Saliendo.)* Pero ¿quién da esas carreras al caballo? Está abajo tendido, con los ojos desorbitados como si llegara del fin del mundo.

LEONARDO. *(Agrio.)* Yo.

SUEGRA. Perdona; tuyo es.

MUJER. *(Tímida.)* Estuvo con los medidores del trigo.

SUEGRA. Por mí, que reviente. *(Se sienta. Pausa.)*

MUJER. El refresco. ¿Está frío?

LEONARDO. Sí.

MUJER. ¿Sabes que piden a mi prima?

LEONARDO. ¿Cuándo?

MUJER. Mañana. La boda será dentro de un mes. Espero que vendrán a invitarnos.

LEONARDO. *(Serio.)* No sé.

SUEGRA. La madre de él creo que no estaba muy satisfecha con el casamiento.

LEONARDO. Y quizá tenga razón. Ella es de cuidado.

MUJER. No me gusta que penséis mal de una buena muchacha.

SUEGRA. Pero cuando dice eso es porque la conoce. ¿No ves que fue tres años novia suya? *(Con intención.)*

LEONARDO. Pero la dejé. *(A su Mujer.)* ¿Vas a llorar ahora? ¡Quita! *(La aparta bruscamente las manos de la cara.)* Vamos a ver al niño.

(Entran abrazados. Aparece la Muchacha, alegre. Entra corriendo.)

MUCHACHA. Señora.

SUEGRA. ¿Qué pasa?

MUCHACHA. Llegó el novio a la tienda y ha comprado todo lo mejor que había.

SUEGRA. ¿Vino solo?

MUCHACHA. No, con su madre. Seria, alta. *(La imita.)* Pero ¡qué lujo!

SUEGRA. Ellos tienen dinero.

MUCHACHA. ¡Y compraron unas medias caladas! ¡Ay, qué medias! ¡El sueño de las mujeres en medias! Mire usted:

una golondrina aquí *(Señala al tobillo.)*, un barco aquí *(Señala la pantorrilla.)*, y aquí una rosa. *(Señala al muslo.)*

SUEGRA. ¡Niña!

MUCHACHA. ¡Una rosa con las semillas y el tallo! ¡Ay! ¡Todo en seda!

SUEGRA. Se van a juntar dos buenos capitales.

(Aparecen Leonardo y su Mujer.)

MUCHACHA. Vengo a deciros lo que están comprando.

LEONARDO. *(Fuerte.)* No nos importa.

MUJER. Déjala.

SUEGRA. Leonardo, no es para tanto.

MUCHACHA. Usted dispense. *(Se va llorando.)*

SUEGRA. ¿Qué necesidad tienes de ponerte a mal con las gentes?

LEONARDO. No le he preguntado su opinión. *(Se sienta.)*

SUEGRA. Está bien. *(Pausa.)*

MUJER. *(A Leonardo.)* ¿Qué te pasa? ¿Qué idea te bulle por dentro de la cabeza? No me dejes así, sin saber nada...

LEONARDO. Quita.

MUJER. No. Quiero que me mires y me lo digas.

LEONARDO. Déjame. *(Se levanta.)*

MUJER. ¿Adónde vas, hijo?

LEONARDO. *(Agrio.)* ¿Te puedes callar?

SUEGRA. *(Enérgica a su Hija.)* ¡Cállate! *(Sale Leonardo.)* ¡El niño!

(Entra y vuelve a salir con él en brazos. La Mujer ha permanecido de pie, inmóvil.)

Las patas heridas,
las crines heladas,
dentro de los ojos
un puñal de plata.
Bajaban al río.
¡Ay, cómo bajaban!
La sangre corría
más fuerte que el agua.

MUJER. *(Volviéndose lentamente y como soñando.)*

Duérmete, clavel,
que el caballo se pone a beber.

SUEGRA.

Duérmete, rosal,
que el caballo se pone a llorar.

MUJER.

Nana, niño, nana.

SUEGRA.

¡Ay caballo grande,
que no quiso el agua!

MUJER. *(Dramática.)*

¡No vengas, no entres!
¡Vete a la montaña!
¡Ay dolor de nieve,
caballo del alba!

SUEGRA. *(Llorando.)*

Mi niño se duerme...

MUJER. *(Llorando y acercándose lentamente.)*

Mi niño descansa...

SUEGRA.

Duérmete, clavel,
que el caballo no quiere beber.

MUJER. *(Llorando y apoyándose sobre la mesa.)*

Duérmete, rosal,
que el caballo se pone a llorar.

Telón

CUADRO III

Interior de la cueva donde vive la Novia. Al fondo, una cruz de grandes flores rosa. Las puertas redondas con cortinas de encaje y lazo rosa. Por las paredes de material blanco y duro, abanicos redondos, jarros azules y pequeños espejos.

CRIADA. Pasen... *(Muy afable, llena de hipocresía humilde. Entran el Novio y su Madre. La Madre viste de raso negro y lleva mantilla de encaje. El Novio, de pana negra con gran cadena de oro.)* ¿Se quieren sentar? Ahora vienen. *(Sale.)*

(Quedan Madre e Hijo sentados inmóviles como estatuas. Pausa larga.)

MADRE. ¿Traes el reloj?

NOVIO. Sí. *(Lo saca y lo mira.)*

MADRE. Tenemos que volver a tiempo. ¡Qué lejos vive esta gente!

NOVIO. Pero estas tierras son buenas.

MADRE. Buenas; pero demasiado solas. Cuatro horas de camino y ni una casa ni un árbol.

NOVIO. Éstos son los secanos.

MADRE. Tu padre los hubiera cubierto de árboles.

NOVIO. ¿Sin agua?

MADRE. Ya la hubiera buscado. Los tres años que estuvo casado conmigo, plantó diez cerezos. *(Haciendo memoria.)* Los tres nogales del molino, toda una viña y una planta que se llama Júpiter, que da flores encarnadas, y se secó. *(Pausa.)*

NOVIO. *(Por la Novia.)* Debe estar vistiéndose.

(Entra el Padre de la Novia. Es anciano, con el cabello blanco reluciente. Lleva la cabeza inclinada. La Madre y el Novio se levantan y se dan las manos en silencio.)

PADRE. ¿Mucho tiempo de viaje?

MADRE. Cuatro horas. *(Se sientan.)*

PADRE. Habéis venido por el camino más largo.

MADRE. Yo estoy ya vieja para andar por las terreras del río.

NOVIO. Se marea. *(Pausa.)*

PADRE. Buena cosecha de esparto.

NOVIO. Buena de verdad.

PADRE. En mi tiempo, ni esparto daba esta tierra. Ha sido necesario castigarla y hasta llorarla, para que nos dé algo provechoso.

MADRE. Pero ahora da. No te quejes. Yo no vengo a pedirte nada.

PADRE. *(Sonriendo.)* Tú eres más rica que yo. Las viñas valen un capital. Cada pámpano una moneda de plata. Lo que siento es que las tierras... ¿entiendes?... estén separadas. A mí me gusta todo junto. Una espina tengo en el corazón, y es la huertecilla esa metida entre mis tierras, que no me quieren vender por todo el oro del mundo.

NOVIO. Eso pasa siempre.

PADRE. Si pudiéramos con veinte pares de bueyes traer tus viñas aquí y ponerlas en la ladera. ¡Qué alegría!...

MADRE. ¿Para qué?

PADRE. Lo mío es de ella y lo tuyo de él. Por eso. Para verlo todo junto, ¡que junto es una hermosura!

NOVIO. Y sería menos trabajo.

MADRE. Cuando yo me muera, vendéis aquello y compráis aquí al lado.

PADRE. Vender, ¡vender! ¡Bah!; comprar, hija, comprarlo todo. Si yo hubiera tenido hijos hubiera comprado todo este monte hasta la parte del arroyo. Porque no es buena tierra; pero con brazos se la hace buena, y como no pasa gente no te roban los frutos y puedes dormir tranquilo. *(Pausa.)*

MADRE. Tú sabes a lo que vengo.

PADRE. Sí.

MADRE. ¿Y qué?

PADRE. Me parece bien. Ellos lo han hablado.

MADRE. Mi hijo tiene y puede.

PADRE. Mi hija también.

MADRE. Mi hijo es hermoso. No ha conocido mujer. La honra más limpia que una sábana puesta al sol.

PADRE. Qué te digo de la mía. Hace las migas a las tres, cuando el lucero. No habla nunca; suave como la lana, borda toda clase de bordados y puede cortar una maroma con los dientes.

MADRE. Dios bendiga su casa.

PADRE. Que Dios la bendiga.

(Aparece la Criada con dos bandejas. Una con copas y la otra con dulces.)

MADRE. *(Al Hijo.)* ¿Cuándo queréis la boda?

NOVIO. El jueves próximo.

PADRE. Día en que ella cumple veintidós años justos.

MADRE. ¡Veintidós años! Esa edad tendría mi hijo mayor si viviera. Que viviría caliente y macho como era, si los hombres no hubieran inventado las navajas.

PADRE. En eso no hay que pensar.

MADRE. Cada minuto. Métete la mano en el pecho.

PADRE. Entonces el jueves. ¿No es así?

NOVIO. Así es.

PADRE. Los novios y nosotros iremos en coche hasta la iglesia, que está muy lejos, y el acompañamiento en los carros y en las caballerías que traigan.

MADRE. Conformes.

(Pasa la Criada.)

PADRE. Dile que ya puede entrar. *(A la Madre.)* Celebraré mucho que te guste.

(Aparece la Novia. Trae las manos caídas en actitud modesta y la cabeza baja.)

MADRE. Acércate. ¿Estás contenta?

NOVIA. Sí, señora.

PADRE. No debes estar seria. Al fin y al cabo ella va a ser tu madre.

NOVIA. Estoy contenta. Cuando he dado el sí es porque quiero darlo.

MADRE. Naturalmente. *(Le coge la barbilla.)* Mírame.

PADRE. Se parece en todo a mi mujer.

MADRE. ¿Sí? ¡Qué hermoso mirar! ¿Tú sabes lo que es casarse, criatura?

NOVIA. *(Seria.)* Lo sé.

MADRE. Un hombre, unos hijos y una pared de dos varas de ancha para todo lo demás.

NOVIO. ¿Es que hace falta otra cosa?

MADRE. No. Que vivan todos, ¡eso! ¡Que vivan!

NOVIA. Yo sabré cumplir. ← that's exactly what won't end up happening

MADRE. Aquí tienes unos regalos. (only one that survives)

NOVIA. Gracias.

PADRE. ¿No tomamos algo?

MADRE. Yo no quiero. *(Al Novio.)* ¿Y tú?

NOVIO. Tomaré. *(Toma un dulce. La Novia toma otro.)*

PADRE. *(Al Novio.)* ¿Vino?

MADRE. No lo prueba.

PADRE. ¡Mejor! *(Pausa. Todos están en pie.)*

NOVIO. *(A la Novia.)* Mañana vendré.

NOVIA. ¿A qué hora?

NOVIO. A las cinco.

NOVIA. Yo te espero.

NOVIO. Cuando me voy de tu lado siento un despego grande y así como un nudo en la garganta.

NOVIA. Cuando seas mi marido ya no lo tendrás. ← doesn't appear to love the Novio like he loves her

NOVIO. Eso digo yo.

MADRE. Vamos. El sol no espera. *(Al Padre.)* ¿Conformes en todo?

PADRE. Conformes.

MADRE. *(A la Criada.)* Adiós, mujer.

CRIADA. Vayan ustedes con Dios.

(La Madre besa a la Novia y van saliendo en silencio.)

MADRE. *(En la puerta.)* Adiós, hija. *(La Novia contesta con la mano.)*

PADRE. Yo salgo con vosotros. *(Salen.)*

CRIADA. Que reviento por ver los regalos.

NOVIA. *(Agria.)* Quita.

CRIADA. Ay, niña, enséñamelos.

NOVIA. No quiero.

CRIADA. Siquiera las medias. Dicen que son todas caladas. ¡Mujer!

NOVIA. ¡Ea, que no!

CRIADA. Por Dios. Está bien. Parece como si no tuvieras ganas de casarte.

NOVIA. *(Mordiéndose la mano con rabia.)* ¡Ay!

CRIADA. Niña, hija, ¿qué te pasa? ¿Sientes dejar tu vida de reina? No pienses en cosas agrias. ¿Tienes motivo? Ninguno. Vamos a ver los regalos. *(Coge la caja.)*

NOVIA. *(Cogiéndola de la muñecas.)* Suelta.

CRIADA. ¡Ay, mujer!

NOVIA. Suelta he dicho.

CRIADA. Tienes más fuerza que un hombre.

NOVIA. ¿No he hecho yo trabajos de hombre? ¡Ojalá fuera!

CRIADA. ¡No hables así!

NOVIA. Calla he dicho. Hablemos de otro asunto.

(La luz va desapareciendo de la escena. Pausa larga.)

CRIADA. ¿Sentiste anoche un caballo?

NOVIA. ¿A qué hora?

CRIADA. A las tres.

NOVIA. Sería un caballo suelto de la manada.

CRIADA. No. Llevaba jinete.

NOVIA. ¿Por qué lo sabes?

CRIADA. Porque lo vi. Estuvo parado en tu ventana. Me chocó mucho.

NOVIA. ¿No sería mi novio? Algunas veces ha pasado a esas horas.

CRIADA. No.

NOVIA. ¿Tú le viste?

CRIADA. Sí.

NOVIA. ¿Quién era?

CRIADA. Era Leonardo.

NOVIA. *(Fuerte.)* ¡Mentira! ¡Mentira! ¿A qué viene aquí?

CRIADA. Vino.

NOVIA. ¡Cállate! ¡Maldita sea tu lengua!

(Se siente el ruido de un caballo.)

link between Leonardo + horse

CRIADA. *(En la ventana.)* Mira, asómate. ¿Era?
NOVIA. ¡Era!

Telón rápido

Acto segundo

CUADRO PRIMERO

Zaguán de casa de la Novia. Portón al fondo. Es de noche. La Novia sale con enaguas blancas encañonadas, llenas de encajes y puntas bordadas y un corpiño blanco, con los brazos al aire. La Criada, lo mismo.

CRIADA. Aquí te acabaré de peinar.
NOVIA. No se puede estar ahí dentro del calor.
CRIADA. En estas tierras no refresca ni al amanecer.

(Se sienta la Novia en una silla baja y se mira en su espejito de mano. La Criada la peina.)

NOVIA. Mi madre era de un sitio donde había muchos árboles. De tierra rica.
CRIADA. ¡Así era ella de alegre!
NOVIA. Pero se consumió aquí.
CRIADA. El sino.
NOVIA. Como nos consumimos todas. Echan fuego las paredes. ¡Ay!, no tires demasiado.
CRIADA. Es para arreglarte mejor esta onda. Quiero que te caiga sobre la frente. *(La Novia se mira en el espejo.)* Qué hermosa estás. ¡Ay! *(La besa apasionadamente.)*
NOVIA. *(Seria.)* Sigue peinándome.
CRIADA. *(Peinándola.)* ¡Dichosa tú que vas a abrazar a un hombre, que lo vas a besar, que vas a sentir su peso!
NOVIA. Calla. ← uninterested in marrying the Novio
CRIADA. Y lo mejor es, cuando te despiertes y lo sientas al lado y que él te roza los hombros con su aliento, como con una plumilla de ruiseñor.
NOVIA. *(Fuerte.)* ¿Te quieres callar?

CRIADA. ¡Pero, niña! ¿Una boda, qué es? Una boda es esto y nada más. ¿Son los dulces? ¿Son los ramos de flores? No. Es una cama relumbrante y un hombre y una mujer.

NOVIA. No se debe decir.

CRIADA. Eso es otra cosa. ¡Pero es bien alegre!

NOVIA. O bien amargo. ← desire as something 'bitter' → as the Novia doesn't desire the Novio

CRIADA. El azahar te lo voy a poner desde aquí, hasta aquí, de modo que la corona luzca sobre el peinado. *(Le prueba el ramo de azahar.)*

NOVIA. *(Se mira en el espejo.)* Trae. *(Coge el azahar y lo mira y deja caer la cabeza abatida.)*

CRIADA. ¿Qué es esto?

NOVIA. Déjame.

CRIADA. No son horas de ponerte triste. *(Animosa.)* Trae el azahar. *(Novia tira el azahar.)* ¡Niña! ¿Qué castigo pides tirando al suelo la corona? ¡Levanta esa frente! ¿Es que no te quieres casar? Dilo. Todavía te puedes arrepentir. *(Se levanta.)*

NOVIA. Son nublos. Un mal aire en el centro. ¿Quién no lo tiene?

CRIADA. Tú quieres a tu novio.

NOVIA. Lo quiero.

CRIADA. Sí, sí estoy segura.

NOVIA. Pero éste es un paso muy grande.

CRIADA. Hay que darlo.

NOVIA. Ya me he comprometido.

CRIADA. Te voy a poner la corona.

NOVIA. *(Se sienta.)* Date prisa, que ya deben ir llegando.

CRIADA. Ya llevarán lo menos dos horas de camino.

NOVIA. ¿Cuánto hay de aquí a la iglesia?

CRIADA. Cinco leguas por el arroyo, que por el camino hay el doble.

(La Novia se levanta y la Criada se entusiasma al verla.)

Despierte la novia
la mañana de la boda.
¡Que los ríos del mundo
lleven tu corona!

[presence of the river links to the horse lullaby and foreshadows the tragedy to come

NOVIA. *(Sonriente.)* Vamos.

CRIADA. *(La besa entusiasmada y baila alrededor.)*

Que despierte
con el ramo verde
del laurel florido.
¡Que despierte
por el tronco y la rama
de los laureles!

(Se oyen unos aldabonazos.)

NOVIA. ¡Abre! Deben ser los primeros convidados. *(Entra. La Criada abre sorprendida.)*

CRIADA. ¿Tú?

LEONARDO. Yo. Buenos días.

CRIADA. ¡El primero!

LEONARDO. ¿No me han convidado?

CRIADA. Sí.

LEONARDO. Por eso vengo.

CRIADA. ¿Y tu mujer?

LEONARDO. Yo vine a caballo. Ella se acerca por el camino.

CRIADA. ¿No te has encontrado a nadie?

LEONARDO. Los pasé con el caballo.

CRIADA. Vas a matar al animal con tanta carrera.

LEONARDO. ¡Cuando se muera, muerto está! *(Pausa.)*

CRIADA. Siéntate. Todavía no se ha levantado nadie.

LEONARDO. ¿Y la novia?

CRIADA. Ahora mismo la voy a vestir.

LEONARDO. ¡La novia! ¡Estará contenta!

CRIADA. *(Variando la conversación.)* ¿Y el niño?

LEONARDO. ¿Cuál?

CRIADA. Tu hijo.

LEONARDO. *(Recordando como soñoliento.)* ¡Ah!

CRIADA. ¿Lo traen?

LEONARDO. No. *(Pausa. Voces cantando muy lejos.)*

VOCES.

¡Despierte la novia
la mañana de la boda!

LEONARDO.

Despierte la novia
la mañana de la boda.

CRIADA. Es la gente. Viene lejos todavía.

LEONARDO. *(Levantándose.)* ¿La novia llevará una corona grande, no? No debía ser tan grande. Un poco más pequeña le sentaría mejor. ¿Y trajo ya el novio el azahar que se tiene que poner en el pecho?

NOVIA. *(Apareciendo todavía en enaguas y con la corona de azahar puesta.)* Lo trajo.

CRIADA. *(Fuerte.)* No salgas así.

NOVIA. ¿Qué más da? *(Seria.)* ¿Por qué preguntas si trajeron el azahar? ¿Llevas intención?

LEONARDO. Ninguna. ¿Qué intención iba a tener? *(Acercándose.)* Tú, que me conoces, sabes que no la llevo. Dímelo. ¿Quién he sido yo para ti? Abre y refresca tu recuerdo. Pero dos bueyes y una mala choza son casi nada. Ésa es la espina.

NOVIA. ¿A qué vienes?

LEONARDO. A ver tu casamiento.

NOVIA. ¡También yo vi el tuyo!

LEONARDO. Amarrado por ti, hecho con tus dos manos. A mí me pueden matar, pero no me pueden escupir. Y la plata, que brilla tanto, escupe algunas veces.

NOVIA. ¡Mentira!

LEONARDO. No quiero hablar, porque soy hombre de sangre y no quiero que todos estos cerros oigan mis voces.

NOVIA. Las mías serían más fuertes.

CRIADA. Estas palabras no pueden seguir. Tú no tienes que hablar de lo pasado. *(La Criada mira a las puertas presa de inquietud.)*

NOVIA. Tiene razón. Yo no debo hablarte siquiera. Pero se me calienta el alma de que vengas a verme y atisbar mi boda y preguntes con intención por el azahar. Vete y espera a tu mujer en la puerta.

LEONARDO. ¿Es que tú y yo no podemos hablar?

CRIADA. *(Con rabia.)* No; no podéis hablar.

LEONARDO. Después de mi casamiento he pensado noche y día de quién era la culpa, y cada vez que pienso sale una culpa nueva que se come a la otra; ¡pero siempre hay culpa!

NOVIA. Un hombre con su caballo sabe mucho y puede mucho para poder estrujar a una muchacha metida en un desierto. Pero yo tengo orgullo. Por eso me caso. Y me encerraré con mi marido, a quien tengo que querer por encima de todo.

LEONARDO. El orgullo no te servirá de nada. *(Se acerca.)*

NOVIA. ¡No te acerques!

LEONARDO. Callar y quemarse es el castigo más grande que nos podemos echar encima. ¿De qué me sirvió a mí el orgullo y el no mirarte y el dejarte despierta noches y noches? ¡De nada! ¡Sirvió para echarme fuego encima! Porque tú crees que el tiempo cura y que las paredes tapan, y no es verdad, no es verdad. ¡Cuando las cosas llegan a los centros, no hay quien las arranque!

NOVIA. *(Temblando.)* No puedo oírte. No puedo oír tu voz. Es como si me bebiera una botella de anís y me durmiera en una colcha de rosas. Y me arrastra, y sé que me ahogo, pero voy detrás.

CRIADA. *(Cogiendo a Leonardo por las solapas.)* ¡Debes irte ahora mismo!

LEONARDO. Es la última vez que voy a hablar con ella. No temas nada.

NOVIA. Y sé que estoy loca y sé que tengo el pecho podrido de aguantar, y aquí estoy quieta por oírlo, por verlo menear los brazos.

LEONARDO. No me quedo tranquilo si no te digo estas cosas. Yo me casé. Cásate tú ahora.

CRIADA. *(A Leonardo.)* ¡Y se casa!

VOCES. *(Cantando más cerca.)*

Despierte la novia
la mañana de la boda.

NOVIA.

¡Despierte la novia!

(Sale corriendo a su cuarto.)

CRIADA. Ya está aquí la gente. *(A Leonardo.)* No te vuelvas a acercar a ella.

LEONARDO. Descuida. *(Sale por la izquierda. Empieza a clarear el día.)*

MUCHACHA 1.ª *(Entrando.)*

Despierte la novia
la mañana de la boda;
ruede la ronda
y en cada balcón una corona.

VOCES.

¡Despierte la novia!

CRIADA. *(Moviendo algazara.)*

Que despierte
con el ramo verde
del amor florido.
¡Que despierte
por el tronco y la rama
de los laureles!

MUCHACHA 2.ª *(Entrando.)*

Que despierte
con el largo pelo,
camisa de nieve,
botas de charol y plata
y jazmines en la frente.

CRIADA.

¡Ay, pastora,
que la luna asoma! ← the moon is a symbol of death

MUCHACHA 1.ª

¡Ay, galán,
deja tu sombrero por el olivar!

MOZO 1.º *(Entrando con el sombrero en alto.)*

Despierte la novia
que por los campos viene

rodando la boda,
con bandeja de dalias
y panes de gloria.

VOCES.

¡Despierte la novia!

MUCHACHA 2.ª

La novia
se ha puesto su blanca corona,
y el novio
se la prende con lazos de oro.

CRIADA.

Por el toronjil ← orange blossom linked to sex?
la novia no puede dormir.

MUCHACHA 3.ª *(Entrando.)*

Por el naranjel
el novio le ofrece cuchara y mantel.

(Entran los tres Convidados.)

MOZO 1.º

¡Despierta, paloma!
El alba despeja
campanas de sombra.

white for innocence + purity

CONVIDADO.

La novia, la blanca novia,
hoy doncella,
mañana señora.

MUCHACHA 1.ª

Baja, morena,
arrastrando tu cola de seda.

CONVIDADO.

Baja, morenita,
que llueve rocío la mañana fría.

MOZO 1.º

Despertad, señora, despertad,
porque viene el aire lloviendo azahar.

CRIADA.

← orange blossom imagery

Un árbol quiero bordarle
lleno de cintas granates

y en cada cinta un amor
con vivas alrededor. ← ironic given the brevity of the marriage + their lives

VOCES.
Despierte la novia.

MOZO 1.º
¡La mañana de la boda!

CONVIDADO.
La mañana de la boda
qué galana vas a estar;
pareces, flor de los montes,
la mujer de un capitán.

PADRE. *(Entrando.)*
La mujer de un capitán
se lleva el novio.
¡Ya viene con sus bueyes por el tesoro!

MUCHACHA 3.ª
El novio
parece la flor del oro.
Cuando camina,
a sus plantas se agrupan las clavelinas.

CRIADA.
¡Ay mi niña dichosa!

MOZO 2.º
Que despierte la novia.

CRIADA.
¡Ay mi galana!

MUCHACHA 1.ª
La boda está llamando
por las ventanas.

MUCHACHA 2.ª
Que salga la novia.

MUCHACHA 1.ª
¡Que salga, que salga!

CRIADA.
¡Que toque y repiquen
las campanas!

MOZO 1.º
¡Que viene aquí! ¡Que sale ya!

CRIADA.

¡Como un toro, la boda
levantándose está!

(Aparece la Novia. Lleva un traje negro mil novecientos, con caderas y larga cola rodeada de gasas plisadas y encajes duros. Sobre el peinado de visera lleva la corona de azahar. Suenan las guitarras. Las Muchachas besan a la Novia.)

MUCHACHA 3.ª ¿Qué esencia te echaste en el pelo?
NOVIA. *(Riendo.)* Ninguna.
MUCHACHA 2.ª *(Mirando el traje.)* La tela es de lo que no hay.
MOZO 1.º ¡Aquí está el novio!
NOVIO. ¡Salud!
MUCHACHA 1.ª *(Poniéndole una flor en la oreja.)*

El novio
parece la flor del oro.

MUCHACHA 2.ª

¡Aires de sosiego
le manan los ojos!

(El Novio se dirige al lado de la Novia.)

NOVIA. ¿Por qué te pusiste esos zapatos?
NOVIO. Son más alegres que los negros.
MUJER DE LEONARDO. *(Entrando y besando a la Novia.)* ¡Salud! *(Hablan todas con algazara.)*
LEONARDO. *(Entrando como quien cumple un deber.)*

La mañana de casada
la corona te ponemos.

MUJER.

¡Para que el campo se alegre
con el agua de tu pelo!

MADRE. *(Al Padre.)* ¿También están ésos aquí?
PADRE. Son familia. ¡Hoy es día de perdones!

MADRE. Me aguanto, pero no perdono.

NOVIO. ¡Con la corona da alegría mirarte!

NOVIA. ¡Vámonos pronto a la iglesia!

NOVIO. ¿Tienes prisa?

NOVIA. Sí. Estoy deseando ser tu mujer y quedarme sola contigo, y no oír más voz que la tuya.

NOVIO. ¡Eso quiero yo!

NOVIA. Y no ver más que tus ojos. Y que me abrazarás tan fuerte, que aunque me llamara mi madre, que está muerta, no me pudiera despegar de ti.

NOVIO. Yo tengo fuerza en los brazos. Te voy a abrazar cuarenta años seguidos.

NOVIA. *(Dramática, cogiéndole del brazo.)* ¡Siempre!

PADRE. ¡Vamos pronto! ¡A coger las caballerías y los carros! Que ya ha salido el sol.

MADRE. ¡Que llevéis cuidado! No sea que tengamos malahora.

(Se abre el gran portón del fondo. Empiezan a salir.)

CRIADA. *(Llorando.)*

Al salir de tu casa,
blanca doncella,
acuérdate que sales
como una estrella...

MUCHACHA 1.ª

Limpia de cuerpo y ropa
al salir de tu casa para la boda.

(Van saliendo.)

MUCHACHA 2.ª

¡Ya sales de tu casa
para la iglesia!

CRIADA.

¡El aire pone flores
por las arenas!

MUCHACHA 3.ª

¡Ay la blanca niña!

CRIADA.

Aire oscuro el encaje de su mantilla.

(Salen. Se oyen guitarras, palillos y panderetas. Quedan solos. Leonardo y su Mujer.)

MUJER. Vamos.

LEONARDO. ¿Adónde?

MUJER. A la iglesia. Pero no vas en el caballo. Vienes conmigo.

LEONARDO. ¿En el carro?

MUJER. ¿Hay otra cosa?

LEONARDO. Yo no soy hombre para ir en carro.

MUJER. Y yo no soy mujer para ir sin su marido en un casamiento. ¡Que no puedo más!

LEONARDO. ¡Ni yo tampoco!

MUJER. ¿Por qué me miras así? Tienes una espina en cada ojo.

LEONARDO. ¡Vamos!

MUJER. No sé lo que pasa. Pero pienso y no quiero pensar. Una cosa sé. Yo ya estoy despachada. Pero tengo un hijo. Y otro que viene. Vamos andando. El mismo sino tuvo mi madre. Pero de aquí no me muevo. *(Voces fuera.)*

VOCES.

(¡Al salir de tu casa
para la iglesia,
acuérdate que sales
como una estrella!)

MUJER. *(Llorando.)*

¡Acuérdate que sales
como una estrella!

Así salí yo de mi casa también. Que me cabía todo el campo en la boca.

LEONARDO. *(Levantándose.)* Vamos.

MUJER. ¡Pero conmigo!

LEONARDO. Sí. *(Pausa.)* ¡Echa a andar! *(Salen.)*

VOCES.

Al salir de tu casa
para la iglesia
acuérdate que sales
como una estrella.

Telón lento

CUADRO II

Exterior de la cueva de la Novia. Entonación en blancos grises y azules fríos. Grandes chumberas. Tonos sombríos y plateados. Panoramas de mesetas color barquillo, todo endurecido como paisaje de cerámica popular.

CRIADA. *(Arreglando en una mesa copas y bandejas.)*

Giraba,
giraba la rueda
y el agua pasaba,
porque llega la boda
que se aparten las ramas
y la luna se adorne
por su blanca baranda.

(En voz alta.) ¡Pon los manteles!

(En voz patética.) Cantaban,
cantaban los novios
y el agua pasaba.
Porque llega la boda
que relumbre la escarcha
y se llenen de miel
las almendras amargas.

(En voz alta.) ¡Prepara el vino!

(En voz poética.) Galana.
Galana de la tierra,
mira cómo el agua pasa.
Porque llega tu boda
recógete las faldas
y bajo el ala del novio
nunca salgas de tu casa.
Porque el novio es un palomo
con todo el pecho de brasa
y espera el campo el rumor
de la sangre derramada.
Giraba,
giraba la rueda
y el agua pasaba.
¡Porque llega tu boda,
deja que relumbre el agua!

MADRE. *(Entrando.)* ¡Por fin!

PADRE. ¿Somos los primeros?

CRIADA. No. Hace rato llegó Leonardo con su mujer. Corrieron como demonios. La mujer llegó muerta de miedo. Hicieron el camino como si hubieran venido a caballo.

PADRE. Ése busca la desgracia. No tiene buena sangre.

MADRE. ¿Qué sangre va a tener? La de toda su familia. Mana de su bisabuelo, que empezó matando y sigue en toda la mala ralea, manejadores de cuchillos y gente de falsa sonrisa.

PADRE. ¡Vamos a dejarlo!

CRIADA. ¿Cómo lo va a dejar?

MADRE. Me duele hasta la punta de las venas. En la frente de todos ellos yo no veo más que la mano con que mataron a lo que era mío. ¿Tú me ves a mí? ¿No te parezco loca? Pues es loca de no haber gritado todo lo que mi pecho necesita. Tengo en mi pecho un grito siempre puesto de pie a quien tengo que castigar y meter entre los mantos. Pero se llevan a los muertos y hay que callar. Luego la gente critica. *(Se quita el manto.)*

PADRE. Hoy no es día de que te acuerdes de esas cosas.

MADRE. Cuando sale la conversación, tengo que hablar. Y hoy más. Porque hoy me quedo sola en mi casa.

PADRE. En espera de estar acompañada.

MADRE. Ésa es mi ilusión: los nietos. *(Se sientan.)*

PADRE. Yo quiero que tengan muchos. Esta tierra necesita brazos que no sean pagados. Hay que sostener una batalla con las malas hierbas, con los cardos, con los pedruscos que salen no se sabe dónde. Y estos brazos tienen que ser de los dueños, que castiguen y que dominen, que hagan brotar las simientes. Se necesitan muchos hijos.

MADRE. ¡Y alguna hija! ¡Los varones son del viento! Tienen por fuerza que manejar armas. Las niñas no salen jamás a la calle.

PADRE. *(Alegre.)* Yo creo que tendrán de todo.

MADRE. Mi hijo la cubrirá bien. Es de buena simiente. Su padre pudo haber tenido conmigo muchos hijos.

PADRE. Lo que yo quisiera es que esto fuera cosa de un día. Que en seguida tuvieran dos o tres hombres.

MADRE. Pero no es así. Se tarda mucho. Por eso es tan terrible ver la sangre de una derramada por el suelo. Una fuente que corre un minuto y a nosotros nos ha costado años. Cuando yo llegué a ver a mi hijo, estaba tumbado en mitad de la calle. Me mojé las manos de sangre y me las lamí con la lengua. Porque era mía. Tú no sabes lo que es eso. En una custodia de cristal y topacios pondría yo la tierra empapada por ella.

blood + death

PADRE. Ahora tienes que esperar. Mi hija es ancha y tu hijo es fuerte.

MADRE. Así espero. *(Se levantan.)*

PADRE. Prepara las bandejas de trigo.

CRIADA. Están preparadas.

MUJER. *(De Leonardo, entrando.)* ¡Que sea para bien!

MADRE. Gracias.

LEONARDO. ¿Va a haber fiesta?

PADRE. Poca. La gente no puede entretenerse.

CRIADA. ¡Ya están aquí!

(Van entrando Invitados en alegres grupos. Entran los Novios cogidos del brazo. Sale Leonardo.)

NOVIO. En ninguna boda se vio tanta gente.
NOVIA. *(Sombría.)* En ninguna.
PADRE. Fue lucida. not satisfied by marriage
MADRE. Ramas enteras de familias han venido.
NOVIO. Gente que no salía de su casa.
MADRE. Tu padre sembró mucho y ahora lo recoges tú.
NOVIO. Hubo primos míos que yo ya no conocía.
MADRE. Toda la gente de la costa.
NOVIO. *(Alegre.)* Se espantaban de los caballos. *(Hablan.)*
MADRE. *(A la Novia.)* ¿Qué piensas? fear masculinity; fear Leonardo
NOVIA. No pienso en nada.
MADRE. Las bendiciones pesan mucho. *(Se oyen guitarras.)*
NOVIA. Como plomo.
MADRE. *(Fuerte.)* Pero no han de pesar. Ligera como paloma debes ser.
NOVIA. ¿Se queda usted aquí esta noche?
MADRE. No. Mi casa está sola.
NOVIA. ¡Debía usted quedarse!
PADRE. *(A la Madre.)* Mira el baile que tienen formado. Bailes de allá de la orilla del mar.

(Sale Leonardo y se sienta. Su Mujer detrás de él en actitud rígida.)

MADRE. Son los primos de mi marido. Duros como piedras para la danza.
PADRE. Me alegra el verlos. ¡Qué cambio para esta casa! *(Se va.)*
NOVIO. *(A la Novia.)* ¿Te gustó el azahar?
NOVIA. *(Mirándole fija.)* Sí.
NOVIO. Es todo de cera. Dura siempre. Me hubiera gustado que llevaras en todo el vestido. will their marriage last forever?
NOVIA. No hace falta. *(Mutis Leonardo por la derecha.)*

presence on-stage gives the audience a glimpse into his presence in the Novia's mind

MUCHACHA 1.ª Vamos a quitarte los alfileres.

NOVIA. *(Al Novio.)* Ahora vuelvo.

MUJER. ¡Que seas feliz con mi prima!

NOVIO. Tengo seguridad.

MUJER. Aquí los dos; sin salir nunca y a levantar la casa. ¡Ojalá yo viviera también así de lejos!

NOVIO. ¿Por qué no compráis tierras? El monte es barato y los hijos se crían mejor.

MUJER. No tenemos dinero. ¡Y con el camino que llevamos!

NOVIO. Tu marido es un buen trabajador.

MUJER. Sí, pero le gusta volar demasiado. Ir de una cosa a otra. No es hombre tranquilo.

CRIADA. ¿No tomáis nada? Te voy a envolver unos roscos de vino para tu madre, que a ella le gustan mucho.

NOVIO. Ponle tres docenas.

MUJER. No, no. Con media tiene bastante.

NOVIO. Un día es un día.

MUJER. *(A la Criada.)* ¿Y Leonardo?

CRIADA. No lo vi.

NOVIO. Debe estar con la gente.

MUJER. ¡Voy a ver! *(Se va.)*

CRIADA. Aquello está hermoso.

NOVIO. ¿Y tú no bailas?

CRIADA. No hay quien me saque.

(Pasan al fondo dos Muchachas; durante todo este acto el fondo será un animado cruce de figuras.)

NOVIO. *(Alegre.)* Eso se llama no entender. Las viejas frescas como tú bailan mejor que las jóvenes.

CRIADA. Pero ¿vas a echarme requiebros, niño? ¡Qué familia la tuya! ¡Machos entre los machos! Siendo niña vi la boda de tu abuelo. ¡Qué figura! Parecía como si se casara un monte.

NOVIO. Yo tengo menos estatura.

CRIADA. Pero el mismo brillo en los ojos. ¿Y la niña?

NOVIO. Quitándose la toca.

↑taking off her wreath = betraying her marriage

↑Leonardo & the Novia are missing

CRIADA. ¡Ah! Mira. Para la media noche, como no dormiréis, os he preparado jamón, y unas copas grandes de vino antiguo. En la parte baja de la alacena. Por si lo necesitáis.

NOVIO. *(Sonriente.)* No como a media noche.

CRIADA. *(Con malicia.)* Si tú no, la novia. *(Se va.)*

MOZO 1.º *(Entrando.)* ¡Tienes que beber con nosotros!

NOVIO. Estoy esperando a la novia.

MOZO 2.º ¡Ya la tendrás en la madrugada!

MOZO 1.º ¡Que es cuando más gusta!

MOZO 2.º Un momento.

NOVIO. Vamos.

(Salen. Se oye gran algazara. Sale la Novia. Por el lado opuesto salen dos Muchachas corriendo a encontrarla.)

MUCHACHA 1.ª ¿A quién diste el primer alfiler, a mí, o a ésta?

NOVIA. No me acuerdo.

MUCHACHA 1.ª A mí me lo diste aquí.

MUCHACHA 2.ª A mí delante del altar.

NOVIA. *(Inquieta y con una gran lucha interior.)* No sé nada.

MUCHACHA 1.ª Es que yo quisiera que tú...

NOVIA. *(Interrumpiendo.)* Ni me importa. Tengo mucho que pensar.

MUCHACHA 2.ª Perdona. *(Leonardo cruza el fondo.)*

NOVIA. *(Ve a Leonardo.)* Y estos momentos son agitados.

MUCHACHA 1.ª ¡Nosotras no sabemos nada!

NOVIA. Ya lo sabréis cuando os llegue la hora. Estos pasos son pasos que cuestan mucho.

MUCHACHA 1.ª ¿Te ha disgustado?

NOVIA. No. Perdonad vosotras.

MUCHACHA 2.ª ¿De qué? Pero los dos alfileres sirven para casarse, ¿verdad?

NOVIA. Los dos.

MUCHACHA 1.ª Ahora que una se casa antes que otra.

NOVIA. ¿Tantas ganas tenéis?

MUCHACHA 2.ª *(Vergonzosa.)* Sí.

NOVIA. ¿Para qué?

MUCHACHA 1.ª Pues... *(Abrazando a la segunda.)*

(Echan a correr las dos. Llega el Novio y muy despacio abraza a la Novia por detrás.)

NOVIA. *(Con gran sobresalto.)* ¡Quita!

NOVIO. ¿Te asustas de mí?

NOVIA. ¡Ay! ¿Eras tú?

NOVIO. ¿Quién iba a ser? *(Pausa.)* Tu padre o yo.

NOVIA. ¡Es verdad!

NOVIO. Ahora que tu padre te hubiera abrazado más blando.

NOVIA. *(Sombría.)* ¡Claro!

NOVIO. *(La abraza fuertemente de modo un poco brusco.)* Porque es viejo.

the Novia doesn't desire the Novio as he desires her

NOVIA. *(Seca.)* ¡Déjame!

NOVIO. ¿Por qué? *(La deja.)*

NOVIA. Pues... la gente. Pueden vernos. *(Vuelve a cruzar el fondo la Criada, que no mira a los Novios.)*

NOVIO. ¿Y qué? Ya es sagrado.

NOVIA. Sí, pero déjame... Luego.

NOVIO. ¿Qué tienes? ¡Estás como asustada!

NOVIA. No tengo nada. No te vayas. *(Sale la Mujer de Leonardo.)*

MUJER. No quiero interrumpir...

NOVIO. Dime.

MUJER. ¿Pasó por aquí mi marido?

NOVIO. No.

MUJER. Es que no lo encuentro, y el caballo no está tampoco en el establo.

NOVIO. *(Alegre.)* Debe estar dándole una carrera. *(Se va la Mujer inquieta. Sale la Criada.)*

CRIADA. ¿No andáis satisfechos de tanto saludo?

NOVIO. Ya estoy deseando que esto acabe. La novia está un poco cansada.

CRIADA. ¿Qué es eso, niña?

NOVIA. ¡Tengo como un golpe en las sienes!

CRIADA. Una novia de estos montes debe ser fuerte. *(Al No-*

vio.) Tú eres el único que la puedes curar, porque tuya es. *(Sale corriendo.)*

NOVIO. *(Abrazándola.)* Vamos un rato al baile. *(La besa.)*

NOVIA. *(Angustiada.)* No. Quisiera echarme en la cama un poco.

NOVIO. Yo te haré compañía.

NOVIA. ¡Nunca! ¿Con toda la gente aquí? ¿Qué dirían? Déjame sosegar un momento.

NOVIO. ¡Lo que quieras! ¡Pero no estés así por la noche!

NOVIA. *(En la puerta.)* A la noche estaré mejor.

NOVIO. ¡Que es lo que yo quiero! *(Aparece la Madre.)*

MADRE. Hijo.

NOVIO. ¿Dónde anda usted?

MADRE. En todo ese ruido. ¿Estás contento?

NOVIO. Sí.

MADRE. ¿Y tu mujer?

NOVIO. Descansa un poco. ¡Mal día para las novias!

MADRE. ¿Mal día? El único bueno. Para mí fue como una herencia. *(Entra la Criada y se dirige al cuarto de la Novia.)* Es la roturación de las tierras, la plantación de árboles nuevos. ← marriage should be a time of re-birth, growth, reproduction

NOVIO. ¿Usted se va a ir?

MADRE. Sí. Yo tengo que estar en mi casa.

NOVIO. Sola.

MADRE. Sola no. Que tengo la cabeza llena de cosas y de hombres y de luchas.

NOVIO. Pero luchas que ya no son luchas.

(Sale la Criada rápidamente; desaparece corriendo por el fondo.)

MADRE. Mientras una vive, lucha.

NOVIO. ¡Siempre la obedezco!

MADRE. Con tu mujer procura estar cariñoso, y si la notas infatuada o arisca, hazle una caricia que le produzca un poco de daño, un abrazo fuerte, un mordisco y luego un beso suave. Que ella no pueda disgustarse, pero que sienta que tú eres el macho, el amo, el que mandas. Así aprendí de tu

← male dominance

padre. Y como no lo tienes, tengo que ser yo la que te enseñe estas fortalezas.

NOVIO. Yo siempre haré lo que usted mande.

PADRE. *(Entrando.)* ¿Y mi hija?

NOVIO. Está dentro.

MUCHACHA 1.ª ¡Vengan los novios, que vamos a bailar la rueda!

MOZO 1.º *(Al Novio.)* Tú la vas a dirigir.

PADRE. *(Saliendo.)* ¡Aquí no está!

NOVIO. ¿No?

PADRE. Debe haber subido a la baranda.

NOVIO. ¡Voy a ver! *(Entra.)*

(Se oye algazara y guitarras.)

MUCHACHA 1.ª ¡Ya han empezado! *(Sale.)*

NOVIO. *(Saliendo.)* No está.

MADRE. *(Inquieta.)* ¿No?

PADRE. ¿Y adónde pudo haber ido?

CRIADA. *(Entrando.)* ¿Y la niña, dónde está?

MADRE. *(Seria.)* No lo sabemos.

(Sale el Novio. Entran tres Invitados.)

PADRE. *(Dramático.)* Pero, ¿no está en el baile?

CRIADA. En el baile no está.

PADRE. *(Con arranque.)* Hay mucha gente. ¡Mirad!

CRIADA. ¡Ya he mirado!

PADRE. *(Trágico.)* ¿Pues dónde está?

NOVIO. *(Entrando.)* Nada. En ningún sitio.

MADRE. *(Al Padre.)* ¿Qué es esto? ¿Dónde está tu hija?

(Entra la Mujer de Leonardo.)

MUJER. ¡Han huido! ¡Han huido! Ella y Leonardo. En el caballo. ¡Iban abrazados, como una exhalación!

PADRE. ¡No es verdad! ¡Mi hija, no!

MADRE. ¡Tu hija, sí! Planta de mala madre y él, también él. ¡Pero ya es la mujer de mi hijo!

NOVIO. *(Entrando.)* ¡Vamos detrás! ¿Quién tiene un caballo?

MADRE. ¿Quién tiene un caballo ahora mismo, quién tiene un caballo?, que le daré todo lo que tengo, mis ojos y hasta mi lengua...

VOZ. Aquí hay uno.

MADRE. *(Al Hijo.)* ¡Anda! ¡Detrás! *(Sale con dos Mozos.)* No. No vayas. Esa gente mata pronto y bien...; ¡pero sí, corre, y yo detrás!

PADRE. No será ella. Quizá se haya tirado al aljibe.

MADRE. Al agua se tiran las honradas, las limpias; ¡ésa, no! Pero ya es mujer de mi hijo. Dos bandos. Aquí hay dos bandos. *(Entran todos.)* Mi familia y la tuya. Salid todos de aquí. Limpiarse el polvo de los zapatos. Vamos a ayudar a mi hijo. *(La gente se separa en dos grupos.)* Porque tiene gente; que son sus primos del mar y todos los que llegan de tierra adentro. ¡Fuera de aquí! Por todos los caminos. Ha llegado otra vez la hora de la sangre. Dos bandos. Tú con el tuyo y yo con el mío. ¡Atrás! ¡Atrás!

Telón

Acto tercero

CUADRO PRIMERO

Bosque. Es de noche. Grandes troncos húmedos. Ambiente oscuro. Se oyen dos violines.

(Salen tres Leñadores.)

LEÑADOR 1.° ¿Y los han encontrado?
LEÑADOR 2.° No. Pero los buscan por todas partes.
LEÑADOR 3.° Ya darán con ellos.
LEÑADOR 2.° ¡Chissss!
LEÑADOR 3.° ¿Qué?
LEÑADOR 2.° Parece que se acercan por todos los caminos a la vez.
LEÑADOR 1.° Cuando salga la luna los verán.
LEÑADOR 2.° Debían dejarlos.
LEÑADOR 1.° El mundo es grande. Todos pueden vivir en él.
LEÑADOR 3.° Pero los matarán.
LEÑADOR 2.° Hay que seguir la inclinación; han hecho bien en huir.
LEÑADOR 1.° Se estaban engañando uno a otro y al fin la sangre pudo más.
LEÑADOR 3.° ¡La sangre!
LEÑADOR 1.° Hay que seguir el camino de la sangre.
LEÑADOR 2.° Pero sangre que ve la luz se la bebe la tierra.
LEÑADOR 1.° ¿Y qué? Vale más ser muerto desangrado que vivo con ella podrida.
LEÑADOR 3.° Callar.
LEÑADOR 1.° ¿Qué? ¿Oyes algo?
LEÑADOR 3.° Oigo los grillos, las ranas, el acecho de la noche.
LEÑADOR 1.° Pero el caballo no se siente.
LEÑADOR 3.° No.
LEÑADOR 1.° Ahora la estará queriendo.

LEÑADOR 2.º El cuerpo de ella era para él y el cuerpo de él para ella.

LEÑADOR 3.º Los buscan y los matarán.

LEÑADOR 1.º Pero ya habrán mezclado sus sangres y serán como los cántaros vacíos, como los arroyos secos.

LEÑADOR 2.º Hay muchas nubes y será fácil que la luna no salga.

LEÑADOR 3.º El novio los encontrará con luna o sin luna. Yo lo vi salir. Como una estrella furiosa. La cara color ceniza. Expresaba el sino de su casta.

LEÑADOR 1.º Su casta de muertos en mitad de la calle.

LEÑADOR 2.º ¡Eso es!

LEÑADOR 3.º ¿Crees que ellos lograrán romper el cerco?

LEÑADOR 2.º Es difícil. Hay cuchillos y escopetas a diez leguas a la redonda.

LEÑADOR 3.º Él lleva un buen caballo.

LEÑADOR 2.º Pero lleva una mujer.

LEÑADOR 1.º Ya estamos cerca.

LEÑADOR 2.º Un árbol de cuarenta ramas. Lo cortaremos pronto.

LEÑADOR 3.º Ahora sale la luna. Vamos a darnos prisa.

(Por la izquierda surge una claridad.)

LEÑADOR 1.º

¡Ay luna que sales!
Luna de las hojas grandes.

LEÑADOR 2.º

¡Llena de jazmines la sangre!

LEÑADOR 1.º

¡Ay luna sola!
¡Luna de las verdes hojas!

LEÑADOR 2.º

Plata en la cara de la novia.

LEÑADOR 3.º

¡Ay luna mala!
Deja para el amor la oscura rama.

LEÑADOR 1.º

¡Ay triste luna!
¡Deja para el amor la rama oscura!

(Salen. Por la claridad de la izquierda aparece la Luna. La Luna es un leñador joven con la cara blanca. La escena adquiere un vivo resplandor azul.)

LUNA.

Cisne redondo en el río,
ojo de las catedrales,
alba fingida en las hojas
soy; ¡no podrán escaparse!
¿Quién se oculta? ¿Quién solloza
por la maleta del valle?
La luna deja un cuchillo
abandonado en el aire,
que siendo acecho de plomo
quiere ser dolor de sangre.
¡Dejadme entrar! ¡Vengo helada
por paredes y cristales!
¡Abrir tejados y pechos
donde pueda calentarme!
¡Tengo frío! Mis cenizas
de soñolientos metales,
buscan la cresta del fuego
por los montes y las calles.
Pero me lleva la nieve
sobre su espalda de jaspe,
y me anega, dura y fría,
el agua de los estanques.
Pues esta noche tendrán
mis mejillas roja sangre,
y los juncos agrupados
en los anchos pies del aire.
¡No haya sombra ni emboscada,
que no puedan escaparse!

¡Que quiero entrar en un pecho
para poder calentarme!
¡Un corazón para mí!
¡Caliente!, que se derrame
por los montes de mi pecho;
dejadme entrar, ¡ay, dejadme!

(A las ramas.)

No quiero sombras. Mis rayos
han de entrar en todas partes,
y haya en los troncos oscuros
un rumor de claridades,
para que esta noche tengan
mis mejillas dulce sangre,
y los juncos agrupados
en los anchos pies del aire.
¿Quién se oculta? ¡Afuera digo!
¡No! ¡No podrán escaparse!
Yo haré lucir al caballo
una fiebre de diamante.

(Desaparece entre los troncos, y vuelve la escena a su luz oscura. Sale una Anciana totalmente cubierta por tenues paños verdeoscuro. Lleva los pies descalzos. Apenas si se le verá el rostro entre los pliegues. Este personaje no figura en el reparto.)

MENDIGA.

Esa luna se va, y ellos se acercan.
De aquí no pasan. El rumor del río
apagará con el rumor de troncos
el desgarrado vuelo de los gritos.
Aquí ha de ser, y pronto. Estoy cansada.
Abren los cofres, y los blancos hilos
aguardan por el suelo de la alcoba
cuerpos pesados con el cuello herido.
No se despierte un pájaro y la brisa
recogiendo en su falda los gemidos,

huya con ellos por las negras copas
o los entierre por el blando limo.

(Impaciente.)

¡Esa luna, esa luna!

(Aparece la Luna. Vuelve la luz azul intensa.)

LUNA. Ya se acercan. Unos por la cañada y el otro por el río. Voy a alumbrar las piedras. ¿Qué necesitas?

MENDIGA. Nada.

LUNA. El aire va llegando duro, con doble filo.

MENDIGA. Ilumina el chaleco y aparta los botones, que después las navajas ya saben el camino. ← knives are humanized

LUNA.

Pero que tarden mucho en morir.
Que la sangre
me ponga entre los dedos su delicado silbo.
¡Mira que ya mis valles de ceniza despiertan
en ansia de esta fuente de chorro estremecido!

← death will feed the dry land

MENDIGA. No dejemos que pasen el arroyo. ¡Silencio!

LUNA. ¡Allí vienen! *(Se va. Queda la escena oscura.)*

MENDIGA. De prisa. ¡Mucha luz! ¿Me has oído? ¡No pueden escaparse!

(Entran el Novio y Mozo 1.º La Mendiga se sienta y se tapa con el manto.)

NOVIO. Por aquí.

MOZO 1.º No los encontrarás.

NOVIO. *(Enérgico.)* ¡Sí los encontraré!

MOZO 1.º Creo que se han ido por otra vereda.

NOVIO. No. Yo sentí hace un momento el galope.

MOZO 1.º Sería otro caballo.

NOVIO. *(Dramático.)* Oye. No hay más que un caballo en el mundo, y es éste. ¿Te has enterado? Si me sigues, sígueme sin hablar.

MOZO 1.º Es que quisiera...

NOVIO. Calla. Estoy seguro de encontrármelos aquí. ¿Ves

este brazo? Pues no es mi brazo. Es el brazo de mi hermano y el de mi padre y el de toda mi familia que está muerta. Y tiene tanto poderío, que puede arrancar este árbol de raíz si quiere. Y vamos pronto, que siento los dientes de todos los míos clavados aquí de una manera que se me hace imposible respirar tranquilo.

MENDIGA. *(Quejándose.)* ¡Ay!

MOZO 1.º ¿Has oído?

NOVIO. Vete por ahí y da la vuelta.

MOZO 1.º Esto es una caza.

NOVIO. Una caza. La más grande que se puede hacer.

(Se va el Mozo. El Novio se dirige rápidamente hacia la izquierda y tropieza con la Mendiga, la muerte.)

MENDIGA. ¡Ay!

NOVIO. ¿Qué quieres?

MENDIGA. Tengo frío.

NOVIO. ¿Adónde te diriges?

MENDIGA. *(Siempre quejándose como una mendiga.)* Allá lejos...

NOVIO. ¿De dónde vienes?

MENDIGA. De allí..., de muy lejos.

NOVIO. ¿Viste un hombre y una mujer que corrían montados en un caballo?

MENDIGA. *(Despertándose.)* Espera... *(Lo mira.)* Hermoso galán. *(Se levanta.)* Pero mucho más hermoso si estuviera dormido. ← prefer Leonardo dead

NOVIO. Dime, contesta, ¿los viste?

MENDIGA. Espera... ¡Qué espaldas más anchas! ¿Cómo no te gusta estar tendido sobre ellas y no andar sobre las plantas de los pies que son tan chicas?

NOVIO. *(Zamarreándola.)* ¡Te digo si los viste! ¿Han pasado por aquí?

MENDIGA. *(Enérgica.)* No han pasado; pero están saliendo de la colina. ¿No los oyes?

NOVIO. No.

MENDIGA. ¿Tú no conoces el camino?
NOVIO. ¡Iré sea como sea!
MENDIGA. Te acompañaré. Conozco esta tierra.
NOVIO. *(Impaciente.)* ¡Pero vamos! ¿Por dónde?
MENDIGA. *(Dramática.)* ¡Por allí!

(Salen rápidos. Se oyen lejanos dos violines que expresan el bosque. Vuelven los Leñadores. Llevan las hachas al hombro. Pasan lentos entre los troncos.)

LEÑADOR 1.º

¡Ay muerte que sales!
Muerte de las hojas grandes.

LEÑADOR 2.º

¡No abras el chorro de la sangre!

LEÑADOR 1.º

¡Ay muerte sola!
Muerte de las secas hojas.

LEÑADOR 3.º

¡No cubras de flores la boda!

LEÑADOR 2.º

¡Ay triste muerte!
Deja para el amor la rama verde.

LEÑADOR 1.º

¡Ay muerte mala!
¡Deja para el amor la verde rama!

(Van saliendo mientras hablan. Aparecen Leonardo y la Novia.)

LEONARDO.

¡Calla!

NOVIA.

Desde aquí yo me iré sola.
¡Vete! Quiero que te vuelvas.

LEONARDO.

¡Calla, digo!

NOVIA.

Con los dientes, con las manos, como puedas,
quita de mi cuello honrado
el metal de esta cadena,
dejándome arrinconada
allá en mi casa de tierra.
Y si no quieres matarme
como a víbora pequeña,
pon en mis manos de novia
el cañón de la escopeta.
¡Ay, qué lamento, qué fuego
me sube por la cabeza!
¡Qué vidrios se me clavan en la lengua!

LEONARDO.

Ya dimos el paso; ¡calla!,
porque nos persiguen cerca
y te he de llevar conmigo.

NOVIA.

¡Pero ha de ser a la fuerza!

LEONARDO.

¿A la fuerza? ¿Quién bajó
primero las escaleras?

NOVIA.

Yo las bajé.

LEONARDO.

¿Quién le puso
al caballo bridas nuevas?

NOVIA.

Yo misma. Verdad.

LEONARDO.

¿Y qué manos
me calzaron las espuelas?

NOVIA.

Estas manos, que son tuyas,
pero que al verte quisieran
quebrar las ramas azules
y el murmullo de tus venas.
¡Te quiero! ¡Te quiero! ¡Aparta!

Que si matarte pudiera,
te pondría una mortaja
con los filos de violetas.
¡Ay, qué lamento, qué fuego
me sube por la cabeza!

LEONARDO.

¡Qué vidrios se me clavan en la lengua!
Porque yo quise olvidar
y puse un muro de piedra
entre tu casa y la mía.
Es verdad. ¿No lo recuerdas?
Y cuando te vi de lejos
me eché en los ojos arena.
Pero montaba a caballo
y el caballo iba a tu puerta.
Con alfileres de plata
mi sangre se puso negra,
y el sueño me fue llenando
las carnes de mala hierba.
Que yo no tengo la culpa,
que la culpa es de la tierra
y de ese olor que te sale
de los pechos y las trenzas.

NOVIA.

¡Ay que sinrazón! No quiero
contigo cama ni cena,
y no hay minuto del día
que estar contigo no quiera,
porque me arrastras y voy,
y me dices que me vuelva
y te sigo por el aire
como una brizna de hierba.
He dejado a un hombre duro
y a toda su descendencia
en la mitad de la boda
y con la corona puesta.
Para ti será el castigo
y no quiero que lo sea.

¡Déjame sola! ¡Huye tú!
No hay nadie que te defienda.

LEONARDO.

Pájaros de la mañana
por los árboles se quiebran.
La noche se está muriendo
en el filo de la piedra.
Vamos al rincón oscuro,
donde yo siempre te quiera,
que no me importa la gente,
ni el veneno que nos echa.

(La abraza fuertemente.)

NOVIA.

Y yo dormiré a tus pies
para guardar lo que sueñas.
Desnuda, mirando al campo,

(Dramática.)

como si fuera una perra,
¡porque eso soy! Que te miro
y tu hermosura me quema.

LEONARDO.

Se abrasa lumbre con lumbre.
La misma llama pequeña
mata dos espigas juntas.
¡Vamos!

(La arrastra.)

NOVIA.

¿Adónde me llevas?

LEONARDO.

Adonde no puedan ir
estos hombres que nos cercan.
¡Donde yo pueda mirarte!

NOVIA. *(Sarcástica.)*

Llévame de feria en feria,
dolor de mujer honrada,
a que las gentes me vean

con las sábanas de boda
al aire, como banderas.

LEONARDO.

También yo quiero dejarte
si pienso como se piensa.
Pero voy donde tú vas.
Tú también. Da un paso. Prueba.
Clavos de luna nos funden
mi cintura y tus caderas.

(Toda esta escena es violenta, llena de gran sensualidad.)

NOVIA.

¿Oyes?

LEONARDO.

Viene gente.

NOVIA.

¡Huye!
Es justo que yo aquí muera
con los pies dentro del agua,
espinas en la cabeza.
Y que me lloren las hojas,
mujer perdida y doncella.

LEONARDO.

Cállate. Ya suben.

NOVIA.

¡Vete!

LEONARDO.

Silencio. Que no nos sientan.
Tú delante. ¡Vamos, digo!

(Vacila la Novia.)

NOVIA.

¡Los dos juntos!

LEONARDO. *(Abrazándola.)*

¡Cómo quieras!
Si nos separan, será
porque esté muerto.

NOVIA.

Y yo muerta.

(Salen abrazados.)

(Aparece la Luna muy despacio. La escena adquiere una fuerte luz azul. Se oyen los dos violines. Bruscamente se oyen dos largos gritos desgarrados, y se corta la música de los violines. Al segundo grito aparece la Mendiga y queda de espaldas. Abre el manto y queda en el centro como un gran pájaro de alas inmensas. La Luna se detiene. El telón baja en medio de un silencio absoluto.)

Telón

CUADRO ÚLTIMO

Habitación blanca con arcos y gruesos muros. A la derecha y a la izquierda escaleras blancas. Gran arco al fondo y pared del mismo color. El suelo será también de un blanco reluciente. Esta habitación simple tendrá un sentido monumental de iglesia. No habrá ni un gris, ni una sombra, ni siquiera lo preciso para la perspectiva.

(Dos Muchachas vestidas de azul oscuro están devanando una madeja roja.)

MUCHACHA 1.ª

Madeja, madeja,
¿qué quieres hacer?

MUCHACHA 2.ª

Jazmín de vestido,
cristal de papel.
Nacer a las cuatro,
morir a las diez.
Ser hilo de lana,

cadena a tus pies
y nudo que apriete
amargo laurel.

NIÑA. *(Cantando.)*

¿Fuisteis a la boda?

MUCHACHA 1.[a]

No.

NIÑA.

¡Tampoco fui yo!
¿Qué pasaría
por los tallos de las viñas?
¿Qué pasaría
por el ramo de la oliva?
¿Qué pasó
que nadie volvió?
¿Fuisteis a la boda?

MUCHACHA 2.[a]

Hemos dicho que no.

NIÑA. *(Yéndose.)*

¡Tampoco fui yo!

MUCHACHA 2.[a]

Madeja, madeja,
¿qué quieres cantar?

MUCHACHA 1.[a]

Heridas de cera,
dolor de arrayán.
Dormir la mañana,
de noche velar.

NIÑA. *(En la puerta.)*

El hilo tropieza
con el pedernal.
Los montes azules
lo dejan pasar.
Corre, corre, corre,
y al fin llegará
a poner cuchillo
y a quitar el pan.

(*Se va.*)

MUCHACHA 2.ª

Madeja, madeja,
¿qué quieres decir?

MUCHACHA 1.ª

Amante sin habla.
Novio carmesí.
Por la orilla muda
tendidos los vi.

(*Se detiene mirando la madeja.*)

NIÑA. (*Asomándose a la puerta.*)

Corre, corre, corre,
el hilo hasta aquí.
Cubiertos de barro
los siento venir.
¡Cuerpos estirados,
paños de marfil!

(*Se va.*)

(*Aparecen la Mujer y la Suegra de Leonardo. Llegan angustiadas.*)

MUCHACHA 1.ª

¿Vienen ya?

SUEGRA. (*Agria.*)

No sabemos.

MUCHACHA 2.ª

¿Qué contáis de la boda?

MUCHACHA 1.ª

Dime.

SUEGRA. (*Seca.*)

Nada.

MUJER.

Quiero volver para saberlo todo.

SUEGRA. *(Enérgica.)*
Tú, a tu casa.
Valiente y sola en tu casa.
A envejecer y a llorar.
Pero la puerta cerrada.
Nunca. Ni muerto ni vivo.
Clavaremos las ventanas.
Y vengan lluvias y noches
sobre las hierbas amargas.

MUJER.
¿Qué habrá pasado?

SUEGRA.
No importa.
Échate un velo en la cara.
Tus hijos son hijos tuyos
nada más. Sobre la cama
pon una cruz de ceniza
donde estuvo su almohada.

(Salen.)

MENDIGA. *(A la puerta.)*
Un pedazo de pan, muchachas.

NIÑA.
¡Vete!

(Las Muchachas se agrupan.)

MENDIGA.
¿Por qué?

NIÑA.
Porque tú gimes: vete.

MUCHACHA 1.ª
¡Niña!

MENDIGA.
¡Pude pedir tus ojos! Una nube
de pájaros me sigue; ¿quieres uno?

NIÑA.
¡Yo me quiero marchar!

MUCHACHA 2.ª *(A la Mendiga.)*
¡No le hagas caso!

MUCHACHA 1.ª

¿Vienes por el camino del arroyo?

MENDIGA.

¡Por allí vine!

MUCHACHA 1.ª *(Tímida.)*

¿Puedo preguntarte?

MENDIGA.

Yo los vi; pronto llegan: dos torrentes
quietos al fin entre las piedras grandes,
dos hombres en las patas del caballo.
Muertos en la hermosura de la noche.

lives lost to carnal desire + masculinity

(Con delectación.)

Muertos, sí, muertos.

MUCHACHA 1.ª

¡Calla, vieja, calla!

MENDIGA.

Flores rotas los ojos, y sus dientes
dos puñados de nieve endurecida.
Los dos cayeron, y la novia vuelve
teñida en sangre falda y cabellera.
Cubiertos con dos mantas ellos vienen
sobre los hombros de los mozos altos.
Así fue; nada más. Era lo justo. ← fitting ending
Sobre la flor del oro, sucia arena.

↑ what the Novia has become

(Se va. Las Muchachas inclinan las cabezas y rítmicamente van saliendo.)

act 3 scene 1 ↑

MUCHACHA 1.ª

Sucia arena. ← Leonardo previously compares his repressed desire to throwing sand in his eyes

MUCHACHA 2.ª

Sobre la flor del oro.

NIÑA.

Sobre la flor del oro
traen a los muertos del arroyo.
Morenito el uno,
morenito el otro.

¡Qué ruiseñor de sombra, vuela y gime
sobre la flor del oro!

(Se va. Queda la escena sola. Aparece la Madre con una Vecina. La Vecina viene llorando.)

MADRE. Calla.

VECINA. No puedo.

MADRE. Calla, he dicho. *(En la puerta.)* ¿No hay nadie aquí? *(Se lleva las manos a la frente.)* Debía contestarme mi hijo. Pero mi hijo es ya un brazado de flores secas. Mi hijo es ya una voz oscura detrás de los montes. *(Con rabia a la Vecina.)* ¿Te quieres callar? No quiero llantos en esta casa. Vuestras lágrimas son lágrimas de los ojos nada más, y las mías vendrán cuando yo esté sola, de las plantas de mi pies, de mis raíces, y serán más ardientes que la sangre.

VECINA. Vente a mi casa; no te quedes aquí.

MADRE. Aquí, aquí quiero estar. Y tranquila. Ya todos están muertos. A media noche dormiré, dormiré sin que ya me aterren la escopeta o el cuchillo. Otras madres se asomarán a las ventanas, azotadas por la lluvia, para ver el rostro de sus hijos. Yo no. Yo haré con mi sueño una fría paloma de marfil que lleve camelias de escarcha sobre el camposanto. Pero no; camposanto no, camposanto no: lecho de tierra, cama que los cobija y que los mece por el cielo. *(Entra una Mujer de negro que se dirige a la derecha y allí se arrodilla. A la Vecina.)* Quítate las manos de la cara. Hemos de pasar días terribles. No quiero ver a nadie. La Tierra y yo. Mi llanto y yo. Y estas cuatro paredes. ¡Ay! ¡Ay! *(Se sienta transida.)*

VECINA. Ten caridad de ti misma.

MADRE. *(Echándose el pelo hacia atrás.)* He de estar serena. *(Se sienta.)* Porque vendrán las vecinas y no quiero que me vean tan pobre. ¡Tan pobre! Una mujer que no tiene un hijo siquiera que poderse llevar a los labios.

(Aparece la Novia. Viene sin azahar y con un manto negro.)

VECINA. *(Viendo a la Novia, con rabia.)* ¿Dónde vas?

NOVIA. Aquí vengo.

MADRE. *(A la Vecina.)* ¿Quién es?

VECINA. ¿No la reconoces?

MADRE. Por eso pregunto quién es. Porque tengo que no reconocerla, para no clavarle mis dientes en el cuello. ¡Víbora! *(Se dirige hacia la Novia con ademán fulminante; se detiene. A la Vecina.)* ¿La ves? Está ahí, y está llorando, y yo quieta sin arrancarle los ojos. No me entiendo. ¿Será que yo no quería a mi hijo? Pero ¿y su honra? ¿Dónde está su honra? *(Golpea a la Novia. Ésta cae al suelo.)*

VECINA. ¡Por Dios! *(Trata de separarlas.)*

NOVIA. *(A la Vecina.)* Déjala; he venido para que me mate y que me lleven con ellos. *(A la Madre.)* Pero no con las manos; con garfios de alambre, con una hoz, y con fuerza, hasta que se rompa en mis huesos. ¡Déjala! Que quiero que sepa que yo soy limpia, que estaré loca, pero que me pueden enterrar sin que ningún hombre se haya mirado en la blancura de mis pechos.

MADRE. Calla, calla; ¿qué me importa eso a mí?

NOVIA. ¡Porque yo me fui con el otro, me fui! *(Con angustia.)* Tú también te hubieras ido. Yo era una mujer quemada, llena de llagas por dentro y por fuera, y tu hijo era un poquito de agua de la que yo esperaba hijos, tierra, salud; pero el otro era un río oscuro, lleno de ramas que acercaba a mí el rumor de sus juncos y su cantar entre dientes. Y yo corría con tu hijo que era como un niñito de agua fría y el otro me mandaba cientos de pájaros que me impedían el andar y que dejaban escarcha sobre mis heridas de pobre mujer marchita, de muchacha acariciada por el fuego. Yo no quería, ¡óyelo bien!; yo no quería. ¡Tu hijo era mi fin y yo no lo he engañado, pero el brazo del otro me arrastró como un golpe de mar, como la cabezada de un mulo, y me hubiera arrastrado siempre, siempre, siempre, aunque hubiera sido vieja y todos los hijos de tu hijo me hubiesen agarrado de los cabellos! *(Entra una Vecina.)*

MADRE. Ella no tiene la culpa, ¡ni yo! *(Sarcástica.)* ¿Quién la tiene, pues? ¡Floja, delicada, mujer de mal dormir, es quien tira una corona de azahar para buscar un pedazo de cama calentado por otra mujer!

NOVIA. ¡Calla, calla! Véngate de mí; ¡aquí estoy! Mira que mi cuello es blando; te costará menos trabajo que segar una dalia de tu huerto. Pero ¡eso no! Honrada, honrada como una niña recién nacida. Y fuerte para demostrártelo. Enciende la lumbre. Vamos a meter las manos; tú, por tu hijo, yo, por mi cuerpo. Las retirarás antes tú. *(Entra otra Vecina.)*

MADRE. Pero ¿qué me importa a mí tu honradez? ¿Qué me importa tu muerte? ¿Qué me importa a mí nada de nada? Benditos sean los trigos, porque mis hijos están debajo de ellos; bendita sea la lluvia, porque moja la cara de los muertos. Bendito sea Dios, que nos tiende juntos para descansar. *(Entra otra Vecina.)*

NOVIA. Déjame llorar contigo.

MADRE. Llora. Pero en la puerta.

(Entra la Niña. La Novia queda en la puerta.
La Madre, en el centro de la escena.)

MUJER. *(Entrando y dirigiéndose a la izquierda.)*

Era hermoso jinete,
y ahora montón de nieve.
Corrió ferias y montes
y brazos de mujeres.
Ahora, musgo de noche
le corona la frente.

MADRE.

Girasol de tu madre,
espejo de la tierra.
Que te pongan al pecho
cruz de amargas adelfas;
sábana que te cubra
de reluciente seda,
y el agua forme un llanto
entre tus manos quietas.

MUJER.

¡Ay, que cuatro muchachos
llegan con hombros cansados!

NOVIA.

¡Ay, que cuatro galanes
traen a la muerte por el aire!

MADRE.

Vecinas.

NIÑA. *(En la puerta.)*

Ya los traen.

MADRE.

Es lo mismo.
La cruz, la cruz.

MUJERES.

Dulces clavos,
dulce cruz,
dulce nombre
de Jesús.

NOVIA.

Que la cruz ampare a muertos y a vivos.

MADRE.

Vecinas: con un cuchillo, ← knife symbology
con un cuchillito,
en un día señalado, entre las dos y las tres,
se mataron los dos hombres del amor.
Con un cuchillo, ← death for love
con un cuchillito
que apenas cabe en la mano,
pero que penetra fino
por las carnes asombradas,
y que se para en el sitio
donde tiembla enmarañada
la oscura raíz del grito.
Y esto es un cuchillo,
un cuchillito
que apenas cabe en la mano;
pez sin escamas ni río,
para que un día señalado, entre las dos y las tres,

con este cuchillo
se queden dos hombres duros
con los labios amarillos.
Y apenas cabe en la mano,
pero que penetra frío
por las carnes asombradas
y allí se para, en el sitio
donde tiembla enmarañada
la oscura raíz del grito.

(Las Vecinas, arrodilladas en el suelo, lloran.)

Telón

Yerma

Poema trágico en tres actos y seis cuadros

Personajes

YERMA
MARÍA
VIEJA PAGANA
DOLORES
LAVANDERA PRIMERA
LAVANDERA SEGUNDA
LAVANDERA TERCERA
LAVANDERA CUARTA
LAVANDERA QUINTA
LAVANDERA SEXTA
MUCHACHA PRIMERA
MUCHACHA SEGUNDA
HEMBRA
CUÑADA PRIMERA
CUÑADA SEGUNDA
MUJER PRIMERA
MUJER SEGUNDA
NIÑOS
JUAN
VÍCTOR
MACHO
HOMBRE PRIMERO
HOMBRE SEGUNDO
HOMBRE TERCERO

Acto primero

CUADRO PRIMERO

Al levantarse el telón está Yerma dormida con un tabaque de costura a los pies. La escena tiene una extraña luz de sueño. Un Pastor sale de puntillas, mirando fijamente a Yerma. Lleva de la mano a un Niño vestido de blanco. Suena el reloj. Cuando sale el Pastor, la luz azul se cambia por una alegre luz de mañana de primavera. Yerma se despierta.

CANTO. *(Voz dentro.)*

A la nana, nana, nana,
a la nanita le haremos
una chocita en el campo
y en ella nos meteremos.

YERMA. Juan. ¿Me oyes? Juan.
JUAN. Voy.
YERMA. Ya es la hora.
JUAN. ¿Pasaron las yuntas?
YERMA. Ya pasaron todas.
JUAN. Hasta luego. *(Va a salir.)*
YERMA. ¿No tomas un vaso de leche?
JUAN. ¿Para qué?
YERMA. Trabajas mucho y no tienes tú cuerpo para resistir los trabajos.
JUAN. Cuando los hombres se quedan enjutos se ponen fuertes, como el acero.
YERMA. Pero tú no. Cuando nos casamos eras otro. Ahora tienes la cara blanca como si no te diera en ella el sol. A mí me gustaría que fueras al río y nadaras, y que te subieras al tejado cuando la lluvia cala nuestra vivienda. Veinticuatro meses llevamos casados y tú cada vez más triste, más enjuto, como si crecieras al revés.

JUAN. ¿Has acabado?

YERMA. *(Levantándose.)* No lo tomes a mal. Si yo estuviera enferma me gustaría que tú me cuidases. «Mi mujer está enferma: voy a matar este cordero para hacerle un buen guiso de carne. Mi mujer está enferma: voy a guardar esta enjundia de gallina para aliviar su pecho; voy a llevarle esta piel de oveja para guardar sus pies de la nieve.» Así soy yo. Por eso te cuido.

JUAN. Y yo te lo agradezco.

YERMA. Pero no te dejas cuidar.

JUAN. Es que no tengo nada. Todas esas cosas son suposiciones tuyas. Trabajo mucho. Cada año seré más viejo.

YERMA. Cada año... Tú y yo seguiremos aquí cada año...

JUAN. *(Sonriente.)* Naturalmente. Y bien sosegados. Las cosas de la labor van bien, no tenemos hijos que gasten.

YERMA. No tenemos hijos... ¡Juan!

JUAN. Dime.

YERMA. ¿Es que yo no te quiero a ti?

JUAN. Me quieres.

YERMA. Yo conozco muchachas que han temblado y que lloraron antes de entrar en la cama con sus maridos. ¿Lloré yo la primera vez que me acosté contigo? ¿No cantaba al levantar los embozos de holanda? ¿Y no te dije: «¡Cómo huelen a manzana estas ropas!»?

JUAN. ¡Eso dijiste!

YERMA. Mi madre lloró porque no sentí separarme de ella. ¡Y era verdad! Nadie se casó con más alegría. Y sin embargo...

JUAN. Calla.

YERMA. Y sin embargo...

JUAN. Calla. Demasiado trabajo tengo yo con oír en todo momento...

YERMA. No. No me repitas lo que dicen. Yo veo por mis ojos que eso no puede ser... A fuerza de caer la lluvia sobre las piedras éstas se ablandan y hacen crecer jaramagos, que las gentes dicen que no sirven para nada. Los jaramagos no sirven para nada, pero yo bien los veo mover sus flores amarillas en el aire.

JUAN. ¡Hay que esperar!

YERMA. ¡Sí, queriendo! *(Yerma abraza y besa al Marido, tomando ella la iniciativa.)*
JUAN. Si necesitas algo me lo dices y lo traeré. Ya sabes que no me gusta que salgas.
YERMA. Nunca salgo.
JUAN. Estás mejor aquí.
YERMA. Sí.
JUAN. La calle es para la gente desocupada.
YERMA. *(Sombría.)* Claro.

(El Marido sale y Yerma se dirige a la costura, se pasa la mano por el vientre, alza los brazos en un hermoso bostezo y se sienta a coser.)

¿De dónde vienes, amor, mi niño?
«De la cresta del duro frío.»

(Enhebra la aguja.)

¿Qué necesitas, amor, mi niño?
«La tibia tela de tu vestido.»
¡Que se agiten los ramos al sol
y salten las fuentes alrededor!

(Como si hablara con un niño.)

En el patio ladra el perro,
en los árboles canta el viento.
Los bueyes mugen al boyero
y la luna me riza los cabellos.
¿Qué pides, niño, desde tan lejos?

(Pausa.)

«Los blancos montes que hay en tu pecho.»

¡Que se agiten los ramos al sol
y salten las fuentes alrededor!

(Cosiendo.)

Te diré, niño mío, que sí.
Tronchada y rota soy para ti.
¡Cómo me duele esta cintura
donde tendrás primera cuna!
¿Cuándo, mi niño, vas a venir?

(Pausa.)

«Cuando tu carne huela a jazmín.»

¡Que se agiten los ramos al sol
y salten las fuentes alrededor!

(Yerma queda cantando. Por la puerta entra María, que viene con un lío de ropa.)

¿De dónde vienes?

MARÍA. De la tienda.

YERMA. ¿De la tienda tan temprano?

MARÍA. Por mi gusto hubiera esperado en la puerta a que abrieran. ¿Y a que no sabes lo que he comprado?

YERMA. Habrás comprado café para el desayuno, azúcar, los panes.

MARÍA. No. He comprado encajes, tres varas de hilo, cintas y lana de color para hacer madroños. El dinero lo tenía mi marido y me lo ha dado él mismo.

YERMA. Te vas a hacer una blusa.

MARÍA. No, es porque... ¿sabes?

YERMA. ¿Qué?

MARÍA. Porque ¡ya ha llegado! *(Queda con la cabeza baja.)*

(Yerma se levanta y queda mirándola con admiración.)

YERMA. ¡A los cinco meses!

MARÍA. Sí.

YERMA. ¿Te has dado cuenta de ello?

MARÍA. Naturalmente.

YERMA. *(Con curiosidad.)* ¿Y qué sientes?

MARÍA. No sé. *(Pausa.)* Angustia.

YERMA. Angustia. *(Agarrada a ella.)* Pero... ¿cuándo llegó? Dime... Tú estabas descuidada...

MARÍA. Sí, descuidada...

YERMA. Estarías cantando, ¿verdad? Yo canto. ¿Tú?..., dime.

MARÍA. No me preguntes. ¿No has tenido nunca un pájaro vivo apretado en la mano?

YERMA. Sí.

MARÍA. Pues lo mismo... pero por dentro de la sangre.

YERMA. ¡Qué hermosura! *(La mira extraviada.)*

MARÍA. Estoy aturdida. No sé nada.

YERMA. ¿De qué?

MARÍA. De lo que tengo que hacer. Le preguntaré a mi madre.

YERMA. ¿Para qué? Ya está vieja y habrá olvidado estas cosas. No andes mucho y cuando respires respira tan suave como si tuvieras una rosa entre los dientes.

MARÍA. Oye, dicen que más adelante te empuja suavemente con las piernecitas.

YERMA. Y entonces es cuando se le quiere más, cuando se dice ya ¡mi hijo!

MARÍA. En medio de todo tengo vergüenza.

YERMA. ¿Qué ha dicho tu marido?

MARÍA. Nada.

YERMA. ¿Te quiere mucho?

MARÍA. No me lo dice, pero se pone junto a mí y sus ojos tiemblan como dos hojas verdes.

YERMA. ¿Sabía él que tú...?

MARÍA. Sí.

YERMA. ¿Y por qué lo sabía?

MARÍA. No sé. Pero la noche que nos casamos me lo decía constantemente con su boca puesta en mi mejilla, tanto que a mí me parece que mi niño es un palomo de lumbre que él me deslizó por la oreja.

YERMA. ¡Dichosa!

MARÍA. Pero tú estás más enterada de esto que yo.

YERMA. ¿De qué me sirve?

MARÍA. ¡Es verdad! ¿Por qué será eso? De todas las novias de tu tiempo tú eres la única...

YERMA. Es así. Claro que todavía es tiempo. Elena tardó tres años, y otras antiguas, del tiempo de mi madre, mucho más, pero dos años y veinte días, como yo, es demasiada espera. Pienso que no es justo que yo me consuma aquí. Muchas veces salgo descalza al patio para pisar la tierra, no sé por qué. Si sigo así, acabaré volviéndome mala.

MARÍA. ¡Pero ven acá, criatura! Hablas como si fueras una vieja. ¡Qué digo! Nadie puede quejarse de estas cosas. Una hermana de mi madre lo tuvo a los catorce años, ¡y si vieras qué hermosura de niño!

YERMA. *(Con ansiedad.)* ¿Qué hacía?

MARÍA. Lloraba como un torito, con la fuerza de mil cigarras cantando a la vez, y nos orinaba y nos tiraba de las trenzas y, cuando tuvo cuatro meses, nos llenaba la cara de arañazos.

YERMA. *(Riendo.)* Pero esas cosas no duelen.

MARÍA. Te diré...

YERMA. ¡Bah! Yo he visto a mi hermana dar de mamar a su niño con el pecho lleno de grietas y le producía un gran dolor, pero era un dolor fresco, bueno, necesario para la salud.

MARÍA. Dicen que con los hijos se sufre mucho.

YERMA. Mentira. Eso lo dicen las madres débiles, las quejumbrosas. ¿Para qué los tienen? Tener un hijo no es tener un ramo de rosas. Hemos de sufrir para verlos crecer. Yo pienso que se nos va la mitad de nuestra sangre. Pero esto es bueno, sano, hermoso. Cada mujer tiene sangre para cuatro o cinco hijos, y cuando no los tienen se les vuelve veneno, como me va a pasar a mí.

MARÍA. No sé lo que tengo.

YERMA. Siempre oí decir que las primerizas tienen susto.

MARÍA. *(Tímida.)* Veremos... Como tú coses tan bien...

YERMA. *(Cogiendo el lío.)* Trae. Te cortaré los trajecitos. ¿Y esto?

MARÍA. Son los pañales.

YERMA. Bien. *(Se sienta.)*

MARÍA. Entonces... Hasta luego.

(Se acerca y Yerma le coge amorosamente el vientre con las manos.)

YERMA. No corras por las piedras de la calle.

MARÍA. Adiós. *(La besa. Sale.)*

YERMA. ¡Vuelve pronto! *(Yerma queda en la misma actitud que al principio. Coge las tijeras y empieza a cortar. Sale Víctor.)* Adiós, Víctor.

VÍCTOR. *(Es profundo y lleno de firme gravedad.)* ¿Y Juan?

YERMA. En el campo.

VÍCTOR. ¿Qué coses?

YERMA. Corto unos pañales.

VÍCTOR. *(Sonriente.)* ¡Vamos!

YERMA. *(Ríe.)* Los voy a rodear de encajes.

VÍCTOR. Si es niña le pondrás tu nombre.

YERMA. *(Temblando.)* ¿Cómo?...

VÍCTOR. Me alegro por ti.

YERMA. *(Casi ahogada.)* No..., no son para mí. Son para el hijo de María.

VÍCTOR. Bueno, pues a ver si con el ejemplo te animas. En esta casa hace falta un niño.

YERMA. *(Con angustia.)* Hace falta.

VÍCTOR. Pues adelante. Dile a tu marido que piense menos en el trabajo. Quiere juntar dinero y lo juntará, pero ¿a quién lo va a dejar cuando se muera? Yo me voy con las ovejas. Le dices a Juan que recoja las dos que me compró. Y en cuanto a lo otro..., ¡que ahonde! *(Se va sonriente.)*

YERMA. *(Con pasión.)* Eso; ¡que ahonde!

(Yerma, que en actitud pensativa se levanta y acude al sitio donde ha estado Víctor y respira fuertemente como si aspirara aire de montaña, después va al otro lado de la habitación, como buscando algo, y de allí vuelve a sentarse y coge otra vez la costura. Comienza a coser y queda con los ojos fijos en un punto.)

Te diré, niño mío, que sí.
Tronchada y rota soy para ti.
¡Cómo me duele esta cintura

donde tendrás primera cuna!
¿Cuándo, mi niño, vas a venir?
«¡Cuando tu carne huela a jazmín!»

Telón

CUADRO II

Campo. Sale Yerma. Trae una cesta.

Sale la Vieja 1.ª

YERMA. Buenos días.

VIEJA. Buenos los tenga la hermosa muchacha. ¿Dónde vas?

YERMA. Vengo de llevar la comida a mi esposo, que trabaja en los olivos.

VIEJA. ¿Llevas mucho tiempo de casada?

YERMA. Tres años.

VIEJA. ¿Tienes hijos?

YERMA. No.

VIEJA. ¡Bah! ¡Ya tendrás!

YERMA. *(Con ansia.)* ¿Usted lo cree?

VIEJA. ¿Por qué no? *(Se sienta.)* También yo vengo de traer la comida a mi esposo. Es viejo. Todavía trabaja. Tengo nueve hijos como nueve soles, pero, como ninguno es hembra, aquí me tienes a mí de un lado para otro.

YERMA. Usted vive al otro lado del río.

VIEJA. Sí. En los molinos. ¿De qué familia eres tú?

YERMA. Yo soy hija de Enrique el pastor.

VIEJA. ¡Ah! Enrique el pastor. Lo conocí. Buena gente. Levantarse, sudar, comer unos panes y morirse. Ni más juego, ni más nada. Las ferias para otros. Criaturas de silencio. Pude haberme casado con un tío tuyo. Pero ¡ca! Yo he sido una mujer de faldas en el aire, he ido flechada a la tajada de melón, a la fiesta, a la torta de azúcar. Muchas veces me he asomado de madrugada a la puerta creyendo oír música de bandurrias que iba, que venía, pero era el aire. *(Ríe.)* Te vas a reír de mí. He tenido dos maridos, catorce hijos, seis murieron, y sin embargo no estoy triste y quisiera vivir mucho más. Es lo que digo yo: las higueras, ¡cuánto duran!; las casas, ¡cuánto duran!; y sólo nosotras, las endemoniadas mujeres, nos hacemos polvo por cualquier cosa.

YERMA. Yo quisiera hacerle una pregunta.

VIEJA. ¿A ver? *(La mira.)* Ya sé lo que me vas a decir. De estas cosas no se puede decir palabra. *(Se levanta.)*

YERMA. *(Deteniéndola.)* ¿Por qué no? Me ha dado confianza el oírla hablar. Hace tiempo estoy deseando tener conversación con mujer vieja. Porque yo quiero enterarme. Sí. Usted me dirá...

VIEJA. ¿Qué?

YERMA. *(Bajando la voz.)* Lo que usted sabe. ¿Por qué estoy yo seca? ¿Me he de quedar en plena vida para cuidar aves o poner cortinitas planchadas en mi ventanillo? No. Usted me ha de decir lo que tengo que hacer, que yo haré lo que sea; aunque me mande clavarme agujas en el sitio más débil de mis ojos.

VIEJA. ¿Yo? Yo no sé nada. Yo me he puesto boca arriba y he comenzado a cantar. Los hijos llegan como el agua. ¡Ay! ¿Quién puede decir que este cuerpo que tienes no es hermoso? Pisas, y al fondo de la calle relincha el caballo. ¡Ay! Déjame, muchacha, no me hagas hablar. Pienso muchas ideas que no quiero decir.

YERMA. ¿Por qué? Con mi marido no hablo de otra cosa.

VIEJA. Oye. ¿A ti te gusta tu marido?

YERMA. ¿Cómo?

VIEJA. ¿Qué si lo quieres? ¿Si deseas estar con él?...

YERMA. No sé.

VIEJA. ¿No tiemblas cuando se acerca a ti? ¿No te da así como un sueño cuando acerca sus labios? Dime.

YERMA. No. No lo he sentido nunca.

VIEJA. ¿Nunca? ¿Ni cuando has bailado?

YERMA. *(Recordando.)* Quizá... Una vez... Víctor...

VIEJA. Sigue.

YERMA. Me cogió de la cintura y no pude decirle nada porque no podía hablar. Otra vez, el mismo Víctor, teniendo yo catorce años (él era un zagalón), me cogió en sus brazos para saltar una acequia y me entró un temblor que me sonaron los dientes. Pero es que yo he sido vergonzosa.

VIEJA. ¿Y con tu marido?...

YERMA. Mi marido es otra cosa. Me lo dio mi padre y yo lo acepté. Con alegría. Ésta es la pura verdad. Pues el primer día que me puse novia con él ya pensé... en los hijos... Y me miraba en sus ojos. Sí, pero era para verme muy chica, muy manejable, como si yo misma fuera hija mía.

VIEJA. Todo lo contrario que yo. Quizá por eso no hayas parido a tiempo. Los hombres tienen que gustar, muchacha. Han de deshacernos las trenzas y darnos de beber agua en su misma boca. Así corre el mundo.

YERMA. El tuyo, que el mío, no. Yo pienso muchas cosas, muchas, y estoy segura que las cosas que pienso las ha de realizar mi hijo. Yo me entregué a mi marido por él, y me sigo entregando para ver si llega, pero nunca por divertirme.

VIEJA. ¡Y resulta que estás vacía!

YERMA. No, vacía no, porque me estoy llenando de odio. Dime, ¿tengo yo la culpa? ¿Es preciso buscar en el hombre el hombre nada más? Entonces, ¿qué vas a pensar cuando te deja en la cama con los ojos tristes mirando al techo y da media vuelta y se duerme? ¿He de quedarme pensando en él o en lo que puede salir relumbrando de mi pecho? Yo no sé, pero dímelo tú, por caridad. *(Se arrodilla.)*

VIEJA. ¡Ay qué flor abierta! ¡Qué criatura tan hermosa eres! Déjame. No me hagas hablar más. No quiero hablarte más. Son asuntos de honra y yo no quemo la honra de nadie. Tú sabrás. De todos modos, debías ser menos inocente.

YERMA. *(Triste.)* Las muchachas que se crían en el campo, como yo, tienen cerradas todas las puertas. Todo se vuelven medias palabras, gestos, porque todas estas cosas dicen que no se pueden saber. Y tú también, tú también te callas y te vas con aire de doctora, sabiéndolo todo, pero negándolo a la que se muere de sed.

VIEJA. A otra mujer serena yo le hablaría. A ti, no. Soy vieja y sé lo que digo.

YERMA. Entonces, que Dios me ampare.

VIEJA. Dios, no. A mí no me ha gustado nunca Dios. ¿Cuándo os vais a dar cuenta de que no existe? Son los hombres los que te tienen que amparar.

YERMA. Pero ¿por qué me dices eso?, ¿por qué?

VIEJA. *(Yéndose.)* Aunque debía haber Dios, aunque fuera pequeñito, para que mandara rayos contra los hombres de simiente podrida que encharcan la alegría de los campos.

YERMA. No sé lo que me quieres decir.

VIEJA. *(Sigue.)* Bueno, yo me entiendo. No pases tristeza. Espera en firme. Eres muy joven todavía. ¿Qué quieres que haga yo? *(Se va.)*

(Aparecen dos Muchachas.)

MUCHACHA 1.ª Por todas partes nos vamos encontrando gente.

YERMA. Con las faenas, los hombres están en los olivos, hay que traerles de comer. No quedan en las casas más que los ancianos.

MUCHACHA 2.ª ¿Tú regresas al pueblo?

YERMA. Hacia allá voy.

MUCHACHA 1.ª Yo llevo mucha prisa. Me dejé al niño dormido y no hay nadie en casa.

YERMA. Pues aligera, mujer. Los niños no se pueden dejar solos. ¿Hay cerdos en tu casa?

MUCHACHA 1.ª No. Pero tienes razón. Voy deprisa.

YERMA. Anda. Así pasan las cosas. Seguramente lo has dejado encerrado.

MUCHACHA 1.ª Es natural.

YERMA. Sí, pero es que no os dais cuenta lo que es un niño pequeño. La causa que nos parece más inofensiva puede acabar con él. Una agujita, un sorbo de agua.

MUCHACHA 1.ª Tienes razón. Voy corriendo. Es que no me doy bien cuenta de las cosas.

YERMA. Anda.

MUCHACHA 2.ª Si tuvieras cuatro o cinco, no hablarías así.

YERMA. ¿Por qué? Aunque tuviera cuarenta.

MUCHACHA 2.ª De todos modos, tú y yo, con no tenerlos, vivimos más tranquilas.

YERMA. Yo, no.

MUCHACHA 2.ª Yo, sí. ¡Qué afán! En cambio mi madre no hace más que darme yerbajos para que los tenga y en octubre iremos al Santo que dicen que los da a la que lo pide con ansia. Mi madre pedirá. Yo, no.

YERMA. ¿Por qué te has casado?

MUCHACHA 2.ª Porque me han casado. Se casan todas. Si seguimos así, no va a haber solteras más que las niñas. Bueno, y además..., una se casa en realidad mucho antes de ir a la iglesia. Pero las viejas se empeñan en todas estas cosas. Yo tengo diecinueve años y no me gusta guisar, ni lavar. Bueno, pues todo el día he de estar haciendo lo que no me gusta. ¿Y para qué? ¿Qué necesidad tiene mi marido de ser mi marido? Porque lo mismo hacíamos de novios que ahora. Tonterías de los viejos.

YERMA. Calla, no digas esas cosas.

MUCHACHA 2.ª También tú me dirás loca. «¡La loca, la loca!» *(Ríe.)* Yo te puedo decir lo único que he aprendido en la vida: toda la gente está metida dentro de sus casas haciendo lo que no les gusta. Cuánto mejor se está en medio de la calle. Ya voy al arroyo, ya subo a tocar las campanas, ya me tomo un refresco de anís.

YERMA. Eres una niña.

MUCHACHA 2.ª Claro, pero no estoy loca. *(Ríe.)*

YERMA. ¿Tu madre vive en la parte más alta del pueblo?

MUCHACHA 2.ª Sí.

YERMA. ¿En la última casa?

MUCHACHA 2.ª Sí.

YERMA. ¿Cómo se llama?

MUCHACHA 2.ª Dolores. ¿Por qué preguntas?

YERMA. Por nada.

MUCHACHA 2.ª Por algo preguntarás.

YERMA. No sé..., es un decir...

MUCHACHA 2.ª Allá tú... Mira, me voy a dar la comida a mi marido. *(Ríe.)* Es lo que hay que ver. ¡Qué lástima no poder decir mi novio! ¿Verdad? *(Se va riendo alegremente.)* ¡Adiós!

VOZ DE VÍCTOR. *(Cantando.)*

¿Por qué duermes solo, pastor?
¿Por qué duermes solo, pastor?
En mi colcha de lana
dormirías mejor.
¿Por qué duermes solo, pastor?

YERMA. *(Escuchando.)*

¿Por qué duermes solo, pastor?
En mi colcha de lana
dormirías mejor.
Tu colcha de oscura piedra,
pastor,
y tu camisa de escarcha,
pastor,
juncos grises del invierno
en la noche de tu cama.
Los robles ponen agujas,
pastor,
debajo de tu almohada,
pastor,
y si oyes voz de mujer
es la rota voz del agua.
Pastor, pastor.
¿Qué quiere el monte de ti,
pastor?
Monte de hierbas amargas,
¿qué niño te está matando?
¡La espina de la retama!

(Va a salir y se tropieza con Víctor, que entra.)

VÍCTOR. *(Alegre.)* ¿Dónde va lo hermoso?

YERMA. ¿Cantabas tú?

VÍCTOR. Yo.

YERMA. ¡Qué bien! Nunca te había sentido.

VÍCTOR. ¿No?

YERMA. Y qué voz tan pujante. Parece un chorro de agua que te llena toda la boca.

VÍCTOR. Soy alegre.

YERMA. Es verdad.

VÍCTOR. Como tú triste.

YERMA. No soy triste. Es que tengo motivos para estarlo.

VÍCTOR. Y tu marido más triste que tú.

YERMA. Él sí. Tiene un carácter seco.

VÍCTOR. Siempre fue igual. *(Pausa. Yerma está sentada.)* ¿Viniste a traer la comida?

YERMA. Sí. *(Lo mira. Pausa.)* ¿Qué tienes aquí? *(Señala la cara.)*

VÍCTOR. ¿Dónde?

YERMA. *(Se levanta y se acerca a Víctor.)* Aquí... en la mejilla. Como una quemadura.

VÍCTOR. No es nada.

YERMA. Me había parecido.

(Pausa.)

VÍCTOR. Debe ser el sol...

YERMA. Quizá...

(Pausa. El silencio se acentúa y sin el menor gesto comienza una lucha entre los dos personajes.)

(Temblando.) ¿Oyes?

VÍCTOR. ¿Qué?

YERMA. ¿No sientes llorar?

VÍCTOR. *(Escuchando.)* No.

YERMA. Me había parecido que lloraba un niño.

VÍCTOR. ¿Sí?

YERMA. Muy cerca. Y lloraba como ahogado.

VÍCTOR. Por aquí hay siempre muchos niños que vienen a robar fruta.

YERMA. No. Es la voz de un niño pequeño.

(Pausa.)

VÍCTOR. No oigo nada.

YERMA. Serán ilusiones mías. *(Lo mira fijamente, y Víctor la mira también y desvía la mirada lentamente, como con miedo.)*

(Sale Juan.)

JUAN. ¿Qué haces todavía aquí?
YERMA. Hablaba.
VÍCTOR. Salud. *(Sale.)*
JUAN. Debías estar en casa.
YERMA. Me entretuve.
JUAN. No comprendo en qué te has entretenido.
YERMA. Oí cantar los pájaros.
JUAN. Está bien. Así darás que hablar a las gentes.
YERMA. *(Fuerte.)* Juan, ¿qué piensas?
JUAN. No lo digo por ti, lo digo por las gentes.
YERMA. ¡Puñalada que le den a las gentes!
JUAN. No maldigas. Está feo en una mujer.
YERMA. Ojalá fuera yo una mujer.
JUAN. Vamos a dejarnos de conversación. Vete a la casa.

(Pausa.)

YERMA. Está bien. ¿Te espero?
JUAN. No. Estaré toda la noche regando. Viene poca agua, es mía hasta la salida del sol y tengo que defenderla de los ladrones. Te acuestas y te duermes.
YERMA. *(Dramática.)* ¡Me dormiré! *(Sale.)*

Telón

Acto segundo

CUADRO PRIMERO

Torrente donde lavan las mujeres del pueblo. Las Lavanderas están situadas en varios planos.

Canto a telón corrido.

En el arroyo frío
lavo tu cinta.
Como un jazmín caliente
tienes la risa.

LAVANDERA 1.ª A mí no me gusta hablar.
LAVANDERA 3.ª Pero aquí se habla.
LAVANDERA 4.ª Y no hay mal en ello.
LAVANDERA 5.ª La que quiera honra, que la gane.
LAVANDERA 4.ª

Yo planté un tomillo,
yo lo vi crecer.
El que quiera honra,
que se porte bien.

(Ríen.)

LAVANDERA 5.ª Así se habla.
LAVANDERA 1.ª Pero es que nunca se sabe nada.
LAVANDERA 4.ª Lo cierto es que el marido se ha llevado a vivir con ellos a sus dos hermanas.
LAVANDERA 5.ª ¿Las solteras?
LAVANDERA 4.ª Sí. Estaban encargadas de cuidar la iglesia y ahora cuidarán de su cuñada. Yo no podría vivir con ellas.
LAVANDERA 1.ª ¿Por qué?
LAVANDERA 4.ª Porque dan miedo. Son como esas hojas grandes que nacen de pronto sobre los sepulcros. Están un-

tadas con cera. Son metidas hacia adentro. Se me figura que guisan su comida con el aceite de las lámparas.

LAVANDERA 3.ª ¿Y están ya en la casa?

LAVANDERA 4.ª Desde ayer. El marido sale otra vez a sus tierras.

LAVANDERA 1.ª ¿Pero se puede saber lo que ha ocurrido?

LAVANDERA 5.ª Anteanoche, ella la pasó sentada en el tranco, a pesar del frío.

LAVANDERA 1.ª Pero, ¿por qué?

LAVANDERA 4.ª Le cuesta trabajo estar en su casa.

LAVANDERA 5.ª Estas machorras son así: cuando podían estar haciendo encajes o confituras de manzanas, les gusta subirse al tejado y andar descalzas por esos ríos.

LAVANDERA 1.ª ¿Quién eres tú para decir estas cosas? Ella no tiene hijos, pero no es por culpa suya.

LAVANDERA 4.ª Tiene hijos la que quiere tenerlos. Es que las regalonas, las flojas, las endulzadas, no son a propósito para llevar el vientre arrugado.

(Ríen.)

LAVANDERA 3.ª Y se echan polvos de blancura y colorete y se prenden ramos de adelfa en busca de otro que no es su marido.

LAVANDERA 5.ª ¡No hay otra verdad!

LAVANDERA 1.ª Pero ¿vosotras la habéis visto con otro?

LAVANDERA 4.ª Nosotras no, pero las gentes sí.

LAVANDERA 1.ª ¡Siempre las gentes!

LAVANDERA 5.ª Dicen que en dos ocasiones.

LAVANDERA 2.ª ¿Y qué hacían?

LAVANDERA 4.ª Hablaban.

LAVANDERA 1.ª Hablar no es pecado.

LAVANDERA 4.ª Hay una cosa en el mundo que es la mirada. Mi madre lo decía. No es lo mismo una mujer mirando a unas rosas que una mujer mirando a los muslos de un hombre. Ella lo mira.

LAVANDERA 1.ª ¿Pero a quién?

LAVANDERA 4.ª A uno. ¿Lo oyes? Entérate tú. ¿Quieres que lo diga más alto? *(Risas.)* Y cuando no lo mira, porque está sola, porque no lo tiene delante, lo lleva retratado en los ojos.

LAVANDERA 1.ª ¡Eso es mentira!

(Algazara.)

LAVANDERA 5.ª ¿Y el marido?

LAVANDERA 3.ª El marido está como sordo. Parado como un lagarto puesto al sol.

(Ríen.)

LAVANDERA 1.ª Todo esto se arreglaría si tuvieran criaturas.

LAVANDERA 2.ª Todo esto son cuestiones de gente que no tiene conformidad con su sino.

LAVANDERA 4.ª Cada hora que transcurre aumenta el infierno en aquella casa. Ella y las cuñadas, sin despegar los labios, blanquean todo el día las paredes, friegan los cobres, limpian con vaho los cristales, dan aceite a la solería. Pues, cuando más relumbra la vivienda, más arde por dentro.

LAVANDERA 1.ª Él tiene la culpa, él. Cuando un padre no da hijos debe cuidar de su mujer.

LAVANDERA 4.ª La culpa es de ella, que tiene por lengua un pedernal.

LAVANDERA 1.ª ¿Qué demonio se te ha metido entre los cabellos para que hables así?

LAVANDERA 4.ª ¿Y quién ha dado licencia a tu boca para que me des consejos?

LAVANDERA 5.ª ¡Callar!

(Risas.)

LAVANDERA 1.ª Con una aguja de hacer calceta ensartaría yo las lenguas murmuradoras.

LAVANDERA 5.ª ¡Calla!

LAVANDERA 4.ª Y yo la tapa del pecho de las fingidas.

LAVANDERA 5.ª Silencio. ¿No ves que por ahí vienen las cuñadas?

(Murmullos. Entran las dos Cuñadas de Yerma. Van vestidas de luto. Se ponen a lavar en medio de un silencio. Se oyen esquilas.)

LAVANDERA 1.ª ¿Se van ya los zagales?
LAVANDERA 3.ª Sí, ahora salen todos los rebaños.
LAVANDERA 4.ª *(Aspirando.)* Me gusta el olor de las ovejas.
LAVANDERA 3.ª ¿Sí?
LAVANDERA 4.ª ¿Y por qué no? Olor de lo que una tiene. Cómo me gusta el olor del fango rojo que trae el río por el invierno.
LAVANDERA 3.ª Caprichos.
LAVANDERA 5.ª *(Mirando.)* Van juntos todos los rebaños.
LAVANDERA 4.ª Es una inundación de lana. Arramblan con todo. Si los trigos verdes tuvieran cabeza, temblarían de verlos venir.
LAVANDERA 3.ª ¡Mira como corren! ¡Qué manada de enemigos!
LAVANDERA 1.ª Ya salieron todos, no falta uno.
LAVANDERA 4.ª A ver... No... sí, sí falta uno.
LAVANDERA 5.ª ¿Cuál?...
LAVANDERA 4.ª El de Víctor.

(Las dos Cuñadas se yerguen y miran.)

(Cantando entre dientes.)

En el arroyo frío
lavo tu cinta.
Como un jazmín caliente
tienes la risa.

Quiero vivir
en la nevada chica
de ese jazmín.

LAVANDERA 1.ª

¡Ay de la casada seca!
¡Ay de la que tiene los pechos de arena!

LAVANDERA 5.ª
Dime si tu marido
guarda semillas
para que el agua cante
por tu camisa.

LAVANDERA 4.ª
Es tu camisa
nave de plata y viento
por las orillas.

LAVANDERA 3.ª
Las ropas de mi niño
vengo a lavar,
para que tome al agua
lecciones de cristal.

LAVANDERA 2.ª
Por el monte ya llega
mi marido a comer.
Él me trae una rosa
y yo le doy tres.

LAVANDERA 5.ª
Por el llano ya vino
mi marido a cenar.
Las brasas que me entrega
cubro con arrayán.

LAVANDERA 4.ª
Por el aire ya viene
mi marido a dormir.
Yo alhelíes rojos
y él rojo alhelí.

LAVANDERA 3.ª
Hay que juntar flor con flor
cuando el verano seca la sangre al segador.

LAVANDERA 4.ª
Y abrir el vientre a pájaros sin sueño
cuando a la puerta llama tembloroso el invierno.

LAVANDERA 1.ª
Hay que gemir en la sábana.

LAVANDERA 4.ª

¡Y hay que cantar!

LAVANDERA 5.ª

Cuando el hombre nos trae
la corona y el pan.

LAVANDERA 4.ª

Porque los brazos se enlazan.

LAVANDERA 5.ª

Porque la luz se nos quiebra en la garganta.

LAVANDERA 4.ª

Porque se endulza el tallo de las ramas.

LAVANDERA 5.ª

Y las tiendas del viento cubran a las montañas.

LAVANDERA 6.ª *(Apareciendo en lo alto del torrente.)*

Para que un niño funda
yertos vidrios del alba.

LAVANDERA 4.ª

Y nuestro cuerpo tiene
ramas furiosas de coral.

LAVANDERA 5.ª

Para que haya remeros
en las aguas del mar.

LAVANDERA 1.ª

Un niño pequeño, un niño.

LAVANDERA 2.ª

Y las palomas abren las alas y el pico.

LAVANDERA 3.ª

Un niño que gime, un hijo.

LAVANDERA 4.ª

Y los hombres avanzan
como ciervos heridos.

LAVANDERA 5.ª

¡Alegría, alegría, alegría
del vientre redondo bajo la camisa!

LAVANDERA 2.ª

¡Alegría, alegría, alegría,
ombligo, cáliz tierno de maravilla!

LAVANDERA 1.ª
¡Pero ay de la casada seca!
¡Ay de la que tiene los pechos de arena!

LAVANDERA 4.ª
¡Que relumbre!

LAVANDERA 5.ª
¡Que corra!

LAVANDERA 4.ª
¡Que vuelva a relumbrar!

LAVANDERA 3.ª
¡Que cante!

LAVANDERA 2.ª
¡Que se esconda!

LAVANDERA 3.ª
Y que vuelva a cantar.

LAVANDERA 6.ª
La aurora que mi niño
lleva en el delantal.

LAVANDERA 4.ª *(Cantan todas a coro.)*
En el arroyo frío
lavo tu cinta.
Como un jazmín caliente
tienes la risa.
¡Ja, ja, ja!

(Mueven los paños con ritmo y los golpean.)

Telón

CUADRO II

Casa de Yerma. Atardecer. Juan está sentado.

Las dos Hermanas, de pie.

JUAN. ¿Dices que salió hace poco? *(La Hermana mayor contesta con la cabeza.)* Debe estar en la fuente. Pero ya sabéis que no me gusta que salga sola. *(Pausa.)* Puedes poner la mesa. *(Sale la Hermana menor.)* Bien ganado tengo el pan que como. *(A su Hermana.)* Ayer pasé un día duro. Estuve podando los manzanos y a la caída de la tarde me puse a pensar para qué pondría yo tanta ilusión en la faena si no puedo llevarme una manzana a la boca. Estoy harto. *(Se pasa las manos por la cara. Pausa.)* Ésa no viene... Una de vosotras debía salir con ella, porque para eso estáis aquí comiendo en mi mantel y bebiendo mi vino. Mi vida está en el campo, pero mi honra está aquí. Y mi honra es también la vuestra. *(La Hermana inclina la cabeza.)* No lo tomes a mal. *(Entra Yerma con dos cántaros. Queda parada en la puerta.)* ¿Vienes de la fuente?

YERMA. Para tener agua fresca en la comida. *(Sale la otra Hermana.)* ¿Cómo están las tierras?

JUAN. Ayer estuve podando los árboles.

(Yerma deja los cántaros. Pausa.)

YERMA. ¿Te quedarás?

JUAN. He de cuidar el ganado. Tú sabes que esto es cosa del dueño.

YERMA. Lo sé muy bien. No lo repitas.

JUAN. Cada hombre tiene su vida.

YERMA. Y cada mujer la suya. No te pido yo que te quedes. Aquí tengo todo lo que necesito. Tus hermanas me guardan bien. Pan tierno y requesón y cordero asado como yo aquí, y pasto lleno de rocío tus ganados en el monte. Creo que puedes vivir en paz.

JUAN. Para vivir en paz se necesita estar tranquilo.

YERMA. ¿Y tú no estás?

JUAN. No estoy.

YERMA. Desvía la intención.

JUAN. ¿Es que no conoces mi modo de ser? Las ovejas en el redil y las mujeres en su casa. Tú sales demasiado. ¿No me has oído decir esto siempre?

YERMA. Justo. Las mujeres dentro de sus casas. Cuando las casas no son tumbas. Cuando las sillas se rompen y las sábanas de hilo se gastan con el uso. Pero aquí, no. Cada noche, cuando me acuesto, encuentro mi cama más nueva, más reluciente, como si estuviera recién traída de la ciudad.

JUAN. Tú misma reconoces que llevo razón al quejarme. ¡Que tengo motivos para estar alerta!

YERMA. Alerta ¿de qué? En nada te ofendo. Vivo sumisa a ti, y lo que sufro lo guardo pegado a mis carnes. Y cada día que pase será peor. Vamos a callarnos. Yo sabré llevar mi cruz como mejor pueda, pero no me preguntes nada. Si pudiera de pronto volverme vieja y tuviera la boca como una flor machacada, te podría sonreír y conllevar la vida contigo. Ahora, ahora, déjame con mis clavos.

JUAN. Hablas de una manera que yo no te entiendo. No te privo de nada. Mando a los pueblos vecinos por las cosas que te gustan. Yo tengo mis defectos, pero quiero tener paz y sosiego contigo. Quiero dormir fuera y pensar que tú duermes también.

YERMA. Pero yo no duermo, yo no puedo dormir.

JUAN. ¿Es que te falta algo? Dime. *(Pausa.)* ¡Contesta!

YERMA. *(Con intención y mirando fijamente al Marido.)* Sí, me falta.

(Pausa.)

JUAN. Siempre lo mismo. Hace ya más de cinco años. Yo casi lo estoy olvidando.

YERMA. Pero yo no soy tú. Los hombres tienen otra vida: los ganados, los árboles, las conversaciones; y las mujeres no tenemos más que esta de la cría y el cuido de la cría.

JUAN. Todo el mundo no es igual. ¿Por qué no te traes un hijo de tu hermano? Yo no me opongo.

YERMA. No quiero cuidar hijos de otras. Me figuro que se me van a helar los brazos de tenerlos.

JUAN. Con este achaque vives alocada, sin pensar en lo que debías, y te empeñas en meter la cabeza por una roca.

YERMA. Roca que es una infamia que sea roca, porque debía ser un canasto de flores y agua dulce.

JUAN. Estando a tu lado no se siente más que inquietud, desasosiego. En último caso debes resignarte.

YERMA. Yo he venido a estas cuatro paredes para no resignarme. Cuando tenga la cabeza atada con un pañuelo para que no se me abra la boca, y las manos bien amarradas dentro del ataúd, en esa hora me habré resignado.

JUAN. Entonces, ¿qué quieres hacer?

YERMA. Quiero beber agua y no hay vaso ni agua; quiero subir al monte y no tengo pies; quiero bordar mis enaguas y no encuentro los hilos.

JUAN. Lo que pasa es que no eres una mujer verdadera y buscas la ruina de un hombre sin voluntad.

YERMA. Yo no sé quién soy. Déjame andar y desahogarme. En nada te he faltado.

JUAN. No me gusta que la gente me señale. Por eso quiero ver cerrada esa puerta y cada persona en su casa.

(Sale la Hermana 1.ª lentamente y se acerca a una alacena.)

YERMA. Hablar con la gente no es pecado.

JUAN. Pero puede parecerlo. *(Sale la otra Hermana y se dirige a los cántaros, en los cuales llena una jarra.) (Bajando la voz.)* Yo no tengo fuerzas para estas cosas. Cuando te den conversación, cierras la boca y piensas que eres una mujer casada.

YERMA. *(Con asombro.)* ¡Casada!

JUAN. Y que las familias tienen honra y la honra es una carga que se lleva entre todos. *(Sale la Hermana con la jarra, lentamente.)* Pero que está oscura y débil en los mismos caños de la sangre. *(Sale la otra Hermana con una fuente, de modo casi procesional. Pausa.)* Perdóname. *(Yerma mira a su Marido; éste levanta la cabeza y se tropieza con la mirada.)* Aunque me miras de un modo que no debía decirte perdóname, sino obligarte, encerrarte, porque para eso soy el marido.

(Aparecen las dos Hermanas en la puerta.)

YERMA. Te ruego que no hables. Deja quieta la cuestión.

(Pausa.)

JUAN. Vamos a comer. *(Entran las Hermanas. Pausa.)* ¿Me has oído?

YERMA. *(Dulce.)* Come tú con tus hermanas. Yo no tengo hambre todavía.

JUAN. Lo que quieras. *(Entra.)*

YERMA. *(Como soñando.)*

¡Ay qué prado de pena!
¡Ay qué puerta cerrada a la hermosura,
que pido un hijo que sufrir y el aire
me ofrece dalias de dormida luna!
Estos dos manantiales que yo tengo
de leche tibia, son en la espesura
de mi carne, dos pulsos de caballo,
que hacen latir la rama de mi angustia.
¡Ay pechos ciegos bajo mi vestido!
¡Ay palomas sin ojos ni blancura!
¡Ay qué dolor de sangre prisionera
me está clavando avispas en la nuca!
Pero tú has de venir, ¡amor!, mi niño,
porque el agua da sal, la tierra fruta,
y nuestro vientre guarda tiernos hijos
como la nube lleva dulce lluvia.

(Mira hacia la puerta.)

¡María! ¿Por qué pasas tan deprisa por mi puerta?

MARÍA. *(Entra con un Niño en brazos.)* Cuando voy con el niño, lo hago... ¡Como siempre lloras!...

YERMA. Tienes razón. *(Coge al Niño y se sienta.)*

MARÍA. Me da tristeza que tengas envidia. *(Se sienta.)*

YERMA. No es envidia lo que tengo; es pobreza.

MARÍA. No te quejes.

YERMA. ¡Cómo no me voy a quejar cuando te veo a ti y a las otras mujeres llenas por dentro de flores, y viéndome yo inútil en medio de tanta hermosura!

MARÍA. Pero tienes otras cosas. Si me oyeras, podrías ser feliz.

YERMA. La mujer del campo que no da hijos es inútil como un manojo de espinos ¡y hasta mala!, a pesar de que yo sea de este desecho dejado de la mano de Dios. *(María hace un gesto como para tomar al Niño.)* Tómalo; contigo está más a gusto. Yo no debo tener manos de madre.

MARÍA. ¿Por qué me dices eso?

YERMA. *(Se levanta.)* Porque estoy harta, porque estoy harta de tenerlas y no poderlas usar en cosa propia. Que estoy ofendida, ofendida y rebajada hasta lo último, viendo que los trigos apuntan, que las fuentes no cesan de dar agua, y que paren las ovejas cientos de corderos, y las perras, y que parece que todo el campo puesto de pie me enseña sus crías tiernas, adormiladas, mientras yo siento dos golpes de martillo aquí, en lugar de la boca de mi niño.

MARÍA. No me gusta lo que dices.

YERMA. Las mujeres, cuando tenéis hijos, no podéis pensar en las que no los tenemos. Os quedáis frescas, ignorantes, como el que nada en agua dulce no tiene idea de la sed.

MARÍA. No te quiero decir lo que te digo siempre.

YERMA. Cada vez tengo más deseos y menos esperanzas.

MARÍA. Mala cosa.

YERMA. Acabaré creyendo que yo misma soy mi hijo. Muchas noches bajo yo a echar la comida a los bueyes, que antes no lo hacía, porque ninguna mujer lo hace, y cuando paso por lo oscuro del cobertizo mis pasos me suenan a pasos de hombre.

MARÍA. Cada criatura tiene su razón.

YERMA. A pesar de todo, sigue queriéndome. ¡Ya ves cómo vivo!

MARÍA. ¿Y tus cuñadas?

YERMA. Muerta me vea y sin mortaja, si alguna vez les dirijo la conversación.

MARÍA. ¿Y tu marido?

YERMA. Son tres contra mí.

MARÍA. ¿Qué piensan?

YERMA. Figuraciones. De gente que no tiene la conciencia tranquila. Creen que me puede gustar otro hombre y no saben que, aunque me gustara, lo primero de mi casta es la honradez. Son piedras delante de mí. Pero ellos no saben que yo, si quiero, puedo ser agua de arroyo que las lleve.

(Una Hermana entra y sale llevando un pan.)

MARÍA. De todas maneras, creo que tu marido te sigue queriendo.

YERMA. Mi marido me da pan y casa.

MARÍA. ¡Qué trabajos estás pasando, qué trabajos, pero acuérdate de las llagas de Nuestro Señor! *(Están en la puerta.)*

YERMA. *(Mirando al niño.)* Ya ha despertado.

MARÍA. Dentro de poco empezará a cantar.

YERMA. Los mismos ojos que tú, ¿lo sabías? ¿Los has visto? *(Llorando.)* ¡Tiene los mismos ojos que tú! *(Yerma empuja suavemente a María y ésta sale silenciosa. Yerma se dirige a la puerta por donde entró su Marido.)*

MUCHACHA 2.ª ¡Chisss!

YERMA. *(Volviéndose.)* ¿Qué?

MUCHACHA 2.ª Esperé a que saliera. Mi madre te está aguardando.

YERMA. ¿Está sola?

MUCHACHA 2.ª Con dos vecinas.

YERMA. Dile que esperen un poco.

MUCHACHA 2.ª ¿Pero vas a ir? ¿No te da miedo?

YERMA. Voy a ir.

MUCHACHA 2.ª ¡Allá tú!

YERMA. ¡Que me esperen aunque sea tarde!

(Entra Víctor.)

VÍCTOR. ¿Está Juan?

YERMA. Sí.

MUCHACHA 2.ª *(Cómplice.)* Entonces yo traeré la blusa.

YERMA. Cuando quieras. *(Sale la Muchacha.)* Siéntate.

VÍCTOR. Estoy bien así.

YERMA. *(Llamando al Marido.)* ¡Juan!

VÍCTOR. Vengo a despedirme.

YERMA. *(Se estremece ligeramente, pero vuelve a su serenidad.)* ¿Te vas con tus hermanos?

VÍCTOR. Así lo quiere mi padre.

YERMA. Ya debe estar viejo.

VÍCTOR. Sí, muy viejo.

(Pausa.)

YERMA. Haces bien en cambiar de campos.

VÍCTOR. Todos los campos son iguales.

YERMA. No. Yo me iría muy lejos.

VÍCTOR. Es todo lo mismo. Las mismas ovejas tienen la misma lana.

YERMA. Para los hombres, sí, pero las mujeres somos otra cosa. Nunca oí decir a un hombre comiendo: «¡Qué buenas son estas manzanas!». Vais a lo vuestro sin reparar en las delicadezas. De mí sé decir que he aborrecido el agua de estos pozos.

VÍCTOR. Puede ser.

(La escena está en una suave penumbra. Pausa.)

YERMA. Víctor.

VÍCTOR. Dime.

YERMA. ¿Por qué te vas? Aquí las gentes te quieren.

VÍCTOR. Yo me porté bien.

(Pausa.)

YERMA. Te portaste bien. Siendo zagalón me llevaste una vez en brazos; ¿no recuerdas? Nunca se sabe lo que va a pasar.

VÍCTOR. Todo cambia.

YERMA. Algunas cosas no cambian. Hay cosas encerradas detrás de los muros que no pueden cambiar porque nadie las oye.

VÍCTOR. Así es.

(Aparece la Hermana 2.ª y se dirige lentamente hacia la puerta, donde se queda fija, iluminada por la última luz de la tarde.)

YERMA. Pero que si salieran de pronto y gritaran, llenarían el mundo.

VÍCTOR. No se adelantaría nada. La acequia por su sitio, el rebaño en el redil, la luna en el cielo y el hombre con su arado.

YERMA. ¡Qué pena más grande no poder sentir las enseñanzas de los viejos!

(Se oye el sonido largo y melancólico de las caracolas de los pastores.)

VÍCTOR. Los rebaños.

JUAN. *(Sale.)* ¿Vas ya de camino?

VÍCTOR. Quiero pasar el puerto antes del amanecer.

JUAN. ¿Llevas alguna queja de mí?

VÍCTOR. No. Fuiste buen pagador.

JUAN. *(A Yerma.)* Le compré los rebaños.

YERMA. ¿Sí?

VÍCTOR. *(A Yerma.)* Tuyos son.

YERMA. No lo sabía.

JUAN. *(Satisfecho.)* Así es.

VÍCTOR. Tu marido ha de ver su hacienda colmada.

YERMA. El fruto viene a las manos del trabajador que lo busca.

(La Hermana que está en la puerta entra dentro.)

JUAN. Ya no tenemos sitio donde meter tantas ovejas.

YERMA. *(Sombría.)* La tierra es grande.

(Pausa.)

JUAN. Iremos juntos hasta el arroyo.

VÍCTOR. Deseo la mayor felicidad para esta casa. *(Le da la mano a Yerma.)*
YERMA. ¡Dios te oiga! ¡Salud!

(Víctor le da salida y, a un movimiento imperceptible de Yerma, se vuelve.)

VÍCTOR. ¿Decías algo?
YERMA. *(Dramática.)* Salud dije.
VÍCTOR. Gracias.

(Salen. Yerma queda angustiada mirándose la mano que ha dado a Víctor. Yerma se dirige rápidamente hacia la izquierda y toma un mantón.)

MUCHACHA 2.ª *(En silencio, tapándole la cabeza.)* Vamos.
YERMA. Vamos.

(Salen sigilosamente. La escena está casi a oscuras. Sale la Hermana 1.ª con un velón que no debe dar al teatro luz ninguna, sino la natural que lleva. Se dirige al fin de la escena buscando a Yerma. Suenan los caracoles de los rebaños.)

CUÑADA 1.ª *(En voz baja.)* ¡Yerma!

(Sale la Hermana 2.ª, se miran las dos y se dirige a la puerta.)

CUÑADA 2.ª *(Más alto.)* ¡Yerma! *(Sale.)*
CUÑADA 1.ª *(Dirigiéndose a la puerta también y con una carrasposa voz.)* ¡Yerma!

(Sale. Se oyen los cárabos y los cuernos de los pastores. La escena está oscurísima.)

Telón

Acto tercero

CUADRO PRIMERO

Casa de la Dolores, la conjuradora. Está amaneciendo. Entra Yerma con Dolores y dos Viejas.

DOLORES. Has estado valiente.

VIEJA 1.ª No hay en el mundo fuerza como la del deseo.

VIEJA 2.ª Pero el cementerio estaba demasiado oscuro.

DOLORES. Muchas veces yo he hecho estas oraciones en el cementerio con mujeres que ansiaban críos, y todas han pasado miedo. Todas, menos tú.

YERMA. Yo he venido por el resultado. Creo que no eres mujer engañadora.

DOLORES. No soy. Que mi lengua se llene de hormigas, como está la boca de los muertos, si alguna vez he mentido. La última vez hice la oración con una mujer mendicante, que estaba seca más tiempo que tú, y se le endulzó el vientre de manera tan hermosa que tuvo dos criaturas ahí abajo, en el río, porque no le daba tiempo a llegar a las casas, y ella misma las trajo en un pañal para que yo las arreglase.

YERMA. ¿Y pudo venir andando desde el río?

DOLORES. Vino. Con los zapatos y las enaguas empapadas en sangre... pero con la cara reluciente.

YERMA. ¿Y no le pasó nada?

DOLORES. ¿Qué le iba a pasar? Dios es Dios.

YERMA. Naturalmente. No le podía pasar nada, sino agarrar las criaturas y lavarlas con agua viva. Los animales los lamen, ¿verdad? A mí no me da asco de mi hijo. Yo tengo la idea de que las recién paridas están como iluminadas por dentro, y los niños se duermen horas y horas sobre ellas oyendo ese arroyo de leche tibia que les va llenando los pechos para que ellos mamen, para que ellos jueguen, hasta que no quieran más, hasta que retiren la cabeza –«otro poquito más, niño...»–, y se les llene la cara y el pecho de gotas blancas.

DOLORES. Ahora tendrás un hijo. Te lo puedo asegurar.

YERMA. Lo tendré porque lo tengo que tener. O no entiendo el mundo. A veces, cuando ya estoy segura de que jamás, jamás... me sube como una oleada de fuego por los pies y se me quedan vacías todas las cosas, y los hombres que andan por la calle y los toros y las piedras me parecen como cosas de algodón. Y me pregunto: ¿para qué estarán ahí puestos?

VIEJA 1.ª Está bien que una casada quiera hijos, pero si no los tiene, ¿por qué ese ansia de ellos? Lo importante de este mundo es dejarse llevar por los años. No te critico. Ya has visto cómo he ayudado a los rezos. Pero, ¿qué vega esperas dar a tu hijo, ni qué felicidad, ni qué silla de plata?

YERMA. Yo no pienso en el mañana; pienso en el hoy. Tú estás vieja y lo ves ya todo como un libro leído. Yo pienso que tengo sed y no tengo libertad. Yo quiero tener a mi hijo en los brazos para dormir tranquila y, óyelo bien y no te espantes de lo que te digo, aunque yo supiera que mi hijo me iba a martirizar después y me iba a odiar y me iba a llevar de los cabellos por las calles, recibiría con gozo su nacimiento, porque es mucho mejor llorar por un hombre vivo que nos apuñala, que llorar por este fantasma sentado año tras año encima de mi corazón.

VIEJA 1.ª Eres demasiado joven para oír consejo. Pero, mientras esperas la gracia de Dios, debes ampararte en el amor de tu marido.

YERMA. ¡Ay! Has puesto el dedo en la llaga más honda que tienen mis carnes.

DOLORES. Tu marido es bueno.

YERMA. *(Se levanta.)* ¡Es bueno! ¡Es bueno! ¿Y qué? Ojalá fuera malo. Pero no. Él va con sus ovejas por sus caminos y cuenta el dinero por las noches. Cuando me cubre, cumple con su deber, pero yo le noto la cintura fría como si tuviera el cuerpo muerto, y yo, que siempre he tenido asco de las mujeres calientes, quisiera ser en aquel instante como una montaña de fuego.

DOLORES. ¡Yerma!

YERMA. No soy una casada indecente; pero yo sé que los hijos nacen del hombre y de la mujer. ¡Ay, si los pudiera tener yo sola!

DOLORES. Piensa que tu marido también sufre.

YERMA. No sufre. Lo que pasa es que él no ansía hijos.

VIEJA 1.ª ¡No digas eso!

YERMA. Se lo conozco en la mirada y, como no los ansía, no me los da. No lo quiero, no lo quiero y, sin embargo, es mi única salvación. Por honra y por casta. Mi única salvación.

VIEJA 1.ª *(Con miedo.)* Pronto empezará a amanecer. Debes irte a tu casa.

DOLORES. Antes de nada saldrán los rebaños y no conviene que te vean sola.

YERMA. Necesitaba este desahogo. ¿Cuántas veces repito las oraciones?

DOLORES. La oración del laurel, dos veces, y al mediodía, la oración de santa Ana. Cuando te sientas encinta me traes la fanega de trigo que me has prometido.

VIEJA 1.ª Por encima de los montes ya empieza a clarear. Vete.

DOLORES. Como en seguida empezarán a abrir los portones, te vas dando un rodeo por la acequia.

YERMA. *(Con desaliento.)* ¡No sé por qué he venido!

DOLORES. ¿Te arrepientes?

YERMA. ¡No!

DOLORES. *(Turbada.)* Si tienes miedo, te acompañaré hasta la esquina.

YERMA. ¡Quita!

VIEJA 1.ª *(Con inquietud.)* Van a ser las claras del día cuando llegues a tu puerta.

(Se oyen voces.)

DOLORES. ¡Calla! *(Escuchan.)*

VIEJA 1.ª No es nadie. Anda con Dios.

(Yerma se dirige a la puerta y en este momento llaman a ella. Las tres Mujeres quedan paradas.)

DOLORES. ¿Quién es?

VOZ. Soy yo.

YERMA. Abre. *(Dolores duda.)* ¿Abres o no?

(Se oyen murmullos. Aparece Juan con las dos Cuñadas.)

HERMANA 2.ª Aquí está.

YERMA. ¡Aquí estoy!

JUAN. ¿Qué haces en este sitio? Si pudiera dar voces, levantaría a todo el pueblo, para que viera dónde iba la honra de mi casa; pero he de ahogarlo todo y callarme porque eres mi mujer.

YERMA. Si pudiera dar voces, también las daría yo, para que se levantaran hasta los muertos y vieran esta limpieza que me cubre.

JUAN. ¡No, eso no! Todo lo aguanto menos eso. Me engañas, me envuelves y, como soy un hombre que trabaja la tierra, no tengo ideas para tus astucias.

DOLORES. ¡Juan!

JUAN. ¡Vosotras, ni palabra!

DOLORES. *(Fuerte.)* Tu mujer no ha hecho nada malo.

JUAN. Lo está haciendo desde el mismo día de la boda. Mirándome con dos agujas, pasando las noches en vela con los ojos abiertos al lado mío, y llenando de malos suspiros mis almohadas.

YERMA. ¡Cállate!

JUAN. Y yo no puedo más. Porque se necesita ser de bronce para ver a tu lado una mujer que te quiere meter los dedos dentro del corazón y que se sale de noche fuera de su casa, ¿en busca de qué? ¡Dime!, ¿buscando qué? Las calles están llenas de machos. En las calles no hay flores que cortar.

YERMA. No te dejo hablar ni una sola palabra. Ni una más. Te figuras tú y tu gente que sois vosotros los únicos que guardáis honra, y no sabes que mi casta no ha tenido nunca nada que ocultar. Anda. Acércate a mí y huele mis vestidos, ¡acércate!, a ver dónde encuentras un olor que no sea tuyo, que no sea de tu cuerpo. Me pones desnuda en mitad de la plaza y me escupes. Haz conmigo lo que quieras, que soy tu mujer, pero guárdate de poner nombre de varón sobre mis pechos.

JUAN. No soy yo quien lo pone; lo pones tú con tu conducta y el pueblo lo empieza a decir. Lo empieza a decir claramente. Cuando llego a un corro, todos callan; cuando voy a pesar la harina, todos callan; y hasta de noche en el campo, cuando despierto, me parece que también se callan las ramas de los árboles.

YERMA. Yo no sé por qué empiezan los malos aires que revuelcan al trigo y ¡mira tú si el trigo es bueno!

JUAN. Ni yo sé lo que busca una mujer a todas horas fuera de su tejado.

YERMA. *(En un arranque y abrazándose a su Marido.)* Te busco a ti. Te busco a ti. Es a ti a quien busco día y noche sin encontrar sombra donde respirar. Es tu sangre y tu amparo lo que deseo.

JUAN. Apártate.

YERMA. No me apartes y quiere conmigo.

JUAN. ¡Quita!

YERMA. Mira que me quedo sola. Como si la luna se buscara ella misma por el cielo. ¡Mírame! *(Lo mira.)*

JUAN. *(La mira y la aparta bruscamente.)* ¡Déjame ya de una vez!

DOLORES. ¡Juan!

(Yerma cae al suelo.)

YERMA. *(Alto.)* Cuando salía por mis claveles me tropecé con el muro. ¡Ay! ¡Ay! Es en ese muro donde tengo que estrellar mi cabeza.

JUAN. Calla. Vamos.

DOLORES. ¡Dios mío!

YERMA. *(A gritos.)* Maldito sea mi padre, que me dejó su sangre de padre de cien hijos. Maldita sea mi sangre, que los busca golpeando por las paredes.

JUAN. ¡Calla he dicho!

DOLORES. ¡Viene gente! Habla bajo.

YERMA. No me importa. Dejarme libre siquiera la voz, ahora que voy entrando en lo más oscuro del pozo. *(Se levanta.)* Dejar que de mi cuerpo salga siquiera esta cosa hermosa y que llene el aire.

(Se oyen voces.)

DOLORES. Van a pasar por aquí.

JUAN. Silencio.

YERMA. ¡Eso! ¡Eso! Silencio. Descuida.

JUAN. Vamos. ¡Pronto!

YERMA. ¡Ya está! ¡Ya está! ¡Y es inútil que me retuerza las manos! Una cosa es querer con la cabeza...

JUAN. Calla.

YERMA. *(Bajo.)* Una cosa es querer con la cabeza y otra cosa es que el cuerpo, maldito sea el cuerpo, no nos responda. Está escrito y no me voy a poner a luchar a brazo partido con los mares. Ya está. ¡Que mi boca se quede muda! *(Sale.)*

Telón

CUADRO ÚLTIMO

Alrededores de una ermita en plena montaña. En primer término, unas ruedas de carro y unas mantas formando una tienda rústica, donde está Yerma. Entran las Mujeres con ofrendas a la ermita. Vienen descalzas. En la escena está la Vieja alegre del primer acto.

Canto a telón corrido.

No te pude ver
cuando eras soltera,
mas de casada te encontraré.
No te pude ver
cuando eras soltera.
Te desnudaré,
casada y romera,
cuando en lo oscuro las doce den.

VIEJA. *(Con sorna.)* ¿Habéis bebido ya el agua santa?
MUJER 1.ª Sí.
VIEJA. Y ahora, a ver a ése.
MUJER 2.ª Creemos en él.
VIEJA. Venís a pedir hijos al santo y resulta que cada año vienen más hombres solos a esta romería. ¿Qué es lo que pasa? *(Ríe.)*
MUJER 1.ª ¿A qué vienes aquí, si no crees?
VIEJA. A ver. Yo me vuelvo loca por ver. Y a cuidar de mi hijo. El año pasado se mataron dos por una casada seca y quiero vigilar. Y, en último caso, vengo porque me da la gana.
MUJER 1.ª ¡Que Dios te perdone! *(Entran.)*
VIEJA. *(Con sarcasmo.)* Que te perdone a ti.

(Se va. Entra María con la Muchacha 1.ª)

MUCHACHA 1.ª ¿Y ha venido?
MARÍA. Ahí tienen el carro. Me costó mucho que vinieran. Ella ha estado un mes sin levantarse de la silla. Le tengo miedo. Tiene una idea que no sé cuál es, pero desde luego es una idea mala.
MUCHACHA 1.ª Yo llegué con mi hermana. Lleva ocho años viniendo sin resultado.
MARÍA. Tiene hijos la que los tiene que tener.
MUCHACHA 1.ª Es lo que yo digo.

(Se oyen voces.)

MARÍA. Nunca me gustó esta romería. Vamos a las eras, que es donde está la gente.
MUCHACHA 1.ª El año pasado, cuando se hizo oscuro, unos mozos atenazaron con sus manos los pechos de mi hermana.
MARÍA. En cuatro leguas a la redonda no se oyen más que palabras terribles.
MUCHACHA 1.ª Más de cuarenta toneles de vino he visto en las espaldas de la ermita.
MARÍA. Un río de hombres solos baja por esas sierras.

(Se oyen voces. Entra Yerma con seis Mujeres que van a la iglesia. Van descalzas y llevan cirios rizados. Empieza el anochecer.)

Señor, que florezca la rosa,
no me la dejéis en sombra.

MUJER 2.ª

Sobre su carne marchita
florezca la rosa amarilla.

MARÍA.

Y en el vientre de tus siervas,
la llama oscura de la tierra.

CORO.

Señor, que florezca la rosa,
no me la dejéis en sombra.

(Se arrodillan.)

YERMA.

El cielo tiene jardines
con rosales de alegría:
entre rosal y rosal,
la rosa de maravilla.
Rayo de aurora parece
y un arcángel la vigila,
las alas como tormentas,
los ojos como agonías.
Alrededor de sus hojas
arroyos de leche tibia
juegan y mojan la cara
de las estrellas tranquilas.
Señor, abre tu rosal
sobre mi carne marchita.

(Se levanta.)

MUJER 2.ª

Señor, calma con tu mano
las ascuas de su mejilla.

YERMA.

Escucha a la penitente
de tu santa romería.
Abre tu rosa en mi carne
aunque tenga mil espinas.

CORO.

Señor, que florezca la rosa,
no me la dejéis en sombra.

YERMA.

Sobre mi carne marchita,
la rosa de maravilla.

(Entran.)

(Salen las Muchachas corriendo con largas cintas en las manos, por la izquierda, y entran. Por la derecha, otras tres, con largas cintas y mirando hacia atrás, que entran también. Hay en la escena como un crescendo de voces, con ruidos de cascabeles y colleras de campanillas. En un plano superior aparecen las siete Muchachas, que agitan las cintas hacia la izquierda. Crece el ruido y entran dos Máscaras populares, una como macho y otra como hembra. Llevan grandes caretas. El Macho empuña un cuerno de toro en la mano. No son grotescas de ningún modo, sino de gran belleza y con un sentido de pura tierra. La Hembra agita un collar de grandes cascabeles.)

NIÑOS.

¡El demonio y su mujer! ¡El demonio y su mujer!

(El fondo se llena de gente que grita y comenta la danza. Está muy anochecido.)

HEMBRA.

En el río de la sierra
la esposa triste se bañaba.

Por el cuerpo le subían
los caracoles del agua.
La arena de las orillas
y el aire de la mañana
le daban fuego a su risa
y temblor a sus espaldas.
¡Ay qué desnuda estaba
la doncella en el agua!

NIÑO.

¡Ay cómo se quejaba!

HOMBRE 1.º

¡Ay marchita de amores!

NIÑO.

¡Con el viento y el agua!

HOMBRE 2.º

¡Que diga a quién espera!

HOMBRE 1.º

¡Que diga a quién aguarda!

HOMBRE 2.º

¡Ay con el vientre seco
y la color quebrada!

HEMBRA.

Cuando llegue la noche lo diré,
cuando llegue la noche clara.
Cuando llegue la noche de la romería
rasgaré los volantes de mi enagua.

NIÑO.

Y en seguida vino la noche.
¡Ay que la noche llegaba!
Mirad qué oscuro se pone
el chorro de la montaña.

(Empiezan a sonar unas guitarras.)

MACHO. *(Se levanta y agita el cuerno.)*

¡Ay qué blanca
la triste casada!
¡Ay cómo se queja entre las ramas!

Amapola y clavel serás luego,
cuando el macho despliegue su capa.

(Se acerca.)

Si tú vienes a la romería
a pedir que tu vientre se abra,
no te pongas un velo de luto,
sino dulce camisa de holanda.
Vete sola detrás de los muros,
donde están las higueras cerradas,
y soporta mi cuerpo de tierra
hasta el blanco gemido del alba.
¡Ay cómo relumbra!
¡Ay cómo relumbraba!
¡Ay cómo se cimbrea la casada!

HEMBRA.

¡Ay que el amor le pone
coronas y guirnaldas,
y dardos de oro vivo
en sus pechos se clavan!

MACHO.

Siete veces gemía,
nueve se levantaba.
Quince veces juntaron
jazmines con naranjas.

HOMBRE 1.º

¡Dale ya con el cuerno!

HOMBRE 2.º

Con la rosa y la danza.

HOMBRE 1.º

¡Ay cómo se cimbrea la casada!

MACHO.

En esta romería
el varón siempre manda.
Los maridos son toros,
el varón siempre manda,
y las romeras flores,
para aquel que las gana.

NIÑO.

Dale ya con el aire.

HOMBRE 2.º

Dale ya con la rama.

MACHO.

¡Venid a ver la lumbre
de la que se bañaba!

HOMBRE 1.º

Como junco se curva.

NIÑO.

Y como flor se cansa.

HOMBRES.

¡Que se aparten las niñas!

MACHO.

¡Que se queme la danza
y el cuerpo reluciente
de la limpia casada!

(Se van bailando con son de palmas y música. Cantan.)

El cielo tiene jardines
con rosales de alegría:
entre rosal y rosal,
la rosa de maravilla.

(Vuelven a pasar dos Muchachas gritando. Entra la Vieja alegre.)

VIEJA. A ver si luego nos dejáis dormir. Pero luego será ella. *(Entra Yerma.)* ¿Tú? *(Yerma está abatida y no habla.)* Dime: ¿para qué has venido?

YERMA. No sé.

VIEJA. ¿No te convences? ¿Y tu esposo?

(Yerma da muestras de cansancio y de persona a la que una idea fija le oprime la cabeza.)

YERMA. Ahí está.

VIEJA. ¿Qué hace?

YERMA. Bebe. *(Pausa. Llevándose las manos a la frente.)* ¡Ay!

VIEJA. Ay, ay. Menos ¡ay! y más alma. Antes no he querido decirte nada, pero ahora sí.

YERMA. ¡Y qué me vas a decir que ya no sepa!

VIEJA. Lo que ya no se puede callar. Lo que está puesto encima del tejado. La culpa es de tu marido, ¿lo oyes? Me dejaría cortar las manos. Ni su padre, ni su abuelo, ni su bisabuelo se portaron como hombres de casta. Para tener un hijo ha sido necesario que se junte el cielo con la tierra. Están hechos con saliva. En cambio, tu gente, no. Tienes hermanos y primos a cien leguas a la redonda. ¡Mira qué maldición ha venido a caer sobre tu hermosura!

YERMA. Una maldición. Un charco de veneno sobre las espigas.

VIEJA. Pero tú tienes pies para marcharte de tu casa.

YERMA. ¿Para marcharme?

VIEJA. Cuando te vi en la romería me dio un vuelco el corazón. Aquí vienen las mujeres a conocer hombres nuevos y el Santo hace el milagro. Mi hijo está sentado detrás de la ermita esperándome. Mi casa necesita una mujer. Vete con él y viviremos los tres juntos. Mi hijo sí es de sangre. Como yo. Si entras en mi casa, todavía queda olor de cunas. La ceniza de tu colcha se te volverá pan y sal para las crías. Anda. No te importe la gente. Y, en cuanto a tu marido, hay en mi casa entrañas y herramientas para que no cruce siquiera la calle.

YERMA. Calla, calla. ¡Si no es eso! Nunca lo haría. Yo no puedo ir a buscar. ¿Te figuras que puedo conocer otro hombre? ¿Dónde pones mi honra? El agua no se puede volver atrás, ni la luna llena sale al mediodía. Vete. Por el camino que voy seguiré. ¿Has pensado en serio que yo me pueda doblar a otro hombre? ¿Que yo vaya a pedirle lo que es mío como una esclava? Conóceme, para que nunca me hables más. Yo no busco.

VIEJA. Cuando se tiene sed, se agradece el agua.

YERMA. Yo soy como un campo seco donde caben arando

mil pares de bueyes, y lo que tú me das es un pequeño vaso de agua de pozo. Lo mío es dolor que ya no está en las carnes.

VIEJA. *(Fuerte.)* Pues sigue así. Por tu gusto es. Como los cardos del secano. Pinchosa, marchita.

YERMA. *(Fuerte.)* Marchita sí, ¡ya lo sé! ¡Marchita! No es preciso que me lo refriegues por la boca. No vengas a solazarte, como los niños pequeños en la agonía de un animalito. Desde que me casé estoy dándole vueltas a esta palabra, pero es la primera vez que la oigo, la primera vez que me la dicen en la cara. La primera vez que veo que es verdad.

VIEJA. No me das ninguna lástima, ninguna. Yo buscaré otra mujer para mi hijo.

(Se va. Se oye un gran coro lejano cantado por los romeros. Yerma se dirige hacia el carro y aparece por detrás del mismo su Marido.)

YERMA. ¿Estabas ahí?

JUAN. Estaba.

YERMA. ¿Acechando?

JUAN. Acechando.

YERMA. ¿Y has oído?

JUAN. Sí.

YERMA. ¿Y qué? Déjame y vete a los cantos. *(Se sienta en las mantas.)*

JUAN. También es hora de que yo hable.

YERMA. ¡Habla!

JUAN. Y que me queje.

YERMA. ¿Con qué motivo?

JUAN. Que tengo el amargor en la garganta.

YERMA. Y yo en los huesos.

JUAN. Ha llegado el último minuto de resistir este continuo lamento por cosas oscuras, fuera de la vida, por cosas que están en el aire.

YERMA. *(Con asombro dramático.)* ¿Fuera de la vida dice? ¿En el aire dice?

JUAN. Por cosas que no han pasado y ni tú ni yo dirigimos.

YERMA. *(Violenta.)* ¡Sigue! ¡Sigue!

JUAN. Por cosas que a mí no me importan. ¿Lo oyes? Que a mí no me importan. Ya es necesario que te lo diga. A mí me importa lo que tengo entre las manos. Lo que veo por mis ojos.

YERMA. *(Incorporándose de rodillas, desesperada.)* Así, así. Eso es lo que yo quería oír de tus labios. No se siente la verdad cuando está dentro de una misma, pero ¡qué grande y cómo grita cuando se pone fuera y levanta los brazos! ¡No le importa! ¡Ya lo he oído!

JUAN. *(Acercándose.)* Piensa que tenía que pasar así. Óyeme. *(La abraza para incorporarla.)* Muchas mujeres serían felices de llevar tu vida. Sin hijos es la vida más dulce. Yo soy feliz no teniéndolos. No tenemos culpa ninguna.

YERMA. ¿Y qué buscabas en mí?

JUAN. A ti misma.

YERMA. *(Excitada.)* ¡Eso! Buscabas la casa, la tranquilidad y una mujer. Pero nada más. ¿Es verdad lo que digo?

JUAN. Es verdad. Como todos.

YERMA. ¿Y lo demás? ¿Y tú hijo?

JUAN. *(Fuerte.)* ¡No oyes que no me importa! ¡No me preguntes más! ¡Que te lo tengo que gritar al oído para que lo sepas, a ver si de una vez vives ya tranquila!

YERMA. ¿Y nunca has pensado en él cuando me has visto desearlo?

JUAN. Nunca.

(Están los dos en el suelo.)

YERMA. ¿Y no podré esperarlo?

JUAN. No.

YERMA. Ni tú.

JUAN. Ni yo tampoco. ¡Resígnate!

YERMA. ¡Marchita!

JUAN. Y a vivir en paz. Uno y otro, con suavidad, con agrado. ¡Abrázame! *(La abraza.)*

YERMA. ¿Qué buscas?

JUAN. A ti te busco. Con la luna estás hermosa.

YERMA. Me buscas como cuando te quieres comer una paloma.

JUAN. Bésame... así.

YERMA. Eso nunca. Nunca. *(Yerma da un grito y aprieta la garganta de su Esposo. Éste cae hacia atrás. Yerma le aprieta la garganta hasta matarle. Empieza el Coro de la romería.)* Marchita, marchita, pero segura. Ahora sí que lo sé de cierto. Y sola. *(Se levanta. Empieza a llegar gente.)* Voy a descansar sin despertarme sobresaltada, para ver si la sangre me anuncia otra sangre nueva. Con el cuerpo seco para siempre. ¿Qué queréis saber? No os acerquéis, porque he matado a mi hijo. ¡Yo misma he matado a mi hijo!

(Acude un grupo que queda parado al fondo. Se oye el Coro de la romería.)

Telón

Doña Rosita la soltera
o
El lenguaje de las flores

Poema granadino del novecientos,
dividido en varios jardines,
con escenas de canto y baile

Personajes

DOÑA ROSITA
EL AMA
LA TÍA
MANOLA PRIMERA
MANOLA SEGUNDA
MANOLA TERCERA
SOLTERA PRIMERA
SOLTERA SEGUNDA
SOLTERA TERCERA
MADRE DE LAS SOLTERAS
AYOLA PRIMERA
AYOLA SEGUNDA
EL TÍO
EL SOBRINO
EL CATEDRÁTICO DE ECONOMÍA
DON MARTÍN
EL MUCHACHO
DOS OBREROS
UNA VOZ

Acto primero

Habitación con salida a un invernadero.

TÍO. ¿Y mis semillas?
AMA. Ahí estaban.
TÍO. Pues no están.
TÍA. Eléboro, fucsias y los crisantemos, Luis Passy violáceo y altair blanco plata con puntas heliotropo.
TÍO. Es necesario que cuidéis las flores.
AMA. Si lo dice usted por mí...
TÍA. Calla. No repliques.
TÍO. Lo digo por todos. Ayer me encontré las semillas de dalias pisoteadas por el suelo. *(Entra en el invernadero.)* No os dais cuenta de mi invernadero; desde el ochocientos siete en que la condesa de Wandes obtuvo la rosa muscosa, no la ha conseguido nadie en Granada más que yo, ni el botánico de la universidad. Es preciso que tengáis más respeto por mis plantas.
AMA. ¿Pero no las respeto?
TÍA. ¡Chist! Sois a cual peor.
AMA. Sí, señora. Pero yo no digo que de tanto regar las flores y tanta agua por todas partes, van a salir sapos en el sofá.
TÍA. Luego bien te gusta olerlas.
AMA. No, señora. A mí las flores me huelen a niño muerto, o a profesión de monja, o a altar de iglesia. A cosas tristes. Donde esté una naranja o un buen membrillo, que se quiten las rosas del mundo. Pero aquí... rosas por la derecha, albahaca por la izquierda, anémonas, salvias, petunias y esas flores de ahora, de moda, los crisantemos, despeinados como unas cabezas de gitanillas. ¡Qué ganas tengo de ver plantados en este jardín, un peral, un cerezo, un kaki!

TÍA. ¡Para comértelos!

AMA. Come quien tiene boca... Como decían en mi pueblo:

La boca sirve para comer,
las piernas sirven para la danza
y hay una cosa de la mujer...

(Se detiene y se acerca a la Tía y lo dice bajo.)

TÍA. ¡Jesús! *(Signando.)*

AMA. Son indecencias de los pueblos. *(Signando.)*

ROSITA. *(Entra rápida. Viene vestida de rosa con un traje del novecientos, mangas de jamón y adornos de cintas.)* ¿Y mi sombrero? ¿Dónde está mi sombrero? ¡Ya han dado las treinta campanadas en San Luis!

AMA. Yo lo dejé en la mesa.

ROSITA. Pues no está. *(Buscan. El Ama sale.)*

TÍA. ¿Has mirado en el armario? *(Sale la Tía.)*

AMA. *(Entra.)* No lo encuentro.

ROSITA. ¿Será posible que no se sepa dónde está mi sombrero?

AMA. Ponte el azul con margaritas.

ROSITA. Estás loca.

AMA. Más loca estás tú.

TÍA. *(Vuelve a entrar.)* ¡Vamos, aquí está! *(Rosita lo coge y sale corriendo.)*

AMA. Es que todo lo quiere volando. Hoy ya quisiera que fuese pasado mañana. Se echa a volar y se nos pierde de las manos. Cuando chiquita tenía que contarle todos los días el cuento de cuando ella fuera vieja: «Mi Rosita ya tiene ochenta años»... y siempre así. ¿Cuándo la ha visto usted sentada a hacer encaje de lanzadera o *frivolité*, o puntas de festón o sacar hilos para adornarse una chapona?

TÍA. Nunca.

AMA. Siempre del coro al caño y del caño al coro; del coro al caño y del caño al coro.

TÍA. ¡A ver si te equivocas!

AMA. Si me equivocara no oiría usted ninguna palabra nueva.

TÍA. Claro es que nunca me ha gustado contradecirla, ¿porque quién apena a una criatura que no tiene padres?

AMA. Ni padre, ni madre, ni perrito que le ladre, pero tiene un tío y una tía que valen un tesoro. *(La abraza.)*

TÍO. *(Dentro.)* ¡Esto ya es demasiado!

TÍA. ¡María Santísima!

TÍO. Bien está que se pisen las semillas, pero no es tolerable que esté con las hojitas tronchadas la planta de rosal que más quiero. Mucho más que la muscosa y la híspida y la pomponiana y la damascena y que la eglantina de la reina Isabel. *(A la Tía.)* Entra, entra y la verás.

TÍA. ¿Se ha roto?

TÍO. No, no le ha pasado gran cosa, pero pudo haberle pasado.

AMA. ¡Acabáramos!

TÍO. Yo me pregunto: ¿quién volcó la maceta?

AMA. A mí no me mire usted.

TÍO. ¿He sido yo?

AMA. ¿Y no hay gatos y no hay perros, y no hay un golpe de aire que entra por la ventana?

TÍA. Anda, barre el invernadero.

AMA. Está visto que en esta casa no la dejan hablar a una.

TÍO. *(Entra.)* Es una rosa que nunca has visto; una sorpresa que te tengo preparada. Porque es increíble la *rosa declinata* de capullos caídos y la inermis que no tiene espinas, que maravilla, ¿eh?, ¡ni una espina! y la mirtifolia que viene de Bélgica y la sulfurata que brilla en la oscuridad. Pero ésta las aventaja a todas en rareza. Los botánicos la llaman *rosa mutabile*, que quiere decir: mudable; que cambia... En este libro está su descripción y su pintura, ¡mira! *(Abre el libro.)* Es roja por la mañana, a la tarde se pone blanca, y se deshoja por la noche.

Cuando se abre en la mañana,
roja como sangre está.
El rocío no la toca
porque se teme quemar.
Abierta en el medio día

es dura como el coral.
El sol se asoma a los vidrios
para verla relumbrar.
Cuando en las ramas empiezan
los pájaros a cantar
y se desmaya la tarde
en las violetas del mar,
se pone blanca, con blanco
de una mejilla de sal.
Y cuando toca la noche
blando cuerno de metal
y las estrellas avanzan
mientras los aires se van,
en la raya de lo oscuro,
se comienza a deshojar.

TÍA. ¿Y tiene ya flor?

TÍO. Una que se está abriendo.

TÍA. ¿Dura un día tan solo?

TÍO. Uno. Pero yo ese día lo pienso pasar al lado para ver cómo se pone blanca.

ROSITA. *(Entrando.)* Mi sombrilla.

TÍO. Su sombrilla.

TÍA. *(A voces.)* ¡La sombrilla!

AMA. *(Apareciendo.)* ¡Aquí está la sombrilla! *(Rosita coge la sombrilla y besa a sus Tíos.)*

ROSITA. ¿Qué tal?

TÍO. Un primor.

TÍA. No hay otra.

ROSITA. *(Abriendo la sombrilla.)* ¿Y ahora?

AMA. ¡Por Dios, cierra la sombrilla, no se puede abrir bajo techado! ¡Llega la mala suerte!

Por la rueda de san Bartolomé
y la varita de san José
y la santa rama de laurel,
enemigo, retírate
por las cuatro esquinas de Jerusalén

(Ríen todos. El Tío sale.)

ROSITA. *(Cerrando.)* ¡Ya está!
AMA. No lo hagas más... ¡ca... ramba!
ROSITA. ¡Uy!
TÍA. ¿Qué ibas a decir?
AMA. ¡Pero no lo he dicho!
ROSITA. *(Saliendo con risas.)* ¡Hasta luego!
TÍA. ¿Quién te acompaña?
ROSITA. *(Asomando la cabeza.)* Voy con las manolas.
AMA. Y con el novio.
TÍA. El novio creo que tenía que hacer.
AMA. No sé quién me gusta más: si el novio o ella. *(La Tía se sienta a hacer encaje de bolillos.)* Un par de primos para ponerlos en un vasar de azúcar, y si se murieran, ¡Dios los libre!, embalsamarlos y meterlos en un nicho de cristales y de nieve. ¿A cuál quiere usted más? *(Se pone a limpiar.)*
TÍA. A los dos los quiero como sobrinos.
AMA. Uno por la manta de arriba y otro por la manta de abajo, pero...
TÍA. Rosita se crió conmigo...
AMA. Claro. Como que yo no creo en la sangre. Para mí esto es ley. La sangre corre por debajo de las venas, pero no se ve. Más se quiere a un primo segundo que se ve todos los días, que a un hermano que está lejos. Por qué, vamos a ver.
TÍA. Mujer, sigue limpiando.
AMA. Ya voy. Aquí no la dejan a una ni abrir los labios. Críe usted una niña hermosa para esto. Déjese usted a sus propios hijos en una chocita temblando de hambre.
TÍA. Será de frío.
AMA. Temblando de todo, para que la digan a una, ¡cállate! y como soy criada no puedo hacer más que callarme, que es lo que hago y no puedo replicar y decir...
TÍA. Y decir, ¿qué...?
AMA. Que deje usted esos bolillos con ese tiquití, que me va a estallar la cabeza de tiquitís.

TÍA. *(Riendo.)* Mira a ver quien entra. *(Hay un silencio en la escena, donde se oye el golpear de los bolillos.)*

VOZ. ¡¡Manzanillaaaaa finaaa de la sierraaa!!

TÍA. *(Hablando sola.)* Es preciso comprar otra vez manzanilla. En algunas ocasiones hace falta... Otro día que pase... treinta y siete, treinta y ocho.

(Voz del Pregonero muy lejos.)

¡Manzanillaa finaa de la sierraa!

TÍA. *(Poniendo un alfiler.)* Y cuarenta.

SOBRINO. *(Entrando.)* Tía.

TÍA. *(Sin mirarlo.)* Hola, siéntate, si quieres. Rosita ya se ha marchado.

SOBRINO. ¿Con quién salió?

TÍA. Con las manolas. *(Pausa. Mirando al Sobrino.)* Algo te pasa.

SOBRINO. Sí.

TÍA. *(Inquieta.)* Casi me lo figuro. Ojalá me equivoque.

SOBRINO. No. Lea usted.

TÍA. *(Lee.)* Claro, si es lo natural. Por eso me opuse a tus relaciones con Rosita. Yo sabía que más tarde o más temprano te tendrías que marchar con tus padres. ¡Y que es ahí al lado! Cuarenta días de viaje hacen falta para llegar a Tucumán. Si fuera hombre y joven, te cruzaría la cara.

SOBRINO. Yo no tengo culpa de querer a mi prima. ¿Se imagina usted que me voy con gusto? Precisamente quiero quedarme aquí y a eso vengo.

TÍA. ¡Quedarte! ¡Quedarte! Tu deber es irte. Son muchas leguas de hacienda y tu padre está viejo. Soy yo la que te tiene que obligar a que tomes el vapor. Pero a mí me dejas la vida amargada. De tu prima no quiero acordarme. Vas a clavar una flecha con cintas moradas sobre su corazón. Ahora se enterará de que las telas no sólo sirven para hacer flores sino para empapar lágrimas.

SOBRINO. ¿Qué me aconseja usted?

TÍA. Que te vayas. Piensa que tu padre es hermano mío. Aquí no eres más que un paseante de los jardinillos y allí serás un labrador.

SOBRINO. Pero es que yo quisiera...

TÍA. ¿Casarte? ¿Estás loco? Cuando tengas tu porvenir hecho. Y llevarte a Rosita, ¿no? Tendrías que saltar por encima de mí y de tu tío.

SOBRINO. Todo es hablar. Demasiado sé que no puedo. Pero yo quiero que Rosita me espere. Porque volveré pronto.

TÍA. Si antes no pegas la hebra con una tucumana. La lengua se me debió pegar en el cielo de la boca antes de consentir tu noviazgo; porque mi niña se queda sola en estas cuatro paredes, y tú te vas libre por el mar, por aquellos ríos, por aquellos bosques de toronjas, y mi niña aquí, un día igual a otro, y tú allí: el caballo y la escopeta para tirarle al faisán.

SOBRINO. No hay motivo para que me hable usted de esa manera. Yo di mi palabra y la cumpliré. Por cumplir su palabra está mi padre en América y usted sabe...

TÍA. *(Suave.)* Calla.

SOBRINO. Callo. Pero no confunda usted el respeto con la falta de vergüenza.

TÍA. *(Con ironía andaluza.)* ¡Perdona, perdona! Se me había olvidado que ya eras un hombre.

AMA. *(Entra llorando.)* Si fuera un hombre no se iría.

TÍA. *(Enérgica.)* ¡Silencio! *(El Ama llora con grandes sollozos.)*

SOBRINO. Volveré dentro de unos instantes. Dígaselo usted.

TÍA. Descuida. Los viejos son los que tienen que llevar los malos ratos. *(Sale el Sobrino.)*

AMA. ¡Ay, qué lástima de mi niña! ¡Ay, qué lástima! ¡Ay, qué lástima? ¡Éstos son los hombres de ahora! Pidiendo ochavitos por las calles, me quedo yo al lado de esta prenda. Otra vez vienen los llantos a esta casa. ¡Ay, señora! *(Reaccionando.)* ¡Ojalá se lo coma la serpiente del mar!

TÍA. ¡Dios dirá!

AMA.

Por el ajonjolí,
por las tres santas preguntas
y la flor de la canela,
tenga malas noches

y malas sementeras.
Por el pozo de san Nicolás
se le vuelva veneno la sal.

(Coge un jarro de agua y hace una cruz en el suelo.)

TÍA. No maldigas. Vete a tu hacienda. *(Sale el Ama.)*

(Se oyen risas. La Tía se va.)

MANOLA 1.ª *(Entrando y cerrando la sombrilla.)* ¡Ay!
MANOLA 2.ª *(Igual.)* ¡Ay, qué fresquito!
MANOLA 3.ª *(Igual.)* ¡Ay!
ROSITA. *(Igual.)* ¿Para quién son los suspiros de mis tres lindas manolas?
MANOLA 1.ª Para nadie.
MANOLA 2.ª Para el viento.
MANOLA 3.ª Para un galán que me ronda.
ROSITA. ¿Qué manos recogerán los ayes de vuestra boca?
MANOLA 1.ª La pared.
MANOLA 2.ª Cierto retrato.
MANOLA 3.ª Los encajes de mi colcha.
ROSITA. También quiero suspirar. ¡Ay, amigas! ¡Ay, manolas!
MANOLA 1.ª ¿Quién los recoge?
ROSITA.

Dos ojos
que ponen blanca la sombra,
cuyas pestañas son parras,
donde se duerme la aurora.
Y a pesar de negros son
dos tardes con amapolas.

MANOLA 1.ª ¡Ponle una cinta al suspiro!
MANOLA 2.ª ¡Ay!
MANOLA 3.ª Dichosa tú.
MANOLA 1.ª ¡Dichosa!
ROSITA. No me engañéis que yo sé cierto rumor de vosotras.

MANOLA 1.ª Rumores son jaramagos.
MANOLA 2.ª Y estribillos de las olas.
ROSITA. Lo voy a decir...
MANOLA 1.ª Empieza.
MANOLA 3.ª Los rumores son coronas.
ROSITA.

Granada, calle de Elvira,
donde viven las manolas,
las que se van a la Alhambra,
las tres y las cuatro solas.
Una vestida de verde,
otra de malva, y la otra,
un corselete escocés
con cintas hasta la cola.
Las que van delante, garzas
la que va detrás, paloma,
abren por las alamedas
muselinas misteriosas.
¡Ay, qué oscura está la Alhambra!
¿Adónde irán las manolas
mientras sufren en la umbría
el surtidor y la rosa?
¿Qué galanes las esperan?
¿Bajo qué mirto reposan?
¿Qué manos roban perfumes
a sus dos flores redondas?
Nadie va con ellas, nadie;
dos garzas y una paloma.
Pero en el mundo hay galanes
que se tapan con las hojas.
La catedral ha dejado
bronces que la brisa toma;
El Genil duerme a sus bueyes
y el Dauro a sus mariposas.
La noche viene cargada
con sus colinas de sombra;
una enseña los zapatos
entre volantes de blonda;

la mayor abre sus ojos
y la menor los entorna.
¿Quién serán aquellas tres
de alto pecho y larga cola?
¿Por qué agitan los pañuelos?
¿Adónde irán a estas horas?
Granada, calle de Elvira,
donde viven las manolas,
las que se van a la Alhambra,
las tres y las cuatro solas.

MANOLA 1.ª

Deja que el rumor extienda
sobre Granada sus olas.

MANOLA 2.ª ¿Tenemos novio?
ROSITA. Ninguna.
MANOLA 2.ª ¿Digo la verdad?
ROSITA. Sí, toda.
MANOLA 3.ª

Encajes de escarcha tienen
nuestras camisas de novia.

ROSITA. Pero...
MANOLA 1.ª La noche nos gusta.
ROSITA. Pero...
MANOLA 2.ª Por calles en sombra.
MANOLA 1.ª

Nos subimos a la Alhambra
las tres y las cuatro solas.

MANOLA 3.ª ¡Ay!
MANOLA 2.ª Calla.
MANOLA 3.ª ¿Por qué?
MANOLA 2.ª ¡Ay!
MANOLA 1.ª

¡Ay, sin que nadie lo oiga!

ROSITA.

Alhambra, jazmín de pena
donde la luna reposa.

AMA. Niña, tu tía te llama. *(Muy triste.)*
ROSITA. ¿Has llorado?
AMA. *(Conteniéndose.)* No... es que tengo así, una cosa que...
ROSITA. No me asustes. ¿Qué pasa? *(Entra rápida, mirando hacia el Ama. Cuando entra Rosita el Ama rompe a llorar en silencio.)*
MANOLA 1.ª *(En voz alta.)* ¿Qué ocurre?
MANOLA 2.ª Dinos.
AMA. Callad.
MANOLA 3.ª *(En voz baja.)* ¿Malas noticias?

(El Ama las lleva a la puerta y mira por donde salió Rosita.)

AMA. ¡Ahora se lo está diciendo!

(Pausa, en que todas oyen.)

MANOLA 1.ª Rosita está llorando, vamos a entrar.
AMA. Venid y os contaré. ¡Dejadla ahora! Podéis salir por el postigo.

(Salen. Queda la escena sola. Un piano lejísimo toca un estudio de Cerny. Pausa. Entra el Primo y al llegar al centro de la habitación se detiene porque entra Rosita. Quedan los dos mirándose frente a frente. El Primo avanza. La enlaza por el talle. Ella inclina la cabeza sobre su hombro.)

ROSITA.

¿Por qué tus ojos traidores
con los míos se fundieron?
¿Por qué tus manos tejieron,
sobre mi cabeza, flores?

¡Qué luto de ruiseñores
dejas a mi juventud,
pues siendo norte y salud
tu figura y tu presencia
rompes con tu cruel ausencia
las cuerdas de mi laúd!

PRIMO. *(La lleva a un* vis-à-vis *y se sientan.)*

¡Ay, prima, tesoro mío!,
ruiseñor en la nevada,
deja tu boca cerrada
al imaginario frío;
no es de hielo mi desvío,
que aunque atraviese la mar
el agua me ha de prestar
nardos de espuma y sosiego
para contener mi fuego
cuando me vaya a quemar.

ROSITA.

Una noche adormilada
en mi balcón de jazmines
vi bajar dos querubines
a una rosa enamorada;
ella se puso encarnada,
siendo blanco su color;
pero como tierna flor,
sus pétalos encendidos
se fueron cayendo heridos
por el beso del amor.
Así yo, primo inocente,
en mi jardín de arrayanes,
daba al aire mis afanes
y mi blancura a la fuente.
Tierna gacela imprudente
alcé los ojos, te vi
y en mi corazón sentí
agujas estremecidas
que me están abriendo heridas
rojas como el alhelí.

PRIMO.

He de volver, prima mía,
para llevarte a mi lado
en barco de oro cuajado
con las velas de alegría;
luz y sombra, noche y día,
sólo pensaré en quererte.

ROSITA.

Pero el veneno que vierte
amor, sobre el alma sola,
tejerá con tierra y ola
el vestido de mi muerte.

PRIMO.

Cuando mi caballo lento
coma tallos con rocío;
cuando la niebla del río
empañe el muro del viento;
cuando el verano violento
ponga el llano carmesí
y la escarcha deje en mí
alfileres de lucero,
te digo, porque te quiero,
que me moriré por ti.

ROSITA.

Yo ansío verte llegar
una tarde por Granada
con toda la luz salada
por la nostalgia del mar;
amarillo limonar,
jazminero desangrado,
por las piedras enredado
impedirán tu camino,
y nardos en remolino
pondrán loco mi tejado.
Volverás.

PRIMO.

Sí. ¡Volveré!

ROSITA.

¿Qué paloma iluminada
me anunciará tu llegada?

PRIMO.

El palomo de mi fe.

ROSITA.

Mira que yo bordaré
sábanas para los dos.

PRIMO.

Por los diamantes de Dios
y el clavel de su costado,
juro que vendré a tu lado.

ROSITA.

¡Adiós, primo!

PRIMO.

¡Prima, adiós!

(Se abrazan en el vis-à-vis. *Lejos se oye el piano. El Primo sale. Rosita queda llorando. Aparece el Tío que cruza la escena hacia el invernadero. Al ver a su Tío, Rosita coge el libro de las rosas que está al alcance de su mano.)*

TÍO. ¿Qué hacías?
ROSITA. Nada.
TÍO. ¿Estabas leyendo?
ROSITA. Sí. *(Sale el Tío leyendo.)*

Cuando se abre en la mañana
roja como sangre está;
el rocío no la toca
porque se teme quemar.
Abierta en el mediodía
es dura como el coral,
el sol se asoma a los vidrios
para verla relumbrar.
Cuando en las ramas empiezan
los pájaros a cantar

y se desmaya la tarde
en las violetas del mar,
se pone blanca, con blanco
de una mejilla de sal;
y cuando toca la noche
blando cuerno de metal
y las estrellas avanzan
mientras los aires se van,
en la raya de lo oscuro
se comienza a deshojar.

Telón

Acto segundo

Salón de la casa de doña Rosita. Al fondo el jardín.

EL SEÑOR X. Pues yo siempre seré de este siglo.

TÍO. El siglo que acabamos de empezar será un siglo materialista.

EL SEÑOR X. Pero de mucho más adelanto que el que se fue. Mi amigo, el señor Longoria, de Madrid, acaba de comprar un automóvil con el que se lanza a la fantástica velocidad de treinta kilómetros por hora; y el Sha de Persia, que por cierto es un hombre muy agradable, ha comprado también un Panhard Levasson de veinticuatro caballos.

TÍO. Y digo yo: ¿adónde van con tanta prisa? Ya ve usted lo que ha pasado en la carrera París-Madrid, que ha habido que suspenderla, porque antes de llegar a Burdeos se mataron todos los corredores.

EL SEÑOR X. El conde Zboronsky, muerto en el accidente, y Marcel Renault, o Renol, que de ambas maneras suele y puede decirse, muerto también en el accidente, son mártires de la ciencia que serán puestos en los altares el día en que venga la religión de lo positivo. A Renol lo conocí bastante. ¡Pobre Marcelo!

TÍO. No me convencerá usted. *(Se sienta.)*

EL SEÑOR X. *(Con el pie puesto en la silla y jugando con el bastón.)* Superlativamente; aunque un catedrático de Economía Política no puede discutir con un cultivador de rosas. Pero hoy día, créame usted, no privan los quietismos ni las ideas «oscurantistas». Hoy día se abren camino un Juan Bautista Sai o Sé, que de ambas maneras suele y puede decirse, o un conde León Tolstuá, vulgo Tolstoi, tan galán en la forma como profundo en el concepto. Yo me siento en la *polis* viviente; no soy partidario de la *natura naturata*.

TÍO. Cada uno vive como puede o como sabe en esta vida diaria.

EL SEÑOR X. Está entendido, la Tierra es un planeta mediocre, pero hay que ayudar a la civilización. Si Santos Dumont, en vez de estudiar meteorología comparada, se hubiera dedicado a cuidar rosas, el aerostato dirigible estaría en el seno de Brahama.

EL TÍO. *(Disgustado.)* La botánica también es una ciencia.

EL SEÑOR X. *(Despectivo.)* Sí, pero aplicada: para estudiar jugos de la *anthemis* olorosa, o el ruibarbo, a la enorme pulsátila, o el narcótico de la *datura stramonium.*

TÍO. *(Ingenuo.)* ¿Le interesan a usted esas plantas?

EL SEÑOR X. No tengo el suficiente volumen de experiencia sobre ellas. Me interesa la cultura, que es distinto. *¡Voilà! (Pausa.)* ¿Y... Rosita?

TÍO. ¿Rosita? *(Pausa. En alta voz.)* ¡Rosita...!

VOZ. *(Dentro.)* No está.

TÍO. No está.

EL SEÑOR X. Lo siento.

TÍO. Yo también. Como es su santo habrá salido a rezar los cuarenta credos.

EL SEÑOR X. Le entrega usted de mi parte, este *pendentif.* Es una Torre Eiffel de nácar sobre dos palomas que llevan en sus picos la rueda de la industria.

TÍO. Lo agradecerá mucho.

EL SEÑOR X. Estuve por haberla traído un cañoncito de plata por cuyo agujero se veía la Virgen de Lurdes, o Lourdes, o una hebilla para el cinturón hecha con una serpiente y cuatro libélulas, pero preferí lo primero por ser de más gusto.

TÍO. Gracias.

EL SEÑOR X. Encantado de su favorable acogida.

TÍO. Gracias.

EL SEÑOR X. Póngame a los pies de su señora esposa.

TÍO. Muchas gracias.

EL SEÑOR X. Póngame a los pies de su encantadora sobrinita, a la que deseo venturas en su celebrado onomástico.

TÍO. Mil gracias.

EL SEÑOR X. Considéreme seguro servidor suyo.

TÍO. Un millón de gracias.

EL SEÑOR X. Vuelvo a repetir...

TÍO. Gracias, gracias, gracias.

EL SEÑOR X. Hasta siempre. *(Se va.)*

TÍO. *(A voces.)* Gracias, gracias, gracias.

AMA. *(Sale riendo.)* No sé cómo tiene usted paciencia. Con este señor y con el otro, don Confucio Montes de Oca, bautizado en la logia número cuarenta y tres, va a arder la casa un día.

TÍO. Te he dicho que no me gusta que escuches las conversaciones.

AMA. Eso se llama ser desagradecido. Estaba detrás de la puerta, sí señor, pero no era para oír, sino para poner una escoba boca arriba y que el señor se fuera.

TÍA. ¿Se fue ya?

TÍO. Ya. *(Entra.)*

AMA. ¿También éste pretende a Rosita?

TÍA. Pero ¿por qué hablas de pretendientes? ¡No conoces a Rosita!

AMA. Pero conozco a los pretendientes.

TÍA. Mi sobrina está comprometida.

AMA. No me haga usted hablar, no me haga usted hablar, no me haga usted hablar, no me haga usted hablar.

TÍA. Pues cállate.

AMA. ¿A usted le parece bien que un hombre se vaya y deje ya quince años plantada a una mujer que es la flor de la manteca? Ella debe casarse. Ya me duelen las manos de guardar mantelerías de encaje de Marsella y juegos de cama adornados de *guipure* y caminos de mesa y cubrecamas de gasa con flores de realce. Es que ya debe usarlos y romperlos, pero ella no se da cuenta de cómo pasa el tiempo. Tendrá el pelo de plata y todavía estará cosiendo cintas de raso *liberty* en los volantes de su camisa de novia.

TÍA. ¿Pero por qué te metes en lo que no te importa?

AMA. *(Con asombro.)* Pero si no me meto, es que estoy metida.

TÍA. Yo estoy segura de que ella es feliz.

AMA. Se lo figura. Ayer me tuvo todo el día acompañándola en la puerta del circo, porque se empeñó en que uno de los titiriteros se parecía a su primo.

TÍA. ¿Y se parecía realmente?

AMA. Era hermoso como un novicio cuando sale a cantar la primera misa, pero ya quisiera su sobrino tener aquel talle, aquel cuello de nácar y aquel bigote. No se parecía nada. En la familia de ustedes no hay hombres guapos.

TÍA. ¡Gracias, mujer!

AMA. Son todos bajos y un poquito caídos de hombros.

TÍA. ¡Vaya!

AMA. Es la pura verdad, señora. Lo que pasó es que a Rosita le gustó el saltimbanqui, como me gustó a mí y como le gustaría a usted. Pero ella lo achaca todo al otro. A veces me gustaría tirarle un zapato a la cabeza. Porque de tanto mirar al cielo se le van a poner los ojos de vaca.

TÍA. Bueno: y punto final. Bien está que la zafia hable, pero que no ladre.

AMA. No me echará usted en cara que no la quiero.

TÍA. A veces me parece que no.

AMA. El pan me quitaría de la boca y la sangre de mis venas, si ella me los deseara.

TÍA. *(Fuerte.)* ¡Pico de falsa miel! ¡Palabras!

AMA. *(Fuerte.)* ¡Y hechos! Lo tengo demostrado, ¡y hechos! La quiero más que usted.

TÍA. Eso es mentira.

AMA. *(Fuerte.)* ¡Eso es verdad!

TÍA. ¡No me levantes la voz!

AMA. *(Alto.)* Para eso tengo la campanilla de la lengua.

TÍA. ¡Cállate, mal educada!

AMA. Cuarenta años llevo al lado de usted.

TÍA. *(Casi llorando.)* ¡Queda usted despedida!

AMA. *(Fortísimo.)* ¡Gracias a Dios que la voy a perder de vista!

TÍA. *(Llorando.)* ¡A la calle inmediatamente!

AMA. *(Rompiendo a llorar.)* ¡A la calle!

(Se dirige llorando a la puerta y al entrar se le cae un objeto. Las dos están llorando. Pausa.)

TÍA. *(Limpiándose las lágrimas y dulcemente.)* ¿Qué se te ha caído?

AMA. *(Llorando.)* Un portatermómetro, estilo Luis XV.

TÍA. ¿Sí?

AMA. Sí, señora. *(Lloran.)*

TÍA. ¿A ver?

AMA. Para el santo de Rosita. *(Se acerca.)*

TÍA. *(Sorbiendo.)* Es una preciosidad.

AMA. *(Con voz de llanto.)* En medio del terciopelo hay una fuente hecha con caracoles de verdad; sobre la fuente una glorieta de alambre con rosas verdes; el agua de la taza es un grupo de lentejuelas azules y el surtidor es el propio termómetro. Los charcos que hay alrededor están pintados al aceite y encima de ellos bebe un ruiseñor todo bordado con hilo de oro. Yo quise que tuviera cuerda y cantara, pero no pudo ser.

TÍA. No pudo ser.

AMA. Pero no hace falta que cante. En el jardín los tenemos vivos.

TÍA. Es verdad. *(Pausa.)* ¿Para qué te has metido en esto?

AMA. *(Llorando.)* Yo doy todo lo que tengo por Rosita.

TÍA. ¡Es que tú la quieres como nadie!

AMA. Pero después que usted.

TÍA. No. Tú le has dado tu sangre.

AMA. Usted le ha sacrificado su vida.

TÍA. Pero yo lo he hecho por deber y tú por generosidad.

AMA. *(Más fuerte.)* ¡No diga usted eso!

TÍA. Tú has demostrado quererla más que nadie.

AMA. Yo he hecho lo que haría cualquiera en mi caso. Una criada. Ustedes me pagan y yo sirvo.

TÍA. Siempre te hemos considerado como de la familia.

AMA. Una humilde criada que da lo que tiene y nada más.

TÍA. ¿Pero me vas a decir que nada más?

AMA. ¿Y soy otra cosa?

TÍA. *(Irritada.)* Eso no lo puedes decir aquí. Me voy por no oírte.

AMA. *(Irritada.)* Y yo también.

(Salen rápidas unas por cada puerta. Al salir la Tía se tropieza con el Tío.)

TÍO. De tanto vivir juntas, los encajes se os hacen espinas.

TÍA. Es que quiere salirse siempre con la suya.

TÍO. No me expliques, ya me lo sé todo de memoria... Y sin embargo no puedes estar sin ella. Ayer oí cómo le explicabas con todo detalle nuestra cuenta corriente en el Banco. No te sabes quedar en tu sitio. No me parece conversación lo más a propósito para una criada.

TÍA. Ella no es una criada.

TÍO. *(Con dulzura.)* Basta, basta, no quiero llevarte la contraria.

TÍA. ¿Pero es que conmigo no se puede hablar?

TÍO. Se puede, pero yo prefiero callarme.

TÍA. Aunque te quedes con tus palabras de reproche.

TÍO. ¿Para qué voy a decir nada a estas alturas? Por no discutir soy capaz de hacerme la cama, de limpiar mis trajes con jabón de palo y cambiar las alfombras de mi habitación.

TÍA. No es justo que te des ese aire de hombre superior y mal servido, cuando todo en esta casa está supeditado a tu comodidad y a tus gustos.

TÍO. *(Dulce.)* Al contrario, hija.

TÍA. *(Seria.)* Completamente. En vez de hacer encajes, podo las plantas. ¿Qué haces tú por mí?

TÍO. Perdona. Llega un momento en que las personas que viven juntas muchos años hacen motivo de disgusto y de inquietud las cosas más pequeñas, para poner intensidad y afanes en lo que está definitivamente muerto. Con veinte años no teníamos estas conversaciones.

TÍA. No. Con veinte años se rompían los cristales...

TÍO. Y el frío era un juguete en nuestras manos.

(Aparece Rosita. Viene vestida de rosa. Ya la moda ha cambiado de mangas de jamón a 1900. Falda en forma de campanela. Atra-

viesa la escena, rápida, con unas tijeras en la mano. En el centro, se para.)

ROSITA. ¿Ha llegado el cartero?
TÍO. ¿Ha llegado?
TÍA. No sé. *(A voces.)* ¿Ha llegado el cartero? *(Pausa.)* No, todavía, no.
ROSITA. Siempre pasa a estas horas.
TÍO. Hace rato debió llegar.
TÍA. Es que muchas veces se entretiene.
ROSITA. El otro día me lo encontré jugando al uni-uni-doli-doli con tres chicos y todo el montón de cartas en el suelo.
TÍA. Ya vendrá.
ROSITA. Avisadme. *(Sale rápida.)*
TÍO. ¿Pero dónde vas con esas tijeras?
ROSITA. Voy a cortar unas rosas.
TÍO. *(Asombrado.)* ¿Cómo? ¿Y quién te ha dado permiso?
TÍA. Yo. Es el día de su santo.
ROSITA. Quiero poner en las jardineras y en el florero de la entrada.
TÍO. Cada vez que cortáis una rosa es como si me cortaseis un dedo. Ya sé que es igual. *(Mirando a su Mujer.)* No quiero discutir. Sé que duran poco. *(Entra el Ama.)* Así lo dice el vals de las rosas, que es una de las composiciones más bonitas de estos tiempos, pero no puedo reprimir el disgusto que me produce verlas en los búcaros. *(Sale de escena.)*
ROSITA. *(Al Ama.)* ¿Vino el correo?
AMA. Pues para lo único que sirven las rosas es para adornar las habitaciones.
ROSITA. *(Irritada.)* Te he preguntado si ha venido el correo.
AMA. *(Irritada.)* ¿Es que me guardo yo las cartas cuando vienen?
TÍA. Anda, corta las flores.
ROSITA. Para todo hay en esta casa una gotita de acíbar.
AMA. Nos encontramos el rejalgar por los rincones.

(Sale de escena.)

TÍA. ¿Estás contenta?

ROSITA. No sé.

TÍA. ¿Y eso?

ROSITA. Cuando no veo a la gente estoy contenta, pero como la tengo que ver...

TÍA. ¡Claro! No me gusta la vida que llevas. Tu novio no te exige que seas hurona. Siempre me dice en las cartas que salgas.

ROSITA. Pero es que en la calle noto cómo pasa el tiempo y no quiero perder las ilusiones. Ya han hecho otra casa nueva en la placeta. No quiero enterarme de cómo pasa el tiempo.

TÍA. ¡Claro! Muchas veces te he aconsejado que escribas a tu primo y te cases aquí con otro. Tú eres alegre. Yo sé que hay muchachos y hombres maduros enamorados de ti.

ROSITA. ¡Pero tía! Tengo las raíces muy hondas, muy bien hincadas en mi sentimiento. Si no viera a la gente, me creería que hace una semana que se marchó. Yo espero como el primer día. Además, ¿qué es un año, ni dos, ni cinco? *(Suena una campanilla.)* El correo.

TÍA. ¿Qué te habrá mandado?

AMA. *(Entrando en escena.)* Ahí están las solteronas cursilonas.

TÍA. ¡María Santísima!

ROSITA. Que pasen.

AMA. La madre y las tres niñas. Lujo por fuera y para la boca unas malas migas de maíz. ¡Qué azotazo en el... les daba...! *(Sale de escena. Entran las tres Cursilonas y su Mamá. Las tres Solteronas vienen con inmensos sombreros de plumas malas, trajes exageradísimos, guantes hasta el codo con pulseras encima y abanicos pendientes de largas cadenas. La Madre viste de negro pardo con un sombrero de viejas cintas moradas.)*

MADRE. Felicidades. *(Se besan.)*

ROSITA. Gracias. *(Besa a las Solteronas.)* ¡Amor! ¡Caridad! ¡Clemencia!

SOLTERA 1.ª Felicidades.

SOLTERA 2.ª Felicidades.

SOLTERA 3.ª Felicidades.

TÍA. *(A la Madre.)* ¿Cómo van esos pies?

MADRE. Cada vez peor. Si no fuera por éstas, estaría siempre en casa. *(Se sientan.)*

TÍA. ¿No se da usted las friegas con alhucemas?

SOLTERONA 1.ª Todas las noches.

SOLTERONA 2.ª Y el cocimiento de malvas.

TÍA. No hay reuma que resista. *(Pausa.)*

MADRE. ¿Y su esposo?

TÍA. Está bien, gracias. *(Pausa.)*

MADRE. Con sus rosas.

TÍA. Con sus rosas.

SOLTERONA 3.ª ¡Qué bonitas son las flores!

SOLTERONA 2.ª Nosotras tenemos en una maceta un rosal de San Francisco.

ROSITA. Pero las rosas de San Francisco no huelen.

SOLTERONA 1.ª Muy poco.

MADRE. A mí lo que más me gusta son las celindas.

SOLTERONA 3.ª Las violetas son también preciosas. *(Pausa.)*

MADRE. Niñas, ¿habéis traído la tarjeta?

SOLTERONA 3.ª Sí. Es una niña vestida de rosa, que al mismo tiempo es barómetro. El fraile con la capucha está ya muy visto. Según la humedad, las faldas de la niña, que son de papel finísimo, se abren o se cierran.

ROSITA. *(Leyendo.)*

Una mañana en el campo
cantaban los ruiseñores
y en su cántico decían:
Rosita, de las mejores.

¿Para qué se han molestado ustedes?

TÍA. Es de mucho gusto.

MADRE. ¡Gusto no me falta, lo que me falta es dinero!

SOLTERONA 1.ª ¡Mamá...!

SOLTERONA 2.ª ¡Mamá...!

SOLTERONA 3.ª ¡Mamá...!

MADRE. Hijas, aquí tengo confianza. No nos oye nadie. Pero usted lo sabe muy bien: desde que faltó mi pobre marido hago verdaderos milagros para administrar la pensión que nos queda. Todavía me parece oír al padre de estas hijas, cuando, generoso y caballero como era, me decía: «Enriqueta, gasta, gasta, que ya gano setenta duros»; ¡pero aquellos tiempos pasaron! A pesar de todo, nosotras no hemos descendido de clase. ¡Y qué angustias he pasado, señora, para que esta hijas puedan seguir usando sombrero! ¡Cuántas lágrimas, cuántas tristezas, por una cinta o un grupo de bucles! Esas plumas y esos alambres me tienen costado muchas noches en vela.

SOLTERONA 3.ª ¡Mamá!...

MADRE. Es la verdad, hija mía. No nos podemos extralimitar lo más mínimo. Muchas veces les pregunto: «¿Qué queréis, hijas de mi alma: huevo en el almuerzo o silla en el paseo?». Y ellas me responden las tres a la vez: «sillas».

SOLTERONA 3.ª Mamá, no comentes más esto. Todo Granada lo sabe.

MADRE. Claro, ¿qué van a contestar? Y allá nos vamos con unas patatas y un racimo de uvas, pero con capa de mongolia o sombrilla pintada o blusa de *popelinette*, con todos los detalles. Porque no hay más remedio. ¡Pero a mí me cuesta la vida! Y se me llenan los ojos de lágrimas cuando las veo alternar con las que pueden.

SOLTERONA 2.ª ¿No vas ahora a la Alameda, Rosita?

ROSITA. No.

SOLTERONA 3.ª Allí nos reunimos siempre con las de Ponce de León, con las de Herrasti y con las de la Baronesa de Santa Matilde de la Bendición Papal. Lo mejor de Granada.

MADRE. ¡Claro! Estuvieron juntas en el Colegio de la Puerta del Cielo. *(Pausa.)*

TÍA. *(Levantándose.)* Tomarán ustedes algo. *(Se levantan todas.)*

MADRE. No hay manos como las de usted para el piñonate y el pastel de gloria.

SOLTERONA 1.ª *(A Rosita.)* ¿Tienes noticias?

ROSITA. El último correo me prometía novedades. Veremos a ver éste.

SOLTERONA 3.ª ¿Has terminado el juego de encaje *valenciennes*?

ROSITA. ¡Toma! Ya le hecho otro de nansú con mariposas a la aguada.

SOLTERONA 2.ª El día que te cases vas a llevar el mejor ajuar del mundo.

ROSITA. ¡Ay, yo pienso que todo es poco! Dicen que los hombres se cansan de una si la ven siempre con el mismo vestido.

AMA. *(Entrando.)* Ahí están las de Ayola, el fotógrafo.

TÍA. Las señoritas de Ayola, querrás decir.

AMA. Ahí están las señoronas por todo lo alto de Ayola, fotógrafo de Su Majestad y medalla de oro en la exposición de Madrid. *(Sale.)*

TÍA. Hay que aguantarla; pero a veces me crispa los nervios. *(Las Solteronas están con Rosita viendo unos paños.)* Están imposibles.

MADRE. Envalentonadas. Yo tengo una muchacha que nos arregla el piso por las tardes; ganaba lo que han ganado siempre: una peseta al mes y las sobras, que ya está bien en estos tiempos; pues el otro día se nos descolgó diciendo que quería un duro, ¡y yo no puedo!

TÍA. No sé dónde vamos a parar. *(Entran las Niñas de Ayola que saludan a Rosita con alegría. Vienen con la moda exageradísima de la época y ricamente vestidas.)*

ROSITA. ¿No se conocen ustedes?

AYOLA 1.ª De vista.

ROSITA. Las señoritas de Ayola, la señora y señoritas de Escarpini.

AYOLA 2.ª Ya las vemos sentadas en sus sillas del paseo. *(Disimulan la risa.)*

ROSITA. Tomen asiento. *(Se sientan las Solteronas.)*

TÍA. *(A las de Ayola.)* ¿Queréis un dulcecito?

AYOLA 2.ª No; hemos comido hace poco. Por cierto que yo tomé cuatro huevos con picadillo de tomate, y casi no me podía levantar de la silla.

AYOLA 1.ª ¡Qué graciosa! *(Ríen. Pausa. Las Ayolas inician una risa incontenible que se comunica a Rosita que hace esfuerzos por contenerlas. Las Cursilonas y su Madre están serias. Pausa.)*

TÍA. ¡Qué criaturas!

MADRE. ¡La juventud!

TÍA. Es la edad dichosa.

ROSITA. *(Andando por la escena como arreglando cosas.)* Por favor, callarse. *(Se callan.)*

TÍA. *(A Solterona 3.ª)* ¿Y ese piano?

SOLTERONA 3.ª Ahora estudio poco. Tengo muchas labores que hacer.

ROSITA. Hace mucho tiempo que no te he oído.

MADRE. Si no fuera por mí, ya se le habrían engarabitado los dedos. Pero siempre estoy con el tole tole.

SOLTERONA 2.ª Desde que murió el pobre papá no tiene ganas. ¡Cómo a él le gustaba tanto!

SOLTERONA 3.ª Me acuerdo que algunas veces se le caían las lágrimas.

SOLTERONA 1.ª Cuando tocaba la tarantela de Popper.

SOLTERONA 2.ª Y la plegaria de la Virgen.

MADRE. ¡Tenía mucho corazón! *(Las Ayolas, que han estado conteniendo la risa, rompen a reír en grandes carcajadas. Rosita vuelta de espaldas a las Solteronas ríe también, pero se domina.)*

TÍA. ¡Qué chiquillas!

AYOLA 1.ª Nos reímos porque antes de entrar aquí...

AYOLA 2.ª Tropezó ésta y estuvo a punto de dar la vuelta de campana...

AYOLA 1.ª Y yo... *(Ríen. Las Solteronas inician una leve risa fingida con un matiz cansado y triste.)*

MADRE. ¡Ya nos vamos!

TÍA. De ninguna manera.

ROSITA. *(A todas.)* ¡Pues celebremos que no te hayas caído! Ama, trae los huesos de Santa Catalina.

SOLTERONA 3.ª ¡Qué ricos son!

MADRE. El año pasado nos regalaron a nosotras medio kilo. *(Entra el Ama con los huesos.)*

AMA. Bocados para gente fina. *(A Rosita.)* Ya viene el correo por los Alamillos.

ROSITA. ¡Espéralo en la puerta!

AYOLA 1.ª Yo no quiero comer. Prefiero una palomilla de anís.

AYOLA 2.ª Y yo de agraz.

ROSITA. ¡Tú siempre tan borrachilla!

AYOLA 1.ª Cuando yo tenía seis años venía aquí y el novio de Rosita me acostumbró a beberlas. ¿No recuerdas, Rosita?

ROSITA. *(Seria.)* ¡No!

AYOLA 2.ª A mí, Rosita y su novio me enseñaban las letras B-C-D... ¿Cuánto tiempo hace de esto?

TÍA. ¡Quince años!

AYOLA 1.ª A mí, casi, casi se me ha olvidado la cara de tu novio.

AYOLA 2.ª ¿No tenía una cicatriz en el labio?

ROSITA. ¿Una cicatriz? Tía, ¿tenía una cicatriz?

TÍA. ¿Pero no te acuerdas, hija? Era lo único que le afeaba un poco.

ROSITA. Pero no era una cicatriz, era una quemadura, un poquito rosada. Las cicatrices son hondas.

AYOLA 1.ª ¡Tengo una gana de que Rosita se case!

ROSITA. ¡Por Dios!

AYOLA 2.ª Nada de tonterías. ¡Yo también!

ROSITA. ¿Por qué?

AYOLA 1.ª Para ir a una boda. En cuanto yo pueda me caso.

TÍA. ¡Niña!

AYOLA 1.ª Con quien sea, pero no me quiero quedar soltera.

AYOLA 2.ª Yo pienso igual.

TÍA. *(A la Madre.)* ¿Qué le parece a usted?

AYOLA 1.ª ¡Ah! ¡Y si soy amiga de Rosita es porque sé que tiene novio! Las mujeres sin novio están pochas, recocidas y todas ellas... *(Al ver a las Solteronas.)* bueno, todas no, algunas de ellas... En fin, ¡todas están rabiadas!

TÍA. ¡Ea! Ya está bien.

MADRE. Déjela.

SOLTERONA 1.ª Hay muchas que no se casan porque no quieren.

AYOLA 2.ª Eso no lo creo yo.

SOLTERONA 1.ª *(Con intención.)* Lo sé muy cierto.

AYOLA 2.ª La que no se quiere casar, deja de echarse polvos y ponerse postizos debajo de la pechera, y no se está día y noche en las barandillas del balcón, atisbando la gente.

SOLTERONA 2.ª ¡Le puede gustar tomar el aire!

ROSITA. Pero ¡qué discusión más tonta! *(Ríen forzosamente.)*

TÍA. Bueno. ¿Por qué no tocamos un poquito?

MADRE. ¡Anda niña!

SOLTERONA 3.ª *(Levantándose.)* Pero ¿qué toco?

AYOLA 2.ª Toca: «¡Viva Frascuelo!».

SOLTERONA 2.ª La barcarola de «La fragata Numancia».

ROSITA. ¿Y por qué no: «Lo que dicen las flores»?

MADRE. ¡Ah, sí, «Lo que dicen las flores»! *(A la Tía.)* ¿No la ha oído usted? Habla, y toca al mismo tiempo. ¡Una preciosidad!

SOLTERONA 3.ª También puedo decir: «Volverán las oscuras golondrinas, de tu balcón los nidos a colgar».

AYOLA 1.ª Eso es muy triste.

SOLTERONA 1.ª Lo triste es bonito también.

TÍA. ¡Vamos! ¡Vamos!

SOLTERONA 3.ª *(En el piano.)*

Madre, llévame a los campos
con la luz de la mañana
a ver abrirse las flores
cuando se mecen las ramas.
Mil flores dicen mil cosas
para mil enamoradas,
y la fuente está contando
lo que el ruiseñor se calla.

ROSITA.

Abierta estaba la rosa
con la luz de la mañana;
tan roja de sangre tierna,
que el rocío se alejaba;
tan caliente sobre el tallo,
que la brisa se quemaba;
¡tan alta!
¡cómo reluce!
¡Abierta estaba!

SOLTERONA 3.ª

Sólo en ti pongo mis ojos
–el heliotropo expresaba–
«No te querré mientras viva»,
dice la flor de la albahaca.
«Soy tímida», la violeta.
«Soy fría», la rosa blanca.
Dice el jazmín: «Seré fiel»,
y el clavel: «¡Apasionada!».

SOLTERONA 2.ª

El jacinto es la amargura;
el dolor, la pasionaria;

SOLTERONA 1.ª

el jaramago, el desprecio
y los lirios, la esperanza.

TÍA.

Dice el nardo: «Soy tu amigo»,
«Creo en ti», la pasionaria.
La madreselva te mece,
la siempreviva te mata.

MADRE.

Siempreviva de la muerte,
flor de las manos cruzadas;
¡qué bien estás cuando el aire
llora sobre tu guirnalda!

ROSITA.

Abierta estaba la rosa,
pero la tarde llegaba,
y un rumor de nieve triste
le fue pesando las ramas;
cuando la sombra volvía,
cuando el ruiseñor cantaba,
como una muerta de pena
se puso transida y blanca;
y cuando la noche, grande
cuerno de metal sonaba
y los vientos enlazados
dormían en la montaña,

se deshojó suspirando
por los cristales del alba.

SOLTERONA 3.ª

Sobre tu largo cabello
gimen las flores cortadas.
Unas llevan puñalitos,
otras fuego y otras agua.

SOLTERONA 1.ª

Las flores tienen su lengua
para las enamoradas.

ROSITA.

Son celos el carambuco;
desdén esquivo la dalia;
suspiros de amor el nardo,
risa la gala de Francia.
Las amarillas son odio;
el furor, las encarnadas;
las blancas son casamiento
y las azules, mortaja.

SOLTERONA 3.ª

Madre, llévame a los campos
con la luz de la mañana
a ver abrirse las flores
cuando se mecen las ramas.

(El piano hace la última escala y se para.)

TÍA. ¡Ay, qué preciosidad!

MADRE. Saben también el lenguaje del abanico, el lenguaje de los guantes, el lenguaje de los sellos y el lenguaje de las horas. A mí se me pone la carne de gallina cuando dicen aquello:

Las doce dan sobre el mundo
con horrísono rigor;
de la hora de tu muerte
acuérdate, pecador.

AYOLA 1.ª *(Con la boca llena de dulce.)* ¡Qué cosa más fea!

MADRE.

Y cuando dicen:
A la una nacemos
La ra la, la,
y este nacer,
la, la, ran,
es como abrir los ojos,
lan,
en un vergel,
vergel, vergel.

AYOLA 2.ª *(A su Hermana.)* Me parece que la vieja ha empinado el codo. *(A la Madre.)* ¿Quiere otra copita?

MADRE. Con sumo gusto y fina voluntad, como se decía en mi época.

(Rosita ha estado espiando la llegada del correo.)

AMA. ¡El correo! *(Algazara general.)*

TÍA. Y ha llegado justo.

SOLTERONA 3.ª Ha tenido que contar los días para que llegue hoy.

MADRE. ¡Es una fineza!

AYOLA 2.ª ¡Abre la carta!

AYOLA 1.ª Más discreto es que la leas tú sola, porque a lo mejor te dice algo verde.

MADRE. ¡Jesús!

(Sale Rosita con la carta.)

AYOLA 1.ª Una carta de un novio no es un devocionario.

SOLTERONA 3.ª Es un devocionario de amor.

AYOLA 2.ª ¡Ay, qué finoda! *(Ríen las Ayolas.)*

AYOLA 1.ª Se conoce que no ha recibido ninguna.

MADRE. *(Fuerte.)* ¡Afortunadamente para ella!

AYOLA 1.ª Con su pan se lo coma.

TÍA. *(Al Ama que va a entrar con Rosita.)* ¿Dónde vas tú?

AMA. ¿Es que no puedo dar un paso?

TÍA. ¡Déjala a ella!

ROSITA. *(Saliendo.)* ¡Tía! ¡Tía!

TÍA. Hija, ¿qué pasa?

ROSITA. *(Con agitación.)* ¡Ay, tía!

AYOLA 1.ª ¿Qué?

SOLTERONA 3.ª ¡Dinos!

AYOLA 3.ª ¿Qué?

AMA. ¡Habla!

TÍA. ¡Rompe!

MADRE. ¡Un vaso de agua!

AYOLA 2.ª ¡Venga!

AYOLA 1.ª Pronto. *(Algazara.)*

ROSITA. *(Con voz ahogada.)* Que se casa... *(Espanto en todos.)* Que se casa conmigo, porque ya no puede más, pero que...

AYOLA 2.ª *(Abrazándola.)* ¡Ole! ¡Qué alegría!

AYOLA 1.ª ¡Un abrazo!

TÍA. Dejadla hablar.

ROSITA. *(Más calmada.)* Pero como le es imposible venir por ahora, la boda será por poderes y luego vendrá él.

SOLTERONA 1.ª ¡Enhorabuena!

MADRE. *(Casi llorando.)* ¡Dios te haga lo feliz que mereces! *(La abraza.)*

AMA. Bueno, y «poderes», ¿qué es?

ROSITA. Nada. Una persona representa al novio en la ceremonia.

AMA. ¿Y qué más?

ROSITA. ¡Que está una casada!

AMA. Y por la noche, ¿qué?

ROSITA. ¡Por Dios!

AYOLA 1.ª Muy bien dicho. Y por la noche, ¿qué?

TÍA. ¡Niñas!

AMA. ¡Que venga en persona y se case! ¡«Poderes»! No lo he oído decir nunca. La cama y sus pinturas, temblando de frío, y la camisa de novia en lo más oscuro del baúl. Señora, no deje usted que los «Poderes» entren en esta casa. *(Ríen todos.)* ¡Señora, que yo no quiero «poderes»!

ROSITA. Pero él vendrá pronto. ¡Esto es una prueba más de lo que me quiere!

AMA. ¡Eso! ¡Que venga! y que te coja del brazo y que menee

el azúcar de tu café y lo pruebe antes a ver si quema. *(Risas. Aparece el Tío con una rosa.)*

ROSITA. ¡Tío!

TÍO. ¡Lo he oído todo, y casi sin darme cuenta he cortado la única rosa mudable que tenía en mi invernadero! Todavía estaba roja,

abierta en el mediodía
es roja como el coral.

ROSITA.

El sol se asoma a los vidrios
para verla relumbrar.

TÍO. Si hubiera tardado dos horas más en cortarla, te la hubiese dado blanca.

ROSITA.

Blanca como la paloma,
como la risa del mar;
blanca con el blanco frío
de una mejilla de sal.

TÍO. Pero todavía, todavía tiene la brasa de su juventud.

TÍA. Bebe conmigo una copita, hombre. Hoy es día de que lo hagas.

(Algazara. La Solterona 3.ª se sienta al piano y toca una polka. Rosita está mirando la rosa. La Solterona 2.ª y 1.ª bailan con las Ayolas y cantan.)

Porque mujer te vi,
a la orilla del mar,
tu dulce languidez
me hacía suspirar,
y aquel dulzor sutil
de mi ilusión fatal
a la luz de la luna
lo viste naufragar.

(La Tía y el Tío bailan. Rosita se dirige a la pareja Soltera 2.ª y Ayola. Baila con la Soltera. La Ayola bate palmas al ver a los viejos y el Ama al entrar hace el mismo juego.)

Telón

Acto tercero

Sala baja de ventanas con persianas verdes que dan al Jardín del Carmen. Hay un silencio en la escena. Un reloj da las seis de la tarde. Cruza la escena el Ama con un cajón y una maleta. Han pasado diez años. Aparece la Tía y se sienta en una silla baja, en el centro de la escena. Silencio. El reloj vuelve a dar las seis. Pausa.

AMA. *(Entrando.)* La repetición de las seis.

TÍA. ¿Y la niña?

AMA. Arriba, en la torre. Y usted, ¿dónde estaba?

TÍA. Quitando las últimas macetas del invernadero.

AMA. No la he visto en toda la mañana.

TÍA. Desde que murió mi marido está la casa tan vacía que parece el doble de grande, y hasta tenemos que buscarnos. Algunas noches, cuando toso en mi cuarto, oigo un eco como si estuviera en una iglesia.

AMA. Es verdad que la casa resulta demasiado grande.

TÍA. Y luego... si él viviera, con aquella claridad que tenía, con aquel talento... *(Casi llorando.)*

AMA. *(Cantando.)* Lan-lan-van-lan-lan... No, señora, llorar no lo consiento. Hace ya seis años que murió y no quiero que esté usted como el primer día. ¡Bastante lo hemos llorado! ¡A pisar firme, señora! ¡Salga el sol por las esquinas! ¡Que nos espere muchos años todavía cortando rosas!

TÍA. *(Levantándose.)* Estoy muy viejecita, ama. Tenemos encima una ruina muy grande.

AMA. No nos faltará. ¡También yo estoy vieja!

TÍA. ¡Ojalá tuviera yo tus años!

AMA. Nos llevamos poco, pero como yo he trabajado mucho, estoy engrasada, y usted, a fuerza de poltrona, se le han engarabitado las piernas.

TÍA. ¿Es que te parece que yo no he trabajado?

AMA. Con las puntillas de los dedos, con hilos, con tallos, con confituras; en cambio yo he trabajado con las espaldas, con las rodillas, con las uñas.

TÍA. Entonces, gobernar una casa ¿no es trabajar?

AMA. Es mucho más difícil fregar sus suelos.

TÍA. No quiero discutir.

AMA. ¿Y por qué no? Así pasamos el rato. Ande. Replíqueme. Pero nos hemos quedado mudas. Antes se daban voces. Que si esto, que si lo otro, que si las natillas, que si no planches más.

TÍA. Yo ya estoy entregada... y un día sopas, otro día migas, mi vasito de agua y mi rosario en el bolsillo, esperaría la muerte con dignidad... ¡pero cuando pienso en Rosita!

AMA. ¡Ésa es la llaga!

TÍA. *(Enardecida.)* Cuando pienso en la mala acción que le han hecho y en el terrible engaño mantenido y en la falsedad del corazón de ese hombre, que no es de mi familia ni merece ser de mi familia, quisiera tener veinte años para tomar un vapor y llegar a Tucumán y coger un látigo...

AMA. *(Interrumpiéndola.)* ... y coger una espada y cortarle la cabeza y machacársela con dos piedras y cortarle la mano del falso juramento y las mentirosas escrituras de cariño.

TÍA. Sí, sí; que pagara con sangre lo que sangre ha costado, aunque toda sea sangre mía, y después...

AMA. ... aventar las cenizas sobre el mar.

TÍA. Resucitarlo y traerlo con Rosita para respirar satisfecha con la honra de los míos.

AMA. Ahora me dará usted la razón.

TÍA. Te la doy.

AMA. Allí encontró la rica que iba buscando y se casó, pero debió decirlo a tiempo. Porque, ¿quién quiere ya a esta mujer? ¡Ya está pasada! Señora: ¿y no le podríamos mandar una carta envenenada, que se muriera de repente al recibirla?

TÍA. ¡Qué cosas! Ocho años lleva de matrimonio, y hasta el mes pasado no me escribió el canalla la verdad. Yo notaba algo en las cartas; los poderes que no venían, un aire dudoso..., no se atrevía, pero al fin lo hizo. ¡Claro, que después que su padre murió! Y esta criatura...

AMA. ¡Chist...!
TÍA. Y recoge las dos orzas.

(Aparece Rosita. Viene vestida de un rosa claro con moda del 1910. Entra peinada de bucles. Está muy avejentada.)

AMA. ¡Niña!
ROSITA. ¿Qué hacéis?
AMA. Criticando un poquito. Y tú, ¿dónde vas?
ROSITA. Voy al invernadero. ¿Se llevaron ya las macetas?
TÍA. Quedan unas pocas.

(Sale Rosita. Se limpian las lágrimas las dos Mujeres.)

AMA. ¿Y ya está? ¿Usted sentada y yo sentada? ¿Y a morir tocan? ¿Y no hay ley? ¿Y no hay gábilos para hacerlo polvo?...
TÍA. Calla, ¡no sigas!
AMA. Yo no tengo genio para aguantar estas cosas sin que el corazón me corra por todo el pecho como si fuera un perro perseguido. Cuando yo enterré a mi marido lo sentí mucho, pero tenía en el fondo una gran alegría..., alegría no..., golpetazos de ver que la enterrada no era yo. Cuando enterré a mi niña... ¿me entiende usted?, cuando enterré a mi niña fue como si me pisotearan las entrañas, pero los muertos son muertos. Están muertos, vamos a llorar, se cierra la puerta, ¡y a vivir! Pero esto de mi Rosita es lo peor. Es querer y no encontrar el cuerpo; es llorar y no saber por quién se llora, es suspirar por alguien que uno sabe que no se merece los suspiros. Es una herida abierta que mana, sin parar, un hilito de sangre y no hay nadie, nadie del mundo, que traiga los algodones, las vendas o el precioso terrón de nieve.
TÍA. ¿Qué quieres que yo haga?
AMA. Que nos lleve el río.
TÍA. A la vejez todo se nos vuelve de espaldas.

AMA. Mientras yo tenga brazos nada le faltará.

TÍA. *(Pausa. Muy bajo como con vergüenza.)* Ama, ¡ya no puedo pagar tus mensualidades! Tendrás que abandonarnos.

AMA. ¡Huuuy! ¡Qué airazo entra por las ventanas! ¡Huuuuy...! ¿O será que me estoy volviendo sorda? Pues... ¿y las ganas que me entran de cantar? ¡Como los niños que salen del colegio! *(Se oyen voces infantiles.)* ¿Lo oye usted, señora? Mi señora, más señora que nunca. *(La abraza.)*

TÍA. Oye.

AMA. Voy a guisar. Una cazuela de jureles perfumada con hinojos.

TÍA. ¡Escucha!

AMA. ¡Y un monte nevado! Le voy a hacer un monte nevado con grajeas de colores...

TÍA. ¡Pero mujer!...

AMA. *(A voces.)* ¡Digo!... ¡Si está aquí don Martín! Don Martín, ¡adelante! ¡Vamos! Entretenga un poco a la señora.

(Sale rápida. Entra don Martín. Es un viejo con el pelo rojo. Lleva una muleta con la que sostiene una pierna encogida. Tipo noble, de gran dignidad, con un aire de tristeza definitiva.)

TÍA. ¡Dichosos los ojos!

MARTÍN. ¿Cuándo es la arrancada definitiva?

TÍA. Hoy.

MARTÍN. ¡Qué se le va a hacer!

TÍA. La nueva casa no es esto. Pero tiene buenas vistas y un patinillo con dos higueras donde se pueden tener flores.

MARTÍN. Más vale así. *(Se sientan.)*

TÍA. ¿Y usted?

MARTÍN. Mi vida de siempre. Vengo de explicar mi clase de Preceptiva. Un verdadero infierno. Era una lección preciosa: «Concepto y definición de la Harmonía», pero a los niños no les interesa nada. ¡Y qué niños! A mí, como me ven inútil, me respetan un poquito; alguna vez un alfiler que otro en el asiento, o un muñequito en la espalda, pero a mis compañeros les hacen cosas horribles. Son los niños de los ricos y, como pagan, no se les puede castigar. Así nos dice siempre el Director. Ayer se empeñaron en que el pobre señor Canito, profesor nuevo de Geografía, llevaba corsé; porque tiene un cuerpo algo retrepado, y cuando estaba solo en el patio, se reunieron los grandullones y los internos, lo desnudaron de cintura para arriba, lo ataron a una de las columnas del corredor y le arrojaron, desde el balcón, un jarro de agua.

TÍA. ¡Pobre criatura!

MARTÍN. Todos los días entro temblando en el colegio esperando lo que van a hacerme, aunque, como digo, respetan algo mi desgracia. Hace un rato tenían un escándalo enorme, porque el señor Consuegra, que explica latín admirablemente, había encontrado un excremento de gato sobre su lista de clase.

TÍA. ¡Son el enemigo!

MARTÍN. Son los que pagan y vivimos con ellos. Y, créame usted, que los padres se ríen de las infamias, porque como somos los pasantes y no les vamos a examinar los hijos, nos consideran como hombres sin sentimiento, como a personas situadas en el último escalón de gente que lleva todavía corbata y cuello planchado.

TÍA. ¡Ay, don Martín! ¡Qué mundo éste!

MARTÍN. ¡Qué mundo! Yo soñaba siempre ser poeta. Me dieron una flor natural y escribí un drama que nunca se pudo representar.

TÍA. ¿*La hija del Jefté*?

MARTÍN. ¡Eso es!

TÍA. Rosita y yo lo hemos leído. Usted nos lo prestó. ¡Lo hemos leído cuatro o cinco veces!

MARTÍN. *(Con ansia.)* Y ¿qué...?

TÍA. Me gustó mucho. Se lo he dicho siempre. Sobre todo cuando ella va a morir y se acuerda de su madre y la llama.

MARTÍN. Es fuerte, ¿verdad? Un drama verdadero. Un drama de contorno y de concepto. Nunca se pudo representar. *(Rompiendo a recitar.)*

¡Oh madre excelsa! Torna tu mirada
a la que en vil sopor rendida yace;
¡recibe tú las fúlgidas preseas
y el hórrido estertor de mi combate!

¿Y es que esto está mal? ¿Y es que no suena bien de acento y de cesura este verso: «y el hórrido estertor de mi combate»?...

TÍA. ¡Precioso! ¡Precioso!

MARTÍN. Y cuando Glucinio se va a encontrar con Isaías y levanta el tapiz de la tienda...

AMA. *(Interrumpiéndole.)* Por aquí. *(Entran dos Obreros vestidos con trajes de pana.)*

OBRERO 1.º Buenas tardes.

MARTÍN Y TÍA. *(Juntos.)* Buenas tardes.

AMA. ¡Ése es! *(Señala un diván grande que hay al fondo de la habitación. Los Hombres lo sacan lentamente como si sacaran un ataúd. El Ama los sigue. Silencio. Se oyen dos campanadas mientras salen los Hombres con el diván.)*

MARTÍN. ¿Es la Novena de Santa Gertrudis la Magna?

TÍA. Sí, en San Antón.

MARTÍN. ¡Es muy difícil ser poeta! *(Salen los Hombres.)* Después quise ser farmacéutico. Es una vida tranquila.

TÍA. Mi hermano, que en gloria esté, era farmacéutico.

MARTÍN. Pero no pude. Tenía que ayudar a mi madre, y me hice profesor. Por eso envidiaba yo tanto a su marido. Él fue lo que quiso.

TÍA. ¡Y le costó la ruina!

MARTÍN. Sí, pero es peor esto mío.

TÍA. Pero usted sigue escribiendo.

MARTÍN. No sé porque escribo, porque no tengo ilusión, pero sin embargo es lo único que me gusta. ¿Leyó usted mi cuento de ayer en el segundo número de *Mentalidad granadina*?

TÍA. ¿«El cumpleaños de Matilde»? Sí, lo leímos: una preciosidad.

MARTÍN. ¿Verdad que sí? Ahí he querido renovarme haciendo una cosa de ambiente actual; ¡hasta hablo de un aeroplano! Verdad es que hay que modernizarse. Claro que lo que más me gusta a mí son mis sonetos.

TÍA. ¡A las nueve musas del Parnaso!

MARTÍN. A las diez, a las diez. ¿No se acuerda usted que nombré décima musa a Rosita?

AMA. *(Entrando.)* Señora, ayúdeme usted a doblar esta sábana. *(Se ponen a doblarla entre las dos.)* ¡Don Martín con su pelito rojo! ¿Por qué no se casó, hombre de Dios? ¡No estaría tan solo en esta vida!

MARTÍN. ¡No me han querido!

AMA. Es que ya no hay gusto. ¡Con la manera de hablar tan preciosa que tiene usted!

TÍA. ¡A ver si lo vas a enamorar!

MARTÍN. ¡Que pruebe!

AMA. Cuando él explica en la sala baja del colegio, yo voy a la carbonería para oírlo: ¿«Qué es idea»? «La representación intelectual de una cosa o un objeto.» ¿No es así?

MARTÍN. ¡Mírenla! ¡Mírenla!

AMA. Ayer decía a voces: «No; ahí hay hipérbaton» y luego... «el epinicio»... A mí me gustaría entender, pero como no entiendo me dan ganas de reír, y el carbonero que siempre está leyendo un libro que se llama: *Las ruinas de Palmira*, me echa unas miradas como si fueran dos gatos rabiosos. Pero aunque me ría, como ignorante, comprendo que don Martín tiene mucho mérito.

MARTÍN. No se le da hoy mérito a la Retórica y Poética, ni a la cultura universitaria. *(Sale el Ama rápida con la sábana doblada.)*

TÍA. ¡Qué le vamos a hacer! Ya nos queda poco tiempo en este teatro.

MARTÍN. Y hay que emplearlo en la bondad y en el sacrificio. *(Se oyen voces.)*

TÍA. ¿Qué pasa?

AMA. *(Apareciendo.)* Don Martín, que vaya usted al colegio, que los niños han roto con un clavo las cañerías y están todas las clases inundadas.

MARTÍN. Vamos allá. Soñé con el Parnaso y tengo que hacer de albañil y fontanero. Con tal de que no me empujen o resbale... *(El Ama ayuda a levantarse a don Martín. Se oyen voces.)*

AMA. ¡Ya va! ¡Un poco de calma! ¡A ver si el agua sube hasta que no quede un niño vivo!

MARTÍN. *(Saliendo.)* ¡Bendito sea Dios!

TÍA. Pobre, ¡qué sino el suyo!

AMA. Mírese en ese espejo. Él mismo se plancha los cuellos y cose sus calcetines, y cuando estuvo enfermo, que le llevé las natillas, tenía una cama con unas sábanas que tiznaban como el carbón y unas paredes y un lavabillo... ¡ay!

TÍA. ¡Y otros, tanto!

AMA. Por eso siempre diré: ¡Malditos, malditos sean los ricos! ¡No quede de ellos ni las uñas de las manos!

TÍA. ¡Déjalos!

AMA. Pero estoy segura que van al infierno de cabeza. ¿Dónde cree usted que estará don Rafael Salé, explotador de los pobres que enterraron anteayer (Dios lo haya perdonado), con tanto cura y tanta monja y tanto gori-gori? ¡En el infierno! Y él dirá: «¡Que tengo veinte millones de pesetas, no me apretéis con las tenazas! ¡Os doy cuarenta mil duros si me arrancáis estas brasas de los pies!»; pero los demonios, tizonazo por aquí, tizonazo por allá, puntapié que te quiero, bofetadas en la cara, hasta que la sangre se le convierta en carbonilla.

TÍA. Todos los cristianos sabemos que ningún rico entra en el reino de los cielos, pero a ver si por hablar de ese modo vas a parar también al infierno de cabeza.

AMA. ¿Al infierno yo? Del primer empujón que le doy a la caldera de Pedro Botero, hago llegar el agua caliente a los confines de la Tierra. No, señora, no. Yo entro en el cielo a la fuerza. *(Dulce.)* Con usted. Cada una en una butaca de seda celeste que se meza ella sola, y unos abanicos de raso grana. En medio de las dos, en un columpio de jazmines y matas de romero, Rosita meciéndose y detrás su marido cubierto de rosas, como salió en su caja de esa habitación; con la misma sonrisa, con la misma frente blanca como si fuera de cristal, y usted se mece así, y yo así, y Rosita así, y detrás el Señor tirándonos rosas como si las tres fuéramos un paso de nácar lleno de cirios y caireles.

TÍA. Y los pañuelos para las lágrimas que se queden aquí abajo.

AMA. Eso, que se fastidien. Nosotras, ¡juerga celestial!

TÍA. ¡Porque ya no nos queda una sola dentro del corazón!

OBRERO 1.º Ustedes dirán.

AMA. Vengan. *(Entran. Desde la puerta.)* ¡Ánimo!

TÍA. ¡Dios te bendiga! *(La Tía se sienta lentamente. Aparece Rosita con un paquete de cartas en la mano. Silencio.)*

TÍA. ¿Se han llevado ya la cómoda?

ROSITA. En este momento. Su prima Esperanza mandó un niño por un destornillador.

TÍA. Estarán armando las camas para esta noche. Debimos irnos temprano y haber hecho las cosas a nuestro gusto. Mi prima habrá puesto los muebles de cualquier manera.

ROSITA. Pero yo prefiero salir de aquí con la calle a oscuras. Si me fuera posible apagaría el farol. De todos modos las vecinas estarán acechando. Con la mudanza ha estado todo el día la puerta llena de chiquillos como si en la casa hubiera un muerto.

TÍA. Si yo lo hubiera sabido no hubiese consentido de ninguna manera que tu tío hubiera hipotecado la casa con muebles y todo. Lo que sacamos es lo sucinto, la silla para sentarnos y la cama para dormir.

ROSITA. Para morir.

TÍA. ¡Fue buena jugada la que nos hizo! ¡Mañana vienen los nuevos dueños! Me gustaría que tu tío nos viera. ¡Viejo tonto! Pusilámine para los negocios. ¡Chalado de las rosas! ¡Hombre sin idea del dinero! Me arruinaba cada día. «Ahí está fulano»; y él: «Que entre»; y entraba con los bolsillos vacíos y salía con ellos rebosando plata, y siempre: «Que no se entere mi mujer». ¡El manirroto! ¡El débil! Y no había calamidad que no remediase... ni niños que no amparara porque... porque... tenía el corazón más grande que hombre tuvo... el alma cristiana más pura...; no, no, ¡cállate, vieja! ¡Cállate, habladora, y respeta la voluntad de Dios! ¡Arruinadas! Muy bien y ¡silencio!; pero te veo a ti...

ROSITA. No se preocupe de mí, tía. Yo sé que la hipoteca la hizo para pagar mis muebles y mi ajuar, y esto es lo que me duele.

TÍA. Hizo bien. Tú lo merecías todo. Y todo lo que se compró es digno de ti y será hermoso el día que lo uses.

ROSITA. ¿El día que lo use?

TÍA. ¡Claro! El día de tu boda.

ROSITA. No me haga usted hablar.

TÍA. Ése es el defecto de las mujeres decentes de estas tierras. ¡No hablar! No hablamos y tenemos que hablar. *(A voces.)* ¡Ama! ¿Ha llegado el correo?

ROSITA. ¿Qué se propone usted?

TÍA. Que me veas vivir, para que aprendas.

ROSITA. *(Abrazándola.)* Calle.

TÍA. Alguna vez tengo que hablar alto. Sal de tus cuatro paredes, hija mía. No te hagas a la desgracia.

ROSITA. *(Arrodillada delante de ella.)* Me he acostumbrado a vivir muchos años fuera de mí, pensando en cosas que estaban muy lejos, y ahora que estas cosas ya no existen, sigo dando vueltas y más vueltas por un sitio frío, buscando una salida que no he de encontrar nunca. Yo lo sabía todo. Sabía que se había casado; ya se encargó un alma caritativa de decírmelo, y he estado recibiendo sus cartas con una ilusión llena de sollozos que aun a mí misma me asombra. Si la gente no hubiera hablado; si vosotras no lo hubiérais sabido; si no lo hubiera sabido nadie más que yo, sus cartas y su mentira hubieran alimentado mi ilusión como el primer año de su ausencia. Pero lo sabían todos y yo me encontraba señalada por un dedo que hacía ridícula mi modestia de prometida y daba un aire grotesco a mi abanico de soltera. Cada año que pasaba era como una prenda íntima que arrancaran de mi cuerpo. Y hoy se casa una amiga y otra y otra, y mañana tiene un hijo y crece, y viene a enseñarme sus notas de examen, y hacen casas nuevas y canciones nuevas, y yo igual, con el mismo temblor, igual; yo, lo mismo que antes, cortando el mismo clavel, viendo las mismas nubes; y un día bajo al paseo y me doy cuenta de que no conozco a nadie; muchachos y muchachas me dejan atrás porque me canso, y uno dice: «Ahí está la solterona», y otro, hermoso, con la cabeza rizada, que comenta: «A ésa ya no hay quien le clave el diente». Y yo lo oigo y no puedo gritar sino «vamos adelante», con la boca llena de veneno y con unas ganas enormes de huir, de quitarme los zapatos, de descansar y no moverme más, nunca, de mi rincón.

TÍA. ¡Hija! ¡Rosita!

ROSITA. Ya soy vieja. Ayer le oí decir al Ama que todavía podía yo casarme. De ningún modo. No lo pienses. Ya perdí la esperanza de hacerlo con quien quise con toda mi sangre, con quien quise y... con quien quiero. Todo está acabado... y sin embargo, con toda la ilusión perdida, me acuesto, y me levanto con el más terrible de los sentimientos, que es el sentimiento de tener la esperanza muerta. Quiero huir, quiero no ver, quiero quedarme serena, vacía (¿es que no tiene derecho una pobre mujer a respirar con libertad?). Y sin embargo la esperanza me persigue, me ronda, me muerde; como un lobo moribundo que apretara sus dientes por última vez.

TÍA. ¿Por qué no me hiciste caso? ¿Por qué no te casaste con otro?

ROSITA. Estaba atada, y además, ¿qué hombre vino a esta casa sincero y desbordante para procurarse mi cariño? Ninguno.

TÍA. Tú no les hacías ningún caso. Tú estabas encelada por un palomo ladrón.

ROSITA. Yo he sido siempre seria.

TÍA. Te has aferrado a tu idea sin ver la realidad y sin tener caridad de tu porvenir.

ROSITA. Soy como soy. Y no me puedo cambiar. Ahora lo único que me queda es mi dignidad. Lo que tengo por dentro lo guardo para mí sola.

TÍA. Esto es lo que yo no quiero.

AMA. *(Saliendo de pronto.)* ¡Ni yo tampoco! Tú hablas, te desahogas, nos hartamos de llorar las tres y nos repartimos el sentimiento.

ROSITA. ¿Y qué os voy a decir? Hay cosas que no se pueden decir porque no hay palabras para decirlas, y si las hubiera, nadie entendería su significado. Me entendéis si pido pan y agua y hasta un beso, pero nunca me podríais ni entender ni quitar esta mano oscura que no sé si me hiela o me abrasa el corazón cada vez que me quedo sola.

AMA. Ya estás diciendo algo.

TÍA. Para todo hay consuelo.

ROSITA. Sería el cuento de nunca acabar. Yo sé que los ojos los tendré siempre jóvenes, y sé que la espalda se me irá curvando cada día. Después de todo, lo que me ha pasado le ha pasado a mil mujeres. *(Pausa.)* Pero, ¿por qué estoy yo hablando todo esto? *(Al Ama.)* Tú, vete a arreglar cosas, que dentro de unos momentos salimos de este carmen, y usted, tía, no se preocupe de mí. *(Pausa. Al Ama.)* ¡Vamos! No me agrada que me miréis así. Me molestan esas miradas de perros fieles. *(Se va el Ama.)* Esas miradas de lástima que me perturban y me indignan.

TÍA. Hija, ¿qué quieres que yo haga?

ROSITA. Dejadme como cosa perdida. *(Pausa. Se pasea.)* Ya sé que se está usted acordando de su hermana la solterona... solterona como yo. Era agria y odiaba a los niños y a toda la que se ponía un traje nuevo... pero yo no seré así. *(Pausa.)* Le pido perdón.

TÍA. ¡Qué tontería! *(Aparece por el fondo de la habitación un Muchacho de dieciocho años.)*

ROSITA. Adelante.

MUCHACHO. Pero, ¿se mudan ustedes?

ROSITA. Dentro de unos minutos. Al oscurecer.

TÍA. ¿Quién es?

ROSITA. Es el hijo de María.

TÍA. ¿Qué María?

ROSITA. La mayor de las tres Manolas.

TÍA. ¡Ah!

Las que suben a la Alhambra
las tres y las cuatro solas.

Perdona, hijo, mi mala memoria.

MUCHACHO. Me ha visto usted muy pocas veces.

TÍA. Claro, pero yo quería mucho a tu madre. ¡Qué graciosa era! Murió por la misma época que mi marido.

ROSITA. Antes.

MUCHACHO. Hace ocho años.

ROSITA. Y tiene la misma cara.

MUCHACHO. *(Alegre.)* Un poquito peor. Yo la tengo hecha a martillazos.

TÍA. Y las mismas salidas; ¡el mismo genio!

MUCHACHO. Pero, claro que me parezco. En carnaval me puse un vestido de mi madre... un vestido del año de la nana, verde...

ROSITA. *(Melancólica.)* Con lazos negros... y bullones de seda verde nilo.

MUCHACHO. Sí.

ROSITA. Y un gran lazo de terciopelo en la cintura.

MUCHACHO. El mismo.

ROSITA. Que cae a un lado y otro del polisón.

MUCHACHO. ¡Exacto! ¡Qué disparate de moda! *(Se sonríe.)*

ROSITA. *(Triste.)* ¡Era una moda bonita!

MUCHACHO. ¡No me diga usted! Pues bajaba yo muerto de risa con el vejestorio puesto, llenando todo el pasillo de la casa de olor de alcanfor, y de pronto mi tía se puso a llorar amargamente porque decía que era exactamente igual que ver a mi madre. Yo me impresioné, como es natural, y dejé el traje y el antifaz sobre mi cama.

ROSITA. Como que no hay cosa más viva que un recuerdo. Llegan a hacernos la vida imposible. Por eso yo comprendo muy bien a esas viejecillas borrachas que van por las calles queriendo borrar el mundo, y se sientan a cantar en los bancos del paseo.

TÍA. ¿Y tu tía la casada?

MUCHACHO. Escribe desde Barcelona. Cada vez menos.

ROSITA. ¿Tiene hijos?

MUCHACHO. Cuatro. *(Pausa.)*

AMA. *(Entrando.)* Déme usted las llaves del armario. *(La Tía se las da. Por el Muchacho.)* Aquí, el joven, iba ayer con su novia. Los vi por la Plaza Nueva. Ella quería ir por un lado y él no la dejaba. *(Ríe.)*

TÍA. ¡Vamos, con el niño!

MUCHACHO. *(Azorado.)* Estábamos de broma.

AMA. ¡No te pongas colorado! *(Saliendo.)*

ROSITA. ¡Vamos, calla!

MUCHACHO. ¡Qué jardín más precioso tienen ustedes!

ROSITA. ¡Teníamos!

TÍA. Ven, y corta unas flores.

MUCHACHO. Usted lo pase bien, doña Rosita.

ROSITA. ¡Anda con Dios, hijo! *(Salen. La tarde está cayendo.)*

ROSITA. ¡Doña Rosita! ¡Doña Rosita!

Cuando se abre en la mañana
roja como sangre está.
La tarde la pone blanca
con blanco de espuma y sal.
Y cuando llega la noche
se comienza a deshojar.

(Pausa.)

AMA. *(Sale con un chal.)* ¡En marcha!

ROSITA. Sí, voy a echarme un abrigo.

AMA. Como he descolgado la percha, lo tienes enganchado en el tirador de la ventana. *(Entra la Solterona 3.ª, vestida de oscuro, con un velo de luto en la cabeza y la pena que se llevaba en el año doce. Hablan bajo.)*

SOLTERONA 3.ª ¡Ama!

AMA. Por unos minutos nos encuentra aquí.

SOLTERONA 3.ª Yo vengo a dar una lección de piano que tengo aquí cerca y me llegué por si necesitaban ustedes algo.

AMA. ¡Dios se lo pague!

SOLTERONA 3.ª ¡Qué casa más grande!

AMA. Sí, sí, pero no me toque usted el corazón, no me levante la gasa de la pena, porque yo soy la que tiene que dar ánimos en este duelo sin muerto que está usted presenciando.

SOLTERONA 3.ª Yo quisiera saludarlas.

AMA. Pero es mejor que no las vea. ¡Vaya por la otra casa!

SOLTERONA 3.ª Es mejor. Pero si hace falta algo, ya sabe que en lo que pueda, aquí estoy yo.

AMA. ¡Ya pasará la mala hora! *(Se oye el viento.)*

SOLTERONA 3.ª ¡Se ha levantado un aire!

AMA. Sí. Parece que va a llover. *(La Solterona 3.ª se va.)*

TÍA. *(Entra.)* Como siga este viento, no va a quedar una rosa viva. Los cipreses de la glorieta casi tocan las paredes de mi cuarto. Parece como si alguien quisiera poner el jardín feo para que no tuviésemos pena de dejarlo.

AMA. Como precioso, precioso, no ha sido nunca. ¿Se ha puesto su abrigo? Y esta nube... Así, bien tapada. *(Se la pone.)* Ahora, cuando lleguemos, tengo la comida hecha. De postre, flan. A usted le gusta. Un flan dorado como una clavellina. *(El Ama habla con la voz velada por una profunda emoción. Se oye un golpe.)*

TÍA. Es la puerta del invernadero. ¿Por qué no la cierras?

AMA. No se puede cerrar por la humedad.

TÍA. Estará toda la noche golpeando.

AMA. ¡Como no la oiremos...! *(La escena está en una dulce penumbra de atardecer.)*

TÍA. Yo sí. Yo sí la oiré.

(Aparece Rosita. Viene pálida, vestida de blanco, con un abrigo hasta el filo del vestido.)

AMA. *(Valiente.)* ¡Vamos!

ROSITA. *(Con voz débil.)* Ha empezado a llover. Así no habrá nadie en los balcones para vernos salir.

TÍA. Es preferible.

ROSITA. *(Vacila un poco, se apoya en una silla y cae sostenida por el Ama y la Tía que impiden su total desmayo.)*

«Y cuando llega la noche
se comienza a deshojar.»

(Salen y a su mutis queda la escena sola. Se oye golpear la puerta. De pronto se abre un balcón del fondo y las blancas cortinas oscilan con el viento.)

Telón

La casa de Bernarda Alba

Drama de mujeres en los pueblos de España

Personas

BERNARDA, 60 años
MARÍA JOSEFA (madre de Bernarda), 80 años
ANGUSTIAS (hija de Bernarda), 39 años
MAGDALENA (hija de Bernarda), 30 años
AMELIA (hija de Bernarda), 27 años
MARTIRIO (hija de Bernarda), 24 años
ADELA (hija de Bernarda), 20 años
CRIADA, 50 años
LA PONCIA (criada), 60 años
PRUDENCIA, 50 años
MENDIGA
MUJERES DE LUTO
MUJER PRIMERA
MUJER SEGUNDA
MUJER TERCERA
MUJER CUARTA
MUCHACHA

El poeta advierte que estos tres actos tienen la intención de un documental fotográfico.

Acto primero

Habitación blanquísima del interior de la casa de Bernarda. Muros gruesos. Puertas en arco con cortinas de yute rematadas con madroños y volantes. Sillas de anea. Cuadros con paisajes inverosímiles de ninfas, o reyes de leyenda. Es verano. Un gran silencio umbroso se extiende por la escena. Al levantarse el telón está la escena sola. Se oyen doblar las campanas.

(Sale la Criada 1.ª)

CRIADA. Ya tengo el doble de esas campanas metido entre las sienes.

LA PONCIA. *(Sale comiendo chorizo y pan.)* Llevan ya más de dos horas de gori-gori. Han venido curas de todos los pueblos. La iglesia está hermosa. En el primer responso se desmayó la Magdalena.

CRIADA. Ésa es la que se queda más sola.

PONCIA. Era a la única que quería el padre. ¡Ay! Gracias a Dios que estamos solas un poquito. Yo he venido a comer.

CRIADA. ¡Si te viera Bernarda!

PONCIA. ¡Quisiera que ahora, como no come ella, que todas nos muriéramos de hambre! ¡Mandona! ¡Dominanta! ¡Pero se fastidia! Le he abierto la orza de chorizos.

CRIADA. *(Con tristeza, ansiosa.)* ¿Por qué no me das para mi niña, Poncia?

PONCIA. Entra y llévate también un puñado de garbanzos. ¡Hoy no se dará cuenta!

VOZ. *(Dentro.)* ¡Bernarda!

PONCIA. La vieja. ¿Está bien encerrada?

CRIADA. Con dos vueltas de llave.

PONCIA. Pero debes poner también la tranca. Tiene unos dedos como cinco ganzúas.

VOZ. ¡Bernarda!

PONCIA. *(A voces.)* ¡Ya viene! *(A la Criada.)* Limpia bien todo. Si Bernarda no ve relucientes las cosas me arrancará los pocos pelos que me quedan.

CRIADA. ¡Qué mujer!

PONCIA. Tirana de todos los que la rodean. Es capaz de sentarse encima de tu corazón y ver cómo te mueres durante un año sin que se le cierre esa sonrisa fría que lleva en su maldita cara. ¡Limpia, limpia ese vidriado!

CRIADA. Sangre en las manos tengo de fregarlo todo.

PONCIA. Ella, la más aseada, ella, la más decente, ella, la más alta. Buen descanso ganó su pobre marido.

(Cesan las campanas.)

CRIADA. ¿Han venido todos sus parientes?

PONCIA. Los de ella. La gente de él la odia. Vinieron a verlo muerto, y le hicieron la cruz.

CRIADA. ¿Hay bastantes sillas?

PONCIA. Sobran. Que se sienten en el suelo. Desde que murió el padre de Bernarda no han vuelto a entrar las gentes bajo estos techos. Ella no quiere que la vean en su dominio. ¡Maldita sea!

CRIADA. Contigo se portó bien.

PONCIA. Treinta años lavando sus sábanas, treinta años comiendo sus sobras, noches en vela cuando tose, días enteros mirando por la rendija para espiar a los vecinos y llevarle el cuento; vida sin secretos una con otra, y sin embargo, ¡maldita sea!, ¡mal dolor de clavo le pinche en los ojos!

CRIADA. ¡Mujer!

PONCIA. Pero yo soy buena perra: ladro cuando me lo dice y muerdo los talones de los que piden limosna cuando ella me azuza; mis hijos trabajan en sus tierras y ya están los dos casados, pero un día me hartaré.

CRIADA. Y ese día...

PONCIA. Ese día me encerraré con ella en un cuarto y le estaré escupiendo un año entero. «Bernarda, por esto, por aquello, por lo otro», hasta ponerla como un lagarto machacado por los niños, que es lo que es ella y toda su parentela. Claro es que no le envidio la vida. Le quedan cinco mujeres, cinco hijas feas, que quitando a Angustias, la mayor, que es la hija del primer marido y tiene dineros, las demás, mucha puntilla bordada, muchas camisas de hilo, pero pan y uvas por toda herencia.

CRIADA. ¡Ya quisiera tener yo lo que ellas!

PONCIA. Nosotras tenemos nuestras manos y un hoyo en la tierra de la verdad.

CRIADA. Ésa es la única tierra que nos dejan a los que no tenemos nada.

PONCIA. *(En la alacena.)* Este cristal tiene unas motas.

CRIADA. Ni con el jabón ni con bayeta se le quitan.

(Suenan las campanas.)

PONCIA. El último responso. Me voy a oírlo. A mí me gusta mucho cómo canta el párroco. En el «Pater Noster» subió, subió, subió la voz que parecía un cántaro llenándose de agua poco a poco. ¡Claro es que al final dio un gallo, pero da gloria oírlo! Ahora que nadie como el antiguo sacristán Tronchapinos. En la misa de mi madre, que esté en gloria, cantó. Retumbaban las paredes y cuando decía amén era como si un lobo hubiese entrado en la iglesia. *(Imitándolo.)* ¡Amééééén! *(Se echa a toser.)*

CRIADA. Te vas a hacer el gaznate polvo.

PONCIA. ¡Otra cosa hacía polvo yo! *(Sale riendo.)*

(La Criada limpia. Suenan las campanas.)

CRIADA. *(Llevando el canto.)* Tin, tin, tan. Tin, tin, tan. ¡Dios lo haya perdonado!

MENDIGA. *(Con una niña.)* ¡Alabado sea Dios!

CRIADA. Tin, tin, tan. ¡Que nos espere muchos años! Tin, tin, tan.

MENDIGA. *(Fuerte, con cierta irritación.)* ¡Alabado sea Dios!

CRIADA. *(Irritada.)* ¡Por siempre!

MENDIGA. Vengo por las sobras.

(Cesan las campanas.)

CRIADA. Por la puerta se va a la calle. Las sobras de hoy son para mí.

MENDIGA. Mujer, tú tienes quien te gane. Mi niña y yo estamos solas.

CRIADA. También están solos los perros y viven.

MENDIGA. Siempre me las dan.

CRIADA. Fuera de aquí. ¿Quién os dijo que entrarais? Ya me habéis dejado los pies señalados. *(Se van, limpia.)* Suelos barnizados con aceite, alacenas, pedestales, camas de acero, para que traguemos quina las que vivimos en las chozas de tierra con un plato y una cuchara. ¡Ojalá que un día no quedáramos ni uno para contarlo! *(Vuelven a sonar las campanas.)* Sí, sí, ¡vengan clamores!, ¡venga caja con filos dorados y toallas de seda para llevarla!; ¡que lo mismo estarás tú que estaré yo! Fastídiate, Antonio María Benavides, tieso con tu traje de paño y tus botas enterizas. ¡Fastídiate! ¡Ya no volverás a levantarme las enaguas detrás de la puerta de tu corral! *(Por el fondo, de dos en dos, empiezan a entrar Mujeres de luto, con pañuelos grandes, faldas y abanicos negros. Entran lentamente hasta llenar la escena.)*

CRIADA. *(Rompiendo a gritar.)* ¡Ay Antonio María Benavides, que ya no verás estas paredes, ni comerás el pan de esta casa! Yo fui la que más te quiso de las que te sirvieron. *(Tirándose del cabello.)* ¿Y he de vivir yo después de haberte marchado? ¿Y he de vivir?

(Terminan de entrar las doscientas Mujeres y aparece Bernarda y sus cinco Hijas. Bernarda viene apoyada en un bastón.)

BERNARDA. *(A la Criada.)* ¡Silencio!

CRIADA. *(Llorando.)* ¡Bernarda!

BERNARDA. Menos gritos y más obras. Debías haber procurado que todo esto estuviera más limpio para recibir al duelo. Vete. No es éste tu lugar. *(La Criada se va sollozando.)*

Los pobres son como los animales. Parece como si estuvieran hechos de otras sustancias.

MUJER 1.ª Los pobres sienten también sus penas.

BERNARDA. Pero las olvidan delante de un plato de garbanzos.

MUCHACHA 1.ª *(Con timidez.)* Comer es necesario para vivir.

BERNARDA. A tu edad no se habla delante de las personas mayores.

MUJER 1.ª Niña, cállate.

BERNARDA. No he dejado que nadie me dé lecciones. Sentarse. *(Se sientan. Pausa. Fuerte.)* Magdalena, no llores. Si quieres llorar te metes debajo de la cama. ¿Me has oído?

MUJER 2.ª *(A Bernarda.)* ¿Habéis empezado los trabajos en la era?

BERNARDA. Ayer.

MUJER 3.ª Cae el sol como plomo.

MUJER 1.ª Hace años no he conocido calor igual.

(Pausa. Se abanican todas.)

BERNARDA. ¿Está hecha la limonada?

PONCIA. Sí, Bernarda. *(Sale con una gran bandeja llena de jarritas blancas, que distribuye.)*

BERNARDA. Dale a los hombres.

PONCIA. La están tomando en el patio.

BERNARDA. Que salgan por donde han entrado. No quiero que pasen por aquí.

MUCHACHA. *(A Angustias.)* Pepe el Romano estaba con los hombres del duelo.

ANGUSTIAS. Allí estaba.

BERNARDA. Estaba su madre. Ella ha visto a su madre. A Pepe no la ha visto ni ella ni yo.

MUCHACHA. Me pareció...

BERNARDA. Quien sí estaba era el viudo de Darajalí. Muy cerca de tu tía. A ése lo vimos todas.

MUJER 2.ª *(Aparte y en baja voz.)* ¡Mala, más que mala!

MUJER 3.ª *(Aparte y en baja voz.)* ¡Lengua de cuchillo!

BERNARDA. Las mujeres en la iglesia no deben mirar más hombre que al oficiante, y a ése porque tiene faldas. Volver la cabeza es buscar el calor de la pana.

MUJER 1.ª *(En voz baja.)* ¡Vieja lagarta recocida!

PONCIA. *(Entre dientes.)* ¡Sarmentosa por calentura de varón!

BERNARDA. *(Dando un golpe de bastón en el suelo.)* Alabado sea Dios.

TODAS. *(Santiguándose.)* Sea por siempre bendito y alabado.

BERNARDA.

Descansa en paz con la santa
compaña de cabecera.

TODAS. ¡Descansa en paz!

BERNARDA.

Con el ángel san Miguel
y su espada justiciera.

TODAS. ¡Descansa en paz!

BERNARDA.

Con la llave que todo lo abre
y la mano que todo lo cierra.

TODAS. ¡Descansa en paz!

BERNARDA.

Con los bienaventurados
y las lucecitas del campo.

TODAS. ¡Descansa en paz!

BERNARDA.

Con nuestra santa caridad
y las almas de tierra y mar.

TODAS. ¡Descansa en paz!

BERNARDA. Concede el reposo a tu siervo Antonio María Benavides y dale la corona de tu santa gloria.

TODAS. Amén.

BERNARDA. *(Se pone de pie y canta.)* «Requiem aeternam dona eis, Domine.»

TODAS. *(De pie y cantando al modo gregoriano.)* «Et lux perpetua luceat eis.» *(Se santiguan.)*

MUJER 1.ª Salud para rogar por su alma. *(Van desfilando.)*

MUJER 3.ª No te faltará la hogaza de pan caliente.

MUJER 2.ª Ni el techo para tus hijas. *(Van desfilando todas por delante de Bernarda y saliendo.)*

(Sale Angustias por otra puerta, la que da al patio.)

MUJER 4.ª El mismo lujo de tu casamiento lo sigas disfrutando.

PONCIA. *(Entrando con una bolsa.)* De parte de los hombres esta bolsa de dineros para responsos.

BERNARDA. Dales las gracias y échales una copa de aguardiente.

MUCHACHA. *(A Magdalena.)* Magdalena.

BERNARDA. *(A sus Hijas. A Magdalena, que inicia el llanto.)* Chissssss. *(Salen todas. Golpea con el bastón. A las que se han ido.)* ¡Andar a vuestras cuevas a criticar todo lo que habéis visto! Ojalá tardéis muchos años en volver a pasar el arco de mi puerta.

PONCIA. No tendrás queja ninguna. Ha venido todo el pueblo.

BERNARDA. Sí; para llenar mi casa con el sudor de sus refajos y el veneno de sus lenguas.

AMELIA. ¡Madre, no hable usted así!

BERNARDA. Es así como se tiene que hablar en este maldito pueblo sin río, pueblo de pozos, donde siempre se bebe el agua con el miedo de que esté envenenada.

PONCIA. ¡Cómo han puesto la solería!

BERNARDA. Igual que si hubiese pasado por ella una manada de cabras. *(La Poncia limpia el suelo.)* Niña, dame un abanico.

ADELA. Tome usted. *(Le da un abanico redondo con flores rojas y verdes.)*

BERNARDA. *(Arrojando el abanico al suelo.)* ¿Es éste el abanico que se da a una viuda? Dame uno negro y aprende a respetar el luto de tu padre.

MARTIRIO. Tome usted el mío.

BERNARDA. ¿Y tú?

MARTIRIO. Yo no tengo calor.

BERNARDA. Pues busca otro, que te hará falta. En ocho años que dure el luto no ha de entrar en esta casa el viento de la calle. Haceros cuenta que hemos tapiado con ladrillos puertas y ventanas. Así pasó en casa de mi padre y en casa de mi abuelo. Mientras, podéis empezar a bordar el ajuar. En el arca tengo veinte piezas de hilo con el que podréis cortar sábanas y embozos. Magdalena puede bordarlas.

MAGDALENA. Lo mismo me da.

ADELA. *(Agria.)* Si no quieres bordarlas, irán sin bordados. Así las tuyas lucirán más.

MAGDALENA. Ni las mías ni las vuestras. Sé que ya no me voy a casar. Prefiero llevar sacos al molino. Todo menos estar sentada días y días dentro de esta sala oscura.

BERNARDA. Eso tiene ser mujer.

MAGDALENA. Malditas sean las mujeres.

BERNARDA. Aquí se hace lo que yo mando. Ya no puedes ir con el cuento a tu padre. Hilo y aguja para las hembras. Látigo y mula para el varón. Eso tiene la gente que nace con posibles.

(Sale Adela.)

VOZ. Bernarda, ¡déjame salir!

BERNARDA. *(En voz alta.)* ¡Dejadla ya!

(Sale la Criada 1.ª)

CRIADA. Me ha costado mucho sujetarla. A pesar de sus ochenta años, tu madre es fuerte como un roble.

BERNARDA. Tiene a quién parecérsele. Mi abuela fue igual.

CRIADA. Tuve durante el duelo que taparle varias veces la boca con un costal vacío porque quería llamarte para que le dieras agua de fregar siquiera para beber y carne de perro, que es lo que ella dice que le das.

MARTIRIO. ¡Tiene mala intención!

BERNARDA. *(A la Criada.)* Déjala que se desahogue en el patio.

CRIADA. Ha sacado del cofre sus anillos y los pendientes de amatistas, se los ha puesto y me ha dicho que se quiere casar.

(Las Hijas ríen.)

BERNARDA. Ve con ella y ten cuidado que no se acerque al pozo.
CRIADA. No tengas miedo que se tire.
BERNARDA. No es por eso. Pero desde aquel sitio las vecinas pueden verla desde su ventana.

(Sale la Criada.)

MARTIRIO. Nos vamos a cambiar la ropa.
BERNARDA. Sí; pero no el pañuelo de la cabeza. *(Entra Adela.)* ¿Y Angustias?
ADELA. *(Con retintín.)* La he visto asomada a la rendija del portón. Los hombres se acababan de ir.
BERNARDA. ¿Y tú a qué fuiste también al portón?
ADELA. Me llegué a ver si habían puesto las gallinas.
BERNARDA. ¡Pero el duelo de los hombres habría salido ya!
ADELA. *(Con intención.)* Todavía estaba un grupo parado por fuera.
BERNARDA. *(Furiosa.)* ¡Angustias! ¡Angustias!
ANGUSTIAS. *(Entrando.)* ¿Qué manda usted?
BERNARDA. ¿Qué mirabas y a quién?
ANGUSTIAS. A nadie.
BERNARDA. ¿Es decente que una mujer de tu clase vaya con el anzuelo detrás de un hombre el día de la misa de su padre? ¡Contesta! ¿A quién mirabas?

(Pausa.)

ANGUSTIAS. Yo...
BERNARDA. ¡Tú!
ANGUSTIAS. ¡A nadie!
BERNARDA. *(Avanzando con el bastón.)* ¡Suave! ¡Dulzarrona! *(Le da.)*
PONCIA. *(Corriendo.)* ¡Bernarda, cálmate! *(La sujeta.)*

(Angustias llora.)

BERNARDA. ¡Fuera de aquí todas! *(Salen.)*
PONCIA. Ella lo ha hecho sin dar alcance a lo que hacía, que está francamente mal. ¡Ya me chocó a mí verla escabullirse

hacia el patio! Luego estuvo detrás de una ventana oyendo la conversación que traían los hombres, que, como siempre, no se puede oír.

BERNARDA. ¡A eso vienen a los duelos! *(Con curiosidad.)* ¿De qué hablaban?

PONCIA. Hablaban de Paca la Roseta. Anoche ataron a su marido a un pesebre y a ella se la llevaron a la grupa del caballo hasta lo alto del olivar.

BERNARDA. ¿Y ella?

PONCIA. Ella, tan conforme. Dicen que iba con los pechos fuera y Maximiliano la llevaba cogida como si tocara la guitarra. ¡Un horror!

BERNARDA. ¿Y qué pasó?

PONCIA. Lo que tenía que pasar. Volvieron casi de día. Paca la Roseta traía el pelo suelto y una corona de flores en la cabeza.

BERNARDA. Es la única mujer mala que tenemos en el pueblo.

PONCIA. Porque no es de aquí. Es de muy lejos. Y los que fueron con ella son también hijos de forastero. Los hombres de aquí no son capaces de eso.

BERNARDA. No; pero les gusta verlo y comentarlo y se chupan los dedos de que esto ocurra.

PONCIA. Contaban muchas cosas más.

BERNARDA. *(Mirando a un lado y otro con cierto temor.)* ¿Cuáles?

PONCIA. Me da vergüenza referirlas.

BERNARDA. Y mi hija las oyó.

PONCIA. ¡Claro!

BERNARDA. Ésa sale a sus tías; blancas y untosas que ponían ojos de carnero al piropo de cualquier barberillo. ¡Cuánto hay que sufrir y luchar para hacer que las personas sean decentes y no tiren al monte demasiado!

PONCIA. ¡Es que tus hijas están ya en edad de merecer! Demasiada poca guerra te dan. Angustias ya debe tener mucho más de los treinta.

BERNARDA. Treinta y nueve justos.

PONCIA. Figúrate. Y no ha tenido nunca novio...

BERNARDA. *(Furiosa.)* ¡No, no ha tenido novio ninguna ni les hace falta! Pueden pasarse muy bien.

PONCIA. No he querido ofenderte.

BERNARDA. No hay en cien leguas a la redonda quien se pueda acercar a ellas. Los hombres de aquí no son de su clase. ¿Es que quieres que las entregue a cualquier gañán?

PONCIA. Debías haberte ido a otro pueblo.

BERNARDA. Eso, ¡a venderlas!

PONCIA. No, Bernarda; a cambiar... ¡Claro que en otros sitios ellas resultan las pobres!

BERNARDA. ¡Calla esa lengua atormentadora!

PONCIA. Contigo no se puede hablar. Tenemos o no tenemos confianza.

BERNARDA. No tenemos. Me sirves y te pago. ¡Nada más!

CRIADA 1.ª *(Entrando.)* Ahí está don Arturo, que viene a arreglar las particiones.

BERNARDA. Vamos. *(A la Criada.)* Tú empieza a blanquear el patio. *(A la Poncia.)* Y tú ve guardando en el arca grande toda la ropa del muerto.

PONCIA. Algunas cosas las podríamos dar...

BERNARDA. Nada. ¡Ni un botón! ¡Ni el pañuelo con que le hemos tapado la cara! *(Sale lentamente apoyada en el bastón y al salir, vuelve la cabeza y mira a sus Criadas. Las Criadas salen después.)*

(Entran Amelia y Martirio.)

AMELIA. ¿Has tomado la medicina?

MARTIRIO. ¡Para lo que me va a servir!

AMELIA. Pero la has tomado.

MARTIRIO. Ya hago las cosas sin fe pero como un reloj.

AMELIA. Desde que vino el médico nuevo estás más animada.

MARTIRIO. Yo me siento lo mismo.

AMELIA. ¿Te fijaste? Adelaida no estuvo en el duelo.

MARTIRIO. Ya lo sabía. Su novio no la deja salir ni al tranco de la calle. Antes era alegre. Ahora ni polvos se echa en la cara.

AMELIA. Ya no sabe una si es mejor tener novio o no.

MARTIRIO. Es lo mismo.

AMELIA. De todo tiene la culpa esta crítica que no nos deja vivir. Adelaida habrá pasado mal rato.

MARTIRIO. Le tienen miedo a nuestra madre. Es la única que conoce la historia de su padre y el origen de sus tierras. Siempre que viene le tira puñaladas con el asunto. Su padre mató en Cuba al marido de su primera mujer para casarse con ella, luego aquí la abandonó y se fue con otra que tenía una hija y luego tuvo relaciones con esta muchacha, la madre de Adelaida, y casó con ella después de haber muerto loca la segunda mujer.

AMELIA. Y ese infame, ¿por qué no está en la cárcel?

MARTIRIO. Porque los hombres se tapan unos a otros las cosas de esta índole y nadie es capaz de delatar.

AMELIA. Pero Adelaida no tiene culpa de esto.

MARTIRIO. No, pero las cosas se repiten. Yo veo que todo es una terrible repetición. Y ella tiene el mismo sino de su madre y de su abuela, mujeres las dos del que la engendró.

AMELIA. ¡Qué cosa más grande!

MARTIRIO. Es preferible no ver a un hombre nunca. Desde niña les tuve miedo. Los veía en el corral uncir los bueyes y levantar los costales de trigo entre voces y zapatazos y siempre tuve miedo de crecer por temor de encontrarme de pronto abrazada por ellos. Dios me ha hecho débil y fea y los ha apartado definitivamente de mí.

AMELIA. ¡Eso no digas! Enrique Humanes estuvo detrás de ti y le gustabas.

MARTIRIO. ¡Invenciones de la gente! Una noche estuve en camisa detrás de la ventana hasta que fue de día porque me avisó con la hija de su gañán que iba a venir, y no vino. Fue todo cosa de lenguas. Luego se casó con otra que tenía más que yo.

AMELIA. Y fea como un demonio.

MARTIRIO. ¡Qué les importa a ellos la fealdad! A ellos les importa la tierra, las yuntas y una perra sumisa que les dé de comer.

AMELIA. ¡Ay! *(Entra Magdalena.)*

MAGDALENA. ¿Qué hacéis?

MARTIRIO. Aquí.

AMELIA. ¿Y tú?

MAGDALENA. Vengo de correr las cámaras. Por andar un poco. De ver los cuadros bordados en cañamazo de nuestra abuela, el perrito de lanas y el negro luchando con el león que tanto nos gustaba de niñas. Aquélla era una época más alegre. Una boda duraba diez días y no se usaban las malas lenguas. Hoy hay más finura, las novias se ponen velo blanco como en las poblaciones y se bebe vino de botella, pero nos pudrimos por el qué dirán.

MARTIRIO. ¡Sabe Dios lo que entonces pasaría!

AMELIA. *(A Magdalena.)* Llevas desabrochados los cordones de un zapato.

MAGDALENA. ¡Qué más da!

AMELIA. Te los vas a pisar y te vas a caer.

MAGDALENA. ¡Una menos!

MARTIRIO. ¿Y Adela?

MAGDALENA. ¡Ah! Se ha puesto el traje verde que se hizo para estrenar el día de su cumpleaños, se ha ido al corral, y ha comenzado a voces: «¡Gallinas, gallinas, miradme!». ¡Me he tenido que reír!

AMELIA. ¡Si la hubiera visto madre!

MAGDALENA. ¡Pobrecilla! Es la más joven de nosotras y tiene ilusión. ¡Daría algo por verla feliz!

(Pausa. Angustias cruza la escena con unas toallas en la mano.)

ANGUSTIAS. ¿Qué hora es?

MARTIRIO. Ya deben ser las doce.

ANGUSTIAS. ¿Tanto?

AMELIA. Estarán al caer.

(Sale Angustias.)

MAGDALENA. *(Con intención.)* ¿Sabéis ya la cosa...? *(Señalando a Angustias.)*

AMELIA. No.

MAGDALENA. ¡Vamos!

MARTIRIO. ¡No sé a qué cosa te refieres...!

MAGDALENA. ¡Mejor que yo lo sabéis las dos, siempre cabeza con cabeza como dos ovejitas, pero sin desahogaros con nadie! ¡Lo de Pepe el Romano!

MARTIRIO. ¡Ah!

MAGDALENA. *(Remedándola.)* ¡Ah! Ya se comenta por el pueblo. Pepe el Romano viene a casarse con Angustias. Anoche estuvo rondando la casa y creo que pronto va a mandar un emisario.

MARTIRIO. ¡Yo me alegro! Es buen hombre.

AMELIA. Yo también. Angustias tiene buenas condiciones.

MAGDALENA. Ninguna de las dos os alegráis.

MARTIRIO. ¡Magdalena! ¡Mujer!

MAGDALENA. Si viniera por el tipo de Angustias, por Angustias como mujer, yo me alegraría; pero viene por el dinero. Aunque Angustias es nuestra hermana, aquí estamos en familia y reconocemos que está vieja, enfermiza y que siempre ha sido la que ha tenido menos mérito de todas nosotras. Porque si con veinte años parecía un palo vestido, ¡qué será ahora que tiene cuarenta!

MARTIRIO. No hables así. La suerte viene a quien menos la aguarda.

AMELIA. ¡Después de todo dice la verdad! ¡Angustias tiene el dinero de su padre, es la única rica de la casa y por eso ahora que nuestro padre ha muerto y ya se harán particiones vienen por ella!

MAGDALENA. Pepe el Romano tiene veinticinco años y es el mejor tipo de todos estos contornos; lo natural sería que te pretendiera a ti, Amelia, o a nuestra Adela, que tiene veinte años, pero no que venga a buscar lo más oscuro de esta casa, a una mujer que, como su padre, habla con la nariz.

MARTIRIO. ¡Puede que a él le guste!

MAGDALENA. ¡Nunca he podido resistir tu hipocresía!

MARTIRIO. ¡Dios nos valga!

(Entra Adela.)

MAGDALENA. ¿Te han visto ya las gallinas?

ADELA. ¿Y qué querías que hiciera?

AMELIA. ¡Si te ve nuestra madre te arrastra del pelo!

ADELA. Tenía mucha ilusión con el vestido. Pensaba ponérmelo el día que vamos a comer sandías a la noria. No hubiera habido otro igual.

MARTIRIO. ¡Es un vestido precioso!

ADELA. Y me está muy bien. Es lo que mejor ha cortado Magdalena.

MAGDALENA. ¿Y las gallinas qué te han dicho?

ADELA. Regalarme una cuantas pulgas que me han acribillado las piernas. *(Ríen.)*

MARTIRIO. Lo que puedes hacer es teñirlo de negro.

MAGDALENA. ¡Lo mejor que puede hacer es regalárselo a Angustias para su boda con Pepe el Romano!

ADELA. *(Con emoción contenida.)* ¡Pero Pepe el Romano...!

AMELIA. ¿No lo has oído decir?

ADELA. No.

MAGDALENA. ¡Pues ya lo sabes!

ADELA. ¡Pero si no puede ser!

MAGDALENA. ¡El dinero lo puede todo!

ADELA. ¿Por eso ha salido detrás del duelo y estuvo mirando por el portón? *(Pausa.)* Y ese hombre es capaz de...

MAGDALENA. Es capaz de todo.

(Pausa.)

MARTIRIO. ¿Qué piensas, Adela?

ADELA. Pienso que este luto me ha cogido en la peor época de mi vida para pasarlo.

MAGDALENA. Ya te acostumbrarás.

ADELA. *(Rompiendo a llorar con ira.)* ¡No, no me acostumbraré! Yo no quiero estar encerrada. ¡No quiero que se me pongan las carnes como a vosotras! ¡No quiero perder mi blancura en estas habitaciones! ¡Mañana me pondré mi vestido verde y me echaré a pasear por la calle! ¡Yo quiero salir!

(Entre la Criada 1.ª)

MAGDALENA. *(Autoritaria.)* ¡Adela!

CRIADA 1.ª ¡La pobre! ¡Cuánto ha sentido a su padre! *(Sale.)*

MARTIRIO. ¡Calla!

AMELIA. Lo que sea de una será de todas.

(Adela se calma.)

MAGDALENA. Ha estado a punto de oírte la criada.

CRIADA. *(Apareciendo.)* Pepe el Romano viene por lo alto de la calle.

(Amelia, Martirio y Magdalena corren presurosas.)

MAGDALENA. ¡Vamos a verlo! *(Salen rápidas.)*

CRIADA. *(A Adela.)* ¿Tú no vas?

ADELA. No me importa.

CRIADA. Como dará la vuelta a la esquina, desde la ventana de tu cuarto se verá mejor. *(Sale la Criada.)*

(Adela queda en escena dudando; después de un instante se va también rápida hacia su habitación. Sale Bernarda y la Poncia.)

BERNARDA. ¡Malditas particiones!

PONCIA. ¡¡Cuánto dinero le queda a Angustias!!

BERNARDA. Sí.

PONCIA. Y a las otras bastante menos.

BERNARDA. Ya me lo has dicho tres veces y no te he querido replicar. Bastante menos, mucho menos. No me lo recuerdes más.

(Sale Angustias muy compuesta de cara.)

BERNARDA. ¡Angustias!

ANGUSTIAS. Madre.

BERNARDA. ¿Pero has tenido valor de echarte polvos en la cara? ¿Has tenido valor de lavarte la cara el día de la misa de tu padre?

ANGUSTIAS. No era mi padre. El mío murió hace tiempo. ¿Es que ya no lo recuerda usted?

BERNARDA. ¡Más debes a este hombre, padre de tus hermanas, que al tuyo! Gracias a este hombre tienes colmada tu fortuna.

ANGUSTIAS. ¡Eso lo teníamos que ver!

BERNARDA. ¡Aunque fuera por decencia! Por respeto.

ANGUSTIAS. Madre, déjeme usted salir.

BERNARDA. ¿Salir? Después de que te hayas quitado esos polvos de la cara, ¡suavona! ¡Yeyo! ¡Espejo de tus tías! *(Le quita violentamente con su pañuelo los polvos.)* ¡Ahora vete!

PONCIA. ¡Bernarda, no seas tan inquisitiva!

BERNARDA. Aunque mi madre esté loca, yo estoy con mis cinco sentidos y sé perfectamente lo que hago.

(Entran todas.)

MAGDALENA. ¿Qué pasa?

BERNARDA. No pasa nada.

MAGDALENA. *(A Angustias.)* Si es que discutís por las particiones, tú que eres la más rica te puedes quedar con todo.

ANGUSTIAS. ¡Guárdate la lengua en la madriguera!

BERNARDA. *(Golpeando con el bastón en el suelo.)* ¡No os hagáis ilusiones de que vais a poder conmigo! ¡Hasta que salga de esta casa con los pies adelante mandaré en lo mío y en lo vuestro!

(Se oyen unas voces y entra en escena María Josefa, la madre de Bernarda, viejísima, ataviada con flores en la cabeza y en el pecho.)

MARÍA JOSEFA. Bernarda, ¿dónde está mi mantilla? Nada de lo que tengo quiero que sea para vosotras: ni mis anillos ni mi traje negro de moaré. Porque ninguna de vosotras se va a casar. ¡Ninguna! Bernarda, ¡dame mi gargantilla de perlas!

BERNARDA. *(A la Criada.)* ¿Por qué la habéis dejado entrar?

CRIADA. *(Temblando.)* ¡Se me escapó!

MARÍA JOSEFA. Me escapé porque me quiero casar, porque quiero casarme con un varón hermoso de la orilla del mar, ya que aquí los hombres huyen de las mujeres.

BERNARDA. ¡Calle usted, madre!

MARÍA JOSEFA. No, no callo. No quiero ver a estas mujeres solteras rabiando por la boda, haciéndose polvo el corazón, y yo me quiero ir a mi pueblo. ¡Bernarda, yo quiero un varón para casarme y para tener alegría!

BERNARDA. ¡Encerradla!
MARÍA JOSEFA. ¡Déjame salir, Bernarda!

(La Criada coge a María Josefa.)

BERNARDA. ¡Ayudarla vosotras! *(Todas arrastran a la Vieja.)*
MARÍA JOSEFA. ¡Quiero irme de aquí, Bernarda! A casarme a la orilla del mar, a la orilla del mar.

Telón rápido

Acto segundo

Habitación blanca del interior de la casa de Bernarda. Las puertas de la izquierda dan a los dormitorios. Las Hijas de Bernarda están sentadas en sillas bajas cosiendo. Magdalena borda. Con ellas está la Poncia.

ANGUSTIAS. Ya he cortado la tercer sábana.

MARTIRIO. Le corresponde a Amelia.

MAGDALENA. Angustias, ¿pongo también las iniciales de Pepe?

ANGUSTIAS. *(Seca.)* No.

MAGDALENA. *(A voces.)* Adela, ¿no vienes?

AMELIA. Estará echada en la cama.

PONCIA. Ésa tiene algo. La encuentro sin sosiego, temblona, asustada, como si tuviera una lagartija entre los pechos.

MARTIRIO. No tiene ni más ni menos que lo que tenemos todas.

MAGDALENA. Todas menos Angustias.

ANGUSTIAS. Yo me encuentro bien, y al que le duela, que reviente.

MAGDALENA. Desde luego hay que reconocer que lo mejor que has tenido siempre ha sido el talle y la delicadeza.

ANGUSTIAS. Afortunadamente pronto voy a salir de este infierno.

MAGDALENA. ¡A lo mejor no sales!

MARTIRIO. ¡Dejar esa conversación!

ANGUSTIAS. Y además ¡más vale onza en el arca que ojos negros en la cara!

MAGDALENA. Por un oído me entra y por otro me sale.

AMELIA. *(A la Poncia.)* Abre la puerta del patio a ver si nos entra un poco el fresco.

(La Poncia lo hace.)

MARTIRIO. Esta noche pasada no me podía quedar dormida del calor.

AMELIA. ¡Yo tampoco!

MAGDALENA. Yo me levanté a refrescarme. Había un nublo negro de tormenta y hasta cayeron algunas gotas.

PONCIA. Era la una de la madrugada y salía fuego de la tierra. También me levanté yo. Todavía estaba Angustias con Pepe en la ventana.

MAGDALENA. *(Con ironía.)* ¿Tan tarde? ¿A qué hora se fue?

ANGUSTIAS. Magdalena, ¿a qué preguntas si lo viste?

AMELIA. Se iría a eso de la una y media.

ANGUSTIAS. Sí. ¿Tú por qué lo sabes?

AMELIA. Lo sentí toser y oí los pasos de su jaca.

PONCIA. ¡Pero si yo lo sentí marchar a eso de las cuatro!

ANGUSTIAS. ¡No sería él!

PONCIA. ¡Estoy segura!

AMELIA. ¡A mí también me pareció!

MAGDALENA. ¡Qué cosa más rara!

(Pausa.)

PONCIA. Oye, Angustias. ¿Qué fue lo que te dijo la primera vez que se acercó a tu ventana?

ANGUSTIAS. Nada, ¡qué me iba a decir! Cosas de conversación.

MARTIRIO. Verdaderamente es raro que dos personas que no se conocen se vean de pronto en una reja y ya novios.

ANGUSTIAS. Pues a mí no me chocó.

AMELIA. A mí me daría no sé qué.

ANGUSTIAS. No, porque cuando un hombre se acerca a una reja ya sabe por los que van y vienen, llevan y traen, que se le va a decir que sí.

MARTIRIO. Bueno; pero él te lo tendría que decir.

ANGUSTIAS. ¡Claro!

AMELIA. *(Curiosa.)* ¿Y cómo te lo dijo?

ANGUSTIAS. Pues nada: «Ya sabes que ando detrás de ti, necesito una mujer buena, modosa, ¡y ésa eres tú si me das la conformidad!».

AMELIA. ¡A mí me da vergüenza de estas cosas!

ANGUSTIAS. ¡Y a mí, pero hay que pasarlas!
PONCIA. ¿Y habló más?
ANGUSTIAS. Sí; siempre habló él.
MARTIRIO. ¿Y tú?
ANGUSTIAS. Yo no hubiera podido. Casi se me salía el corazón por la boca. Era la primera vez que estaba sola de noche con un hombre.
MAGDALENA. Y un hombre tan guapo.
ANGUSTIAS. ¡No tiene mal tipo!
PONCIA. Esas cosas pasan entre personas ya un poco instruidas que hablan y dicen y mueven la mano... La primera vez que mi marido Evaristo el Colorín vino a mi ventana... ¡Ja, ja, ja!
AMELIA. ¿Qué pasó?
PONCIA. Era muy oscuro. Lo vi acercarse y al llegar me dijo: «Buenas noches». «Buenas noches», le dije yo, y nos quedamos callados más de media hora. Me corría el sudor por todo el cuerpo. Entonces Evaristo se acercó, se acercó que se quería meter por los hierros, y dijo con voz muy baja: «¡Ven que te tiente!». *(Ríen todas.)*

(Amelia se levanta corriendo y espía por una puerta.)

AMELIA. ¡Ay! ¡Creí que llegaba nuestra madre!
MAGDALENA. ¡Buenas nos hubiera puesto!

(Siguen riendo.)

AMELIA. Chissss... ¡Que nos va a oír!
PONCIA. Luego se portó bien. En vez de darle por otra cosa le dio por criar colorines hasta que se murió. A vosotras que sois solteras, os conviene saber de todos modos que el hombre a los quince días de boda deja la cama por la mesa y luego la mesa por la tabernilla. Y la que no se conforma se pudre llorando en un rincón.
AMELIA. Tú te conformaste.
PONCIA. ¡Yo pude con él!
MARTIRIO. ¿Es verdad que le pegaste algunas veces?
PONCIA. Sí, y por poco lo dejo tuerto.

MAGDALENA. ¡Así debían ser todas las mujeres!

PONCIA. Yo tengo la escuela de tu madre. Un día me dijo no sé qué cosa y le maté todos los colorines con la mano del almirez. *(Ríen.)*

MAGDALENA. Adela, ¡niña! No te pierdas esto.

AMELIA. Adela.

(Pausa.)

MAGDALENA. ¡Voy a ver! *(Entra.)*

PONCIA. ¡Esa niña está mala!

MARTIRIO. Claro, ¡no duerme apenas!

PONCIA. ¿Pues qué hace?

MARTIRIO. ¡Yo qué sé lo que hace!

PONCIA. Mejor lo sabrás tú que yo, que duermes pared por medio.

ANGUSTIAS. La envidia la come.

AMELIA. No exageres.

ANGUSTIAS. Se lo noto en los ojos. Se le está poniendo mirar de loca.

MARTIRIO. No habléis de locos. Aquí es el único sitio donde no se puede pronunciar esta palabra.

(Sale Magdalena con Adela.)

MAGDALENA. Pues ¿no estaba dormida?

ADELA. Tengo mal cuerpo.

MARTIRIO. *(Con intención.)* ¿Es que no has dormido bien esta noche?

ADELA. Sí.

MARTIRIO. ¿Entonces?

ADELA. *(Fuerte.)* ¡Déjame ya! ¡Durmiendo o velando no tienes por qué meterte en lo mío! ¡Yo hago con mi cuerpo lo que me parece!

MARTIRIO. ¡Sólo es interés por ti!

ADELA. Interés o inquisición. ¿No estabais cosiendo? ¡Pues seguir! ¡Quisiera ser invisible, pasar por las habitaciones sin que me preguntarais dónde voy!

CRIADA. *(Entra.)* Bernarda os llama. Está el hombre de los encajes. *(Salen.)*

(Al salir, Martirio mira fijamente a Adela.)

ADELA. ¡No me mires más! Si quieres te daré mis ojos, que son frescos, y mis espaldas, para que te compongas la joroba que tienes, pero vuelve la cabeza cuando yo pase.

PONCIA. Adela, ¡que es tu hermana y además la que más te quiere!

ADELA. Me sigue a todos lados. A veces se asoma a mi cuarto para ver si duermo. No me deja respirar. Y siempre: «¡Qué lástima de cara! ¡qué lástima de cuerpo que no va a ser para nadie!». ¡Y eso no! ¡Mi cuerpo será de quien yo quiera!

PONCIA. *(Con intención y en voz baja.)* De Pepe el Romano, ¿no es eso?

ADELA. *(Sobrecogida.)* ¿Qué dices?

PONCIA. ¡Lo que digo, Adela!

ADELA. ¡Calla!

PONCIA. *(Alto.)* ¿Crees que no me he fijado?

ADELA. ¡Baja la voz!

PONCIA. ¡Mata esos pensamientos!

ADELA. ¿Qué sabes tú?

PONCIA. Las viejas vemos a través de las paredes. ¿Dónde vas de noche cuando te levantas?

ADELA. ¡Ciega debías estar!

PONCIA. Con la cabeza y las manos llenas de ojos cuando se trata de lo que se trata. Por mucho que pienso no sé lo que te propones. ¿Por qué te pusiste casi desnuda, con la luz encendida y la ventana abierta al pasar Pepe el segundo día que vino a hablar con tu hermana?

ADELA. ¡Eso no es verdad!

PONCIA. ¡No seas como los niños chicos! Deja en paz a tu hermana, y si Pepe el Romano te gusta, te aguantas. *(Adela llora.)* Además, ¿quién dice que no te puedes casar con él? Tu hermana Angustias es una enferma. Ésa no resiste el primer parto. Es estrecha de cintura, vieja, y con mi conocimiento te digo que se morirá. Entonces Pepe hará lo que hacen todos los viudos de esta tierra: se casará con la más joven, la más hermosa, y ésa eres tú. Alimenta esa esperanza, olvídalo, lo que quieras, pero no vayas contra la ley de Dios.

ADELA. ¡Calla!

PONCIA. ¡No callo!

ADELA. Métete en tus cosas, ¡oledora!, ¡pérfida!

PONCIA. ¡Sombra tuya he de ser!

ADELA. En vez de limpiar la casa y acostarte para rezar a tus muertos, buscas como una vieja marrana asuntos de hombres y mujeres para babosear en ellos.

PONCIA. ¡Velo!, para que las gentes no escupan al pasar por esta puerta.

ADELA. ¡Qué cariño tan grande te ha entrado de pronto por mi hermana!

PONCIA. No os tengo ley a ninguna, pero quiero vivir en casa decente. ¡No quiero mancharme de vieja!

ADELA. Es inútil tu consejo. Ya es tarde. No por encima de ti que eres una criada; por encima de mi madre saltaría para apagarme este fuego que tengo levantado por piernas y boca. ¿Qué puedes decir de mí? ¿Que me encierro en mi cuarto y no abro la puerta? ¿Que no duermo? ¡Soy más lista que tú! Mira a ver si puedes agarrar la liebre con tus manos.

PONCIA. No me desafíes. ¡Adela, no me desafíes! Porque yo puedo dar voces, encender luces y hacer que toquen las campanas.

ADELA. Trae cuatro mil bengalas amarillas y ponlas en las bardas del corral. Nadie podrá evitar que suceda lo que tiene que suceder.

PONCIA. ¡Tanto te gusta ese hombre!

ADELA. ¡Tanto! Mirando sus ojos me parece que bebo su sangre lentamente.

PONCIA. Yo no te puedo oír.

ADELA. ¡Pues me oirás! Te he tenido miedo. ¡Pero ya soy más fuerte que tú!

(Entra Angustias.)

ANGUSTIAS. ¡Siempre discutiendo!

PONCIA. Claro. Se empeña que con el calor que hace vaya a traerle no sé qué cosa de la tienda.

ANGUSTIAS. ¿Me compraste el bote de esencia?
PONCIA. El más caro. Y los polvos. En la mesa de tu cuarto los he puesto.

(Sale Angustias.)

ADELA. ¡Y chitón!
PONCIA. ¡Lo veremos!

(Entran Martirio, Amelia y Magdalena.)

MAGDALENA. *(A Adela.)* ¿Has visto los encajes?
AMELIA. Los de Angustias para sus sábanas de novia son preciosos.
ADELA. *(A Martirio, que trae unos encajes.)* ¿Y éstos?
MARTIRIO. Son para mí. Para una camisa.
ADELA. *(Con sarcasmo.)* ¡Se necesita buen humor!
MARTIRIO. *(Con intención.)* Para verlos yo. No necesito lucirme ante nadie.
PONCIA. Nadie le ve a una en camisa.
MARTIRIO. *(Con intención y mirando a Adela.)* ¡A veces! Pero me encanta la ropa interior. Si fuera rica la tendría de holanda. Es uno de los pocos gustos que me quedan.
PONCIA. Estos encajes son preciosos para las gorras de niño, para manteruelos de cristianar. Yo nunca pude usarlos en los míos. A ver si ahora Angustias los usa en los suyos. Como le dé por tener crías, vais a estar cosiendo mañana y tarde.
MAGDALENA. Yo no pienso dar una puntada.
AMELIA. Y mucho menos cuidar niños ajenos. Mira tú cómo están las vecinas del callejón, sacrificadas por cuatro monigotes.
PONCIA. Ésas están mejor que vosotras. ¡Siquiera allí se ríe y se oyen porrazos!
MARTIRIO. Pues vete a servir con ellas.
PONCIA. No. ¡Ya me ha tocado en suerte este convento!

(Se oyen unos campanillos lejanos como a través de varios muros.)

MAGDALENA. Son los hombres que vuelven al trabajo.

PONCIA. Hace un minuto dieron las tres.

MARTIRIO. ¡Con este sol!

ADELA. *(Sentándose.)* ¡Ay, quien pudiera salir también a los campos!

MAGDALENA. *(Sentándose.)* ¡Cada clase tiene que hacer lo suyo!

MARTIRIO. *(Sentándose.)* ¡Así es!

AMELIA. *(Sentándose.)* ¡Ay!

PONCIA. No hay alegría como la de los campos en esta época. Ayer de mañana llegaron los segadores. Cuarenta o cincuenta buenos mozos.

MAGDALENA. ¿De dónde son este año?

PONCIA. De muy lejos. Vinieron de los montes. ¡Alegres! ¡Como árboles quemados! ¡Dando voces y arrojando piedras! Anoche llegó al pueblo una mujer vestida de lentejuelas y que bailaba con un acordeón, y quince de ellos la contrataron para llevársela al olivar. Yo los vi de lejos. El que la contrataba era un muchacho de ojos verdes, apretado como una gavilla de trigo.

AMELIA. ¿Es eso cierto?

ADELA. ¡Pero es posible!

PONCIA. Hace años vino otra de éstas y yo misma di dinero a mi hijo mayor para que fuera. Los hombres necesitan estas cosas.

ADELA. Se les perdona todo.

AMELIA. Nacer mujer es el mayor castigo.

MAGDALENA. Y ni nuestros ojos siquiera nos pertenecen.

(Se oye un canto lejano que se va acercando.)

PONCIA. Son ellos. Traen unos cantos preciosos.

AMELIA. Ahora salen a segar.

CORO.

Ya salen los segadores
en busca de las espigas;
se llevan los corazones
de las muchachas que miran.

(Se oyen panderos y carrañacas. Pausa. Todas oyen en un silencio traspasado por el sol.)

AMELIA. ¡Y no les importa el calor!
MARTIRIO. Siegan entre llamaradas.
ADELA. Me gustaría poder segar para ir y venir. Así se olvida lo que nos muerde.
MARTIRIO. ¿Qué tienes tú que olvidar?
ADELA. Cada una sabe sus cosas.
MARTIRIO. *(Profunda.)* ¡Cada una!
PONCIA. ¡Callar! ¡Callar!
CORO. *(Muy lejano.)*

Abrir puertas y ventanas
las que vivís en el pueblo.
El segador pide rosas
para adornar su sombrero.

PONCIA. ¡Qué canto!
MARTIRIO. *(Con nostalgia.)*

Abrir puertas y ventanas
las que vivís en el pueblo…

ADELA. *(Con pasión.)*

… El segador pide rosas
para adornar su sombrero.

(Se va alejando el cantar.)

PONCIA. Ahora dan la vuelta a la esquina.
ADELA. Vamos a verlos por la ventana de mi cuarto.
PONCIA. Tened cuidado con no entreabrirla mucho, porque son capaces de dar un empujón para ver quién mira.

(Se van las tres. Martirio queda sentada en la silla baja con la cabeza entre las manos.)

AMELIA. *(Acercándose.)* ¿Qué te pasa?
MARTIRIO. Me sienta mal el calor.

AMELIA. ¿No es más que eso?

MARTIRIO. Estoy deseando que llegue noviembre, los días de lluvia, la escarcha, todo lo que no sea este verano interminable.

AMELIA. Ya pasará y volverá otra vez.

MARTIRIO. ¡Claro! *(Pausa.)* ¿A qué hora te dormiste anoche?

AMELIA. No sé. Yo duermo como un tronco. ¿Por qué?

MARTIRIO. Por nada, pero me pareció oír gente en el corral.

AMELIA. ¿Sí?

MARTIRIO. Muy tarde.

AMELIA. ¿Y no tuviste miedo?

MARTIRIO. No. Ya lo he oído otras noches.

AMELIA. Debíamos tener cuidado. ¿No serían los gañanes?

MARTIRIO. Los gañanes llegan a las seis.

AMELIA. Quizá una mulilla sin desbravar.

MARTIRIO. *(Entre dientes y llena de segunda intención.)* Eso ¡eso!, una mulilla sin desbravar.

AMELIA. ¡Hay que prevenir!

MARTIRIO. ¡No, no! No digas nada, puede ser un volunto mío.

AMELIA. Quizá. *(Pausa. Amelia inicia el mutis.)*

MARTIRIO. ¡Amelia!

AMELIA. *(En la puerta.)* ¿Qué?

(Pausa.)

MARTIRIO. Nada.

(Pausa.)

AMELIA. ¿Por qué me llamaste?

(Pausa.)

MARTIRIO. Se me escapó. Fue sin darme cuenta.

(Pausa.)

AMELIA. Acuéstate un poco.

ANGUSTIAS. *(Entrando furiosa en escena, de modo que haya un gran contraste con los silencios anteriores.)* ¿Dónde está el retrato de Pepe que tenía yo debajo de mi almohada? ¿Quién de vosotras lo tiene?

MARTIRIO. Ninguna.

AMELIA. Ni que Pepe fuera un san Bartolomé de plata.

(Entran Poncia, Magdalena y Adela.)

ANGUSTIAS. ¿Dónde está el retrato?
ADELA. ¿Qué retrato?
ANGUSTIAS. Una de vosotras me lo ha escondido.
MAGDALENA. ¿Tienes la desvergüenza de decir esto?
ANGUSTIAS. Estaba en mi cuarto y no está.
MARTIRIO. ¿Y no se habrá escapado a medianoche al corral? A Pepe le gusta andar con la luna.
ANGUSTIAS. ¡No me gastes bromas! Cuando venga se lo contaré.
PONCIA. ¡Eso no! ¡porque aparecerá! *(Mirando a Adela.)*
ANGUSTIAS. ¡Me gustaría saber cuál de vosotras lo tiene!
ADELA. *(Mirando a Martirio.)* ¡Alguna! ¡Todas menos yo!
MARTIRIO. *(Con intención.)* ¡Desde luego!
BERNARDA. *(Entrando con su bastón.)* ¡Qué escándalo es éste en mi casa y con el silencio del peso del calor! Estarán las vecinas con el oído pegado a los tabiques.
ANGUSTIAS. Me han quitado el retrato de mi novio.
BERNARDA. *(Fiera.)* ¿Quién?, ¿quién?
ANGUSTIAS. ¡Éstas!
BERNARDA. ¿Cuál de vosotras? *(Silencio.)* ¡Contestarme! *(Silencio. A Poncia.)* Registra los cuartos, mira por las camas. Esto tiene no ataros más cortas. ¡Pero me vais a soñar! *(A Angustias.)* ¿Estás segura?
ANGUSTIAS. Sí.
BERNARDA. ¿Lo has buscado bien?
ANGUSTIAS. Sí, madre.

(Todas están de pie en medio de un embarazoso silencio.)

BERNARDA. Me hacéis al final de mi vida beber el veneno más amargo que una madre puede resistir. *(A Poncia.)* ¿No lo encuentras?

(Sale Poncia.)

PONCIA. Aquí está.

BERNARDA. ¿Dónde lo has encontrado?

PONCIA. Estaba...

BERNARDA. Dilo sin temor.

PONCIA. *(Extrañada.)* Entre las sábanas de la cama de Martirio.

BERNARDA. *(A Martirio.)* ¿Es verdad?

MARTIRIO. ¡Es verdad!

BERNARDA. *(Avanzando y golpeándola con el bastón.)* ¡Mala puñalada te den, mosca muerta! ¡Sembradura de vidrios!

MARTIRIO. *(Fiera.)* ¡No me pegue usted, madre!

BERNARDA. ¡Todo lo que quiera!

MARTIRIO. ¡Si yo la dejo! ¿Lo oye? ¡Retírese usted!

PONCIA. ¡No faltes a tu madre!

ANGUSTIAS. *(Cogiendo a Bernarda.)* ¡Déjela!, ¡por favor!

BERNARDA. Ni lágrimas te quedan en esos ojos.

MARTIRIO. No voy a llorar para darle gusto.

BERNARDA. ¿Por qué has cogido el retrato?

MARTIRIO. ¿Es que yo no puedo gastar una broma a mi hermana? ¡Para qué otra cosa lo iba a querer!

ADELA. *(Saltando llena de celos.)* No ha sido broma, que tú no has gustado jamás de juegos. Ha sido otra cosa que te reventaba en el pecho por querer salir. Dilo ya claramente.

MARTIRIO. ¡Calla y no me hagas hablar, que si hablo se van a juntar las paredes unas con otras de vergüenza!

ADELA. ¡La mala lengua no tiene fin para inventar!

BERNARDA. ¡Adela!

MAGDALENA. Estáis locas.

AMELIA. Y nos apedreáis con malos pensamientos.

MARTIRIO. ¡Otras hacen cosas más malas!

ADELA. Hasta que se pongan en cueros de una vez y se las lleve el río.

BERNARDA. ¡Perversa!

ANGUSTIAS. Yo no tengo la culpa de que Pepe el Romano se haya fijado en mí.

ADELA. ¡Por tus dineros!

ANGUSTIAS. ¡Madre!

BERNARDA. ¡Silencio!

MARTIRIO. Por tus marjales y tus arboledas.

MAGDALENA. ¡Eso es lo justo!

BERNARDA. ¡Silencio digo! Yo veía la tormenta venir, pero no creía que estallara tan pronto. ¡Ay qué pedrisco de odio habéis echado sobre mi corazón! Pero todavía no soy anciana y tengo cinco cadenas para vosotras y esta casa levantada por mi padre para que ni las hierbas se enteren de mi desolación. ¡Fuera de aquí! *(Salen. Bernarda se sienta desolada. La Poncia está de pie arrimada a los muros. Bernarda reacciona, da un golpe en el suelo y dice.)* ¡Tendré que sentarles la mano! Bernarda: ¡acuérdate que ésta es tu obligación!

PONCIA. ¿Puedo hablar?

BERNARDA. Habla. Siento que hayas oído. Nunca está bien una extraña en el centro de la familia.

PONCIA. Lo visto, visto está.

BERNARDA. Angustias tiene que casarse en seguida.

PONCIA. Claro; hay que retirarla de aquí.

BERNARDA. No a ella. ¡A él!

PONCIA. Claro, ¡a él hay que alejarlo de aquí! Piensas bien.

BERNARDA. No pienso. Hay cosas que no se pueden ni se deben pensar. Yo ordeno.

PONCIA. ¿Y tú crees que él querrá marcharse?

BERNARDA. *(Levantándose.)* ¿Qué imagina tu cabeza?

PONCIA. Él, claro, ¡se casará con Angustias!

BERNARDA. Habla, te conozco demasiado para saber que ya me tienes preparada la cuchilla.

PONCIA. Nunca pensé que se llamara asesinato al aviso.

BERNARDA. ¿Me tienes que prevenir algo?

PONCIA. Yo no acuso, Bernarda: yo sólo te digo: abre los ojos y verás.

BERNARDA. ¿Y verás qué?

PONCIA. Siempre has sido lista. Has visto lo malo de las gentes a cien leguas; muchas veces creí que adivinabas los pensamientos. Pero los hijos son los hijos. Ahora estás ciega.

BERNARDA. ¿Te refieres a Martirio?

PONCIA. Bueno, a Martirio... *(Con curiosidad.)* ¿Por qué habrá escondido el retrato?

BERNARDA. *(Queriendo ocultar a su hija.)* Después de todo, ella dice que ha sido una broma. ¿Qué otra cosa puede ser?

PONCIA. *(Con sorna.)* ¿Tú lo crees así?

BERNARDA. *(Enérgica.)* No lo creo. ¡Es así!

PONCIA. Basta. Se trata de lo tuyo. Pero si fuera la vecina de enfrente, ¿qué sería?

BERNARDA. Ya empiezas a sacar la punta del cuchillo.

PONCIA. *(Siempre con crueldad.)* No, Bernarda: aquí pasa una cosa muy grande. Yo no te quiero echar la culpa, pero tú no has dejado a tus hijas libres. Martirio es enamoradiza, digas tú lo que quieras. ¿Por qué no la dejaste casar con Enrique Humanes? ¿Por qué el mismo día que iba a venir a la ventana le mandaste recado que no viniera?

BERNARDA. *(Fuerte.)* ¡Y lo haría mil veces! ¡Mi sangre no se junta con la de los Humanes mientras yo viva! Su padre fue gañán.

PONCIA. ¡Y así te va a ti con esos humos!

BERNARDA. Los tengo porque puedo tenerlos. Y tú no los tienes porque sabes muy bien cuál es tu origen.

PONCIA. *(Con odio.)* ¡No me lo recuerdes! Estoy ya vieja. Siempre agradecí tu protección.

BERNARDA. *(Crecida.)* ¡No lo parece!

PONCIA. *(Con odio envuelto en suavidad.)* A Martirio se le olvidará esto.

BERNARDA. Y si no lo olvida peor para ella. No creo que ésta sea «la cosa muy grande» que aquí pasa. Aquí no pasa nada. ¡Eso quisieras tú! Y si pasara algún día, estáte segura que no traspasaría las paredes.

PONCIA. ¡Eso no lo sé yo! En el pueblo hay gentes que leen también de lejos los pensamientos escondidos.

BERNARDA. ¡Cómo gozarías de vernos a mí y a mis hijas camino del lupanar!

PONCIA. ¡Nadie puede conocer su fin!

BERNARDA. ¡Yo sí sé mi fin! ¡Y el de mis hijas! El lupanar se queda para alguna mujer ya difunta...

PONCIA. *(Fiera.)* ¡Bernarda, respeta la memoria de mi madre!

BERNARDA. ¡No me persigas tú con tus malos pensamientos!

(Pausa.)

PONCIA. Mejor será que no me meta en nada.

BERNARDA. Eso es lo que debías hacer. Obrar y callar a todo es la obligación de los que viven a sueldo.

PONCIA. Pero no se puede. ¿A ti no te parece que Pepe estaría mejor casado con Martirio o... ¡sí!, o con Adela?

BERNARDA. No me parece.

PONCIA. *(Con intención.)* Adela. ¡Ésa es la verdadera novia del Romano!

BERNARDA. Las cosas no son nunca a gusto nuestro.

PONCIA. Pero les cuesta mucho trabajo desviarse de la verdadera inclinación. A mí me parece mal que Pepe esté con Angustias, y a las gentes, y hasta al aire. ¡Quién sabe si se saldrán con la suya!

BERNARDA. ¡Ya estamos otra vez!... Te deslizas para llenarme de malos sueños. Y no quiero entenderte, porque si llegara al alcance de todo lo que dices te tendría que arañar.

PONCIA. ¡No llegará la sangre al río!

BERNARDA. ¡Afortunadamente mis hijas me respetan y jamás torcieron mi voluntad!

PONCIA. ¡Eso sí! Pero en cuanto las dejes sueltas se te subirán al tejado.

BERNARDA. ¡Ya las bajaré tirándoles cantos!

PONCIA. ¡Desde luego eres la más valiente!

BERNARDA. ¡Siempre gasté sabrosa pimienta!

PONCIA. ¡Pero lo que son las cosas! A su edad ¡hay que ver el entusiasmo de Angustias con su novio! ¡Y él también parece muy picado! Ayer me contó mi hijo mayor que a las cuatro y media de la madrugada, que pasó por la calle con la yunta, estaban hablando todavía.

BERNARDA. ¡A las cuatro y media!

ANGUSTIAS. *(Saliendo.)* ¡Mentira!

PONCIA. Eso me contaron.

BERNARDA. *(A Angustias.)* ¡Habla!

ANGUSTIAS. Pepe lleva más de una semana marchándose a la una. Que Dios me mate si miento.

MARTIRIO. *(Saliendo.)* Yo también lo sentí marcharse a las cuatro.

BERNARDA. ¿Pero lo viste con tus ojos?

MARTIRIO. No quise asomarme. ¿No habláis ahora por la ventana del callejón?

ANGUSTIAS. Yo hablo por la ventana de mi dormitorio.

(Aparece Adela en la puerta.)

MARTIRIO. Entonces...

BERNARDA. ¿Qué es lo que pasa aquí?

PONCIA. ¡Cuida de enterarte! Pero, desde luego, Pepe estaba a las cuatro de la madrugada en una reja de tu casa.

BERNARDA. ¿Lo sabes seguro?

PONCIA. Seguro no se sabe nada en esta vida.

ADELA. Madre, no oiga usted a quien nos quiere perder a todas.

BERNARDA. ¡Ya sabré enterarme! Si las gentes del pueblo quieren levantar falsos testimonios, se encontrarán con mi pedernal. No se hable de este asunto. Hay a veces una ola de fango que levantan los demás para perdernos.

MARTIRIO. A mí no me gusta mentir.

PONCIA. Y algo habrá.

BERNARDA. No habrá nada. Nací para tener los ojos abiertos. Ahora vigilaré sin cerrarlos ya hasta que me muera.

ANGUSTIAS. Yo tengo derecho de enterarme.

BERNARDA. Tú no tienes derecho más que a obedecer. Nadie me traiga ni me lleve. *(A la Poncia.)* Y tú te metes en los asuntos de tu casa. ¡Aquí no se vuelve a dar un paso que yo no sienta!

CRIADA. *(Entrando.)* ¡En lo alto de la calle hay un gentío, y todos los vecinos están en sus puertas!

BERNARDA. *(A Poncia.)* ¡Corre a enterarte de lo que pasa! *(Las Mujeres corren para salir.)* ¿Dónde vais? Siempre os supe mujeres ventaneras y rompedoras de su luto. ¡Vosotras, al patio!

(Salen y sale Bernarda. Se oyen rumores lejanos. Entran Martirio y Adela, que se quedan

escuchando y sin atreverse a dar un paso más de la puerta de salida.)

MARTIRIO. Agradece a la casualidad que no desaté mi lengua.

ADELA. También hubiera hablado yo.

MARTIRIO. ¿Y qué ibas a decir? ¡Querer no es hacer!

ADELA. Hace la que puede y la que se adelanta. Tú querías, pero no has podido.

MARTIRIO. No seguirás mucho tiempo.

ADELA. ¡Lo tendré todo!

MARTIRIO. Yo romperé tus abrazos.

ADELA. *(Suplicante.)* ¡Martirio, déjame!

MARTIRIO. ¡De ninguna!

ADELA. ¡Él me quiere para su casa!

MARTIRIO. ¡He visto cómo te abrazaba!

ADELA. Yo no quería. He ido como arrastrada por una maroma.

MARTIRIO. ¡Primero muerta!

(Se asoman Magdalena y Angustias. Se siente crecer el tumulto.)

PONCIA. *(Entrando con Bernarda.)* ¡Bernarda!

BERNARDA. ¿Qué ocurre?

PONCIA. La hija de la Librada, la soltera, tuvo un hijo no se sabe con quién.

ADELA. ¿Un hijo?

PONCIA. Y para ocultar su vergüenza lo mató y lo metió debajo de unas piedras, pero unos perros con más corazón que muchas criaturas, lo sacaron y como llevados por la mano de Dios lo han puesto en el tranco de su puerta. Ahora la quieren matar. La traen arrastrando por la calle abajo, y por las trochas y los terrenos del olivar vienen los hombres corriendo, dando unas voces que estremecen los campos.

BERNARDA. Sí, que vengan todos con varas de olivo y mangos de azadones, que vengan todos para matarla.

ADELA. ¡No, no, para matarla no!

MARTIRIO. Sí, y vamos a salir también nosotras.

BERNARDA. Y que pague la que pisotea su decencia.

(Fuera se oye un grito de mujer y un gran rumor.)

ADELA. ¡Que la dejen escapar! ¡No salgáis vosotras!
MARTIRIO. *(Mirando a Adela.)* ¡Que pague lo que debe!
BERNARDA. *(Bajo el arco.)* ¡Acabar con ella antes que lleguen los guardias! ¡Carbón ardiendo en el sitio de su pecado!
ADELA. *(Cogiéndose el vientre.)* ¡No! ¡No!
BERNARDA. ¡Matadla! ¡Matadla!

Telón

Acto tercero

Cuatro paredes blancas ligeramente azuladas del patio interior de la casa de Bernarda. Es de noche. El decorado ha de ser de una perfecta simplicidad. Las puertas, iluminadas por la luz de los interiores, dan un tenue fulgor a la escena.

En el centro, una mesa con un quinqué, donde están comiendo Bernarda y sus hijas. La Poncia las sirve. Prudencia está sentada aparte.

Al levantarse el telón hay un gran silencio, interrumpido por el ruido de platos y cubiertos.

PRUDENCIA. Ya me voy. Os he hecho una visita larga. *(Se levanta.)*

BERNARDA. Espérate, mujer. No nos vemos nunca.

PRUDENCIA. ¿Han dado el último toque para el rosario?

PONCIA. Todavía no. *(Prudencia se sienta.)*

BERNARDA. ¿Y tu marido cómo sigue?

PRUDENCIA. Igual.

BERNARDA. Tampoco lo vemos.

PRUDENCIA. Ya sabes sus costumbres. Desde que se peleó con sus hermanos por la herencia no ha salido por la puerta de la calle. Pone una escalera y salta las tapias del corral.

BERNARDA. Es un verdadero hombre. ¿Y con tu hija...?

PRUDENCIA. No la ha perdonado.

BERNARDA. Hace bien.

PRUDENCIA. No sé qué te diga. Yo sufro por esto.

BERNARDA. Una hija que desobedece deja de ser hija para convertirse en enemiga.

PRUDENCIA. Yo dejo que el agua corra. No me queda más consuelo que refugiarme en la iglesia, pero como me estoy quedando sin vista tendré que dejar de venir para que no jueguen con una los chiquillos. *(Se oye un gran golpe como dado en los muros.)* ¿Qué es eso?

BERNARDA. El caballo garañón, que está encerrado y da coces contra el muro. *(A voces.)* ¡Trabadlo y que salga al corral! *(En voz baja.)* Debe tener calor.

PRUDENCIA. ¿Vais a echarle las potras nuevas?

BERNARDA. Al amanecer.

PRUDENCIA. Has sabido acrecentar tu ganado.

BERNARDA. A fuerza de dinero y sinsabores.

PONCIA. *(Interviniendo.)* ¡Pero tiene la mejor manada de estos contornos! Es una lástima que esté bajo de precio.

BERNARDA. ¿Quieres un poco de queso y miel?

PRUDENCIA. Estoy desganada.

(Se oye otra vez el golpe.)

PONCIA. ¡Por Dios!

PRUDENCIA. ¡Me ha retemblado dentro del pecho!

BERNARDA. *(Levantándose furiosa.)* ¿Hay que decir las cosas dos veces? ¡Echadlo que se revuelque en los montones de paja! *(Pausa, y como hablando con los gañanes.)* Pues encerrad las potras en la cuadra, pero dejadlo libre, no sea que nos eche abajo las paredes. *(Se dirige a la mesa y se sienta otra vez.)* ¡Ay qué vida!

PRUDENCIA. Bregando como un hombre.

BERNARDA. Así es. *(Adela se levanta de la mesa.)* ¿Dónde vas?

ADELA. A beber agua.

BERNARDA. *(En alta voz.)* Trae un jarro de agua fresca. *(A Adela.)* Puedes sentarte. *(Adela se sienta.)*

PRUDENCIA. Y Angustias, ¿cuándo se casa?

BERNARDA. Vienen a pedirla dentro de tres días.

PRUDENCIA. ¡Estarás contenta!

ANGUSTIAS. ¡Claro!

AMELIA. *(A Magdalena.)* Ya has derramado la sal.

MAGDALENA. Peor suerte que tienes no vas a tener.

AMELIA. Siempre trae mala sombra.

BERNARDA. ¡Vamos!

PRUDENCIA. *(A Angustias.)* ¿Te ha regalado ya el anillo?

ANGUSTIAS. Mírelo usted. *(Se lo alarga.)*

PRUDENCIA. Es precioso. Tres perlas. En mi tiempo las perlas significaban lágrimas.
ANGUSTIAS. Pero ya las cosas han cambiado.
ADELA. Yo creo que no. Las cosas significan siempre lo mismo. Los anillos de pedida deben ser de diamantes.
PRUDENCIA. Es más propio.
BERNARDA. Con perlas o sin ellas, las cosas son como una se las propone.
MARTIRIO. O como Dios dispone.
PRUDENCIA. Los muebles me han dicho que son preciosos.
BERNARDA. Dieciséis mil reales he gastado.
PONCIA. *(Interviniendo.)* Lo mejor es el armario de luna.
PRUDENCIA. Nunca vi un mueble de éstos.
BERNARDA. Nosotras tuvimos arca.
PRUDENCIA. Lo preciso es que todo sea para bien.
ADELA. Que nunca se sabe.
BERNARDA. No hay motivo para que no lo sea.

(Se oyen lejanísimas unas campanas.)

PRUDENCIA. El último toque. *(A Angustias.)* Ya vendré a que me enseñes la ropa.
ANGUSTIAS. Cuando usted quiera.
PRUDENCIA. Buenas noches nos dé Dios.
BERNARDA. Adiós, Prudencia.
LAS CINCO. *(A la vez.)* Vaya usted con Dios.

(Pausa. Sale Prudencia.)

BERNARDA. Ya hemos comido. *(Se levantan.)*
ADELA. Voy a llegarme hasta el portón para estirar las piernas y tomar un poco el fresco.

(Magdalena se sienta en una silla baja retrepada contra la pared.)

AMELIA. Yo voy contigo.
MARTIRIO. Y yo.

ADELA. *(Con odio contenido.)* No me voy a perder.
AMELIA. La noche quiere compaña. *(Salen.)*

(Bernarda se sienta y Angustias está arreglando la mesa.)

BERNARDA. Ya te he dicho que quiero que hables con tu hermana Martirio. Lo que pasó del retrato fue una broma y lo debes olvidar.
ANGUSTIAS. Usted sabe que ella no me quiere.
BERNARDA. Cada uno sabe lo que piensa por dentro. Yo no me meto en los corazones, pero quiero buena fachada y armonía familiar. ¿Lo entiendes?
ANGUSTIAS. Sí.
BERNARDA. Pues ya está.
MAGDALENA. *(Casi dormida.)* Además ¡si te vas a ir antes de nada! *(Se duerme.)*
ANGUSTIAS. ¡Tarde me parece!
BERNARDA. ¿A qué hora terminaste anoche de hablar?
ANGUSTIAS. A las doce y media.
BERNARDA. ¿Qué cuenta Pepe?
ANGUSTIAS. Yo lo encuentro distraído. Me habla siempre como pensando en otra cosa. Si le pregunto qué le pasa, me contesta: «Los hombres tenemos nuestras preocupaciones».
BERNARDA. No le debes preguntar. Y cuando te cases, menos. Habla si él habla y míralo cuando te mire. Así no tendrás disgustos.
ANGUSTIAS. Yo creo, madre, que él me oculta muchas cosas.
BERNARDA. No procures descubrirlas, no le preguntes y, desde luego, que no te vea llorar jamás.
ANGUSTIAS. Debía estar contenta y no lo estoy.
BERNARDA. Eso es lo mismo.
ANGUSTIAS. Muchas noches miro a Pepe con mucha fijeza y se me borra a través de los hierros, como si lo tapara una nube de polvo de las que levantan los rebaños.
BERNARDA. Eso son cosas de debilidad.
ANGUSTIAS. ¡Ojalá!

BERNARDA. ¿Viene esta noche?
ANGUSTIAS. No. Fue con su madre a la capital.
BERNARDA. Así nos acostaremos antes. ¡Magdalena!
ANGUSTIAS. Está dormida.

(Entran Adela, Martirio y Amelia.)

AMELIA. ¡Qué noche más oscura!
ADELA. No se ve a dos pasos de distancia.
MARTIRIO. Una buena noche para ladrones, para el que necesite escondrijo.
ADELA. El caballo garañón estaba en el centro del corral, ¡blanco! Doble de grande. Llenando todo lo oscuro.
AMELIA. Es verdad. Daba miedo. ¡Parecía una aparición!
ADELA. Tiene el cielo unas estrellas como puños.
MARTIRIO. Ésta se puso a mirarlas de modo que se iba a tronchar el cuello.
ADELA. ¿Es que no te gustan a ti?
MARTIRIO. A mí las cosas de tejas arriba no me importan nada. Con lo que pasa dentro de las habitaciones tengo bastante.
ADELA. Así te va a ti.
BERNARDA. A ella le va en lo suyo como a ti en lo tuyo.
ANGUSTIAS. Buenas noches.
ADELA. ¿Ya te acuestas?
ANGUSTIAS. Sí; esta noche no viene Pepe. *(Sale.)*
ADELA. Madre, ¿por qué cuando se corre una estrella o luce un relámpago se dice:

Santa Bárbara bendita,
que en el cielo estás escrita
con papel y agua bendita?

BERNARDA. Los antiguos sabían muchas cosas que hemos olvidado.
AMELIA. Yo cierro los ojos para no verlas.
ADELA. Yo, no. A mí me gusta ver correr lleno de lumbre lo que está quieto y quieto años enteros.

MARTIRIO. Pero estas cosas nada tienen que ver con nosotros.

BERNARDA. Y es mejor no pensar en ellas.

ADELA. ¡Qué noche más hermosa! Me gustaría quedarme hasta muy tarde para disfrutar el fresco del campo.

BERNARDA. Pero hay que acostarse. ¡Magdalena!

AMELIA. Está en el primer sueño.

BERNARDA. ¡Magdalena!

MAGDALENA. *(Disgustada.)* ¡Dejarme en paz!

BERNARDA. ¡A la cama!

MAGDALENA. *(Levantándose malhumorada.)* ¡No la dejáis a una tranquila! *(Se va refunfuñando.)*

AMELIA. Buenas noches. *(Se va.)*

BERNARDA. Andar vosotras también.

MARTIRIO. ¿Cómo es que esta noche no vino el novio de Angustias?

BERNARDA. Fue de viaje.

MARTIRIO. *(Mirando a Adela.)* ¡Ah!

ADELA. Hasta mañana. *(Sale.)*

(Martirio bebe agua y sale lentamente, mirando hacia la puerta del corral. Sale la Poncia.)

PONCIA. ¿Estás todavía aquí?

BERNARDA. Disfrutando este silencio y sin lograr ver por parte alguna «la cosa tan grande» que aquí pasa, según tú.

PONCIA. Bernarda, dejemos esa conversación.

BERNARDA. En esta casa no hay un sí ni un no. Mi vigilancia lo puede todo.

PONCIA. No pasa nada por fuera. Eso es verdad. Tus hijas están y viven como metidas en alacenas. Pero ni tú ni nadie puede vigilar por el interior de los pechos.

BERNARDA. Mis hijas tienen la respiración tranquila.

PONCIA. Esto te importa a ti que eres su madre. A mí, con servir tu casa tengo bastante.

BERNARDA. Ahora te has vuelto callada.

PONCIA. Me estoy en mi sitio, y en paz.

BERNARDA. Lo que pasa en que no tienes nada que decir. Si

en esta casa hubiera hierbas, ya te encargarías de traer a pastar las ovejas del vecindario.

PONCIA. Yo tapo más de lo que te figuras.

BERNARDA. ¿Sigue tu hijo viendo a Pepe a las cuatro de la mañana? ¿Siguen diciendo todavía la mala letanía de esta casa?

PONCIA. No dicen nada.

BERNARDA. Porque no pueden. Porque no hay carne donde morder. ¡A la vigilia de mis ojos se debe esto!

PONCIA. Bernarda, yo no quiero hablar porque temo tus intenciones. Pero no estés segura.

BERNARDA. ¡Segurísima!

PONCIA. ¡A lo mejor de pronto cae un rayo! A lo mejor de pronto, un golpe de sangre te para el corazón.

BERNARDA. Aquí no pasará nada. Ya estoy alerta contra tus suposiciones.

PONCIA. Pues mejor para ti.

BERNARDA. ¡No faltaba más!

CRIADA. *(Entrando.)* Ya terminé de fregar los platos. ¿Manda usted algo, Bernarda?

BERNARDA. *(Levantándose.)* Nada. Yo voy a descansar.

PONCIA. ¿A qué hora quiere que la llame?

BERNARDA. A ninguna. Esta noche voy a dormir bien. *(Se va.)*

PONCIA. Cuando una no puede con el mar lo más fácil es volver las espaldas para no verlo.

CRIADA. Es tan orgullosa que ella misma se pone una venda en los ojos.

PONCIA. Yo no puedo hacer nada. Quise atajar las cosas, pero ya me asustan demasiado. ¿Tú ves este silencio? Pues hay una tormenta en cada cuarto. El día que estallen nos barrerán a todas. Yo he dicho lo que tenía que decir.

CRIADA. Bernarda cree que nadie puede con ella y no sabe la fuerza que tiene un hombre entre mujeres solas.

PONCIA. No es toda la culpa de Pepe el Romano. Es verdad que el año pasado anduvo detrás de Adela y ésta estaba loca por él, pero ella debió estarse en su sitio y no provocarlo. Un hombre es un hombre.

CRIADA. Hay quien cree que habló muchas noches con Adela.
PONCIA. Es verdad. *(En voz baja.)* Y otras cosas.
CRIADA. No sé lo que va a pasar aquí.
PONCIA. A mí me gustaría cruzar el mar y dejar esta casa de guerra.
CRIADA. Bernarda está aligerando la boda y es posible que nada pase.
PONCIA. Las cosas se han puesto ya demasiado maduras. Adela está decidida a lo que sea y las demás vigilan sin descanso.
CRIADA. ¿Y Martirio también...?
PONCIA. Ésa es la peor. Es un pozo de veneno. Ve que el Romano no es para ella y hundiría el mundo si estuviera en su mano.
CRIADA. ¡Es que son malas!
PONCIA. Son mujeres sin hombre, nada más. En estas cuestiones se olvida hasta la sangre. ¡Chisssss! *(Escucha.)*
CRIADA. ¿Qué pasa?
PONCIA. *(Se levanta.)* Están ladrando los perros.
CRIADA. Debe haber pasado alguien por el portón.

(Sale Adela en enaguas blancas y corpiño.)

PONCIA. ¿No te habías acostado?
ADELA. Voy a beber agua. *(Bebe en un vaso de la mesa.)*
PONCIA. Yo te suponía dormida.
ADELA. Me despertó la sed. ¿Y vosotras no descansáis?
CRIADA. Ahora.

(Sale Adela.)

PONCIA. Vámonos.
CRIADA. Ganado tenemos el sueño. Bernarda no me deja descanso en todo el día.
PONCIA. Llévate la luz.
CRIADA. Los perros están como locos.
PONCIA. No nos van a dejar dormir. *(Salen.)*

(La escena queda casi a oscuras. Sale María Josefa con una oveja en los brazos.)

MARÍA JOSEFA.

Ovejita, niño mío,
vámonos a la orilla del mar;
la hormiguita estará en su puerta,
yo te daré la teta y el pan.

Bernarda, cara de leoparda,
Magdalena, cara de hiena.
Ovejita.
Meee, meeee.
Vamos a los ramos del portal de Belén.

(Ríe.)

Ni tú ni yo queremos dormir.
La puerta sola se abrirá
y en la playa nos meteremos
en una choza de coral.

Bernarda, cara de leoparda,
Magdalena, cara de hiena.
Ovejita.
Mee, meee.
¡Vamos a los ramos del portal de Belén!

(Se va cantando.)

(Entra Adela. Mira a un lado y otro con sigilo y desaparece por la puerta del corral. Sale Martirio por otra puerta y queda en angustioso acecho en el centro de la escena. También va en enaguas. Se cubre con pequeño mantón negro de talle. Sale por enfrente de ella María Josefa.)

MARTIRIO. Abuela, ¿dónde va usted?
MARÍA JOSEFA. ¿Vas a abrirme la puerta? ¿Quién eres tú?
MARTIRIO. ¿Cómo está aquí?
MARÍA JOSEFA. Me escapé. ¿Tú quién eres?
MARTIRIO. Vaya a acostarse.

MARÍA JOSEFA. Tú eres Martirio. Ya te veo. Martirio: cara de Martirio. ¿Y cuándo vas a tener un niño? Yo he tenido éste.

MARTIRIO. ¿Dónde cogió esa oveja?

MARÍA JOSEFA. Ya sé que es una oveja. Pero ¿por qué una oveja no va a ser un niño? Mejor es tener una oveja que no tener nada. Bernarda, cara de leoparda. Magdalena, cara de hiena.

MARTIRIO. No dé voces.

MARÍA JOSEFA. Es verdad. Está todo muy oscuro. Como tengo el pelo blanco crees que no puedo tener crías, y sí, crías y crías y crías. Este niño tendrá el pelo blanco y tendrá otro niño y éste otro, y todos con el pelo de nieve, seremos como las olas, una y otra y otra. Luego nos sentaremos todos y todos tendremos el cabello blanco y seremos espuma. ¿Por qué aquí no hay espumas? Aquí no hay más que mantos de luto.

MARTIRIO. Calle, calle.

MARÍA JOSEFA. Cuando mi vecina tenía un niño yo le llevaba chocolate y luego ella me lo traía a mí y así siempre, siempre, siempre. Tú tendrás el pelo blanco, pero no vendrán las vecinas. Yo tengo que marcharme, pero tengo miedo de que los perros me muerdan. ¿Me acompañarás tú a salir del campo? Yo no quiero campo. Yo quiero casas, pero casas abiertas y las vecinas acostadas en sus camas con sus niños chiquititos y los hombres fuera sentados en sus sillas. Pepe el Romano es un gigante. Todas lo queréis. Pero él os va a devorar porque vosotras sois granos de trigo. No granos de trigo, no. ¡Ranas sin lengua!

MARTIRIO. *(Enérgica.)* Vamos, váyase a la cama. *(La empuja.)*

MARÍA JOSEFA. Sí, pero luego tú me abrirás ¿verdad?

MARTIRIO. De seguro.

MARÍA JOSEFA. *(Llorando.)*

Ovejita, niño mío,
vámonos a la orilla del mar;
la hormiguita estará en su puerta,
yo te daré la teta y el pan.

(Sale. Martirio cierra la puerta por donde ha salido María Josefa y se dirige a la puerta del corral. Allí vacila, pero avanza dos pasos más.)

MARTIRIO. *(En voz baja.)* Adela. *(Pausa. Avanza hasta la misma puerta. En voz alta.)* ¡Adela!

(Aparece Adela. Viene un poco despeinada.)

ADELA. ¿Por qué me buscas?
MARTIRIO. ¡Deja a ese hombre!
ADELA. ¿Quién eres tú para decírmelo?
MARTIRIO. No es ése el sitio de una mujer honrada.
ADELA. ¡Con qué ganas te has quedado de ocuparlo!
MARTIRIO. *(En voz más alta.)* Ha llegado el momento de que yo hable. Esto no puede seguir.
ADELA. Esto no es más que el comienzo. He tenido fuerza para adelantarme. El brío y el mérito que tú no tienes. He visto la muerte debajo de estos techos y he salido a buscar lo que era mío, lo que me pertenecía.
MARTIRIO. Ese hombre sin alma vino por otra. Tú te has atravesado.
ADELA. Vino por el dinero, pero sus ojos los puso siempre en mí.
MARTIRIO. Yo no permitiré que lo arrebates. Él se casará con Angustias.
ADELA. Sabes mejor que yo que no la quiere.
MARTIRIO. Lo sé.
ADELA. Sabes, porque lo has visto, que me quiere a mí.
MARTIRIO. *(Desesperada.)* Sí.
ADELA. *(Acercándose.)* Me quiere a mí, me quiere a mí.
MARTIRIO. Clávame un cuchillo si es tu gusto, pero no me lo digas más.
ADELA. Por eso procuras que no vaya con él. No te importa que abrace a la que no quiere; a mí, tampoco. Ya puede estar cien años con Angustias, pero que me abrace a mí se te hace terrible, porque tú lo quieres también, ¡lo quieres!

MARTIRIO. *(Dramática.)* ¡Sí! Déjame decirlo con la cabeza fuera de los embozos. ¡Sí! Déjame que el pecho se me rompa como una granada de amargura. ¡Lo quiero!

ADELA. *(En un arranque y abrazándola.)* Martirio, Martirio, yo no tengo la culpa.

MARTIRIO. ¡No me abraces! no quieras ablandar mis ojos. Mi sangre ya no es la tuya, y aunque quisiera verte como hermana, no te miro ya más que como mujer. *(La rechaza.)*

ADELA. Aquí no hay ningún remedio. La que tenga que ahogarse que se ahogue. Pepe el Romano es mío. Él me lleva a los juncos de la orilla.

MARTIRIO. ¡No será!

ADELA. Ya no aguanto el horror de estos techos después de haber probado el sabor de su boca. Seré lo que él quiera que sea. Todo el pueblo contra mí, quemándome con sus dedos de lumbre, perseguida por las que dicen que son decentes, y me pondré delante de todos la corona de espinas que tienen las que son queridas de algún hombre casado.

MARTIRIO. ¡Calla!

ADELA. Sí, sí. *(En voz baja.)* Vamos a dormir, vamos a dejar que se case con Angustias, ya no me importa; pero yo me iré a una casita sola donde él me verá cuando quiera, cuando le venga en gana.

MARTIRIO. Eso no pasará mientras yo tenga una gota de sangre en el cuerpo.

ADELA. No a ti, que eres débil. A un caballo encabritado soy capaz de poner de rodillas con la fuerza de mi dedo meñique.

MARTIRIO. No levantes esa voz que me irrita. Tengo el corazón lleno de una fuerza tan mala, que sin quererlo yo, a mí misma me ahoga.

ADELA. Nos enseñan a querer a las hermanas. Dios me ha debido dejar sola en medio de la oscuridad, porque te veo como si no te hubiera visto nunca.

(Se oye un silbido y Adela corre a la puerta, pero Martirio se le pone delante.)

MARTIRIO. ¿Dónde vas?
ADELA. ¡Quítate de la puerta!
MARTIRIO. ¡Pasa si puedes!
ADELA. ¡Aparta! *(Lucha.)*
MARTIRIO. *(A voces.)* ¡Madre, madre!
ADELA. ¡Déjame!

(Aparece Bernarda. Sale en enaguas, con un mantón negro.)

BERNARDA. Quietas, quietas. ¡Qué pobreza la mía no poder tener un rayo entre los dedos!
MARTIRIO. *(Señalando a Adela.)* ¡Estaba con él! ¡Mira esas enaguas llenas de paja de trigo!
BERNARDA. ¡Ésa es la cama de las mal nacidas! *(Se dirige furiosa hacia Adela.)*
ADELA. *(Haciéndole frente.)* ¡Aquí se acabaron las voces de presidio! *(Adela arrebata el bastón a su Madre y lo parte en dos.)* Esto hago yo con la vara de la dominadora. No dé usted un paso más. ¡En mí no manda nadie más que Pepe!

(Sale Magdalena.)

MAGDALENA. ¡Adela!

(Salen la Poncia y Angustias.)

ADELA. Yo soy su mujer. *(A Angustias.)* Entérate tú y ve al corral a decírselo. Él dominará toda esta casa. Ahí fuera está, respirando como si fuera un león.
ANGUSTIAS. ¡Dios mío!
BERNARDA. ¡La escopeta! ¿Dónde está la escopeta? *(Sale corriendo.)*

(Aparece Amelia por el fondo, que mira aterrada con la cabeza sobre la pared. Sale detrás Martirio.)

ADELA. ¡Nadie podrá conmigo! *(Va a salir.)*
ANGUSTIAS. *(Sujetándola.)* De aquí no sales tú con tu cuerpo en triunfo, ¡ladrona!, ¡deshonra de nuestra casa!

MAGDALENA. ¡Déjala que se vaya donde no la veamos nunca más!

(Suena un disparo.)

BERNARDA. *(Entrando.)* Atrévete a buscarlo ahora.
MARTIRIO. *(Entrando.)* Se acabó Pepe el Romano.
ADELA. ¡Pepe! ¡Dios mío! ¡Pepe! *(Sale corriendo.)*
PONCIA. ¿Pero lo habéis matado?
MARTIRIO. ¡No! ¡Salió corriendo en la jaca!
BERNARDA. Fue culpa mía. Una mujer no sabe apuntar.
MAGDALENA. ¿Por qué lo has dicho entonces?
MARTIRIO. ¡Por ella! ¡Hubiera volcado un río de sangre sobre su cabeza!
PONCIA. Maldita.
MAGDALENA. ¡Endemoniada!
BERNARDA. ¡Aunque es mejor así! *(Se oye como un golpe.)* ¡Adela! ¡Adela!
PONCIA. *(En la puerta.)* ¡Abre!
BERNARDA. Abre. No creas que los muros defienden de la vergüenza.
CRIADA. *(Entrando.)* ¡Se han levantado los vecinos!
BERNARDA. *(En voz baja como un rugido.)* ¡Abre, porque echaré abajo la puerta! *(Pausa. Todo queda en silencio.)* ¡Adela! *(Se retira de la puerta.)* ¡Trae un martillo! *(La Poncia da un empujón y entra. Al entrar da un grito y sale.)* ¿Qué?
PONCIA. *(Se lleva las manos al cuello.)* ¡Nunca tengamos ese fin!

(Las hermanas se echan hacia atrás. La Criada se santigua. Bernarda da un grito y avanza.)

PONCIA. ¡No entres!
BERNARDA. No. ¡Yo no! Pepe; tú irás corriendo vivo por lo oscuro de las alamedas, pero otro día caerás. ¡Descolgarla! ¡Mi hija ha muerto virgen! Llevadla a su cuarto y vestirla como si fuera doncella. ¡Nadie dirá nada! ¡Ella ha muerto virgen! ¡Avisad que al amanecer den dos clamores las campanas!
MARTIRIO. Dichosa ella mil veces que lo pudo tener.

BERNARDA. Y no quiero llantos. La muerte hay que mirarla cara a cara. ¡Silencio! *(A otra hija.)* ¡A callar he dicho! *(A otra hija.)* ¡Las lágrimas cuando estés sola! ¡Nos hundiremos todas en un mar de luto! Ella, la hija menor de Bernarda Alba, ha muerto virgen. ¿Me habéis oído? Silencio, silencio he dicho. ¡Silencio!

Telón

Otros textos dramáticos

1. Diálogos

[Diálogo con Luis Buñuel]

ESCENA PRIMERA

Habitación blanca con los muebles de pino. Por la ventana se van largas nubes dormidas. Los personajes están tomando té.

FEDERICO. No tengo esa sed de viajes que te domina, Buñuel.

LUIS. Pues en mí constituye una obsesión.

AUGUSTO. Yo no siento el deseo de ir a todas partes que tiene éste, pero el viaje a ciertos países me gustaría mucho.

LUIS. En un campo quieto bajo la escarcha y un bosque agitado por el viento encuentro el mismo fruto de emoción. A veces pienso que la tierra es demasiado pequeña, ¡y que todo se conoce ya!

FEDERICO. Piensas así porque eres fuerte.

LUIS. No sé que decirte.

FEDERICO. Yo en cambio, como Alfonso Karr, prefiero viajar alrededor de mi jardín.

LUIS. A mí me das tierra firme y realidad.

AUGUSTO. Creo que los dos podréis viajar en vuestros mundos sin que al final se pueda saber quién traerá su zurrón más lleno.

FEDERICO. Tienes razón. Del norte al sur de la veleta del tejado, hay la misma distancia que de un polo a otro polo.

LUIS. Absolutamente la misma.

(La tarde se va tendiendo lentamente sobre el monte. Cuatro gorriones con las alas abiertas componen por un...)

[...]

La sabiduría

El loco y la loca

Calle.

AMIGO MORENO. ¿Cómo estás?
AMIGO RUBIO. Bien, ¿y tú?
AMIGO MORENO. Bien, gracias.
AMIGO RUBIO. ¿Y tu familia?
AMIGO MORENO. Está en el campo. ¿Y la tuya?
AMIGO RUBIO. Este año no sale fuera.

(Pausa.)

MAESTRO. *(Dentro de la escuela.)* Ya os he enseñado la esfera armilar. El mar es celeste y la tierra es de todos los colores.
NIÑO. ¿Sin que se te olvide ninguno?
MAESTRO. Ninguno. La tierra es extraordinariamente grande, pero se puede reducir su tamaño si nosotros queremos.
LOS NIÑOS. ¿Cómo?
MAESTRO. ¡Silencio! La tierra tiene cuatro puntos cardinales. ¡Oh maravilla! Norte, Sur, Este y Oeste.
LOS NIÑOS. Norte, Sur, Este y Oeste.
MAESTRO. Nosotros podíamos cambiar la superficie de la tierra si dijéramos: «Hay cuatro puntos cardinales: Oeste, Este, Sur y Norte».
LOS NIÑOS. Oeste...
MAESTRO. Chitón. Sería peligroso. Y además ya se ha escrito la geografía.
LOS NIÑOS. Geografía es la ciencia que trata, etc., etc.
MAESTRO. Muy bien. El Norte es una pera de cien kilos pintada de blanco. El Sur, una rueda de papel. El Este, un remo de cristal y el Oeste, un ala diminuta.
LOS NIÑOS. La punta de nuestros lápices se acaba de romper.
MAESTRO. No importa. Hay en el mundo muchos caballos sin cola. Y las lagartijas, ¿no viven con el rabo cortado?

¡Proseguid!

LOS NIÑOS. ¡Proseguimos!

MAESTRO. Todos los ríos bajan del Norte rompiendo el cascarón del huevo de la nieve. Los perfumes a quienes el aire cuelga de los pies como el cazador a sus aves, suben del Sur. El Este y el Oeste permanecen impasibles con las alas en las rodillas.

EL INSPECTOR. *(Entrando.)* ¿Qué está usted diciendo?

MAESTRO. Explico geografía.

INSPECTOR. ¿Qué geografía?

MAESTRO. Mi geografía.

INSPECTOR. Me veré obligado a dar parte a la superioridad. El Ministerio de Instrucción Pública no tolera abusos.

MAESTRO. ¡Perdóneme!

INSPECTOR. Pero ¿qué esfera armilar es ésta...? Vamos. Niños, ¿cuántos son los puntos cardinales?

MAESTRO. *(Aparte.)* Cabeza, pies, corazón y mano derecha.

INSPECTOR. No contestan.

MAESTRO. Son las tres y la clase debía terminar a las dos.

INSPECTOR. Entonces mañana veremos.

(Pausa.)

(Un ruiseñor de tinta declama líricamente las letras minúsculas.)

AMIGO MORENO. ¡Qué de voces dan en la escuela!

AMIGO RUBIO. *(Sorprendido)* ¿En qué escuela?

AMIGO MORENO. En ésa.

AMIGO RUBIO. *(Serio.)* ¡Pero si no hay ninguna escuela!

AMIGO MORENO. ¡Siempre tan bromista!

AMIGO RUBIO. ¡Lo que tú quieras!

AMIGO MORENO. Bueno, quédate con Dios.

AMIGO RUBIO. ¿Dónde vas?

AMIGO MORENO. A estudiar geografía. Ya sabes que ahora hago las oposiciones.

AMIGO RUBIO. Yo también me voy.

AMIGO MORENO. ¿Dónde vas?

AMIGO RUBIO. A estudiar geometría. Quiero ser pintor.

AMIGO MORENO. *(Lejos.)* ¡Qué tarde más hermosa!
AMIGO RUBIO. *(Lejos.)* Redonda.
AMIGO MORENO. Pero no hay que olvidar que este azul tan rutilante es sólo una cáscara.
AMIGO RUBIO. *(Extrañado.)* ¿Una cáscara...?

(Los cristales de los miradores y ventanas, onzas de Carlos III, pesan y brillan.)

(En el tercer balcón de un piso cuarto izquierda, letra A, aparece una Señora vestida de blanco. Da muestras de gran abatimiento.)

SEÑORA. ¡Ay de mí!
UN PARALÍTICO. *(Que viene por la calle.)* ¡Ay de mí!
SEÑORA. ¡He perdido mis gafas!
PARALÍTICO. Eso no es nada. Compra otras.
SEÑORA. ¿Se olvida usted que hoy es domingo y están cerrados los establecimientos? ¡Pobres gafas mías! ¡Ay mis gafas! ¡Ay mis gafas!
PARALÍTICO. *(Yéndose.)* Es mucho más desgraciada que yo.
SEÑORA. ¡Ay, enfrente está la biblioteca! No sé qué van a hacer los libros sin mis gafas. Mar sin barcos. ¡Qué horror! ¡Ay mis gafas!
AMIGO RUBIO. *(Saliendo.)* Por más que llamo en la biblioteca no quieren salir. ¡Es para desesperarse! *(Se va. Amor en la ventana de la biblioteca.)* ¿Y si yo prendiera fuego a todos los volúmenes?

(Señora dentro cantando.)

CANCIÓN DE LAS GAFAS PERDIDAS

El día y la noche usan monóculos.
Porque el día y la noche no tienen dos ojos.
[...]

[Diálogo de don Fabricio y la señora]

[...] de sordos abejarucos y aparatos de relojería.

SEÑORA. ¡Fabricio!
FABRICIO. Se me ha dormido un pie.
SEÑORA. Hazte una cruz con saliva en el zapato.
FABRICIO. Y un muslo.
SEÑORA. Pellízcate. *(Los puños almidonados de don Fabricio han sonado como dos besos sobre la frente de una mujer muerta.)* Cada vez que te miro me gusta más la botonadura de oro verde que llevas en la camisa.
FABRICIO. ¿Qué hora es?
SEÑORA. Hicimos bien en comprarla. Me acuerdo cómo le gustaba a mi tío el almirante. *(Silencio.)* El pobre murió en Constantinopla.
FABRICIO. Hay ya poca luz.
SEÑORA. Deben ser las seis.
FABRICIO. ¿Nos vamos?
SEÑORA. No te muevas. ¡Si vieras lo bien que me encuentro en este sitio!
FABRICIO. Yo, en cambio, estoy fastidiado.
SEÑORA. Por culpa del barbero.
FABRICIO. Naturalmente.
SEÑORA. Ya te dije el día antes que te arreglaras la cabeza. Ahí tienes los inconvenientes de no hacer caso a tu mujer.
FABRICIO. Me pica la barba demasiado.
SEÑORA. Inconvenientes de ser hombre.

(Las dos manos amarillentas de don Fabricio caen rendidas sobre el velador. Allí adquieren una trágica expresión eterna.)

[Diálogo del dios Pan]

SIRENA.

«¡Ay cómo aprieta el mar mi cintura!
Aquellas naves tienen la culpa.
No aprieta el cielo tanto a la luna.
¡Cómo me pesan en las escamas
las duras quillas alquitranadas!»

(Pan abre sus muslos peludos y vuelve a mear lentamente. En las bodegas de los contornos el vino se sale de las pipas en homenaje al dios. Todas las nodrizas sienten un calorcillo húmedo sobre sus muslos.)

PAN. Oh... *(Se duerme.)*

(La Sirena desaparece. El mar, lento y pesado, cuelga en los olivos rosas coronas conmemorativas de espuma y caracoles. El mar suena en la orilla y defiende su interior de silencio absoluto.)

[...]

[Diálogo de la Residencia]

Román en escena paseándose con un número del Socialista.

(Timbre.)

VOZ. Jesusa, una merienda al cuarto del señor Olalla.

(Pausa.)

ARIAS. ¿Qué hay, Olalla, y ese ojo?

VOZ. Más negro que una mina de Linares.

ARIAS. Eso no es nada, rapaz. Una conjuntivitis ligera. A aliviarse.

(Aparecen don Ricardo [Orueta] cargado de máquinas fotográficas y [Luis] Truán cabreado.)

TRUÁN. Vamos, no diga usted que no, don Ricardo. Es un cretino.

ORUETA. Le das mucha importancia, aparte que es un muchacho simpático y de cierto mérito. Te enseñaré la foto que le hice ayer y verás cómo cambias de opinión.

TRUÁN. ¡Pobre!

ORUETA. Es estupenda.

TRUÁN. A mí me molesta que vaya a Gijón.

ORUETA. ¿No va también Pepe Moreno [Villa] y Barzola y [Javier] Arisqueta...?

TRUÁN. Yo, sin embargo, no le prestaría la máquina ni le prestaría nada. Es un cretino.

ORUETA. Mira esta máquina que acabo de comprar a Braulio López Leñiz. Es estupenda. No se la prestaría. Pero la que empleo para las cosas de Berruguete y Pedro Mena... ésa con mucho gusto, porque para mí, que ya soy viejo, se hace muy pesada.

PÁEZ. Don Ricardo, un gato hay debajo de su ventana.

ORUETA. ¡Un gato!, [?] y están arreglándome el tirador... Trae un bastón, trae un bastón.

(Vase.)

TRUÁN. Pobres gorriones. Cuánto mejor estarían en la pumarada.

(Vase.)

(Entran Carlos M. [¿Marchesi?], [Ernesto] Lasso [de la Vega], García Lorca y Cienfuegos. Entra Carlos M. cantando las M. Le siguen los demás.)

CARLOS. Tan, tan.

PÁEZ. ¿Qué tal, Lorca?

LORCA. De primera. ¿Y usted?

PÁEZ. Como en junio no hubo notas, pues he venido para sacar notable, pero he sacado dos matrículas.

LORCA. ¡Hola, hola, hola, hola!

(Páez se ruboriza.)

LORCA. ¿Qué tal los toros de ayer?

CARLOS. Más malos que un chiste de Becares. Ja, ja, ja, ja, estrepitoso.

CIENFUEGOS. Jaaaaaa, jaaaa.

LASSO. No estuvieron tan malos... pero desde que se murió el rey del toreo... ¡Pobrecito José!

2. Otras versiones

La zapatera prodigiosa

Farsa violenta con bailes y canciones populares
de los siglos XVIII y XIX en dos partes,
con un solo intervalo

Personajes

ZAPATERA
VECINA ROJA
HIJAS DE LA VECINA ROJA
VECINA MORADA
VECINA NEGRA
VECINA VERDE
VECINA AMARILLA
VECINA AZUL
BEATA PRIMERA
BEATA SEGUNDA
GITANILLA PRIMERA
GITANILLA SEGUNDA
SACRISTANA
DOS MAJAS
EL AUTOR
ZAPATERO
EL NIÑO
ALCALDE
DON MIRLO
MOZO DE LA FAJA
MOZO DEL SOMBRERO

Vecinos, beatas, curas y pueblo.

Prólogo

Sobre cortina gris aparece el Autor. Sale rápidamente y lleva una carta en la mano.

Respetable público... *(Pausa.)* No, respetable público no; público solamente; y no es que el autor no considere al público respetable (todo lo contrario), sino que detrás de esta palabra hay como un delicado temblor de miedo y una especie de súplica para que el auditorio sea generoso con la mímica de los actores y el artificio del ingenio. El poeta no pide benevolencia, sino atención, una vez que ha saltado hace mucho tiempo la barra espinosa de miedo que los autores tienen a la sala. Por este miedo absurdo, y por ser el teatro en muchas ocasiones una finanza, la poesía se retira de la escena en busca de otros ambientes donde la gente no se asuste de que un árbol, por ejemplo, se convierta en una rosa de humo, y de que tres panes y tres peces, por amor de una mano y una palabra, se conviertan en tres mil panes y tres mil peces para calmar el hambre de una multitud... Pudo el autor llevar los personajes de esta pantomima detrás de las rocas y el musgo donde vagan las criaturas de la tragedia, pero ha preferido poner el ejemplo dramático en el vivo ritmo de una zapatería popular. Teatrillo donde la zapatera prodigiosa será para la sala como el ojo quebrado y repetido mil veces en el prisma de aire tranquilo que guarda el corazón de cada espectador. En todos los sitios late y anima la criatura poética que el autor ha vestido de zapatera con aire de refrán o simple romancillo, y no se extrañe el público si aparece violenta o toma actitudes agrias, porque ella lucha siempre, lucha con la realidad que la cerca, y lucha con la fantasía cuando ésta se hace realidad visible. Encajada en el límite de esta farsa vulgar, atada a la anécdota que el autor le ha impuesto, y amiga de gentes que no tienen más misión que expresar el traje que llevan encima, la zapatera va y viene, enjaulada, buscando su paisaje de nubes duras de árboles de agua, y se quiebra las alas contra las paredes.

El poeta pide perdón a las musas por haber transigido en esta prisión de la zapaterilla por intentar divertir a un grupo de gentes, pero les promete en cambio, más adelante, abrir los escotillones de la escena para que vuelvan a salir las copas falsas, el veneno, las bibliotecas, las sombras y la luna fingida del verdadero teatro.

(Se oyen las voces de la Zapatera.)

Ya voy, no tengas tanta impaciencia en salir; no es un traje de larga cola y plumas inverosímiles el que sacas, sino un traje barato, ¿lo oyes?, un traje de zapatera... Aunque, después de todo, tu traje y tu lucha será el traje y la lucha de cada espectador sentado en su butaca, en su palco, en su entrada general, donde te agitas, grande o pequeña, con el mismo ritmo desilusionado... ¡Silencio!

(Se descorre la cortina y aparece el decorado con tenue luz.)

También amanece así todos los días sobre los campos y las ciudades, y el público olvida su medio mundo de sueños para entrar en los mercados como tú en tu casa, en la escena, zapaterilla prodigiosa... *(Va creciendo la luz.)* ¡A empezar! Tú llegas de la calle...

(Se oyen las voces que pelean. Al público.)

Buenas noches.

(Se quita el sombrero de copa y éste se ilumina por dentro con una luz verde: el Autor lo inclina y sale de él un chorro de agua. El Autor mira un poco cohibido al público y se retira de espaldas lleno de ironía.)

Ustedes perdonen...

(Sale.)

Acto primero

Casa del Zapatero. Banquillo y herramientas. Habitación completamente blanca. Gran ventana y puerta. El foro es una calle también blanca, con algunas puertecillas y ventanas en gris. A derecha e izquierda, puertas. Toda la escena tendrá un aire de optimismo y alegría exaltada en los más pequeños detalles. Una suave luz naranja de media tarde invade la escena.

Al levantarse el telón la Zapatera viene de la calle, toda furiosa, y se detiene en la puerta. Viste un traje verde rabioso y lleva el pelo tirante, adornado con dos grandes rosas. Tiene un aire agreste y dulce al mismo tiempo.

ESCENA PRIMERA

La Zapatera y luego un Niño.

ZAPATERA. *(En voz alta.)* Cállate, larga de lengua, penacho de catalineta, que si yo lo he hecho..., si yo lo he hecho ha sido por mi propio gusto... Si no te metes dentro de tu casa te hubiera arrastrado, viborilla empolvada. Y esto lo digo para que me oigan todas las que están detrás de las ventanas..., que más vale estar casada con un viejo, que con un tuerto, como tú estás. Y no quiero más conversación ni contigo ni con nadie, ni con nadie, ni con nadie. *(Entra dando un fuerte portazo.)* Ya sabía yo que con esta clase de gente no se podía hablar ni un segundo... Pero la culpa la tengo yo, yo y yo..., que debí estarme en mi casa con... (casi no quiero creerlo) con mi marido... ¡Quién me hubiera dicho a mí, rubia con los ojos negros (que hay que ver el mérito que esto tiene), con este talle y estos colores tan hermosísimos, que me iba a ver casada con... ¡me tiraría del pelo! *(Llora. Llaman a la puerta.)* ¿Quién es? *(No responden y llaman otra vez.)* ¿Quién es? *(Enfurecida.)*

NIÑO. *(Temerosamente.)* Gente de paz.

ZAPATERA. *(Abriendo.)* ¿Eres tú? *(Melosa y conmovida.)*

NIÑO. Sí, señora zapaterita. ¿Estaba usted llorando?

ZAPATERA. No, es que un mosco de esos que hacen piiiii, me ha picado en este ojo.

NIÑO. ¿Quiere usted que le sople?

ZAPATERA. No, hijo mío, ya se me ha pasado. *(Lo acaricia.)* ¿Y qué es lo que quieres?

NIÑO. Vengo con estos zapatos de charol (costaron cinco duros), para que los arregle su marido. Son de mi hermana la grande, la que tiene el cutis fino y se pone dos lazos, que tiene dos, un día uno y otro día otro, en la cintura.

ZAPATERA. Déjalos ahí, ya los arreglarán.

NIÑO. Dice mi madre que tengan cuidado de no darles muchos martillazos, que el charol es muy delicado, para que no se estropee el charol.

ZAPATERA. Dile a tu madre que ya sabe mi marido lo que tiene que hacer, y que así supiera ella aliñar con laurel y pimienta un buen guiso, como mi marido componer zapatos.

NIÑO. *(Haciendo pucheros.)* No se disguste usted conmigo, que yo no tengo la culpa y todos los días estudio muy bien la gramática.

ZAPATERA. *(Dulce.)* ¡Hijo mío! ¡Prenda mía! ¡Si contigo no es nada! *(Lo besa.)* Toma este muñequito. ¿Te gusta? Pues llévatelo.

NIÑO. Me lo llevaré, porque como yo sé que usted no tendrá nunca niños...

ZAPATERA. ¿Quién te dijo eso?

NIÑO. Mi madre lo hablaba el otro día, diciendo: «La zapatera no tendrá hijos». Y se reían mis hermanas y mi comadre Rafaela.

ZAPATERA. *(Nerviosísima.)* ¿Hijos? Puede que los tenga más hermosos que todas ellas, y con más arranque y más honra, porque tu madre..., es menester que sepas...

NIÑO. Tome usted el muñequito. ¡No lo quiero!

ZAPATERA. *(Reaccionando.)* No, no, guárdalo, hijo mío... ¡Si contigo no es nada!

ESCENA II

Dichos. Aparece por la izquierda el Zapatero. Viste traje de terciopelo con botones de plata, pantalón corto y corbata roja. Se dirige al banquillo.

ZAPATERO. ¡Válgate Dios!
NIÑO. *(Asustado.)* ¡Ustedes se conserven bien! ¡Hasta la vista! Que sea enhorabuena. *¡Deo gratias! (Sale corriendo por la calle.)*
ZAPATERA. Adiós, hijito. Si hubiera reventado antes de nacer, no estaría pasando estos trabajos y estas tribulaciones. ¡Ay dinero, dinero, sin manos y sin ojos debería haberse quedado el que te inventó!
ZAPATERO. *(En el banquillo.)* Mujer... ¿qué estás diciendo?
ZAPATERA. Lo que a ti no te importa.
ZAPATERO. A mí no me importa nada de nada. Ya sé que tengo que aguantarme.
ZAPATERA. También me aguanto yo... Piensa que tengo dieciocho años.
ZAPATERO. Y yo... cincuenta y tres. Por eso me callo y no me disgusto contigo... ¡Demasiado sé! Trabajo para ti... y sea lo que Dios quiera.
ZAPATERA. *(Está de espaldas a su Marido y se vuelve y avanza, tierna y conmovida.)* Eso no, hijo mío..., ¡no digas!
ZAPATERO. Pero, ¡ay, si tuviera cuarenta años o cuarenta y cinco siquiera! *(Golpea furiosamente un zapato con el martillo.)*
ZAPATERA. *(Enardecida.)* Entonces yo sería tu criada, ¿no es esto? Si una no puede ser buena... ¿Y yo? ¿Es que yo no valgo nada?
ZAPATERO. Mujer, ¡repórtate!
ZAPATERA. ¿Es que mi frescura y mi cara no valen todos los dineros de este mundo?
ZAPATERO. Mujer..., ¡que te van a oír los vecinos!

ZAPATERA. ¡Maldita hora..., maldita hora en que le hice caso a mi compadre Manuel!

ZAPATERO. ¿Quieres que te eche un refresquito de limón?

ZAPATERA. ¡Ay tonta, tonta, tonta! *(Se golpea la frente.)* Con tan buenos pretendientes como yo he tenido.

ZAPATERO. *(Queriendo suavizar.)* Eso dice la gente.

ZAPATERA. ¿La gente? Por todas partes se sabe. Lo mejor de estas vegas. Pero el que más me gustaba a mí de todos era Emiliano... Tú lo conociste... ¡Emiliano, que venía montado en una jaca negra llena de borlas y espejitos, con una varilla de mimbre en su mano y las espuelas de cobre reluciente! ¡Y qué capa traía por el invierno! ¡Qué vueltas de pana azul y qué agremanes de seda!

ZAPATERO. Así tuve yo una también...; ¡son unas capas preciosísimas!

ZAPATERA. ¡Tú que ibas a tener! Pero, ¿por qué te haces ilusiones? Un zapatero no se ha puesto en su vida una prenda de esa clase...

ZAPATERO. Pero, mujer, ¿no estás viendo?...

ZAPATERA. *(Interrumpiéndole.)* También tuve otro pretendiente... *(El Zapatero golpea fuertemente el zapato.)* Aquél era medio señorito... Tendría dieciocho años. ¡Se dice muy pronto: dieciocho años!, ¡dieciocho años! *(El Zapatero se revuelve inquieto.)*

ZAPATERO. También los tuve yo.

ZAPATERA. Tú no has tenido en tu vida dieciocho años... Aquél sí que los tenía... Y me decía unas cosas... Verás...

ZAPATERO. *(Golpeando furioso.)* ¿Te quieres callar? Eres mi mujer, quieras o no quieras, y yo soy tu esposo. Estabas pereciendo, sin camisa ni hogar. ¿Por qué me has querido? ¡Fantasiosa! ¡Fantasiosa! ¡Fantasiosa!

ZAPATERA. *(Levantándose.)* ¡Cállate! No me hagas hablar más de lo prudente y ponte a tu obligación. ¡Parece mentira! *(Dos Vecinas con mantilla cruzan la ventana sonriendo.)* ¿Quién me lo iba a decir, ¡viejo pellejo!, que me ibas a dar tal pago? ¡Pégame si te parece, anda, tírame el martillo!

ZAPATERO. ¡Ay mujer, no me des escándalos, mira que viene la gente!... ¡Ay, Dios mío!

(Las dos Vecinas vuelven a cruzar.)

ZAPATERA. Yo me he rebajado, ¡tonta, tonta, tonta! Maldito sea mi compadre Manuel, malditos sean los vecinos, ¡tonta, tonta, tonta! *(Mutis, dándose golpes en la cabeza.)*

ESCENA III

Zapatero, Vecina Roja y Niño.

ZAPATERO. *(Mirándose en un espejito y contándose las arrugas.)* Una, dos, tres, cuatro... y mil. *(Mete el espejo.)* Pero me está muy bien empleado, sí señor, porque vamos a ver: ¿por qué me habré casado? Yo debí haber comprendido, después de leer tantas novelas, que las mujeres les gustan a todos los hombres, pero todos los hombres no les gustan a todas las mujeres. ¡Con lo bien que yo estaba! Mi hermana, mi hermana tiene la culpa, mi hermana que se empeñó: «Que si te vas a quedar solo», que si qué sé yo. Y esto es mi ruina. ¡Mal rayo parta a mi hermana que en paz descanse! *(Fuera se oyen voces.)* ¿Qué será?

VECINA ROJA. *(En la ventana y con gran brío. La acompañan sus Hijas, vestidas del mismo color.)* ¡Buenas tardes!

ZAPATERO. *(Rascándose la cabeza.)* ¡Buenas tardes!

VECINA ROJA. Dile a tu mujer que salga. Niñas, ¿queréis no llorar más?... ¡Que salga, a ver si por delante de mí casca tanto como por detrás!

ZAPATERO. ¡Ay vecina de mi alma, no me dé usted escándalos, por los clavitos de Nuestro Señor! ¿Qué quiere usted que yo le haga? Pero comprenda mi situación... Toda la vida temiendo casarme, porque casarse es una cosa muy seria, y a última hora ya lo está usted viendo...

VECINA ROJA. ¡Qué lástima de hombre! Cuánto mejor le hubiera ido a usted casado con gente de su clase..., estas niñas, pongo por caso, u otras del pueblo...

ZAPATERO. Y mi casa no es casa, ¡es un guirigay!

VECINA ROJA. ¡Se arranca el alma! ¡Tan buenísima sombra como ha tenido usted toda la vida!

ZAPATERO. *(Mira por si viene su Mujer.)* Anteayer, mi mujer despedazó el jamón que teníamos guardado para estas Pascuas y nos lo comimos entero. Ayer estuvimos todo el día con unas sopas de huevo y perejil; bueno, pues porque protesté de esto, me hizo beber tres vasos seguidos de leche sin hervir.

VECINA ROJA. ¡Qué fiera!

ZAPATERO. Así es, vecinita de mi corazón, que le agradecería en el alma que se retirase.

VECINA ROJA. ¡Ay, si viviera su hermana! Aquélla sí que era...

ZAPATERO. Ya ves... Y de camino llévate tus zapatos, que están arreglados.

(Por la puerta de la izquierda asoma la Zapatera, que detrás de la cortina espía sin ser vista.)

VECINA ROJA. *(Mimosa.)* ¿Cuánto me vas a llevar por ellos? Los tiempos van cada vez peor.

ZAPATERO. Lo que tú quieras... Ni que tire por allí, ni que tire por aquí...

VECINA ROJA. *(Dando con el codo a sus Hijas.)* ¿Está bien con dos pesetas?

ZAPATERO. Tú dirás...

VECINA ROJA. Vaya..., te daré una...

ZAPATERA. *(Saliendo furiosa.)* ¡Ladrona! *(Las Mujeres chillan y se asustan.)* ¿Tienes valor de robar a este hombre de esa manera? ¡Y tú dejarte robar! ¡Vengan los zapatos! Mientras no des por ellos diez pesetas, aquí se quedan.

VECINA ROJA. ¡Lagarta! ¡Lagarta!

ZAPATERA. ¡Mucho cuidado con lo que estás diciendo!

NIÑAS. ¡Ay, vámonos, vámonos, por Dios!

VECINA ROJA. ¡Bien despachado vas de mujer! ¡Que te aproveche! *(Se van rápidamente.)*

ESCENA IV

Zapatero y Zapatera.

ZAPATERO. Escúchame un momento. *(Cerrando la ventana.)*

ZAPATERA. *(Recordando.)* Lagarta..., lagarta... ¿Qué me vas a decir?

ZAPATERO. Mira, hija mía, toda mi vida ha sido en mí una verdadera preocupación evitar el escándalo. *(El Zapatero traga constantemente saliva.)*

ZAPATERA. ¿Pero tienes el valor de llamarme escandalosa cuando he salido a defender tu dinero?

ZAPATERO. Yo no te digo más que he huido de los escándalos como las salamanquesas del agua fría.

ZAPATERA. ¡Salamanquesas! ¡Huy, qué asco!

ZAPATERO. *(Armado de paciencia.)* Me han provocado, me han (a veces) hasta insultado, y no teniendo ni tanto así de cobarde, he quedado con mi alma en mi almario por el miedo de verme rodeado de gentes y llevado y traído por comadres y desocupados. De modo que ya lo sabes. ¿He hablado bien? Ésta es mi última palabra.

ZAPATERA. Pero vamos a ver, ¿a mí qué me importa todo eso? Me casé contigo, ¿no tienes la casa limpia?; ¿no comes?; ¿no te pones cuellos y puños que en tu vida te los habías puesto?; ¿no llevas tu reloj tan hermoso con cadena de plata y venturinas, al que doy cuerda todas las noches? ¿Qué más quieres? Porque yo todo menos esclava. Quiero hacer siempre mi santa voluntad.

ZAPATERO. No me digas... Tres meses llevamos casados, yo queriéndote... y tú poniéndome verde. ¿No ves que ya no estoy para bromas?

ZAPATERA. *(Seria y como soñando.)* Queriéndome..., queriéndome... Pero... ¿qué es eso de queriéndome? ¿Qué es queriéndome?

ZAPATERO. Tú te creerás que yo no tengo vista y tengo. Sé lo que haces y lo que no haces... y ya estoy colmado, ¡hasta aquí!

ZAPATERA. *(Fiera.)* Pues lo mismo se me da a mí que estés colmado como que no estés, porque tú me importas tres pitos, ¡ya lo sabes! *(Llora.)*

ZAPATERO. ¿No puedes hablarme un poquito más bajo?

ZAPATERA. Merecías por tonto que colgara la calle a gritos.

ZAPATERO. Afortunadamente creo que esto se acabará pronto, porque yo no sé cómo tengo paciencia.

ZAPATERA. Hoy no comemos... De manera que ya te puedes buscar la comida por otro sitio. *(La Zapatera entra rápidamente, hecha una furia.)*

ZAPATERO. *(Sonriendo.)* Mañana quizá la tengas que buscar tú también. *(Se va al banquillo.)*

VECINAS 1.ª Y 2.ª

Que salga usted, mozo...

VECINAS 3.ª Y 4.ª

Que salga usted, mozo...

VECINAS 1.ª Y 2.ª

Que salga usted, mozo...

VECINAS 3.ª Y 4.ª

Que salga usted, mozo...

TODAS.

Porque me han dicho
que la zapatera
quiere tirarle
dentro del pozo.

VECINAS 3.ª Y 4.ª

Señor zapatero...

VECINAS 1.ª Y 2.ª

Señor zapatero...

VECINAS 3.ª Y 4.ª

Señor zapatero...

VECINAS 1.ª Y 2.ª

Salga usted pronto.

TODAS.

Que la zapatera
lleva navaja
de fino acero.

VECINAS 1.ª Y 2.ª

Que salga usted, mozo...

VECINAS 3.ª Y 4.ª

Que salga usted, mozo...

VECINAS 1.ª Y 2.ª

Que salga usted, mozo...

VECINAS 3.ª Y 4.ª

Que salga usted, mozo...

TODAS.

Deje su casa,
con ole, con ole,
aire de aire,
¡pieles de toro!

ESCENA V

Por la puerta central aparece el Alcalde. Viste de azul oscuro, gran capa y larga vara de mando rematada con cabos de plata. Habla despacio y con gran sorna.

ALCALDE. ¿En el trabajo?

ZAPATERO. En el trabajo, señor Alcalde.

ALCALDE. ¿Mucho dinero?

ZAPATERO. El suficiente. *(El Zapatero sigue trabajando. El Alcalde mira curiosamente a todos lados.)*

ALCALDE. Tú no estás bueno.

ZAPATERO. *(Sin levantar la vista.)* No.

ALCALDE. ¿La mujer?

ZAPATERO. ¡La mujer!

ALCALDE. *(Sentándose.)* Eso tiene casarse a tu edad... A tu edad se debe ya estar viudo... de una como mínimum... Yo estoy de cuatro: Rosa, Manuela, Visitación y Enriqueta Gómez, que ha sido la última; buenas mozas todas, aficionadas al baile y al agua limpia. Todas sin excepción han probado esta vara repetidas veces. En mi casa..., en mi casa coser y cantar.

ZAPATERO. Pues ya está usted viendo qué vida la mía. Mi

mujer... no me quiere. Habla por la ventana con todos, ¡hasta con don Mirlo! Y a mí se me está encendiendo la sangre.

ALCALDE. *(Riendo.)* Es que ella es una muchacha alegre... Eso es natural.

ZAPATERO. ¡Oh, estoy convencido! Yo creo que esto lo hace por atormentarme, porque estoy seguro..., ella me odia. Al principio creí que la dominaría con mi carácter dulzón y mis regalillos: collares de coral, cintillos, peinetas de concha..., ¡hasta unas ligas!... Pero ella..., ¡ella es siempre ella!

ALCALDE. Y tú siempre tú, ¡qué demonio! Vamos, lo estoy viendo y me parece mentira cómo un hombre, lo que se dice un hombre, no puede meter en cintura no una, sino ochenta hembras. Si tu mujer habla por la ventana con todos, si tu mujer se pone agria contigo, es porque tú quieres, porque tú no tienes arranque. A las mujeres, buenos apretones en la cintura, pisadas fuertes y la voz siempre en alto, y si con esto se atreven a hacer quiquiriquí, la vara, no hay otro remedio. Rosa, Manuela, Visitación y Enriqueta Gómez, que ha sido la última, te lo pueden decir desde la otra vida, si es que por casualidad están allí.

ZAPATERO. Yo no he querido nunca líos. Soy el hombre del vaso de vino y la sopita de miel; bromista, pacífico, al que le gusta tomar el sol, ¡qué hermoso!, en paz con todo el mundo.

ALCALDE. Pero ¿me lo vas a decir a mí? Si yo te conozco de toda la vida. Tú has sido el que ha hecho las comparsas más graciosas de los carnavales, el hombre que ha tenido las mejores ocurrencias del pueblo...; de eso no hay que hablar. Lo que me choca extraordinariamente es que tú, queriendo a tu mujer, como necesariamente tienes que quererla, soportes que ella mande en ti.

ZAPATERO. Pero el caso es que... no me atrevo a decirle una cosa. *(Mira con recelo.)*

ALCALDE. *(Autoritario.)* Dímela.

ZAPATERO. Comprendo que es una barbaridad..., pero... yo no estoy enamorado de mi mujer.

ALCALDE. ¡Demonio!

ZAPATERO. Sí, señor, ¡demonio!

ALCALDE. Entonces, grandísimo tunante, ¿por qué te has casado?

ZAPATERO. Ahí lo tiene usted. Yo no me lo explico tampoco. Mi hermana, mi hermana tiene la culpa. Que si te vas a quedar solo, que si qué sé yo, que si qué sé yo cuánto. Yo tenía dinerillo, salud y dije: «Allá voy». Pero, ¡benditísima soledad antigua! ¡Mal rayo parta a mi hermana que en paz descanse!

ALCALDE. ¡Pues te has lucido!

ZAPATERO. Sí, señor, me he lucido... Ahora que yo no aguanto más. Yo no sabía lo que era una mujer. ¡Digo, usted cuatro! ¡Yo no tengo edad para resistir este jaleo!

ZAPATERA. *(Dentro, cantando fuerte.)*

¡Ay jaleo, jaleo,
ya se acabó el alboroto
y vamos al tiroteo,
[y vamos al tiroteo!
¡Ay jaleo, jaleo!]

ZAPATERO. Ya lo está usted oyendo.

ALCALDE. ¿Y qué piensas hacer?

ZAPATERO. *(Hace el ademán.)* Cuca silvana...

ALCALDE. ¿Se te ha vuelto el juicio?

ZAPATERO. *(Excitado.)* El zapatero a tus zapatos se acabó para mí. Yo soy un hombre pacífico; yo no estoy acostumbrado a estos voceríos y a estar en lenguas de todos.

ALCALDE. No creo lo que dices, pero domina a tu mujer, que para eso eres hombre, y quédate en paz. ¿Dónde vas a ir por esas tierras de Dios?

ZAPATERO. A descansar. Me siento ágil. ¡Y que no, que no puedo más!

ALCALDE. *(Riéndose.)* Recapacita lo que has dicho que vas a hacer, que tú eres capaz de hacerlo, y no seas tonto. ¡Es una lástima que un hombre como tú no tenga el carácter que debía tener!

ESCENA VI

Dichos y Zapatera, que aparece por la puerta de la izquierda, echándose polvos con una polvera rosa y limpiándose las cejas.

ZAPATERA. Buenas tardes.

ALCALDE. Muy buenas. *(Al Zapatero.)* ¡Como guapa es guapísima!

ZAPATERO. ¿Usted cree?

ALCALDE. No te vayas a poner lila a última hora. *(A la Zapatera.)* ¡Qué dalias tan bien puestas lleva usted en el pelo!

ZAPATERA. Muchas que tiene usted en los balcones de su casa.

ALCALDE. Efectivamente... ¿Le gustan a usted las flores?

ZAPATERA. ¿A mí?... ¡Ay, me encantan! Hasta en el tejado tendría yo macetas, en la puerta, por las paredes, debajo de la cama, coronando las chimeneas. Pero a éste..., a ése... no le gustan. Claro, toda la vida haciendo botas..., ¿qué quiere usted? *(Se sienta en la ventana.)* ¡Y buenas tardes! *(Mira a la calle y coquetea.)*

ZAPATERO. ¿Lo ve usted?

ALCALDE. Un poco brusca..., pero es una mujer guapísima. ¡Qué cintura tan ideal! ¡Qué lástima de talle! ¡Y hay que ver qué ondas en el pelo! *(Mutis.)*

(Llegan unas Gitanillas cantando. La Zapatera canta y baila con ellas.)

Si tu madre tiene un rey,
la baraja tiene cuatro:
rey de oros, rey de copas,
rey de espadas, rey de bastos.
Corre que te pillo,
corre que te agarro,
corre que te lleno
la falda de barro.
Ábreme la puerta,

que me estoy mojando;
no me da la gana,
ponte chorreando.

Del olivo, me retiro;
del esparto, yo me aparto;
del sarmiento, me arrepiento
de haberte querido tanto.
Corre que te pillo,
corre que te agarro,
corre que te lleno,
la falda de barro.
Ábreme la puerta,
que me estoy mojando;
no me da la gana,
ponte chorreando.

GITANILLA 1.ª

Zapatera...

GITANILLA 2.ª

Zapatera...

GITANILLA 1.ª

¿Quién te pone colorada?

ZAPATERA.

Mis zarcillos de coral
y los pinceles del agua.

GITANILLA 1.ª

Corre que te pillo,
ábreme tu casa...

GITANILLA 2.ª

Corre que te lleno
de barro las faldas...

GITANILLA 1.ª

Ábreme la puerta...

GITANILLA 2.ª

No me da la gana;
deja que la lluvia
te lave la cara.

ESCENA VII

Zapatero y Zapatera.

ZAPATERA. *(Sentada a la ventana, coge una silla y le da vueltas.)*

¡Ay jaleo, jaleo
ya se acabó el alboroto
y vamos al tiroteo,
[y vamos al tiroteo!
¡Ay, jaleo, jaleo!]

ZAPATERO. *(Dando vueltas en sentido contrario a otra silla.)* Si sabes que tengo esta superstición y para mí esto es como si me dieras un tiro, ¿por qué lo haces?

ZAPATERA. *(Soltando la silla.)* ¿Qué he hecho yo? ¿No te digo que no me dejas ni moverme?

ZAPATERO. Ya estoy harto de explicarte..., pero es inútil... *(Va a hacer mutis, pero la Zapatera empieza otra vez y el Zapatero corre desde la puerta y da vueltas a su silla.)* ¿Por qué no me dejas marchar, mujer?

ZAPATERA. ¡Jesús, pero si lo que estoy deseando es que te vayas!

ZAPATERO. ¡Pues déjame!

ZAPATERA. *(Enfurecida.)* ¡Pues vete!

(Fuera se oye una flauta, acompañada de una guitarra, que toca una polquita antigua con el ritmo cómicamente acusado. La Zapatera empieza a llevar el compás con la cabeza y el Zapatero huye por la izquierda.)

ESCENA VIII

Zapatera.

ZAPATERA. *(Cantando.)* Larán... larán... A mí es que la flauta me ha gustado siempre mucho... Yo siempre he tenido delirio por la flauta... Casi se me saltan las lágrimas... ¡Qué primor! Larán... larán... ¡Oye!... Me gustaría que él la oyera. *(Se levanta y se pone a bailar como si lo hiciera con novios imaginarios.)* ¡Ay Emiliano, qué cintillos tan preciosos llevas! No, no..., me da vergüencilla... Pero, José María, ¿no ves que nos están viendo?... Coge un pañuelo, que no quiero que me manches el vestido; ¡es de seda!... A los hombres les sudan tanto las manos... A ti te quiero, a ti... Ah, sí, mañana que traigas la jaca blanca, la que a mí me gusta... Cristóbal Pacheco, ¡que bigotes tienes! Currito... *(Ríe. Cesa la música.)* ¡Qué mala sombra! Esto es dejar a una con la miel en los labios, qué...

ESCENA IX

Zapatera y don Mirlo, que aparece en la ventana. Viste de negro, frac y pantalón corto. Le tiembla la voz y mueve la cabeza como un muñeco de alambre.

DON MIRLO. ¡Chisss!

ZAPATERA. *(Sin mirar y vuelta de espaldas a la ventana.)* Pin, pin, pío, pío, pío...

DON MIRLO. *(Acercándose más.)* Chisss... Zapaterita, blanca como el corazón de las almendras, pero amargosilla también... Zapaterita..., junco de oro encendido... Zapaterita, Bella Otero de mi corazón...

ZAPATERA. ¡Cuánta cosa, don Mirlo! A mí me parecía imposible que los pajarracos hablaran... Pero si anda por ahí revoloteando un mirlo negro, negro y viejo..., sepa que yo no puedo oírle cantar hasta más tarde..., pío, pío, pío, pío...

DON MIRLO. Cuando las sombras crepusculares invadan con sus tenues velos el mundo y la vía pública se halle libre de transeúntes, volveré. *(Toma rapé y estornuda sobre el cuello de la Zapatera.)*

ZAPATERA. *(Volviéndose airada y pegando a don Mirlo, que tiembla.)* ¡Aaaay! Y aunque no vuelvas, indecente, mirlo de alambre, garabato de candil... ¡Corre, corre!... ¿Se habrá visto? ¡Mira que estornudar! ¡Vaya mucho con Dios! ¡Qué asco!

ESCENA X

En la ventana se para el Mozo de la Faja. Tiene el sombrero plano echado a la cara y da pruebas de gran pesadumbre.

MOZO. ¿Se toma el fresco, zapaterita?

ZAPATERA. Exactamente igual que usted.

MOZO. Y siempre sola... ¡Qué lástima!

ZAPATERA. *(Agria.)* ¿Y por qué lástima?

MOZO. Una mujer como usted, con ese pelo y esa pechera tan hermosísima...

ZAPATERA. *(Más agria.)* Pero, ¿por qué lástima?

MOZO. Porque usted es digna de estar pintada en las tarjetas postales y no aquí, en este portalillo...

ZAPATERA. ¿Sí? A mí las tarjetas postales me gustan mucho, sobre todo las de novios que se van de viaje...

MOZO. ¡Ay, zapaterita, qué calentura tengo!

(Siguen hablando.)

ZAPATERO. *(Entrando y retrocediendo.)* Con todo el mundo ¡y a estas horas! ¡Qué dirán los que vengan al rosario de la iglesia! ¡Qué dirán en el Casino! ¡Me estarán poniendo!... *(Zapatera ríe.)* ¡Ay, Dios mío! ¡Tengo razón para marcharme! ¡Quisiera oír a la mujer del sacristán! Pues ¿y los curas?, ¿qué dirán los curas? ¡Eso será lo que habrá que oír! *(Entra desesperado.)*

MOZO. ¿Cómo quiere que se lo exprese?... Yo la quiero..., te quiero... como...

ZAPATERA. Verdaderamente eso de la quiero, te quiero, suena de una manera que parece que me están haciendo cosquillas con una pluma detrás de las orejas... ¡Te quiero!..., ¡la quiero!...

MOZO. ¿Cuántas semillas tiene el girasol?...

ZAPATERA. ¡Yo qué sé!

MOZO. Tantos suspiros doy cada minuto por usted..., por ti... *(Se acerca.)*

ZAPATERA. *(Brusca.)* ¡Estáte quieto! Yo puedo oírte hablar porque me gusta y es bonito, pero nada más. ¿Me oyes? ¡Estaría bueno!

MOZO. Pero eso no puede ser. ¿Es que tienes otro compromiso?

ZAPATERA. Mira, ¡vete!

MOZO. No me muevo de este sitio sin el sí. ¡Ay, mi zapaterita, dame tu palabra! *(Va a abrazarla.)*

ZAPATERA. *(Cerrando violentamente la ventana.)* Pero, ¡qué impertinente!, ¡qué loco! ¡Si te he hecho daño, te aguantas! Como si yo no estuviera aquí más que para..., para... ¿Es que en este pueblo no puede una hablar con nadie? Por lo que veo, en este pueblo no hay más que dos extremos: o monja, o trapo de fregar... ¡Era lo que me quedaba por ver! *(Haciendo como que huele y echando a correr.)* ¡Ay mi comida que está en la lumbre! ¡Mujer ruin! *(Mutis.)*

ESCENA XI

La luz se va marchando. El Zapatero sale con una gran capa y un bulto de ropa en la mano.

ZAPATERO. ¡O soy otro hombre o yo no me comprendo! ¡Ay casita mía! ¡Ay banquillo mío, y cerote, y clavos, y pieles de becerro!... Bueno... *(Va a la puerta y retrocede.)* Tengo ganas de marcharme, pero ¿y si no tuviera ganas?, ¿qué pasaría? Porque ¡hay que fijarse el contradiós que es esto!... Pero ya no tengo otro recurso... Porque vamos a ver: ¿soy capaz de domarla? No, porque con esa sangre de toro que tiene me echa al suelo en cuanto me ponga una mano encima... Así es que esto ya no tiene compostura. Además, dirán todos en el pueblo: «Zancajoso, zancajoso». Y tendrán razón, porque esto que yo hago, esto que yo hago ¡es lo que hay que ver! *(Abre la puerta y se topa con dos Beatas en el mismo quicio.)*

BEATA 1.ª ¿Descansando, verdad?

BEATA 2.ª Hace usted bien en descansar.

ZAPATERO. *(Con mal humor.)* Buenas tardes...

BEATA 1.ª A descansar, maestro, maestrillo, con el mandil amarillo.

BEATA 2.ª A descansar, a descansar; quite, maestrillo, su delantal.

(Se van.)

ZAPATERO. Sí, descansando... ¡Pues no estaban mirando por el ojo de la llave! ¡Brujas! ¡Sayonas! ¡Cuidado con el retintín con que me lo han dicho! Claro..., si en todo el pueblo no se hablará de otra cosa: que si yo..., que si ella..., que si los mozos... ¡Ay, mal rayo parta a mi hermana que en paz descanse! Pero primero solo que señalado por el dedo de los demás. *(Sale rápidamente y deja la puerta abierta.)*

ESCENA XII

ZAPATERA. *(Que entra por la izquierda.)* Ya está la comida... ¿Me estás oyendo? *(Avanza hacia la puerta de la derecha.)* ¿Me estás oyendo? ¿Pero habrá tenido el valor de marcharse al cafetín dejando la puerta abierta?... ¿Y sin haber terminado los borceguíes? Pues cuando vuelva me oirá..., ¡me tiene que oír! ¡Qué hombres son los hombres! ¡Qué abusivos y qué..., qué!... ¡Vaya! *(En un repeluzno.)* ¡Ay, qué fresquito hace! *(De la calle llega el ruido de las esquilas de los rebaños que vuelven al pueblo. La Zapatera se asoma a la ventana.)* ¡Qué primor de rebaños! ¡Lo que es a mí me chalan las ovejitas! ¡Mira, mira aquella blanca tan chiquita que apenas puede andar!... ¡Ay!, pero aquella grandota y antipatiquísima se empeña en pisarla... y nada... *(A voces.)* ¡Pastor! ¡Asombrado! ¿No estás viendo que te pisotean la oveja recién nacida? *(Pausa.)* Pues claro que me importa... ¿No ha de importarme, brutísimo? ¡Y mucho! *(Se aparta de la ventana.)* Pero, Señor, ¿adónde habrá ido este hombre desnortado? Pues si tarda siquiera dos minutos más, como yo sola, que me basto y me sobro... ¡Con la comida tan buena que he preparado!... Mi cocido con sus patatas de la sierra, dos pimientos verdes, pan blanco, un poquito magro de tocino y arrope con calabaza y cáscara de limón para encima. Porque lo que es cuidarlo, lo que es cuidarlo..., ¡lo estoy cuidando! A ver si..., a ver si... *(Ya dará muestras durante todo este monólogo de gran actividad, moviéndose de un lado a otro, arreglando las sillas y quitándose motas del vestido.)*

ESCENA XIII

Niño, Zapatera, Alcalde, Sacristana, Vecinos y Vecinas.

NIÑO. *(En la puerta.)* ¿Estás disgustada todavía?

ZAPATERA. Primorcito de su vecina, ¿dónde vas?

NIÑO. *(En la puerta.)* ¿Tú no me regañarás, verdad? Porque a mi madre, que algunas veces me pega, la quiero veinte arrobas, pero a ti te quiero treinta y dos y media...

ZAPATERA. ¿Por qué eres tan precioso? *(Sienta al Niño en sus rodillas.)*

NIÑO. Yo venía a decirte una cosa que nadie quiere decirte... «Ve tú..., ve tú..., ve tú...», y nadie quería... Y entonces: «Que vaya el niño», dijeron... porque es un notición que nadie quiere dar...

ZAPATERA. Pero dímelo pronto. ¿Qué ha pasado?

NIÑO. No te asustes, que de muertos no es.

ZAPATERA. ¡Anda!

NIÑO. Mira, zapaterita... *(Por la puerta entra una mariposa y el Niño bajándose de las rodillas de la Zapatera, echa a correr.)*

¡Una mariposa, una mariposa! ¿No tienes un sombrero? Es amarilla con pintas azules y rojas y... qué sé yo.

ZAPATERA. Pero, hijo mío, ¿quieres?...

NIÑO. *(Enérgico.)* Cállate y habla en voz baja. ¿No ves que se espanta, si no? ¡Ay, dame tu pañuelo!

ZAPATERA. *(Intrigada ya en la caza.)* Tómalo.

NIÑO. Chisss, no pises fuerte. Lograrás que se escape... *(En voz baja, y como encantando a la mariposa, canta.)*

Mariposa, carita
de rosa, débil
mariposa del aire,
dorada y verde,
luz de candil...
Mariposa pequeña,
quédate ahí.

ZAPATERA Y NIÑO.

Sí, sí, sí, sí, sí, sí, sí,
quédate ahí.

NIÑO.

Déjame que te cubra
con mi pañuelo,
déjame que te cubra
con mi pañuelo,
como la nieve grande
baja del cielo.
Luz de candil,
mariposa del viento,
ya estás ahí.

ZAPATERA Y NIÑO.

Sí, sí, sí, sí, sí, sí, sí,
ya estás ahí.

NIÑO.

No te quieres parar,
parar no quieres,
no te quieres parar,
parar no quieres...
Mariposa del aire,

dorada y verde,
luz de candil...

ZAPATERA Y NIÑO.

Párate, mariposa,
quédate ahí.
No, sí, no, sí, no, sí, no, sí, no, sí...
Sí, sí, sí, sí, sí, sí, sí...

ZAPATERA. ¡Ahora, ahora!

NIÑO. *(Corriendo alegremente con el pañuelo.)* ¿No te quieres parar? ¿No quieres dejar de volar?... ¿No te quieres parar?... ¿No quieres dejar de volar?...

ZAPATERA. *(Corriendo también por otro lado.)* ¡Que se escapa, que se escapa!

(El Niño sale corriendo por la puerta persiguiendo a la mariposa que se escapa.)

ZAPATERA. *(Enérgica.)* ¿Dónde vas?

NIÑO. *(Suspenso.)* ¡Es verdad!... *(Rápido.)* ¡Pero yo no tengo la culpa!

ZAPATERA. Vamos, ¿quieres decirme lo que pasa? ¡Pronto!

NIÑO. ¡Ay! Pues mira... Tu marido el zapatero se ha ido para no volver más.

ZAPATERA. *(Aterrada.)* ¿Cómo?

NIÑO. Sí, sí. Eso ha dicho en casa antes de montarse en la diligencia, que lo he visto yo, y nos encargó que te lo dijéramos; y ya lo sabe todo el pueblo.

ZAPATERA. *(Sentándose desplomada.)* ¡No es posible, no es posible! ¡Yo no lo creo!

NIÑO. ¡Sí que es verdad! ¡No me regañes!

ZAPATERA. *(Levantándose hecha una furia y dando fuertes pisotadas en el suelo.)* ¿Y me da este pago? ¿Y me da este pago?

(El Niño se refugia detrás de la mesa.)

NIÑO. ¡Que se te caen las horquillas!

ZAPATERA. ¿Qué va a ser de mí ahora, sola en esta vida?

¡Ay!, ¡ay!, ¡ay! *(El Niño sale corriendo. La ventana y la puerta están llenas de Vecinos.)* Sí, sí, venid a verme, cascantes, comadricas; por vuestra culpa ha sido.

ALCALDE. Mira, ya te estás callando. Si tu marido te ha dejado, ha sido porque no lo querías, porque no podía ser.

ZAPATERA. ¿Pero lo van ustedes a saber mejor que yo? Sí lo quería, ¡vaya si lo quería!, ¡qué pretendientes buenísimos y muy riquísimos he tenido yo y no les he dado el sí jamás! ¡Ay, pobrecito mío, qué cosas te habrán contado!

SACRISTANA. ¡Mujer, repórtate!

ZAPATERA. No me resigno, no me resigno... ¡Ay!, ¡ay!, ¡ay!

(Por la puerta empiezan a entrar Vecinas con trajes de colores violentos y llevando grandes vasos de refresco. Giran, corren, entran y salen alrededor de la Zapatera, que está sentada, gritando, con prontitud y ritmo de baile. Las grandes faldas se deben abrir a las vueltas que dan. Todos deben adoptar una actitud cómica de pena.)

VECINA ROJA. Un refresco...
VECINA MORADA. Un refresquito...
VECINA NEGRA. Para la sangre...
VECINA VERDE. De limón...
VECINA AMARILLA. De zarzaparrilla...
VECINA ROJA. La menta es mejor...
VECINA MORADA. Vecina...
VECINA NEGRA. Vecinita...
VECINA VERDE. Zapatera...
VECINA AMARILLA. Zapaterita...
TODAS. Un refresco..., un refresquito...

(Las Vecinas arman gran algazara. La Zapatera llora a gritos.)

Telón

Acto segundo

A la izquierda, el banquillo arrumbado. A la derecha, un mostrador con botellas y un lebrillo con agua donde la Zapatera friega las copas. La Zapatera está detrás del mostrador. Viste un traje rojo encendido con amplias faldas y los brazos al aire. En la escena, dos mesas. En una de ellas está sentado don Mirlo, que toma un refresco, y en la otra, el Mozo del Sombrero.

ESCENA PRIMERA

La Zapatera friega con gran ardor vasos y copas que va colocando en el mostrador. Aparece en la puerta el Mozo de la Faja. Está triste. Con los brazos caídos mira de manera tierna a la Zapatera. Al actor que exagere lo más mínimo en este tipo debe el Director de escena darle un bastonazo en la cabeza. Nadie debe exagerar. La farsa exige siempre naturalidad. El Autor ya se ha encargado de dibujar el tipo y el sastre de vestirlo. Sencillez. El Mozo de la Faja se detiene en la puerta. Don Mirlo y el Mozo del Sombrero vuelven la cabeza y lo miran. Ésta es casi una escena de cine. La Zapatera deja de fregar y mira al Mozo de la Faja fijamente. Silencio.

ZAPATERA. Pase usted...
MOZO DE LA FAJA. Si usted lo quiere...
ZAPATERA. ¿Yo? Me trae absolutamente sin cuidado, pero como lo veo en la puerta...
MOZO DE LA FAJA. Lo que usted quiera. *(Se apoya en el mostrador.)*
MOZO DEL SOMBRERO. *(Entre dientes.)* Éste es otro al que voy a tener que...
ZAPATERA. ¿Qué va a tomar?
MOZO DE LA FAJA. Seguiré sus indicaciones...
ZAPATERA. Pues la puerta.

MOZO DE LA FAJA. ¡Ay, Dios mío, cómo cambian los tiempos!

ZAPATERA. No crea que me voy a echar a llorar. Vamos... ¿Va usted a tomar copa, café, refresco, diga?

MOZO DE LA FAJA. Refresco...

ZAPATERA. No me mire tanto que se me va a derramar el jarabe...

MOZO DE LA FAJA. Es que yo me estoy muriendo, ¡ay!

(Por la ventana se ve pasar a dos Majas con inmensos abanicos. Miran, se santiguan escandalizadas, se tapan los ojos con los pericones y a pasos menuditos cruzan.)

ZAPATERA. El refresco...

MOZO DE LA FAJA. *(Mirándola.)* ¡Ay!

MOZO DEL SOMBRERO. *(Mirando al suelo.)* ¡Ay!

DON MIRLO. *(Mirando al techo.)* ¡Ay!

(La Zapatera dirige la cabeza hacia los tres ayes.)

ZAPATERA. ¡Requeteay!... Pero ¿esto es una taberna o un hospital? ¡Abusivos! Si no fuera porque tengo que ganarme la vida con estos vinillos y este trapicheo, porque estoy sola desde que se fue por culpa de todos vosotros mi pobrecito marido de mi alma, ¿cómo es posible que yo aguantara esto? ¿Qué me dicen ustedes? Los voy a tener que plantar en lo ancho de la calle.

DON MIRLO. Muy bien, muy bien dicho.

MOZO DEL SOMBRERO. Has puesto taberna y podemos estar aquí dentro todo el tiempo que queramos.

ZAPATERA. *(Fiera.)* ¿Cómo? ¿Cómo?

(El Mozo de la Faja inicia el mutis y don Mirlo se levanta sonriente y haciendo como que está en el secreto y que volverá.)

MOZO DEL SOMBRERO. Lo que he dicho.

ZAPATERA. Pues si dices tú, más digo yo, y puedes enterarte y todos los del pueblo, que hace cuatro meses que se fue mi marido y no cederé a nadie jamás, porque una mujer casada debe estarse en su sitio, como Dios manda. Y que no me asusto de nadie, ¿lo oyes? Que yo tengo la sangre de mi abuelo, que esté en gloria, que fué desbravador de caballos y lo que se dice un hombre. Decente fui y decente lo seré. ¿Me comprometí con mi marido? ¡Pues hasta la muerte! ¡Fuera de aquí todo el mundo!

(Don Mirlo sale por la puerta rápidamente, haciendo señas que indican una relación entre él y la Zapatera.)

MOZO DEL SOMBRERO. *(Levantándose.)* Tengo tanto coraje que agarraría a un toro de los cuernos, le haría hincar la cerviz en las arenas y después me comería sus sesos crudos con estos dientes míos en la seguridad de no hartarme de morder. *(Sale por la puerta rápidamente y don Mirlo huye hacia la izquierda.)*

ZAPATERA. *(Con las manos en la cabeza.)* ¡Jesús, Jesús, Jesús y Jesús! *(Se sienta.)*

ESCENA II

Zapatera y Niño.

NIÑO. *(Entrando y tapando los ojos a la Zapatera.)* ¿Quién soy yo?

ZAPATERA. Mi niño, pastorcillo de Belén.

NIÑO. ¡Ya estoy aquí!... *(Se besan.)*

ZAPATERA. ¿Vienes por la merendita?

NIÑO. Si tú me la quieres dar...

ZAPATERA. Hoy tengo una onza de chocolate.

NIÑO. ¿Sí? A mí me gusta mucho estar en tu casa...

ZAPATERA. *(Dándole la onza.)* Porque eres interesadillo...

NIÑO. ¿Interesadillo? ¿Ves este cardenal que tengo en la rodilla?

ZAPATERA. ¿A ver?

NIÑO. Pues me lo ha hecho el Lunillo porque estaba cantando... las coplas que te han sacado y yo le pegué en la cara, y entonces él me tiró una piedra que, ¡plaf!, mira...

ZAPATERA. ¿Te duele mucho?

NIÑO. Ahora no, pero he llorado.

ZAPATERA. No hagas caso ninguno de lo que dicen.

NIÑO. Es que eran cosas muy indecentes; cosas indecentes que yo sé decir, ¿sabes?, pero que no quiero decir.

ZAPATERA. *(Riéndose.)* Porque si las dices cojo un pimiento picante y te pongo la lengua como un ascua.

NIÑO. ¿Pero por qué te echarán a ti la culpa de que tu marido se haya marchado?

ZAPATERA. Ellos, ellos son los que la tienen y los que me hacen desgraciada.

NIÑO. *(Triste.)* No digas, zapaterita...

ZAPATERA. Yo me miraba en sus ojos. Cuando lo veía venir montado en su jaca blanca...

NIÑO. *(Interrumpiendo.)* ¡Ja, ja, ja! Me estás engañando. El señor zapatero no tenía jaca...

ZAPATERA. Niño, sé más respetuoso. Tenía jaca, claro que la tuvo, pero es..., es que tú no habías nacido.

NIÑO. *(Pasándole la mano por la cara.)* ¡Ah, eso sería!

ZAPATERA. Ya ves tú... Cuando lo conocí estaba lavando yo en el arroyo del pueblo. Medio metro de agua y las chinas del fondo se veían reír, reír con el temblorcillo. Él venía con un traje negro entallado, corbata roja de seda buenísima y cuatro anillos de oro que relumbraban como cuatro soles.

NIÑO. ¡Qué bonito!

ZAPATERA. Me miró y lo miré. Yo me recosté en la hierba. Todavía me parece sentir en la cara aquel aire tan fresquito que venía por los árboles. Él paró su caballo, y la cola del caballo era blanca y tan larga que llegaba al agua del arroyo... *(La Zapatera está casi llorando. Empieza a oírse un canto lejano.)* Me puse tan azarada que se me fueron dos pañuelos preciosos, así de pequeñitos, en la corriente.

NIÑO. ¡Qué risa!

ZAPATERA. Él entonces me dijo... *(El canto se oye muy cerca.)* Chisss...

NIÑO. *(Se levanta.)* ¡Las coplas!

ZAPATERA. ¡Las coplas! *(Pausa. Los dos escuchan.)* ¿Tú sabes lo que dicen?

NIÑO. Medio medio...

ZAPATERA. Pues cántalas, que quiero enterarme.

NIÑO. ¿Para qué?

ZAPATERA. Para que yo sepa de una vez lo que dicen.

NIÑO. Verás... *(Cantando y siguiendo el compás.)*

La señora zapatera,
al marcharse su marido,
ha montado una taberna
donde acude el señorío...

ZAPATERA. ¡Me la pagarán!

NIÑO. *(Llevando el compás con la mano sobre la mesa.)*

¿Quién te compra, zapatera,
el paño de tus vestidos
y esas chambras de batista
con encajes de bolillos?
Ya la corteja el Alcalde,
ya la corteja don Mirlo;
zapatera, zapatera,
zapatera, ¡te has lucido!

(Las voces se van distinguiendo cerca y claras con su acompañamiento de panderos. La Zapatera coge un mantoncillo y se lo echa sobre los hombros.)

NIÑO. *(Asustado.)* ¿Dónde vas?

ZAPATERA. ¡Van a dar lugar a que compre un revólver! *(El canto se aleja. La Zapatera corre a la puerta, pero tropieza con el Alcalde, que viene majestuoso, dando golpes en el suelo con la vara.)*

ALCALDE. ¿Quién despacha?

ZAPATERA. ¡El demonio!

ALCALDE. Pero, ¿qué ocurre?

ZAPATERA. Lo que usted debía saber hace muchos días, lo que usted, como Alcalde, no debía permitir. La gente me canta coplas, los vecinos se ríen en sus puertas y, como no tengo marido que vele por mí, salgo yo a defenderme, ya que en este pueblo las autoridades son calabacines, ceros a la izquierda, estafermos...

NIÑO. ¡Muy bien dicho!

ALCALDE. *(Enérgico.)* ¡Niño, niño, basta de voces!... ¿Sabes tú lo que he hecho ahora? Pues meter en la cárcel a dos o tres de los que venían cantando.

ZAPATERA. ¡Quisiera yo ver eso!

VOZ. *(Fuera.)* ¡Niñooooo!

NIÑO. Mi madre me llama... *(Corre a la ventana.)* ¿Quéeeee? Adiós... Si quieres te puedo traer el espadón grande de mi abuelo, el que se fue a la guerra... Yo no puedo con él, ¿sabes?, pero tú sí...

ZAPATERA. *(Sonriente.)* ¡Lo que quieras!

VOZ. *(Fuera.)* ¡Niñooooo!

NIÑO. *(Ya en la calle.)* ¿Quéeeee?

ESCENA III

Zapatera y Alcalde.

ALCALDE. Por lo que veo, este niño sabio y retorcido es la única persona a quien tratas bien en el pueblo.

ZAPATERA. No pueden ustedes hablar una sola palabra sin ofender... ¿De qué se ríe Su Ilustrísima?

ALCALDE. De verte tan hermosa y desperdiciada.

ZAPATERA. ¡Antes un perro! ¿Qué va usted a tomar?

ALCALDE. Un refresquito... *(La Zapatera le sirve un vaso de vino.)* ¡Qué desengaño de mundo! Muchas mujeres he conocido: como amapolas, como rosas de olor..., mujeres morenas con los ojos como tinta de fuego, mujeres que les huele el pelo a nardos y siempre tienen las manos con calentura, mujeres cuyo talle se puede abarcar con estos dos dedos, pero como tú, como tú no hay nadie... Esto es pura experiencia. Conozco bien el ganado. Yo sé lo que me digo. *(Se va levantando poco a poco.)*

ZAPATERA. *(En el mostrador y conteniéndose.)* ¡Haga usted el favor de callarse!

ALCALDE. ¿Cómo me voy a callar? Cuando te veo ese cuerpo, ese cuerpazo que ni flor de manteca, ni manzana, ni la piedra mármol son comparables, y esa mata de pelo tan hermosísima, que había que verla cuando te la sueltas, no puedo con lo que me entra en la sangre. Anteayer estuve enfermo toda la mañana porque vi tendidas en el prado dos camisas tuyas con lazos celestes, que era como verte a ti, zapatera de mi alma...

ZAPATERA. *(Estallando furiosa.)* ¡Que yo no tengo paciencia!

ALCALDE. *(Sentándose.)* ¡Mujer!

ZAPATERA. *(Acercándose.)* ¡Calle usted, viejísimo! ¡Calle usted! Con hijas mozuelas y lleno de familia no se debe cortejar de esta manera tan indecente y tan descarada.

ALCALDE. ¡Soy viudo!

ZAPATERA. Y yo casada.

ALCALDE. Pero tu marido te ha dejado y no volverá, estoy seguro.

ZAPATERA. Yo viviré como si lo tuviera.

ALCALDE. Pues a mí me consta, porque me lo dijo, que no te quería ni tanto así.

ZAPATERA. Pues a mí me consta que sus cuatro señoras, mal rayo las parta, le aborrecían a muerte.

ALCALDE. *(Dando en el suelo con la vara.)* ¡Ya estamos!

ZAPATERA. *(Tirando un vaso.)* ¡Ya estamos!

(Pausa.)

ALCALDE. *(Entre dientes.)* Si yo te cogiera por mi cuenta, ¡vaya si te domaba!

ZAPATERA. *(Guasona.)* ¿Qué está usted diciendo?

ALCALDE. Nada. Pensaba... que, si tú fueras como debías ser, te hubieras enterado que tengo voluntad y valentía para hacer escritura delante del notario de una casa muy hermosa...

ZAPATERA. ¿Y qué más?

ALCALDE. Con un estrado que costó cinco mil reales, con centros de mesa, con cortinas de brocatel, con espejos de cuerpo entero...

ZAPATERA. ¿Y qué más?

ALCALDE. *(Tenoriesco.)* Que la casa tiene una cama con coronación de pájaros y azucenas de cobre, un jardín con seis palmeras y una fuente saltadora, pero aguarda para estar alegre que una persona que sé yo se quiera aposentar en sus salas, donde estaría... *(Dirigiéndose a la Zapatera.)* Mira..., ¡estarías como una reina!

ZAPATERA. *(Guasona.)* Yo no estoy acostumbrada a esos lujos. Siéntese usted en el estrado, métase usted en la cama, mírese usted en los espejos y póngase con la boca abierta debajo de las palmeras, esperando que le caigan los dátiles, que yo de zapatera no me muevo.

ALCALDE. Ni yo de Alcalde. Pero que te vayas enterando que no por mucho despreciar amanece más temprano.

ZAPATERA. *(Con retintín.)* Juramento le tengo hecho a san José, a san Cayetano, a santa Rita y a toda la corte celestial de estarme en mi sitio.

ALCALDE. ¿Pero tú crees que puedes vivir toda la vida en la soltería?

ZAPATERA. Y que no me gusta usted ni me gusta nadie del pueblo. ¡Qué está usted muy viejo y muy pachucho!

ALCALDE. *(Indignado.)* Acabaré metiéndote en la cárcel.

ZAPATERA. ¡Atrévase usted!

(Fuera se oye un toque de trompeta floreado y comiquísimo.)

ALCALDE. ¿Qué será eso?

ZAPATERA. *(Alegre y ojiabierta.)* ¡Títeres! *(Se golpea las rodillas.)*

(Frente a la ventana cruzan dos Mujeres.)

VECINA ROJA. ¡Títeres!
VECINA MORADA. ¡Títeres!
NIÑO. *(En la ventana.)* ¿Traerán monos? ¡Vamos!
ZAPATERA. ¡Voy a cerrar la ventana!
NIÑO. ¡Vienen a tu casa!
ZAPATERA. ¿Sí? *(Se acerca a la ventana.)*
NIÑO. ¡Míralos!

ESCENA IV

Por la puerta aparece el Zapatero, disfrazado. Trae una trompeta y un cartelón enrollado en la espalda. Lo rodea la gente. La Zapatera queda en actitud expectante y el Niño salta por la ventana y se coge a sus faldones.

ZAPATERO. Buenas tardes.
ZAPATERA. Buenas tardes tenga usted, señor titiritero.
ZAPATERO. ¿Aquí se puede descansar?
ZAPATERA. Y beber, si usted gusta.
ALCALDE. Pase usted, buen hombre y tome lo que quiera, que yo pago. *(A los Vecinos.)* Y vosotros, ¿qué hacéis ahí?
VECINA ROJA. Como estamos en lo ancho de la calle no creo que le estorbemos.
ZAPATERO. *(Mirando todo con disimulo deja el rollo sobre la mesa.)* Déjelos, señor Alcalde... (supongo que es usted), que con ellos me gano la vida...
NIÑO. ¿Dónde he oído yo hablar a este hombre? *(En toda la escena el Niño mirará con gran extrañeza al Zapatero.)* ¡Empieza ya los títeres!

(Los Vecinos ríen.)

ZAPATERO. En cuanto tome un vaso de vino.
ZAPATERA. *(Alegre.)* ¿Pero los va usted a hacer en mi casa?
ZAPATERO. Si tú lo permites...
VECINA ROJA. Entonces, ¿podemos pasar?

ZAPATERA. *(Seria.)* Podéis pasar. *(Da un vaso al Zapatero.)*
VECINA ROJA. Disfrutaremos un poquito.
ALCALDE. *(Sentándose.)* ¿Viene usted de muy lejos?
ZAPATERO. De muy lejísimos.
ALCALDE. ¿De Sevilla?
ZAPATERO. Échele usted leguas.
ALCALDE. ¿De Francia?
ZAPATERO. Échele usted leguas.
ALCALDE. ¿De Inglaterra?
ZAPATERO. ¡De las Islas Filipinas!
TODOS. ¡Qué barbaridad!

(Las Vecinas hacen signos de admiración. La Zapatera está extasiada.)

ALCALDE. Habrá usted visto a los insurrectos.
ZAPATERO. Lo mismo que les estoy viendo a ustedes ahora.
NIÑO. ¿Y cómo son?
ZAPATERO. Intratables. Figúrense ustedes que casi todos ellos son zapateros.

(Las Vecinas miran a la Zapatera.)

ZAPATERA. *(Quemada.)* ¿Y no los hay de otros oficios?
ZAPATERO. Absolutamente. En las Islas Filipinas, zapateros.
ZAPATERA. Pues puede que en las Filipinas esos zapateros sean tontos, que aquí en estas tierras los hay listos y muy listos.
VECINA ROJA. *(Adulona.)* ¡Muy bien hablado!
ZAPATERA. *(Brusca.)* Nadie le ha preguntado su parecer.
VECINA ROJA. ¡Hija mía!

(Todos ríen.)

ZAPATERO. *(Enérgico, interrumpiendo.)* ¡Qué rico vino! *(Más fuerte.)* ¡Qué requeterrico vino! *(Silencio.)* ¡Vino de uvas negras, como el alma de algunas mujeres que yo conozco!
ZAPATERA. De las que la tengan...

(Todos ríen.)

ALCALDE. ¡Chisss! ¿Y en qué consiste el trabajo de usted?

ZAPATERO. *(Apura el vaso, chasca la lengua y mira a la Zapatera.)* ¡Ah! Es un trabajo de poca apariencia y de mucha ciencia. Enseño la vida por dentro. Aleluyas con los hechos del zapatero mansurrón y la Fierabrás de Alejandría, vida de don Diego Corrientes, aventuras del guapo Francisco Esteban y, sobre todo, arte de colocar el bocado a las mujeres parlanchinas y respondonas.

ZAPATERA. ¡Todas esas cosas las sabía mi pobrecito esposo!

ZAPATERO. ¡Dios lo haya perdonado!

ZAPATERA. Oiga usted...

(Las Vecinas ríen.)

NIÑO. ¡Cállate!

ALCALDE. *(Autoritario.)* ¡A Callar! Enseñanzas son ésas que convienen a todas las criaturas. Cuando usted guste...

ZAPATERO. (¿Qué pasa aquí?) Puesto que así lo desea el respetable y queridísimo público, daré comienzo en seguida sin haberme quitado el polvo de los caminos...

ZAPATERA. ¡Da gusto oírle hablar!

(El Zapatero desenrolla el cartelón en el que hay pintada una historia de ciego dividida en pequeños cuadros, pintados con almazarrón y colores violentos. Los Vecinos inician un movimiento de aproximación y la Zapatera sienta al Niño sobre sus rodillas.)

ZAPATERO. ¡Atención!

NIÑO. ¡Ay, qué precioso! *(Abraza a la Zapatera. Murmullos.)*

ZAPATERA. Que te fijes bien por si acaso no me entero del todo.

NIÑO. Más difícil que la Historia Sagrada no será.

ZAPATERO. Respetable público: Oigan ustedes el romance verdadero y sustancioso de la mujer rubicunda y el hombrecillo de la paciencia, para que sirva de escarmiento y ejemplaridad a todas las criaturas de este mundo. *(En tono lúgubre.)* Aguzad vuestros oídos y entendimiento.

(Los Vecinos alargan la cabeza y algunas Mujeres se agarran de las manos.)

NIÑO. ¿No te parece el titiritero hablando a tu marido?
ZAPATERA. Él tenía la voz más dulce.
ZAPATERO. ¿Estamos?
ZAPATERA. Me sube así un repeluzno...
NIÑO. ¡Y a mí también!
ZAPATERO. *(Señalando con la varilla.)*

En un cortijo de Córdoba,
entre jarales y adelfas,
vivía un talabartero
con una talabartera.

(Expectación.)

Ella era una mujer arisca;
él, hombre de gran paciencia;
ella giraba en los veinte
y él pasaba de cincuenta.
¡Santo Dios, cómo reñían!
Miren ustedes la fiera,
burlando al débil marido
con los ojos y la lengua.

(Está pintada en el cartel una mujer que mira de manera infantil y cómica.)

ZAPATERA. ¡Qué mala mujer!
ZAPATERO.

Cabellos de emperadora
tiene la talabartera,
y una carne como el agua
cristalina de Lucena.
Cuando movía las faldas
en tiempo de primavera
olía toda su ropa
a limón y a yerbabuena.

TODOS.

¡Ay, qué limón, limón,
de la limonera!
¡Qué apetitosa
talabartera!

ZAPATERO.

Ved cómo la cortejaban
mocitos de gran presencia
en caballos relucientes
llenos de borlas de seda.
Gente cabal y garbosa
que pasaba por la puerta
haciendo brillar adrede
las onzas de sus cadenas.
La conversación a todos
daba la talabartera
y ellos caracoleaban
sus jacas sobre las piedras.
Miradla hablando con uno,
bien peinada y bien compuesta,
mientras el pobre marido
clava en el cuero la lezna.
Esposo viejo y decente,
casado con joven tierna,
¡qué tunante caballista
roba tu amor en la puerta!

(La Zapatera, que ha estado dando suspiros, rompe a llorar.)

ZAPATERO. ¿Qué le pasa?
ALCALDE. Pero, ¡niña!... *(Da con la vara.)*
VECINA ROJA. ¡Siempre llora quien tiene por qué callar!
VECINA MORADA. Siga usted...
ZAPATERA. Es que me da mucha lástima y no puedo contenerme, ¿lo ve usted?, no puedo contenerme...
ALCALDE. ¡Chitón!
NIÑO. ¿Lo ves?

ZAPATERO. Hagan el favor de no interrumpirme... ¡Cómo se conoce que no tienen que decirlo de memoria!

NIÑO. *(Suspirando.)* ¡Es verdad!

ZAPATERO.

Un lunes por la mañana,
a eso de las once y media,
cuando el sol deja sin sombra
los juncos y madreselvas,
cuando alegremente bailan
brisa y tomillo en la sierra
y van cayendo las verdes
hojas de las madroñeras,
regaba sus alhelíes
la arisca talabartera.
Llegó su amigo trotando
una jaca cordobesa
y le dijo entre suspiros:
«Niña, si tú lo quisieras,
cenaríamos mañana
los dos solos en tu mesa».
«¿Y qué harás de mi marido?»
«Tu marido no se entera.»
«¿Qué piensas hacer?» «¡Matarlo!»
«Es ágil; quizá no puedas.
¿Tienes revólver?» «¡Mejor!
Tengo navaja barbera...»
«¿Corta mucho?» «Más que el frío....

(La Zapatera se tapa los ojos y aprieta al Niño. Todos los Vecinos tienen una expectación máxima.)

Y no tiene ni una mella...»
«¿No has mentido?» «Le daré
diez puñaladas certeras
en esta disposición
que me parece estupenda:
cuatro en la región lumbar,

una en la tetilla izquierda,
otra en semejante sitio
y dos en cada cadera.»
«¿Lo matarás en seguida?»
«Esta noche, cuando vuelva
con el cuero y con las crines
por la curva de la acequia...»

(En este último verso, y con toda rapidez, se oye fuera del escenario un grito angustiado y fortísimo. Otro grito más cerca. Los Vecinos se levantan. Al Zapatero se le cae de las manos el cartel y la varilla. Tiemblan todos cómicamente.)

VECINA NEGRA. ¡Ya han sacado las navajas!
ZAPATERA. ¡Ay, Dios mío!
VECINA ROJA. ¡Virgen Santísima!
ZAPATERO. ¡Qué escándalo!
VECINA NEGRA. ¡Se están matando! ¡Se están cosiendo a puñaladas por culpa de esa mujer! *(Señala a la Zapatera.)*
ALCALDE. *(Nervioso.)* Vamos a ver...
NIÑO. ¡Que me da mucho miedo!...
VECINA VERDE. ¡Acudir, acudir! *(Van saliendo.)*
VOZ. *(Fuera.)* ¡Por esa mala mujer!
ZAPATERO. Yo no puedo tolerar esto, ¡no lo puedo tolerar! *(Con las manos en la cabeza recorre la escena. Van saliendo rápidamente todos entre ayes y miradas furiosas a la Zapatera. Ésta cierra rápidamente la puerta y la ventana.)*

ESCENA V

Zapatera y Zapatero.

ZAPATERA. ¿Y el niño? ¿Dónde está el niño?

ZAPATERO. Se fue con las vecinas...

ZAPATERA. ¿Ha visto usted qué infamia? Yo le juro por la preciosísima sangre de Nuestro Padre Jesús, que soy inocente. ¡Ay!, ¿qué habrá pasado? Mire, mire usted cómo tiemblo. *(Le enseña las manos.)* Parece que las manos se me quieren escapar ellas solas.

ZAPATERO. Ya verá como no ocurre nada.

ZAPATERA. Sí..., pero yo tengo mucho disgusto.

ZAPATERO. Calma, muchacha. ¿Es que su marido está en la calle?

ZAPATERA. *(Llorando.)* ¿Mi marido? ¡Ay, señor mío!

ZAPATERO. ¿Qué le pasa?

ZAPATERA. Mi marido me dejó por culpa de las gentes y ahora me encuentro sola sin calor de nadie.

ZAPATERO. ¡Pobrecilla!

ZAPATERA. ¡Con lo que yo le quería!... ¡Lo adoraba!

ZAPATERO. *(En un arranque.)* ¡Eso no es verdad!

ZAPATERA. *(Dejando de llorar.)* ¿Qué está usted diciendo?

ZAPATERO. Digo que es una cosa tan... incomprensible que... parece que no es verdad. *(Turbado.)*

ZAPATERA. *(Extrañada.)* Tiene usted mucha razón, pero yo desde entonces ni como, ni duermo, ni vivo, porque él era mi alegría, mi defensa...

ZAPATERO. ¿Y queriéndolo tanto como lo quería la abandonó? Por lo que veo su marido de usted era hombre de pocas luces...

ZAPATERA. Haga el favor de guardarse la lengua en el bolsillo. Nadie le ha dado permiso para que dé su opinión...

ZAPATERO. ¡Usted perdone! No he querido...

ZAPATERA. ¡Digo!... ¡Cuando era más listo!

ZAPATERO. *(Con guasa.)* ¿Sííííí?

ZAPATERA. ¡Sí! ¿Ve usted todos esos romances que usted

canta y cuenta por los pueblos? Pues todo eso es un ochavo comparado con lo que él sabía... Él sabía... ¡el triple!

ZAPATERO. *(Serio.)* No puede ser...

ZAPATERA. Y el cuádruple... Me los decía todos a mí cuando nos acostábamos. Historietas antiguas que usted no habrá oído mentar siquiera... *(Gachona.)* ¡Y a mí me daba un susto!... Pero él me decía...: «Preciosa de mi alma, ¡si esto ocurre de mentirijillas!».

ZAPATERO. ¡Mentira!

ZAPATERA. ¿Eh? ¿Se le ha vuelto el juicio?

ZAPATERO. ¡Mentira!

ZAPATERA. Pero ¿qué es lo que está usted diciendo, titiritero del demonio?

ZAPATERO. *(Fuerte y de pie.)* Que tenía mucha razón su marido de usted: esas historietas son pura mentira, fantasía nada más.

ZAPATERA. Naturalmente, señor mío. Parece que me toma por tonta de capirote... Pero no me negará usted que dichas historietas impresionan.

ZAPATERO. ¡Ah, eso ya es harina de otro costal!... Impresionan a las almas impresionables.

ZAPATERA. Todo el mundo tiene sentimientos.

ZAPATERO. Según se mire. He conocido mucha gente sin sentimiento. Y en mi pueblo vivía una mujer, en cierta época, que tenía el suficiente mal corazón para hablar con sus amigos por la ventana mientras el marido hacía botas y zapatos de la mañana a la noche.

ZAPATERA. *(Levantándose y cogiendo una silla.)* ¿Eso lo dice por mí?

ZAPATERO. ¿Cómo?

ZAPATERA. ¿Que si va con segunda? ¡Dígalo! ¡Sea valiente!

ZAPATERO. Señorita, ¿qué está usted diciendo? ¿Qué se yo quién es usted? Yo no la he ofendido en nada, ¿por qué me falta de esa manera? ¡Pero es mi sino!

ZAPATERA. *(Enérgica, pero conmovida.)* Mire usted, buen hombre: yo he hablado así porque estoy sobre ascuas. Todo el mundo me asedia, todo el mundo me critica. ¿Cómo quiere que no esté acechando la ocasión más pequeña para defenderme? Si estoy sola, si soy joven y vivo de mis recuerdos... *(Llora.)*

ZAPATERO. Ya comprendo, preciosa joven. Lo comprendo mucho más de lo que pueda imaginarse, porque... ha de saber usted, con toda clase de reservas, que su situación es..., sí, no cabe duda, idéntica a la mía.

ZAPATERA. ¿Es posible?

ZAPATERO. A mí... ¡me abandonó mi esposa!

ZAPATERA. ¡No pagaba con la muerte!

ZAPATERO. Ella soñaba con un mundo que no era el mío, era fantasiosa y dominante, gustaba demasiado de la conversación y las golosinas que yo no podía costearle, y un día tormentoso de viento huracanado me abandonó para siempre.

ZAPATERA. ¿Y qué hace usted ahora corriendo mundo?

ZAPATERO. Voy en su busca para perdonarla y vivir con ella lo poco que me queda de vida. A mi edad ya se está malamente por esas posadas de Dios.

ZAPATERA. ¡Quién pudiera hacer lo mismo!

ZAPATERO. La casa de uno, sea como sea, es la *Gloria in Excelsis Deo.*

(Música.)

ZAPATERA.

Las manos de mi cariño
te están bordando una capa
con agremán de alhelíes
y con esclavina de agua.
Los zapatos que tú hacías,
zapatero de mi alma,
son estrellas que relucen
alrededor de mi cama.
La luna es un pozo chico,
las rosas no valen nada;
lo que valen son tus brazos
cuando de noche me abrazan.

ZAPATERO.

¡Ay mi niña zapatera!
¡Ay, espejo de mi casa!

Con los martillos diré
la alegría de tu cara.

ZAPATERA.

¿Por dónde estarás andando
con tu cintura entallada?

ZAPATERO.

Quiero un rico pan moreno
con sueño de tu almohada.

ZAPATERA.

Cuando fuiste novio mío
por la primavera blanca
los cascos de tu caballo
cuatro sollozos de plata.

ZAPATERO.

¡Ay, mi niña zapatera!
¡Ay, espejo de mi casa!

ZAPATERA.

Los cascos de tu caballo,
cuatro sollozos de plata.

(Cesa la música.)

¡Ay! Me es usted simpático, simpático y requetesimpático como ningún hombre me ha sido en el mundo, porque se encuentra en mi misma situación.

ZAPATERO. Verdaderamente, es un caso raro.

ZAPATERA. Y siento un gran bienestar porque sé que usted es capaz de comprenderme perfectamente. ¿Verdad que sí?

ZAPATERO. *(Levantándose.)* ¡Sí! Y estoy convencido además de que Dios ha guiado mis pasos hacia este pueblo para consolarla en lo que pueda y consolarme yo al mismo tiempo.

ZAPATERA. Tome un poquito de café caliente, que después de toda esta tracamandana le servirá de salud. *(Va al mostrador a echar el café y vuelve la espalda al Zapatero.)*

ZAPATERO. *(Persignándose exageradamente y abriendo los ojos.)* ¡Dios te lo pague, clavellinita encarnada!

(La Zapatera le ofrece la taza, se queda con el plato en las manos y él bebe a sorbos.)

VECINA 1.ª

¡Comadre!

VECINA 2.ª

¡Comadre!

VECINA 3.ª

Lo que estamos viendo
no lo ha visto nadie.

VECINA 1.ª

Naranjas y vino.

VECINA 2.ª

Taza de café.

VECINA 3.ª

Y a la media noche
la sopa de miel.

VECINA 1.ª

Presume de santa.

VECINA 2.ª

Presume de buena.

VECINA 3.ª

Y se frota el cuerpo
con albahaca fresca.

VECINA 1.ª

Comadre, silencio.

VECINA 2.ª

Silencio, comadre.

VECINA 3.ª

Lo que estamos viendo
no lo ha visto nadie.

ZAPATERA. ¿Está bueno?
ZAPATERO. Como hecho por sus manos.
ZAPATERA. Muchas gracias.
ZAPATERO. Huele, como debe oler esa hermosísima mata de pelo: a jacintos, a agua de colonia... *(Entre cómico y serio.)*
ZAPATERA. *(Blanda.)* ¡Dios se lo pague!

ZAPATERO. No cambio yo este instante por toda una eternidad comiendo bizcotelas y tocino de cielo.

ZAPATERA. *(Tonta, gachona.)* ¡Vaya si lo cambiaría!

ZAPATERO. *(Vehemente.)* ¡De ninguna manera! ¿Qué más puede apetecer un hombre de cierta edad que encontrarse delante de una mujer tan hermosa como usted, después de haber aprendido que en todas partes del mundo se está mal, menos en la casa que uno se forma aunque se esté en ella pésimamente?

ZAPATERA. ¡Qué verdad tan grande!

ZAPATERO. ¡Ay, qué envidia me da su marido!

ZAPATERA. ¿Por qué?...

ZAPATERO. ¡Porque se pudo casar con la mujer más preciosa de la tierra!

ZAPATERA. ¡Qué cosas tiene!...

ZAPATERO. Y ahora casi me alegro de tenerme que marchar, porque usted sola, yo solo, usted tan guapa y yo con mi lengua en su sitio, me parece que se me escaparía cierta insinuación...

ZAPATERA. ¿Qué quiere decir?

ZAPATERO. *(Bajo.)* Quiero decir... que..., como somos lo que se dice dos viudos..., podíamos consolarnos de muchas maneras, hasta..., ¡sí!, queriéndonos...

ZAPATERA. Por Dios, ¡quite de ahí!, ¿qué se figura? Yo guardo mi corazón entero para el que está por esos mundos, para quien debo, ¡para mi marido!

ZAPATERO. *(Contentísimo y tirando el sombrero al suelo.)* ¡Eso está pero que muy bien! Así son las mujeres verdaderas, ¡así!

ZAPATERA. *(Un poco guasona y sorprendida.)* Me parece a mí que usted está un poco... *(Se lleva el dedo a la sien.)*

ZAPATERO. Lo que usted quiera. Pero sepa y entienda que yo no estoy enamorado de nadie más que de mi mujer, mi esposa de legítimo matrimonio, ¡mi niña loca! *(Conmovido.)* Cuando se marchó de mi lado reconozco que no la quería mucho, pero ahora, cada minuto que pasa, la quiero más y más.

ZAPATERA. Y yo de mi marido y de nadie más que de mi marido. ¡Cuantas veces lo he dicho para que lo oyeran hasta los sordos! *(Con las manos cruzadas.)* ¡Ay, qué zapaterillo de mi alma!

ZAPATERO. *(Aparte.)* ¡Ay, qué zapaterilla de mi corazón!

(Golpes en la puerta.)

ESCENA VI

Zapatera, Zapatero y Niño.

ZAPATERA. ¡Jesús! Está una en un continuo sobresalto.

ZAPATERO. ¿Quiere usted que abra la puerta?

ZAPATERA. Bien mirado no sé qué hacer...

(Más golpes.)

ZAPATERO. Usted dirá..., pero en todo caso yo estoy aquí...

ZAPATERA. ¡Dios se lo pague!

ZAPATERO. ¡Abra!

ZAPATERA. ¿Quién es?

NIÑO. Abre.

ZAPATERA. Pero ¿es posible? ¿Cómo has venido?

NIÑO. ¡Ay, vengo corriendo para decírtelo!

ZAPATERA. ¿Qué ha pasado?

NIÑO. Se han hecho heridas con las navajas dos o tres mozos, y te echan a ti la culpa. Heridas que echan mucha sangre. Todas las mujeres han ido a ver al juez para que te vayas del pueblo, ¡ay! Y los hombres querían que el sacristán tocara las campanas para cantar tus coplas...

(El Niño está jadeante y sudoroso.)

ZAPATERA. ¿Lo está usted viendo?

NIÑO. Toda la plaza está llena de corrillos, parece la feria, ¡y todos contra ti!

ZAPATERO. ¡Canallas! Intenciones me dan de salir a defenderla...

ZAPATERA. ¿Para qué? Lo meterían en la cárcel. Yo soy la que va a tener que hacer algo gordo.

NIÑO. Desde la ventana de tu cuarto puedes ver el jaleo de la plaza...

ZAPATERA. Vamos. Quiero cerciorarme de la maldad de las gentes.

ESCENA VII

Zapatero.

ZAPATERO. ¡Sí, sí, canallas!... ¡Pero pronto ajustaré cuentas con todos! ¡Y me las pagarán!... ¡Ay, casita mía, qué calor más agradable sale por tus puertas y ventanas!... ¡Y ay, qué terribles paradores, qué malas comidas, qué sábanas de lienzo moreno por esos caminos del mundo! ¡Y qué disparate no sospechar que mi mujer era de oro puro, del mejor oro de la tierra! ¡Casi me dan ganas de llorar!

ESCENA VIII

Zapatero y Vecinas.

VECINA ROJA. Buen hombre...

VECINA AZUL. Buen hombre...

VECINA ROJA. Salga en seguida de esta casa. Usted es persona decente y no debe estar aquí.

VECINA AZUL. Ésta es la casa de una leona, de una hiena...

VECINA ROJA. De una mal nacida, desengaño de los hombres...

VECINA AZUL. Pero o se va del pueblo o la echamos. ¡Nos trae locas!

VECINA ROJA. ¡Muerta la quisiera ver!

VECINA AZUL. Amortajada con su ramo en el pecho.

ZAPATERO. *(Angustiado.)* ¡Basta!

VECINA ROJA. Ha corrido la sangre.

VECINA AZUL. No quedan pañuelos blancos.

VECINA ROJA. Dos hombres como dos soles...

VECINA AZUL. Con las navajas clavadas...

ZAPATERO. *(Fuerte.)* ¡Basta ya!
VECINA ROJA. Por culpa de ella.
VECINA AZUL. ¡Ella, ella y ella!
VECINA ROJA. Miramos por usted.
VECINA AZUL. Le avisamos con tiempo.
ZAPATERO. ¡Grandísimas embusteras, mentirosas, malnacidas! ¡Os voy a arrastrar del pelo!
VECINA ROJA. *(A la otra.)* ¡También lo ha conquistado!
VECINA AZUL. A fuerza de besos habrá sido.
ZAPATERO. ¡Así os lleve el demonio! ¡Basiliscos! ¡Perjuras!...
VECINA NEGRA. *(En la ventana.)* ¡Comadre, corra usted!

(Las Vecinas salen corriendo.)

VECINA ROJA. ¡Otro en el garlito!
VECINA AZUL. ¡Otro!
ZAPATERO. ¡Sayonas! ¡Tarascas! ¡Os pondré navajillas barberas en los zapatos! ¡Me vais a soñar!...

ESCENA IX

Zapatero, Zapatera y Niño.

NIÑO. *(Entrando rápido.)* Ahora entraba un grupo de hombres en casa del Alcalde. Voy a ver lo que dicen...

(Sale corriendo. Al mismo tiempo pasa por el fondo una figura de amarillo.)

ZAPATERA. *(Valiente.)* Pues aquí estoy si se atreven a venir. Y con serenidad de familia de caballistas, que he cruzado muchas veces la sierra sin hamugas, a pelo sobre los caballos.
ZAPATERO. La compadezco de todo corazón.
ZAPATERA. Perdéis el tiempo, porque yo espero ganar la batalla.
ZAPATERO. ¿Y no flaqueará algún día su fortaleza?
ZAPATERA. Nunca se rinde la que, como yo, está sostenida

por el amor y la honradez. Soy capaz de seguir así hasta que se me vuelva cana toda mi mata de pelo.

ZAPATERO. *(Conmovido y avanzando hacia ella.)* ¡Ay!...

ZAPATERA. ¿Qué le pasa?

ZAPATERO. Me emociono...

ZAPATERA. Mire usted: tengo a todo el pueblo encima, quieren venir a matarme y, sin embargo no tengo ningún miedo. La navaja se contesta con la navaja y el palo con el palo, pero cuando de noche cierro esa puerta y me voy sola a mi cama..., me da una pena, ¡qué pena!, ¡y paso unas sofocaciones!... Que cruje la cómoda, ¡un susto!; que suenan con el aguacero los cristales del ventanillo, ¡otro susto!; que yo sola meneo sin querer las perinolas de la cama, ¡susto doble! Y todo esto no es más que miedo a la soledad donde están los fantasmas que yo no he visto porque no los he querido ver, pero que vieron mi madre, y mi abuela, y todas las mujeres de mi familia que han tenido ojos en la cara.

ZAPATERO. ¿Y por qué no cambia de vida?

ZAPATERA. ¿Pero usted está en su juicio? ¿Qué voy a hacer? ¿Dónde voy así? Aquí estoy y Dios dirá.

ZAPATERO. *(Decidido.)* ¡Mira!...

ZAPATERA. ¿Qué?

ZAPATERO. Mire usted, señora, ¿y por qué?...

ZAPATERA. *(Rápida.)* No me dé consejos que estoy de ellos hasta la coronilla, y además sé lo que tengo que hacer perfectamente.

ZAPATERO. Sí... Estoy conmovido..., ya ve usted..., casi casi con lágrimas en los ojos, ¡lo que no me había pasado nunca!, ¡y es sin querer!

ZAPATERA. Tampoco quiero dar lástima a las personas.

ZAPATERO. *(Inquieto.)* ¿Qué hora será?

ZAPATERA. Las seis de la tarde...

(Fuera y muy lejanos se oyen murmullos y aplausos.)

ZAPATERO. Yo lo siento mucho, pero tengo que emprender mi camino antes que la noche se me eche encima.

ZAPATERA. Todavía tiene tiempo.

ZAPATERO. *(Haciendo como que se despide.)* ¡Pero me voy! ¡Ya no la molesto más!

ZAPATERA. ¿Tan pronto?

ZAPATERO. ¡Es mi sino! De pueblo en pueblo, aquí caigo y allí levanto, por esos barrizales de Dios en el invierno, por esos polvillares de Dios en las terribles calores.

ZAPATERA. ¡Mire usted que la vida!...

ZAPATERO. Para eso hemos nacido.

ZAPATERA. Pues yo no me conformo.

ZAPATERO. ¿Qué remedio queda?

ZAPATERA. Quedan las uñas para arañar al primero que se presente...

ZAPATERO. *(Serio y enérgico.)* Las uñas, sépalo de una vez, no dan resultado. ¿Cuánto debo? *(Coge el cartelón.)*

ZAPATERA. Nada.

ZAPATERO. ¡No transijo!

ZAPATERA. Lo comido por lo servido...

ZAPATERO. Muchas gracias. *(Triste, se carga el cartelón.)* Entonces..., adiós..., para toda la vida..., porque a mi edad... *(Está conmovido.)*

ZAPATERA. *(Reaccionando.)* Yo no quiero despedirme así... Yo soy mucho más alegre... *(En voz clara.)* Buen hombre, Dios quiera que encuentre usted a su mujer, para que vuelva a vivir con el cuido y la decencia a que estaba acostumbrado.

ZAPATERO. Igualmente le digo de su esposo. Pero usted ya sabe que el mundo es reducido. ¿Qué quiere que le diga si por casualidad me lo encuentro en mis caminatas?

ZAPATERA. Dígale usted que lo adoro.

ZAPATERO. *(Acercándose.)* ¿Y qué más?

ZAPATERA. *(Apasionada.)* Que día y noche lo tengo metido en lo más hondo de mi pensamiento...

ZAPATERO. *(Entusiasmado y más cerca.)* ¿Y qué más?, ¿qué?, ¿qué?

ZAPATERA. Que a pesar de sus cincuenta y tantos años, ¡benditísimos cincuenta años!, me resulta más juncal y torerillo que todos los hombres del mundo.

ZAPATERO. ¡Niña, qué primor! ¡Le quiere usted tanto como yo a mi mujer!

ZAPATERA. ¡Muchísimo más!

ZAPATERO. ¡No es posible! Yo soy como un perrillo y mi mujer manda en el castillo, ¡pero que mande!, ¡tiene más sentimiento que yo! *(Está cerca de ella y como adorándola.)*

ZAPATERA. Y no se le olvide decirle que lo espero, que el invierno tiene las noches largas.

ZAPATERO. Entonces, ¿lo recibiría usted bien?

ZAPATERA. ¡Como si fuera el rey y la reina juntos!

ZAPATERO. ¿Y si por casualidad llegara ahora mismo?

ZAPATERA. Me volvería loca de alegría.

ZAPATERO. ¿Le perdonaría su locura?

ZAPATERA. ¡Cuanto tiempo hace que se la perdoné!

ZAPATERO. ¿Quiere usted que llegue ahora mismo?

ZAPATERA. ¡Ay, si viniera!

ZAPATERO. *(Gritando.)* Pues aquí está.

ZAPATERA. ¿Qué está usted diciendo?

ZAPATERO. *(Quitándose las gafas y el disfraz.)* ¡Que ya no puedo más, zapatera de mi corazón! *(La Zapatera retrocede espantada y queda suspensa con un hipo largo y cómico.)* ¿Qué te pasa, prenda mía? Te lo he dicho sin prepararte y es demasiado.

ZAPATERA. *(Gritando al fin.)* ¡Ay, Dios mío!

ZAPATERO. Perdóname. En el pecado llevo la penitencia. He sufrido mucho y, aunque hubieras sido mala, tenía necesariamente que volver. *(Abraza a la Zapatera y ésta lo mira fijamente en medio de su crisis.)*

(Fuera se oye un runrún de coplas.)

ZAPATERA. ¿Lo oyes? ¡Pillo! ¡Tunante! ¡Granuja! ¡Por tu culpa!

ZAPATERO. *(Emocionado, dirigiéndose al banquillo.)* ¡Mujer de mi corazón!

ZAPATERA. ¡Corremundos! ¡Ay, cómo me alegra que hayas venido! ¡Qué vida te voy a dar!... ¡Ni la Inquisición! ¡Ni los templarios de Roma!

ZAPATERO. ¡Casa de mi felicidad! *(En el banquillo.)*

(Las coplas se oyen cerquísima. Las Vecinas aparecen en la ventana.)

ZAPATERA. ¡Qué desgraciada soy! ¡Con este hombre que Dios me ha dado! *(Yendo a la puerta.)* ¡Callarse, largos de lengua, judíos colorados! Y venid, venid ahora si queréis. Ya somos dos a defender mi casa, ¡dos!, ¡dos! ¡Yo y mi marido!... ¡Con este pillo! ¡Con este granuja!

(El ruido de las coplas llena la escena. Una campana rompe a tocar lejana y furiosamente.)

Telón

Apéndices a «La zapatera prodigiosa»

Fin de fiesta

[Buenos Aires, 15-XII-1933]

Romances recogidos, musicados y armonizados
por Federico García Lorca

I

LOS PELEGRINITOS

[Para esta canción Manuel Fontanals ha creado una imagen de Palacio Vaticano consistente en una serie de arcadas en perspectiva, con algo de lo que imaginaría un hombre de campo. Lo mismo ha concebido Fontanals para los trajes, en los que sin precisar lugar ni fecha se fija una imagen de pequeña porcelana (Augusto A. Guiborg).]

TODOS. *(Primera melodía.)*

Hacia Roma caminan
dos pelegrinos,
a que los case el Papa
porque son primos.

MUCHACHA 1.ª

Sombrerito de hule
lleva el mozuelo.

MUCHACHA 2.ª

Y la pelegrinita
de terciopelo.

MUCHACHA 3.ª

Al pasar por el puente
de la Vitoria

MUCHACHA 4.ª

tropezó la madrina,
cayó la novia.

TODOS.

Han llegado a Palacio,
suben arriba,
y en la sala del Papa
los desaminan.

PELEGRINITO. *(Segunda melodía.)*

Me ha preguntado el Papa:
«¿Cómo te llamas?».
Yo le he dicho que Pedro...

PELEGRINITA.

Yo, Mari Juana.
Me ha preguntado el Papa
la edad que tienes.
Yo le he dicho que quince...

PELEGRINITO.

Yo, diecisiete.
Me ha preguntado el Papa
de dónde era.
Yo le he dicho: de Cádiz...

PELEGRINITA.

Yo, de Antequera.
Me ha preguntado el Papa
que si he pecado...

PELEGRINITO.

Yo le he dicho que un beso
que me había dado.

PELEGRINITA.

Soy la pelegrinita,
soy vergonzosa...

PELEGRINITO.

Se le ha puesto la cara
como una rosa.

TODOS.

Y a la pelegrinita,
que es vergonzosa,

se le ha puesto la cara
como una rosa.

PELEGRINITO. *(Primera melodía.)*
Y ha respondido el Papa
desde su cuarto:
«¡Quién fuera pelegrino
para otro tanto!».

TODOS.
¡Quién fuera pelegrino
para otro tanto!
Las campanas de Roma
ya repicaron
porque los pelegrinos
ya se han casado.

II

CANCIÓN DE OTOÑO EN CASTILLA

[(El foro representa) no las llanuras áridas, sino el pueblecillo que las refleja en sus casas amontonadas entre calles estrechas, casas con planos e inclinados techos de teja roja, patinados ya por el tiempo (Augusto A. Guiborg).]

Si eres hija del sueño,
paloma mía,
a la hora del alba
verte querría.

Morena, dímelo,
si eres casada o no;
si eres casada, niña
de mi corazón.

Yo no quiero más premio
ni más corona
que ser dueña absoluta
de tu persona.

A los árboles altos
los lleva el viento,
y a los enamorados
el pensamiento.
El pensamiento,
ay, vida mía,
el pensamiento.

Corazón que no quiera
sufrir dolores,
pase la vida entera
libre de amores.
Libre de amores,
ay, vida mía,
libre de amores.

Si eres hija del sueño,
paloma mía,
a la hora del alba
verte querría.

Morena, dímelo,
si eres casada o no;
si eres casada, niña
de mi corazón.

III

CANCIÓN DE LOS CUATRO MULEROS

[Cuatro campesinos en un fondo de serranía, todo como en un gran fresco moderno. Pequeñas, coloridas, exquisitas, al pie de ese telón cuatro campesinas de vestidos armonizados en sus tonos, sirviendo de cuadro a otra figura central arrogantísima. Tienen las unas el rostro semioculto por panderetas, la otra una actitud incitante al baile. Y con la canción el baile comienza, con pasos como de marcha, hacia adelante y hacia atrás, en diagonal

siempre. Baila solamente la figura eje. Las otras comentan con la canción misma y con el juego de los panderos hasta llegar a un jaleo final en que la danza de la protagonista se aviva (Augusto A. Guiborg).]

De los cuatro muleros
que van al campo,
el de la mula torda,
moreno y alto.

De los cuatro muleros
que van al agua,
el de la mula torda
me roba el alma.

De los cuatro muleros
que van al río,
el de la mula torda
es mi marido.

A qué buscas la lumbre
la calle arriba
si de tu cara sale
la brasa viva.

Esbozo en prosa

Era un Zapatero que no tenía nada más que su mujer, y su mujer no lo quería nada porque andaba tonteando con los mozos del pueblo. Y un día el Zapatero descubrió que él tampoco estaba enamorado de su mujer, y se puso muy contento. Y ella era joven, pero él era viejo y decidió marcharse de la casa porque estaba harto de hacer zapatos. Y comunicó el asunto a Mirlo, que estaba enamorado de su mujer, y su mujer se puso triste porque al menos le daba de comer, y vio lo bueno que era. Ya casi estaba dispuesta a pedirle perdón, pero él se había marchado. Y ella se quedó triste y dijo a don Mirlo: «Hazme el amor». Y Mirlo le decía: «Ya voy», pero estaba muy amargado porque no tenía dinero y toda su juventud era pintura. Y ella recordó al viejo simpático, pero fuerte, que tanto la quería, y recordó: «¡Qué bien se portaba! Sería viejo, pero ¡qué bien se portaba!». Y entristeció. Y venían los mozos del pueblo para echarle serenatas, pero ella no les hacía caso, diciendo: «Él sí que valía». Y puso posada para ganar dinero. Y vino un contrabandista barbudo y simpático, y le hizo el amor locamente, y ella no lo quiso. Y entonces le dijo que la quería con el alma, pero que no podría casarse porque estaba casado. Y entonces ella se enamoró de él, pero estaba indecisa, porque se acordaba de su queridísimo Zapatero. Y el contrabandista, que era el Zapatero disfrazado, al oír las cosas que ella decía del Zapatero, le dijo: «Pues yo me iré». Pero ella no le dejó, porque también le gustaba. Y entonces él se arrancó las patillas y le dijo: «Aquí estoy». Y entonces ella, como una furia, empezó a reñirle de la misma manera que antes de irse, y empezó a suspirar por don Mirlo delante de él. Y don Mirlo pasó por la calle, pero, al llamarlo, él salió corriendo. Y pasó Amargo haciéndola señas, pero ella le hizo burla, y dijo a su marido: «Conque tanto tiempo fuera de casa... Ya te arreglaré». Y él se convenció de que ahora era cuando más la quería. Y se puso en el banquillo a trabajar mientras ella, como una furia, arreglaba la casa. Y telón.

Anotaciones del autor a nueve de sus figurines para «La zapatera prodigiosa»

[Xirgu]
(Traje de la zapatera.)
Verde intenso. Franjas en la cintura negro intenso. Sin medias. Zapatitos de charol. Falda plegada. Corpiño ajustado. Vueltas en la bocamanga de encaje negro. Pelo tirante. Boca grande y pintada. Pendientes de coral.
Primer acto.

[Xirgu]
Segundo acto. Traje plegado.
Traje rojo violento y rosa roja. Sin pendientes. Más verde que en el traje anterior. Un brazo desnudo. Franjas al cuello y cintura de rojo distinto.

[Mesa]
Vecina roja.
Aplicación verde. Grandes madroños negros. Cuiden de que la irregularidad de los triángulos verdes sea exacta.

[Pacello]
Vecina del traje morado.
Volantes rígidos de organdí rosa.
Vecina del traje verde.
Adornos blancos. Madroños rojos.

[Sta. Sánchez]
Vecina del traje amarillo.
Adornos de tela amarilla más intensa. Bocamangas almidonadas en picos de amarillo más intenso. Descote en la misma forma.
Zapato amarillo.

[Bofill]
Vecina azul.
Franjas rosas. Manga estrecha. Grandes madroños negros.

Traje blanco con gra[ndes] madroños rojos y de[scote] en tela roja.

Mozo de la faja.
Camisa blanca con encaje. Pantalón negro. Sombrero plano negro.

El otro mozo de igual manera, pero faja azul y pantalón marrón.

Retablillo de don Cristóbal y doña Rosita

Aleluya popular basada en el viejo y desvergonzado guiñol andaluz

SALUTACIÓN AL PÚBLICO POR DON CRISTOBÍCAL

CRISTÓBAL. Señoras y señores: No es la primera vez que yo, don Cristóbal, el muñeco borracho que se casa con doña Rosita, salgo de la mano de Federico García Lorca a la escenita donde siempre vivo y nunca muero. La primera vez fue en casa de este poeta, ¿te acuerdas, Federico? Era la primavera granadina y el salón de tu casa estaba lleno de niños que decían: «Los muñecos son de carnecilla, ¿y cómo se quedan tan chicos y no crecen?». El insigne Manuel de Falla tocaba el piano, y allí se estrenó por vez primera en España *La historia de un soldado*, de Stravinsky. Todavía recuerdo la cara sonriente de los niños vendedores de periódicos, que el poeta hizo subir, entre los bucles y las cintas de las caras de los niños ricos.

Hoy salgo en Buenos Aires para trabajar ante ustedes y agradecer las atenciones que han tenido con él y con Manolo Fontanals. A mí no me gusta trabajar en estos teatros, porque yo soy muy mal hablado. Aquí triunfan los telones pintados y la luna del teatro sensitivo. Yo he trabajado siempre entre los juncos del agua, en las noches del estío andaluz, rodeado de muchachas simples, prontas al rubor, y de muchachos pastores, que tienen las barbas pinchosas como las hojas de la encina.

Pero el poeta quiere traerme aquí.

POETA. Usted es un puntal del teatro, don Cristóbal. Todo el teatro nace de usted. Hubo una vez en Inglaterra un poeta que se llamaba Shakespeare, que hizo un personaje que se llamaba Falstaff, que es hijo suyo.

CRISTÓBAL. Bueno, usted lo sabrá mejor que yo; pero a mí no me gusta la luz eléctrica.

POETA. Yo creo que el teatro tiene que volver a usted.

CRISTÓBAL. Lo cierto es que yo te gusto a ti. ¡Es un loco este Federico!... Siempre me sacas y, aunque yo... me..., bueno, haga disparates, a ti te gustan.

POETA. Me gustan. Desde mi niñez yo te he querido, Cristobícal, y cuando sea viejo me reuniré contigo para distraer a los niños que nunca estuvieron en el teatro.

CRISTÓBAL. Me pongo triste.

POETA. ¿Qué es eso?

CRISTÓBAL. Nada. Yo me voy con Lorca y con Fontanals. Antes me dicen que les despida, porque yo, al fin y al cabo, no puedo derramar lágrimas y ellos sí..., y no quieren ponerse tristes. Gracias a todos, señores. A la compañía, muchos besos, y a Lola, que se acuerde siempre de nosotros y de ti, Federico, que siempre la quieres.

POETA. Gracias a todos, señores. Y ahora, vamos a la función. ¡Ay! Perdonar a los muñecos que no sean buenos actores en gracia a que han estado durmiendo muchos años olvidados de todos. Salud.

*

Personajes

DON CRISTÓBAL
DOÑA ROSITA
LA MADRE DE ROSITA
CURRITO EL DEL PUERTO
DIRECTOR, dueño del retablo
EL POETA
EL ENFERMO

ESCENA PRIMERA

Sale un personaje.

POETA. Hombres y mujeres: ¡Atención! Niño, ¡cállate! Quiero que haya un silencio tan profundo que oigamos el gluglú de los manantiales. Y si un pájaro mueve un ala, que también lo oigamos; y si una hormiguita mueve la patita, que también la oigamos; y si un corazón late con fuerza, nos parezca una mano apartando juncos de la orilla.

¡Ay!, ¡ay! Será necesario que las muchachas cierren los abanicos y las niñas saquen sus pañolitos de encaje para oír y para ver las penas de doña Rosita casada con don Cristóbal.

Doña Rosita era como una pajarita de las nieves y don Cristóbal es gordo como la pierna del chancho.

¡Ay!, ¡ay! Ya empieza a tocar el tambor.

Podéis llorar y podéis reír; a mí no me importa nada de nada. Yo voy a comer ahora un poquito pan, un poquitirrito pan que me han dejado los pájaros, y luego a planchar los trajes de la compañía.

(Mira si es observado.)

Quiero deciros que yo sé cómo nacen las rosas y cómo se crían las estrellas de mar, pero...

DIRECTOR. ¡Haga usted el favor de callarse! El prólogo termina donde se dice: «Voy a planchar los trajes de la compañía».

POETA. Sí, señor.

DIRECTOR. Usted, como poeta, no tiene derecho a descubrir el secreto con el cual vivimos todos.

POETA. Sí, señor.

DIRECTOR. ¿No le pago su dinero?

POETA. Sí, señor; pero es que don Cristóbal yo sé que en el fondo es bueno y que quizá podría serlo.

DIRECTOR. ¡Majadero! Si no se calla usted, subo y le parto esa cara de pan de maíz que tiene. ¿Quién es usted para terminar con esta ley de maldad?

POETA. Ya he terminado. Me callaré.

DIRECTOR. No, señor. Diga usted lo que es preciso que diga y lo que el público sabe que es verdad.

POETA. Respetable público: Como poeta tengo que deciros...

DIRECTOR. «Y como hombre.»

POETA. «Y, como hombre...», que don Cristóbal es malo.

DIRECTOR. «Y no puede ser bueno.»

POETA. «Y no puede ser bueno.»

DIRECTOR. ¡Vamos!, ¡siga!

POETA. Ya voy, señor Director. Es que siempre que tengo que decir esto se me saltan las lágrimas... «Y nunca podrá ser bueno.»

DIRECTOR. Muy bien. *(Asoma la enorme cabeza natural del Director con grandes barbas.)* ¿Cuánto le debo?

POETA. Cinco monedas.

DIRECTOR. Ahí van.

POETA. No las quiero de oro. El oro me parece fuego, y yo soy poeta de la noche. Démelas de plata. Las monedas de plata parece que están iluminadas por la luna.

DIRECTOR. ¡Ja, ja, ja! ¡Así salgo ganando! ¡A empezar! *(Se hunde.)*

POETA.

Abre tu balcón, Rosita,
que comienza la función.
Te espera una muertecita
y un esposo dormilón.

Telón

ESCENA II

Calle.

DIRECTOR. Cristóbal.
CRISTÓBAL. ¿Qué?
DIRECTOR. Salga usted ya, que el público lo está esperando.
CRISTÓBAL. Ya voy.
DIRECTOR. ¿Y doña Rosita?
ROSITA. *(Con voz fina.)* Me estoy poniendo los zapatitos.

(Se oyen ronquidos.)

DIRECTOR. ¿Qué es eso? ¿Ya está roncando, Cristóbal?
CRISTÓBAL. Ya voy, señor Director. Es que estoy meando.
DIRECTOR. ¡Cállese y no diga barbaridades!
CRISTÓBAL. *(Sale.)* Buenas noches, caballeros. Pues yo digo que Pablo Suero ronca más que yo. ¡Me están fastidiantes! Todos roncan.

Octavio Ramírez ronca como una flauta,
Edmundo Guibourg ronca como un saxofón,
Oliverio Girondo ronca como un piano
y Pablo Suero ronca como un trombón.
Nalé Rolxo ronca como una aguja,
Amado Villar ronca como un bandoneón,
Pablo Neruda ronca como una calavera
y Rojas Paz ronca exactamente igual que Raúl González Tuñón.
El crítico del *Diario*
ronca de modo extraordinario
y el crítico del *Diario Español*
ronca toda la función
y en medio de ella se le cae el bastón y hace pon pon.

DIRECTOR. No se meta usted con los críticos ni con los poetas.

CRISTÓBAL.

Norah Lange ronca por la rodilla izquierda
y por la nariz Cunill Cabanellas.

DIRECTOR. Vamos, don Cristóbal. Hay necesidad de empezar el drama. Ésa es su obligación.

CRISTÓBAL. No me engrupa, che.

DIRECTOR. Usted es un médico.

CRISTÓBAL. ¡Ay! Yo soy un médico. ¡Vamos al toro!

DIRECTOR. Piense, don Cristóbal, que necesita usted dinero para casarse.

CRISTÓBAL. ¡Carajito!, ¡carajito!, ¡es verdad!

DIRECTOR. Gánelo pronto... honradamente. ¿Me ha oído usted? Hon-ra-da-men-te.

CRISTÓBAL. ¡Voy por la porra!

DIRECTOR. ¡Bravo! ¡Veo que me ha entendido usted!

ENFERMO. Buenos días.

CRISTÓBAL. Buenas noches tenga usted.

ENFERMO. Buenos días.

CRISTÓBAL. Buenas noches.

ENFERMO. Buenas tardes.

CRISTÓBAL. Buenas noches negras.

ENFERMO. *(Tímido.)* Quizá le pueda dar las buenas noches.

CRISTÓBAL. Buenas noches cerradas.

ENFERMO. En vista de esto me he convencido que es usted un gran médico y que me puede curar. ¡Buenos días!

CRISTÓBAL. *(Enérgico.)* ¡Te he dicho que buenas noches y es buenas noches!

ENFERMO. ¡Bravo! Cuando usted quiera.

CRISTÓBAL. ¿Qué le duele a usted?

ENFERMO.

Me duele el cuello
donde me nace el cabello,
pero no había caído en ello
hasta que me lo dijo mi primo Enrique Coello.

CRISTÓBAL.

Esto se acaba con el degüello.

(Le agarra por el cuello.)

ENFERMO. ¡Ay!, ¡ay!, ¡ay, don Cristobítal!

CRISTÓBAL. ¡Vamos! Tenga la bondad de sacar un poquito el cuello para que le pueda intervenir la carótida.

ENFERMO. ¡Ay! ¡Yo no lo puedo mover!

CRISTÓBAL. Le digo que pruebe a mover la carótida.

ENFERMO. ¡Ay! ¡Es imposible!

CRISTÓBAL. Apártese usted mismo con las manos las yugulares.

ENFERMO. Si pudiera, ya lo hubiera hecho. *(Con agresividad.)* ¡Buenos días, buenos días, buenos días!

CRISTÓBAL. ¡Ahora verás! *(Entra. El Enfermo se queja echado sobre la barandilla.)*

ENFERMO. ¡Ay!, ¡ay, lo que me duele la carótida!

CRISTÓBAL. *(Entra con la porra.)* ¡Aquí estoy!

ENFERMO.

¿Qué es eso, don Cristóbal?

CRISTÓBAL.

El aparato del aguardiente.

ENFERMO.

¿Para qué sirve?

CRISTÓBAL.

Para ponerte el cuello caliente.

ENFERMO.

¡Pero que no haga usted daño!

CRISTÓBAL.

En el pegar no hay engaño.
¿Tienes mucho dinerito?

ENFERMO.

Veinte pesitos y veinte pesitos,
y debajo del chalequito
seis pesitos y tres pesitos,
y en el ojito
del culito
tengo un rollito
con veinte pesitos.

CRISTÓBAL.

Pues yo te voy a curar.
¡Pero no lo contarás!

ENFERMO. *(Agresivo.)* ¡Buenos días!, ¡buenos días!, ¡buenos días!

CRISTÓBAL. *(Dándole con la porra.)* ¡Buenas noches! ¡Te agarré! ¡Saca el cuello!

ENFERMO. No puedo, don Cristóbal.

CRISTÓBAL. *(Dándole un golpe.)* ¡Saca el cuello!

ENFERMO. ¡Ay, mi carótida!

CRISTÓBAL. ¡Más cuello!

ENFERMO. ¡Ay, mi carótida!

CRISTÓBAL. ¡Más cuello!, ¡más cuello!, ¡más cuello!, ¡más cuello! [*(El Enfermo saca un cuello de un metro.)*]

ENFERMO. ¡Ayyyyyyyyy...! *(Mete todo el cuello y se levanta, pero Cristóbal lo remata.)*

CRISTÓBAL.

Te maté, ¡puñetero!, te maté.
Una, dos y tres,
¡al barranco con él! *(Se oye un golpe.)*
¡Olé!, ¡olé!, ¡olé!, ¡olé!

DIRECTOR. ¿Tenía dinero?

CRISTÓBAL. Sí.

DIRECTOR. ¡Pues hay que casarse!

CRISTÓBAL. Hay que casarse.

DIRECTOR. Ahí viene la madre de doña Rosita. Es preciso que hable usted con ella. *(Aparece [la Madre] de Rosita.)*

MADRE. Yo soy la madre de doña Rosita y quiero que se case, porque ya tiene dos pechitos como dos naranjitas y un culito como un quesito y una urraquita que le canta y le grita.

Y es lo que digo yo:
Le hace falta un marido
y, si fuera posible, dos.
¡Ja!, ¡ja!, ¡ja!, ¡ja!

CRISTÓBAL.

Señora.

MADRE.

Caballero
de pluma y tintero.

CRISTÓBAL.

No tengo sombrero.
Usted sabrá
que me quiero casar.

MADRE.

Yo tengo una hija.
¿Qué dinero me da?

CRISTÓBAL.

Una onza de oro
de las que cagó el moro,
una onza de plata
de las que cagó la gata
y un puñado de calderilla
de las que cagó mi madre cuando era chiquilla.

MADRE.

Y además quiero una mula
para ir a Lisboa cuando sale la luna.

CRISTÓBAL.

Una mula es mucho;
no puedo, señora.

MADRE.

Usted tiene plata,
señor don Cristóbal.
Mi Rosita es joven
y usted es ya viejo.
¡Viejo, viejo, pellejo!

CRISTÓBAL.

Y usted es una vieja
que se limpia el culo con una teja.

MADRE.

¡Borracho! ¡Indecente!

CRISTÓBAL.

Te voy a poner la barriga caliente.
Cuenta con la mula.
¿Dónde está Rosita?

MADRE.

En camisa en su cuarto
y está solita.

Echándose polvos de arroz
para que tu palomo le huela mejor.
Echándose polvos de ritz,
tres cuartas más abajo de la nariz.
¡Ja!, ¡ja!, ¡ja!, ¡ja!

CRISTÓBAL.

¡Ay, cómo me pongo!

MADRE.

¡Ay, con el sorongo!, ¡ay, con el sorongo!

CRISTÓBAL.

¡Dame su retrato!

MADRE.

¡Pero firmaremos antes el contrato!

CRISTÓBAL. *(Canta.)*

Rosita, por verte
la punta de pie,
si a mí me dejaran,
veríamos a ver.

MADRE.

Le verás el pie,
también el ombligo.
Si me das dinero,
¡hará lo que digo!
Taratá, taratá.

Telón

ESCENA III

Calle andaluza.

Las casas están pintadas muy pegadas y entre ellas se destaca el balcón de doña Rosita, enorme, al que ella se asomará.

(Es de noche. Sale Currito el del Puerto.)

DIRECTOR. ¿Pero se va usted?

CURRITO. Me voy. Ya ha ocurrido todo lo que tenía que pasar.

DIRECTOR. Entonces deja a doña Rosita.

CURRITO.

Doña Rosita
es putita.

DIRECTOR. Ahora la madre la va a vender a don Cristóbal.

CURRITO. Por eso yo me voy.

CRISTÓBAL. *(Dentro.)* ¡Brrrrrrrrr!

CURRITO. Yo me voy a Buenos Aires.

DIRECTOR. ¿Y lleva usted alguna recomendación?

CURRITO. Llevo recomendaciones de García Lorca.

DIRECTOR. ¡Está usted fresco! Ese Lorca está más loco que una cabra.

CURRITO. ¿Con cuernos y todo?

DIRECTOR. ¡Naturalmente! ¿Dónde ha visto usted a un poeta chorpatélico que no los tenga?

CURRITO. No permito que se insulte a un amigo mío.

CRISTÓBAL. ¡Brrrrrrrrr!

DIRECTOR. ¡Huya usted, que viene don Cristóbal!

VOZ DE ROSITA.

Con el vito, vito, vito,
con el vito que me muero.
Cada hora, niño mío,
estoy más metida en fuego.

(Sale al balcón.) ¡Ay, qué noche tan clarita vive sobre los tejados! En esta hora los niños cuentan las estrellas y los viajeros se duermen sobre sus caballos, pero yo quisiera estar:

en el diván
con Juan,
en el colchón
con Remón,
en el canapé
con José,
en la silla

con Medinilla,
en el suelo
con el que yo quiero,
pegada al muro
con el lindo Arturo,
y en la gran *chaise-longue*
con Juan, con José, con Medinilla,
con Arturo y con Remón.

¡Ay!, ¡ay!, ¡ay! ¡Qué suspiros! ¡Yo me quiero casaaar! Me han oído. Yo me quiero casar

con un mocito,
con un militar,
con un arzobispo,
con un general,
con un macanudo
de macanear
y veinte mocitos
de Tucumán.
¡Ay!, ¡ay!, ¡ay!, ¡ay! *(Entra.)*

CRISTÓBAL. Entonces estamos conformes.
MADRE. Estamos.
CRISTÓBAL. Porque, si no estamos, yo tengo la cachiporra y ya sabe lo que pasa.
MADRE. ¡Ay!, ¿qué he hecho yo?
CRISTÓBAL. ¿Tienes miedo?
MADRE. *(Temblando.)* ¡Ay!
CRISTÓBAL. Di: «¡Tengo miedo!».
MADRE. «Tengo miedo.»
CRISTÓBAL. Diga: «Ya me ha domado Cristóbal».
MADRE. «Ya me ha domado Cristóbal.»
CRISTÓBAL. Como domaré a tu hija.
MADRE. ¿Entonces...?
CRISTÓBAL. Yo te doy la onza de oro, la que cagó el moro, y tú me entregas a tu hija Rosita. Y me lo debes agradecer porque ya está madurita.

MADRE. Tiene veinte años.

CRISTÓBAL. He dicho que está madurita y lo está; pero, a pesar de todo, es una linda muchacha. Diga, diga...

MADRE.

Que tiene dos tetitas
como dos naranjitas
y un culito
como un quesito
y una urraquita...

CRISTÓBAL.

¡Ayyy!

MADRE.

Y una urraquita
que le canta y le grita.

CRISTÓBAL. Sí, señor, ¡me voy a casar!, porque doña Rosita es un *boccato di cardinali.*

MADRE. ¿Habla usted el italiano?

CRISTÓBAL. No, pero en mi juventud estuve en Francia y en Italia sirviendo a un tal don Pantalón. ¡A usted no le importa nada mi vida! ¡Tiemble usted! Todo el que está delante de mí tiene que temblar.

MADRE. Ya estoy temblando.

CRISTÓBAL. Llama a Rosita.

MADRE. ¡Rositaaa!

ROSITA. ¿Qué quieres?

Me quiero casar
con un becerro nonato,
con un caimán,
con un borriquito,
con un general,
que para el caso
lo mismo me da.

CRISTÓBAL.

¡Ay, qué jamoncitos tiene
por delante y por detrás!

MADRE.

¿Te quieres casar?

ROSITA.

Me quiero casar.

MADRE. *(A Cristóbal.)*

¿Te quieres casar?

[CRISTÓBAL.

Me quiero casar.]

ROSITA.

Tengo ombliguito de plata;
mi culito es de coral.

CRISTÓBAL. *(A la madre.)*

El trato ya está cerrado.

MADRE. *(Llorando.)*

¡Que no me la trates mal!

CRISTÓBAL.

¿Dónde tiene la urraquita?

MADRE.

Entre las dos piernecitas.
¡Ay, qué lástima de mi hijita!

CRISTÓBAL. Avisa al cura.

(La Madre se va gritando.)

(Cristóbal se acerca y se van juntos a la iglesia. Suenan las campanas. Se van.)

POETA. ¿Lo ven ustedes? Sin embargo, más vale que nos riamos todos. La luna es un águila blanca. La luna es una gallina que pone huevos. La luna es un pan para los pobres y un taburete de raso blanco para los ricos. Pero ni don Cristóbal ni doña Rosita ven la luna. Si el director de escena quisiera, don Cristóbal vería las ninfas del agua y doña Rosita podría llenar de escarcha sus cabellos en el acto donde cae la nieve sobre los inocentes. Pero el dueño del teatro tiene a los personajes metidos en una cajita de hierro para que los vean solamente las señoras con pecho de seda y los caballeros con barbas que van al casino y dicen ¡caramba! Porque don Cristóbal no es así, ni doña Rosita...

DIRECTOR. ¿Quién habla ahí de ese modo?

POETA. Digo que ya se están cansando.

DIRECTOR. Haga el favor de no meter la pata. Si yo tuviera imaginación, le habría puesto de patitas en la calle.

CRISTÓBAL. ¡Ay, Rosita!

ROSITA. ¿Has bebido mucho vino?

CRISTÓBAL. Me gustaría ser todo de vino y beberme yo mismo, ¡jajají!, y mi barriga un gran pastel, un gran pastel con ciruelas y batatas. ¡Rosita, dime algo!

ROSITA. Voy... ¡Ay, Cristóbal, tengo miedo! ¿Qué me vas a hacer?

CRISTÓBAL. Te haré ¡muuu!

ROSITA.

¡Ay, no, que me asustarás!
A las doce de la noche, ¿qué me harás?

CRISTÓBAL.

Te haré ¡aaaaah!

ROSITA.

¡Ay, no, que me asustarás!
A las tres de la mañana,
¿qué me harás?

CRISTÓBAL.

Te haré ¡piiiii!

ROSITA.

Y entonces verás
¡cómo mi urraquita se pone a volar!

(Se abrazan.)

CRISTÓBAL.

¡Ay, mi Rosita!

ROSITA.

Has bebido mucho.
¿Por qué no te echás una siestecita?

CRISTÓBAL.

¡Ja, ja ja!
Me pondré a dormir
¡para ver si despierta mi colorín!

ROSITA.

¡Sí!, ¡sí!, ¡sí!, ¡sí!...

(Cristóbal ronca. Entra Currito y se abraza a Rosita y suenan unos enormes besos.)

CRISTÓBAL. *(Se despierta.)* ¿Qué es eso, Rosita?

ROSITA. ¡Ay, ay! ¿No ves qué luna tan grande hay? ¡Qué resplandooooor! Es mi sombra. ¡Sombra, vete!

CRISTÓBAL. ¡Vete, sombra!

ROSITA.

Qué molesta es la luna, ¿verdad, Cristobítal?
¿Por qué no te echás otra siestecita?

CRISTÓBAL.

Voy a descansar
para ver si despierta mi palomar.

ROSITA.

¡Ya!, ¡ya!, ¡ya!, ¡ya!, ¡ya!

(Aparece el Poeta y se pone a besar a Rosita y son tantos los besos que se despierta Cristóbal.)

CRISTÓBAL. ¿Qué es eso, Rosita?

ROSITA. Como hay tan poca luz, no percibes. Es el aparato de hacer encaje de bolillos. ¿No ves cómo suena? *(Se oyen besos.)*

CRISTÓBAL. Me parece que suena demasiado.

ROSITA.

¡Vete ya, aparato!; ¿verdad, Cristobícal?
¿Por qué no te echás otra siestecita?

CRISTÓBAL.

Voy a descansar
para que mi palomo pueda retozar.

(Aparece el Enfermo por un lado y doña Rosita lo besa también.)

¿Qué es eso que siento yo?

ROSITA.

¡Que ya empieza la puesta del sol!

CRISTÓBAL. *(Se levanta.)* ¡Ya he descansado bastante! Rosita, como nos hemos casado, te quiero ver la urraquita.

ROSITA. Sí, sí, luego.

CRISTÓBAL. Quiero oírla cantar. Me han dicho que, apretándote un brazo, la urraquita revolotea y canta ella sola.

ROSITA. ¡Déjame, Cristóbal!

(Cristóbal se acerca.)

CRISTÓBAL. ¡Urraquita, canta, que ya eres mía! *(En ese momento se oye un rugido y Cristóbal da una espantada.)* ¡Brrrrrr! ¿Qué es eso? ¿Has sido tú?

ROSITA. No, no, no te pongas así. Son las ranas del estanque.

CRISTÓBAL. Serán. ¡Ay!, ¿está ahí dentro la cosita que es para mí? *(Se acerca.)* ¡Canta para mí! *(Se oye otro rugido más fuerte.)* ¡Esto se acabó y se requeacabó! ¡Brrrrrrrr!

ROSITA. Pero ¡no grites! Son los leones del circo, ¡son los maridos ultrajados que hablan en la calle!

MADRE. ¡Rositaaa, aquí está el médico!

ROSITA. ¡Ay, el médico! ¡Ay, ay, mi barriguita! ¡Ay, mi barriguita lo que me duele!

MADRE. ¡Mal hombre! ¡Por tu culpa! Ahora nos tendrás que dar todo tu dinero, todo tu dinero.

ROSITA. Todo tu dinero. ¡Ay!, ¡ay!...

(Se van.)

DIRECTOR. Cristóbal.

CRISTÓBAL. ¿Qué pasa?

DIRECTOR. Baje usted en seguida, que doña Rosita está enferma.

CRISTÓBAL. ¿Qué tiene?

DIRECTOR. ¡Está de parto!

CRISTÓBAL. ¿De parto?

DIRECTOR. ¡Ha tenido cuatro niños!

CRISTÓBAL. ¡Ay, Rosita! ¡Me las pagarás, mala mujer! ¡Con cien duros que me has costado! ¡Pin, pan, brrrrrrrrrrrrr!

(Rosita grita en esta escena dentro. [Cristóbal] entra y sale con la Madre, que chilla.)

CRISTÓBAL. ¿De quién son los niños?
MADRE. Tuyos.
CRISTÓBAL. *(Le da un golpe.)* ¿De quién son los niños?
MADRE. ¡Tuyos! *(Otro golpe. Dentro grita Rosita.)*
DIRECTOR. ¡Ahora está naciendo el quinto!
CRISTÓBAL. ¿De quién es el quinto?
MADRE. Tuyo. *(Golpe.)*
CRISTÓBAL. ¿De quién? *(Golpe.)*
MADRE. Tuyo. *(Palo.)* Tuyo. *(Palo.)* Tuyo, tuyo, tuyo, tuyo. *(Muere y queda echada sobre la barandilla.)*
CRISTÓBAL. Te maté. Ahora sabré de quién son esos niños. *(Inicia el mutis.)*
MADRE. *(Levantándose.)* ¡Tuyos! ¡Tuyos!

(Cristóbal la golpea. Entra y se oyen los gritos de Rosita.)

CRISTÓBAL. *(Saliendo con ella y pegándole.)* Toma, ¡toma! En vez de urraquita tenías un caimán, un cocodrilo con la boca abierta. Te voy a matar por..., por, por, por...
DIRECTOR. *(Saliendo.)* ¡Basta! *(Agarra a los dos muñecos.)*

Señoras y señores: Los campesinos andaluces oyen con frecuencia comedias de este ambiente bajo las ramas grises de los olivos y en el ambiente oscuro de los establos. Entre los ojos de las mulas, duros como puñetazos, entre el cuero bordado de los arreos y los grupos tiernos de espigas mojadas, estallan con alegría inusitada y con encantadora inocencia las palabrotas y los vocablos que no resistimos en los ambientes ciudadanos turbios por el alcohol y los naipes. Las malas palabras adquieren ingenuidad y frescura dichas por muñecos que miman el encanto de esta viejísima farsa rural.

Llenemos el teatro de espigas frescas, debajo de las cuales vayan palabrotas que luchen en la escena con el tedio y la vulgaridad a que lo tenemos condenado y saludar a don Cristóbal el Andaluz, primo del Bululú gallego, hermano de *monsieur* Guiñol de París y tío de don Arlequín de Venecia, como a uno de los personajes donde sigue pura la vieja esencia del teatro.

[Coplas finales para el cierre de la obra]

[ROSITA]

FIN

Con el vito, vito, vito,
con el vito, vito, va,
no me mires tú, chiquillo,
que me voy a desmayar.

Dejadme, dejadme, dejadme,
con mi Cristóbal,
con mi Cristóbal gordito.
Dejadme, dejadme, dejadme
con mi chanchito.

3. Los títeres de Cachiporra

Cristobícal

Burla

Personajes

UN VIEJO CON UNA GUITARRA
EL LAZARILLO
CURRITO
LAS MUCHACHAS
LOS MUCHACHOS
UN TÍO QUE TOCA LAS CARRAÑACAS
UN GITANO
DOÑA ROSITA
DON LEÑADOR-CORAZÓN
CRISTÓBAL

ESCENA PRIMERA

En el telón del fondo hay pintado un pueblo andaluz con soportales melancólicos. Una gran montaña color ocre intenso sirve de fondo, coronada por un azul negro en donde brillan estrellas de oro vivo. A derecha e izquierda dos palmas amarillas.

DIBUJO

Es la feria de la mañana de San Juan en un pueblo andaluz. Hay un grupo de muchachas esperando las doce de la noche para lavar su cara con el agua embrujada.

UN VIEJO CON UNA GUITARRA. *(Canta.)*
Flor amarilla,
flor
de todos los días.

EL LAZARILLO.

Sol,
caracol, caracol,
clavellina.

CURRITO. *(Con un traje azul y un sombrerito plano y capa. Canta.)*

Nos iremos
una mañanita
en un pétalo tuyo,
flor
de todos los días.

LAS MUCHACHAS.

¡Ay mañana de San Juan!
¡Ay mañana fría!

LOS MUCHACHOS.

¡Ay mañana de mi amor
camino de Sevilla!

CURRITO.

¿Cuándo abrirás tu ventana,
doña Rosita?
¿Antes que estalle
la flor
amarilla?

EL CIEGO DE LA GUITARRA.

¡Flor
de todos los días!

EL LAZARILLO.

Sol,
caracol, caracol,
clavellina.

CURRITO.

Te lavarás a las doce
con un chorro de agua limpia.
¡Ay gotas las que se pierdan
en tu camisa!

LAS MUCHACHAS.

El río Guadalquivir
tiene una estrella escondida.

Mi amante la va buscando
el Guadalquivir arriba.

LOS MUCHACHOS.

El Guadalquivir abajo.

LAS MUCHACHAS.

El Guadalquivir arriba.

UN TÍO QUE TOCA LAS CARRAÑACAS.

A la carrañaca, ñaca,
carrañaca de las niñas
sin amor y sin ventana.

UN GITANO. *(Inmóvil.)*

¡Ay luna, luna, lunica!

CURRITO.

¡Al agua clara, muchachas!

LAS MUCHACHAS.

Agua cristalina,
agua en que nace la flor
de la canelita.

(Van saliendo una a una las Doce de la noche. Son mujeres vestidas de moaré negro a la manera de mediado del siglo pasado: polisón, larga cola con volantes y un sombrerito calañés con barbuquejo. Llevan inmensos abanicos morados. Son morenas cobrizas.)

ESCENA II

Danza de las Doce de la noche.

Ira abriendo lentamente los abanicos hasta colocarlos en forma de cola de pavo real sobre los polisones.

EL CIEGO DE LA GUITARRA.

El viajero se aparta
de los olivares.

Los candiles se apagan.
¡Ay corazón sin sangre!

DOÑA ROSITA. *(Dentro.)*
Por el aire,
por el aire...

EL CIEGO DE LA GUITARRA.
Quedan desiertas las cuatro
esquinas que tiene Cádiz.
Se duerme el agua en Granada.
¡Ay, corazón sin sangre!

DOÑA ROSITA. *(Dentro.)*
Por el aire
van los suspiros
de mi amante.

(Van saliendo las Doce cerrando lentamente sus abanicos. Salen también los demás personajes... menos Currito y el Ciego.)

EL CIEGO DE LA GUITARRA.
¡Tirad un limón por alto!

TODOS. *(Dentro.)*
Un limón...

INTERMEDIO

Bosque en primavera; las flores llegan a lo alto de los árboles. En el lado izquierdo hay una cabaña como un corazón boca abajo; la habita don Leñador-Corazón. Es un hombrecillo encorvado, vestido de rojo, con la cabeza coronada de amapolas. Ante él arde una lumbre entre rosas. Música.

VOCES LEJANAS.
El que invente un aparato
para medir el amor
verá que muy pocos tienen
corazón.

DON LEÑADOR-CORAZÓN. ¡Tienen razón esas gentes sencillas! Hay hombres que tienen un árbol dentro, otros un ojo, otros tienen una boca. ¡Nada más que una boca! ¡Pero corazón! Jajajá... ¡Hay quien está relleno de serrín! ¡Serrín de corcho! Jajajá.

VOCES LEJANAS.

La tierra es un cruce de caminos,
¡de caminos grises!
La tierra es un cruce de caminos,
el abeto lo dice.

DON LEÑADOR-CORAZÓN. ¡Demasiado lo sé! Yo he debido incendiar mi cabaña hace tiempo... Pero me dicen: «¡Todavía sirves! ¡Todavía sirves, viejecillo, siquiera limpias el bosque de plantas venenosas!».

VOCES LEJANAS.

¡Sol, caracol, caracol,
sobre el pecho de mi amor!
¡Luna, lunita, lunita
en los ojos de mi niña!

DON LEÑADOR-CORAZÓN. Me turban las raíces de los árboles y las lucecillas de la noche. Me turba la sinfonía de los insectos y la vida de las corolas.

CRISTÓBAL. *(Por la derecha.)* ¡Caramba, apenas si puedo andar! ¡Esto no puede seguir así! ¡Ay, si yo pudiera con éste! ¡Caramba! *(Cojeando.)* ¡Caramba!

DON LEÑADOR-CORAZÓN. ¿A qué vienes, hombre de la porra?

CRISTÓBAL. Ya sé que no quieres mi plata ni mi oro, pero ¡ya he tirado mi porra!, ah, ¡chas! y se ha roto.

DON LEÑADOR-CORAZÓN. ¡Vete!

CRISTÓBAL. Me caso mañana y me estoy quedando parado. Esta rueda sobre todo no funciona y me ha dicho mi director: «Ves a que le dé cuerda a tu reloj aquel hombre, ¿sabes?» y he venido.

DON LEÑADOR-CORAZÓN. Acércate por última vez, ¿lo oyes?

CRISTÓBAL. ¡Por última vez!

(El Leñador le da cuerda.)

VOCES LEJANAS.

El viento por el monte.
El viento
va por el mar, por el llano,
por el cielo.

CRISTÓBAL. ¡Qué bien estoy! *(Irritado.)* Pero aligera, ¡ya es tarde! Se acerca la hora que tengo que vestirme. ¡Adiós! ¡Qué diantre! ¡Nadie adivinará nada! ¡Caramba! ¡Adiós! ¡Adiós! *(Se va.)*

(El Leñador aviva su hoguera.)

(Música.)

4. Lola la comedianta

Personajes

MARQUÉS
CALESERO
LOLA
CRIADO

Venta andaluza entre Cádiz y Algeciras. Noche. Son las doce menos veinte y tres. En la escena hay varias personas, una vieja, un campesino. A la izquierda el Marqués de X está escribiendo. En la mesa donde escribe hay un velón de Lucena. Aparece un muchacho de la venta con un farolito y se dirige a la puerta atrancándola. Poco a poco van desapareciendo todos los personajes menos el Marqués que, abstraído, escribe lentamente.

ESCENA PRIMERA

MARQUÉS.

Amigo, vuelvo a Cádiz
al fin tras larga ausencia.
Dejé mi melancolía
en los nublos de Inglaterra.
Mi destierro fue largo,
pero ahora la vieja
Andalucía me ofrece
sus flores abiertas.

(Suenan campanillas lejanas que se van acercando hasta que se detienen en la puerta. Fuertes aldabonazos. Sale el chico de la venta malhumorado con el farolito y abre la enorme puerta por la que aparece una calesa amarilla, pintada con

enormes flores rosas y hojas verdes, sobre un espléndido fondo azul de noche y tranquilas estrellas.)

ESCENA II

Baja de la calesa una Señora sobre la rodilla del Calesero. Entran.

CALESERO. *(Al Criado.)*

Guarda la calesa
y da un pienso al caballo.
Nos hemos de partir
todavía estrellado.

(El Marqués cesa de escribir, retira la silla de la mesa, se frota los ojos y se va levantando lentamente. La Señora, mientras el Calesero habla con el Criado, mira fijamente al embobado joven y observa el fulminante efecto que le ha producido. El Calesero nota estas miradas y sonríe. En este momento entran los dos al patio interior. El Marqués los sigue, pero el Calesero vuelve la cabeza, y el Marqués, avergonzado, coge el velón y se va a su cuarto. La escena queda iluminada por la luna.)

ESCENA III

Aparece en escena corriendo Lola, y el Calesero detrás, como persiguiéndola.

Recitativo.

LOLA. *(En broma.)*

No está bien que un calesero
a una gran dama persiga.

(Corre.)

CALESERO.

¿Y si esa dama es su esposa?

LOLA. *(Cogiéndole la mano.)*

¡Oh, la cuestión ya varía!

CALESERO.

¿Cuántos días hace?

LOLA.

Cuatro.

CALESERO.

¡Luna de miel, burla y sonrisa!

LOLA.

¿Cómo te va con tu disfraz?

CALESERO. *(Poniéndose serio.)*

¡Señora, os sirvo a maravilla!

LOLA. *(Riyendo y echándole los brazos al cuello.)*

Yo comedianta y tú poeta
vamos tejiendo de burlas y risas
nuestro gracioso viaje de bodas
por esta tierra verde y amarilla.

CALESERO.

Yo, calesero que anima el caballo.

LOLA. *(Infatuada, cogiéndose las faldas y dando la vuelta como un pavo real.)*

Yo, gran señora de categoría.

CALESERO. *(En broma, inclinándose.)*

¡Con vuestro permiso, pagante marquesa!

LOLA. *(Poniéndose estirada y haciéndose aire con un enorme abanico azul.)*

Decid, ¿qué queréis?

CALESERO.

Una preguntita.
¿Por qué mirabais tanto
al petimetre que escribía?

(Señala la mesa.)

LOLA. *(Riyendo.)*

Ese joven será esta noche

la víctima
de mi juego de comedianta
seria y fina.
¡Oh, ya verás qué burla
más divertida!

CALESERO.

Temo que sea demasiado.

LOLA.

Me vengaré además. El otro día
dirigiste requiebros en Ronda
a una dama.

CALESERO. *(Riyéndose.)*

¡Mentira!

(Aparece el Marqués.)

Vámonos, ya está aquí el petimetre.

LOLA.

Mis miradas son dos cuerdecitas.

(Se van.)

ESCENA IV

Viene el Marqués inquieto con un libro en la mano y el velón en la otra. No puede dormir porque está intrigadísimo por aquella desconocida dama. Suspira fuertemente y se sienta para leer. Aparece la Comedianta con un candelabro en la mano.

LOLA.

¡Empieza la comedia!

(Se acerca muy despacito al Marqués.)

Caballero.

(Aparte.)

De pluma y tintero.

MARQUÉS. *(Dando un respingo.)*
¡Señora!

(Aparte.)

(¿Es verdad lo que veo?)

LOLA.

Perdonad. ¿Me dejáis
encender el candelero?
Esta noche hace mucho
viento.

MARQUÉS. *(Como encantado.)*
¡Oh, señora!

(Aparte.)

(¡Oh, ninfa! ¡Oh, cielo!)

LOLA. *(Enciende el candelero.)*
¿Qué lee usted?

(El Marqués le alarga el libro. Ella lee.)

Un romance.

MARQUÉS.

¿Lo cantáis?

LOLA. *(Seria y cómica.)*
¡Silencio!

Arbolé arbolé
seco y verdé.

La niña del bello rostro
está cogiendo aceitunas.
El viento, galán de torres,
la prende por la cintura.

Pasaron cuatro jinetes,
sobre yeguas andaluzas,
vestidos de azul y verde,
con largas capas oscuras.

«Vente a Córdoba, muchacha.»
La niña no los escucha.

Pasaron tres torerillos
delgaditos de cintura,
con trajes color naranja
y espadas de plata antigua.

«Vente a Sevilla, muchacha.»
La niña no los escucha.

La niña del bello rostro
sigue cogiendo aceitunas,
con el brazo gris del viento
ceñido por la cintura.

Arbolé arbolé
seco y verdé.

MARQUÉS. *(En éxtasis.)*
Muerto quedo de amor.

LOLA.
Adiós, caballero,
(de pluma y tintero.)

(Se va.)

MARQUÉS.
¡Oh, la niña de rostro bello!

ESCENA V

Entra el Calesero y se dirige hacia la puerta donde se supone está la calesa.

Recitativo.

CALESERO. *(Aparte.)*
Mi mujer se ríe como
una niña de seis años.

MARQUÉS. Chisssssst... Oiga.
CALESERO. *(Aparte.)*
No oigo. ¡No!
(Sigue andando.)
MARQUÉS. Chisssssst...
CALESERO. Señor..., ¿deseáis algo?
MARQUÉS. *(Confidencialmente.)*
¿Quién es esa dama que traes en calesa?
CALESERO. Lo ignoro en absoluto.
MARQUÉS. ¡Oh, rabia!
CALESERO. No es extraño.
Yo vengo desde Ronda con ella; pero creo
que es una gran señora.
MARQUÉS. *(Impaciente.)*
¡Entérate!
CALESERO. Nos vamos
a las cinco sin falta.
MARQUÉS. *(Nerviosísimo.)*
¡Pregúntale su nombre!
CALESERO. *(Yéndose.)*
Señor, dejadme en paz con cien mil de a caballo.
MARQUÉS. *(Detrás.)*
Os daré veinte onzas y todos mis cintillos.
CALESERO. *(Recalcando.)*
Nos hemos de marchar todavía estrellado.

(Se va.)

ESCENA VI

El Marqués queda desoladísimo. Viene corriendo hacia las candilejas.

MARQUÉS.
¡Oh, qué amor funesto el mío!
Ni su nombre decir puedo.
¿Rosa? ¿Rita? Tengo miedo
de esta noche singular.

Ya la adoro hasta la muerte.
Por tu culpa, *donna* fría,
cesará la vida mía,
de mi *cuore* el palpitar.
¡Ah!
Sí, sí, sí, sí,
no, no, no, no.
De mi *cuore* el palpitar.
Ella parte (yo me muero)
a las cinco (no es posible).
Ved mi amor irresistible,
noche, tierra, cielos, mar.
¡Ah!

(Tira el velón al suelo.)

Mi amor irresistible,
¡noche, tierra, cielos, mar!

ESCENA VII

Dúo.

Al ruido aparece el Calesero. Trae un velón encendido.

CALESERO.

Melones a cala.

(El Marqués saca un revólver y el Calesero lo detiene.)

¡Oh, señorito,
tened más calma!
¿Queréis decirme,
por Dios, qué os pasa?
Vuestros gritos inundan la casa.

MARQUÉS.

Más todavía,
si pudiera gritar, gritaría.
Esa divina
mujer sin alma
parte a las cinco
de la mañana.

(Muy fuerte.)

¡Quién pudiera detener el alba!

CALESERO.

¡Es un dolor
derrochéis vuestra voz de tenor!
¡Oh, señorito,
todas las damas
como serpientes
tienen escamas!
¡Recordad la dichosa manzana!

MARQUÉS.

Vino derecha
a mi pecho la terrible flecha.

CALESERO.

Vea su merced
cómo, por qué
salto y rebrinco
por el airé.
Yo a mujeres jamás adoré.

MARQUÉS.

Yo, calesero,
a sus pies rendí capa y sombrero.

CALESERO.

Y salga usted,
y salga usted,
que lo quiero ver
brincar y dar saltos,
¡por el airé!,
haciendo burla de esa mujer.

MARQUÉS.

Toda mi vida
de sus labios está suspendida.

(Pianísimo y como recordando con desesperación.)

Esa divina
mujer sin alma
parte a las cinco
de la mañana.
¡Quién pudiera detener el alba!
Vino derecha
a mi pecho la terrible flecha.

ESCENA VIII

BUENAVENTURA

Aparece la Comedianta disfrazada de gitana.

Recitativo.

LOLA. *(Aparte.)*

¿Estaré bien disfrazada?
La primera comedia que
represento de gitana.

(Se acerca al Marqués y le toca en el hombro.)

Levantá *eza* cabeza,
que yo voy a adiviná
el porqué de esa gran pena.

MARQUÉS.

Gitana, dejadme en paz.

LOLA.

Yo soy capaz de contaros
las arenillas del mar.

MARQUÉS.

Infeliz, ¿tú sabes algo?

LOLA.

Su vida entera, *señó*,
con engaño y desengaño.

MARQUÉS.

Falsa eres cual tu raza.

LOLA.

Venga esa mano, *señó*.

MARQUÉS.

Toma, deprisa, y te marchas.

LOLA.

Señó, dame una *monea*.

MARQUÉS. *(Infatuado se la da.)*
¡Ya me lo temía yo!

LOLA. *(Santiguándose.)*
Jesús alabado sea.

Cuatro caminitos tienes
en la *parma* de la mano.
No me quisiera yo *echá*
por ninguno de los cuatro.

La malvarrosa está triste
porque no derrama *oló*;
tú estás triste, pero tienes
de estarlo *muncha* razón.

(El Marqués se inquieta.)

Por tus *cravos* de oro fino,
Jesús de Santa María,

(La Comedianta hace como si sintiera mucho lo que lee.)

jamás ninguna mujer
te dirá esta boca es mía.

(El Marqués se agita.)

Jincaíto de rodillas,
aunque fuera *too de prata*,
las mujeres más *perdías*
te han de *gorvé las espardas*.

MARQUÉS. *(Gritando.)*
Gitana farsante y necia,
¡vete o te parto esta silla
en mitad de la cabeza!

LOLA.
¿Tengo yo la *curpa*
de que os *juyan* las mujeres?

MARQUÉS. *(Furioso.)*
Vete presto, hembra impúdica.

LOLA. *(Gritando con las dos manos en la cintura.)*
Mardesío, *mardesío*,
la tarántula te pique
esa lengua de judío.

(Va a salir rápida y se tropieza en la puerta con el Calesero.)

ESCENA IX

Trío.

CALESERO. *(Guasón.)*
¿Donde va tan deprisa,
la niña gitana?

LOLA.
El señor me despide
con malas palabras.

CALESERO.

Ese hombre no tiene
ojos en la cara,
o quedó ciego al verte,
morenita tostada.

LOLA.

¡Gente de futraque,
Jesús nos valga!

MARQUÉS.

Si yo tuviera tres
corazones, tres almas,
estarían ardiendo
en honor de esa dama.
Un solo corazón,
¡ay!, y una sola alma
son demasiado poco
para mis tristes ansias.
A las cinco, a las cinco,
¡Dios mío!, de la mañana.

(Desesperado.)

A las cinco, a las cinco,
¡qué terribles palabras!,
¿dónde caminará
mi señora enigmática?
¡Muerte, ven a llevarme
antes de que ella parta!

CALESERO.

Cuidado, brava hembra,
de no pisar la trampa.

LOLA.

¿Qué es esto, calesero?
Me salva el ser gitana.

CALESERO.

Nunca honró mi calesa
una mujer tan guapa.

LOLA.

Las pobres no podemos
viajar como madamas.

CALESERO.

Estás maravillosa
con esas flores grana.

(Se acerca a cogerla.)

LOLA. *(Corriendo.)*

Quita allá. ¡Qué vergüenza!

CALESERO.

Espérate.

LOLA. *(Deteniéndose.)*

A distancia.

CALESERO. *(Acercándose rápidamente para cogerla.)*

Si este señor te echa,
te vienes a mi casa.

LOLA.

¡Qué atrevimiento!

CALESERO.

Niña.

LOLA.

Idos al cuerno.

(Se encierra y da con la puerta en las narices al Calesero.)

CALESERO.

¡Ingrata!
¡Oh, qué amor tan desolado!
Yo me retiro a un convento.
Ardo a fuego, fuego lento,
por esa mujer sin par.
¡Ah!
Sí, sí, sí, sí.
Fuego lento,
por esa mujer sin par,
sin par,
sin par,
sin par.

MARQUÉS. *(Saltando.)*

Esto es mucho cuento, ¡oiga!
¿Por qué os lamentáis tan fuerte,
si antes despreciabais tanto
el amor y las mujeres?

CALESERO. *(Fuerte.)*

¡Ah!
Sí, sí, sí, sí.
Fuego lento,
por esa mujer sin par,
sin par,
sin par,
por esa mujer sin par.

MARQUÉS.

Sufre, sufre como yo.
¡El amor es un infierno!
Habla pronto, di, responde:
¿Vas a los toros del Puerto?

CALESERO.

Yo me retiro a un convento.
Ardo a fuego, fuego lento,
por esa mujer sin par,
sin par,
sin par.

(Se va, contestando por señas.)

ESCENA X

El Marqués se mesa los cabellos, se lleva las manos al corazón, mira la hora que es. Como sonámbulo coge el velón y se dirige a su cuarto; cuando va a salir por una puerta, se tropieza con la Comedianta. El Marqués alza los brazos en cruz.

Recitativo.

MARQUÉS.

¡Ah! ¡Ah! ¡Ah!

LOLA.

Caballero
(de pluma y tintero.)

MARQUÉS.

Madamita
(¡oh ninfa! ¡oh cielo!)

LOLA.

Os vi desde mi cuarto.
Esta noche no duermo
y decidí bajar
a pediros el bello
romance que os canté
para copiar sus versos.

MARQUÉS.

Este libro y mi vida,
señora, todo es vuestro.

LOLA.

El romancillo tiene
para mí viejos recuerdos.
Lo canté cuando niña
y me encanta volverlo
a encontrar.

MARQUÉS.

¡Oh, señora!

(Inclinándose.)

LOLA.

Yo me voy a las cinco.
Antes tendréis en vuestro
poder el libro.

MARQUÉS.

¿Os vais?
Temprano, según veo.

LOLA.

Voy a Cádiz. ¿Y vos?

MARQUÉS.

También a Cádiz, si tengo
sitio en la diligencia.

LOLA.

En mi calesa un asiento
está libre. ¿Lo queréis?

(Señalando el libro.)

Favor por favor.

MARQUÉS. *(Loco.)*

Sí quiero.

LOLA.

Adiós, pues, hasta las cinco.

(Se va.)

MARQUÉS.

Señora mía, ¡hasta luego!

ESCENA XI

El Marqués da un salto enorme y empieza a correr por la escena silbando el «Carnaval de Venecia».

MARQUÉS.

¡Ninfas! ¡Cielos! ¡Nubes! ¡Hadas!
Cantad mi felicidad.
¡Ya me marcho! Ella es mía;
mía, mía, ella será,
será,
será.

(Se va a su cuarto silbando.)

ESCENA XII

Saltando de alegría camina a su cuarto, cuando lo detiene la Señora solterona cubana.

Tajona.

LOLA.

¡Ay, Dios mío, Dios mío, qué tengo!
El cielo se me cae *ensima*.
Un amante me deja, me deja,
yo tan blanca y tan timidita.

MARQUÉS.

¡El demonio de vieja,
mil rayos!

LOLA.

Caballero, por Dios, yo os suplico
me ayudéis en estas fatigas.
Un amante me burla, batíos
y jurad de matarlo.

MARQUÉS.

Se me pone la carne de gallina.

LOLA.

Ah, mi país,
palmera y ancho río,
estrellita
y colorín.
Ay, mi país,
papagayo en el bosque.
¡Caballero, ay de mí!

MARQUÉS.

Me batiré, no hay duda.
Dejadme partir...

LOLA.

Ay, mi país,
palmera y ancho río,
estrellita
y colorín.

¡Oh, caballero, [...] dadme una prenda vuestra que me indique que así lo vais a realizar!

(El Marqués puede darle un anillo, y ella le coge la mano y le da las gracias al estilo de su país, cantándole una habanera

amorosísima que termina desmayándose en sus brazos.)

ESCENA XIII

El Marqués vuelve a su desesperación..., pero el Calesero, que ha estado asomándose durante toda la escena por puertas y ventanas, sale rápidamente y, quitando a la Cubana de los brazos del Marqués, deja a éste libre, que se va rápido hacia su cuarto con el alma ligera y lleno de alborozo.

Los dos Amantes se dirigen lentamente hacia una salida, pero en cuanto desaparece el Marqués, ella da una repolaina, se quita la gran peluca y ríe.

ESCENA XIV

El Calesero llama al chico de la posada y le dice:

–Prepara la calesa que nos vamos inmediatamente.

Ella contesta:

–¿Qué es esto? –y ríe.

Él dice:

–Se terminó la burla del calesero, basta ya de bromas.

Ella ríe y ríe hasta que al fin exclama:

–¿Pero vas a tener celos de ese currutaco? Verás lo que voy a hacer: le escribiré una carta... Tú vete a vestirte, que esto terminará bien.

El Poeta se va a vestir, mientras ella escribe la carta. Fuera se oyen poner los collares al caballo de la calesa. Vuelve el marido de caballero, y ella se la lee.

Ríen los dos y viene el chico. Ellos le dan la carta encargándole que se la entregue al Marqués cuando hayan partido. El Poeta mete prisa a su mujer para que aligere a vestirse, y ella se va.

ESCENA ÚLTIMA

Sale el Marqués de su cuarto con dos bultos por los que asoman espadines, bastones, etc., etc.

El Poeta también lleva dos bultos de viaje.

Los dos se miran extrañados.

El Poeta se molesta, pues la cosa se complica.

La gran puerta del fondo se abre, y aparece la calesa sobre un fondo de pre-aurora.

Sale la Comedianta alegre y se extraña un poco de verlos juntos; pero tiene una decisión y, acercándose al Marqués, le presenta:

–Mi marido –y a su vez presenta al Marqués–. ¿Viene usted por fin con nosotros?

–Señora –dice el burlado Marqués casi sin habla–, en la calesa no cabemos los tres.

Se le caen los maletines, y los amantes rápidos y para evitar cualquier cosa, montan en la calesa y se van cantando.

El Marqués avanza como loco hacia la puerta y vuelve mesándose los cabellos. El muchacho de la venta le entrega la carta, y al abrirla salen la moneda y el anillo. La lee en alta voz y se cae desplomado en una silla.

Telón especial

Madrigal.

La orquesta continúa, y aparece ella por un lado para dar las gracias; luego aparece él y por último el Marqués, que cantan el madrigal final.

Telón definitivo

5. Teatro inconcluso

Después de 1925

Diego Corrientes

Tópico andaluz en tres actos

Personajes

DIEGO CORRIENTES
LOS NIÑOS DE SU CUADRILLA
LA MUERTE
LA GUARDIA CIVIL
EL CAPITÁN GÓMEZ
EL ALCALDE DE ESTEPA
MARÍA DE CÓRDOBA
SU AYA
BAILARINES, SOMBRAS Y GENTÍO

Ha de responder al sentimiento de un Don Juan ideal, casto. Un Don Juan que no conoció mujeres y las sueña de otra manera que son. Ha de entrar a formar parte de la tragedia el elemento sobrenatural andaluz.

Quiere ser rey. Tiene la nostalgia infinita de ser rey y nace de oscuro origen. Ama la justicia y tiene un concepto de la justicia que no llega a comprender. Cuando ama la justicia, nota que él tampoco es justo, y pregunta: «¿Qué es justicia?». Acaba viendo a la muerte mezclada íntimamente con la vida y a sentirse mitad vivo, mitad muerto.

Hay una escena en que lo persiguen las sombras. Le avisan su muerte. Es melancólico y frío.

Ampliación fotográfica

Drama

Una muchacha, hija de una portera, tiene un novio aprendiz de sastre. Llega un momento en que ella se siente embarazada y se va de la casa a dar a luz en otro sitio. Da a luz y envía al niño al asilo. Ella vuelve y sigue con el novio. Nadie se ha enterado. El novio se enamora de la hermana de la novia y ella del hermano del novio. Va girando la cuestión. La madre sufre viendo cómo cambian sus hijas. El niño crece en el asilo. Un día huye a su casa. Es el día de la boda. Llega a su casa, encuentra a sus padres separados y casándose otra vez. Pregunta cuál es su padre, y la abuela dice que están en América y le enseña una ampliación fotográfica de unos amigos. «Éstos son tus tíos», le dice por los que van a casarse. «Y *(El niño se queda mirándolos.)*... ¿Y yo?»

Drama fotográfico

Personajes

LA NOVIA
EL NOVIO
EL SARGENTO
EL HERMANO DE AMÉRICA
EL NIÑO MUERTO
LA MADRE

Los personajes son ampliaciones fotográficas y están fijos en un momento del cual no pueden salir. Tienen grandes bigotes y adoptan posturas de pose fotográfica. El sentimiento de los personajes es puramente exterior, lo que se ve y nada más. El drama oscuro y sordo corre delante del objetivo de las gentes. La escena ha de estar impregnada de este terrible silencio de las fotos de muertos y ese gris difuminado de los fondos.

Rosa mudable

Personajes

EL NIÑO
FÉLIX
LA PLANCHADORA

ESCENA PRIMERA

Desván.

HOMBRE 1.° ¿Y el niño?
HOMBRE 2.° *(Entrando.)* No lo he encontrado.
HOMBRE 1.° ¡Dios mío!
HOMBRE 2.° Por toda la ciudad.
HOMBRE 1.° ¿Y no sabremos nunca nada?
HOMBRE 2.° ¡Resígnate!
HOMBRE 1.° No me resigno. No quiero resignarme. Es injusto. ¿Qué daño había hecho?
HOMBRE 2.° ¿Eres su padre acaso? Bien perdido está.
HOMBRE 1.° ¡Dios mío, Dios mío! Hace un momento, antes de que bajara la niebla, tenía esperanza.
HOMBRE 2.° ¡Calla! Perro manso, amigo de tu mala suerte.
HOMBRE 1.° *(A voces.)* ¡Elena! ¡Elena!
ELENA. *(En la puerta.)* ¿Por qué me llamas?
HOMBRE 1.° Porque yo me quiero ir de esta casa. ¡Vámonos por Dios!
ELENA. Está nevando.
HOMBRE 1.° ¿Y qué?
HOMBRE 2.° Tú no te mueves de aquí.
ELENA. Haré lo que tú digas.
HOMBRE 1.° ¡No! ¡Si acabarán conmigo! *(Llora.)* Siempre en manos de los demás.

HOMBRE 2.° Silencio. Ahora el niño estará enterrado en la nieve. Ya dormirá tranquilo. De donde no debió salir. Nosotros también dormiremos en la nieve. El fin de todos está en el frío. Yo lo espero con gran alegría. Todo lo demás es mentira.

HOMBRE 1.° *(Angustiado.)* ¡Margarita! ¡Margarita!

MARGARITA. ¿Por qué me llamas?

HOMBRE 1.° Porque yo me quiero ir de esta casa.

MARGARITA. Está nevando.

HOMBRE 2.° Todos te dirán lo mismo, hombrecillo idiota. ¡Hombre que tiene frío!

HOMBRE 1.° ¡Déjame!

HOMBRE 2.° Nieva y nevará siempre.

VOZ. *(Dentro.)* ¡Déjame! ¡Déjame!

HOMBRE 1.° ¿Quién habla?

HOMBRE 2.° ¡Ah, ganapanes! ¡Perdidos! ¿Por qué ese miedo al frío? Pues lo tendréis siempre, siempre. *(Entra.)*

(Por los cristales de la ventana se ve nevar.)

HOMBRE 1.° Elena.

VOZ. Elena.

HOMBRE 1.° Margarita

VOZ. Margarita.

Posada

Paredes blancas. Aire alegre.

ESCENA PRIMERA

JUSTINA. Lo he visto mientras se desnudaba.

AMIGA. ¡Calla!

ENRIQUE. *(Entrando.)* Buenos días.

LAS DOS. Buenos días. *(Pausa.)*

ENRIQUE. *(Mirándolas.)* Una de vosotras se llama Justina.

JUSTINA. Yo.

ENRIQUE. Toda la mañana ha sonado una voz que decía: «Justina, Justina».

JUSTINA. Era mi madre. *(Pausa. Enrique, indiferente, arregla su cartera. Justina lo ronda curiosa.)*

ENRIQUE. ¿Te gusta vivir en el campo?

JUSTINA. Según.

AMIGA. Me voy.

ENRIQUE. ¿Por qué?

AMIGA. Yo no sé.

ENRIQUE. *(Riendo.)* ¿Entonces?

AMIGA. *(Sale corriendo.)* ¡Adiós!

JUSTINA. No le gusta hablar. A mí, sí. Hablo con todo el mundo y me entienden todos. Me ha costado muchas palizas esto. Dieciséis palizas.

ENRIQUE. *(Riendo.)* ¿Por qué dieciséis?

JUSTINA. Para meterlas en un número y que no me fastidien más. Pero si se enteraran de lo que hago, me pegarían el doble. Mi madre no quiere que hable con el gato, ¡pero si ella supiera! *(Ríe.)* Y son estas manos ¿las ve usted?... Yo no tengo la culpa. Es la hormiga, la rata... todos, se ponen boca arriba y cierran los ojillos. Y esta amiga...

ENRIQUE. ¿Qué?

JUSTINA. Se duerme.

ENRIQUE. ¿Cómo?

JUSTINA. Usted ha venido a las minas de cobre.

ENRIQUE. Sí.

JUSTINA. ¿Para qué?

ENRIQUE. Para muchas cosas, para estudiar, para dirigir los trabajos...

JUSTINA. Ja, ja, los trabajos... ja, ja.

ENRIQUE. ¿De qué te ríes?

JUSTINA. De usted.

ENRIQUE. ¡Vaya!

JUSTINA. No se enfade... *(Se acerca tiernamente.)*

ENRIQUE. *(Extrañado.)* ¿Qué edad tienes?

JUSTINA. Diez y seis años. Diez en un ojo y seis en otro.

ENRIQUE. *(Riendo.)* Es un modo de contar la edad nuevo para mí.

JUSTINA. Sí; no se ría usted. Antes de los diez años yo aprendía todo, las letras, los nombres de las plantas. ¡Todo! Cuando llegué a los diez años me puse enferma y lo olvidé en una hora. No distinguía una casa de una bicicleta. Tuve que empezar de nuevo. Ahora ya sé otra vez... pero...

ENRIQUE. ¿Pero qué?

JUSTINA. Soy como dos niñas. Una que está muerta y otra que va reviviendo poco a poco... Para morirse después. Mi madre, por ejemplo, es seis niñas muertas, y usted...

ENRIQUE. ¿Y yo?

JUSTINA. *(Riendo.)* No sé.

ENRIQUE. *(Levantándose.)* ¿Quién te ha enseñado esas cosas?

JUSTINA. *(Se encoge de hombros.)* ¿A ver? *(Se acerca a Enrique.)* ¿Tiene usted los ojos azules o castaños? *(Llega junto a Enrique y acerca su cara a la suya.)* ¿O negros?... Sí, son negros. Dos Justinas. Y los labios están calientes. *(Pasa sus dedos por los labios de Enrique.)* Pero... los dientes deben estar fríos. *(Le abre suavemente los labios.)* Es para mí una gran preocupación. ¿Están helados o queman? Y nunca lo sé. Los ojos no se pueden tocar. Pero están fríos... *(Apoya sus manos en los hombros de Enrique.)* Y si se acerca uno mucho a ellos se ve la cabeza por dentro *(Tiene el rostro completamente pegado al de Enrique.)*, no como en un vaso de agua...

ENRIQUE. *(Cogiéndola por la cintura.)* Justina.

JUSTINA. ¡Tienes mucha fuerza en los brazos!

ENRIQUE. *(La suelta.)* ¿Te hice daño?

JUSTINA. *(Se aparta.)* Pero un oso tiene más. Ahora me voy a hacer dos trenzas. Una por cada niña. Y si tú fueras un oso, me harías así, así con las zarpas. No creas que lloro, no lloro nunca. Es necesario que lo sepas.

ENRIQUE. Basta. *(Enérgico.)*

VOZ. Justina, Justina.

(Justina sale corriendo de la escena.)

ENRIQUE. ¡Pero señor! *(Se frota los ojos con los dedos y se sienta a escribir.)*

ESCENA II

Aparece por la izquierda la Molinera.

MOLINERA. *(En voz alta.)* ¿Quién hay aquí? *(Viendo a Enrique.)* Usted perdone. *(Enrique sigue escribiendo.)* ¿Que quién hay aquí?

ENRIQUE. ¿No podría usted hablar más bajo?

MOLINERA. ¿Y si a usted le debieran el dinero que estas gentes me deben a mí?

JUSTINA. *(Al salir retrocede al ver a la Molinera.)* ¡Ah!

MOLINERA. Sí, sí. ¡Ah! Venga mi dinero.

JUSTINA. Si usted pudiera...

MOLINERA. No puedo más, ni quiero. ¡Vamos, en seguida!

JUSTINA. No chille usted tanto...

MOLINERA. ¡Pero tendrá valor! Del corazón te voy a sacar las monedas. *(Se dirige a Justina violentamente. Ésta huye. Enrique la recibe en sus brazos.)*

JUSTINA. Señor.

ENRIQUE. *(A la Molinera.)* ¿Quiere usted hacerme el favor de callarse? ¿Cuánto debe? *(A Justina. Justina le contesta al oído.)* Toma. ¿Está bien?

MOLINERA. Sí. *(Las cuenta.)* Está bien.

(Justina sigue abrazada a Enrique.)

MOLINERA. *(En la puerta con sorna.)* Pero que muy bien. *(Se va.)*

ESCENA III

JUSTINA. No, no, no me sueltes.

ENRIQUE. Puede venir la gente. Aparta, Justina.

JUSTINA. Ya es hora que un hombre me abrace. Antes de que muera. Ahora vengo de ver el caballo. Corría y levantaba las patas delanteras. Siéntate.

ENRIQUE. Justina, aparta, Justina. No me atormentes.

JUSTINA. ¿Pero por qué? Yo aquí con la cabeza sobre tus rodillas. Así. Debajo de la rodilla tienes hueso *(La toca.)* y debajo de la frente también. ¿No eres tú un hombre, Enrique? ¿Por qué no me haces daño con los brazos?

ENRIQUE. ¿Por qué me dices estas cosas? No comprendes tú, que yo no puedo, ¡que yo no debo oírlas!

JUSTINA. *(Vehemente.)* No, no me empujes. Antes yo me habría apartado, pero ahora...

ENRIQUE. Justina...

JUSTINA. Tuya es la culpa. ¿Por qué diste las cuatro monedas a la molinera? Tú me gustabas antes, pero ahora te amo. Yo era insignificante, pequeñita, y tú dabas por mí tus monedas. Cuatro monedas. Enrique, ¿por qué eres tan fuerte? Nunca había sabido lo que eran cuatro monedas hasta que tú las has dado por mí. Cada moneda me ha dejado una quemadura en la garganta. Pero, y si la molinera hubiese llevado dos cuchillos ¿qué hubieras hecho?

ENRIQUE. Justina.

JUSTINA. ¡Llama, llámame Justina! Llámame perrita, violín caliente, hoja seca, periódico arrugado por tus dedos.

ENRIQUE. *(Abrazándola.)* Justina, ¿por qué te rompes de esta manera para mí? Cuando llueve demasiado fuerte queda el esqueleto de las cosas al aire, sin secreto. Justina, no destruyas lo que yo he levantado con tanto esfuerzo.

JUSTINA. ¿Qué dices? ¿Qué dices? No entiendo, no quiero entender.

ENRIQUE. Esta mañana no sabía tu nombre. Han bastado unas horas para que lo vea escrito con yeso frío por dentro de mi cabeza. Me punza tu nombre detrás de la frente, Justina, tu nombre escrito con dientecillos de pez.

JUSTINA. Pero no ha sido esta mañana, ha sido siempre, siempre. ¿A que no puedes recordar lo que te pasó ayer?

Dragón

Telón gris. Sale el Director de escena vestido de frac.

DIRECTOR. Señoras y señores:

Me atrevo a presentar a ustedes una comedia de amor. Una nueva comedia del amor mágico. Su realidad es absoluta si ustedes la meditan un poco. Yo, como Director de escena, estoy cansado del teatro, y quiero que la vida, tal como se presenta en todos sus aspectos, sueño y vigilia, día y noche, irrumpa en la escena para que la marquesa que toma el té, Pepe Luis el galán, y el criado eterno que dice: «Sí, señorita, sí, señorito», puedan entrar en el jardín de sorpresas y gracia a que tienen derecho después de su largo servicio. Están ustedes sentados en sus butacas y vienen a divertirse. Muy bien. Han pagado su dinero, y es justo. Pero el poeta ha abierto los viejos escotillones del teatro sin preocuparse en hacerles a ustedes las clásicas cosquillas o los arrumacos de tontería que se hacen a ese terrible señor mitológico que viene aquí, según dicen, recién comido y con una terrible porra de pateo. Estas tablas han sido, hasta ahora, un suplicio para los autores. Cuando la obra empezaba a ser juzgada, los pobres autores ahí detrás (yo los he visto) tomaban tila y abrazaban tiernamente a las artistas, en medio del mayor desconsuelo. Si ustedes aplaudían se ponían como ebrios y salían aquí, amarillos por las baterías, a dar gracias. (Con esas fachas de zapateros remendones que tienen siempre al lado de las figuras ideales de la comedia.) Pero es hora de que el autor se desligue un poco de esta presencia de la sala y se atreva con su musa por sitios donde no esté el grupo de espectadores, tirándole de los hilitos para que se estrelle. Sí, ustedes lo saben mejor que yo. Para que se estrelle. Vienen ustedes al teatro como van por la vida, procurando no romper las sutilísimas paredes de la realidad de cada día. Abrazados con vuestras mujeres, con vuestras hijas, con vuestras novias, sin atreveros a sacar la mano al aire prodigioso y libre de la realidad verdadera. Pero yo, como Director de escena, no estoy en este caso. *(Hace un gesto raro y se quita el sombrero de copa. Mete la mano y saca tres palomas que echa a volar por los bastidores. Se lo vuelve a poner.)* No. Yo podría decirles a ustedes varias cosas que les producirían disgusto, miedo, sí, miedo, pero prefiero ordenar mi comedia sin meterme en las vidas de los demás. Ja, ja, ja. Ahora que... no me gusta verlos tan seguros ahí sentados. ¿Seguros de qué? ¿De qué están ustedes seguros? Yo doy una rosa a la muchacha que se acuerde de pronto... por ejemplo... de una cosa muy sencilla... de lo que comió esta mañana. Ja, ja, ja. ¿Es difícil? ¿Verdad? ¡Qué lejos está el almuerzo! ¡Y los manjares! ¡Qué misteriosos! No nos acordamos. Es muy difícil. Se juntan todas las comidas en una fila larguísima y nos perdemos por ellas con la gracia de que... *(Suena un timbre.)* ¡Ah! Caramba. *(Mira el reloj y busca con la mirada alguien por las butacas.)* Sí, sí... ya no está. No está. *(Dirigiéndose a una persona imaginaria de los bastidores.)* ¿Dice usted que iban tres médicos? Tiene bastante. ¿Y el ataúd llegó bien? ¿De buena madera? Se lo merecía. Gracias. *(Vuelve a mirar.)* Sí. *(Pausa.)* Ahora *(Pausa.)* podemos representar la comedia sin temor de accidentes ni interrupciones estúpidas. *(Pausa.)* Perfectamente. *(Pausa.)* Tenga usted cuidado que los pescadores no entren por las butacas. Se pueden esperar en los pasillos. Sin que se acerquen mucho al escenario. Ahora... No quiero decir «Respetable público», porque el Director de escena no respeta al público, ni «Señoras ni señores». No me gusta. Además aquí no sois eso, sino hombres y mujeres o mejor, niños y niñas. Yo sé que todos estáis abandonados; que llega la noche y no podéis salir de vuestras cabañas; que aquella cosa que guardáis con más cariño basta un segundo sueño para que desaparezca definitivamente. ¡Pero en fin! Ya les he entretenido lo bastante. Quería dar tiempo a que se vistieran los cómicos y a que todos los maquinistas estuvieran en sus puestos como buenos soldados. Así pues, buenas noches. *(Se oyen unos rugidos.)* Ja, ja, ja. Voy a echar azúcar a ése para que se porte bien durante el espectáculo. *(Crecen los rugidos.)* ¡Qué bárbaro! Ja, ja. ¿Oyen ustedes? ¡Pero qué bárbaro! *(Se quita el sombrero de copa y éste se ilumina por dentro con una luz verde. El Director de escena lo vuelca y sale un chorro de agua encendida.)* Ustedes perdonen. *(Se va.)*

(Entre los rugidos se descorre la cortina. Entonces suenan unos violines. Aparece una playa.)

La destrucción de Sodoma

Tragedia

Calle de Sodoma. Columnas y grandes toldos de púrpura. En un lado fuente de mármol que es al mismo tiempo abrevadero.

MUJER 1.ª ¿No han vuelto?
MUJER 2.ª *(Que está en el suelo cubierta con un velo gris.)* No.
MUJER 3.ª Llevan cuatro días borrachos.
MUJER 4.ª Se llevaron todo el vino de las tinajas.
MUJER 1.ª Y cortaron para coronas todos los racimos de la vid.
MUJER 2.ª ¡Ay!
MUJER 1.ª No está acostumbrada. La trajeron sus padres de una aldea lejana con su dote y la dejaron aquí sin saber lo que hacían.
MUJER 3.ª Y está enamorada de su marido.
MUJER 4.ª Cuando se le acaben las lágrimas dejará de llorar.

La bola negra

Drama de costumbres actuales

Personajes

CARLOS (20 años)
ENRIQUE, estudiante de Filosofía, enfermo (18 años)
LORENZO, estudiante, sin amor (18 años)
JOSÉ MANUEL, hermano mayor de Carlos
EL PADRE DE CARLOS
LA MADRE
LA HERMANA
JOSÉ LUIS
FERNANDO
BOTONES PRIMERO
BOTONES SEGUNDO
DON BURGUNDÓRFERO, militar
DON PANCRACIO, abogado
DON SEXIFONTE, banquero
SOCIO PRIMERO
SOCIO SEGUNDO
SOCIO TERCERO
SOCIO CUARTO
PASEANTE PRIMERO
PASEANTE SEGUNDO
LAS SEÑORAS CAROCAS
MATRIMONIO PRIMERO
MATRIMONIO SEGUNDO
LOS ESQUIADORES
LA ANCIANA
LA NIEVE

Acto primero

Gabinete de familia burguesa. Aparece Carlos sentado en un diván. Carlos es rubio, ágil. A veces adopta una actitud como de hombre cansado.

Dan las tres de la tarde en un reloj. Es primavera.

Carlos se levanta, se asoma al balcón con aire inquieto y se dirige rápidamente a la puerta de la izquierda. Ya en ella se detiene y vuelve a sentarse en el diván.

HERMANA. *(Entrando.)* ¿No ibas a salir?
CARLOS. No.
HERMANA. Yo vengo del campo.
CARLOS. Debe estar maravilloso.
HERMANA. Hace una tarde como para no estar sentado en la casa con los ojos en el techo como tú estás.
CARLOS. Pienso.
HERMANA. Si yo fuera un hombre como tú no pensaría, nunca. Me gustaría andar, irme a los ríos, trepar a los árboles.
CARLOS. ¿Y por qué no lo haces?
HERMANA. Porque soy mujer. Y me conformo con ser mujer. Por mi gusto, tiraría a la jabalina, pero debo endulzar naranjas. Debo y quiero.
CARLOS. Y quieres.
HERMANA. Sí. No me rebelo contra nada. *(Pausa.)* ¿No quieres tocar el piano?
CARLOS. No.

Casa de maternidad

Personajes

EL POETA
ELENA, enfermera
ISIDRA, boba
ESPERANZA, jorobada
MUJERES DEL PUEBLO
ANTONIA, ciega
MÉDICOS
MONJAS
ÁNGELES
CARPINTEROS
BANQUEROS

Comedia sin título

Telón gris.

AUTOR. Señoras y señores:

No voy a levantar el telón para alegrar al público con un juego de palabras, ni con un panorama donde se vea una casa en la que nada ocurre y adonde dirige el teatro sus luces para entretener y haceros creer que la vida es eso. No. El poeta, con todos sus cinco sentidos en perfecto estado de salud, va a tener, no el gusto, sino el sentimiento de enseñaros esta noche un pequeño rincón de realidad.

Con toda modestia debo advertir que nada es inventado. Ángeles, sombras, voces, liras de nieve y sueños existen y vuelan entre vosotros, tan reales como la lujuria, las monedas que lleváis en el bolsillo, o el cáncer latente en el hermoso seno de la mujer, o el labio cansado del comerciante.

Venís al teatro con el afán único de divertiros y tenéis autores a los que pagáis, y es muy justo, pero hoy el poeta os hace una encerrona porque quiere y aspira a conmover vuestros corazones enseñando las cosas que no queréis ver, gritando las simplísimas verdades que no queréis oír.

¿Por qué? Si creéis en Dios, y yo creo, ¿por qué tenéis miedo a la muerte? Y si creéis en la muerte, ¿por qué esa crueldad, ese despego al terrible dolor de vuestros semejantes?

¡Ja, ja, ja, ja! Diréis que esto es un sermón. Y bien, ¿es que es feo un sermón? Casi todos los que me oyen han dado un portazo y han salido de casa dejando a su padre o a su madre en un momento en que por su bien les reñían, y en este instante darían todo lo que tienen, hasta los ojos, por volver a oír las dulces voces desaparecidas. Lo mismo ahora. Pero ver la realidad es difícil. Y enseñarla, mucho más. Es predicar en desierto. Pero no importa.

Sobre todo a vosotros, gentes de la ciudad, que vivís en la más pobre y triste de las fantasías. Todo lo que hacéis es buscar caminos para no enterarse de nada. Cuando suena el viento, para no entender lo que dice tocáis la pianola; para no ver el inmenso torrente de lágrimas que nos rodea cubrís de encajes las ventanas; para poder dormir tranquilos y acallar el perenne grillo de la conciencia inventáis las casas de caridad.

¡Sermón!, sí, ¡sermón! ¿Por qué hemos de ir siempre al teatro para ver lo que pasa y no para ver lo que nos pasa? El espectador está tranquilo porque sabe que la comedia no se va a fijar en él, ¡pero qué hermoso sería que de pronto lo llamaran de las tablas y le hicieran hablar, y el sol de la escena quemara su pálido rostro de emboscado!

La realidad empieza porque el autor no quiere que os sintáis en el teatro sino en mitad de la calle; y no quiere, por tanto, hacer poesía, ritmo, literatura, quiere dar una pequeña lección a vuestros corazones, para eso es poeta, pero con gran modestia. Cualquiera lo puede hacer. El autor sabe hacer versos, los ha hecho a mi juicio bastante buenos, y no es mal hombre de teatro, pero ayer me dijo que en todo arte había una mitad de artificio que por ahora le molestaba, y que no tenía gana de traer aquí el perfume de los lirios blancos o la columna salomónica turbia de palomas de oro. *(Hace unas palmas.)* ¿Quiere traerme una taza de café?

(Cae un telón pintado con casas y basura. Pausa.)

Bien cargado. *(Se sienta. Se oyen unos violines.)* El olor de los lirios blancos es agradable pero yo prefiero el olor del mar. Yo puedo decir que el olor del mar mana de los pechos de las sirenas y mil cosas más, pero a él ni le importa ni lo oye; él sigue llamando a las costas en espera de nuevos ahogados, esto es lo que le importa al hombre. Pero ¿cómo se llevaría el olor del mar a una sala de teatro, o cómo se inunda de estrellas el patio de butacas?

ESPECTADOR 1.º *(En butacas.)* Quitándole el tejado.
AUTOR. ¡No me interrumpa!
ESPECTADOR 1.º Tengo derecho. ¡He pagado mi butaca!
AUTOR. Pagar la butaca no implica derecho de interrumpir al que habla, ni mucho menos juzgar la obra.
ESPECTADOR 1.º Absolutamente.
AUTOR. A usted le gusta o no le gusta, aplaude o rechaza, pero ¡nunca juzga!
ESPECTADOR 1.º La única ley del teatro es el juicio del espectador.

(Aparece corriendo por la escena un Hombre vestido de mallas rojas. Lleva una cabeza de lobo. Da dos saltos y cae en medio de la escena.)

AUTOR. ¿Quién es? ¡Ah! Se ha hecho usted daño. Pero no vuelva a pasar más por aquí. Se lo prohíbo terminantemente.
VOZ. ¡Lorenzo! ¡Lorenzo mío!

(Sale el Lobo iluminado y seguido por un foco.)

ESPECTADOR 1.º ¡Muy mal!
AUTOR. Tenga la bondad de callarse.
ESPECTADOR 1.º Yo he pagado por ver el teatro.
AUTOR. ¿Cómo? ¿Cómo? ¿El teatro? Aquí no estamos en el teatro.
ESPECTADOR 1.º ¿Que no?
AUTOR. *(Violento.)* No, señor. Lo que pasa es que usted tiene miedo. Sabe, porque me conoce, que yo quiero echar abajo las paredes para que sintamos llorar o asesinar o roncar con los vientres podridos a los que están fuera, a los que no saben siquiera que el teatro existe, y usted se espanta por eso. Pero váyase. En su casa tiene la mentira esperándolo, tiene el té, la radio y una mujer que cuando lo ama piensa en el joven jugador de *foot-ball* que vive en el hotelito de enfrente.
ESPECTADOR 1.º Si no estuviéramos donde estamos subiría para abofetearle.

AUTOR. Yo le pondría la otra mejilla. Cobarde.

CRIADO. El café.

ESPECTADOR 1.º Estoy demasiado cerca de la realidad para hacerle caso.

AUTOR. ¡Ja, ja, ja! La realidad. ¡Usted sabe cuál es la realidad? Óigala. La madera de los ataúdes de todos los que estamos en la sala está ya cortada. Hay cuatro ataúdes que esperan dentro de los vidrios a cuatro criaturas que ahora me oyen, y hay quizá uno, ¡quizá!, uno que se puede llenar esta madrugada misma a poco de salir de este vivísimo lugar.

ESPECTADOR 1.º No he venido a recibir lecciones de moral ni a oír cosas desagradables. Dé usted gracias que está en España, que es un país aficionado a la muerte. En Inglaterra ya le hubieran silbado. Me voy. Yo creí que estaba en el teatro.

AUTOR. No estamos en el teatro. Porque vendrán a echar las puertas abajo. Y nos salvaremos todos. Ahí dentro hay un terrible aire de mentira, y los personajes de las comedias no dicen más que lo que pueden decir en alta voz delante de señoritas débiles, pero se callan su verdadera angustia. Por eso yo no quiero actores sino hombres de carne y mujeres de carne, y el que no quiera oír que se tape los oídos.

ESPECTADOR 1.º Vamos, querida. Este hombre acabará diciendo alguna atrocidad.

ESPECTADORA 1.ª No me quisiera ir. Me interesa el argumento.

AUTOR. Quiere decir que le interesa la vida. La vida increíble que no está en el teatro precisamente. Hace unos días pude presentar en este mismo sitio a unos cuantos amigos como prueba de lágrimas una escena viva que no creería su marido de usted. En una pequeña habitación una mujer murió de hambre. Sus dos niños, hambrientos también, jugaban con las manos de la muerta, tiernamente como si fueran dos panes amarillos. Cuando llegó la noche los niños descubrieron los senos de la muerta y se durmieron sobre ellos mientras se comían una caja de betún.

ESPECTADOR 1.º ¡Qué exagerado!

AUTOR. Dios sabe que digo exactamente la verdad.

ESPECTADOR 1.º ¡Vamos, te digo!

ESPECTADORA 1.ª Pero no te pongas así. En el teatro todo es mentira.

AUTOR. ¡No es mentira! ¡Es verdad!

ESPECTADORA 1.ª Pues si es verdad ¡vámonos! ¡Qué horror! ¡Ay, qué desagradable!

ESPECTADOR 1.º *(Saliendo, al acomodador.)* ¡Salga a buscar un taxi!

ESPECTADORA 1.ª ¿Cómo has permitido que delante de mí digan estas cosas? ¡Era verdad! ¿Y cómo no los prendieron inmediatamente?

ESPECTADOR 1.º ¡Anda! ¡Ya sabía yo que te pondrías enferma! *(Salen.)*

JOVEN. *(De frac, en una platea.)* Como siga así lo dejarán solo.

AUTOR. ¡Ah! ¿Estaba usted ahí?

JOVEN. Sí, me interesa mucho su experiencia.

VOZ. *(Dentro.)* ¡Lorenzo! ¡Lorenzo mío!

AUTOR. Con su permiso. *(Se dirige al Criado que tiene la taza de café.)*

JOVEN. Creo que esa gente no lo van a dejar. ¡Es tan hermoso el teatro! ¿Qué va usted a hacer de las copas de plata, de los trajes de armiño?... Esa voz que ha sonado dos veces me conmueve a mí mucho más que una verdadera voz de agonía...

AUTOR. Todo eso ha desaparecido ya del teatro. *(Al Criado.)* ¿Cómo trae tan poco café y tan malo?

CRIADO. Se me derramó sin querer. Estaba todo oscuro y tropecé con unos pescadores que cantaban con unos peces de plomo en la cabeza. Después se me cayeron unas gasas encima, unas gasas llenas de moscas, y un viejo me dijo que era la niebla. Yo no estoy acostumbrado y he pasado miedo.

AUTOR. Miedo de las cosas pintadas.

CRIADO. En mi café hay luz.

AUTOR. Y allí no te asustas.

CRIADO. No, señor.

AUTOR. ¿Van muchos borrachos?

CRIADO. Sí.

AUTOR. ¿Y hablan?

CRIADO. Hablan cosas de borrachos. Ayer llevaron un niño

y un gran pavo y jugaron para ver cuál se emborrachaba antes. Al niño le daban coñac y al pavo anís con mijitas de tabaco. Nos reímos mucho. Se emborrachó antes el niño y se daba con la cabeza por las paredes. Al pavo le cortaron luego la cabeza con una *gillete*. Y se lo comieron.

JOVEN. ¿Lo ve usted? Ese muchacho lloraría con una historia de amor bien narrada. ¡Hace falta la escena! ¡Va usted a fracasar!

AUTOR. ¿Por qué no lo impediste?

CRIADO. Tengo que ser agradable a los parroquianos.

AUTOR. ¿Y no tuviste miedo?

CRIADO. *(Ríe.)* ¿Qué miedo voy a tener de un niño y de un pavo? Cuando le cortaban la cabeza todavía le echaban por el pico abierto una copa de anís. Tardaron casi media hora porque la *gillete* estaba mellada.

AUTOR. ¡Calla!

CRIADO. ¿Se asusta usted? ¿Pues si viera los carnavales? El año pasado vino un borracho tocando el violín. Todavía me río de recordarlo. ¿Sabe usted lo que era el violín? Era un gato crucificado boca arriba sobre una tabla de lavar, el arco era un gran manojo de zarzas, y al pasarlas sobre el animalito éste daba grandes maullidos que servían de música para el baile de dos mujeres muy bien vestidas, eso sí, ¡de raso!, una de Pierrot y otra de Colombina.

JOVEN. ¡Cántele usted una canción cursi y ya verá qué lágrimas!

AUTOR. ¿Me quiere dejar?

JOVEN. Es que le aviso. Los que se las echan de listos llaman a esto barbarie, otros aberraciones, y dan media vuelta para dormirse mejor.

AUTOR. Hay que despertarlos y abrirles los ojos aunque no quieran.

JOVEN. ¿Para qué?

AUTOR. Para que vean.

JOVEN. Y esté seguro que recién salidos del sueño, con las cuerdas de una conciencia convencional todavía flojas, la mitad de ellos pediría el manojo de zarzas para restregarlas con fruición sobre el animal crucificado.

CRIADO. Y harían muy bien. Los gatos son peligrosos, arañan a los niños y no son fieles.

AUTOR. *(Al Joven.)* Yo no quiero corregir a nadie. Sólo quiero que la gente diga la verdad. Y éste la está diciendo en público.

JOVEN. A medias.

AUTOR. Claro, porque todavía está mal iluminada. Hacen falta reflectores tan potentes que pueden quemar y destruir el corazón de los que hablan. *(Al Criado.)* Puede usted marcharse.

(Se va el Criado.)

(Dirigiéndose a la izquierda.) ¡No! Te he dicho que no entres. No te quiero ver. ¡Estoy cansado de mentiras!

CRIADO. *(Entrando.)* Señor.

AUTOR. ¿Qué?

CRIADO. ¿Tendría la bondad de decir a los empleados que encendieran la luz?

AUTOR. ¿Para qué?

CRIADO. Para salir.

AUTOR. Siga el pasillo, a la izquierda al fondo levante la cortina, cruce el salón de ensayos y por una escalera llegará a la calle.

CRIADO. Es que...

AUTOR. Vamos, ¡váyase!

CRIADO. Es que tengo miedo. He de saltar por la niebla que está en el suelo y además hay dos grandes pájaros en la claraboya.

AUTOR. ¡Enciendan la luz! No es nada. Ya lo verá. Unas gasas y unos telones pintados.

CRIADO. Sí, sí, pero parecen de verdad.

AUTOR. ¿Y si lo fueran?

CRIADO. ¡Ah! Si lo fueran, con dispararles un tiro...

JOVEN. ¡Bravo! ¡Naturalmente! *(Se va el Criado.)*

(Se oyen tres grandes golpes y cae un telón en el que hay pintado un palacio inverosímil.)

APUNTADOR. *(Entrando.)* Señor Director, ¿no acude al ensayo?

AUTOR. No. ¿Qué se ensaya?

APUNTADOR. *El sueño de una noche de verano.*

AUTOR. La gente puede llorar con el *Otelo* y reír con *La fierecilla domada*, pero no entienden *El sueño de una noche de verano* y se ríen. Aunque más vale que no se enteren. ¿Sabe usted el argumento de esta obra?

APUNTADOR. Yo soy un traspunte. No lo puedo explicar bien.

AUTOR. Es un sombrío argumento.

TRASPUNTE. A mí me alegra mucho.

AUTOR. Pues no es alegre. Todo en la obra tiende a demostrar que el amor, sea de la clase que sea, es una casualidad y no depende de nosotros en absoluto. La gente se queda dormida, viene Puk el duendecillo, les hace oler una flor y, al despertar, se enamoran de la primera persona que pasa aunque estén prendados de otro ser antes del sueño. Así la reina de las hadas, Titania, se enamora de un campesino con cabeza de asno. Es una verdad terrible, pero una verdad destructora puede llevar al suicidio y el mundo necesita ahora más que nunca verdades consoladoras, verdades que construyan. Se necesita no pensar en uno sino pensar en los demás. No voy al ensayo.

TRASPUNTE. ¿Cómo imitamos el aire que ha de soplar en las escenas del bosque?

AUTOR. Como queráis. Cantando con la boca cerrada. Déjame en paz. Es el último día que piso el teatro.

ACTRIZ. *(Saliendo vestida de Titania.)* ¡Lorenzo! ¡Lorenzo! ¿Cómo no vienes? No puedo trabajar sin ti. Si no veo la salida del sol que tanto me gusta y no corro por la hierba con los pies descalzos, es sólo por seguirte y estar contigo en estos sótanos.

AUTOR. *(Agrio.)* ¿Dónde has aprendido esa frase? ¿En qué obra la dices?

ACTRIZ. En ninguna. La digo por primera vez.

AUTOR. Mentira. Si el cuerpo que tienes fuera tuyo, te azotaría para ver si hablabas de verdad.

ACTRIZ. Lorenzo.

AUTOR. Te figuras que porque vayas vestida de Titania me vas a embriagar y estás equivocada. Mañana te vestirás de mendiga, de gran dama, y otro día serás la serpiente en la fábula de algún poeta embustero.

ACTRIZ. Yo sólo sé que te amo. Quiero que me azotes para que veas que mi piel se pone rosada; quiero que me claves un punzón en el pecho para que veas saltar un hilo de sangre. Ja, ja, ja, ja. Y si te gusta la sangre te la bebes y me das una poquita a mí.

AUTOR. ¡Mentira!

ACTRIZ. ¡Claro! ¡Mentira! *(Lo abraza.)* Yo estoy aquí sola y sin embargo me llevas en cada ojo diferente y pequeñita. Si la nieve huye del fuego, ¿cómo puedes llevar tus dientes fríos dentro de esas brasas de tus labios? ¡Mentira! Me gustaría que fueras un caballo gris de los que salen en la madrugada a buscar a las potras en lo oscuro de los establos. No, no...

AUTOR. ¡Déjame!

ACTRIZ. Ja, ja, ja, ja. Eres un oso. ¿No crees nada de lo que te digo? Pues estrújame y verás cómo agonizo en tu pecho peludo. Hasta ayer me gustaban las carnes de seda. Ahora me gusta la crin, los arrabales sucios y la choza del pastor.

AUTOR. No creas que te vas a venir conmigo por reflejar esos gustos. No lo consentiré. Yo sí me voy para huir de ti, de tu sociedad, de tu inconstancia.

ACTRIZ. ¿Es que yo no puedo ser mujer fea, de las que tú buscas, criatura leprosa, y acompañarte? Sí. Tú eres mío. ¡Ah! ¡Si vieras cómo me gustaría morir en un hospital contigo!

AUTOR. Tú no me dirías nunca la verdad.

ACTRIZ. Ni nadie. Pero te cantaría la mentira más hermosa. A mí me gusta también la verdad, un momento nada más. La verdad es fea, pero si la digo, me arrojan del teatro. Me dan ganas de dirigirme al público, y en la escena más lírica gritarles de pronto una palabrota, la más soez, ja, ja, ja. Pero yo quiero mis esmeraldas y me las quitarían.

AUTOR. *(Furioso.)* ¡Fuera de aquí! ¡Fuera!

ACTRIZ. Ah, ¿pero me vas a azotar de veras? Ya sé que Titania no te gusta. Es un hada y las hadas no existen, pero lady Macbeth sí. *(Se quita la peluca blanca y enseña al viento una cabellera negra. Se despoja de una gran capa blanca y aparece con un traje rojo fuego.)*

(El telón del fondo se levanta y aparece otro telón en el que hay pintado un sombrío claustro de piedra con cipreses y árboles fantásticos.)

Lady Macbeth sí, y además ahora me tienes miedo.

(La luz se cambia lentamente por una luz azul de luna.)

Porque soy hermosa, porque vivo siempre, porque estoy harta de sangre. ¡Harta de sangre verdadera! Más de tres mil muchachos han muerto quemados por mis ojos a través del tiempo. Muchachos que vivían y que yo he visto agonizar de amor entre las sábanas.

AUTOR. ¿En qué libro has leído ese párrafo? No eres más que una actriz. ¡Una actriz despreciable!

ACTRIZ. Una cómica que muere por ti, ¡Lorenzo! Que te suplica que no la abandones.

AUTOR. *(A voces.)* ¡Tengan la bondad de dar más luz y levantar estos telones!

ACTRIZ. Eso. Luz roja, luz roja para verme las manos llenas de sangre. Han dado luz de luna y quiero hacerte la escena final.

(Luz roja.)

AUTOR. *(A los electricistas.)* ¿Me han oído?

ACTRIZ. ¡Silencio! Me has de amar por fuerza. La sangre que cae en la tierra se convierte en lodo. ¿Qué me importa a mí que mueran los soldados? Pero si cae sobre una copa de jacinto, ¡se convierte en el vino de más rico paladar!

(Se oyen unos disparos.)

AUTOR. ¿Qué pasa? ¡Den toda la luz! ¡Iluminen el vestíbulo!

(Cruza la escena Nick Bottom con la cabeza de asno en la mano.)

NICK BOTTOM. ¡Es horrible! ¡Vengan! ¡Dentro estaremos seguros!

(Se oyen más cerca los disparos.)

ESPECTADORA 2.ª *(Sentada en el centro del patio.)* ¡Vámonos! Tengo miedo, los niños están solos en casa.

ESPECTADOR 3.º Las calles deben estar tomadas militarmente y no dejarían el paso.

TRASPUNTE. *(En la escena.)* Parece que se acercan más. Todo el vestíbulo está lleno de gente.

VOZ. ¡Viva la revolución!

(La Actriz se ha puesto un impermeable rápidamente y ha ocultado su cabellera bajo un sombrero de fieltro gris.)

ACTRIZ. Cierren las puertas, ¡ciérrenlas!

AUTOR. ¡Que las abran! ¡El teatro es de todos! ¡Ésta es la escuela del pueblo!

ACTRIZ. No, aquí no entran. Romperán las vajillas reales, los libros fingidos, la luna de vidrios delicados, verterán elixires maravillosos conservados a través de los siglos y destrozarán la máquina de la lluvia.

AUTOR. ¡Que lo rompan todo!

ACTRIZ. Amado mío, ¡dejarán la escena inservible!

AUTOR. *(Al Traspunte.)* He dicho que abran las puertas. No quiero que se derrame sangre verdadera junto a los muros de la mentira.

TRASPUNTE. Está bien, usted manda; pero ¿y la economía? ¿Qué va a ser de la economía del teatro?

AUTOR. *(Furioso.)* ¿Qué entiende usted por economía?

TRASPUNTE. Es un misterio en el cual creo y que respetan todas las personas sensatas.

AUTOR. ¡Al diablo la economía! ¿Oye usted?, ¿oye usted?

TRASPUNTE. *(Temblando.)* Sí. ¡Dénme por favor unos algodones para taparme los oídos!

AUTOR. ¡Es un rumor de sangre viva!

ACTRIZ. ¡No te asomes, Lorenzo! ¡Puede matarte una bala!

AUTOR. *(Sarcástico.)* ¿Dónde está lady Macbeth?

ACTRIZ. Lady Macbeth no puede hablar cuando un oleaje de balas abate las rosas de los jardines.

HOMBRE. *(Vestido de negro, entrando.)* Tiene usted razón. La pólvora mata a la poesía.

AUTOR. ¡O la salva!

HOMBRE. ¡Mano dura! ¡Mano dura! ¡Hagamos una gran rosa de cabezas rebeldes! Adornemos las fachadas, las farolas, los pórticos de la arquitectura milenaria con guirnaldas de las lenguas que quieren destruir lo instituido.

(Entra en escena un Leñador con la cara completamente blanca, un haz de leña al hombro y un farolito en la mano.)

LEÑADOR. Parece que los revoltosos se baten en retirada.

HOMBRE. *(Saliendo.)* ¡Eso! ¡Hay que vencerlos!

AUTOR. ¿Quién es usted?

HOMBRE. Yo. El propietario del teatro. ¡Mano dura! El bien, la verdad y la belleza han de tener en esta época un fusil entre las manos.

LEÑADOR. ¡Muy bien dicho!

AUTOR. ¿Por qué dices muy bien? ¿Cuánto ganas?

LEÑADOR. Unas cuantas monedas. Lo suficiente para el pan. Pero yo lo único que quiero es que me dejen representar tranquilo mi papel.

Un nardo puede ser escarcha o nieve.
El cielo de la noche, un palo roto.
Que cante la cigarra o gima el viento,
lo que importa es el sueño de los ojos.

AUTOR. ¿Qué papel es el tuyo?

LEÑADOR. ¡Soy la luna de Shakespeare!

AUTOR. ¡Pero aquí no!
LEÑADOR. Siempre. ¡Prueba a enterrarme y verás como salgo!

(Se oyen dos cañonazos.)

TRASPUNTE. *(Entrando.)* La fuerza está ahora cargando en la gran plaza.

(Sale. Entran la Espectadora 2.ª y el Espectador 2.º que antes estaban en las butacas.)

ESPECTADORA 2.ª Es la revolución, Enrique. ¡La revolución!
ESPECTADOR 2.º ¿Hay peligro de que entren aquí las balas?
LEÑADOR. Ninguno, pero allí estarán más protegidos. ¡Lo malo es si vienen los aeroplanos! Pero a mí no me importan, en último caso. Ya lo expresa mi papel.

El aire es para mí luna de octubre,
ni pájaro ni flecha ni suspiro.
Los hombres dormirán. Las hierbas mueren.
¡Sólo vive la plata de mi anillo!
Tú que estás bajo el agua, ¡sigue siempre!
Los húmedos *miosotis* tienen frío.
Aunque la sangre tiña los tejados,
no manchará la luz de mi vestido.

(Llorando.) ¡Es una hermosa canción que quizá no me dejarán cantar nunca más!
ESPECTADORA 2.ª ¿Qué dice?
NICK BOTTOM. *(Entrando.)* ¡He visto venir cuatro aeroplanos!
ESPECTADORA 2.ª ¡Ay! ¡Mis hijos! ¡Mis hijos! Estoy segura que asaltarán la casa y como están solos con la institutriz y los criados ¡los matarán!
VOZ. *(En delantera de paraíso.)* Los obreros no han hecho eso nunca, ¡ni lo harán jamás!
ESPECTADOR 2.º *(Al público.)* ¡Lo han hecho!
AUTOR. *(Al Espectador 2.º)* ¡Miente usted!

ESPECTADOR 2.º En una revolución de hace muchos años sacaron los ojos a trescientos niños, algunos de pecho.

AUTOR. ¿Quién se lo contó? ¿Qué infame manchó su lengua con esa pesadilla? ¡Conteste!

ESPECTADOR 2.º Modere sus palabras y hable con la corrección debida a un caballero.

AUTOR. Yo no soy un caballero ni quiero serlo. Soy un agonizante de Dios.

ESPECTADOR 2.º ¡Zarandajas!

ESPECTADORA 2.ª *(Asustada y agarrando al Marido.)* ¡Enrique! ¡Enrique!

ESPECTADOR 2.º Lo sé muy bien. Un periodista amigo mío presenció el hecho, ¡un gran periodista!, y para prueba, se trajo dos ojos azules, vivos, que enseñaba a todo el mundo, dentro de una cajita de laca.

TRASPUNTE. *(Entrando.)* ¡Los aeroplanos van a comenzar el bombardeo!

ESPECTADORA 2.ª ¡Mis hijos! ¡Ay mis hijitos! *(Al Autor.)* Sobre todo el pequeño que no puede estar sin mí. Es rubio y todas las mañanas entra cantando una canción inglesa para despertarme. ¡No puede estar sin mí!

ESPECTADOR 2.º Cuando llegue la noche la echará de menos porque, a pesar de su rango, ¡ella misma lo desnuda!

ESPECTADORA 2.ª Y los matarán, Dios mío, ¡los matarán!

TRAMOYISTA. *(Saliendo de la sombra.)* No tenga miedo, señora. Yo mismo iré. Yo sortearé las balas y les diré que ustedes están seguros.

AUTOR. ¿Vas a salir?

TRAMOYISTA. ¡Sí!

AUTOR. Yo voy a mirar por las claraboyas.

ACTRIZ. *(Detrás.)* ¡Lorenzo! No te expongas. Aleja el peligro de tu maravilloso talento. *(Sale detrás.)*

TRAMOYISTA. Si veo que no hay peligro los traeré con ustedes. Son padres, y yo comprendo su angustia. Si esto dura, los sótanos del teatro son el mejor sitio de la ciudad.

ESPECTADORA 2.ª Sí, ¡vaya!, ¡vaya!

TRAMOYISTA. Esté tranquila. *(Se va.)*

ESPECTADOR 2.º ¿Quién es este hombre?

LEÑADOR. ¡Un tramoyista!

ESPECTADOR 2.° ¿Cómo se llama?

LEÑADOR. Bakunin el loco le dicen sus compañeros.

ESPECTADORA 2.ª Tenemos que ayudarle. Yo le daría todo lo que tengo. ¿Para qué preguntas su nombre?

ESPECTADOR 2.° Para eso. *(Aparte.)* Para denunciarlo después. *(Escribe en una libretita.)*

(Se oye el comienzo del bombardeo. Todos están silenciosos arrimados a los muros. El Autor ha subido por una escalera y no se le ve.)

VOZ. *(Del paraíso.)* ¡Canalla!

ESPECTADOR 2.° Estás en la sombra, pero yo iluminaré la sombra para cargarte de cadenas. Soy del ejército de Dios y cuento con su ayuda. Cuando muera le veré en su Gloria y me amará. Mi Dios no perdona. Es el Dios de los ejércitos, al que hay que rendir pleitesía por fuerza, porque no hay otra verdad.

LEÑADOR. ¡Arrímese al muro y defiéndase! Estamos en pleno bombardeo.

ESPECTADOR 2.° No tengo miedo. ¡Dios está conmigo!

VOZ. ¡No creo en tu Dios!

ESPECTADOR 2.° Lo sé, ¡pero la mala hierba se arranca así! *(Saca un pequeño reflector y lo dirige hacia el paraíso que queda iluminado.)*

OBRERO. *(Vestido de mono, levantando los brazos.)* ¡Camaradas!

(Todo el teatro se ilumina.)

ESPECTADOR 2.° ¡Ah! ¡Buen mozo! *(Saca una pistola y dispara. El Obrero da un grito y cae.)*

MUJER 1.ª ¡Lo ha matado!

MUJER 2.ª ¡Asesino! ¡Asesino!

ESPECTADOR 2.° ¡Que los acomodadores saquen a esa gente que impide la representación! *(Apaga el reflector y todo el teatro vuelve a quedar a oscuras.)* ¡Buena caza! Dios me lo pagará. Bendito sea en su sacratísima venganza. ¡No hay más que un solo Dios!

JOVEN. *(De la platea, lanzando una carcajada.)* Un solo Dios, claro, ¡y Mahoma su profeta! ¿Por qué no dispara usted contra mí? Como estamos en plena revolución no le pasará nada.

ESPECTADOR 2.º Con los judíos y demás tenebrosa gente hay que andar con más cuidado.

JOVEN. Perdón. No soy judío. Soy mahometano.

ESPECTADOR 2.º ¿No teme el bombardeo?

JOVEN. Menos que usted. Estoy deseando morirme para tener un millón de concubinas. Aquí las mujeres son caras.

ESPECTADOR 2.º *(Mirando a un lado y otro para hablar.)* Carísimas, pero un día vendrá, y creo que está próximo, en que las tengamos baratas como antes. Mis antepasados las tuvieron a pares.

JOVEN. ¡Tiempos felices! ¡Por cierto que le felicito porque veo que es usted un magnífico tirador!

ESPECTADOR 2.º Tuve de maestro a un teniente alemán que había hecho todas las guerras africanas. Su único objetivo era el hombre. Matar un pájaro lo llenaba de irritación.

JOVEN. *(Bajando la voz.)* Ha sido un blanco magnífico. ¿Fue en el corazón?

ESPECTADOR 2.º En el corazón hubiera dado un salto, y cayó hacia atrás sin abrir la boca. Fue en el centro mismo de la frente.

(Un gran ruido de bombardeo invade la escena.)

ESPECTADORA 2.ª Enrique, Enrique. Ven aquí. De prisa. Por favor.

ESPECTADOR 2.º ¡Si no hay peligro! *(Se va con su mujer.)*

(El bombardeo crece. Luces de todos los tonos iluminan la escena. Al fondo cruza un grupo de Personajes con trajes de hadas y silfos que llevan a un Herido.)

[ESPECTADOR 3.º ¡Buena puntería! ¡Ah! ¿Estaba usted ahí?

JOVEN. Sí, pienso como usted... en voz alta.

ESPECTADOR 3.º En voz baja, no.

JOVEN. En voz baja tengo su misma opinión, pero yo prefiero estar al margen. No soy aficionado a la caza mayor. Ahora que los dos sabemos...

ESPECTADOR 3.º ¡Silencio!

JOVEN. No lo voy a descubrir. Me conviene callar.

(Rompe un bombardeo furioso.)

TRAMOYISTA. *(Saliendo.)* A los sótanos todos; es el sitio seguro. ¡A los sótanos!

(Cae un telón que es un muro de grandes piedras.)

ESPECTADORA 3.ª ¡Mis hijos, mis hijos, mis niños pequeños!]

LEÑADOR. ¡Arrímense a los muros!

(Cruza la escena un grupo de Hadas y Silfos que lleva un Obrero herido.)

HADA. Cayó de una claraboya.

SILFO. Flor de guisante, [sosténle] bien la cabeza.

OBRERO. *(Agonizante.)* ¡Viva la revolución!

HADA. Lo llevaremos al guardarropa.

SILFO. ¡Dame un pañuelo!

HADA. ¡Pronto! ¡De prisa! *(Salen.)*

ESPECTADORA 2.ª ¡Mis hijos! ¡Mis hijos!

ACTRIZ. Estoy harta de oírla gritar mal. No lo puedo sufrir. Su voz tiene un aire falso que no logrará conmocionar nunca. No, así, es así: ¡Mis hijos, mis hijos, mis niños pequeños! ¿Lo ha oído? Y las manos hacia adelante, imprimiéndoles un temblor como si fueran dos hojas en una fiebre de viento.

TRAMOYISTA. *(Entrando.)* ¡El pueblo ha roto las puertas!

(El Espectador 3.º hace ademán de sacar su pistola, su Mujer lo contiene.)

AUTOR. *(Saliendo.)* Aquí, ¡aquí! Decid la verdad sobre los viejos escenarios. Clavad puñales sobre los viejos ladrones del aceite y el pan. Que la lluvia moje los telares y despinte las bambalinas.
VOZ. ¡El fuego!
VOZ. *(Más lejana.)* ¡El fuego!
AUTOR. *(Saliendo.)* ¡Y el fuego!

(El teatro se ilumina de rojo.)

ACTRIZ. *(Entrando, en voz alta.)* ¡Lorenzo! *(En voz baja y temblando.)* ¡Lorenzo!

Telón

Los sueños de mi prima Aurelia

Personajes

AURELIA, 25 años
MERCEDES, 22 años
ESPERANZA, 40 años
OTILIA, 30 años
ANTOÑITA ACULA, 25 años
DOÑA CLORINDA, 70 años
DOÑA EDUVIGIS, 65 años
DOÑA MARÍA LA REINA, 60 años
ANTONIO
JUAN
NIÑO
EL MÉDICO
EL BOTICARIO
EL INGENIERO
DON RÓMULO ARGOTE DE DALABARDA
EL RICO AZUCARERO
CRIADAS
PERSONAJES DE «MANCHA QUE LIMPIA»
MUCHACHAS CON LUCIÉRNAGAS EN EL PELO
MUCHACHAS DEL TANGO DE LOS LUNARES

La acción en un pueblo el año 1910.

Esta comedia pertenece a la serie de crónicas granadinas de la que forma parte Doña Rosita la soltera.

Acto primero

Sala baja en casa de doña María la Reina. Es una habitación de pueblo con una cómoda sobre la que hay una gran cruz hecha con flores rosa de papel con hojas doradas. Las sillas son torneadas con el asiento de paja. Un velador con tapete de crochet y cortinas de encaje prendidas con lazos rosa. Lámpara con pantalla y borlas de papel. Todo un testero está lleno de fotos pequeñas puestas en marquitos dorados.

MARÍA. *(Lee un tomo grueso en alta voz y con énfasis.)* «Entonces Liduvina irguió el talle, con lo que a la luz de la lámpara de gas resplandeció de hermosura.» *(Dejando de leer.)* Claro, si es hermosa, es la más hermosa, y por eso la de peor suerte. ¡Ay! *(Sigue.)* «... resplandeció su hermosura y exclamó: ¿Luego no sois...? ¡No!, contestó con firmeza el desconocido. ¿Cómo os atrevéis, pues, a dirigirme la palabra?, balbuceó la atribulada joven.» *(Deja de leer.)* Claro, ¿cómo le diriges la palabra? ¿No ves que ella es decente? Ella no está para el primero que llega. *(Lee.)* «¿No me conoces, Liduvina? El desconocido hizo una gran pausa y exclamó con reconcentrada ira: Yo soy el marqués de Doupount.» *(Habla.)* Alabado sea Dios, ¡ya tenemos a éste aquí!

Y ella... Nada. Fin de capítulo. A ver... *(Pasa las hojas. Lee.)* «Una mañana de abril veinte años antes de la escena que acabo de relatar...» *(Habla.)* ¡Veinte años antes! ¡Y a mí que me importa! Y mientras, esa pobre niña delante del tío canalla. *(Pasa rápidamente las hojas.)* Nada... *(Lee.)* «¿No es hermoso contemplar la naturaleza en la plenitud de sus galas, cuando pájaros y jóvenes cándidas cual pájaros...» *(Habla.)* Broza, todo esto es broza, no sé cómo lo escriben... ¡Y vengan páginas llenas! Liduvina, Liduvina... aquí... *(Lee para sí. Pausa.)* ¿Cómo? *(Lee.)* «... y tomando en sus brazos a Liduvina desmayada con ayuda de Eleuterio, el criado *(Excitada.)*, la metió en un berlina que esperaba en la noche y partió con ella por la carretera de Saint Point.» *(Levantándose.)* ¡Nada! ¡Si ya lo dije! *(A voces.)* ¡Clorinda! ¡Eduvigis!

CLORINDA. ¿Qué pasa?

EDUVIGIS. ¡Qué susto me has dado!

MARÍA. ¡Que el marqués de Doupount se ha llevado a Liduvina en un coche!

EDUVIGIS. ¡Canalla! ¡Granuja!

CLORINDA. ¿Y adónde?

MARÍA. Yo creo que se la ha llevado al castillo o a la aldea de Equis.

CLORINDA. También tú pareces tonta. ¡No ves que en el castillo está el hermano natural de Liduvina, que ya sabe que es hermana suya!

MARÍA. Pues entonces a la aldea de Equis.

EDUVIGIS. En la aldea está Bernardino y la reconocería.

MARÍA. ¿Pues entonces adónde la lleva?

EDUVIGIS. Seguramente que este granuja la está deshonrando.

MARÍA. Calla, calla, ¡eso no puede ser!

CLORINDA. Como soy más vieja que vosotras, sé que el pillo la llevará a casa de Paquita la Fleury.

MARÍA. Pero, si ésa es una tía con casa puesta. ¿Se va a atrever?

CLORINDA. La culpa la tiene Liduvina por tonta.

MARÍA. Sólo a ti, que eres fría como el hielo, se te puede ocurrir semejante desatino.

EDUVIGIS. ¡Y hasta parece que te alegras!

CLORINDA. Quiero ya a Liduvina mucho más que vosotras porque soy más lista y sé más del mundo.

EDUVIGIS. ¡Será por lo que has viajado!

CLORINDA. No, pero he sido casada y vosotras os quedasteis para vestir santos. De todos modos Liduvina se salvará.

MARÍA. Y al tío perro lo machacará Armando.

EDUVIGIS. Sí, pero mientras tanto, ¿qué se hace?

(Entra rápida en escena Aurelia. Viene con traje de tonos claros y flores en la cabeza.)

MARÍA. ¡Que Doupount se llevó a Liduvina!

AURELIA. ¡Ay qué sofocación tan grande! ¡No me lo digas siquiera!

MARÍA. Lo que oyes.

AURELIA. ¿Dónde lo dice?

MARÍA. *(Con el libro.)* Aquí.

AURELIA. *(Lee.)* Sí, no cabe duda.

CLORINDA. Ya lo tenía predicho.

AURELIA. Pero es que ella hace cosas que no se le ocurren a nadie. ¿Os acordáis el día que salió sola por el Bois y se le echó la noche encima y no se le ocurrió otra cosa que dar voces? ¡Ay, a mí me iba a dar un torozón! ¡Cállate, vuélvete tranquila! ¡Ten talento para buscar el camino y oculta lo que tienes que ocultar! ¡Ése fue el día que la descubrió el marqués!

MARÍA. ¡Es que ella es demasiado inocente!

AURELIA. A mí, lo que me duele es no poder hacer nada por salvarla. ¡Qué novela más linda!

EDUVIGIS. Pues yo tengo un berrinche que esta noche no podré dormir.

AURELIA. ¿Qué traje llevaba?

MARÍA. Con el disgusto no me he fijado.

AURELIA. Mira a ver.

MARÍA. *(Leyendo.)* «Llevaba un hermoso traje de terciopelo azul aire rematado con encajes de plata del Perú y un sombrero de paja tostada cubierto de margaritas de seda bajo el cual era un halo de oro su hermosa cabellera rubia.»

AURELIA. ¡Qué primor de los primores! Pero me hubiera gustado más el blanco con amapolas.

MARÍA. ¿El blanco de moaré o el de gasa?

AURELIA. El de gasa. El que llevaba puesto a la orilla del lago.

CRIADA. *(Entrando.)* Doña María, ¿qué van a disponer para la cena?

MARÍA. ¡Déjanos tranquilas!

EDUVIGIS. Nunca oí de una muchacha que vistiera mejor.

AURELIA. Pero, ¿qué va a ser de ella? Porque si Doupount la deshonra, como es natural...

MARÍA. No digas eso, que no lo puedo resistir.

AURELIA. Y yo menos, pero puede ser. Es terrible, porque ¿qué haría Armando?

CLORINDA. Yo creo que Armando no la debe admitir deshonrada. No estaría bien en un muchacho de su clase.

AURELIA. Pero, doña Clorinda de mis carnes, doña Clorinda de mis entrañas, ¡si la quiere!

EDUVIGIS. Lo que se me ha metido a mí en la cabeza es que la deshonra.

MARÍA. Y dale, ¿pero por qué? ¿No puede pasar algo para que no suceda este horror?

CLORINDA. Un hombre cualquiera no podría resistir. Además, ¿quién sabe si Paquita la Fleury le da un filtro?

CRIADA. ¿Es que no van a comer esta noche?

MARÍA. ¿Te puedes callar?

EDUVIGIS. ¡El marqués quiere tener un hijo con ella para dominarla!

AURELIA. Y ese Armando, ¿dónde estará metido? A veces me parece un tío sin gracia y un malasombra.

CLORINDA. No. Armando es aristócrata y está educadísimo.

AURELIA. Pues bien podía tener un poco de menos educación y ser más listo.

CLORINDA. A mí me gusta él más que ella.

AURELIA. ¡Qué disparate!

MARÍA. Siempre tienes que decir algo original.

AURELIA. Yo me quedo con Liduvina de Chanteurs.

MARÍA. ¡Y yo!

CLORINDA. Yo con los dos, pero Armando...

CRIADA. *(Asombrada. Interrumpiendo a voces.)* ¡Que pregunto qué van a comer esta nocheeeeeeee!

(Silencio. Y como saliendo de un sueño.)

MARÍA. No sé.

CLORINDA. ¿Qué hay?

CRIADA. Tengo que comprarlo.
MARÍA. Lo que quieras.
CRIADA. ¿Cocido?
MARÍA. Cocido.
CRIADA. ¿Y de postre?
MARÍA. ¿Qué?
AURELIA. Leche frita.
MARÍA. Eso.

(Se va la Criada.)

MARÍA. Nos damos verdaderos malos ratos.
AURELIA. Yo no lo puedo remediar.
CLORINDA. Muchas veces quisiera tirar los libros al pozo.
MARÍA. Y te tiraría yo detrás.
AURELIA. Pero, ¿usted cree que se puede vivir sin leer novelas y sin hacer teatro? En este pueblo, sobre todo, que tiene una baraja de hombres que no los he visto reír nunca. Se echan el sombrero a la cara y cuando pasa una hacen: ¡juuu!, como si fueran pollinos. Yo no puedo, no puedo. ¡He dicho que no puedo!
CLORINDA. Tú eres una muchacha, pero ¿y éstas? Mis dos hermanas son, sois, dos carcamales.
AURELIA. Por Dios, doña Clorinda, son muy simpáticas y ellas se ilusionan.
MARÍA. *(A Aurelia.)* Lo mismo que tú.
EDUVIGIS. ¿Y por qué no?

(Suena un griterío.)

CLORINDA. ¿Qué es eso?
AURELIA. Son las máscaras. ¿Creerán ustedes que estoy contenta porque es carnaval?
CLORINDA. A mí me revienta.
AURELIA. A mí me chala.

(Se asoman a la ventana. Una ventana andalucísima, lo cual quiere decir antagónica de la Andalucía horrible de los teatros.)

MARÍA. Ya se fueron.

AURELIA. ¿Quién es esa gente?

EDUVIGIS. Son forasteros.

CLORINDA. ¡Adoración! *(Entra la Criada.)* ¿Tú sabes quién son ésos?

CRIADA. El médico nuevo con su hermana la médica. Acaban de llegar.

CLORINDA. ¡Dios nos coja con salud! Un médico nuevo es una pistolilla montada.

AURELIA. Jesús, Ave María. ¿Y ésa es la médica? ¿Y ésa es la hermana de un hombre con carreta? Pero, si es un cachalote.

CLORINDA. De gorda resulta apaisada.

AURELIA. ¡Ay qué lástima! ¡Qué lástima!

CLORINDA. ¿Qué te pasa?

AURELIA. Que no me gusta el médico, ¡que no me gusta! ¡¡Qué desilusión!! Es lo que se dice un tipillo.

MARÍA. Es una lástima.

CLORINDA. Pero, ¿es que te ibas a casar con él?

AURELIA. No. Pero estoy deseando que me hable un hombre de carrera y que lleve botines.

CLORINDA. Yo creí que te gustaba Antonio. Todo el mundo dice que se te va a declarar de un momento a otro. Yo lo estoy deseando.

AURELIA. No sé. Pero un labrador. Yo rabio por ponerme sombrero y que me lleven al teatro. Me encanta el teatro.

MARÍA. Y te lo pondrás.

CLORINDA. Antonio es un dije. Acabarás casándote con él.

AURELIA. Si antes no encuentro otro. *(Mirando.)* ¡Ay! *(Ríe.)* Si tiene dos ojos como cabezas de alfileres. ¿Y el bastón? ¡Ay qué bastón! ¡Ay qué bastón! ¡Me mata!

CLORINDA. La hermana es verdaderamente extraordinaria.

AURELIA. ¡Cómo va de pintura!

EDUVIGIS. Desde aquí me ciega la vista con los relumbrones de la cara.

CLORINDA. ¡Allí va Antonio! Ven; no te retires de la ventana.

AURELIA. Mire usted, doña Clorinda, yo creo que se ríe de mí.

CLORINDA. ¿Por qué?

AURELIA. Pasa a mi lado y me mira con una superioridad que parece decir: «Quieras o no quieras, ¡serás mi mujer!». ¿Y creerá usted que no le importa que yo baile con otros? Nada. Es un imperante.

CLORINDA. Y tanto. ¿Sabes que ya compró el cortijo que lindaba con el suyo?

AURELIA. Y lo comprará todo, hasta lo poquito que yo tengo.

CLORINDA. Te quiere de verdad.

AURELIA. Pero cómo quiere usted, Clorinda de mis huesos, doña Clorinda de mis entrañas, que lo quiera si no le gusta nada de lo que a mí me gusta. Ayer le dije por tener una fineza con él y porque no digan, porque a mí me gusta ser fina, ser atenta; cuando yo estaba en el colegio de las madres calderonas siempre me decía sor Timotea: «Si eres fina ganarás tu porvenir». Y un día, por cierto, mire usted, en el colegio teníamos las camas dos a dos, ¿no ha visto usted esos salones grandes que tienen arriba una cruz? ¡Ay el miedo que me daba a mí la cruz!

CLORINDA. *(A voces.)* ¿Que qué le dijiste por tener una fineza?

AURELIA. ¡Ay qué susto me ha dado usted! *(En voz baja.)* ¡La pícara vieja! ¡Así te coman los grillos! Pues nada, le dije: «Toma esta novela que es preciosa». ¿Y qué dirá que me contestó?

MARÍA. Una barbaridad.

AURELIA. No. Me dijo: *(Imitándolo.)* «No sé leer». Y yo salto y yo doy botes y yo me tiro por las escaleras.

MARÍA. Tú tienes que aguardar hasta que venga lo fino, ¡lo que tú te mereces!

EDUVIGIS. A mí me gustaría un militar.

MARÍA. A mí me gustaría un abogado para que tuvieras en la sala una ampliación con él vestido de toga y birrete.

CLORINDA. A mí Antonio.

AURELIA. Otra vez va por ahí.

EDUVIGIS. ¿Quieres que corra las cortinas?

CLORINDA. Las cortinas están así preciosas.

AURELIA. *(Con retintín.)* Do-ña Clo-rin-da.
CLORINDA. Yo hago lo que me da la gana.

(Ríen.)

EDUVIGIS. Ahí viene don Simeón.
AURELIA. Don mudón dirá usted. Es una estatua.
MARÍA. Pero nos da compaña.
AURELIA. Ése es igual que mi tío, pero aquél no hablaba porque los tagalos le cortaron la lengua. Hicieron así *(Saca la lengua.)* y ¡chas!
MARÍA. ¡Niña!
AURELIA. Lo único que aprendí de él fue a decir: «Buenos días, señor» en filipino.
MARÍA. *(Ingenua.)* ¿Cómo es?
AURELIA. *Magandanga bi-pó*. Buenos días, señor. *Magandanga bi-pó.*
EDUVIGIS. ¡Ay qué gracioso!
SIMEÓN. *(Entrando.)* ¡Buenos días!
AURELIA. *(Rápida.) Magandanga bi-pó.*

(Don Simeón queda serio mirando a Aurelia.)

SIMEÓN. *(Pausa. Serio.)* Yo creo... que...
AURELIA. Usted perdone.

(Se sienta Simeón.)

CLORINDA. ¿Cómo está ese campo?
SIMEÓN. Bueno.
EDUVIGIS. ¿Vino ya su hermano?
SIMEÓN. Sí.
MARÍA. ¿Estuvo en la notaría?
SIMEÓN. No.
CLORINDA. Dicen que el trigo en la Alhóndiga va a subir mañana.
SIMEÓN. Quizá...

(Pausa.)

AURELIA. ¡Ay! ¿Pues no creí...?
CLORINDA. ¿Qué, hija?
AURELIA. Que los tagalos me estaban cortando la lengua en este instante, ¡y hasta me duele!

(Entra don Cayetano.)

(Cayetano es un hombre de sesenta años bien conservado. Habla con un deje de melancolía y tiene un corazón lleno de aliento juvenil. Sus maneras son elegantes y en toda su línea hay un dejo viril y donjuanesco templado por la blanca tristeza de sus canas.)

CAYETANO. Ya sabía yo quién estaba aquí.

AURELIA. ¿Por qué?

CAYETANO. Porque sale luz por la puerta.

CLORINDA. Te morirás echando flores a las niñas.

AURELIA. Déjelo usted. A mí me gustan sus palabras. Es lo único bonito que me dicen.

CAYETANO. Lástima que el galán puede ser tu padre.

AURELIA. Yo lo encuentro muy bien.

CLORINDA. ¿Por qué no te casaste?

CAYETANO. Porque si me hubiese casado, hoy tendría una vieja por compañía, y como no lo hice, puedo ahora galantear, en sueños, a las mujeres que se lo merecen.

CLORINDA. Eres...

CAYETANO. Un viejo verde. Llámamelo. Tu viejo verde, Aurelia. Viejo verde, viejo tierno, viejo de la alegría, viejo que es capaz todavía en su cama de llorar lágrimas de juventud.

AURELIA. Usted es más joven que nadie.

CAYETANO. Me basta con que me mires.

SIMEÓN. ¡Sesenta años!

MARÍA. ¿Qué dices?

SIMEÓN. Una frase.

CLORINDA. *(A Cayetano, que se va.)* ¿No serás capaz de vestirte de máscara?

CAYETANO. ¿Y, por qué no? *(A Aurelia.)* ¿Hace este paquete de caramelos?

AURELIA. ¡Siempre tan galante!

CAYETANO. De última moda. Son peces de menta.

AURELIA. ¡Gracias! *(Están muy cerca.)* ¡Qué...!
CAYETANO. ¿Decías?
AURELIA. No me atrevo.
CAYETANO. *(Amoroso.)* Dime.
AURELIA. Iba a decirle... ¡Qué ojos más lindos habrá tenido usted!
CAYETANO. ¡Por eso míralos de lejos y así no verás su edad!

(Sale triste.)

CLORINDA. ¡No escarmienta! Ha galanteado a varias generaciones de mujeres.
AURELIA. A mí me entusiasma. Pero tengo tan mala suerte. Este hombre tiene veinte años y me subo a gatas por las paredes por él.
MARÍA. ¡Ya hubo quien lo hizo y no sirvió de nada!
NIÑO. *(Entrando.)* Prima, ¿no vienes a ver las máscaras?
AURELIA. Luego iremos.

(Las Viejas besan al Niño.)

CLORINDA. ¿Vienes de tu casa?
NIÑO. Sí. Ha salido una comparsa de gondoleros venecianos y otra de boleras. Llevan banderas de oro.
SIMEÓN. ¿De qué?
NIÑO. *(Con gracia.)* Bueno, de orillo. *(Ríen.)*

(Entra una Mujer muy refajona.)

MUJER. ¿Está Adoración?
CLORINDA. Sí, pasa.
NIÑO. Las boleras cantaban una copla que decía: *(Canta.)*

Yo vengo exánime.
Vengo de incógnito.
No tengo céntimo,
triste de mí.
Perdí la cátedra
de Historia Física,

hermosa sílfide,
por verte a ti.
Contemplo estático
tu rostro angélico.
Siento en el alma
dulce ilusión.
Y mi amor pérfido
botaba al chápiro,
que es un malévolo
mi corazón.

MUJER. ¡Ay qué primor de niño! En mi pueblo no hay ninguno así. ¿Cómo te llamas, hijo?

AURELIA. Díselo.

CLORINDA. Anda.

NIÑO. ¿Pero si te lo digo te vas?

MUJER. ¡Ay qué gracia!

AURELIA. ¡Anda! ¿Cómo te llamas?

NIÑO. Me llamo Federico García Lorca.

MUJER. Es el nieto de doña Margarita, la que tocaba el arpa. Ay.

(Se lanza sobre el Niño y comienza a besarlo furiosamente.)

NIÑO. ¡Déjame! ¡Déjame!

MUJER. ¡Encanto! *(Besos.)* ¿Qué me vas a decir? *(Besos.)* ¡Dime algo! *(Besos.)* Anda. *(Besos.)*

NIÑO. Yo te digo...

MUJER. Callar, callar.

NIÑO. ¡Qué ojalá te mueras!

(Ríen todos.)

CRIADA. ¡Madre!

(La Mujer se dirige a su Hija y entran abrazadas dándose besos furiosos que se oirán en todo el teatro.)

NIÑO. Prima, dame el gallito de cristal que tienes en la pechera.

AURELIA. Los niños no se ponen estas cosas.

NIÑO. Pues yo lo quiero. *(Se lo quiere quitar.)*

AURELIA. ¡Por Dios!

NIÑO. Si no me lo das, nombro a la bicha.

AURELIA. *(Levantándose para tocar madera.)* Doña Clorinda, que se lo lleven. ¡Lagarto, lagarto!

NIÑO. Escribiré primero una ce.

CLORINDA. ¡A ver si te callas!

NIÑO. ¡Clorinda, qué vieja eres!

AURELIA. *(Al ver que el Niño quiere decir la terrible palabra.)* ¡Lagartoo, lagaaartoooo!

NIÑO. Pues digo otra cosa: La ele con la a, la.

AURELIA. Llevárselo, llevárselo, que va a empezar a decir marranadas.

(Se oye una murga.)

CLORINDA. Debe ser la murga de los estanqueros.

SIMEÓN. La mejor.

(Salen.)

NIÑO. Prima, ¿tú no quieres oír la murga?

AURELIA. Ni yo quiero que la oigas tú. No dicen más que barbaridades.

(Aurelia se sienta y el Niño se echa sobre sus rodillas.)

NIÑO. Prima, qué guapa eres.

AURELIA. Más guapo eres tú.

NIÑO. Tú tienes cintura y pechos y pelo rizado con flores. Yo no tengo nada de eso.

AURELIA. Pero es que yo soy mujer.

NIÑO. Eso será.

AURELIA. Tú en cambio tienes lunares como lunas chiquititas de musgo tierno. ¿Por qué no me los das?

NIÑO. ¡Quítamelos!

AURELIA. Este que tienes aquí, me lo pongo aquí. Y éste, aquí. *(Lo besa.)*

NIÑO. Y uno en el hombro.

AURELIA. *(Canta.)*

Los lunares que tiene tu cara
son lunares que a mí me dislocan

(El Niño canta con ella.)

y el que tienes pegando a la boca
no se puede con calma mirar, lan lan lan.

(Ríen.)

NIÑO. Si yo fuera grande sería tu novio, ¿verdad?

AURELIA. ¡Ojalá!

NIÑO. ¿Y por qué un niño no puede ser novio de una mujer grande?

AURELIA. *(Confusa.)* Verdaderamente me haces unas preguntas... Pues ¡yo no sé por qué! Porque podría ser muy bien.

NIÑO. El Niño Jesús se casó con santa Catalina que era altísima y muy pecherona, la he visto yo pintada. ¿Por qué no nos dejan casar a ti y a mí?

AURELIA. Pues claro, no tendría nada de particular, pero la gente manda las cosas y hay que obedecerla.

NIÑO. ¿Tú has visto alguna vez dos novios solos?

AURELIA. No. No me preguntes a mí estas cuestiones.

NIÑO. Cuando tú tengas un novio grande me llamarás para que te vea. *(Aparece Antonio en la puerta.)* Ahí está Antonio. Antonio, ¿cuándo te vas a declarar a mi prima?

AURELIA. ¡Niño! *(Le tapa la boca. Aurelia no se mueve de la silla.)*

(Antonio es el tipo viril andaluz, sobrio, que apenas habla, con gran elegancia de movimientos –movimientos antisevillanos de teatro, más bien la solemnidad de Córdoba– y un fondo insobornable de gracia y de ironía.)

ANTONIO. Veremos a ver.

AURELIA. Antonio, te suplico que no me gastes bromas. No tengo ya edad.

ANTONIO. Está bien. *(Aurelia no mira a Antonio. Éste viene desde la puerta sin mirarla tampoco. Se queda al lado inmóvil.)*

NIÑO. Me voy a ver las máscaras.

AURELIA. Tú te estás aquí quieto.

ANTONIO. Quieto.

NIÑO. *(Imitando a los dos.)* ¡Quieto! ¡¡Quieto!! *(Pausa.)*

ANTONIO. *(Con sorna.)* ¡Holá!

AURELIA. *(Enfadada.)* ¡Hola!

(Pausa corta.)

NIÑO. ¿Y qué más?

AURELIA. *(Dando una gran carcajada y besando al Niño.)* Gracioso, gracioso, te voy a comer el corazón con mis dientecillos.

ANTONIO. Es gracioso.

AURELIA. *(Seria.)* Tiene fantasía.

ANTONIO. *(Con guasa.)* Fantasía. *(Pausa.)* Con tu permiso. *(Saca un papel y escribe.)*

AURELIA. *(Curiosa.)* ¿Qué haces?

ANTONIO. Cuentas.

AURELIA. Te vas a llevar el dinero de todos.

ANTONIO. ¡Eso quiero!

(Por la ventana pasan dos Máscaras tocando el tambor entre un gran chillerío.)

NIÑO. *(Soltándose de las manos de Aurelia.)* ¡Me voy! *(Sale corriendo.)*

(Aurelia y Antonio están sentados frente al público. Antonio hace cuentas sin mirar a Aurelia y ésta lo mira de reojo. Aparece por el fondo María la Reina, que al verlos se dirige de puntillas al sitio donde está el libro y lo coge. Sale con una mano puesta en el oído para ver si oye algo.)

ANTONIO. *(Guardándose el papel.)* Ocho mil quinientas treinta y nueve con cincuenta y tres céntimos.

AURELIA. ¿Qué hablas?

ANTONIO. Asuntos.

AURELIA. Amén.

ANTONIO. Jesús.

AURELIA. *(Hecha azogue.)* ¡Ay!

ANTONIO. ¿Qué pasa?

AURELIA. Que tengo todo el cuerpo como si lo tuviera lleno de hormigas. En las manos, entre el pelo, y un chorro en mitad de la espalda.

ANTONIO. Revuélcate en la hierba.

AURELIA. ¡Antonio!

ANTONIO. ¡Habla!

AURELIA. No me gastes bromas. No me trates de jaca. ¡Y no te rías! A mí no me quema nadie la sangre.

ANTONIO. Bien. *(Pausa.)*

AURELIA. Antonio, no me mires.

ANTONIO. *(Volviéndose.)* Lo que quieras.

AURELIA. Ni me hables. No me preguntes la hora que es, para empezar. Déjame tranquila y echa la red por otro lado.

ANTONIO. *(Serio.)* Yo echo la red por donde quiero, ¿estamos?

AURELIA. Pero no en mis aguas. Mis peces serán para quien yo quiera.

ANTONIO. *(Con intención.)* ¡Tus peces de menta! ¿Por qué no me das uno?

AURELIA. A mucha honra. ¡Mira cómo me los como! *(Saca el cartucho y Antonio se lo arrebata riendo.)*

AURELIA. Antonio, esto es un avasallamiento. ¡Te odio!

ANTONIO. ¡No te comas eso que te vas a envenenar!

AURELIA. Dame mis caramelos.

ANTONIO. *(Gallardo con el paquete sobre el pecho dando dos pasos atrás y mirándola amorosamente.)* ¡Ven por ellos!

AURELIA. *(Achicada y muy mujer.)* Te los puedes guardar. *(Se sienta.)*

ANTONIO. ¿Para qué? No quiero echar discursos. Toma. *(Se los da.)*

AURELIA. *(Tirándolos al suelo.)* ¡Como que me los voy a comer yo después de haberles tocado con las manos!

ANTONIO. *(Con guasa.)* ¡Aurelia!

AURELIA. *(Fuerte.)* ¡Quée!

ANTONIO. *(Con gracia y calma.)* ¡Olé!

MARÍA. *(Dentro.)* ¡Aurelia! ¡Aurelia!

AURELIA. *(A voces.)* ¡Me vais a borrar el nombre!

MARÍA. *(Saliendo.)* Que Liduvina está encerrada con el marqués en un cuartucho en casa de Marta la hechicera.

AURELIA. ¡Granuja!, ¡canalla!, ¡y en aquel descampado!

ANTONIO. ¿De quién habláis?

MARÍA. ¡Ahora sí que la deshonra! ¡Ya no cabe duda!

ANTONIO. ¿Qué pasa?

AURELIA. Nadie la oirá por muchas voces que dé.

EDUVIGIS. *(Saliendo con el libro.)* Pero se sienten los pasos de un caballo.

AURELIA. ¡Armando! ¡Ése es Armando! Y la salvará.

ANTONIO. *(Al ver el libro y comprendiendo.)* ¡Ah sí, un caballo! ¿No oyen ustedes el galope?

AURELIA. *(Intrigada.)* ¿El galope? *(Dándose cuenta de la broma.)* Sombrón.

(Se sienten guitarras.)

NIÑO. ¡Los gondoleros venecianos!

(Aparecen los Gondoleros. Vienen vestidos de azul celeste con plumas y caretas blancas de melancólica expresión. Tocan guitarras y bandurrias. Antonio inicia el mutis.)

AURELIA. Pero ¿te vas?

ANTONIO. ¡No me gusta la música!

AURELIA. *(Con asombro.)* ¡Ay! ¡Ay! ¡Ay!

(Entran las tres Viejas. Gritería general.)

MÁSCARA 1.ª No nos conocéis.

CLORINDA. ¡Ni gana!

MÁSCARA 2.ª ¡Ay María! *(La abraza.)*
MARÍA. ¿Quién eres?
AURELIA. ¡Callar!

(La comparsa de Gondoleros se sitúa al centro de la escena. Aurelia a un lado en primer término. Al fondo aparece una Máscara vestida de trovador con careta de expresión apasionada. En todo momento no deja de mirar a Aurelia.)

AURELIA. *(A María.)* ¿Quién es?
MARÍA. Nadie lo sabe.
GONDOLEROS.

Ya la noche perfumada
se sumerge en el canal.
Venecia duerme callada
en su lecho de cristal.

AURELIA. ¡Ay qué encanto de letra!
GONDOLEROS.

El gondolero dormido
espera el amanecer
con el pecho dolorido
por amor de una mujer.

CLORINDA. Esto lo ha escrito Cayetano.
GONDOLEROS.

Gondolero veneciano
boga ya por el canal.
Con tu góndola perdida
boga, gondolero, boga sin cesar.

AURELIA. *(Canta, y el Coro baja la voz.)*

Gondolero enamorado
con tu rostro sin igual,
boga, boga sin descanso,
que el amor nunca vendrá.
Nunca, nunca vendrá,
nunca, nunca vendrá.

TODOS.

Nunca vendrá, vendrá el amor.
Amor, amor, sí sí sí, gondolero, no.

AURELIA. ¡Yo me chalo!

GONDOLEROS.

Gondolero de la luna,
triste paria del placer,
no son para ti las flores
del maravilloso y mágico edén.

(Aurelia canta y el Niño.)

Gondolero enamorado,
con tu rostro sin igual,
boga, boga sin descanso,
que el amor nunca vendrá.
Nunca, nunca vendrá,
nunca, nunca vendrá.

AURELIA. ¡Dejarme sola a mí!

Nunca vendrá, vendrá el amor.
Amor, amor. (¡Ay qué preciosidad!),

(Canta.)

sí sí sí, gondolero, no.

TODOS.

Adiós, niña hermosa, adiós.
Adiós, niña hermosa, adiós.

AURELIA.

Esmeraldita se ha muerto.
Estaba puesta en una sortija.
La sortija la gime y la llora.
Por el aire del mundo viene una paloma.
Yo como paloma me corto la cola.
Yo como palomar me quiero derrumbar.
Volaban y volaban
para avisar al agua.

Vino corriendo el río
con levita de lirios.

NIÑO.

Se ha muerto Esmeraldita.
La llora su sortija.
La paloma se corta la cola.
El palomar se quiere derrumbar.
Y yo como río me voy a secar.
La princesa venía
por las tristes orillas.
En los tallos de hierba
Esmeraldita muerta.

AURELIA.

Yo como princesa
me corto las trenzas.

NIÑO.

Por la calle larga
la reina llegaba.
Por la calle estrecha
coronas de adelfa.

AURELIA.

¡Ay pobre Esmeraldita!
La llora su sortija.

NIÑO.

Yo como paloma
me corto la cola.

AURELIA.

Yo como palomar
me quiero derrumbar.

NIÑO.

Yo como río me quiero secar.

AURELIA.

Yo como princesa
me corto las trenzas.

NIÑO.

Y yo como reina
le pongo coronas de adelfa.

AURELIA.

Así corre la rueda.

NIÑO.

Así dice la mar.

AURELIA.

¡Y la niña que canta por el olivar!

[Lista de títulos de obras en preparación]

La quimera. Drama.
El sabor de la sangre. Drama del deseo.
El miedo del mar. Drama de la costa cantábrica.
El hombre y la jaca. Mito andaluz.
La hermosa. Poema de la mujer deseada.
La piedra oscura. Drama epéntico.
Casa de maternidad.
Carne de cañón. Drama contra la guerra.
Los rincones oscuros. Obra flamenca.
Las monjas de Granada. Crónica poética.

Música de teatro

De «Mariana Pineda»

Canción de las niñas

De «Bodas de sangre»

Canción de las hilanderas

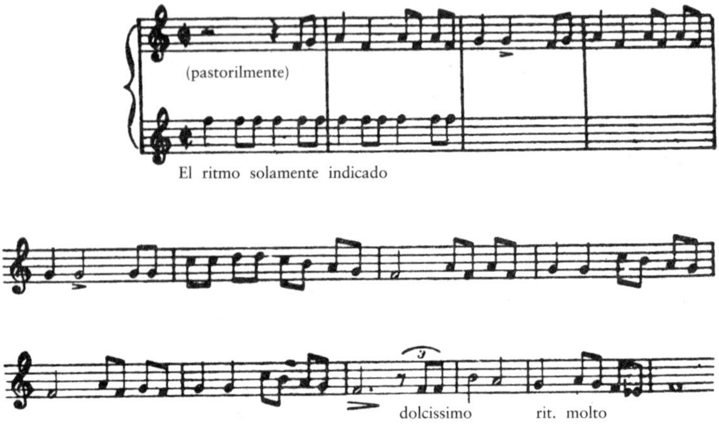

Coplas de la criada

Coplas del cortejo de bodas

Viejo romance infantil

Cantar de boda

Canción de cuna

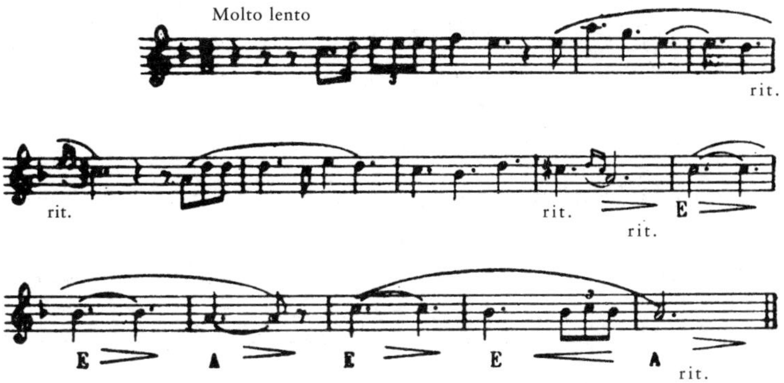

Índice general

Los títeres de Cachiporra. Tragicomedia de don Cristóbal y la señá Rosita

Mariana Pineda

Diálogos

La zapatera prodigiosa

Amor de don Perlimplín con Belisa en su jardín

Viaje a la luna

El público

Así que pasen cinco años

Retablillo de don Cristóbal

Bodas de sangre

Yerma

Doña Rosita la soltera o El lenguaje de las flores

La casa de Bernarda Alba

Otros textos dramáticos

1. Diálogos

2. Otras versiones

5. Teatro inconcluso:
(Después de 1925)

Música de teatro